법의 예술

The Art of Law

이 상 돈

法 文 社

머 리 말

『법의 예술(The Art of Law)』이라는 이 책의 이름은 조금 낯설다. 왜 미국에서 흔히 쓰는 예술법(art law) 또는 예술과 법이라는 표현을 사용하지 않았을까? 이 책은 미국 예술법의 논의차원을 포함하지만 그것을 넘어서는 더 많은 논의를 하고 있기 때문이다.

이 책은 예술법의 전형적인 논의들, 이를테면 예술의 자유(헌법 제22조 제1항), 예술저작(인격)권, 이중섭, 박수근의 위작들이나 조영남의 화투그림 등에서 보듯 예술품거래의 책임(예: 형사책임, 경매전문가책임), 또는 최경태의 여고생 그림, 신학철의 모내기, 히딩크넥타이문양 사건 등에서 보듯 예술작품의 음란성, 이적성, 모방성에 대한 법적 규제와 처벌 문제를 다룬다. 하지만 예술 밖에서 예술을 규제하더라도 법은 동시에 그로 인해 재구성되고, 그렇게 재구성된 법이 다시 예술을 규제하게 된다. 이는 예술에 대한 법의 전유(appropriation)라고 할 수 있다. 더욱 놀라운 점은 예술작품이 법의 통제와 제재를 받게 되면 오히려 그로 인해 세상의 관심이 쏠리고 작가의 지명도가 높아짐으로써 그의 작품이 받는 비평적 예술성은 이전보다 더 높아지는 경우가 많다는 것이다. 다시 말해 법에 의해 제재된 예술은 그로 인해 더 높은 예술성을 갖게 된다. 이는 법에 대한 예술의 재전유(reappropriation)라고 할 수 있다. 법의 예술이라는 제목은 이처럼 법이 예술을 규제하더라도 일방적인 관계가 아니라 전유와 재전유의 상호작용관계 속에 있음을 표현하고 있는 것이다.

법의 예술은 법과 예술을 서로 외재적인 것이 아니라 서로 내재적인 것으로 보는 관점을 포함할 수 있다. 즉, 이 책은 법에 내재하는 예술의 요소와 예술에 내재하는 (법)규범의 요소를 논의한다. 가령 근대 이성법은 규범의 이미지 요소를 밀어내고 텍스트 중심의 규범으로 탄생한 것이지만, 비례성과 균형성, 대칭성과 평면성 같은 모던예술의 미학적 가치를 내재하고 있다. 이런 가치의 실현은 바흐의 바로크음악, 근대발레, 마네의 인상주의 미술, 심지어 오트쿠튀르와 같은 패션에까지 관통한다. 더 나아가 20세기 세계대전 전후의 근대 이성법에 대한 성찰은 쉔베르크의 불협화음, 칸딘스키의 추상화, 말레비치의 절대주의, 니진스키의 유희와 같은 러시아의 전위적인 발레 사이에서도 기호학적 의미의 동치성을 바라볼 수 있다. 또한 보편성보다 고유성, 이성보다 감성의 법에 지향한 탈근대적 법의 발전도 앤디워홀의 팝아트나 데미언 허스트의 개념미술, 브레이크댄스와 같은 춤, 힙합 같은 음악과의 기호학적 동치성 속에서 이루어진다.

법과 예술의 상호내재성은 법의 해석방법과 예술의 비평방법의 상호교류와 점증하는 호환성을 통해서도 더욱 분명해진다. 법의 예술은 예술비평과 법 이해의 가장 호환적인 방법의 하나로 시네마토그래피의 방법을 가장 중요하고, 가장 빈번하게 다룬다. 이 방법의 깊은 바닥에는 정신분석학이 자리하고 있다. 그렇기에 시네마토그래피 방법은 거의 모든 예술비평의 방법으로 그리고 법이해(입법과 법해석)의 방법으로 유효하며 호환적이기도 하다. 이 책에서 저자가 펼치는 가장 깊은 이해의 중심은 법과 예술에 관한 정신분석학적인 시네마토그래픽 이해(Psychoanalytic Cinematographic Understanding of Art and Law)라고 할 수 있다.

이상에서 짧게 묘사한 법의 예술과 같은 기획 아래서 논의할 수 있는 예술장르는 매우 다양하다. 음악, 미술, 춤, 사진, 영화와 드라마, 연극과 뮤지컬, 소설과 시, 패션, 웹툰 등을 모두 아우를 수 있다. 그러나 이 책은 나의 좁고 얕은 예술지식이 뻗치는 예술이해의 반경에서만 법의 예술이라는 기획을 좇는다는 한계가 있다. 이 한계는 저자로서는 어쩔 수 없는 아쉬움이지만, 그 한계 넘어로 저자 이외의 젊은 학자들을 바라다본다.

이 책 내용의 대부분은 그간 내가 펴낸 책들 『법미학(2008)』, 『법의 춤(2012)』, 『미술비평과 법(2013)』, 『예술형법(2014)』 그리고 그간 발표한 논문들을 종합한 결과이다. 그러나 이 종합의 과정에서 새로운 문헌을 참고하고 사회적 이슈가 된 새로운 예술문제들에 대한 논의를 추가하였으며, 법예술에 관해 저자에게도 불분명했던 점들을 더욱 명확하게 하였고, 다양한 예술장르를 단순히 모아놓지 않고, 그것들을 가로지르면서 법과의 내재적, 외내적 관계를 입체적으로 이해할 수 있도록 그 구성을 새롭게 하였다.

끝으로 이 책을 쓰도록 저자에게 생기를 불어 넣어준 고려대학교 법학전문대학원 〈예술과 형법〉을 수강한 모든 원생들과 일반대학원에서 포스트모던 법철학을 공부하는 여러 제자들에게 감사의 마음을 전한다.

2020년 5월 신록의 계절에

고려대학교 연구실에서

이 상 돈

목 차

01 법의 예술개념

I. 예술법의 과제

예술법이나 예술법학은 아직 매우 낯선 개념이다. 사람들은 흔히 예술은 법을 경원(敬遠)시하고, 법은 예술을 방관해야 좋겠다고 생각한다. 그러나 법은 그 내부에 예술적 요소를 갖고 있을 뿐만 아니라, 예술 또한 그 내부에 법적 요소를 갖고 있다. 법은 예술을 규제하고 예술가를 처벌하기도 하며, 예술은 법을 비판하고, 법률가를 은유나 환유의 대상으로 상징화하기도 한다. 법과 예술은 언제나 만나며, 그 만남은 모든 사람의 일상적 삶에 들어와 있다. 그렇기에 예술법학이 필요하고, 많은 성장을 필요로 한다.

1. 예술법의 범위

이 책에서 예술법이라고 할 때, 미국 로스쿨에서 열리는 강좌인 art law에 국한되지 않는다. art law는 주로 미술에 중점을 두고 있다. 물론 미술은 음악이나 무용과 함께 예술의 대표적인 장르이다. 하지만 예술법에서 다루는 예술에는 흔히 대중예술이라 불리는 영화도 포함되며, 심지어 패션도 포함될 수 있다. 이에 비해 문학은 다소 논란이 될 수 있다. 문학인들은 문학을 학문으로 분류하거나 예술과 동일시하는 것에 선뜻 동의하지 않을 듯하다. 하지만 헌법은 예술의 자유(제22조 제1항)를 규정할 뿐 문학의 자유를 따로 규정하지 않는다. 따라서 '법적으로는' 문학을 학문과 예술 가운데 어디에든 귀속시킬 수밖에 없다. 문학작품은 논증의 방식이 학문과 다르고, 빈번히 영화의 원작이 되기도 한다는 점에서 이 책에서는 영화예술과 같이 예술로 분류한다.[1]

2. 법의 이원적 코드와 예술의 충돌

법이 예술작품을 규율할 때에는 언제나 그 작품이 예술인지 아닌지를 구별한다. 이는 법이 합법과 불법이라는 이원적 코드(binary code)로 작동하는 방식에 상응한다. 그리고 예술과 비예술의 구별에 따라 법이 예술작품과 그 작가에게 귀속시키는 법적 효과도 달라진다. 가령 화가가 그린 그림일지라도 포르노와 차별이 안되면, 그 작품은 음란물(형법 제243조, 제244조)로서 압수·몰수될 수 있고, 작가는 형사처벌을 받을 수 있다.

하지만 이러한 법적 취급의 합리성은 적어도 예술의 외연을 명확한 법개념으로 만들 수 있어야만 기대할 수 있는 것이다. 예술의 외연을 설정하려면 논리적으로는 예술의 내포(개념)를 확정할 수 있어야 한다. 그러나 예술의 내포, 즉 의미를 법적으로 개념화하는 것은 거의 불가능하다. 무엇보다도 법이 의존할 수 있는 예술의 개념이 철학적으로나 예술이론적으로 단일하게 확립되어 있지도 않다.

이처럼 예술의 개념이 확립되어 있지 않음에도 불구하고 법이 예술작품을 규율하려 할 때에는 예술의 여러 (내포적) 특성을 고려해야 한다. 헌법 제22조가 예술의 자유를 기본권으로 보장하고 있기 때문이다. 무엇보다도 법이 고려해야 할 예술의 내포적 특성을 가능한 한 자세히 분석하는 작업이 필요하다. 법이 예술을 규율할 때에 고려해야 하는 예술

---

1 「문화예술진흥법」 제2조 제1항 1호는 문학과 예술 그리고 어문, 출판 및 만화 등을 포괄하여 "문화예술"이라는 개념을 사용한다. 그러나 문화예술 개념은 예술개념의 외연을 너무 넓히기 때문에 법적인 예술개념이 되기 어렵다.

의 (내포적) 특성을 발굴해내는 작업은 예술과 비예술을 법적으로 가르는 그 사이에 경계를 세우는 작업이 된다. 하지만 예술법은 〈예술/합법, 비예술/불법〉이라는 이원적 구조를 본원적으로 유지하기 어려운 특성이 있다. 왜냐하면 오늘날의 포스트모던예술에서는 예술과 비예술의 경계 해체가 바로 새로운 예술성을 생성시키는 것이기도 하기 때문이다. 그렇기에 예술과 비예술을 가르는 작업은 오로지 법적 취급의 합리성을 실현하기 위한 임시 방편일 뿐임을 간과해서는 안 된다.

3. 법의 예술규제과 예술의 법형성

또한 법이 예술과 비예술을 구분하여 비예술을 규제한다고 할 때, 법은 규율의 주체가 되고, 예술과 비예술은 단지 규율의 객체가 되는 것이 아니다. 법의 예술에 대한 규율은 반사적으로 동시에 법을 형성하는 결과를 가져온다. 이를테면 저작권법이 저작물에 대해 창작성(=고유성과 예술성) 판단을 하여 저작권을 부여하지만, 이때 어떤 예술비평이론에 의거하고 예술을 어떤 의미로 이해하느냐에 따라 저작권의 내용이 달라질 수 있다. 그러니까 예술비평(이론)이 예술의 의미를 정하고, 예술의 의미가 저작권의 구체적 내용을 구성한다는 것이다. 또한 법이 어떤 그림을 음란물이라고 규제할 때에도 법은 명확히 말할 수는 없지만 예술의 어떤 의미를 전제하는데, 반대로 예술을 어떤 의미로 이해하느냐에 따라 음란물을 통제하는 형법의 내용도 달라지는 것이 된다.

이처럼 법과 예술은 법이 예술을 규율하고, 예술이 법을 구성하는 상호작용의 관계에 놓여 있다. 그러므로 예술의 의미를 탐구하는 것은 그것을 규율하는 법과 법의 규율을 받는 예술작품 모두에 대해 구성적인 것이 된다.

II. 실정법의 예술 개념

예술은 법에서 다양한 의미와 너비를 갖고 사용된다. 아래에서는 관세법, 저작권법, 형법 등의 법분과에서 예술 개념이 어떻게 다양하게 사용되고 있는지를 밝히기로 한다.

1. 예술과 비예술을 가르는 법

법은 자신의 고유한 목적을 달성하기 위해 예술작품을 예술로서 취급하면서, 그것을 예술작품이 아닌 것과 구분 짓는다. 이처럼 예술과 비예술을 가르는 법이 취하는 예술 개념은 법의 목적 달성을 위해 기능하는 수단이 된다는 점에서 기능적인(functional) 예술 개념이라고 부를 수 있다. 예술의 기능적인 법적 개념의 대표적인 예는 관세법의 예술 개념이다. 우리나라 관세법은 별표 제97류에서 예술품과 수집품, 골동품을 규정하고 있다. 세계 각국이 그러하듯 예술품은 무관세율이 적용된다. 회화, 데생, 파스텔, 판화, 인쇄화, 석판화, 조각, 조상(彫像)이 포함되고, 100년을 초과한 도자기류, 악기류 등도 무관세율이 적용된다. 그러나 관세법은 예술 개념을 사용할 뿐 예술 개념을 정의내리지는 않는다. 기껏해야 예술품의 장르를 열거할 뿐이다.

(1) 예술 개념의 확장

관세법이 바라보는 예술 개념의 변화는 미국 판례의 발전에서 명확하게 알 수 있다. 미국 연방대법원은 관세법상 면세대상이 되는 예술품과 상품(제품)의 구별을 위해 예술을 법적으로 정의해오고 있다.

1) 순수예술에서 모든 예술로 확장 미국 연방대법원이 취한 예술 개념의 외연은 대체로 〈순수예술 → 추상예술 → 모든 예술〉의 세 단계로 확장되어 왔다. 이 확장의 역사를 이루는 중요 판례를 아주 짧게

개관해본다. ① 첫째, 예술 개념에는 순수예술(fine arts)이 가장 먼저 포섭되었다. 예컨대 1916년 Olivotti사건[2]에서는 조각이 예술로 인정되려면 자연물이나 인간의 모습을 구성적 비율을 그대로 유지한 채 '재현'하는 것이어야 한다는 입장을 보여주었다. ② 둘째, 1928년 Brâncusi v. United States 사건[3]에서는 추상미술(abstract art)을 예술로 인정하였다. 이 사건에서 Constantin Brâncuşi의 Bird in Space라는 작품은 새의 실제 모습과 닮지 않았지만, 새의 몸의 형상에 비유될 수 있다는 점, 바꿔 말해 새의 추상적 이념을 표현한다는 점에서 예술로 인정되었다. ③ 셋째, 1958년 개정 관세법에 의해 예술 개념은 비로소 대부분의 예술 형태를 포괄하게 되었다.

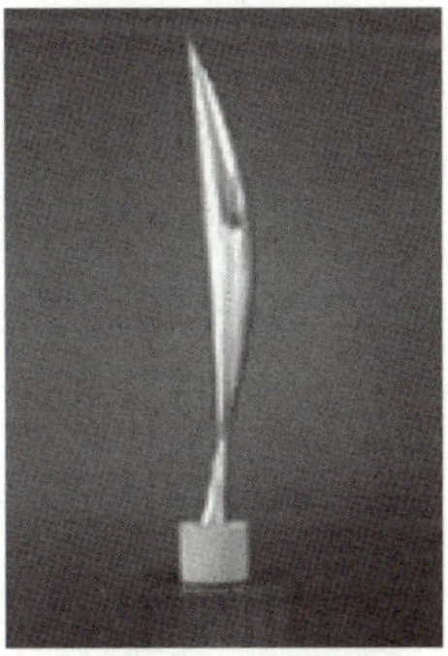

Constantin Brâncuşi, Bird in Space, 1928

2) 설치미술의 제외 그러나 국가와 지역에 따라서는 비디오 아트와 같은 설치미술이 관세법상의 예술품, 이를테면 조각예술품으로 다루어지지 않기도 한다. 대표적으로는 EU 규정 731/2010을 들 수 있다. 이 규정의 제정은 영국 법원의 빌 비올라 작품에 대한 판결로 그 연원이 거슬러 올라간다. 2006년 영국에서 미국의 비디오 아티스트 빌 비올라(Bill Viola)의 〈이졸데의 승천(Isolde's Ascension 〈The Shape of Light in Space After Death〉, 1995)〉[4]이라는 비디오와 음향으로 이루어진 설치작품을 전시하기

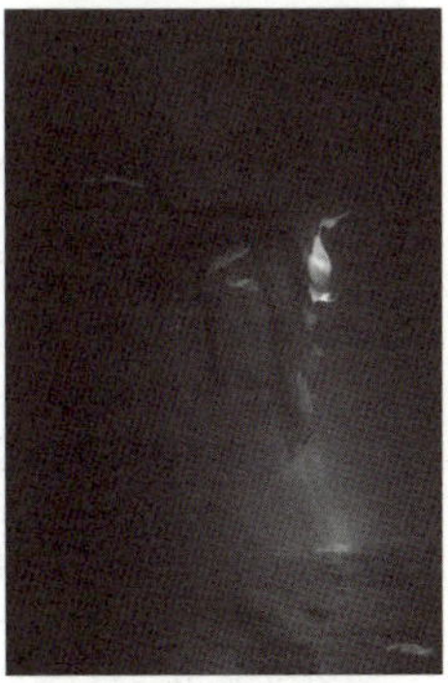

Bill Viola, Isolde's Ascension, 1995

2 United States v. Olivotti (1916).

3 Brancusi v. United States (1928).

4 같은 작품은 아니지만, 이와 비슷한 작품으로 바그너의 오페라 트리스탄에서 영감을 얻어 만든 비욜라의 〈트리스탄 프로젝트(The Tristan Project)〉가 2012년 여수 엑스포 전시장과 국립현대미술관(2012.5.23)에서 전시된 바 있다.

위해 수입해올 때 영국 세관은 이 설치작품을 미술품이 아니라 제품, 즉 프로젝터와 조명장치로 분류하였다. 이에 소송이 제기되었고, 우여곡절 끝에 2008년 영국법원은 설치작품을 미술품으로 분류하였다.

그러나 2010년 EU 규정 731/2010은 여전히 위와 같은 설치작품을 조각으로 분류하지 않는다. 그런 설치작품이 비디오플레이어와 스피커 등의 원래 기능을 바꾸지 않는다는 점이 그 주된 이유로 보인다.

3) 공예품의 제외 우리나라 관세법도 수입물품의 과세가격을 결정할 때 구매가격에 더하여 조정하는 거래가격으로서 그 물품의 생산 및 수출거래를 위해 무료 또는 인하된 가격으로 공급하는 물품 또는 용역(제30조 제1항 제3호)의 하나로서 "수입물품의 생산에 필요한 기술·설계·고안·공예 및 디자인"(관세법시행령 제18조 제4호)[5]을 들고 있다. 여기서 예술의 개념은 직접 언급되어 있지 않지만, 디자인은 가령 응용미술작품일 수 있는데, 그렇다면 응용미술작품은 저작권법(제2조 15호, 제4조 제1항 4호)에서와 달리 관세법에서는 예술로 취급되지 못하고 있는 셈이라 할 수 있다.

저작권법 제2조(정의) 이 법에서 사용하는 용어의 뜻은 다음과 같다. (1.~14. 생략) 15. "응용미술저작물"은 물품에 동일한 형상으로 복제될

---

5 **관세법 제30조(과세가격 결정의 원칙)** ① 수입물품의 과세가격은 우리나라에 수출하기 위하여 판매되는 물품에 대하여 구매자가 실제로 지급하였거나 지급하여야 할 가격에 다음 각 호의 금액을 더하여 조정한 거래가격으로 한다. 다만, 다음 각 호의 금액을 더할 때에는 객관적이고 수량화할 수 있는 자료에 근거하여야 하며, 이러한 자료가 없는 경우에는 이 조에 규정된 방법으로 과세가격을 결정하지 아니하고 제31조부터 제35조까지에 규정된 방법으로 과세가격을 결정한다. (1. 2. 생략) 3. 구매자가 해당 수입물품의 생산 및 수출거래를 위하여 대통령령으로 정하는 물품 및 용역을 무료 또는 인하된 가격으로 직접 또는 간접으로 공급한 경우에는 그 물품 및 용역의 가격 또는 인하차액을 해당 수입물품의 총생산량 등 대통령령으로 정하는 요소를 고려하여 적절히 배분한 금액.

관세법시행령 제18조(무료 또는 인하된 가격으로 공급하는 물품 및 용역의 범위) 법 제30조 제1항 제3호에서 "대통령령으로 정하는 물품 및 용역"이란 구매자가 직접 또는 간접으로 공급하는 것으로서 다음 각 호의 어느 하나에 해당하는 것을 말한다. (1.~3.호 생략) 4. 수입물품의 생산에 필요한 기술·설계·고안·공예 및 디자인. 다만, 우리나라에서 개발된 것은 제외한다.

수 있는 미술저작물로서 그 이용된 물품과 구분되어 독자성을 인정할 수 있는 것을 말하며, 디자인 등을 포함한다.

제4조(저작물의 예시 등) ① 이 법에서 말하는 저작물을 예시하면 다음과 같다. (1.~3, 6.~9. 생략) 4. 회화, 서예, 조각, 판화, 공예, 응용미술저작물 그 밖의 미술저작물

(2) 예술과 공예의 구분

그러나 예술품과 비예술품의 구별은 예술과 비예술의 구별처럼 근원적으로 해결이 불가능한 문제이다. 이 점을 예술품에 근접해 있는 공예품과 예술품의 구별 가능성을 검토하는 방법으로 좀 더 살펴보기로 하자. 이 둘의 구분은 매우 방대한 역사적 연구를 필요로 한다.[6] 효율적인 논의를 위해 그 역사를 다음과 같이 짧게 종합해보자.

> "고대에는 정신노동과 육체노동을 근거로 자유학예보다 하위에 위치했지만 동등했던 미술과 공예의 관계가 르네상스시대에 들어와서 미술이 자유학예의 지위를 획득하면서 위계적 질서를 갖게 되고 그 이후 다양한 이론적, 철학적 기반 하에 조형예술이 자유학예에서 독립하면서 미술과 공예의 경계가 굳건하게 다져졌고, 산업혁명의 여파로 다시 그 경계가 해체되었다가 20세기 모더니즘의 대세 속에 넘기 힘든 장벽이 재건되는 과정을 거쳤다. 시대마다 세워진 경계의 양상은 달랐지만, 그 기저에는 대체로 육체와 정신, 학예와 기예, 순수와 기능과 같은 이분법적 사고가 자리하고 있음을 알 수 있었다."[7]

그러면 예술과 공예는 오늘날 법적으로 어떻게 구분할 수 있는 것일까? 이 둘의 구별기준으로서 예술품은 제품과 달리 ① 족적을 남기고 (leave the paths of his or her trade), ② 사상성(mental concept)이 있으

6 예술과 공예의 역사적 구분에 관한 연구로 Edward Lucie-Smith, *The Story of Craft: The Craftsman's Role in Society* (Cornell University Press, 1981) 참조.

7 정무정, "미술과 공예: 그 경계와 위상", *미술사학* (제21호, 2007.8), 246쪽. 이러한 역사적 연구의 종합을 통해 정무정은 미술과 공예의 경계에 관한 논의는 더 이상 의미있는 담론을 생산하지는 못하며, 그래서 미술이든 공예든 시대의 문화적 욕구를 어떻게 반영하고 얼마나 충족시키는가가 중요하다고 본다.

며, ④ 예술적 안목과 정신에 호소하는(appeal to artistic eye/mind), ③ 고유성(originality)이 있는 것이어야 한다고 볼 수 있다.

1) 구별기준의 상대성 그러나 이 구별기준들은 예술품과 상품을 구별하는 범주적(categorical) 기준을 제공하지 못한다. 가령 미술품뿐만 아니라 2007년 아이폰의 첫 출시도 스마트폰으로서는 족적을 남긴 것(요소 ①)이라 할 수 있고, 아이폰에는 미니멀리즘(minimalism)이라는 사상(요소 ②)이 인정되기도 한다. 더 나아가 아이폰도 소비자들의 예술적 안목과 정신에 호소(요소 ④)하는 고유성을 갖고 있다.

iphone 1세대, 2007

반면에 미술품도, 예컨대 루벤스(Rubens)가 도제관계의 조수나 학생의 도움으로 색칠을 한 것이나 팝아트나 개념미술처럼 개념과 표현행위(실행)를 분리하여 그 표현행위를 다른 보조자에게 상당부분 맡긴다는 점에서 그 (표현적) 고유성(요소 ③)이 희석되기도 한다.[8] 우리나라에서도 조영남의 작품 〈화투〉가 다른 화가의 과도한 도움으로 인해 사실상 조영남 개인의 고유성이 표현되지 않은 대작(代作)인지가 사기죄 성립여부의 쟁점으로 심판받은 바 있다.

★ 조영남의 화투그림 사건 ① 화투에서 앤디워홀의 초상화나 이중섭의 은박지에 비견되는 오브제 차용의 결정판을 발견하고 화투를 잘라서 붙이는 콜라주 기법의 작품(예: 1986년의 Play Of Universal Flags)이나 회화작품(예: 2008년의 다섯 장 동양화 등)을 20여 년간 창작해왔던 조영남은 다양한 언론과 인터뷰를 할 때 자신이 그림을 직접 그린다는 인상을 주었으면서도 2012년경 화가 S에게 화투그림의 작업을 보수를 주고 맡겼다. 예를 들어 조영남은 S에게 2012년 '용무늬 꽃병 위에 오광(五光)과 이파리를 배열하여 그림을 그려보라'라는 추상적 아이디어를 제공하고, S는 캔

8 Thomas Wurtenberger, "Criminal Damage To Art - A Criminological Study", *DePaul Law Review* (Vol. 14, 1964-1965), 86쪽. 우리나라 유명 화가들도 조수를 미술작업에 참여시켜 그리게 하는 경우가 드물지 않다.

조영남, 극동에서 온 꽃, 2012. 4.

버스에 아크릴 물감을 이용하여 임의대로 오광을 배치하고 이를 회화로 표현하여 완성한 다음 조영남에게 건네주었으며 조영남은 건네받은 그림의 외곽에 이파리와 빈 사각형 몇 개를 그려 넣고 배경에 경미한 덧칠 작업만 추가한 다음 그림 하단에 자신의 서명을 하고 그 그림을 2012. 4. 모 갤러리에서 개최된 〈조영남 초대전〉에서 "극동에서 온 꽃"이라는 이름으로 전시하여 갤러리를 통해 고객 K에게 1,200만 원에 판매하였다. ② 조영남은 이와 비슷한 방식으로 많은 작품의 제작과 판매를 하였다는 사기의 공소사실로 기소되었다. 1심 법원은 징역 10월, 집행유예 2년을 선고하였으나 항소법원은 무죄를 선고하였다.[9] 1심 법원은 창작적 표현이 조영남에 의해 이루어지지 않았고, 다른 화가 S에 이루어진 점을 중시하였다. 반면 항소법원은 그림의 크기, 화투의 종류, 위치나 크기 등에 관해 조영남의 지시를 받아 S가 한 작업은 조영남 그림의 밑그림이며, 그 밑그림의 수정을 조영남이 요구하면 S가 이의 없이 따랐고, 화투의 꽃 표현은 조영남의 고유한 컨셉트이며, 친작(親作)이 아니지만 회화와 설치미술, 조각 사이의 장르적 차별이 상대화되고, 개념과 실행을 분리하고 개념에다 작가성의 중점을 두는 팝아트, 개념미술이 현대미술의 하나가 되었다는 점 등을 더 중시한 것으로 보인다. ③ 조영남이 1986년부터 친작활동을 통해 작가의 기술적 능력을 나름대로 입증해왔고, 작품들의 창작아이디어를 제시하고 표현행위를 통제하고 또한 마무리지은 점 등에서 문제가 된 작품들에도 조영남의 표현적 고유성이 있음을 완전히 부정할 수는 없다. 즉, 문제작품들은 조영남의 개념적 고유성이 높은 반면 표현적 고유성은 매우 낮다. 이 경우 그 작품들을 조영남의 예술적 창작물로 볼 것인지는 모던예술관(이 책의 02장)과 포스트모던예술관(이 책의 03장) 가운데 어디에 서느냐에 따라 달라진다. 제1심은 모던예술개념에, 제2심은 포스트모던예술개념에 치중해있다고 볼 수 있다. 1심과 항소심이 사기죄의 법리를 미술품거래관행, 설명가치 있는 작품정보의 범위, 평균적인 거래자상 등에서 상반되게 구성하는 것은 실제로는 이런 예술개념에 의해 지배된 결과이다. 그러나 우리 사회의 문화

9 제1심판결은 서울중앙지방법원 2017. 10. 18. 선고 2016고단5112 판결, 항소심 판결은 서울중앙지방법원 2018. 8. 17. 선고 2017노3965 판결 참조.

적 맥락에서 이런 작품이 개념미술에 해당할 수 있는지는 매우 의문이다.

수많은 예술품의 위조품들이 시장에 난무하는 현상은 미술품이 창출하는 특별한 미적 가치 전반에 대해서 회의를 가져다주며, 그에 따라 예술품이 과연 공예품에 비해 특별한 미적 가치를 창출하는 지도 의심하게 만든다. 굳이 차이를 말한다면, 제품의 경우에는 족적의 역사적 의미나 사상성이 상대적으로 약하다는 차이가 있다. 하지만 근대미술의 정점을 이루는 인상주의 회화가 어떤 철학적 이론이나 사상과 연관되지 않는 순수한 시각적 즐거움을 지향한다고 이해될 수 있다는 점[10]도 예술과 공예의 구분을 상대화시킨다. 또한 예술품이 한 점 또는 석판화(lithography)처럼 한정량으로 복제되는 반면, 아이폰은 수천만 대 정도로 대량으로 복제되고 소비된다는 양적 차이가 있다. 그러나 이 차이도 오늘날에는 미술품이 프린트화로 대량으로 생산되고 소비된다는 점에 의해 상대적인 것이 되었다.

2) 실용성과 예술성 여기서 새로운 구별요소를 추가로 발굴해볼 필요가 있다. 이를테면 예술품은 비실용적인 것이고, 제품은 실용적인 것이라는 구별이다(요소 ⑤). 그러나 이 차이도 양적 차이일 뿐 유무의 차이는 아니다. 제품에서 실용성은 심미적 요소와 상하관계에 놓이지 않고, 수평적 상호제약의 관계에 놓이기 때문이다. 제품의 실용적 목적성이 심미적 요소보다 언제나 우월하게 설정되는 것이 아니다. 심미적 목적을 위해 제품의 기능성이 재단되기도 한다. 예컨대 쿠페(coupe) 자동차가 뒷좌석의 안락한 헤드룸과 착좌감을 희생시키는 것은 차의 바디라인의 아름다움을 위한 것이다. 반면에 예술품도 언제나 비실용적인 것은 아니다. 가령 미술치료에서 보듯, 예술적 가치가 인정되는 그림들은 감상자의 마음을 치유하는 수단으로 기능하기도 한다.

---

10 Arthur C. Danto, *After the End of Art* (Princeton University Press, 1997), 33쪽. 물론 순수한 시각적 즐거움을 지향하는 것 자체가 순수이성의 회화적 표현이라고 해석할 수도 있다. 그렇다면, 사상성에서 차이를 인정할 수 있게 된다.

3) 소통과 소비자선호 지향성의 상대성 예술품과 공예품은 저자의 의도 내지 지향성에서도 상대적 차이가 있다. 예술품이 저자가 생산하는 메시지에 대해 관람자와의 '소통적 이해'(communication)를 지향한다면, 제품은 소비자선호(consumer preference)를 지향한다. 소비자선호 지향성은 제품의 의미에 대한 생산자와 소비자 사이의 소통을 지향하는 것이 아니라 판매의 극대화를 지향할 뿐이다(요소 ⑥).

물론 예술의 소통 지향성과 상품의 소비자선호 지향성도 상대적이다. 그림을 그릴 때 화가는 자신의 그림에 담기는 메시지와 심미적 의미에 대한 감상자들과의 소통이 활발해질수록 미술시장에서 높은 수요로 나타난다고 생각하기 쉽다. 폭넓고, 깊은 소통이 많은 수요를 낳는 현상이 반복되면서 소통과 소비자 선호는 작가들의 의식 속에서 동일화되기 쉽다. 그렇기 때문에 화가는 종종 시장의 수요를 먼저 생각하고, 높은 수요를 창출할 수 있는 심미적 가치를 지향하게 된다. 즉, 소통이 소비자선호의 틀 안에 갇힐 수 있는 것이다.

이와는 정반대로 상품의 소비자선호 지향성은 본래는 판매와 수익의 증대를 목표로 한 것이지만, 소비자선호를 높이는 성공의 깊이에는 제조자와 소비자가 삶에서 그 상품이 갖는 의미와 가치에 대해 깊이 소통하는 흐름이 자리하고 있을 수 있다. 그러므로 예술은 외면적으로는 소통을 지향하지만, 내면적으로는 시장의 선호를 지향하기 쉽고, 상품은 외면적으로는 시장의 선호를 지향하지만, 내면적으로는 소통을 지향하는 것일 수 있다. 이상의 논의를 요약하면 아래 도표와 같다.

구별기준[11]	예술품	공예품
① 족적을 남김	○	△
② 사상성	○	△
③ 고유성	○ (한정)	○ (대량)
④ 예술적 안목과 정신에 호소력	○ (강함)	○ (약함)

⑤ 실용적 목적성	△	○
⑥ 생산자 의도	소통지향성	소비자선호 지향성

4) 유형적 개념 이처럼 예술과 상품의 구별은 지극히 상대적인 것임을 알 수 있다. 범주적 차이가 있는 것이 아니라 어떤 특성은 상품에서 두드러지고, 다른 어떤 특성은 예술품에서 두드러지는 식의 양적 차이만 있을 뿐이다.

(가) **예술품, 상품적 예술품, 예술적 상품, 상품** 이 양적 차이는 예술품과 제품의 개념을 유형(Typus) 개념으로 이해할 수 있게 한다. 전형적인 예술품과 전형적인 상품 사이에 다양한 혼합유형이 존재할 수 있다. 그런 유형을 가장 단순하게 예컨대 〈ⓐ 예술품 → ⓑ 상품적(상품스러운) 예술품 → ⓒ 예술적(예술품스러운) 상품 → ⓓ 상품〉과 같이 네 가지로 나누어 보기로 하자. 물론 더 세분화된 단계유형이 가능하다. 여기서 중요한 점은 법이 예술 개념을 사용할 때 그것이 어떤 단계의 예술과 상품의 유형까지를 포괄하는 것인지가 명확하지 않다는 점이다. 이와 같이 예술 개념의 외연이 불명확하다면, 그 내포(의미)도 불명확할 수밖에 없게 된다.

★ 패션의 예술적 성격 ① 일상에서 입는 옷(복식)은 상품이면서, 그것을 구매하는 능력과 취향에 의해 입는 사람의 사회적 인격(persona)을 구성하는 요소로 작동한다. 하지만 옷이 미적 체험과 미학적 가치를 표현하게 되면 옷은 예술의 성격을 띠게 되며, 그런 옷을 패션이라고 부를 수 있다. 패션은 서양 근대미술의 초상화 속 인물들에서는 초상이라는 예술의 밖에 위치하는 보조장치에 불과했지만, 근대발레에서 무용수들의 패션은 발레의 미학적 가치를 함께 상승시키는 예술의 안과 밖의 경계에 위치하였다. 패션은 여기서 더 나아가 예술의 안에 들어오기도 한다. ② 1860년대 이

11 이 도표의 구별항목에서 ① 족적을 남김, ② 사상성, ③ 고유성, ④ 예술적 안목과 정신에 대한 호소력은 Leonard D. DuBoff/Christy O. King, *Art Law* (2006), 4~6쪽에서 추출한 것을 사용한 것이며, ⑤, ⑥은 필자가 추가한 것임.

Dior의 시퀸 옷

후 프랑스에서 상류층의 의상 또는 의상점이라는 뜻의 오트쿠튀르(HauteCouture)는 디자이너의 기획 하에 양식적으로는 비기능적이고(예: 1982년 꼼데가르송 컬렉션 중 레이스 스웨터처럼 몸에 잘 맞지 않고 아무렇게나 구멍을 낸 옷), 비실용적이고(예: 1997년 마틴 마르지엘라의 곰팡이 등을 뿌려 낡고 더럽게 만든 옷), 비일상적인(예: 시퀸 sequin(금속, 합성수지로 만든 얇은 장식)으로 몽환적인 신비함을 불러일으키는 옷) 모습을 띠고, 사상적으로는 개인을 페르소나로부터 해방시키는 방향으로 옷을 만들고, 옷에 자신의 서명(label)까지 부착하는 등 예술작품과 거의 다르지 않은 패션이다.[12] ③ 1960년대부터 전개된 미국의 패션아트(Fashion Art) 운동 속에서 현대적인 예술과 패션은 본격적으로 융합되기 시작했다. 이때 패션은 이를테면 설치미술의 특성들, 특히 "실물성, 관념성, 상호 작용성, 장소 특정성 그리고 매개 다양성"이라는 특성들과 교차하기도 한다.[13] 그리고 21세기의 오늘날 패션은 현대미술과 그 경계를 아예 해체하는 예술장르로 성장했다고 볼 수 있다.[14] 예컨대 콜라주, 그래피티, 추상화의 표현기법이나 대표적인 미술운동의 이미지를 차용하는 그래픽디자인이 패션에 상호적용[15]되고 있다. ④ 하지만 디자이너들의 오트쿠튀르나 패션아트는 태생은 예술이거나 상품적 예술이지만 시간이 지나면 대량생산상품으로 제작・판매・소비되어 예술적 상품이나 상품이 된다.

(나) 공예품과 응용미술저작물 네 가지 유형에서 중간 유형인 ⓑⓒ의 예를 들어 보자. 현행 저작권법은 응용미술저작물과 공예에 대해 모두

---

12 ②의 오트쿠튀르 설명부분은 고려대 법학전문대학원 〈예술과 형법〉(2019년) 강좌에서 저자가 설명한 예술개념을 원생 이선경 양이 패션에 적용한 발표문의 내용을 활용한 것이다. 이선경 양이 꿈꾸는 fashion law의 미래도 곧 현재가 될 수 있을 것이다.

13 이런 분석으로 무원・김순구, "패션아트에 있어서 설치미술 표현 특성 연구", *예술과 미디어* (제16권 제1호, 2017), 143~179쪽 참조.

14 이런 입장으로 최지희・김정실, "현대 패션컬렉션에 나타난 패션디자이너의 예술적 표현 특성", *한국디자인포럼* (제59권, 2018), 189~198쪽 참조.

15 이런 분석으로 조민정, "패션 트렌드에 나타난 그래픽 디자인의 예술적 표현", *한국디자인포럼* (제48권, 2015), 337~346쪽 참조.

저작권을 인정한다. 응용미술저작물은 ⓑ 상품적 예술품(상품스러운 예술품)에 좀 더 가깝고, 공예품은 ⓒ 예술적 상품(예술품스러운 상품)에 더 가깝다.

★ 순수미술과 응용미술의 법적 차이 물론 응용미술의 개념은 건축디자인, 제품 디자인, 세라믹스, 보석공예, 텍스타일, 유리공예, 가구디자인 등에 사용되기도 한다. 그러나 이런 개념사용은 응용미술을 공예와 구별할 수 없게 하고, 순수미술과의 구분도 어렵게 만든다. 예술비평의 관점에서 순수미술과 응용미술의 구분은 의미가 없는 것이지만, '법적 개념'으로는 의미가 있다. 왜냐하면 저작권법은 미술저작물로서 "회화 · 서예 · 조각 · 판화 · 공예 · 응용미술저작물 그 밖의 미술저작물"(제4조 제1항 제4호)을 구분하여 규정하기 때문이다. 따라서 응용미술 개념은 주로 '디자인'을 통한 미학적 요소와 제품의 기능적 요소가 결합된 작품을 가리킨다. 이런 개념 이해에 따르면 응용미술저작물은 현행 디자인보호법(과거의 의장법 意匠法)이 적용되는 분야와 중첩되게 된다.

하지만 이런 구분도 상대적이다. 응용미술저작물이 대량 생산되는 상품과 결합되는 경우거나 공예품이 소량 제작되는 경우에는 어느 것이 상품적 예술품이고, 어느 것이 예술적 상품인지를 말하기 어렵다.

㈐ 공예품과 응용미술저작물의 저작권법적 구분 그러므로 여기서 법실무에서 종종 간과되고 있는 두 가지 저작권법적 원칙을 세울 필요가 있다.

- 첫째, 본래 제작의 목적(telos)이 상품이 되는 것이었지만, 예술적 차원을 갖고 있는 공예품이 저작권의 보호를 받기 위해서는 일본처럼 '**일품제작의 원칙**'이 지켜질 것을 요구해야 한다.
- 둘째, 응용미술저작물(예: 창의적인 도안)이 대량 생산되는 상품(예: 넥타이)에 결합되는 경우에 그 응용미술저작물이 저작권의 보호를 받기 위해서는 대량 생산되는 제품성에도 불구하고 다른 미술작품과 같은 법적 보호를 받을 만한 정도의 '**예술성**'이 있을 것을 요구해야 한다.

2. 법의 안을 구성하는 예술 개념

저작권법 제4조 제1항 제4호는 공예나 응용미술저작물이 순수예술이 아니라 예술적 상품이거나 상품적 예술품임에도 불구하고 회화와 같은 법적 보호를 받을 수 있게 한다.

(1) 창작성의 의미: 고유성과 예술성

저작권법이 보호하는 미술작품, 즉 미술저작물에 공예나 응용미술저작물이 포함되어 있다는 것은 공예나 응용미술품도 저작권의 보호를 받기 위해서는 다른 순수미술처럼 예술성이 있어야 함을 말해준다.

1) 창작과 발명 저작권이 인정되기 위한 기본요건인 ① 인간의 사상 또는 감정, ② 표현성, ③ 창작성(저작권법 제2조 1호: "저작물"은 인간의 사상 또는 감정을 표현한 창작물을 말한다)에서, 먼저 인간의 사상이나 감정의 표현이란 모든 작품의 보편적인 구성요소이기 때문에[16] 저작권법상 저작물 개념의 핵심은 창작성에 놓임을 알 수 있다. 그런데 창작성이란 저자가 처음으로 만든 것(novum, novelty)을 의미하지는 않는다. 그것은 (발명품에 대한) 특허법의 요구사항이다. 그 대신 저작물로서 창작성은 그 저자가 만든 작품이 다른 사람이 만든 작품과 구별되는 저자만의 특성, 즉 고유성(originality)을 뜻한다.

2) 예술성 창작성은 예술성과 분리되지 않는다. 창작성은 예술성을 낳고, 예술성은 창작성을 전제하면서 동시에 유발한다. 1957년 제정 저작권법은 이 점을 분명하게 한 바 있다.

★ 저작물의 개념 변경과 예술성의 요청 ① 저작권법은 1957년 제정 때부터 (학문 또는) "예술의 범위에 속하는 창작물"이라고 하여 예술 개념을 명시적으로 사용했지만, 2007.6. 개정법부터는 "인간의 사상 또는 감정을

---

16 개념미술은 개념(사상)의 독창성이 그 예술성의 중심을 이루므로 표현성이 요건에서 삭제될 수 있다고 생각하기 쉽다. 그러나 개념미술도 사상으로 환원되는 표현성을 갖고 있음에 주의해야 한다.

표현한 창작물"이라고 하여 저작물의 개념에서 예술 개념을 삭제하였다. ② 이는 예술 개념이 문학이나 학문 등과 외연적으로 명확하게 구별되지 않을 뿐만 아니라 저작물의 장르가 다양화되면서 본래적 의미의 예술품에서 요구되는 예술성을 요구하기에 부적절한 경우가 생겼기 때문이다. 하지만 이런 개정으로 저작물은 오히려 예술성이 전제되어야 한다는 해석이 더욱 정당해진다. 이 개정의 취지는 저작물이 갖추어야 할 예술성은 저작권법이 열거하는 다양한 장르마다 정도의 차이가 있다는 의미로 이해될 수 있다. 저작물의 각 장르에서 어느 정도의 예술성을 요구할 것인지는 법체계 내부에서 결정될 수 없고, 그 장르에 관계되는 예술담론에서 결정될 수 있을 뿐이다. 저작권법의 중요한 연혁을 다음의 표로 요약 정리할 수 있다.

1957. 1. 28. 제정 저작권법	1987. 7. 1. 시행 저작권법	2003. 7. 1. 시행 저작권법	2007. 6. 29. 시행 저작권법
제2조(저작물) 본법에서 저작물이라 함은 **표현의 방법 또는 형식의 여하를 막론하고** 문서, 연술, 회화, 조각, 공예, 건축, 지도, 도형, 모형, 사진, 악곡, 악보, 연주, 가창, 무보, 각본, 연출, 음반, 녹음필림, 영화와 기타 **학문 또는 예술의 범위에 속하는 일체의 물건**을 말한다.	제2조(정의) 이 법에서 사용하는 용어의 정의는 다음과 같다. 1. 저작물 : **문학 학술 또는 예술의 범위에 속하는 창작물**을 말한다.	제2조(정의) 이 법에서 사용하는 용어의 정의는 다음과 같다. 1. 저작물: 문학 · 학술 또는 예술의 범위에 속하는 창작물을 말한다.	제2조(정의) 이 법에서 사용하는 용어의 뜻은 다음과 같다. 1. "저작물"은 **인간의 사상 또는 감정을 표현한 창작물**을 말한다.
	제4조(저작물의 예시등) ① 이 법에서 말하는 저작물을 예시하면 다음과 같다. 4. 회화 · 서예 · 도안 · 조각 · 공	제2조 11의2. **응용미술저작물: 물품에 동일한 형상으로 복제될 수 있는 미술저작물로서 그 이용된 물품과 구분되어**	제2조 15. "응용미술저작물"은 물품에 동일한 형상으로 복제될 수 있는 미술저작물로서 그 이용된 물품과 구분되어

	예 · **응용미술작품** 그밖의 미술저작물	**독자성을 인정할 수 있는 것을 말하며, 디자인 등을 포함한다.**	독자성을 인정할 수 있는 것을 말하며, 디자인 등을 포함한다.

저작권 법정책의 필요성과 그에 따른 법문언의 변화에도 불구하고 저작물의 창작성은 본원적으로 무엇이 예술이고, 어느 정도 예술적이어야 하는가라는 문제는 남겨놓지만, 어쨌든 예술성, 즉 미학적 가치(aesthetic value)를 갖고 있을 때에만 인정된다. 판례도 이 점을 분명히 한 바 있다.

"산업상의 대량생산에의 이용을 목적으로 하여 창작되는 모든 응용미술작품이 곧바로 저작권법상의 저작물로 보호된다고 할 수는 없고, 그 중에서도 그 자체가 하나의 독립적인 예술적 특성이나 가치를 가지고 있어 위에서 말하는 예술의 범위에 속하는 창작물에 해당하여야만 저작물로서 보호된다"(대법원 1996. 2. 23. 선고 94도3266 판결).

(가) 최소예술성 하지만 이와 같이 저작권이 인정되기 위한 창작물의 예술성 요청은 저작물과 예술품을 동의어로 삼는 방향으로 나아갈 수 없다. 저작물의 창작성에 요구되는 예술성은 그 작품을 '예술의 범위'에 속하게 만드는 특성, 그러니까 넓은 의미에서 예술로 취급할 수 있게 만들 정도의 예술성이면 충분하다. 그런 예술성을 최소예술성이라고 개념화할 수 있다. 최소예술성은 분석적으로 작품을 비평해볼 때 나름대로 '상당한' 미학적 가치를 갖고 있는 경우이어야 한다.[17] 이 최소예술성은 저작권법 제1조가 규정하는 다양한 저작물[18]의 장르마다 그 분야의

17 이에 반해 저작권법이 2000. 7. 1. 시행된 개정법으로 인해 응용미술저작물이 예술적 가치 없이도 분리가능성만으로 저작권법의 보호를 받을 수 있다는 해석으로 윤경, "응용미술작품이 저작물로 보호되기 위한 요건", *법조* (통권 600, 2000.9), 특히 20쪽 참조.

18 저작권법 제4조 제1항은 "1. 소설 · 시 · 논문 · 강연 · 연설 · 각본 그 밖의 어문저작물, 2. 음악저작물, 3. 연극 및 무용 · 무언극 그 밖의 연극저작물, 4. 회화 · 서예 · 조각 · 판화 · 공예 · 응용미술저작물 그 밖의 미술저작물, 5. 건축물 · 건축을 위한 모형 및 설

비평담론이 생산하는 예술비평적 기준을 통해서 세분화되고, 얼마간 차별적으로 판단될 수 있다.

(나) 미감과 미학적 쾌락의 구별 저작물에 요구되는 최소예술성개념의 모호성을 다소 완화하는 데에는 디자인보호법의 보호를 받는 디자인과 예술성을 차별화하는 것이 도움이 된다. 디자인보호법상 디자인의 개념은 “물품의 형상·모양·색채 또는 이들을 결합한 것으로서 시각을 통하여 미감을 일으키게 하는 것”(디자인보호법 제2조 제1호)을 말한다. 여기서 미감(美感)이란 아름답다고 느끼는 감각(sense)의 작용을 말한다. 그러나 예술이 되려면 작품이 주는 감각은 미감을 넘어서 미학적 ‘쾌락’(aesthetic pleasure)을 갖게 하는 것이어야 한다.

미학적 쾌락은 어떤 대상의 아름다움이든 추함이든 그것을 감상할 때 기쁘고 즐겁게 느끼는 것을 말한다. 칸트(Kant)에 의하면 이 쾌락은 느낌 그 자체가 아니라 그런 느낌이 미래에도 계속되기를 원하는 상태(의향성 intentionality)에 자신이 빠져 있다는 점에 대한 주체의 의식을 말한다.[19] 이런 미학적 쾌락은 ① 단순한 감각(sense)과 구분되는 형식, 즉 아름다운 대상의 형식(form)이 된다.[20] 또한 ② 미학적 쾌락은 디자인처럼 어떤 목적을 위한 것이거나 목적에 의해 결정되는 것이 아니다. ③ 이 미학적 쾌락은 작품이 생성된 문화적 맥락과 자기반성적 과정 속에서 주체가 해방감을 체험하는 방식으로 달성된다. 그렇기에 미학적 쾌락은 “목적 없는 합목적성”(Purposiveness without a purpose)[21]을 갖는다고 할 수 있다.

계도서 그 밖의 건축저작물, 6. 사진저작물(이와 유사한 방법으로 제작된 것을 포함한다), 7. 영상저작물, 8. 지도·도표·설계도·약도·모형 그 밖의 도형저작물, 9. 컴퓨터프로그램저작물”을 규정한다.

19 이런 이해로 Rachel Zuckert, “A New Look at Kant’s Theory of Pleasure”, *The Journal of Aesthetics and Art Criticism* (Vol. 60, No. 3, 2002), 239~252쪽 참조.

20 Rachel Zuckert, 앞의 논문, 242쪽 아래 참조.

21 Rachel Zuckert, 앞의 논문, 특히 245쪽.

(2) 물품과 구분되는 독자성

저작권법은 공예나 응용미술저작물도 미술저작물로 바라보지만 응용미술품들은 회화 등과는 다른 특성을 가진다. 저작권법은 이 특성을 '물품에 동일한 형상으로 복제될 수 있는 미술저작물로서 그 이용된 물품과 구분되는 독자성(저작권법 제2조 제15호)이라고 정의한다.

1) 실용적 기능과 미학적 양식의 결합 물품과 구분되는 독자성이란 물품 자체의 실용적인 기능성(intrinsic utilitarian function)[22]과 미학적인 양식성이 '융합된' 것이 아니라 단지 '결합된' 것이어서 서로 떼어낼 수 있는 속성을 가리킨다. 미학적 양식성을 제품의 실용적 기능성과 떼어낼 수 없다면, 대량 생산되는 제품의 속성으로 인해 예술품은 생산과 소비의 일상영역에서 홍수를 이루게 된다. 이런 홍수 현상은 어떤 물품의 저작권을 과잉보호하게 만들고, 동시에 예술의 일상화로 인해 예술의 비예술화를 초래되는 아이러니가 발생한다.

2) 분리가능성 그러므로 응용미술저작물에서 독자성 개념은 실용적 기능성과 미학적 양식성의 분리가능성을 가리키는 것이다. 이 분리가능성은 첫째, 실용적 기능성을 수행하는 부분과 미학적 양식으로 표현된 부분이 물리적으로 분리가능함(physical separability)을 가리킨다. 미국 연방법원은 〈발리섬의 춤추는 사람〉이라는 조각을 스탠드의 몸통으로 제작·판매한 행위는 그 조각을 한 작가의 저작권을 침해한 것으로 보았다.[23] 그 몸통부분은 스탠드의 실용적 기능성으로부터 분리될 수 있기 때문이다.

하지만 이러한 물리적 분리가능성이 없이 관념적 분리가능한 것(conceptual separability)만으로도 그 물품으로부터 독립한 미술저작품이 인정될 수 있다. 관념적 분리가능성은 ① 가령 응용미술작품이 결합된 제품이 그 결합으로 인해 시장에서 더 잘 팔리게 하는 힘을 발휘할 수

22 이 개념을 사용하는 미국의 17 U.S.C. §101 참조.
23 Mazer v. Stein, 347 U.S. 201 (1954) 참조.

있고, ② 어느 한 장르의 제품뿐만 아니라 다른 장르의 제품에도 복제될 수 있는 경우라면 원칙적으로 인정할 수 있다. 판례(대법원 2003도7572 판결)에 의하면 히딩크넥타이의 도안에 대해서는 관념적 분리가능성이 인정되는 반면, 보온밥통의 꽃무늬 문양[24]이나 생활한복의 디자인(대법원 2000도79 판결)에는 인정되지 않는다.[25]

(3) 응용미술작품의 저작권과 예술비평

이상에서 저작권법이 말하는 "물품에 동일한 형상으로 복제될 수 있는 미술저작물로서 그 이용된 물품과 구분되는 독자성"(저작권법 제2조 제15호)이란 ⓐ 고유성, ⓑ 예술성, ⓒ 독자성(물품과의 물리적 또는 관념적 분리가능성)을 포함하는 것임을 알 수 있다.

★ 고유성, 예술성, 독자성의 상호작용

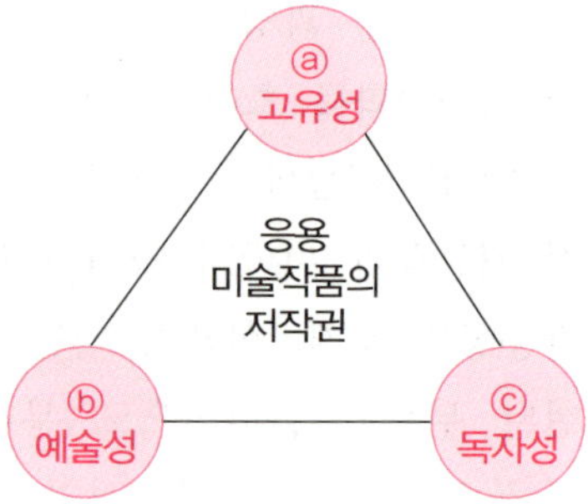

응용미술작품의 저작권 여부를 판단하는 요소인 고유성은 작가에게 특수한 정신의 표현에, 예술성은 사상이나 양식을 통한 미학적 쾌락(특히 해방감)에, 독자성은 물품으로부터 분리가능성에 중점이 있다. 그러나 이 세 요소들은 각기 다른 요소와 전혀 무관하게 판단되지 않는다. 고유성은 예술성을 낳는 한 연원이 되고, 예술성은 독자성을 낳는 연원이 되며, 다시 (특히 개념적) 독자성은 고유성을 낳는 연원이 된다. 세 요소를 모두 아우러서

---

24 자세히는 법률나무, *전기보온밥통 꽃무늬 문양 사건* (미디어나무, 2017) 참조.

25 수원지법 2000. 5. 4. 선고 99노4546 판결("응용미술저작물이 당초부터 상업적인 대량생산에의 이용 또는 실용적인 기능을 주된 목적으로 하여 창작된 경우에는 그 모두가 바로 저작권법의 저작물로 보호될 수는 없고, 그 중에서도 그 자체가 그 실용품의 기능과 물리적으로 혹은 개념적으로 분리되어 식별될 수 있는 독립적인 예술적 특성이나 가치를 가지고 있는 것만이 저작물로 보호된다 … 전기보온밥통의 외부측면에 그려진 '꽃무늬 문양'은 그 제작경위와 목적, 외관 및 기능상의 특성 등 제반사정에 비추어 볼 때 **전기보온밥통의 기능과 물리적으로 혹은 개념적으로 분리되어 식별될 수 있는 예술적 특성**을 가지고 있다고 볼 수 없으므로 저작권법의 보호대상이 되는 저작물에 해당하지 아니한다") 참조.

응용미술작품의 넓은 의미의 예술성이라고 개념화할 수도 있다.

이런 요건의 의미를 히딩크넥타이 사건을 예로 하여 좀 더 자세히 알아보기로 한다.

히딩크넥타이(左) 모방 넥타이(右)

1) 히딩크넥타이 사건 甲은 2002년 월드컵 축구대표팀 감독인 히딩크 감독이 착용했다고 하여 히딩크넥타이로 불리는 넥타이의 도안을 제작하였다. H 공사 과장 乙이 丙에게 히딩크넥타이 문양을 본 딴 넥타이 제작을 의뢰하였고, 사진의 모방넥타이와 같은 넥타이 530개를 납품받았다. 乙과 丙은 저작복제권침해죄로 기소되었다.

1심과 항소심은 이 넥타이의 도안이 독창적인 응용미술작품임을 인정하였지만, 응용미술작품은 "하나의 독립적인 예술적 특성이나 가치를 가지고 있어 예술의 범위에 속하는 창작물에 해당하는 것만이 저작물로서 보호된다"는 과거의 판례(대법원 94도3266 판결)[26]에 따라 무죄를 인정하였다. 그러나 대법원(대법원 2003도7572 판결)은 히딩크넥타이의 도안이 물품에 동일한 형상으로 복제될 수 있는 응용미술작품으로서 그 이용된 물품인 넥타이와 구분되어 독자성을 인정할 수 있는 것이라면 응용미술저작물에 해당한다고 보았다. 원심판결은 파기환송 되었고, 乙과 丙은 결국 저작복제권침해죄로 처벌되었다.[27]

---

26 대법원 1996. 2. 23. 선고 94도3266 판결: "저작권법에 의하여 보호되는 저작물이기 위하여는 어디까지나 문학, 학술 또는 예술의 범위에 속하는 창작물이어야 하고, 본래 산업상의 대량생산에의 이용을 목적으로 하여 창작되는 응용미술품 등에 대하여 의장법 외에 저작권법에 의한 중첩적 보호가 일반적으로 인정되게 되면 신규성 요건이나 등록 요건, 단기의 존속기간 등 의장법의 여러 가지 제한 규정의 취지가 몰각되고 기본적으로 의장법에 의한 보호에 익숙한 산업계에 많은 혼란이 우려되는 점 등을 고려하면, 이러한 응용미술작품에 대하여는 원칙적으로 의장법에 의한 보호로써 충분하고 예외적으로 저작권법에 의한 보호가 중첩적으로 주어진다고 보는 것이 의장법 및 저작권법의 입법취지라 할 것이므로 산업상의 대량생산에의 이용을 목적으로 하여 창작되는 모든 응용미술작품이 곧바로 저작권법상의 저작물로 보호된다고 할 수는 없고, 그 중에서도 그 자체가 하나의 독립적인 예술적 특성이나 가치를 가지고 있어 위에서 말하는 예술의 범위에 속하는 창작물에 해당하여야만 저작물로서 보호된다."

하급심이나 대법원은 모두 히딩크넥타이의 도안이 우리 민족 전래의 태극문양 및 팔괘문양을 이용한 것이지만, 그런 문양을 이용한 기존의 도안과는 다른 고유성을 갖는 것으로 보았다. 다만 하급심은 예술성의 부족을 중시한(ⓑ요건의 불충족) 데에 비해, 대법원은 분리가능성을 중시하였다(ⓒ요건의 충족).

2) 도안의 저작물 여부와 예술비평 히딩크넥타이의 도안이 저작권법의 보호를 받는 응용미술저작물인지를 비평해 보자. 도안과 넥타이 제품의 관념적 분리가능성은 앞에서 이미 다루었으므로 고유성과 예술성만을 검토한다.

(가) 고유성 ① 히딩크넥타이의 도안이 저작물이 되기 위한 고유성을 충분히 갖추고 있는지는 주로 문양의 고유성에서 판단된다. 히딩크넥타이에 사용된 팔괘나 태극문양 또는 사각형이나 다이아몬드형의 점들은 작가에게 고유한 것이 아니다. 8강, 4강, 2강 등을 나타낸 태극문양, 팔괘문양 및 사각형의 점들은 우리나라 전래의 문양일 뿐이다. 예컨대 히딩크넥타이의 디자인을 구성하는 요소로서 8강을 뜻하는 팔괘와 동심원으로 둘러싸여 있는 주된 문양인 삼태극팔괘문양, 그리고 2강을 뜻하는 선형 태극으로 이루어진 이태극문양 등은 우리나라 전래의 태극문양일 뿐이다. 그러므로 이 문양을 넥타이에 사용한 것은 단지 아이디어일 뿐 '표현'적인 창작이 아니다.[28]

② 판례는 문양 자체는 고유한 것이 아닐지라도 그 배열의 고유성을 인정하고 있다. 하지만 이 넥타이에서 문양의 독특한 배치가 저작권으로 보호될만한 창작적 표현, 즉 예술성을 갖는다고 보기는 어렵다. 디자인에 종사하는 평균적인 디자이너라면 누구나 할 수 있는 배열이고, 그 배치의 형식은 넥타이 디자인에서 이미 널리 활용되고 있는 것이기 때

---

27 파기환송받은 원심법원의 유죄판결은 서울중앙지방법원 2005. 2. 4. 선고 2004노2851 판결 참조.

28 비슷하게 비판적인 관점으로 차상육, "응용미술의 저작물성 판단기준", *창작과 비평* (제45호, 2006), 111쪽.

문이다. 가상의 마름모꼴과 사각형의 꼭짓점도 삼태극팔괘문양과 이태극문양의 스트라이프 방식의 순차적 배치 이후에 생기는 공간을 메우는 부차적 요소로 기능하고 있는 점도 그러하다. 이런 문양의 배열이 디자인보호법의 보호수준을 넘어서 저작권법의 보호가 요청되는 정도의 예술성을 갖고 있다고 보기 어렵다.

③ 게다가 히딩크넥타이의 배열상의 고유성과는 별개로 모방넥타이의 도안이 히딩크넥타이의 고유한 양식성을 그대로 재현한 것인지도 의문이다. 모방넥타이가 히딩크넥타이처럼 태극문양, 팔괘문양 등을 사용한 점은 맞지만, 자세히 보면, 히딩크넥타이와는 달리 팔괘를 안에 갖고 있는 원형 주변에 흰색 점선들이 단지 사각형 구조를 이루지 않고, 환형(環形)구조를 이루고 있음을 볼 수 있다. 이 점에서 히딩크넥타이가 기존의 태극과 팔괘문양을 이용한 도안에 대해 가졌던 고유성보다 모방넥타이가 히딩크넥타이에 대해 갖는 고유성이 결코 적다고 단정하기도 어렵다. 그렇다면 모방넥타이는 그 자체로서 응용미술저작물의 고유성의 요건을 새롭게 충족할 수 있고, 따라서 히딩크넥타이의 저작복제권을 침해한다고 볼 수 없다.

(나) **예술성** 미술작품의 예술성은 그 작품의 '양식'이 생성시키는 예술성과 '사상'이 생성시켜주는 예술성으로 나누어 판단해볼 수 있다. ① 히딩크넥타이 도안의 예술성을 이루는 사상은 2002년 당시 월드컵 결승전 진출을 원하는 모든 국민의 염원이었고, 따라서 히딩크넥타이 도안자에게 고유한 것도 아니며, 동시에 죽음을 무릅쓰는 바와 같은 작가 자신의 실천적 행동을 통해 그 사상의 숭고성이 생성된 것도 아니었다. 그런 점에서 히딩크넥타이의 도안은 사상적 예술성을 인정하기 어렵다. ② 미술작품의 예술성을 생성시키는 전통적인 요소는 그 양식(style)이다. 넥타이 도안에서 예술성은 고유성에 완전하게 환원되지 않지만, 많은 부분 고유성에서 생기고 있다. 히딩크넥타이와 모방넥타이의 디자인은 제작동기와 과정, 문양과 그 배열의 약한 고유성 등을 종합해보면,

둘 다 물품의 판매증대라는 목적을 좇는 미감(美感)의 매체로 탄생했고, 그런 매체의 기능을 충실히 수행했다고 보인다. 그렇기에 두 넥타이는 예술성의 수준에서 볼 때 모두 디자인보호법에 의한 보호만 인정되고, 저작권법에 의한 보호는 인정되기 어렵다.

3. 법의 밖을 구성하는 예술 개념

저작권법에서 저작물 개념에 내재된 예술성은 저작권이라는 법개념의 안(내포)을 구성하는 것이었다. 법에서 예술은 이외에도 법개념의 바깥(외연)을 이루기도 한다. 예술성은 표현물의 음란성이나 (국가보안법에 위반하는) 이적성 또는 (저작권을 침해하는) 모방성을 소멸시키거나 처벌가치가 없을 정도로 약화시키는 요소로 기능한다. 즉 어떤 표현물의 예술성은 음란물이나 이적표현물 또는 모방물을 처벌하는 (형)법의 바깥을 구성해 준다고 말할 수 있다. 그 바깥이 커질수록 처벌범위 안에 들어오는 음란물이나 이적표현물 또는 모방물의 범위는 좁아지고, 처벌법규의 규범영역(Normbereich)도 작아진다.

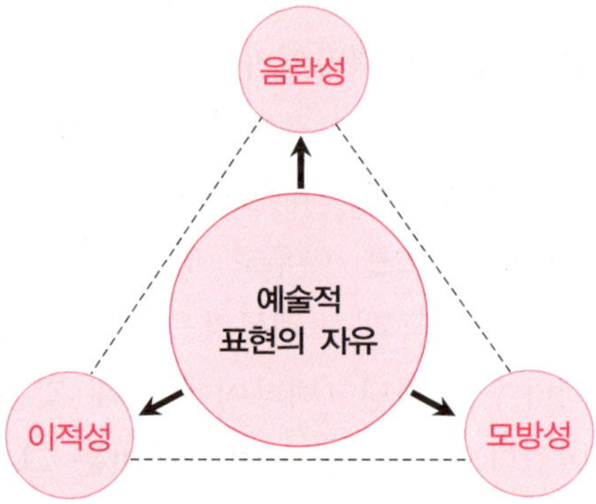

(1) 음란성과 예술성

예술작품은 소재에 따라 때로는 외설적일 수 있고, 포르노와의 양식적 차별성이 사라지면 더욱 그러하며, 때로는 형법상 음란물로 분류되고, 몰수할 물건으로 취급될 수 있다. 그러나 예술작품이 음란성을 완화시키는 예술적 승화가 있는 한 그 작품은 형법의 통제영역에 들어올 수 없다. 예술성은 형법의 '외곽'(外廓)을 설정해주는 것이다. 예컨대 마광수 교수의 〈즐거운 사라〉나 장정일의 〈내게 거짓말을 해봐〉가 음화제조반포죄(형법 제233조 제234조)의 "음란한 문서"에 해당하는지를 판단하려면, 성적 표현의 양보다는 그 표현들이 예술적으로 승화되고 있는 것인지를 들여다보아야 한다. 이 작업은 문체나 내레이션의 방식과 같은 '양식'의 차원에서 뿐만 아니라, 주제로 표현되는 '사상'의 차원에서 이루어지는 예술비평을 가리킨다.

(2) 이적성과 예술성

예술작품, 특히 참여예술작품은 정치적 사상을 미학적 체험의 의미로 구성하는데, 미학적 체험의 의미로 변환된 정치적 사상이 그 정도가 심해지면 정치적 포스터나 선전물과의 경계가 사라지게 되고 정치현실에서도 실제적인 영향을 미칠 수 있게 된다. 민중미술가로 활동했던 신학철 화가의 〈모내기〉가 과거 국가보안법상 이적표현물로 유죄판결[29]을 받은 것도 이러한 맥락에서 이해할 수 있다. 그러나 참여예술작품도 예술성이 높을수록 이적성의 불법을 덮어버릴 수 있다. 그러기 위해서는 참여예술작품의 경우에는 더욱 더 정치적 포스터나 선전물과의 '양식적' 차별성을 많이 보여주어야 하고, 동시에 그 참여예술작품이 표현하는 사상이 이적사상으로 단일하게 이해되지 않을 정도로 다의적인 해석의 가능성을 남겨두는 것이어야 한다. 이처럼 양식적 차별성과 사상적 다의성을 통해 생성되는 참여예술작품의 예술성은 국가보안법의 외곽을 설정한다.

(3) 모방성과 예술성

일반적으로는 어떤 예술작품이 다른 작품을 모방하였다면, 그 작품의 예술성은 감소되고, 저작권법에 위반할 수 있다. 그런데 모든 예술작품은 상호텍스트성(Intertextuality) 개념이 말해주듯, 이전의 다른 작품을 얼마간 모방하는 데서 비롯된다는 점을 상기할 필요가 있다. 예술은 애

29 대법원 1998. 3. 13. 선고 95도117 판결.

당초 자연에 대한 모방(mimesis)[30] 또는 닮아감[31]에서 비롯되었고, 모방을 조금씩 다르게 모방하는 것, 바꿔 말해 이전 예술작품을 본받되, 그 부정성을 부정하는 식의 닮아감이 곧 예술의 역사라고도 이해할 수 있다. 어떤 예술작품이 다른 작품을 모방하더라도 — 완전한 새로움(novum)을 갖출 필요는 없지만 — 나름의 고유성(originality)을 갖는 경우라면, 즉 '부정성을 부정하는 닮아감'을 수행한 예술작품에 대해 말할 수 있는 모방성이란 그 작품의 예술성을 생성시키는 내적 요소 또는 그런 요소와 불가분인 요소라고 볼 수 있다. 이처럼 모방적 요소를 통해 생성되는 예술성은 다른 저작물의 모방을 규제하는 저작권법의 '외곽'을 설정하는 것이 된다. 이렇게 미메시스로 생성되는 예술작품은 "비개념적인 인식(begriffslose Erkenntnis)이며 참된 인식"[32]으로서 합리적인 개념적 인식으로 형성되는 이성법의 한계를 설정하고, 더 나아가 이성법과 변증적으로 종합될 가능성을 갖고 있다.

4. 법의 예술 개념의 차연구조

지금까지 논의를 보면 관세법이나 저작권법, 형법 등의 법들은 실무적으로는 종종, 이론적으로는 늘 '예술(성)이란 무엇인가' 하는 물음에 직면할 수 있음을 알 수 있다. 그러나 이제까지 어떤 실정법도, 어떤 법원도 어떤 의미의 예술 개념에 의거하고 있는지를 밝히지 않았다. 심지어 법이나 법원이 취하는 예술 개념에 대한 학문적 논의도 거의 이루어진 바가 없다. 그렇기에 예술을 말하지 않지만, 예술(성) 판단에 의거하

---

30 이러한 예술관을 보여주는 아리스토텔레스의 사상과 에피스테메(인식)는 소유에 불과하며 미메시스(모방)가 더 우위에 있음을 펼친 벤야민(W. Benjamun)과 아도르노의 이론 등에 관한 자세한 설명으로 한상원, "미메시스. 인식론적, 미학적, 정치철학적 고찰", *시대와 철학* (제27권 제1호, 2016), 263~294쪽 참조.

31 "예술은 세계의 부정성을 닮아감으로써 거꾸로 세계 자체의 변화를 호소하는" 것으로 보는 한상원, 앞의 논문, 290쪽.

32 이는 아도르노의 미메시스 이론에 근거한 설명이며 이에 관해 문병호, "아도르노의 「예술 이론」에 있어서 미메시스와 합리성의 변증법 — 원리, 문제점, 발전적 전개 가능성", *독어독문학* (제50권, 1993), 225~247쪽, 특히 229쪽 참조.

고 있는 법은 그 예술의 의미에 관한 한 데리다가 말하는 "결정불가능성(indécidabilité)의 시련"[33](the ordeal of undecidability)을 겪고 있다고 볼 수 있다. 그렇기에 법은 마치 유령[34]과 같은 것이 된다. 또한 법원은 법을 구성하는 예술성의 판단을 수행하면서도 어떤 점에서 예술성을 인정하거나 인정하지 않는지를 언제나 '나중에 말할 것'처럼 하면서 말하지 않고 있다. 법은 예술성의 문제를 맴돌고 있을 뿐이다. 그렇기에 예술성이나 예술적 판단에 의거해 있는 법은 데리다(Derrida)의 용어로 표현하면 차연(différance)[35]되어 있는 것이다. 즉, 지금의 법은 나중에서야 말할 수 있게 되는 것(예술성)에 의해 그 정의를 담보받고 있는 것이다.

III. 예술의 특성

그러면 법에서 말하지 않은 예술이란 무엇인가? 법률가들에게는 귀납적인 접근이 더 유용할 듯하다. 즉, 예술(작품)이 갖는 특성들을 살펴봄으로써 귀납적으로 예술의 의미를 이해하는 것이다. 아래서는 예술의 특성에 대한 논의를 더턴(Dutton)의 자연주의적 개념을 중심으로 살펴보기로 한다.

1. 예술의 자연주의적 요소

더턴(Dutton)은 예술 개념을 자연주의적으로 파악함으로써 보편적인 예술 개념을 정립하려고 한다. 그는 먼저 보편적 예술 개념의 정립이 실패한 까닭을 예술의 형태와 기술이 역사적·사회적으로 변화하는 점, 예술철학자들이 자신들에게 고유한 미학적 체험으로부터 예술 개념을

---

33 John D. Caputo, *Deconstruction in a Nutshell: A Conversation with Jacques Derrida* (Fordham University Press, 1997), 138쪽.

34 Jacques Derrida (진태원 옮김), *마르크스의 유령들* (이제이북스, 2007) 참조.

35 "법이란 차연의 또 다른 이름"이라고 말하는 Jacues Derrida, "Before the Law", Derek Attridge (편), *Act of Literature* (New York: Routledge, 1992), 203쪽.

형성하는 점, 예술 개념의 정립에 철학적 수사학이 만연하는 점에서 찾는다.[36] 그렇기 때문에 그는 자연주의적인(naturalistic) 방법, 즉 문화를 가로지르는 예술의 담론과 그에 기초한 특징들을 중심으로 예술을 정의하려고 한다. 그는 다음과 같은 12가지 요소를 예술의 자연주의적 특성으로 제시한다.

12가지 요소	예술은 ~	평가
① 직접적 쾌락 plasure	그 자체로서 경험적 쾌락의 직접적 근원이다.	○
② 기술 또는 기교 skill or virtuosity	특별한 기술이나 기교가 필요하다.	×
③ 양식 style	양식 속에서 또는 양식에 대항하여 생성된다.	△
④ 새로움과 창조성 novelty & creativity	규칙에 지배되지 않는 새로움과 창조성이 있다.	×
⑤ 비평 critics	작가들 사이의 커멘트나 비평가들의 공적 담론, 대중들의 평가 등과 함께 한다.	△
⑥ 재현 representation	세계의 현실적 또는 상상적 경험을 모방한다.	×
⑦ 특별한 초점 special focus	일상생활로부터 괄호를 치고, 경험에 대해 고유하고 드라마틱한 초점을 이룬다.	○
⑧ 표현적 개성 expressive individuality	성취가 모호하고 그 성취의 끝도 열려 있어서, 표현적 개성이 펼쳐질 잠재적 공간이 크다.	△
⑨ 감정적 침투 emotional saturation	감정을 일으키고, 감정적 풍미(flavor)나 기조(tone)가 스며들어 있다.	△
⑩ 지적 도전 intellectual challenge	인간의 인지능력과 지적능력을 최대한 활용하도록 디자인된다.	△
⑪ 문화적 전통 art tradition & institutions	문화적 전통과 역사적 맥락 속에서 창조되고, 그 의미를 가진다.	△
⑫ 상상적 경험 imaginative experience	작가와 관객 모두에게 가상의 세계에서 꿈꾸는 상상적 경험을 제공한다.	×

36 Denis Dutton, "A Naturalist Definition of Art", *The Journal of Aesthetics and Art Criticism* (Vol. 64, No. 3, 2006), 367쪽.

2. 예술의 요소에 대한 평가기준

이러한 12가지 요소가 예술의 구성적 요소인지는 판단하기가 매우 어렵다. 그래서 각 요소들을 예술의 입력(input)요소와 출력(output)요소로 나누어 분류해보자. 입력요소란 그 요소가 예술에 투입되지 않으면 예술이 되기 매우 어려운 요소를 말하고, 출력요소란 예술이라면 생산해낼 개연성이 매우 높은 결과들을 말한다. 이 기준을 갖고 12개의 요소를 분류해보면, 다음과 같이 세 가지 부류가 나온다.

- 입력요소이면서 출력요소인 경우(①⑦⑨),
- 입력요소이지만, 출력요소는 아닌 경우(③⑤⑧⑩⑪),
- 입력요소도 출력요소도 아닌 경우(②④⑥⑫)

(1) 입력요소이면서 출력요소인 경우

입력요소이면서 출력요소인 경우로는 직접적 쾌락(①), 특별한 초점(⑦), 그리고 감정적 침투(⑨)를 들 수 있다.

1) 직접적 쾌락 직접적 쾌락은 칸트가 말하는 아름다움의 쾌락에 해당한다.[37]

(가) 칸트의 미학적 쾌락 이론 칸트는 쾌락(pleasure)을 편안함의 쾌락(예: 음식, 향기), 윤리적 선함의 쾌락(예: 사회봉사), 아름다움의 쾌락(예: 명화감상)으로 구분한다. 편안함의 쾌락은 사물을 지각할 때 감각적으로 향유하는 기쁘고 즐거운 느낌이다. 윤리적 쾌락은 실천이성이 요구하는 선의지가 발현됨으로써 갖게 되는 기쁘고 즐거운 느낌이다. 이에 비해 아름다움의 쾌락은 어떤 대상의 아름다움을 감상할 때 기쁘고 즐겁게 느끼는 것을 말한다.

그런데 칸트는 쾌락을 그런 느낌 자체로 이해하는 것이 아니라, 그

---

37 이에 관해 Rachel Zuckert, "A New Look at Kant's Theory of Pleasure", *The Journal of Aesthetics and Art Criticism* (Vol. 60, No. 3, 2002), 239~252쪽 참조.

런 느낌이 미래에도 계속되기를 원하는 상태(의향성 intentionality)에 자신이 빠져 있다는 점에 대한 주체의 의식으로 바라본다.[38] 그러므로 이런 미학적 쾌락은 단순한 감각(sense)과 구분되는 형식, 즉 아름다운 대상의 형식(form)이 된다.[39]

미학적 쾌락은 어떤 목적을 위한 것이거나 목적에 의해 결정되는 것이 아니다. 예컨대 그림의 아름다움이란 그것을 감상하는 기쁘고 즐거운 상태로 향해 있는 주체의 의식상태 그 자체를 가리킨다. 이 미학적 쾌락은 작품이 생성된 문화에 대한 자기반성적 과정 속에서 주체가 해방감을 체험하는 등의 방식으로 달성된다. 그렇기에 미학적 쾌락은 "목적 없는 합목적성"(Purposiveness without a purpose)[40]을 갖는다고 할 수 있다.

미학적 쾌락은 미래에도 그 대상에서 느끼는 기쁘고 즐거운 상태를 계속 유지하려는 지향성, 즉 미래지향성(future-directedness)을 특징으로 한다. 이 미래지향성은 (편안함의 쾌락에서) 편안함을 지향하게 만든 고통의 경험이나 (윤리적 쾌락에서) 선함을 지향하게 만든 악함의 경험과 같은 전제를 갖고 있지 않다는 점에서 다른 두 가지 쾌락들과 구분된다.[41] 또한 편안함의 쾌락이 주관적이고, 윤리적 쾌락이 보편적이라면, 미학적 쾌락은 주관적 보편성(subjective universality)[42]을 띠는 것이다. 미학적 체험은 개인마다 다르다는 점에서 주관적이지만, 그 체험이 공감을 형성하고, 미학적 판단의 사회적 기준이 지속적으로 생산된다는 점에서는 보편성을 말할 수 있다.

---

38 이 삽입글은 주로 칸트의 미학적 쾌락을 감각이 아니라 형식적이며 지향적인 관점으로 해석한 Rachel Zuckert, "A New Look at Kant's Theory of Pleasure", *The Journal of Aesthetics and Art Criticism* (Vol. 60, No. 3, 2002), 239~252쪽의 내용을 정리한 것임.

39 Rachel Zuckert, 앞의 논문, 242쪽 아래 참조.

40 Rachel Zuckert, 앞의 논문, 특히 245쪽.

41 Rachel Zuckert, 앞의 논문, 특히 248쪽 참조.

42 이에 관한 설명으로 Arthur C. Danto, *After the End of Art* (Princeton University Press, 1997), 86쪽 참조.

(나) **미학적 자율주의** 더턴(Dutton)이 말하는 예술의 직접적 쾌락적 성격이 의미하는 바는 예술이란 외향적인(extrinsic) 목적에 이바지하는 수단이 아니라 내향적(intrinsic) 가치로서 아름다움을 창출하고, 그것을 통해 사람들을 기쁘고 즐겁게 만드는 작용을 한다는 것이다. 이를 미학적 자율주의라고 부를 수 있다.[43]

> 자율주의를 대표하는 그린버그(Greenberg)는 이렇게 말한다. "나는 도덕성이 어떤 의미에서든 미학적 요소에 의해 영향 받아야 한다고 느껴본 적이 없다. 그것은 완전한 분리이다. 나는 예술을 실제적인 의미에서 어떤 것을 가지는 것(having ever), 인간사의 과정에 관계되는 것으로 바라보지 않는다."[44]

이런 미학적 쾌락이 없다면 예술이 되기 어렵고, 예술이라면 사람들에게 미학적 쾌락을 줄 수 있어야 한다. 다시 말해 '사람들을 기쁘고 즐겁게 만드는 아름다움'은 예술의 가장 중요한 요소가 된다.

(다) **미학적 쾌락과 법가치의 상호침투** 하지만 법을 구성하는 예술성이란 어느 정도의 도구적 성격을 가질 수밖에 없다. 가령 포르노와 차별화 되지 못한 음란성을 보이는 회화는 법적으로는 예술성이 인정되기 어렵거나 매우 미미한 것으로 판단된다. 이런 점에서 "어떤 경우에 예술작품에서 도덕적 결함은 미학적 결함이 될 수 있고, 도덕적 미덕은 때때로 미학적 가치로 중요할 수 있다"는 캐롤(Carroll)[45]의 말은 타당하다.

2) 특별한 초점 예술이 인간경험의 특별한 초점이 된다는 것은 예술이 일상생활을 괄호치고, 관람자가 일상에서 탈출하는 해방적 과정으로 위치하게 된다는 의미로 이해할 수 있다. 어떤 작품이 특별한 초점

---

43 이에 대해 자세히는 이상돈, *법미학* (법문사, 2008), 27쪽 아래 참조.

44 Clement Greenberg, *Modernism and Modernity: The Vancouver Conference Papers* (The Press of the Nova Scotia College of Art and Design, 1983), 190쪽.

45 Noel Carroll, "Moderate Moralism", *British Journal of Aesthetics* (Vol. 36, 1996), 223~238쪽. 이런 입장은 온건한 도덕주의(moderate moralism)라고 부를 수도 있다.

을 만들어 일상에서 해방되는 경험을 줄 수 없다면 그 작품은 공예품이나 제조물이 되기 쉽고, 거꾸로 그런 특별한 초점을 만들어주는 예술작품이라면 감상자들에게 해방적 경험을 주기 마련이다. 그러므로 특별한 초점은 예술성을 구성하는 또 하나의 핵심적인 요소가 된다.

3) 감정적 침투 감정적 침투(⑨)는 예술의 내용적 작용이다. 예술의 미학적 쾌락의 성격은 바로 미학적 감정의 작용이다. 가령 감정적 풍미나 기조는 예술의 입력요소이면서, 동시에 예술은 감정적 풍미나 기조를 산출시키고, 감상자들은 그것을 느끼고 함께 교감한다.

(2) 입력요소이지만 출력요소가 아닌 요소들

예술의 입력요소이지만 출력요소가 아닌 요소는 다음과 같다.

1) 양식 양식(③)은 예술이 표현되는 형식이면서, 새로운 예술을 낳기 위해 해체되어야 할 소재이므로 예술의 입력요소가 된다고 할 수 있다. 하지만 예술 가운데는 양식이 없는 것도 있다. 양식은 언어나 행동에도, 공예품이나 제조물에도 존재한다. 게다가 양식이 없다는 것이 새로운 (관념적) 양식이 될 수도 있다. 이처럼 '양식 없음의 양식성'은 포스트모던 미술에서 찾을 수 있다. '양식 없음의 양식성'도 예술적 양식의 하나로 본다면, 양식은 예술의 필수적인 입력요소로 남게 된다. 실제 작품의 예술성을 생성시키는 가장 중요한 요소는 언제나 양식이었다고 할 수 있다.

2) 비평 비평(⑤)은 예술이 관객과 소통하기 위한 지식이며 예술이 사회적으로 성립하고 기능하기 위한 조건, 즉 입력요소가 된다. 또한 오늘날 비평은 예술 밖의 요소가 아니라 비평에 의해서 비로소 예술성이 생성될 수 있다는 점에서 예술을 구성하는 요소가 된다. 하지만 예술품이 비평을 불러일으키지 않는 경우도 있다는 점에서 비평은 예술의 출력요소라고 보기 어렵다.

3) 표현적 개성 표현적 개성(⑧)은 예술의 모호성과 비종료성을

구성하는 요소라는 점에서 예술의 입력요소이다. 여기서 예술이 표현하는 것은 개성(inviduality)이다. 개성이란 개인의 것뿐만 아니라 집단의 것도 포함한다. 그러나 예술은 표현적 개성을 드러내지 않을 수도 있다. 예컨대 구상을 밀어낸 추상화는 구상으로 표현되는 개성을 드러내지 않는다.

4) 지적 도전 지적 도전 또는 인지능력과 지적능력의 최대화(⑩)는 예술을 생성시키는 입력요소이지 출력요소가 아니다. 특히 정신적 능력의 극한성은 숭고미를 생성시키는 점에서 이를 쉽게 이해할 수 있다. 지적 도전은 작품의 표현적 양식 속에 들어가 있는 사상으로 발현될 수 있고, 그런 사상은 양식과 비평의 요소와 더불어 예술성의 판단에서 가장 중요한 요소의 하나가 된다. 하지만 학문적 이론의 구성도 지적능력의 최대화를 요구하며, 수공예품의 제작도 인지능력의 최대화를 요구한다는 점에서 이 요소는 예술과 비예술을 가르는 기준으로서 자리하기에는 매우 취약하다.

5) 예술의 문화적 전통 예술의 문화적 전통과 역사적 맥락(⑪)은 예술작품을 이해하는 의미의 망으로 기능하므로 예술을 생성시키는 요소이다. 하지만 학문적 이론도 그 문화적 전통과 역사적 맥락 속에서 그 의미를 생성한다는 점에서 예술의 문화적 전통은 역시 예술과 비예술을 가르는 기준으로 한계가 많다.

(3) 입력요소도 출력요소도 아닌 요소

예술성의 입력요소도 출력요소도 아닌 요소들도 있다.

1) 기술과 기교 기술이나 기교(②)는 예술적 표현을 위해 투입되는 요소이다. 하지만 개념 예술에서 보면 예술성은 기술이나 기교의 투입이 없거나 미미해도, 관념(concept)에 의해서도 생성될 수 있다. 이와는 반대로 기술이나 기교는 공예품의 제작이나 제조물의 수제작에도 넘쳐난다. 르네상스에서 근대에 이르는 사이에 과학화(학문화)를 통하여 근

대적 예술의 개념이 기술로부터 독립하고 변화된 데서 비롯된 역사적 발전[46]은 기술이 예술의 충분조건이 되지 않음을 역사적으로 이미 잘 말해준다.

2) 새로움과 창조성 새로움과 창조성(④) 없이도 모방예술처럼 예술이 될 수 있다는 점에서 그 요소는 입력요소도 출력요소도 아니다. 법적으로 보면 새로움은 발명특허의 요소, 창조성은 저작권의 요소가 된다.

3) 경험의 재현 경험의 재현(⑥)이 없는 예술도 있다. 바흐(Johann Sebastian Bach)의 '푸가'(fuga)와 같은 절대음악(absolute music)은 음의 순수한 예술성만을 지향함으로써 어떤 경험의 재현도 투입되지 않은 채 예술이 되며, 듣는 이에게 경험의 재현을 제공해주는 것도 아니다. 물론 감상자가 '푸가'를 들으면서 어떤 시를 떠올리게 되면, 푸가는 절대음악에서 표제음악(標題音樂)이 된다. 그러므로 예술의 재현성을 예술품이 감상자에게 경험을 연상시키는 작용이라고 이해한다면, 그것은 모든 예술에 존재한다고 볼 수 있다. 그러나 그런 해석자의 주관적 경험은 예술이 아닌 공예품에서도 가능한 것이므로, 작가의 의향을 고려할 필요가 있다. 게다가 재현성이 지나치게 강화되어 있는 작품, 예컨대 사상이나 물건의 특성 등을 사람들의 머릿속에 각인시키는 작품은 예술이기보다 광고물이 되기 쉽다.

4) 가상의 상상적 경험 사실화나 정물화처럼 가상의 상상적 경험(⑫)이 입력되지 않는 예술도 있다. 또한 예술보다 인터넷 게임과 같은 다른 매체가 오히려 가상의 상상적 경험을 풍부하게 생산해준다는 점에서 가상의 상상적 경험은 예술의 출력요소로서 중요하다고 보기 어렵다.

(4) 예술성의 판단요소

이제까지 한 비평적 분석을 통해서 다음의 결론을 얻을 수 있다.

46 이에 대해 자세히는 강손근, "근대 예술 개념의 성립에 관한 연구", *철학논총* (제65집, 2011), 3～30쪽 참조.

1) 예술의 구성요소 첫째, 더턴(Dutton)이 제시한 12개 요소 중 ② 기술 또는 기교, ④ 새로움과 창조성, ⑥ 재현, ⑫ 상상적 경험은 예술의 요소라고 보기 어렵다. 따라서 예술과 비예술을 경계짓는 기준으로서도 무용하다. 둘째, 입력요소이지만 출력요소가 아닌 요소, 즉 ③ 양식, ⑤ 비평, ⑧ 표현적 개성, ⑩ 인지능력과 지적능력의 최대화, ⑪ 문화적 전통과 역사적 맥락의 요소는 예술의 중요한 요소이긴 하지만 이 요소들이 흠결되어 있다고 하여 곧바로 예술이 되지 않는 것은 아니다. 그러므로 이 요소들이 예술과 비예술을 경계짓는 기능(한계기능)은 매우 불완전한 것이 된다. 다만, 이런 요소들을 많이 흠결할수록 예술일 가능성은 낮아지고, 적게 흠결할수록 그 가능성은 높아진다고 말할 수 있다. 셋째, 입력요소이면서 출력요소인 ① 직접적 쾌락, ⑦ 특수한 초점(해방적 기능), ⑨ 감정적 침투는 예술이 되기 위해서는 반드시 갖추어야 할 요소가 된다. 이 한에서 이 요소들은 예술과 비예술을 좀 더 확실하게 경계짓는 기능을 갖는다고 할 수 있다. 하지만 ⑨ 감정적 침투가 예술과 비예술을 경계짓는 기능은 상당히 불안정하다. 예컨대 가령 브람스(Johannes Brahms)의 음악들은 고독과 애절함 같은 감정적 기조가 입력되어 있고, 감상자로 하여금 그런 기조를 느끼게 한다. 하지만 유명한 남성잡지 Playboy에도 — 비슷한 류의 남성잡지 Penthouse와 비교해 볼 때 — 감정적 기조(tone)가 스며들어 있다고 말할 수 있다. 이처럼 Playboy에 실린 화보들이 감정적 기조가 풍부하다고 하여도 그것으로는 아직 예술이 되지 않는다.

2) 예술비평의 구조 여기서 입력요소이지만 출력요소가 아닌 요소들과 입력요소이면서 출력요소인 요소들은 예술성의 판단에서 그 중요성이 차이가 나는 것이 아니라는 점에 주의해야 한다. 예술성의 판단에서 필수적인 입력요소들, 특히 양식, 비평(지식), 사상(지적 도전)의 요소는 예술성을 판단하는 가장 중요한 토포스(topos)가 되고, 그 토포스마다 직접적 미학적 쾌락과 해방적 기능이 (그리고 감정적 기조가) 어느 정

도 들어가고 나오는지를 분석하는 것이 바로 예술비평이라고 할 수 있다. 예술비평에 의해 어떤 작품의 예술성은 작가의 주관적 확신을 넘어 사회적으로 승인되는 보편성(주관적 보편성)을 얻게 된다. 이렇게 보면, 더턴(Dutton)의 자연주의적 예술개념은 사실은 예술비평의 일반적 구조를 밝히는 선행작업이었다고 평가할 수 있다.

Ⅳ. 예술의 법개념화

1. 예술 개념의 화용론적 전환

지금까지 논의한 실정법상 예술 개념과 더턴(Dutton)의 자연주의적 예술 개념은 예술 개념을 법적 개념으로 만들기 위한 기초작업일 뿐이다.

(1) 의미론에서 화용론으로 전환

이 작업은 법적 의미의 예술 개념을 이룰 수 있는 구조적 요소들을 밝힐 뿐, 무엇이 법적으로 예술인지를 결정짓는 개념을 만들어내지는 못한다.

1) 예술 개념의 의미론적 불가능성 이미 자세히 살핀 바와 같이 예술의 특성을 고려할 때 법적인 예술 개념을 의미론적 차원(semantic dimension)에서 명확하게 하는 것은 불가능하다. 예술 개념의 사용규칙이 확립될 수 없기 때문이다. 이 점을 다음과 같은 헌법재판소의 음란과 예술 개념을 예로 하여 설명하기로 한다.

> "음란이란 인간존엄 내지 인간성을 왜곡하는 노골적이고 적나라한 성표현으로서 오로지 성적 흥미에만 호소할 뿐 전체적으로 보아 하등의 문학적, 예술적, 과학적 또는 정치적 가치를 지니지 않은 것으로서, 사회의 건전한 성도덕을 크게 해칠 뿐만 아니라 사상의 경쟁메커니즘에 의해서도 그 해악이 해소되기 어려워 언론·출판의 자유에 의한 보장을 받지 않는 반면, 저속은 이러한 정도에 이르지 않는 성표현 등을 의미하는 것으로서 헌법

적인 보호영역 안에 있다."[47]

이는 '인간성을 왜곡하는 노골적이고 적나라한 성표현은 예술이 아니다'라는 예술 개념의 사용규칙[48]을 세운 것으로 볼 수 있다. 여기서 인간성 왜곡의 함의는 주로 수간이나 강간, 미성년자를 이용하는 성표현 등의 행태를 가리킨다. 이런 사용규칙에 따르면 최경태의 〈여고생-포르노그래피展〉(2001)에 출품된 작품들은 '미성년자를 이용하는 성표현'이라는 점에서 이미 예술이 될 수 없다. 그러나 작품에서 표현되는 소재나 내용이 인간성을 왜곡하는 것이라고 해서 예술성이 생성되지 않는 것은 아니다. 그런 인간성 왜곡의 예술적 표현을 통해 역설적이게도 인간성 왜곡의 현실로부터 해방되는 상징이 생성되고, 바로 그 점에서 미학적 가치가 창출될 수 있기 때문이다.

2) 화용론적 예술 개념 그렇기에 법적인 예술 개념은 오로지 화용론적 차원(pragmatic dimension)에서, 즉 어떤 작품에 대하여 예술품의 자격을 귀속시키는 과정 속에서만 만들어질 수 있을 뿐이다.

★ 의미론과 화용론의 이해[49] ① 모리스(Morris)에게로 거슬러 올라가는[50] 기호들 간의 관계에 관한 이론은 기호들 상호간의 관계를 분석하는 구문론, 기호와 그 지시대상 사이의 관계를 분석하는 의미론 그리고 기호와 기호이용자 사이의 관계를 분석하는 화용론으로 나눌 수 있다. ② 기호론의 고전적인 패러다임은 소쉬르(Saussure)처럼 언어(랑그 langue)와 말(함)(빠롤 parole)을 구분하여 말(함)과 '독립된' '언어기호체계의 구조'를 생각하거나[51] 촘스키(Chomsky)처럼 말하는 사람이 그의 언어능력에

---

47 헌재결 1998. 4. 30, 95헌가16.

48 그렇기에 이 판례를 기초로 ① 진정음란과 ② 부진정음란, ③ 청소년이용음란(아동포르노)을 구별하는 견해도 있다. 대표적으로 이인호, "성표현의 자유와 한계", *언론과 법* (제7권 제2호, 2008), 30쪽 참조.

49 이 단락의 설명은 기호론에 대한 독자들의 일반적인 이해를 돕기 위해 이상돈, "중지미수에서 자의성 개념의 화용론적 재구성", *저스티스* (제33권 제1호, 2000.3), 111~136쪽에서 부분 발췌한 것임.

50 Morris, *Foundation of the Theory of Signs* (1938); *Language and Behavior* (1955) 참조.

의거하여 구문론적으로 잘 정돈된 문장을 무한대로 생산해낼 수 있게 하는 근본토대, 즉 말함의 근본토대로서 어떤 '이상적인 언어의 규칙체계'를 탐구하는 기호론(이른바 변형문법론)[52]에서 찾을 수 있다. 이런 기호론에서 화용론은 단지 실제로 말할 때 등장하는 장애요소들(예: 제한된 기억력, 의미혼동 등)의 총체를 연구하는 주변적인 분야로 자리잡는다. 말하는 자는 단지 이미 존재하는 기호체계의 이용자일 뿐이며 기호체계를 창설하는 주체의 지위는 누리지 못한다. ③ 이에 반해 현대적인 패러다임은 언어를 추상적이며 이상화된 기호나 규칙의 체계가 아니라 '말함'이라는 일종의 사회제도, 즉 특수한 사회적 행동(=말행위)을 규율하는 사회적 프로그램으로 파악한다.[53] 어떤 말행위도 말하는 자의 의도나 말하는 사회적 상황(콘텍스트)을 고려하지 않고는 파악되지 않는다. 언어기호의 일정한 의미나 그 기호들 간의 관계에 관한 규칙은 이와 같이 특수한 사회적 행위라 할 수 있는 말행위가 끊임없는 의사소통적 과정에서 축적된 사회적 결과로서만 비로소 형성된다. 이로써 의미론 또는 구문론의 화용론에 대한 우위는 역전된다. 그리고 의미나 구문은 말함의 맥락에 종속적인 현상으로 파악될 수 있게 된다.

물론 예술 개념의 화용론적 전환이 작품의 예술성이 객관적 기준이 아니라 주관적 판단에 따라 정해짐을 뜻하지는 않는다. 예술 개념은 객관적이지도 주관적이지도 않다. 예술성의 판단은 예술의 내포적 특성을 정하는 요소들을 종합적으로 고려하는 과정을 거쳐야 한다. 이 과정은 어떤 작품에 대해 먼저 분석적으로 다양한 예술적 요소를 살피고, 판단해본 뒤, 그 분석적 판단의 결과들을 이익형량의 방법에 의해 종합적으로 고려함으로써 예술(품)인지 여부를 결정짓는 것이다. 이 작업은 주관적 판단을 객관화하면서, 동시에 객관적 기준을 주관화하는 과정을 통해 주관적 보편성(subjective universality)을 획득해가는 작업이다. 이런 작업은 일종의 예술비평인데, 여기서 말하는 예술비평은 법적 의미의

51 Saussure, *Grundfragen der allgemeinen Sprachwissenschaft* (1967) 참조.

52 Chomsky, *Aspekte der Syntax-Theorie* (1973), 특히 14쪽 참조.

53 이런 제도개념으로 Peter Berger/Brigitte Berger, *Individiuum & Co. Soziologie beginnt beim Nachbarn*, 1974 참조.

예술 개념을 구성하는 작업이다.

(2) 맥락의 중요성

이런 화용론적 예술개념에서는 작품이 전시되거나 실현되는 맥락이 매우 중요하다. 그 가운데 특기할만한 사항으로 물리적 공간도 예술을 생성시키는 중요한 맥락의 하나라는 것이다. 즉 공간은 작품을 구성하는 요소로 기능하며, 작가를 포르노와 같은 상품의 제작자에서 예술가로 변환시키는 요소[54]로도 기능한다. 물리적 공간이라는 맥락이 작품의 예술성을 좌우하는 상반된 예를 들어 보자.

1) 갤러리 공간의 기능 먼저 물리적 공간 때문에 예술이 생성될 수 있다.

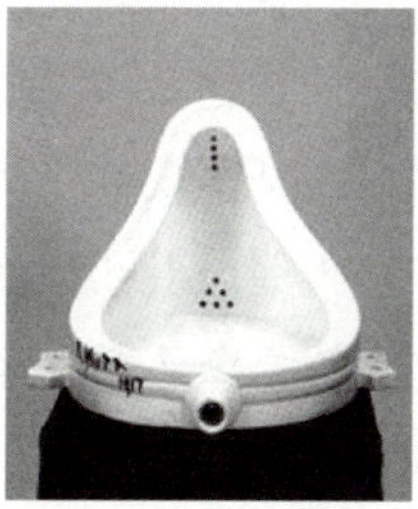

Henry Duchamp, Fountain, 1917

(가) 듀샹의 샘 듀샹(Henri Robert Marcel Duchamp)의 〈샘(fountain)〉이라는 작품은 소변기를 갤러리에 전시한 것이었다. 이 소변기가 갤러리 공간에서 샘이라는 예술작품으로 판단되었던 까닭은 무엇보다도 '일상의 사물도 예술이 될 수 있다'는 새로운 '사상'의 독창성 때문이었다. 이런 작품에서는 인지능력과 지적능력의 극대화라는 예술적 요소가 매우 강하다. 하지만 양식성에서는 예술성이 전무하다. 그럼에도 불구하고 변기가 샘이라는 예술작품이 되는 것은 변기가 '갤러리'라는 공간에 전시됨으로써 사상적 예술성이 양식적 비예술성의 결함을 메우게 되었기 때문이다. 만일 듀샹의 변기가 갤러리가 아니라 일상적 공간에 전시되었다면, 예술작품이 아니라 단지 소변기로 기능하는 물품이었을 것이다. 여기서 갤러리라는 공간이 법적인 예술 판단의 두 축, 사상적 예술성과 양식적 비예술성의 이익형량을 예술성을 인정하는 방향으로 기울게 만든다고 할 수 있다. 갤러리라는 공간은 더턴(Dutton)의 자연주의적 예술요소에서 보면, 미학적 쾌락이나

---

54 이런 견해로 김동일, *예술을 유혹하는 사회학: 부르디외 사회이론으로 문화읽기* (갈무리, 2010), 350쪽.

특별한 초점 또는 감정적 침투를 생성시키는 필요조건이 되는 것이다.

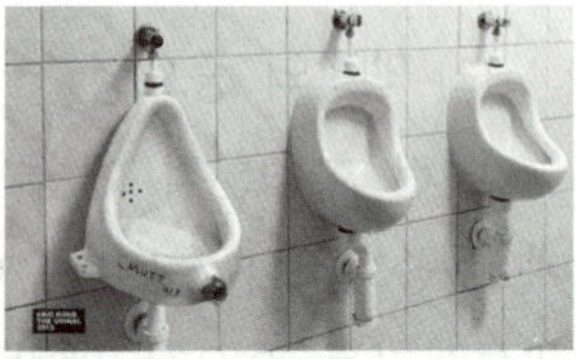
Eric Küns, The Urinal, Berlin 2013

(나) 듀샹의 샘의 재전유 갤러리의 이런 기능은 일상영역도 가질 수 있는 것일까? 에릭 퀸스(Eric Küns)는 2013년 베를린의 한 레스토랑의 화장실에 듀샹의 샘과 빼닮은 소변기를 정상적으로 기능을 하는 다른 소변기와 함께 설치함으로써 듀샹의 샘을 되가져온다. 여기서 되가져온다는 것은 철학적 개념인 재전유(reappropriation)를 가리킨다. 즉 퀸스는 듀샹의 샘을 갤러리(뮤지엄)에서 빼내와 실제 생활공간에 설치함으로써, 듀샹이 일상의 소변기를 갤러리라는 공간에 전시하여 생성시킨 의미를 일상공간으로 되가져온 것이다. 이로써 소변기는 〈일상공간의 낡은 소변기 → 갤러리공간의 샘 → 일상공간의 낡은 소변기이면서 샘〉이라는 의미의 중층구조를 갖게 되고, 소변기마저 예술작품으로 변모시키는 갤러리의 힘을 일상의 영역으로 되가져온다. 듀샹이 설치미술적 행위를 통해 소변기를 샘으로 변환시키는 놀이를 예술이라고 이해했다면, 퀸스는 예술가들의 그런 (예술)놀이와 노는 것을 예술이라고 이해한 셈이 된다. 그렇기에 듀샹이 아방가르드(avantgarde)적이지만 모던예술을 전제하고 있었다면, 퀸스는 진정하게 포스트모던적인 예술행위를 한 것이다. 그러나 퀸스의 전시는 큰 호응을 받지 못한 편이었고, 설치물은 오래 유지되지 못했다고 한다. 이는 예술은 일상과 여전히 구분됨을 말해준다.

2) 웹공간의 기능 이와는 상반된 예가 아래서[55] 설명하는 미술교사 부부의 누드사진 〈우리부부〉이다. 이 작품은 학생이 자유롭게 드나들 수 있는 인터넷 홈페이지에 게시되었다. 이로써 그 사진의 사상적 예술성은 — 작가의 말대로 최대한 인정하더라도 — 사진예술로서의 양식적 결함을 메울 수가 없다. 웹공간은 갤러리와 달리 그 작품의 사상적 예술성이 양식적 결함보다 우위에 놓이도록 만들지 못한다. 물론 오늘날

55 자세한 설명은 64쪽 아래를 참조.

에는 '웹아트'(web art)란 예술도 인정된다. 그러나 웹아트란 예술이 웹 속에 들어오는 현상이지, 웹에서 벌어지는 모든 행위나 그 결과가 예술이 되는 현상을 가리키는 것이 아니다. 게다가 사진이 게시된 홈페이지가 학생과 교사가 소통하는 사실상의 교육공간으로 기능하는 곳이라면, 청소년에게 도덕적 허무주의를 가져다 줄 위험이 있다는 점에서 형법적 의미의 사회적 유해성도 인정될 수 있다.

2. 법예술비평

법에서 예술 개념을 사용한다는 것은 다양한 예술요소들을 이익형량의 방법에 의해 종합적으로 고려하여 예술성을 판단하는 예술비평을 통해서 이루어진다.

(1) 법예술비평의 의미

그런데 예술비평은 그 시대 그 사회의 문화적 맥락 속에서 펼쳐지는 예술담론을 배후에 두고 이루어진다. 예술비평을 통해 법적 예술 개념이 화용론적으로 만들어지는 과정은 예술과 비예술을 차별적으로 규제할 수 있게 함으로써 예술을 규제하는 법의 구체적 규범을 형성하는 것이다. 반대로 법예술비평은 합법과 불법이라는 법의 이원적 코드로 변환된다는 한계는 있지만, 나름대로 어떤 작품의 예술성을 발굴하여 드러내거나 또는 사상적으로 그 미학적 가치를 만들어 그 작품에 귀속시키는 과정이기도 하다.

1) 법과 예술의 동시적 구성 이렇게 볼 때 어떤 작품의 법적 규제에서 기초가 되는 예술비평은 법을 구성하면서 동시에 예술을 구성하는 것이 된다. 이렇게 법을 구성하는 예술비평이면서 예술을 구성하는 법이 하나가 되는 것을 두고 법예술비평(legal criticism of art)이라고 부를 수 있다. 여기서 예술의 개념에는 문학도 포함될 수 있다. 문학은 텍스트성이 매우 높다는 점에서 미술이나 춤 등의 예술과는 차이가 크다.

하지만 문학이 법의 규범적 내용을 구성하고, 법이 작품의 문학성을 구성한다는 점, 그리고 그런 상호구성의 과정은 '비평'의 성격을 띤다는 점에서 문학비평은 법예술비평에 속할 수 있다. 물론 문학의 경우를 따로 떼어 법문학비평이라는 개념[56]을 사용할 수도 있다.

이 점에서 예술비평은 법해석학(Juristische Hermeneutik)에서 말하는 법률과 사안, 규범과 사실, 당위와 존재 사이의 상응(Entsprechung),[57] 또는 '사안을 통한 법의 구체화와 법을 통한 사안의 구성이 동시적으로 이루어지는 과정'[58]에 견줄 수 있다. 왜냐하면 예술비평을 통해 법은 예술을 과도하게 규제하지 않는 규범의 내용을 형성하고, 법을 통하여 예술은 자신의 자유를 가능케 할 수 있기 때문이다. 이런 점에서 예술비평은 법과 예술 사이의 상응, 바꿔 말해 서로를 존중하면서 서로에게 수렴되는 관계를 형성하는 행위가 된다.

2) 비평 법예술비평에서 비평의 개념은 문학비평의 비평 개념에서 그 전범을 발견할 수 있다. 왜냐하면 비평은 다른 예술장르에서보다 문학장르에서 가장 활발하고, 오랜 세월 그 이론과 방법 및 실행의 역사들이 풍부하게 축적되어 왔기 때문이다. 문학비평에서 비평은 흔히 어떤 작품을 이해하기 위하여 해석 · 분류 · 평가하는 일체의 활동을 가리킨다.[59] 다른 예술장르에서 비평도 이와 다르지 않다. 그런데 비평의 개념에서 중요한 점은 비평이란 수행자의 '능동적 관점(perspective)'을 전제로 한다는 점이다. 즉 비평자는 작품을 단지 서술하거나 설명하는 것이 아니라 '작품을 이해하는 방법'을 제안하는 적극적 행위를 하는 것이다. 이런 의미의 비평이 존재해야 하는 것은 프라이(Frye)의 말대로

---

56 이 개념은 필자가 제자 이소영 교수(제주대)와 함께 처음으로 제안한 것인데, 이에 관해 자세히는 이상돈 · 이소영, "법문학비평의 개념, 방법, 이론, 실천", *안암법학* (통권 제25호, 2007), 391~428쪽 참조.

57 Arthur Kaufmann, *Analogie und Natur der Sache* (1982), 18쪽.

58 이런 법해석학의 통찰을 보여주는 W. Hassemer, "Juristische Hermeneutik", *ARSP* (1986), 195쪽.

59 이상우 · 이기한 · 김순식, *문학비평의 이론과 실제* (집문당, 2002), 9쪽.

'모든 예술은 벙어리'이기 때문이다.[60] 작품이 벙어리라는 점은 심지어 언어로 만들어진 문학작품에 대해서도 마찬가지이며, 언어가 부재하는 예술장르에서는 더욱 더 그러하다. 그렇기에 법예술비평이라는 개념에서 예술비평의 방법과 법학방법은 서로를 촉진시키고, 풍부하게 하고, 서로에게 수렴될 수 있다.[61]

작품이해에서 비평의 능동적 역할은 특히 미술영역에서 쉽게 관찰된다. 가령 화가들은 대개 자신의 작품세계를 설명할 언어를 갖고 있지 않다. 그렇기에 화가들은 자신의 작품세계를 말로 설명하기를 주저한다. 화가들은 비평가가 자신의 작품에 대해 선사하는 언어의 세계에 대해 큰 갈증을 보인다. 도록에 실린 비평언어들도 때로는 작품이해를 오히려 왜곡시키기도 한다. 어쨌든 화가들의 언어결핍에서 보듯 예술비평은 벙어리상태의 작품을 우리에게 다양한 모습과 목소리로 보여주고 들려주는 것이다. 작가가 예술작품을 만든 자(창작자)라면, 예술비평가는 예술작품을 실연하는 자(performer)인 것이다. 예술작품을 실연하는 비평가는 역사적 맥락 속에 존재한다. 그의 이론적 관점은 사회문화의 역사적 변화와 함께 거대사적으로 변화하기도 하고, 그가 속한 사회의 지배적인 담론에 깊은 영향을 받기도 한다. 그러므로 무엇이 예술인가 하는 의미에 대한 법적 결론도 역사적으로 변화한다고 볼 수 있다. 여기서 법예술비평의 역사적 개방성을 말할 수 있다.

(2) 법예술비평의 세 가지 차원

법예술비평, 즉 어떤 작품이 법적으로 예술성을 인정할 수 있을 만큼 미학적 쾌락을 생성시키는지를 판단하는 작업이거나 법과 예술을 동시적으로 구성하는 비평은 다음 세 가지 차원에서 이루어 진다: ① 양식적 예술성, ② 사상적 예술성, ③ 비평담론적 예술성.

1) 양식적 예술성 어떤 작품이 예술성을 갖고 법적으로도 예술작

60 N. Frye (임철규 역), *비평의 해부* (Anatomy of Criticism) (한길사, 2000), 4쪽.
61 이 책의 단락 03은 이러한 문제를 자세히 다룬다.

품으로 인정받기 위해서는 그 작품의 양식적 특성이 미학적 쾌락을 발생시킨다는 '보편적' 체험을 가능케 하는 것이어야 한다. 그런데 이 미학적 쾌락의 보편적 체험이 가능할 수 있는 것은 그런 양식이 미학적 쾌락을 가져다준다고 보는 예술담론이 특수한 역사적－문화적 맥락에서 전개되고 사람들에게 학습시킨 결과이다. 가령 인상주의 회화가 아름답게 느껴지는 것은 작가가 주체가 되어 자연에 대한 시각중심의 감각적 체험내용을 캔버스라는 '평면'에 구현하는 양식성을 바탕으로 한다. 즉, '시각성', '감각성', '표현성', '평면성' 등은 인상주의 회화의 양식적 특성이 된다. 또 다른 예로 문학에서 양식적 예술성은 주로 문체와 구성에서 나타난다. 음란물로 유죄판결을 받은[62] 마광수의 소설 〈즐거운 사라〉가 외설성을 가지면서도 포르노물과 다른 것은 1인칭 화법을 통해 성체험의 감각적 쾌락에 빠진 '즐거운' 사라를 '생각하는'(thinking) 사라로 만드는 구성과 섬세하고 깊이 있는 리얼리즘적 묘사언어들과 같은 문체라고 할 수 있다.

2) 사상적 예술성 예술작품은 감정이나 사상을 표현하고 있고, 따라서 그 사상에 의해 예술성이 생성되고, 법에서 승인될 수 있다. 이 점은 특히 포스트모던 예술에서 잘 드러난다. 리히텐슈타인(Lichtenstein)의 팝아트(pop art)가 만화 같은 겉모습에도 불구하고 예술이 되는 것은 모던회화의 내러티브(narrative)를 종결짓는 전복적 사상 때문이다. 이처럼 양식보다 사상에 의해 예술성을 확보하려는 흐름은 20세기 후반 줄곧 이어졌다. 가령 듀샹(Henri Robert Marcel Duchamp)의 〈샘(fountain)〉이라는 작품은 변기를 갤러리에 전시한 것인데, 이처럼 일상의 사물(예: 변기)이 예술이 되는 것은 '일상의 사물도 예술이 될 수 있다는 새로운 개념의 독창성 때문이다. 그러나 변기를 샘이라는 예술작품으로 변화시키는 힘은 예술과 비예술, 즉 일상의 경계를 허물겠다는 사상(thoughts) 그 자체 때문이 아니다. 사상은 예술보다 철학에 의해 더 간명하게 선

62 대법원 1995. 6. 16. 선고 94도2413 판결.

언될 수 있다. 그러므로 사상적 예술성이란 사상이 일정한 사회적(정치적, 교육적, 도덕적 등) 기능을 하는 것을 두고 하는 말이 아니다. 사상적 예술성이란 사상이 예술성을 생성시키는 양식과 같은 기능을 할 때 인정할 수 있는 것이다. 변기가 샘이라는 작품이 되는 것은 예술에는 양식이 없다는 사상 자체 때문이 아니라 그런 사상을 통해 '양식 없는 양식성'을 생성하기 때문이다.

또한 사상적 예술성이란 사상이 예술을 구성한다는 차원만이 아니라 예술이 표현하는 사상의 가치에 의해서도 생성된다. 그러나 이때 예술이 생성하는 사상적 가치는 예술작품의 외향적인(extrinsic) 효과로서가 아니라 '내향적인(intrinsic) 미적 가치'로 구성될 때, 바꿔 말해 작품의 심미적 표현에 내면화되어 있을 때 비로소 인정될 수 있다. 그러므로 내향적 효과로서 사상성이란 그 예술작품으로 인해 정치적 이념의 좌우를 편 가르는 것이 아니라 그 이념들을 가로지르는 사상의 성찰적 수행을 의미한다. 다시 말해 사상의 한 편에 서는 것이 아니라, 서로가 다른 편의 사상을 관점교환적인 태도로 바라보면서, 상대편의 사상을 자기변화의 계기로 수용하는 성찰을 촉진시키는 기능을 할 때 내향적 효과로서 사상성이 인정될 수 있다.

이러한 사상적 예술성은 예술 장르 사이에 다소 차이가 있을 수 있다. 이를테면 회화는 이미지를 통해 사상을 표현하기 때문에 회화의 사상적 예술성은 비평을 통하지 않고는 쉽게 드러나지 않는 한계가 있다. 이에 비해 소설은 스토리의 상세한 구성과 언어적 묘사를 통해 매우 풍부하게 사상을 표현할 수 있다. 여기서 사상은 소설의 스토리 전개 속에 녹아 들어가고, 그 스토리를 엮어내는 언어적 묘사로 자신을 드러내기 때문에, 일반인도 상당한 정도로 소설의 사상적 예술성을 체험할 수 있다. 다만 이러한 소설의 사상적 예술성은 작가 개인이 직접 말하는 사상에 의해 승인되는 것이 아니라는 점에 주의하여야 한다. 가령 자살로 생을 마감한 비운의 마광수 교수가 처벌받은 소설 〈즐거운 사라〉는 그가 외친 정신우월주의나 육체비하주의로부터의 해방사상[63]이나 '사랑을 성욕의 배설로 환원시키는 사상'에 의해 예술성이 인정되는 것이 아니다. 이 점을 〈즐거운 사라〉에 대한 비평을 통해 살펴보자.[64]

(가) 소설 〈즐거운 사라〉의 내용과 재판 〈즐거운 사라〉의 줄거리는 시네마토그래피 비평이 이미 들어간 분석에 의해 다음과 같이 요약(아래 괄호안은 작품의 쪽 표시임)해볼 수 있다.

> 평소 독립해 살고 싶어 했던 사라는 이중인격자인 아버지를 포함한 가족이 미국으로 이주했지만 홀로 한국에 남는다. ① 사라는 고3 때 데생을 배운 H대 미대생 기철의 화실에서 첫 성경험을 갖는다(40). 기철은 무기력한 히피이며 자유분방한 예술가(42)이면서 열등감이 많은 사람이었다(53). 사라는 기철을 사랑하지는 않았고, 단지 '순결한 여성의 허울'에서 해방되기 위해 기철을 이용한 것(44)이라고 회고한다. 기철이 자신을 소유하고 싶어 하고(55), 결혼까지 원하자 사라는 기철을 떠나기로 한다. 기철과의 성관계는 사라에게는 "〈순결한 여성〉의 허울을 빨리 벗어버리고"(43), "사랑에 대한 미망(迷妄)이나 집착을 미리부터 없애 버리고 싶어서였던"(55) 것이었고, 기철의 그 "너무 나약한 모습"(58)에 염증을 느끼며 사라는 "은근히 벌판 같은 가슴을 가진 늠름·당당·용감무쌍한 사내"(58)를 원하게 된다.
>
> ② 사라는 나이트클럽 댄서 알바를 하며, 자기를 "찾는 손님들과 진심으로 〈사랑〉을 나누고 싶어"했지만, "〈섹스 중독증〉에 빠져들까 봐 겁이 났기 때문"(81)에 종종 손님과의 관계를 거부한다. 손님을 피해 도망가다 자기를 차에 태워 구해준 남자가 인적이 드문 캄캄한 곳에서 키스를 하자, 사라는 "그가 불쌍하게 생각되기 시작"(86)했고, "익명의 남자와 갖는 돌연한 〈카섹스〉"를 "두려움 섞인 호기심"(86)으로 받아들인다. 그러나 사라는 "코가 높은 남자들은 섹스를 할 때도 심각하고 사색적인 방식으로 하는구나"(87)라는 작은 깨달음을 얻는다. 섹스를 마친 "그 남자가 소리 없이 눈물을 흘리고 있"(87)자, 사라는 "영원무궁한 정신적 사랑이든 임시방편의 육체적 사랑이든, 사랑은 무조건 슬픈 거라는 생각이"(87) 들었다.

---

63 마광수, "문학과 성, 그리고 '외설'의 문제", 남송우·정해룡(편저), *전환기의 문학론* (세종출판사, 2001), 385쪽.

64 아래 내용은 이상돈, *예술형법* (박영사, 2014), 149~171쪽을 요약·보완한 것임.

사라는 그 섹스를 통해 이상하게도 "명랑을 되찾을 수 있었다"(90).

③ 사라는 나이트클럽 댄서 알바를 하던 중 고교 동창생 정아를 만난다(92). "아버지의 사랑, 아니 보살핌에 아주 굶주려 있었"(106)던 정아는 룸쌀롱에서 김승태를 만났다. 김승태는 정아에게 아빠이자 섹시한 애인이 되어 주었다. 그는 가죽혁대로 엉덩이를 때리기(125)도 하고, "1대 2의 섹스"(127)를 원하는 변태성욕자(118)였는데, 정아는 그의 새디즘적 행동을 "매저키스틱한 쾌락으로 승화시키고"(111) 있었다. 그런 정아가 사라에게는 "행복한 노예"(116)로 비춰졌다. 정아의 집에서 정아는 섹스비디오를 보다가 우연히 레즈비언적인 행동을 하게 되었고, "우정과 애정이 마구 뒤범벅이 되어 있는 상태"(135)가 되었다. 사라는 점차 "김승태 앞에서 정아와 색기로 경쟁을 하고 싶"(137)어 졌고, 정아의 바람대로 김승태와 "1대 2의 섹스"를 감행하게 된다(139). 1대 2의 섹스는 그녀에게 "관능적 긴장감"(140)을 완벽하게 주었다. 하지만 사라는 "달짝지근한 복종의 쾌감"(144)과 함께 "하렘의 후궁들 같다는 생각"(144)으로 자존심이 상하기도 했다. 사라는 점차 쓸쓸하고 허전함을 느꼈고, "두 사람의 사랑 놀음을 도와주는 보조자"(158)임을 깨달았다. 사라는 자신이 "아버지와 사이가 좋지 않은 데서 비롯된 애매모호한 엘렉트라 콤플렉스를 가지고 있"(178)음을 바라보게 되었다.

④ 새 학기가 되자 사라는 존 레논을 닮은(185) 국문과 신임교수 한지섭의 야한 강의에 빠져 든다. 사라는 "사랑을 성욕과 같은 의미로 사용하는"(187) 그의 사랑관에 깊이 공감하며, 그를 귀여운 "생 떽쥐베리의 어린왕자"로 본다. 사라는 한지섭과의 사랑을 꿈꾸지만 그의 "신비스런 귀티"(215)와 "새디스틱한 카리스마"(215)에 좀처럼 다가가지 못한다. 그러던 중 사라는 룸살롱에서 언더그라운드 가수 김철에게 동정심을 갖게 된다. 사라에게 김철은 "여자의 모성애를 자극하는 남자"(214)였고 아직 다가가지 못한 "한지섭의 대용품"(219)일 뿐이었다. 사라는 점차 "건방진 영웅심리에서" 시작한 "아르바이트가 습관적인 〈잡식성 남성 편력〉으로 이어지고, 그것이 다시 허전한 외로움으로 이어"(228)짐을 느꼈다. 김철은 사라에게 청혼을 하였지만 사라는 거절한다.

⑤ 사라는 한지섭에게 레포트를 제출하러갔다가 긴 대화를 나누다 '주역의 점괘로 여자가 생긴다는 〈임 臨〉이 나왔다'는 설명(260)을 마치던 한지섭의 무릎 위에 올라가 걸터앉고 키스를 한다. 사라는 "오직 그의 곁

에 있다는 사실만으로도 황홀해질 뿐이었다"(262). 한지섭은 "어린애 같이 순진한 에고이스트였다"(270). 사랑에서 "귀찮다는 것이 제일 견디기 어려운 일"(269)로 여겼지만, 사라와 사랑을 할 때면 "해맑은 소년의 얼굴"(276)을 띠었다. 그와의 사랑은 달콤했다. 사라는 "사랑은 오직 〈자기만족〉"(281)이며 "모든 사랑은 자위행위의 연장"(282)이라는 한지섭의 사랑관에서도 "뻔뻔한 카리스마"(282)를 느낀다. 한지섭은 결혼하기는 죽기보다 싫다고 하면서도, 여자가 여필종부형의 마누라 역할을 해줘야만 편안해 하는 남자였지만, 사라의 "매저키스틱한 관능을 자극시켰"(295)다. 그가 사라를 "복슬강아지 다루듯 하며 가지고 놀 때마다"(296) 사라는 "나른하고 황홀한 쾌감 속으로 여지없이 무너져 내리게"(296)되었다. 한지섭은 사라에게 서서히 권태를 느끼게 되었지만(303) 사라는 그와의 결혼을 꿈꾼다. 그는 〈귀매 歸妹〉라는 점괘를 설명해주며(310), 사라에게 그녀를 소유하고 싶지 않고, 그 점괘에 맞도록 사라가 당당하고 자유분방한 삶을 살아가도록 도와주겠다고 말한다(311). 사라는 그와의 이별에 대한 예감이 오히려 사랑의 상승작용을 불어옴을 경험했다. 사라의 결혼의지가 신데렐라 콤플렉스임을 자각한다.

⑥ 사라는 "흡사 막노동자 같은 인상"(325)의 같은 과 복학생인 최승구와 섹스를 하게 된다. 최승구는 사라에게 욕을 하고 막 다루었지만, 사라는 "그의 품안에서 원시적 흥분상태로 빠져들어"(329)갔고 고갱의 그림처럼 "강렬하고 원시적인 색깔, 그 둔중한 관능미"(329)를 체험하였다. 게다가 과 친구 미애의 약혼자 노주형과의 우연한 만남에서 사라는 테이블 밑으로 노주형의 허벅지 위에 발을 올려놓는 등의 장난을 쳤다(336). 신사 같은 노주형은 다음 날 사라가 일하는 룸살롱으로 찾아와 신파극의 남자 주인공처럼 사라에게 결혼을 애원했다. 사라는 대답을 얼버무렸지만, 자신에게 번듯한 신랑감 후보가 나섰다는 것에서 오히려 "결혼에 대한 호기심과 선망, 그리고 유혹으로부터"(342) 벗어날 수 있었다.

⑦ 그러던 어느 날 사라는 한지섭으로부터 이별을 통고하는 편지를 받는다(343). 사라는 그것을 한지섭의 "어리광"(346)으로 받아들이면서 "얼마간의 공백기가 도리어 긍정적인 예감으로 다가"(346)올 것이라 생각한다. 같은 날 사라는 기철이 자살했다는 소식을 듣지만, 홀가분한 해방감을 느끼는 자신을 보면서 인간이 "참으로 이기적인 동물이라는 사실"(348)을 깨닫는다. 같은 날 T 교수가 대학원에 진학하라는 권유를 받으며 그의 자

신에 대한 욕망을 읽는다. 사라는 학점을 생각하고, 대학원에 진학하여 미래에 강단에 서 있는 자신을 상상하며 그 방을 나왔다.

⑧ 집에 돌아 온 사라는 직업정신을 갖고 룸살롱으로 출근해야겠다는 생각이 든다. 사라는 출근하기 전 거울 속 자신을 보면서 이상하게도 아름다워져 있다는 느낌을 갖는다. 그리고 한지섭이 편지로 말한 〈자유〉 생각이 나며, 지금까지 그녀가 "만났던 남자들에 대한 기억이, 마치 전생의 일이라도 되는 것처럼 까마득한 옛일로 느껴지는 것이었다"(355).

대법원은 소설 〈즐거운 사라〉의 표현들이 〈주인공 사라의 음란행각 → 반(反)도덕성 → 예술성 소멸 → (처벌이 필요한) 음란성〉이라는 논증구조 속에서 표현의 자유의 한계를 넘은 것으로 보았다.[65] 그러나 예술성이 주인공의 반도덕적 행각 때문에 소멸한다면, 소설 속 주인공의 행동이 도덕적일수록, 그 소설은 예술적인 작품이 되고, 소설과 도덕교과서는 구별할 수 없게 된다.

(나) 〈즐거운 사라〉의 사상적 예술성 판단 〈즐거운 사라〉는 주인공 사라의 1인칭 화법으로 성행위의 풍경과 심리적 내면풍경을 모두 자세히 묘사하는 '리얼리즘적 묘사의 양식'을 보여준다. 하지만 성에 대한 사실적 묘사가 갖는 음란성이 그로테스크한 묘사[66] 등에 의해 낯설게 되거나

---

65 대법원 1995. 6. 16. 선고 94도2413 판결: "소설 〈즐거운 사라〉는 미대생인 여주인공 '사라'가 성에 대한 학습요구의 실천이라는 이름 아래 벌이는 자유분방하고 괴벽스러운 섹스행각 묘사가 대부분을 차지하고 있는데, 그 성희의 대상도 미술학원 선생, 처음 만난 유흥가 손님, 여중 동창생 및 그의 기둥서방, 친구의 약혼자, 동료 대학생 및 대학교수 등으로 여러 유형의 남녀를 포괄하고 있고, 그 성애의 장면도 자학적인 자위행위에서부터 동성연애, 그룹섹스, 구강성교, 항문성교, 카섹스, 비디오섹스 등 아주 다양하며, 그 묘사방법도 매우 적나라하고 장황하게 구체적이고 사실적으로, 또한 자극적이고 선정적으로 묘사하고 있어서 위 소설은 위와 같이 때와 장소, 상대방을 가리지 않는 다양한 성행위를 선정적 필치로 노골적이고 자극적으로 묘사하고 있는데다가 나아가 그러한 묘사 부분이 양적, 질적으로 문서의 중추를 차지하고 있을 뿐만 아니라 그 구성이나 전개에 있어서도 문예성, 예술성, 사상성 등에 의한 성적 자극 완화의 정도가 별로 크지 아니하여 주로 독자의 호색적 흥미를 돋우는 것으로밖에 인정되지 아니하는 바, 위와 같은 여러 점을 종합하여 고찰하여 볼 때 이 사건 소설은 작가가 주장하는 '성 논의의 해방과 인간의 자아확립'이라는 전체적인 주제를 고려한다고 하더라도 음란한 문서에 해당되는 것으로 보지 않을 수 없다."

66 가령 이와 같은 표현이 이에 해당한다: "나는 그가 얽어논 거미줄에 완전히 걸려들고 싶었다. 그물에 걸려 대롱대롱 바둥거리며, 서서히 다가오는 죽음의 냄새를 맡아보고

성의 의미를 새롭게 구성하는 정도는 아니다. 이런 점에서 〈즐거운 사라〉와 포르노의 경계지움은 사상적 예술성에 힘입어야 한다.

① 소설 속 사라와 한지섭은 포스트모던적 예술의 파토스와 정신분석학적 통찰을 보여준다.[67] 가령 "달짝지근한 복종의 쾌감"(144), "행복한 노예"(116)와 같은 매저키스틱 쾌락에 자주 빠지는 묘사(296)는 상징계에서 여자가 남자에게 팰러스를 주고,[68] 실재계에서 남자로부터 그 팰러스를 되받아 향유하는 라깡의 정신분석학적 통찰[69]을 보여준다. 게다가 "얼굴에 주름이 생길까봐 걱정되지도 않았고, 약간 튀어나온 앞니가 창피하게 느껴지지도 않았다"(355)고 독백하는 사라는 사회적 미적 가치를 해체하는 사상을 보여주기도 한다. 이러한 사상은 모노가미의 가족제도 속에서 생성된 성에 대한 배타적 소유를 정당화하는 도덕을 해체한다. 사라가 누리는 성적 자기결정(sexuelle Selbstbestimmung)은 기존의 법학에서처럼 자신의 성적 자유에 대한 타인의 침해를 방어하는 소극적 권리를 넘어서 개인이 자신의 성생활에 대해 능동적으로 자유롭게 결정할 적극적인 권리의 모습을 보여준다. 또한 양가집 규수의 위선은 호스티스보다 더 천한 것일 수 있다는 한지섭의 사고(313)[70]도 바흐호펜이 주장한 인류 창녀적 단계(hetaeric statge)가 현대사회에도 유지됨을 보여준 카프카 작품과 유사한 사상을 보여준다.[71] 이 통찰은 숙녀 속에 창녀성이 내재해 있고, 창녀 속에 숙녀성이 내재해 있다[72]는 정신분석학적

싶었다. 조금씩 내 몸을 조여오는 가느다란 은빛 그물에 휩싸여, 나는 거미줄에 걸려든 무명(無名)의 곤충처럼 무섭게 조바심치며, 거미가 어서 빨리 먹어주기만을 기다리고 싶었다."(299)

67 이는 마광수 교수가 제출한 항소이유 보충서에 잘 요약되어 있다. 이 보충서는 마광수, *사라를 위한 변명* (열음사, 1994), 405~417쪽.

68 자세히는 숀 호머, *라캉읽기* (은행나무, 2009), 184~205쪽.

69 라깡의 이론에 대해 홍준기, *오이디푸스 콤플렉스, 남자의 성, 여자의 성* (아난케, 2008), 295쪽.

70 이는 마광수 교수가 제출한 항소이유 보충서에 잘 요약되어 있다. 이 보충서는 마광수, *사라를 위한 변명* (열음사, 1994), 405~417쪽.

71 이에 대해 자세히는 Rodolphe Gasché, "Kafka's Law: In the Field of Forcees between Judaism and Hellenism", *MLN* (Vol. 117, No. 5, Comparative Literature Issue, Dec., 2002), 978~979쪽 참조.

통찰에 가깝다.

② 하지만 이러한 사상적 요소들은 이 소설의 스토리 구성이나 그 전개의 언어적 묘사로서 필수적인 요소가 아니다. 사라의 내레이션에 담긴 통찰들은 작가가 사라의 입을 빌려 억지로 끼워 넣는 단지 '붙임말'처럼 존재한다. 그런 사상 없이 사라가 자신의 성경험에 대해 표현적으로 내레이션해도 〈즐거운 사라〉의 작품성은 크게 다르지 않을 수 있다. 오히려 사상적으로는 이 소설이 여성의 성에 남성주의적 억압을 하는 검열관과 같다는 비판도 제기된다.[73] 법원도 〈즐거운 사라〉의 독백을 사실상 플로베르(Gustave Flaubert)[74] 식의 포르노적 내레이션에 근접한 것으로 본 듯하다. 이런 점에서 사라와 한지섭이 보여주는 위의 사상적 요소들은 이 소설에 '내향화된 미적 가치'로 전환되지 못했다고 평할 수 있다. 따라서 〈즐거운 사라〉는 사상적 예술성이 없는 것은 아니지만 그리 크다고 보기는 어렵다.

그런데 〈즐거운 사라〉의 한지섭 교수는 작가인 마광수 교수의 사실상 분신(分身)으로 보인다. 그렇기에 마광수 교수는 이 소설을 자신의 성적 욕망을 발산하는 수단으로 삼을 수 있을 것이다. 소설 〈즐거운 사라〉는 그가 말하는 성욕을 대리배설 시켜주는 충실한 호스티스와 같다. 그 결과 〈즐거운 사라〉는 마광수 교수가 비난했던 계몽주의적 설교를 목적으로 하는 소설[75]과 매우 같아졌다. 이처럼 소설이 작가의 방편으로 머무른다면 그 소설의 예술성은 그 만큼 떨어지게 된다. 예술작품의 예술성은 '저자는 사라진다'는 데리다(Derrida)의 통찰처럼 그 작품에서 작

---

72 이상돈 · 민윤영, *법정신분석학입문* (법문사, 2010), 244쪽.

73 이런 비판으로 황국명, "성표현과 해석", 남송우 · 정해룡(편저), *전환기의 문학론* (세종출판사, 2001), 350~351쪽.

74 귀스타브 플로베르(Gustave Flaubert, 1821~1880)는 19세기 프랑스의 사실주의 작가이다. 간질을 앓았으며, 1856년 〈보봐르 부인(Madame Bovary)〉을 발표하여 문학에서 사실주의를 꽃피운 작가이다. 그의 사실주의 문학은 의사인 아버지의 과학정신에 영향을 받은 것으로 볼 수 있다. 플로베르는 〈보봐르 부인〉으로 인해 재판을 받기도 했다.

75 마광수, *즐거운 사라* (청하, 1992), 360쪽.

가의 목적성이 읽히지 않을 때 더 커지기 때문이다.

③ 다만 사라가 〈기철 → 김승태 → 김철 → 한지섭 → 최승구〉로 이어지는 성의 자유여행을 계속 해가는 과정들은 나름의 반성을 통해 이루어진다는 점에서 사라의 사상은 소설에 내향화된 미적 가치로 전환되는 부분이 조금 있다. 하지만 사라의 거듭된 반성은 사유(thingking)가 아니라 감각(sense), 직관(intuition), 감성(feeling)의 반응으로 이루어진다. 사라는 "여자 앞에서 빌빌대는 남자"(64), 기철의 모습에 '감성적'(emotional)으로 염증을 느끼며 떠났고, 이 염증의 추동력은 기철과 정반대 타입인 남자, "늠름·당당·용감무쌍한 사내"(58)인 김승태와 쓰리썸의 관계를 이루게 한다. 하지만 사라는 김승태의 천골 이미지에 대한 염증과 같은 '감각적'(sensual) 추동력으로 헤어지고, 다시 그 정반대의 남자, 즉 동정심을 불러일으키는 유약한 아티스트 김철과 성관계를 하지만 김철이 자신이 사모한 한지섭의 대용품이라는 '직관적'(intuitive) 판단으로 다시 이별한다. 이 직관적 염증은 사라로 하여금 카리스마 있고 귀티나는 에고이스트 한지섭 교수로 향하게 만든다. 하지만 사라는 다시 한 교수와의 성관계가 갖는 지적인 요소에 대한 감성적 염증으로 원시적이며 둔중한 관능미의 최승구와의 섹스를 갖게 된다.

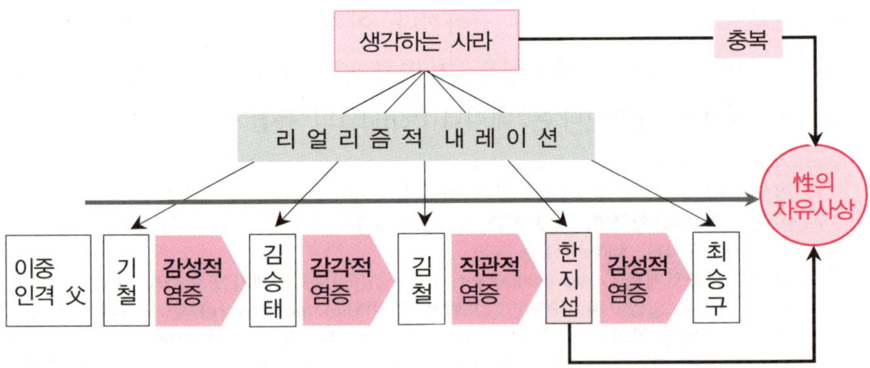

이처럼 감성적, 감각적, 직관적인 추동력으로 펼쳐진 사라의 성교들을 묘사하는 언어의 음란성 문제는 한지섭의 〈자유〉 사상에 의해서만 정당화된다. 그렇기에 소설은 사라가 다양한 남성편력 이후에도 여전히 청담동 룸살롱을 향해 경쾌하게 출근하는 모습으로 끝난다. 사라는 사회윤리로부터 자유로워지기는 했지만, 〈자유〉 연애론과 '사랑은 성욕의 발현에 불과하다'는 사상의 충복(忠僕)이며 소설의 끝에서는 그런 사상의 포로처럼 보인다. 이 점에서 이 소설은 남성에 포획된 여자의 자유로운 성놀이를 폭력이라고 보는[76] 급진적 페미니즘에 의해 혹독하게 비판된다. 하지만 자유로운 성놀이와 여성성의 역할을 새롭게 인정하는 포스트페미니즘(postfeminism)도 성에 관한 자유사상의 노예인 즐거운 사라를 아름답게 볼 수는 없다.

염재만, 반노, 1969

★ 〈즐거운 사라〉의 대안적 구성 이 점에서 음란문서 제조죄로 심판받은 염재만의 소설 〈반노〉(叛奴)(1969)는 그 사상적 예술성이 다르다. 대법원도 이 소설에 대해 "전체적인 내용의 흐름이 인간에 내재하는 향락적인 성욕에 반항함으로서 결국 그로부터 벗어나 새로운 자아를 발견하는 과정으로 이끌어 매듭된 사실을 인정할 수 있으니 이에 비추어 이건 소설을 음란한 작품이라고 단정할 수 없다"[77]고 보아 무죄판결을 하였다. 〈즐거운 사라〉의 두 가지 특성(① 사상이 내향적 미적 가치로 전환 안 됨, ② 작가로부터 작품의 분리·독립의 실패)을 제거하는 대안적 구성을 해보면, 그 특성들이 소설의 예술성을 낮게 만든다는 점이 더 잘 드러날 수 있다. ①의 극복을 위해 가령 사라가 아버지로부터 성폭행을 받고 트라우마에 시달리는 상황을 소설의 출발로 삼으면, 사라의 모든 남성편력

---

76 매키넌(Mackinnon)은 다음과 같이 말한다: "강간은 폭력범죄이지 결코 성적인 것(sexuality)이 아니다. 성희롱은 권력의 남용이지, 결코 성적인 것이 아니다. 포르노그라피는 여성에 대한 폭력이지, 결코 에로틱한 것이 아니다."(C. Mackinnon, *Feminism Unmodified: Discourses on Life and Law* (Harvard University Press, 1987), 85쪽).

77 대법원 1975. 12. 9. 선고 74도976 판결. 이 사건은 이영섭(재판장), 민문기, 김윤행, 김용철 대법관이 맡았다.

은 그 트라우마를 치유하는 과정으로서 재해석할 수 있다. 즉 성적 변태성과 도덕적 일탈은 자기치유의 몸짓으로 자리잡는다. 다만 이런 구성이 다소 과도한 도덕주의적 경향을 가질 수 있으므로 사라의 체험들마다 육체해방의 의미를 넘어서면서 저마다 다른 반성적 의미를 생성시키는 정신분석학적 맥락을 강화할 필요가 있다.

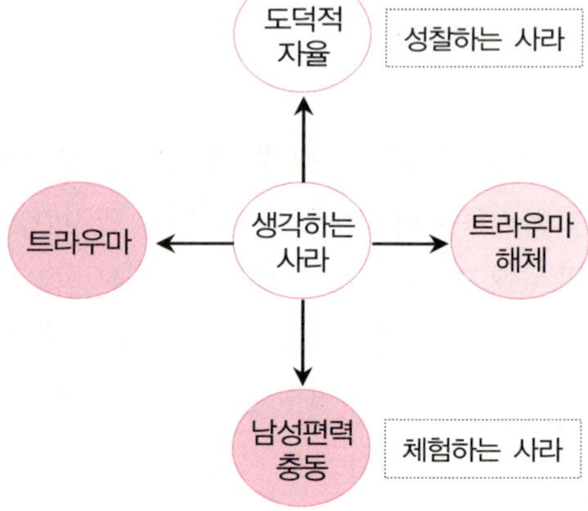

②의 극복을 위해 〈즐거운 사라〉를 작가의 개인적 욕망의 충복에서 벗어나도록, 즉 소설 속 사라를 한지섭의 〈자유〉 사상의 노예적 지위에서 벗어나게 하고, 자기성찰의 주체로 묘사해야 한다. 예컨대 사라가 청담동 룸살롱에 출근하는 엔딩을 사라가 룸살롱을 그만둔다는 말을 하고 걸어 나오는 모습으로 끝을 맺는 것이다. 이때 그녀의 경험들이 전생의 일처럼 여겨진다는 설정을 함으로써 트라우마는 그것을 극복하는 방식이 아니라 잊어버리는 방식으로 가장 잘 치유된다는 망각적 자각을 보여줄 필요가 있다. 다만 이러한 사상적 예술성의 부족함에도 불구하고 〈즐거운 사라〉는 형사처벌이 필요 없을 정도로 음란성을 완화하는 예술성은 있다고 보아야 한다.[78]

3) 비평담론적 예술성 비평가들의 비평작업은 작품의 예술성에 관한 담론을 형성하며, 그 담론은 양식적 예술성과 사상적 예술성과는 구분되는 예술성을 생성시킨다. 이 점을 이해하기 위해 우리나라 최초로

78 "사라 사건 이후 제일 안타까운 것은 글 쓸 의욕이 사그라들었다는 사실이었다…(중략)…글을 쓸 때마다 마치 펜을 든 팔을 툭툭 차이는 상태가 수년을 이어져 왔으니 말이다. 못썼다고 욕을 얻어먹는 것까진 좋으나 '못썼으니까 잡아가도 된다'는 식의 말은 정말로 유감스러웠다"(마광수, *사라를 위한 변명* (열음사, 1994), 9쪽)라는 마광수 교수의 말은 형사처벌이 문학적 표현의 자유를 과도하게 제한함을 보여준다. 그가 자살로 생을 마감한 것도 예술성에 대한 자신의 진정성이 외면되고, 문학적 표현의 자유가 사회윤리에 의해 억압되는 삶의 긴 여정이 고통스러웠기 때문일 수도 있다. 이 자리를 빌어 고인의 문학적 열정과 사상적 진정성에 경의를 표하고 싶다.

베니스 영화제에서 황금사자상을 수상한 김기덕 감독의 영화 〈피에타〉(Pieta[79], 2012)를 그의 과거 영화 〈나쁜 남자〉(2002)와 비교하면서 분석해본다.

㈎ 〈피에타〉의 양식적 예술성과 사상적 예술성 피에타는 영화의 양식적 예술성, 즉 '영상미'는 〈나쁜 남자〉보다 떨어진다. 이는 두 영화의 제작비 차이[80]에서 비롯될 것이다. 저예산의 김기덕 영화들의 예술성은 사상적 예술성이 중심을 이루게 된다. 〈나쁜 남자〉는 대립하는 성향들을 서로 교차하여 보여주는 스토리 구성을 통해 정신분석학적인 '의식의 전일성'(Einheit des Bewußtseins)을 완전하게 보여주는데 비해 〈피에타〉는 불완전한 구조를 보여줄 뿐이다.[81]

영화 〈피에타〉, 2012

① 〈나쁜 남자〉에서 주인공인 깡패 한기는 깡패성에 내재된 신사성과 여주인공 선화를 향한 죽음을 무릅쓴 순수욕망을 형성화하며, 숙녀였던 선화는 숙녀성에 내재된 창녀성을 형상화한다. 또한 가학적인 한기가 선화를 향해서 도덕적 피학성의 성향을 보여주며, 반대로 피학적인 선화는 한기를 향해서 도덕적 가학성을 보인다. 〈나쁜 남자〉는 이성적 자아가 억압해 온 인격적 특성인 그림자와 마주하는 의식을 관객들에게 열어줌으로써 선과 악, 새디즘과 마조히즘의 이분법적 대립을 넘어서는 순수욕망의 아름다움을 생성시킨다. ② 이에 비해 〈피에타〉는 '의식의 전일성'을 불완전하게 보여준다. 영화 속 주인공인 악의 화신 강도(이정진 분)는 그가 죽음으로 몰고 간 한 피해자의 엄마(조민수 분)가 접근하자, 그녀가 엄마임을

---

79 피에타는 이탈리어로 비탄, 슬픔을 뜻하는데, 예수 그리스도가 매장되기 전 성모 마리아가 죽은 아들을 무릎 위에 안았던 상황을 가리키는 말로서 수많은 명화 속에서 표현되어 왔다.

80 〈피에타〉는 제작비가 1억 5천만 원(홍보비 7억 원)인 데 비해 〈나쁜 남자〉는 13억 5천만 원으로 알려져 있다.

81 이하의 〈나쁜 남자〉에 대한 영화비평은 이상돈 · 민윤영, *법정신분석학입문* (법문사, 2010), [11] 단락에서 온 것임.

알면서도 강간을 한다. 하지만 강도는 점차 그 '엄마 아닌 엄마'에게 애착을 가질 줄 아는 인간의 모습으로 선회한다. 그 가짜 엄마가 강도에게 똑같은 고통을 주기 위해 자살을 감행하자, 강도는 그 죽음을 자신이 한 악행의 결과로 받아들인다. 그리고는 속죄를 위해 또 다른 피해자의 트럭 밑에 몰래 자신을 매달아 길바닥과 주행하는 트럭 사이에서 몸이 으깨지며 피가 터져 나오는 죽음을 선택한다. 강도는 악의 화신에서 속죄하는 도덕적 인간으로 바뀐다. 이런 일차선형적인 변화는 악인 속의 선인, 선인 속의 악인이 교차되는 설정이 없다는 점에서 의식의 전일성은 매우 미약하다. 〈피에타〉는 〈나쁜 남자〉에 비해 마치 도덕교과서와 같으며, 그 점에서 예술성도 떨어지게 된다.

(나) 〈피에타〉의 비평적 예술성 하지만 엄마를 강간하는 도덕적 인간성의 죽음(thanatos)과 같은 — 서양사회에서 마지막 남은 터부(tabu)인 — 오이디푸스 콤플렉스의 해체를 통하여 엄마에 대해 애착(eros)을 갖기 시작하는 반전은 주목할 만하다. 강도의 변화과정에서 엄마를 강간한 사건은 그 이전과 이후를 시간적으로 나누는, 바꿔 말해 가로로 진행되는 인간성 변화의 시간을 나누는 (비시간적) 선분(線分)으로 기능한다. 이때 선분은 수직적이다. 엄마를 강간하는 것은 도덕적 인간의 죽음인데, 이를 통해 엄마를 사랑하기 시작하는 반전은 악에서 선으로, 지옥에서 천상으로의 수직적 변화를 상징한다. 악인이 극악(極惡)을 통해 자기 안의 인간성을 깨어나게 하는 자기부정은 순수욕망이며, 그 순수욕망을 통해 인간성이라는 거룩한 아름다움, 즉 숭고미를 생성시킨다. 이 숭고미는 〈피에

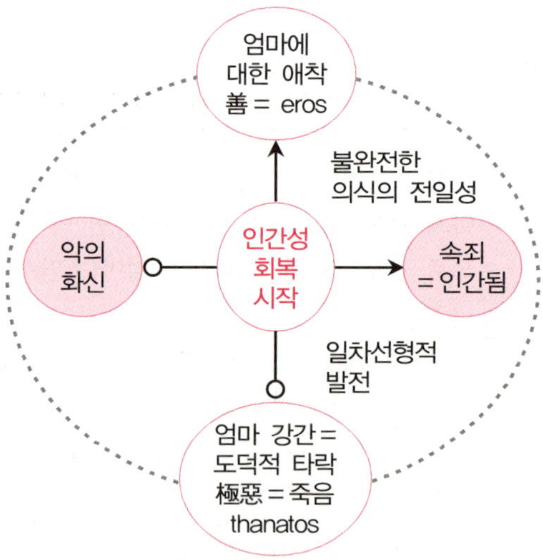

타〉의 예술성을 구성하는 핵심이다. 이처럼 〈피에타〉는 악에 선이 내재된 모습을 보여주지만, 악과 선의 관계는 수평적으로도 악에서 선으로, 수직적으로도 악에서 선으로 변화하는 모습으로만 그려진다. 이 점에서 〈피에타〉는 〈나쁜 남자〉보다 '의식의 전일성'을 일그러뜨린다.

여기서 주목할 점이 있다. 김기덕이 오이디푸스 콤플렉스를 해체시키는 방식은 종래 서양영화에서 흔히 취하는 방식, 즉 우연성의 보호막 안에서 엄마와 성관계를 하게 되는 설정이 아니라, 엄마임을 알면서 강간하는 설정을 통하여 '반 발자국' 더 급진적이다. 반 발자국이라고 한 이유는 강도가 강간한 엄마는 실제는 엄마가 아닌 여성이라는 설정이 있기 때문이다. 이런 도덕성의 해체는 숭고미를 더욱 상승시키는 설정이긴 하지만, 〈피에타〉 이후 오이디푸스 콤플렉스 해체를 통한 숭고미의 영상미학은 이제 더 상승되기가 어렵게 된다. 이후의 상승은 아마도 가령 그 엄마가 진정한 생모였고, 가령 강도의 아버지가 그 엄마의 남편, 그러니까 강도는 그 엄마의 아들이자, 동생이 되는 식으로 오이디푸스 콤플렉스를 완전히 소멸시키는 설정을 통해서만 가능할 지 모르기 때문이다. 그렇기에 김기덕은 영상미학의 체험적 의미구조에서는 과거의 작품 〈나쁜 남자〉보다 낮은 사상적 예술성으로, 그러나 도덕적 금기의 영역을 (이전보다) 반 발자국 더 들어가는 나쁜 감행을 한 것이라고 볼 수 있다.

또 주목할 만한 점은 〈피에타〉는 한국사회에서는 별로 그 예술성이 공감되지 않는다는 점이다. 설령 어느 정도의 사상적 예술성은 인정할 수 있어도 수상할만한 작품이라고 인정받기는 매우 어렵다. 오이디푸스 콤플렉스(또는 반대의 경우인 엘렉트라 콤플렉스 electra complex[82])의 살짝 비낀 발현이 숭고미의 핵심적인 생성조건이 되는 유럽사회의 문화를 지배하는 비평담론을 빼놓고는 〈피에타〉의 수상을 설명할 수 없다. 이처

82 Max Frisch의 소설 Homo Faber을 원작으로 한 영화 〈Voyager〉(1982)는 아버지와 그의 전 여친이 낳은 미지의 딸과의 사랑이 파국에 이르는 소재를 다루고 있다.

럼 비평담론은 예술성을 구성한다고 말할 수 있다.

(다) 영화 〈기생충〉의 비평적 예술성 황금종려상과 아카데미상 4개부분에서 수상을 한 영화 〈기생충〉은 정신분석학적 비평담론에서 보면 〈피에타〉보다 훨씬 높은 예술성을 인정받을 만하다.[83] ① 이 영화는 흔히 자본주의의 수직적 구조 속에서 벌어지는 계층들 간의 충돌을 보여준다고 한다. 하지만 이 영화는 문가네는 오이디푸스적인 이드(oedipal Id), 박사장네는 부르주아적 초자아(bourgeois Superego), 김씨네는 질투하는 자아(jealous Ego)라는 인간정신을 대변한다. 이 영화는 삑사리(piksari)[84]라는 예술적 양식을 띤 사건들을 매듭으로 하여 세 가족 사이의 상호관계를 묘사하고 종국에는 공멸에 이르는 스토리를 구성한다. 즉 문가네 부부는 모두 죽음을 맞이하고, 박사장네도 가장인 박사장은 죽고 아들은 더 깊은 트라우마에 빠지며, 딸은 사랑에 상처입고, 부인은 상처받은 두 아이의 미망인으로 전락한다. 또한 김씨네도 기택은 살인범이 되어 지하실에 갇히고, 딸 기정은 칼에 맞아 죽으며, 부인 충숙은 팔루스를 상실하고, 딸을 잃고 아들과 함께 재판을 받는 몰락을 겪는다.

② 법은 정신분석학적인 의미에서 팔루스와 초자아의 질서가 된다. 법은 김씨네가 질투하는 박사장의 기호가 상징하는 팔루스이자 부르주아적 초자아의 질서이다. 이를 근대법으로 번역하면 법은 박씨네가 가진 재산 등의 이익을 권리의 형태로 보호하는 규범이자 힘이 된다.[85] 문

---

83 이하 내용은 더 발전시켜 제자 김문정 박사와 함께 "Winner of 4 Oscars, Parasite in the Psychoanalytic Cinematographic Understanding of Law"라는 논문으로 발표할 예정에 있다.

84 삑사리는 프랑스영화잡지가 봉준호의 감독스타일을 특징짓는 개념이다. 이에 관해서는 Stéphane Delorme and Jean-Philippe Tessé, "L'art du piksari," *Cahiers du Cinéma* 618 (2006), 47~49쪽 참조.

씨네라는 이드(id)는 그런 법의 그림자[86]이다. 박사장처럼 시장에서 성공하는 자는 문씨네처럼 시장에서 실패하는 자를 그림자로 갖기 마련이고, 그 그림자 없는 법은 존재하지 않는다. 법과 법의 그림자는 서로 대립하거나 길항하지 않는다. 오이디푸스적 이드인 문씨네는 박가네를 무조건 존경하고, 부인 문광의 죽음에도 불구하고 (문)근세의 살인은 결코 박가네를 향하지 않는다. 법의 그림자에 대한 부정은 곧 법의 부정으로 이어진다. 이 점은 삑사리의 에피소드가 전개되는 과정에서 문씨네 부부를 어쩔 수 없이 살해한 김씨네의 몰락을 통해 잘 상징화된다.

③ 이와 같은 법의 정신분석학적인 시네마토그래픽 이해에서 보면, 법이 전제하는 인간상은 질투하는 자아로서 개인이다. 개인들은 팔루스, 초자아, 법의 힘을 질투하면서도, 그 힘을 당장 전복하는 것이 아니라 미래에 그런 힘이 될 것이라는 기대 속에 오늘의 삶을 견디며 살아간다. 법의 힘을 질투하면서도 그 힘과 동일화하는 정신은 건강한 자아이다. 정신분석학적으로는 자아(ego)가 현실원칙에 따라 도덕원칙이 지배하는 초자아(Superego)와 쾌락원칙이 지배하는 이드(id)를 적절하게 조절하여 균형을 잡고 있는 것이다. 김씨네가 몰락하는 삑사리의 사건이 본격 개시되기 직전, 김씨네가 박사장네의 집을 마치 자신들이 주인인 양, 참칭(僭稱)하는 장면들은 팔루스, 초자아, 법의 힘을 부정하는 것이며, 이로써 정신의 불균형이 발생하고, 법의 심판을 받게 되는 결과가 발생하게 된다. 법이라는 힘을 모르는 질투심과 그 질투심으로 생성한 니체가 말하는 노예도덕은 결코 현재에도 그리고 미래에도 법이 되지 않는다. 법이 '질투하는 자아'로서 개인을 자신의 인간상으로 삼는다는 점은 영화의 엔딩에서 더욱 분명해진다. 즉, 세 가족의 몰락 이후에도, 그리고 머리를 수석으로 두 번이나 즉사할 정도로 찍혔음에도 질투하는 자아의 전형으로 설정된 기우는 살아남고, 그의 내레이션으로 영화는

85 이런 해석으로 이상돈, *법의 깊이* (법문사, 2018), 849쪽 아래 참조.

86 Slavoj Žižek, "Superego by Default", *Cardozo Law Review* (Vol. 16, Issue 3-4, 1995), 925쪽 참조.

마무리된다. 그런데 이 엔딩에서 자신의 가족에게 경제적 빈곤을 가져다주고, 삑사리 같은 사건에 휘말리면서 우연히 그 빈곤한 가정마저 몰락했음에도 불구하고, 기우는 프롤레타리아 혁명을 꿈꾸는 반체제 운동가가 되거나 그 고통스런 경험으로 인한 트라우마로 사회생활을 할 수 없게 되는 비사회적 인간으로 전락하지 않는다. 그 고통과 몰락 속에서도 기우가 좋은 대학, 좋은 결혼, 돈을 많이 벌어서 그 박사장네의 집을 사서 그 집 지하에 갇힌 아버지를 구하고, 가정을 재건하겠다는 건강한 정신, 즉 질투하는 자아로서 자신의 모습을 내레이션한다.

④ 기생충은 계급투쟁적인 프레임에서 읽히는 것이 아니라 이성철학적으로는 '사유하는 주체', 정신분석학적으로는 '질투하는 자아'라는 인간상을 전제하는 이성법의 기획을 좇고 있다고 비평할 수 있다. 이런 비평은 기생충이 정신분석학적 통찰, 삑사리 영상미, 그리고 이성법의 수렴점이 될 수 있음을 잘 보여준다.

V. 사진의 예술성

지금까지 법적 예술 개념을 사진의 예술성 문제에 적용하여 좀 더 구체적으로 이해해보기로 한다. 예술 개념의 화용론적 구성은 사진이라는 장르가 일반적으로 예술이 될 가능성이 있는가 하는 문제에 대해서도 이루어질 수 있고(이하 1.), 특정한 작품, 예컨대 자신의 블로그에 게재한 성기노출 사진이나 미술교사부부의 누드사진이 예술작품인가 하는 문제(이하 2.)에 대해서도 이루어질 수 있다.

★ 사진의 예술사 개관 사진이 예술사에 편입되기까지는 오랜 세월이 걸렸다. Douglas R. Nickel의 분석에 의하면 미국에서는 대체로 ① 19세기부터 대략 뉴홀(Beaumont Newhall)이 1937년 사진의 역사를 개관한 전시회(Modern Art 박물관)를 연 시점 전까지 사진은 예술로 취급되지 않았다고 한다. ② 그의 분석에 의하면 1960년대 포스트모던 비평이 성장한

문화를 배후로 하고, 1970년대 사진 수집시장의 성장을 배경으로, 그리고 1980년대에는 미국대학들이 미술역사학부에서 사진을 미술사의 하나로 제도화함으로써 사진예술이 성장하였다. ③ 하지만 1990년대 들어와서부터 사진은 문학이나 철학, 인류학 등의 학문에서 연구되는 소재의 일종으로 그 위치가 변경되었다고 한다. ④ 그리고 이제는 사진술 자체가 가능한 것인가라는 의문, 즉 사진술의 사회적·문화적 정체성을 되묻는 사진술의 메타비평(photography's metacritique)이 지배하기 시작했다고 본다.[87] ⑤ 이렇듯 예술로서 사진의 역사는 사진 자체의 본질적 특성보다는 사회문화적 맥락과 시장의 형성 그리고 비평이론의 흐름 등에 의해 크게 좌우되고 있음을 알 수 있다. 여기서 사진의 예술성이 갖는 민주성이라는 특징에 주목할 필요가 있다. 누구나 때때로 의도하지 않은 채 심미안적인 사진, 즉 예술적 사진을 찍을 수 있다는 점에서 예술의 고급성이 사라지기 쉽다. 그러나 이 고급성의 상실은 부정적 가치가 아니라 '예술의 고양된 민주성'이라고 볼 수 있다. 예술의 민주성은 팝아트와 같이 매우 현대적인 예술이 갖는 특징의 하나이기도 하다. 현대미술에서 고급미술과 저급미술의 경계는 지워져 있다. 하지만 사진이 고급미술과 저급미술의 경계를 해체하고, 나름의 높은 예술성을 생성시키려면 마치 개념 예술(concept arts)처럼 사진의 이미지에 미학적 가치를 부여하고, 의미화하는 사회문화적 발전이 전제되어 있어야 한다.

1. 사진의 예술적 특성 분석

사진의 매체적 특성과 표현적 역량 등을 중심으로 사진이 일반적으로 예술이 될 수 있는 것인지에 대한 논의, 즉 메타비평(metacritique)을 간략하게 해본다. 이런 메타비평은 개별 사진작품에 대해 법이 예술작품성을 인정하지 않고, 음란물과 같은 비예술로 낙인찍을 수 있는가 하는 문제에 선행한다.

---

87 이상의 역사개관은 Douglas R. Nickel, "History of Photography: The State of Research", *The Art Bulletin* (Vol. 83, No. 3, 2001), 548~558쪽의 내용을 필자가 다소 재구성적인 방식으로 정리한 것임.

(1) 사진의 예술적 특성

오늘날 사진전시회, 사진작가라는 개념이 보편화된 데서 보듯이 사진은 예술작품으로 만들어질 수 있다. 예술품과 공예품의 구별요소(11쪽의 도표)를 사진에 적용해보면 다음과 같다. 사진은 공예품보다 더 ① 족적을 남기고, 더 투철하게 ② 진실을 드러내는 사상성을 담을 수 있으며, 때로는 회화보다도 ④ 독자의 예술적 안목과 정신에 호소하기도 한다. 게다가 ⑤ 표현적인 사진은 공예품과 같은 실용적 목적성이 거의 없으며, ⑥ 소비자선호에 지향하기보다는 관람자와의 소통을 지향하는 성격도 매우 강하다. 하지만 사진은 ③ 언제나 대량 복제될 수 있다는 점에서 예술로서 가져야 할 고유성이 매우 취약하다. 또한 사진은 더던의 자연주의적 예술요소 가운데 가장 중요한 두 가지 요소(① 직접적 쾌락, ⑦ 특별한 초점)를 충족한다. 즉 사진은 그 이미지의 아름다움을 통해 직접적인 쾌락을 줄 수 있으며, 특별한 초점 설정을 통해 일상적 모습으로부터 해방된 이미지를 창출할 수도 있다. 이런 특성은 사진이 예술로서 성립할 수 있음을 보여준다.

(2) 예술적 사진의 조건

그러나 모든 사진이 예술작품이 되는 것은 아니다. 사진이 예술이 되기 위해서는 예술의 내포적 특성을 이루는 요소들을 종합적으로 고려해야 하겠지만, 특히 양식의 측면에 대해서만 말한다면, 다음과 같은 점을 갖추고 있어야 한다.

1) 표현적 사진과 기술적 사진 첫째, 사진이 인쇄물(프린트)처럼 제작될 때에는 더 이상 예술이 아니다. 비예술로서 사진은 그것이 나타내는 영상이 주로 사진의 기술적 메커니즘에 의해 만들어지고, 바로 그렇기 때문에 (예술품의 제작과 달리 값싸게) 복제될 수도 있다. 여기서 비예술적 사진은 '카메라 기술로 찍히는 것'(기술적 사진)이라는 점에서 작가가 '표현적으로 찍는 사진'(표현적 사진)과 구분된다고 볼 수 있다. 사진

의 표현성은 바로 사진이 진실을 드러내는 사상성을 갖기 위해 갖추어야 할 최소한의 전제조건이 된다.

2) 기술과 미학의 통합 둘째, 이 민주적인 예술장르는 자신만의 '고유성'을 갖기 위해 회화가 표현할 수 없는 기술적 정교함과 통합된 심미적 차원을 보여줄 수 있어야 한다. 이것은 사진이 예술로서 가져야 할 고유성의 핵심을 이룬다. 가령 '예리한 초점'이나 광학의 작용으로만 나타낼 수 있는 '오묘한 톤'(색조), '디테일의 극단적 선명함' 등은 기술적 정교함과 통합된 심미적 가치를 보여준다. 이런 고유성은 매뉴얼 미술(manual arts)과 분명하게 구분된다. 다시 말해 사진은 광학적 정교함과 작가의 표현행위의 융합이 양식적으로 나타날 때 비로소 예술작품이 되는 것이다. 그러므로 일반인용 자동 카메라의 작은 광학기술적 역량은 예술사진을 만들기에 적합하지 않다. 바로 그렇기 때문에 전문 사진작가들이 성능이 좋은 카메라를 구입하려고 돈을 모으는 것이며, 그런 카메라를 구입했을 때 행복해하는 것이다.

3) 이미지의 제어 셋째, 사진이 표현하는 영상은 기술과 미학이 통합된 가운데 작가에 의해 고도로 제어되는 이미지가 특징이다. 카메라의 광학세계가 생성시킬 수 있는 이미지는 거의 무한대라는 특징이 있다. 이 무한대의 이미지 세계 속에서 작가가 자신이 표현하고자 하는 바를 위해 어떤 이미지를 선택하는 과정은 그 무한대를 마구 사용하지 않는 절제의 과정이고, 이 절제는 그 속에서 선택된 이미지에 아름다움(절제미)과 숭고함을 가져다줄 수 있다. 다시 말해, 광학적 이미지의 절제된 선택과 표현적 행위와의 융합은 사진이 예술작품이 되기 위한 필요조건이 된다.

2. 사진작품의 법예술비평

이상의 세 가지(① 표현적 사진, ② 기술과 미학의 통합, ③ 이미지의 제어) 양식적 특성을 충분히 갖추지 못한 사진은 설령 사상적 예술성이 아무리 높다고 할지라도 예술사진으로 분류되기 어렵다. 가령 우리사회에 매우 큰 인권논란을 일으켰던 사진예술사건을 예로 설명해보자. 과연 미술교사 김인규가 자신의 홈페이지에 올렸던 그 부부의 누드사진인 〈우리부부〉는 사진예술인 것인가?[88] 대법원은 이 사진을 형법 제243조, 제244조의 음란물로 판시한 바 있다.[89]

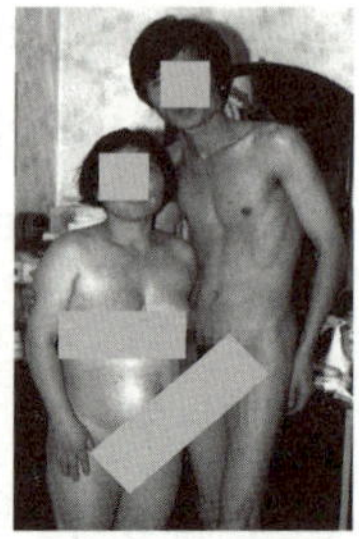

김인규, 〈우리부부〉, 1996[90]

(1) 〈우리부부〉의 양식적 예술성

작가에 의하면 〈우리부부〉를 찍은 카메라가 일반인이 흔히 사용하는 자동 카메라였다는데, 이로써 광학적 정교함이 떨어지고, 기술과 미학의 통합이라는 사진예술의 요소가 미약해진다. 또한 〈우리부부〉의 작가정신이 피사체를 있는 그대로 표현하고, 렌즈에 들어오는 광학적 이미지들을 하나도 빠짐없이 담아 '있는 그대로의 신체'를 재현하는 것이었다고 하는데, 이로써 광학적 이미지의 절제된 선택과 표현적 행위와의 융합이 사라지게 된다. 이런 점에서 〈우리부부〉의 양식적 예술성은 매우 미약한 것이라고 볼 수 있다.

---

88 사건과 재판은 고시면, "홈페이지에 알몸사진 등의 작품들을 게시한 '미술교사 김인규 사건'에 대한 대법원의 판결", *사법행정* (10월호, 2005), 13~23쪽 참조.

89 대법원 2005. 7. 22. 선고 2003도2911 판결 참조.

90 다만 작가가 있는 그대로 드러냄에 예술성이 있는 것이라 봄에도 불구하고, 대법원에 의해 음란물로 판결을 받은 작품이라는 점에서 필자는 부득이 성기와 가슴 부분을 가렸고, 부부의 얼굴도 식별할 수 없도록 모자이크 처리했다. 김인규 작가도 자신의 작품이 형사사건화 되었을 때 미디어가 보도했던 〈우리부부〉 사진은 이미 그가 의도했었던 의미의 사진이 아니었음을 비판하고 있다(김인규, *나의 그림은 실제상황이다* (푸른나무, 2002), 159~160쪽). 그의 항변은 맞다. 미디어의 보도는 사실을 왜곡하기도 한다. 그런데도 이 책에서 나는 김인규 작가에게는 미안한 일이지만, 그의 〈우리부부〉가 아닌 (사각형의) 모자이크로 처리된 〈우리부부〉를 두고 논의를 해야만 할 것 같다. 이 사진의 예술성에 대한 논의는 우리사회에서 꼭 필요하고, 그래서 이 글의 논의에서 정확한 사진은 아니지만, 대강 어떤 구도에서 어떤 표현으로 만든 작품인지에 대한 인식 정도는 있어야 하겠기 때문이다. 대법원 판결에 대한 존중과 작가의 의도에 대한 존중 그 사이에서 이렇게 모자이크 처리된 사진을 놓고 논의하는 것에 대해 김인규 작가를 포함한 모든 이의 깊은 이해와 아량을 부탁드릴 수밖에 없을 것 같다.

(2) 〈우리부부〉의 사상적 예술성

〈우리부부〉는 주로 사상 측면에서 예술성을 기대할 수 있는데, 김인규의 예술사상[91]은 ① 물질로서 존재하는 자신, 즉 몸에 대한 관심, ② (표현기법에서 볼 때) 포르노의 정반대편에서, ③ 성의 상품화에 저항하는 허구성의 극대화를 통한 허구성의 폭로, 그리고 ④ 누구의 몸이든간에 (평등하게) 모든 몸은 (성기를 포함하여) 불결한 것, 억압되어야 할 것이 아니라 그 자체로서 아름다운 것이라는 사상[92]이었다.

1) 개념미술의 부재 김인규는 19세기 누드화(예: 앵그르, 샘)를 두고 그 그림의 눈부심에 넋을 잃었지만 음부를 갖고 있지 않다는 것은 일종의 '불구자'이며, '아름다움을 위한 기형'이라고 말한다.[93] 그의 이 생각은 쿠르베(Courbet Gustave)가 사실주의의 효시를 이룬 〈세상의 근원〉(L'Origine du monde)에서 가졌던 인식과 유사하다. 그러나 〈우리부부〉는 사실주의 회화의 양식을 취한 것도 아니고 새로운 양식을 낳지도 않는다. 그렇기에 그의 사상은 포스트모던 개념미술(conceptual art)에 견주어 보아야 하지만 노출미학에의 편향성을 보여주는 문제가 있다. 노출만이 아니라 감춤도 똑같이 아름다움을 창출하는 양식이다. 성기를 표현하지 않는 19세기 누드화는 몸에 대한 기형적인 왜곡이 아니라 그 시대, 그 사회에서 특수한 감춤미학을 보여주는 것이다. 또한 모든 상황에서의 모든 노출이 아름다운 것은 아니다. 〈우리부부〉와 같은 노출신

---

91 김인규, *나의 그림은 실제상황이다* (푸른나무, 2002), 99~111쪽 참조.

92 김인규, 교사가 학부모님께 드리는 글(http://cafe.naver.com/kunst2009/142): "나체미학같은 것은 그런 나의 입장을 밝히는 비평과정이었습니다. 나는 나의 작업이 오히려 너무 극단적으로 도덕성에 기대려는 것이 문제라고 나는 평소에 생각해왔습니다. 일부 학부모님은 남도 아니고 교사가 어찌 벗고 있는 사진을 공개할 수 있느냐고 흥분하시는 모양인데, 나는 바로 그렇게 생각하는 것이 사람의 몸을 불결한 존재로 보기 때문이라고 생각하며, 또한 그것에는 몸을 단지 성적인 대상으로만 생각하고, 성을 욕망의 배설정도로 여기는 잠재의식의 소산이라고 생각합니다. 누구나 대체로 그런 고정관념이 있는데, 그것은 극복되어야 할 과제이지 결코 옹호되어야 할 것이 아니며, 이제 아이들에게는 벗어나도록 해주어야 할 잘못된 성의식이라고 생각합니다."

93 김인규, 앞의 책, 10쪽.

체의 인터넷 게재는 감춤의 미학을 외면하는 편향성을 보인다. 감춤도 아름다움과 추함이 있듯이, 노출도 아름다움과 추함이 있는 것이다.

2) 미학적 평등주의의 편협성 〈우리부부〉의 사상은 상업적으로 생산되고 미디어에 의해 유통되는 전형적인 몸의 아름다움은 상업화된 성이며, 이에 맞서 개인의 사적인 성을 그대로 보여주는 것이 필요하다는 것이다. 그리고 〈우리부부〉의 신체는 미디어에 등장하는 모델의 신체와 똑같이 아름답다고 한다. 이런 미학적 평등주의는 성적 표현의 아름다움을 상업적으로 활용하는 자본주의체제를 거부하는 한에서는 미학적 사회주의가 된다. 그러나 〈우리부부〉의 사진은 성의 상품화에 맞서는 어떠한 이미지도 갖고 있지 않다. 이 사진은 단지 노출의 평등한 자유를 천명할 뿐이다. 이런 사상은 미적 기준의 단일성에 맞서는 데에는 의미가 있으나 미학적 가치의 높낮이가 있는 삶의 진실을 외면한다. 몸의 아름다움을 추구하는 삶은 포르노적 연출이 미디어를 통해 생산하는 과잉의 이미지가 모여 만든 하이퍼리얼(hyperreal)이 아니라, 동서고금을 막론하는 보편적인 현상인 것이다. 〈우리부부〉는 관음을 배제하여[94] 음란성은 낮다. 그러나 중년부부의 아름답지 못한 몸을 노출하기 위해서는 높은 수준의 예술적 표현양식을 취해야만 단순히 음란하지 않은 것이 아니라 아름다운 것이 된다. 〈우리부부〉는 그런 표현양식이 아니라 미학적 평등주의에 의존하여 성기를 노출한 중년부부의 모습을 예술작품이라고 왜곡하고 있다.

3) 포스트모던적 전복성의 부재 〈우리부부〉의 작가는 일상이 꿈이며, 일상 안에서 특별함이 예술이라고 주장한다.[95] 이때 특별함이란 포

94 김인규, 앞의 책, 143쪽.

95 김인규, 앞의 책, 132~135쪽: "일상으로부터 분리된 어느 영역에도 결코 꿈은 존재하지 않았다." …(중략)… "꿈은 오히려 일상에서 발견되어야 할 것이었다 …(중략)… 살아가는 일이 예술이다. 일상이야말로 우리가 만드는 작품이다. 물론 그것이 좀 더 특별한 것이라면 우리의 일상 안에서의 특별함이어야 한다. 거기서 벗어난 특별한 다른 세계가 아니라 일상을 좀 더 특별한 것으로 만들어 주는 그런 것 말이다. 그렇지 않다면 예술은 우리의 삶을 오히려 비참한 것으로 보이게 할 수 있다. 그것은 환상이고 더군다나 일순간에 허물어지는 환상일 수 있다."

스트모던 미술의 특성인 전복성(subversion)을 의미할 수 있다. 즉, 성기를 노출하지 않는 일상을 뒤집어엎어 성기를 노출하고, 아무런 양식적 예술성이 없이 찍은 사진을 예술이라고 말함으로써 예술과 비예술의 경계를 지워버리는 전략이다. 이 전략에 의해 성기를 가리는 일체의 옷이 갖는 기의(기표의 의미)는 '감춤을 통한 아름다움'에서 '억압을 통한 추함'으로 뒤집어진다.[96]

(가) **전복성의 전제조건** 그러나 전복성이란 어떤 기표가 갖는 전통적인 의미(기의)와는 다른 기의에 대해 사람들이 아직 알지 못할 때에만 가능하다. 예를 들어 듀샹의 〈샘〉에서 보듯, 소변기를 소변기로만 바라보는 인식이 일상을 지배하고 있을 때에만 소변기에 '샘'의 의미를 귀속시키는 전복적 상황설정(또는 예술놀이)이 가능해진다. 전복성의 효시를 이루는 다다이즘(dadaism)의 흐름 속에서 성장한 오브제 기법도 이런 전제를 갖고 있다. 오브제란 '발견된 대상'(Objet trouvé)을 가리킨다. 작가가 아무런 작업도 하지 않은 채 일상에 이미 존재하는 대상의 의미를 '이미 발견되어진 것'(trouvé, vorgefunden)으로 재구성하는 것은 일상의 사물이 그 재구성에 의해 얻게 되는 새로운 의미에 대해 보통사람들이 알지 못하고 있는 상태이어야만 가능하다. 이것은 전복성의 조건이다.

(나) **일상의 전복이 아닌 도덕적 이탈** 하지만 〈우리부부〉는 이런 전복성의 전제조건을 충족하고 있지 못하다. 왜냐하면 성기는 감춰져야 한다는 일상의 관습적 의미가 '일상적으로' 깨지는 경험들을 누구나 하고 있기 때문이다. 바바리맨의 장난 또는 성추행범들의 범죄행위[97]가 보여주는 '성기는 노출될 수 있다'라는 의미는 전혀 새로운 의미가 아니다. 이 점은 소변기를 일상공간(예: 거실)에 놓고 〈샘〉이라는 예술작품으로 바

---

96 김인규, 앞의 책, 167쪽: "예술은 단지 관습이나 사회적 통념 등의 사고의 한계에 의해 제약받지 않아야 하는 창작의 영역이기 때문이다. 관습적 시야와 편벽한 삶을 깨뜨리고 끝없이 그것을 재평가하는 경계에 위치한 행동이기 때문이다."

97 예컨대 엘리베이터 안에서 여자들이 보는 가운데 남자가 자위행위를 하는 경우(대법원 2010. 2. 25. 선고 2009도13716 판결)를 생각해 볼 수 있다.

라보는 경험을 하지 않는 것과 대조된다. 바로 그렇기 때문에 〈우리부부〉가 전복적으로 보여주는 새로운 의미는 예술적 양식으로 정제된 표현이 없는 성기노출이 사적 영역을 벗어나서 인터넷이라는 공적 영역에서도 감행될 수 있다는 점일 뿐이다. 이것은 일상을 '전복'시키는 것이 아니라 일상을 단지 도덕적으로 이탈하는 것일 뿐이다. '성기는 노출될 수도 있다'는 이해는 우리의 일상을 지배하는 관념이기 때문에 예술적 양식으로 정제되어 표현되지 않는 한, 성기의 노출은 성기 감춤의 의미를 전복시킬 수 없는 것이다.

(다) **예술과 비예술의 해체실패** 이처럼 전복성이 없고, 예술적 양식도 갖추지 않은 채 성기가 노출된 중년부부의 사진은 예술사진과의 경계를 해체시킬 수 없다. 만일 〈우리부부〉 사진이 예술이라면, 바바리맨의 성기노출도 예술적 퍼포먼스가 아니라고 근거짓기가 쉽지 않다. 바바리맨도 그의 성기를 노팬티로 그의 사적인 바바리 옷 안에 머물게 할 수는 있다. 그의 일탈행위는 그 사적영역에서 바바리를 펼쳐보임으로써 공적 영역으로 성기를 노출시켰다는 점에 있다. 〈우리부부〉와 바바리맨의 퍼포먼스를 예술과 비예술로 경계지을 수 있는 것은 화가와 바바리맨 사이에 신분적 차이를 인정하는 방법 밖에 없으며, 그것은 작가가 지향했던 미학적 평등주의에 정면으로 반하는 일이 된다.

★ 〈우리부부〉의 사회적 무해성과 유해성 〈우리부부〉와 같은 사진에 대해 형사처벌까지 하기 위해서는 형법이론적 의미에서 사회적 유해성(Sozialschädlichkeit)이 있어야 한다. ① 하지만 〈우리부부〉는 제프쿤스 부부의 사진처럼 사회적으로 무해하다고 보기도 한다.[98] 이 반론은 〈우리부부〉 사진이 작가의 집 벽과 같은 사적 공간에 있을 때에는 타당하다. 그러나 교사의 예술적 표현이 그가 가르치는 학생들이 관객으로 참여할 수 있는 영역에서 이루어진다면, 그것은 예술영역에 속하면서 동시에 교육영역에 속한다. 교육적 목적은 표현행위의 한계를 설정할 수 있다. ② 교사는 국가의 법률과 법원의 법률해석에 의해 형법상 범죄행위가 되는

---

98 가령 백지숙, "김인규 나체 사진의 음화", *문화과학* (제27권, 2001), 179쪽.

예술적 표현을 교육영역에서 해서는 안 된다. 초·중등교육법에 의하면 "교사는 법령에서 정하는 바에 따라 학생을 교육"(제20조 제4항)해야 하는 반면, 고등교육법에 의하면 대학 교수는 "학생을 교육·지도하고 학문을 연구"(고등교육법 제15조 제2항)한다. 여기서 미대의 교수와 중고등학교 미술교사가 각각의 학생들이 관객으로 참여하는 영역에서 누리는 예술적 표현의 자유가 차등적으로 설정될 수밖에 없게 된다. 이런 차등은 미대 교수와 중학교 미술교사의 예술역량 차이 때문이 아니라, 중학교 학생들의 정신적, 육체적 미성숙 때문이다. 그러므로 교사는 자신이 개인적으로 연구하는 학문이나 주관적으로 생각하는 예술(관)을 어린 초·중등학교 학생들에게 교육해서 안 된다.[99] 교사로서 받는 학문과 예술의 자유에 대한 제한을 피하고 싶다면, 교사직을 그만두고 자유 예술가로서 살아가야 하는 것이다.[100] 그렇기 때문에 이 사진의 음란성이 문제가 아니고, 교사라는 지위가 문제였다는 점은 비판[101]되어야 할 부분이 아니다. 그것은 오히려 판결을 정당화할 수 있는 측면이 된다. ③ 예술적 양식으로 표현되지 않은 채 성기를 자동카메라가 찍어주는 대로 노출시킨 〈우리부부〉가 창출하는 이미지는 성적으로 미성숙하고, 도덕의식의 발전이 아직 충분하지 않은 초·중·고등학교 학생들에게는 성적 표현의 영역에서 '도덕적 허무주의'에 빠질 위험을 가져온다. 성도착증이 성욕의 공허함을 키우듯이, 성도덕의 허무주의는 성에 대한 사회의 터부가 생산하는 미학적 쾌락에 대한 무관심을 키울 수 있다. 또한 성도덕의 허무주의는 일상의 세계에서 성기노출의 이미지를 과잉으로 생산하게 만들거나 적어도 그것을 방관하게 만든다. 그런 허무주의의 끝은 마치 화장실 문 안쪽 면에 가득한 성기 묘사의 낙서들이 인터넷공간을 가득 채우는 추한 현실이 될 것이다. 이로써 성도덕의 허무주의는 도덕의 문제에 국한되지 않고 성적 표현

99 음란성 규제에서 음란성의 유무판단보다 '미성년자와의 차단가능성'을 중요하다고 보는 견해로 고시면, "홈페이지에 알몸사진 등의 작품들을 게시한 '미술교사 김인규사건'에 대한 대법원의 판결", *사법행정* (10월호, 2005), 20쪽.

100 이러한 점을 간과하고 "교사와 예술가는 김인규에게서 하나로 결합되어 있지 분리되어 있지 않"으며 그래서 예술가의 자유를 교사로서도 누려야 한다는 의견으로 백욱인, "당신들이야말로 음란하다 — 김인규 교사를 옹호하며", *교육비평* (제5호, 2001), 262쪽.

101 이런 관점이 김인규를 옹호하는 견해에서 매우 중요한 부분을 차지한다. 대표적으로 고길섶, "김인규 교사사건을 생각한다", *문학과경계* (통권 제2호, 2001), 471~478쪽 참조.

의 아름다움이 있는 삶을 어렵게 만드는 미학적 문제로 확장될 것이다. ④ 〈우리부부〉가 예술의 이름으로 청소년에게 전염시키는[102] 허무주의는 니체(Friedrich Nietzsche)가 말하는 〈ⓐ 불명료한 시기(1850~1888) → ⓑ 위대한 아펙트들의 시기(1888~1988) → ⓒ 혼란의 시기(1988~2088)[103]〉라는 허무주의의 현상형식의 발전[104]에서 혼란의 시기, 즉 '극단적 허무주의'(Der extremste Nihilismus)에 속할 것이다. 니체의 지적처럼 예술이 세계의 내부와 일치성을 깨뜨릴수록, 예술은 종교, 도덕, 형이상학으로부터 더욱 더 독립하게 되지만, 바로 그로 인해 예술은 점점 더 허무주의로 빠져들게 된다.[105]

4) 갤러리에 전시된 〈우리부부〉 〈우리부부〉를 갤러리에서 전시했다면, 그 사진이 생산하는 이미지가 범죄의 실질인 사회유해성을 가져온다고 보기는 어렵다. 갤러리는 일반대중이 아닌 관심 있는 관객이라는 특수한 집단과 작가가 소통하는 공간이다. 이 감성적 소통의 공간에서만 듀샹의 〈샘〉도 소변기가 아닐 수 있다. 이것은 공간이 작품을 구성하는 요소로 기능하며, 작가를 포르노와 같은 상품의 제작자에서 예술가로 변환시키는 요소[106]로도 기능함을 말해준다. 관람객은 갤러리라는

---

102 김인규 화가는 동화 〈벌거벗은 임금님〉에서 사람들이 권위에 무서워 실제로 벌거벗은 채 행진하는 임금을 두고 '벌거벗었다'고 말하지 못하는 바로 그 진실을 말하고 있는 것이 아니다. 동화 속 사람들이 벌거벗었다는 인식이 〈소년의 눈과 말로〉 공식화되자, 웃음을 터뜨린 것은 옷이란 억압적인 도덕이 아니라 감춤의 미학을 생산하는 수단이기도 한 점을 말해준다. 임금의 화려한 옷과 서민의 초라한 옷 사이의 차이는 권력과 금전의 차이를 보여줄 뿐 옷 자체의 미학적 차원을 이데올로기로 만들지는 못한다. 김인규 화가의 〈우리부부〉는 그 소년의 외침과 같은 것이 아니다. 오히려 옷을 입고 행진하는 임금님의 옷을 벗기려하고 있을 뿐이다.

103 니체는 ②③의 발전을 전망하며 이렇게 말한다: "내가 여기서 말하는 것은 다음 두 세기의 역사다. 나는 다가오고 있으며, 더 이상 다르게 올 수 없는 것을 기술한다: 허무주의의 도래. 이 역사는 지금 이미 말할 수 있다: 왜냐하면 필연성 자체가 이미 여기서 일하고 있기 때문이다. 이런 미래는 이미 백여 가지 징후 안에서 말해지고 있으며, 이 운명은 도처에서 자신을 고지한다; 미래의 이런 음악에 대해 모두가 귀를 이미 쫑긋 세웠다. 우리의 유럽 문화 전체는 이미 오래 전부터 한 세기 한 세기 자라났던 긴장의 고문을 받으며 마치 대혼란으로 내닫듯 움직이고 있다." (*KGW* Ⅷ 2 11[411]2, 431쪽; 한글판 518쪽).

104 니체 (백승영 역), *유고*(1888년 초~1889년 1월 초) (해제) (책세상, 니체전집 21권, 2004), 제2부, 2.단락 참조.

105 *KGW* Ⅷ. 1 2[119], 119쪽.

공간의 이와 같은 기능을 승인하고, 그것을 뒷받침하는 사람들이다. 그렇기에 작가가 갤러리에서 작품을 매개로 관람객과 만나는 감성적 교류의 영역은 어떤 작품이 갖는 외형상의 포르노적 요소를 오히려 포르노와 차별화된 의미를 생성시키는 양식적 특성으로 수용할 수도 있게 만든다.[107] 바로 그런 전환이 〈우리부부〉 사건 이후 16년이 지나 〈우리부부〉는 액자에 담겨 "국립현대미술관 소장품특별전: 균열"[108]로 전시되었다.[109] 미술관임에도 어린이나 청소년이 관람하기에 지도가 필요한 작품이 있다는 안내문이 전시실 앞에 붙어있었다. 〈우리부부〉가 처음 웹에 게시되고, 웹아트 작품이었던 것이 아니라, 바로 저런 전시공간과 전시방법을 통해서 비로소 사상적 예술성의 일부를 인정할만 한 것으로 볼 수 있다.

★ 웹아트의 문제 〈우리부부〉 작가 김인규는 사건 당시 '웹아트'(web art)라는 개념을 통해 당시 자신의 인터넷 전시를 정당화하기도 하였다. 〈우리부부〉와 같은 사진을 홈페이지에 싣고 그 인터넷공간이 마치 미술관과 같은 공간이며 그 사진을 웹아트라고 말하는 것은 큰 오류이다. ① 웹(Web)이라는 가상공간은 갤러리와 같이 예술작품을 구성하는 기능을 수행할 수 없다. 홈페이지에 구경오는 사람들은 불특정하며, 예술적 공감의 의지가 없이 호기심으로만 방문하기도 한다. 일반에 공개된 웹은 윤리적 성찰을 통해 음란성의 외형을 넘어서 그것이 갖는 미학적 의미를 통찰할 수 없는 미성년자의 구경거리가 되기도 한다. 또한 웹의 방문자는 작품의 실제를 대면하지 못하고, 모니터의 해상도와 영상기술적 제한 속에서 여과된 이미지만을 감상할 뿐이다. 호색적 관심은 갤러리공간보다 인

---

106 이런 견해로 김동일, *예술을 유혹하는 사회학: 부르디외 사회이론으로 문화읽기* (갈무리, 2010), 350쪽; 박일호, "포스트모더니즘 시대의 미술관", *예술경영연구* (제4집, 2003), 6쪽.

107 이런 점에서 예술개념의 화용론적 차원을 강조하는 이상돈, *미술비평과 법* (법문사, 2013), 30~34쪽 참조.

108 http://www.mmca.go.kr/exhibitions/exhibitionsDetail.do?menuId=1010000000&exhId=201703130000536 참조.

109 이 전시는 김인규의 블로그 https://blog.naver.com/kig8142/220991857068에 소개되어 있다.

터넷공간에서 훨씬 커지기 쉽다.[110] ② 웹아트는 웹에서 할 수 있는 것들이 예술이 되는 현상이 아니라, 인터넷 밖에서 예술로 승인된 작품들이 인터넷으로 그 감상영역을 확장하는 현상으로 이해되어야 한다. 웹이 예술세계로 들어가는 것이 아니라, 갤러리가 웹 속으로 들어오는 것이다. 물론, 예외가 있다. 태생적으로 웹의 미디어를 활용하여 새로운 예술장르를 여는 경우는 그 자체로서 웹아트가 된다. 그러나 〈우리부부〉처럼 사진예술의 장르에 속하는 작품은 그런 뉴미디어를 활용한 웹아트가 되지 않는다. 더욱이 〈우리부부〉와 같은 사진을 교사의 홈페이지에 게시한다면, 그것은 교육영역에 전시한 것과 같다. 인터넷시대에 교육장소는 교실과 같은 물리적 공간만이 아니라 학생들이 출입할 수 있는 사이버스페이스를 포함하기 때문이다. 교사가 예술가로서 인터넷을 통해 학생들을 제외한 일반 대중과 자신의 작품에 대해 소통하고 싶다면, 자신의 사이트에 회원가입제나 성인인증의 기술적 조치를 통해서 중학생들의 출입을 차단해야 한다. ③ 김인규는 현재 자신의 블로그에 2017년 국립현대미술관에 전시된 액자 속 〈우리부부〉를 다시 사진으로 찍어 올려 놓고 있다. 미약하나마 2017년 미술관 전시를 통해 획득한 (사상적) 예술성을 인정한다면, 그의 현재 블로그는 갤러리(와 미술작품)를 웹에 가져온 것이라고 볼 수 있다.

VI. 춤의 예술성과 법개념화

법적 예술 개념의 개방적 구조를 이해하는 데에 유용한 논의는 사진의 예술성 문제 외에도 춤의 예술성 문제를 들 수 있다. 춤은 본원적으로는 일회적인 고유성을 지닌 퍼포먼스로 이해된다. 모든 춤은 — 아무

110 대법원의 음란 개념이 헌법재판소가 헌법재판소 1998. 4. 30. 선고 95헌가16 결정에 의해 기준을 확립한 ① 진정음란과 ② 부진정음란, ③ 청소년이용음란(아동포르노)을 구별하지 않은 채 단일하기 때문에 〈우리부부〉에 대한 유죄판결도 예술창작의 자유를 제한한 것으로 바라보는 견해도 있다. 대표적으로 이인호, "성표현의 자유와 한계", *언론과 법* (제7권 제2호, 2008), 30쪽 참조. 그러나 이 견해에 의할 때 〈우리부부〉는 부진정음란에 해당할 것이지만, 여기서 설명하는 바와 같이 교육공간에서 전시됨으로써 '사회적 유해성'이 상당하기 때문에 여전히 음란물로 통제될 수 있다고 본다.

리 다른 사람의 춤을 따라하고, 무보(舞譜)를 실연한다고 하더라도 — 매번 스스로 고유하다는 것이다. 그렇다면 이상적으로는 누구도 다른 사람의 춤이 자신의 춤의 고유성을 해친다고 말할 수 없게 된다. 이러한 사고에 의하면 춤출 자유는 극대화된다. 하지만 가령 저작권법은 이러한 근원적 고유성을 외면하고 누구나 춤을 출 때 전범(典範)으로 삼을 만한 미학적 구조를 만들어내는 사람에게 경제적 인센티브를 부여한다. 이는 모든 사람들의 춤추기에 유용한 전범을 더 많이 만들어내도록 유인하기 위한 것이다. 그러므로 법은 저작권 인정을 통해 춤출 자유를 억압하면서 춤출 자유를 확대하는 아포리아(Aporia)를 갖고 있다. 법은 춤을 어떻게 개념화해야 이 아포리아를 해결할 수 있는 것일까? 이 문제를 춤 개념의 내포와 외연으로 나누어 살펴보기로 한다.

1. 춤의 아포리아적 외연

법은 창작활동에 인센티브의 기제를 체계적으로 형성하기 위해 다른 저작물과의 유형적 구별을 필요로 한다.

(1) 춤의 학술적 개념들

그러면 춤의 외연은 어디까지인가? 춤이 체조나 쿵푸같은 무술동작이나 연극과는 다른지 같은지, 다르다면 판토마임은 춤인지 연극인지 등등의 물음은 꼬리에 꼬리를 문다. 언어이론적으로 보면 한 단어의 내포와 외연은 상호적으로 구성한다. 단어의 외연은 그 내포적 특성을 가진 대상들의 집합이고, 내포는 외연에 포함되는 대상들이 공통으로 가진 특성인 것이다. 여기서 단어의 내포를 잠정적으로 설정한 다음 단어의 외연을 설정하는 연역적 방법을 취해볼 수 있다. 그러나 춤의 내포는 외연을 그려줄만큼 명확하지 않다.

학술적인 견해를 살펴보아도 혼돈의 상태에 있다. 몇 가지 예를 들어보자. 춤의 외연을 설정하기 위해 가장 흔하게 잠정적으로 선택되는 춤의 내포적 특성으로 다음 세 가지를 들 수 있다. 첫째, 춤은 '사상이나 감정을 독특한 형태를 지닌 유기체로 구체화'[111]하는 것이라고 봄으로써 춤과 운동을 구별한다. 둘째, 예술성을 강조하여 '오락적 요소'가 강한 춤(예: 사교댄스)과 '경기적 요소'가 강한 춤(예: 체조, 피겨스케이팅)을 춤에서 배제시킨다.[112] 셋째, 일련(一連)의 형(形)이 실연되는지를 춤의 내포적 특성의 중심으로 삼아[113] 판토마임을 춤에 포함시킨다.

① 사상성, ② 예술성, ③ 형(形)의 미학성

(2) 춤 개념의 아포리아

그러나 ① 첫째, 춤만이 아니라 모든 저작물이 "인간의 사상 또는 감정을 표현한 창작물"(저작권법 제2조 1호)이다. 게다가 스포츠도 사상이 담겨져 있다. 그러므로 춤과 스포츠를 사상의 유무로 분별하기 어렵다. 더 나아가 춤을 특정한 사상의 표현으로 보는 것 자체가 위험한 발상이 일 수 있다. 거꾸로 춤은 사상으로부터의 해방을 지향할 수도 있기 때문이다. ② 둘째, 예술성 기준도 넌센스다. 피겨스케이팅이 (발레동작 등을 제외하고 순수하게 기술적인 구성부분만을 보더라도) 탱고보다 예술성이 못하지 않다고 보는 사람들도 많다. ③ 셋째, 형(形)의 미학도 마찬가지이다. 판토마임만이 형이 있고, 원형, 직사각형, 세모형 등 다채로운 형을 만드는 배구선수의 동작은 형의 미학이 없다고 할 수 없다. 세계적인 스피드스케이트 선수들의 팔다리 동작이 그리는 형은 아름다움의 극치를 이루기도 한다.

이렇게 보면 앞서 제시된 학술적인 잣대들은 춤의 미학적·철학적 가치성을 강조하는 수사학들에 그친다. 게다가 이 수사학들은 서로 다른 범위의 외연을 설정한다. 이 수사학적 기준들 사이의 우열을 정하는

111 육완순, *안무* (이화여자대학교출판부, 1984), 10~11쪽.
112 송영식·이상정·김병일, *지적재산권법* (세창출판사, 2007), 234쪽.
113 윤선희, *지적재산권법* (세창출판사, 2007), 401쪽.

기준도 없다. 그렇기에 춤의 수사학적 기준이 설정하는 춤의 외연도 분분할 수밖에 없다. 춤의 외연을 설정하는 일은 여전히 해결되지 않은 아포리아(Aporia)로 남아 있다.

(3) 춤과 춤이 아닌 것 사이에

춤의 외연을 이론적으로 정하는 법적 개념을 만드는 것은 불가능하다. 그러므로 시민사회에서 어떤 몸짓이 춤으로 수용되어 있는지를 종합적으로 살펴 춤인지 여부를 결정할 수밖에 없다. 즉, 유사한 패턴의 몸짓을 하는 사람들이 결성한 단체가 무용협회에 속해 있는지 아님 체육협회에 속해 있는지와 같은 사회(체계)적 요소와 그 춤을 추는 사람들의 집단적 자의식, 시민들의 반응 등을 종합하여 판단할 수 밖에 없다. 그러나 이런 결정에도 불구하고 간과되어서는 안되는 점은 그런 춤의 외연을 정하는 것은 법의 목적을 달성하기 위한 방편에 불과하다는 점이다.

춤의 외향적 가치를 인간의 다성성(多聲性, poliphonicity)을 표현하는 해방적 몸짓에서 바라본다면, 춤은 특정한 외연에 갇히는 것을 거부하기 때문이다. 새로운 춤은 지금까지는 춤이 아닌 어떤 새로운 영역이나 장르에서 발생하기도 한다. 예컨대 즉흥접촉춤은 발레의 춤동작과 쿵푸라는 무술의 동작이 결합되어 생성된 경우라면 태권무는 태권이라는 운동이 새롭게 춤이 된 경우이다. 이처럼 본원적인 춤이란 '춤과 춤이 아닌 것, 그 사이에서(inbetween)' 무한히 새롭게 생성되어가는 것이다.

2. 춤의 내향적 구조와 고유성

춤의 저작권을 인정하기 위해서 법이 요구되는 춤의 창작성은 그 춤의 고유성(orginality)이다. 이 개념의 구체화는 춤의 내향적인 미학적 구조를 파악하는 개념들의 체계화를 통해 이루어질 수 있다.

(1) 동작과 패턴의 구성과 배치

춤의 내향적, 미학적 구조를 파악하는 개념화의 중요한 발전은 1984년 미국 저작권청의 지침인 Compendium II of Copyright Office Practices에서 이루어졌다. 이 지침에 따르면 춤은 "춤 동작과 패턴의 구성과 배열(the composition and arrangement of dance movements and patterns), 특정 리듬과 공간의 관계 속에서 몸으로 행해지는 일련의 정적·동적 동작의 연속이다."[114] 이런 개념에 의하면 사교춤의 스텝(Social Dance Steps)나 단순하게 정형화된 스텝(Simple Routines), 이를테면 왈츠나 허슬의 스텝, 발레의 자세 등은 춤의 고유성을 구성하지 않으며, 따라서 저작권의 보호대상이 되지 않는다. 이런 요소들에 저작권을 인정한다면 춤의 창작이 오히려 심각히 저해될 것이다.[115] 그렇기에 이런 요소들은 문화적으로 공동의 자산(공유의 영역)으로 남아 있어야 한다. 이를 바꿔 말하면 춤에서 동작은 저작권이 보호되지 않는 춤의 아이디어와 같은 것이 된다.

(2) 표현적 요소

그러면 동작과 패턴을 지금까지의 방식과는 다르게 구성하여 배열했다면 춤의 고유성(창작성)이 인정될 수 있을까? 저작권법은 그런 구성과 배열이 사상이나 감정을 표현하게 되면 저작물이 된다고 본다. 이 점에서 춤은 스포츠와 구별된다고 보기도 한다.

그러나 첫째, 사상이나 감정의 요소가 담겨져 있다는 것은 중요하지 않다. 왜냐하면 동작이나 자세에도 이미 사상이나 감정이 담길 수 있기 때문이다. 춤의 첫 몸짓으로 취하는 기본자세만으로도 이미 많은 생각들을 연상시킬 수 있다. 둘째, 그렇기에 춤의 고유성을 근거짓는 것은

114 U.S. Copyright Office, Compendium II of Copyright Office Practices §450.01.

115 이런 입장으로 서재권, "무용의 저작권법적 보호범위에 관한 고찰", *한국무용기록학회지* (제16권, 2009), 66~67쪽.

'표현적 요소'라고 볼 수 있다. 다만 이 표현적 요소를 꼭 독창적인 형(形)으로만 해석[116]할 필요는 없다. 춤의 표현은 물론 형(形)을 사용하지만, 기계체조도 독창적인 형을 만들어내기 때문이다. 또한 즉흥접촉춤에서 보듯 형의 요소보다 접촉의 연속성이 심미적 연원이 되는 경우도 있다. 여기서 지금까지 고유성(창작성)의 개념화는 '표현'이라는 요소에서 한 걸음도 더 나아가지 못하고 있음을 알 수 있다. 그렇기에 다음과 같은 춤의 개념정의가 지금까지 나온 것 중에 가장 종합적이며 지혜로운 개념정의일 듯하다.

> 춤은 "몸의 자세와 공간적 배치를 통하여 시간 속에서 진행되는 한 명 또는 수 명의 무용수의 움직임의 계획된 흐름에 의해 나타나는 안무가의 표현(expression)"이다.[117]

(3) 춤 예술의 법개념화

하지만 이런 춤의 개념정의도 다소 불분명하고, 춤의 본원적 의미와 기능을 담기에 불충분한 점이 있다. 그래서 다음과 같이 춤의 개념을 더 세분화하여 재구성해본다.

1) 몸, 자세, 동작의 시 · 공간성 첫째, 춤은 구조적으로는 몸의 부분들을 시 · 공간적으로 배치하여 자세를 만들고, 자세들을 시 · 공간적으로 배치하여 동작을 만들며, 동작들을 시 · 공간적으로 배치함으로써 만들어진다. 그러니까 몸, 자세, 동작의 계속되는 시 · 공간적 배치는 춤의 내향적 '구조'이며, 이 구조는 춤의 필수조건이 된다. 따라서 시 · 공간적 배치가 다르면 동작이 같은 형(形)을 띠고 있어도 같은 춤이 되지 않는다.

2) 결정불가능한 표현성 둘째, 이런 구조를 띠는 몸짓이 춤이 되게

---

116 이런 입장으로 서재권, 앞의 논문, 68쪽.

117 Joi Michelle Lakes, "A PAS DE DEUX For Choreography and Copyright", *New York University Law Review* (Vol. 80, 2005), 1858쪽.

만드는 것, 즉 춤의 충분조건은 몸, 자세, 동작에 대한 각각의 시·공간적 배치가 일정한 표현을 수행한다는 것이다. 이때 이 표현은 사상이나 감정의 의식적인 작용결과일 수도 있지만, '무의식'의 외부화일 수도 있다. 발레처럼 형(形)을 가질 수도 있고 즉흥춤이나 병신춤처럼 거의 형(形)을 가지지 않을 수도 있다. 또한 표현은 정치적인 것일 수도 있고, 비정치적인 것일 수도 있으며, 아름다운 것일 수도 있고, 추한 것일 수도 있다. 여기서 표현의 대상이나 내용은 결정될 수 없음을 알 수 있다. 데리다의 용어를 빌리면 예술이 되는 몸짓의 표현적 내용은 "결정불가능성(indécidabilité)의 시련"[118](the ordeal of undecidability)을 겪는다고 말할 수 있다. 이처럼 근본적으로 결정불가능성에 시달리는 춤의 표현성이 사진 한 두 컷에 의해 침해될 수는 없다. 이 점을 호두까기인형 사건을 예로 좀 더 설명해보기로 한다.

George Balanchine's The Nutcracker – New York City Ballet

㈎ **호두까기인형 사건** 1981년 안무가 조지 발란신(George Balanchine)은 그가 한 호두까기인형의 안무에 대한 저작권등록을 하였다. 1985년 MacMillan회사는 뉴욕발레단의 허락을 얻어 발란신의 '호두까기인형' 발레공연의 사진과 무용가들의 인터뷰를 편집하여 발레책자(The Nutcracker: A Story & A Ballet)를 발행했다. 발란신의 유언집행자인 Horgan은 MacMillan의 저작권 침해를 이유로 그 책자의 판매를 금지하는 가처분 소송을 제기하였다.

1심인 뉴욕지방법원은 발레책자의 사진들은 발레에서의 연속동작이 아니라 특정 순간 무용수의 자세를 보여줄 뿐이라는 이유로 가처분을 기각하였다.[119] 다시 말해 사진은 발란신이 창작한 스텝의 흐름(flow of

118 John D. Caputo, *Deconstruction in a Nutshell: A Conversation with Jacques Derrida* (Fordham University Press, 1997), 138쪽.

119 US District Court for the Southern District of New York-621 F. Supp. 1169 (S.D.N.Y. 1985) 참조.

steps)을 재현하지 않는다는 것이다. 그러나 항소심은 연속되는 춤의 한 순간을 찍은 한 컷의 사진일지라도 많은 것을 전달해줄 수 있으며 보통의 사람도 단순한 제스처나 자세보다 많은 것을 인지할 수 있다는 이유로 저작권 침해를 인정하였다.[120]

(나) **표현의 재현불가능성** 이 사건에서 책자에 실린 사진 한 컷이 발란신이 안무한 호두까기인형의 발레 전체 가운데 (1심처럼) 정지된 동작 하나를 담고 있다고 보아야 하는지 아니면 (항소심처럼) 하나의 동작보다 많은 것, 예컨대 동작과 패턴의 구성과 배치를 담고 있다고 보아야 하는지에 관해 견해가 대립될 수 있다. 그러나 어떤 관점에서든 상관없이 그 사진이 보여주는 것들은 발란신이 그 동작과 패턴의 흐름을 통해 수행한 표현을 재현해주지는 못한다. 따라서 책자의 사진들이 호두까기인형의 무용저작권을 침해한다고 볼 수 없다.

3) 일상 이탈성 셋째, 하지만 몸, 자세, 동작의 시·공간적 배치가 일정한 표현을 수행하기 위해서는 그 배치가 일상생활에서 행하는 몸, 자세, 동작의 시·공간적 배치의 규칙을 깨고, 그 규칙들로부터 이탈하는 것(해방성)을 지향해야 한다.

(가) **포스트모던 춤의 개념적 요소들** 이 점은 포스트모던 춤(Postmodern Dance)에서 더욱 뚜렷하게 이해할 수 있다. 포스트모던 춤의 개념을 정의내리긴 어려우나, ⓐ 형식이 기능에 따른 것이 아니라 기능이 형식에 따른다는 의미의 형식주의, ⓑ 춤의 모든 구성요소들 사이의 동가치성, ⓒ 새로운 방식의 춤에 대한 관객의 기대, ⓓ 춤의 맥락성 중시 등을 포스트모던 춤의 특징으로 들 수 있다.[121] 가령 춤의 맥락성을 중시하는 관점에 따르면 춤이 춤이 되는 것은 춤의 구성요소들의 독립된 가치 때문이 아니라 그 맥락 때문이라는 것이다.

(나) **일상 낯설게 하기** 그러므로 포스트모던 춤에서는 일상의 동작들

---

120 Horgan v. MacMillan, Inc., 789 F.2d 157, 158 (2d Cir. 1986) 참조.

121 이에 관해 자세히는 로버트 앳 우드·노베르트 제르보스 (김기란 역), "포스트모던 춤과 탄츠테아터의 비평적 정의", *공연과 리뷰* (제52호, 2006), 233~243쪽 참조.

도 춤의 실연과정에 제한없이 들어올 수 있다. 하지만 예컨대 단순히 걷는 일상동작이 들어오더라도 그것은 일상성을 '낯설게' 하는 특수한 배치 속에서 이루어지며, 그런 점에서는 여전히 일상이탈성의 요소가 포스트모던 춤에도 유지된다고 할 수 있다. 다시 말해 일상이탈성이 전통적인 춤 또는 모던 춤에서는 신체의 자세나 동작과 같은 물리적 특수성에서 비롯되는 반면, 포스트모던 춤에서는 몸짓이 이루어지는 상황의 맥락적 의미구조 속에서 이루어지는 차이가 있을 뿐이다. 이처럼 일상의 것을 낯설게 한다는 의미의 이탈성은 춤이 인간의 다성성을 기호화하는 본질적 기능에 부합하는 것이기도 하다.

여기서 잠시 이제까지의 설명을 종합해보면 춤의 개념을 만들어 보자. 춤이란 결정불가능한 표현을 수행하는 몸, 자세, 동작의 (일상)이탈적인 시·공간적 배치이다. 이때 시·공간성, 표현성, 이탈성은 춤의 내향적 미학적 구조를 이루는 축이 된다.

4) 차이성 그러나 이런 춤의 개념은 춤의 고유성이 자리잡는 터가 될 수 있을 뿐이다. 법에서 어떤 몸짓이 춤예술로서 인정될 뿐만 아니라 저작권이 인정될 수 있을 정도로 고유한 것이 되려면 지금까지 전승되어 온 춤이나 현존하는 춤과는 어떤 의미에서든간에 '다른 것'이어야 한다. 여기서 다르다는 것은 마치 특허의 요건이 되는 발명처럼 이 세상에 처음 태어난 것, '새로운 것'(novum)일 필요는 없으나 다른 것들과 구별되는 차이성이 있어야 함을 뜻한다.

(가) 해석의 문제로서 차이성 법률가가 아닌 무용학자는 발명의 요건과 저작권의 요건을 차별화하지 못하므로 춤의 다름을 새로움과 같은 개념으로 사용하기 쉽다. 하지만 무용학에서도 춤의 새로움을 판단하는 객관적 잣대가 있지는 않다. 여기서 춤의 새로움은 "출처나 발견의 문제가 아니라 설명과 해석의 문제"[122]가 된다는 무용학자의 견해는 주목할

---

122 조기숙, "무용창작에서 '새로움'에 대한 철학적 고찰. 미셸 포킨의 발레개혁을 중심으로", *한국무용기록학회* (제19권, 2010), 61쪽.

만하다. 물론 이 견해에 따르면 춤의 고유성 판단에는 무용이론가나 무용비평가와 같은 전문가들의 의견이 매우 중요해질 수 있다. 하지만 비평이 작품을 구성하는 요소의 하나가 되는 것은 춤의 장르에서만이 아니다. 미술의 작품가치는 더욱 더 비평에 의해 구성된다.

Matthew Bourne, Swan Lake[123]

(나) 문화코드와 표현적 양식 가령 매튜 본(Matthew Bourne)의 〈백조의 호수〉는 19세기 백조의 호수와 다른 여섯 가지의 새로운 문화코드를 갖고 있다고 해석된다. 이를테면 '남자 백조'라는 양성성(androgyny)의 인물유형을 중심으로 '금기시된 사랑의 코드', '풍자코드', '탈 고정관념의 코드', '사실주의적 코드', '성(sexuality) 코드', '현실과 이상에 관한 보편적 코드' 등이 새로운 것으로 설명된다.[124] 물론 문화코드의 차이만으로 저작권의 창작성을 인정할 수는 없다.

그런 문화코드가 춤의 신체적 동작의 표현양식과 결합될 수 있어야 하고, 저작권등록을 위해서는 그 점이 무보에 의해 텍스트화될 수도 있어야 한다. 창작성이 높이 평가되는 최승희의 〈보살춤〉을 예로 설명해 보자. 최승희의 〈보살춤〉은 "불교의 자비를 표현하는 보살의 정적 이미지와 동양적 아름다움을 새로운 신체의 리듬과 에포트 및 공간적 형태로 창조하여 최승희 자신만의 문화적 정체성을 표현했다."[125]고 평가된

123 2003 LG아트센터에서 한 공연 사진이다.

124 이런 분석으로 안나용, "매튜 본의 〈백조의 호수〉의 문화코드 연구", *한국무용기록학회* (제16권, 2009), 107~143쪽 참조.

125 신상미, "도상학적 해석을 통한 최승희의 〈보살춤〉 창작기법 연구", *한국무용기록학회* (제10권, 2006), 66쪽 참조. 여기서 이해를 돕기 위해 신상미 교수의 분석을 좀더 인용해보면 "첫째, 신체의 사용에 있어서 보살불상은 앉아있는 평면적 자세에서 2차원적인 손의 제스처를 사용한 반면, 「보살춤」은 서있는 자세에서 3차원적이고 입체적인 팔과 다리의 포스처와 제스처를 사용하였다. 둘째, 에포트의 측면에서 보살 불상의 이미지는 간접적인 공간에포트와 가볍고 간접적인 두 가지 에포트가 조합되어 평면적 자세를 보인데 반해 「보살춤」은 시선을 강하게 바라보고, 빠르고 직접적이면서 가볍게 살짝 돌려 톡 치는 세 가지 에포트가 조합되어 입체적인 움직임을 보였다. 셋째, 공간적인 측면에서 보살 불상은 테트라히드론적 도형을 그리는 포스처와 제스처의 이미지로 안정적인 느낌을 주는데 반해 「보살춤」은 3차원적 큐브 도형을 그리는

다. 이런 설명과 해석에 의해 〈보살춤〉은 저작권이 인정될 정도의 창작성이 인정될 수 있다.

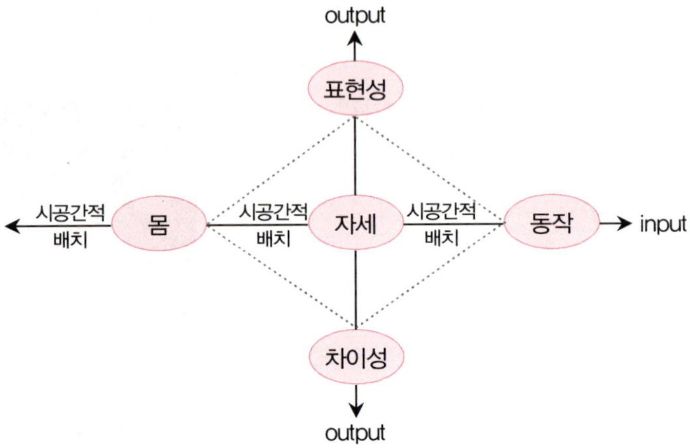

5) 춤 개념의 구조화 이처럼 차이성도 춤의 개념적 요소가 되는 것이라면, 이제 춤의 개념은 시·공간성, 표현성, 이탈성 그리고 차이성으로 구조화된다. 여기서 일상이탈적인 몸, 자세, 동작의 시·공간적 배치가 일종의 입력(input)이라면 표현과 차이는 일종의 출력(output)이라고 볼 수 있다.

여기서 산출요소인 춤의 표현성이나 차이성은 춤에 문외한인 법관에 의해 판단되기 쉽지 않다. 그렇기 때문에 안무가와 같은 전문가들에 의해 결정되어야 한다는 주장이 성립한다.[126] 물론 춤의 저작권을 판단할 때, 춤이론가나 춤비평가의 의견을 고려하여야 한다. 하지만 안무가들도

포스처와 제스처의 이미지로 표현적이며 역동적인 느낌을 주었다. 또한 공간적 긴장(Spatial Tension) 면에서 보살불상은 중심적 긴장(Central Tension)을 사용하여 집중하는 느낌을 연출한 반면, 「보살춤」은 원거리 긴장(Periphral Tension)을 사용하여 4차원적 공간의 꿈같은 느낌을 연출하였다."(앞의 논문, 같은 쪽).

126 이런 관점을 앞의 호두까기인형사건에서 뉴욕지방법원의 판결을 비판하는 관점으로 제시하는 Kathleen Abitabile and Jeanette Picerno, "Dance and the Choreographer's Dilemma: A Legal and Cultural Perspective on Copyright Protection for Choreographic Works", *Campbell Law Review* (Vol. 27, 2004-2005), 46쪽 참조.

식견이 있을 뿐 춤의 표현성이나 차이성에 대한 판단에서 다양한 견해 차이를 보이기 마련이다. 따라서 법원은 안무가들을 감정인으로 활용하여, 그리고 춤의 저작권보호에 대한 법정책적 전망을 갖고 스스로 판단을 내릴 수밖에 없다.

02 법과 모던예술

모더니즘(근대 modernity)은 법[1]과 예술 모두에서 전근대나 탈근대의 시대와 구획되는 근대시대를 지배하는 이념, 즉 사유하는 개인(주체)이 자유롭고 평등하게 인격을 발현함으로써 자연을 합리적으로 지배하고, 공동체를 형성하는 역사적 기획을 가리킨다. 흔히 모더니즘의 법을 근대법, 모더니즘의 예술을 근대예술 — 근대미술(modern art), 근대음악(modern music), 근대무용 등 — 이라고 부른다. 법이 규제를 통해 예술을 형성하고, 예술이 미학적 영향을 통해 법의 정의를 형성하는 관계, 즉 법과 예술의 상호형성적 관계는 근대법과 근대예술 사이에도 타당함은 물론이다. 그렇기에 나치(Nazi) 시대에 성찰적 모더니즘의 예술들, 특히 샤갈이나 칸딘스키, 말레비치 등의 작품이 퇴폐예술(degenerate art)[2]이라 불리며 억압되었던 것처럼[3] 이성법에 대한 억압은 예술에서 (성찰적) 모더니즘에 대한 억압과 분리되지 않는다. 아래서는 미술과 춤이라는 예술 장르를 중심으로 근대법과 근대예술의 상호형성적 관계의 역사가 각자에게 침전시켜 놓은 기호학적 의미구조의 동치성을 밝히는

---

1 법에서 모더니즘의 의미를 처음 규명한 연구로 이상돈, *형법의 근대성과 대화이론* (홍문사, 1994) 참조.

2 나치는 유태인이나 러시아 사회주의자들을 비판하는 등의 정치적 목적으로 1937. 7. 19. 뮌헨(München)에서 퇴폐예술(Entartete Kunst)이란 이름으로 샤갈, 칸딘스키, 말레비치 등 무려 650점에 달하는 모던 예술작품들을 전시하였고, 이후 독일, 오스트리아의 13개 도시에서 개최하였으며 총 300만이 넘는 관객이 관람하였다. 하지만 나치의 의도와는 달리 관객들은 오히려 그런 작품들에 매료되었다고 한다.

3 이 점을 지적하는 Desmond Manderson, *Song without Music Aesthetic Dimensions of Law and Justice: Aesthetic Dimensions of Law and Justice* (University of California Press, 2000), 193쪽 아래 참조.

데 집중한다.

★ 법과 음악의 동치성 이런 동치성은 아마도 음악과 같은 예술의 다른 장르에서도 확인할 수 있을 것이다. ① 맨더슨(D. Manderson)은 영국 음악의 역사와 법의 발전과정이 중세에서 현대에 이르기까지 매우 유사한 모습을 갖고 있다고 본다.[4] 즉, 음악의 구성은 법의 형식과 구조에 상응한다는 것이다. 가령 13C 모테트(Motet)와 같이 주로 예배할 때 사용하는 다성음악(polyphonic vocal)은 라틴어로 쓰여진 중세법의 법령(statute)에 상응하고, 13C 후반 악보, 리듬의 방식과 관련언어 등에서 발전된 모테트는 프랑스어로 쓰여져서 일부 국민이 알 수 있게 된 웨스트민스터법에 상응하며, 14C~15C 르네상스 시대에 들어 발전한 캐논 음악은 세계에 자신의 의지를 강제하는 규율이 강한 점에서 그 시대의 자연법적 사고와 의회의 법(Acts)의 발전에 상응하다는 것이다. 또한 1941.1.15. 괴를리츠에서 처음 공연된 올리비에 메시앙의 '시간의 종말을 위한 4중주'(Quartet for the End of Time)은 법에서 이성적 질서(모더니즘)의 과잉이 빚은 전체주의의 참상을 표현하고, 그런 사물화에 반대하는 포스트모던적 법의 질서에 대한 지향을 보여준다.[5] 특히 이 곡에서 새들의 심연은 모더니즘의 법이론을, 천사들을 위한 무지개의 착란은 포스트모던 법이론을, 그리고 수정체의 예배(crystal liturgy)는 미학적 비전(예: 불협화음의 아름다움)에서 규범적 비전(예: 비판적 다원주의와 고유성 singularity을 인정하는 법)을 획득하는 법미학적 이론에 상응한다고 본다. ② 램쇼(Sara Ramshaw)는 법과 음악이 텍스트와 실행(performati vity), 보편성과 고유성, 기존의 것과 새로운 것 사이의 불가능한 균형과 조화, 즉 '즉흥창조의 실행'(performance of improvisation) 속에 존재한다는 의미의 동치성을 바라본다.[6] ③ 이런 분석은 매우 흥미롭다. 하지만 음악과 법의 유사한 발전이나 기호학적 동등성에 관한 논의는 아직 매우 단편적이고, 분석의 깊이가

---

4 Desmond Manderson, "Statuta v. Acts: Interpretation, Music, and Early English Legislation", *Yale Journal of Law & the Humanities* (Vol. 7, Issue 2), 317~366쪽 참조.

5 Desmond Manderson, *Song without Music Aesthetic Dimensions of Law and Justice: Aesthetic Dimensions of Law and Justice* (University of California Press, 2000), 158~189쪽 참조.

6 Sara Ramshaw, "The Paradox of Performative Immediacy: Law, Music, Improvision", *Law, Culture and the Humanities* (Vol. 12, No. 1, 2016), 6~16쪽.

그리 깊지 않다. 이 책도 법과 음악의 동치성에 대한 본격적인 논의는 미래의 과제로 남겨두기로 한다.

I. 법과 모던미술

1. 모더니즘의 의미

법의 발전을 전근대(premodernity), 근대성(modernity), 탈근대성(postmodernity)으로 크게 구분하는 것처럼 미술의 발전사도 세 단계로 구분할 수 있다.

(1) 단토의 미술사 시대구분

미국의 대표적인 미술비평가이자 미술사가인 철학자 단토(Arthur C. Danto)가 펴낸 〈*예술의 종말 그 이후*〉 (After the End of Art)는 미술사를 크게 다음 세 시대로 구분한다.

① 미술이 예술이 아니라 종교적 이미지를 설명하는 방편이었던 **비예술의 시대**(~1400년까지)
② 예술이 자신의 본질을 추구하는 진보의 역사와 고유한 내러티브(narrative)를 가졌던 **예술의 시대**(1400년~1960년)
③ 미술에서 내러티브가 종말을 고한 **탈예술의 시대**(1960년 이후)

1) 모던미술 그가 바라 본 예술의 시대는 다시 세계를 이미지적으로 재현하는 미술의 프리모던(premodern) 시대('바자리적' 에피소드)와 미술의 가능조건을 표현하는 모던(modern) 시대('그린버그'[7] 에피소드)로 구분한다. 이 글에서 근대 이성법과 내밀한 연합을 맺고 있는 미술의 패러다임으로 바라보는 것은 바로 이 모던미술이다. 그에 의하면 대략 마

7 그린버그(Greennberg)는 우리나라에서도 모던미술의 비평에서 가장 중요한 인물로 인정받고 있다. 최근에는 해롤드 로젠버그의 비평이론도 중요한 이론으로 소개되고 있다. 특히 김희영, *해롤드 로젠버그의 모더니즘 비평* (한국학술정보, 2009)을 들 수 있다.

네(Manet)에서부터 낭만주의, 인상주의 그리고 고흐(Gogh)나 고갱(Gauguin)을 지나 세잔(Cezanne)과 같은 작가에 이르는 시대이다. 모던미술은 정확히는 모더니즘 미술을 말하며, 우리나라 서양미술사학계에서는 근대미술이라고 부르기도 한다.[8]

2) 탈역사적 미술 그리고 단토가 말하는 탈예술의 미술(탈역사적 미술 posthistorical art)이란 '추상표현주의'에 종말을 고한 것으로 보이는 현상들, 즉 1962년부터 등장한 이른바 '양식의 발작'이라고 할만큼 현기증 나는 속도로 출현한 다양한 현대미술의 흐름들을 가리킨다. 이에는 색면회화(color field-painting), 하드에지추상(hard edged abstraction), 예술작품이 사물존재와 구별되는 특별한 방식의 부존재를 믿는 프랑스의 신사실주의(French-neorealism), 리히텐슈타인으로 대표되는 팝아트(pop art), 앞서 언급했던 곤잘레스 토레스(Felix Gonzalez-Torres)로 대표되는 개념미술(conceptual art)[9] 등이 속한다.

(2) 불연속적 진보성

단토는 이 세 시대의 역사적 관계를 '불연속적'(또는 단절적)인 "진보적 발전"[10]으로 바라본다. 즉, 미술역사의 발전이 더 나은 미래를 향한 일차선형적인(→) 그리고 패러다임이 변화하는 발전이라고 보는 것이다.

1) 미술의 진보역사 예컨대 미술의 예술적 내러티브가 (모더니즘 이

---

8 근대미술을 19세기 중반부터 20세기 중반까지, 인상주의부터 추상미술까지의 약 백년간을 가리킨다고 보는 김현주, "국내 서양미술사학의 확장", *역사학보* (제211집, 2011.9). 특히 365쪽 아래; 비슷하게 우리나라에서 근대미술의 확립은 1910년대부터 1950년대까지로서 우리나라 화단에서 서양은 근대의 모델로 인식되었다고 보는 김영나, "선망과 극복의 대상: 한국 근대미술과 서양미술", *서양미술사학회 논문집* (제23집, 2005.6), 89~125쪽 참조.

9 1960년대 중반까지의 색면추상이나 팝아트, 미니멀리즘을 지나 반(反)모더니즘적, 반(反)미니멀 형식에 기반을 둔 1960년대말(특히 문화혁명의 상징적 해인 1968년)부터 1970년대까지 포스트미니멀리즘이라고 묶일 수 있는 모든 미술경향을 포괄적으로 개념미술로 정의하기도 한다. 이런 이해로 전혜숙, "미술개념의 변화와 미국의 1968년: 개념미술의 등장을 중심으로", *미국사연구* (제28집, 2008), 149~150쪽.

10 Arthur C. Danto, *After the End of Art* (Princeton University Press, 1997), 43, 61쪽.

전의 예술시대에는) 더 정확한 재현의 기법이 개발되는 것에서 (모더니즘의 시대에는) 예술의 본질이나 회화의 가능조건에 대한 철학적 자기의식(selfconsciousness)의 생성과 진전으로 넘어가는데,[11] 이 과정은 비록 불연속적이지만, 진보적인 발전이 된다는 것이다. 물론 미술의 주체로서 미술을 창작하고 향유하는 자유가 역사적으로 계속 증대하고[12] 있다는 점에서는 적어도 이와 같은 미술의 역사를 진보적인 발전이라고 말할 수 있을 것이다. 단토는 그의 시대구분을 마치 '처음에는 한 사람만 자유롭고, 다음에는 소수의 사람들이 자유로우며, 마침내 그의 시대에 와서 만인이 자유롭다'고 하는 헤겔(Hegel)의 거대한 정치적 내러티브에 견줄 수 있다고 보았다.[13]

2) 법의 진보역사 그러므로 이성의 필연적인 역사적 발전은 법의 근대적 발전과 미술의 발전에 동치적으로(equivalently) 나타나고 있다고 볼 수 있다. 근대사회 이전의 법체계에서 '신분'이 법의 기초였다면 근대 이성법에서는 '계약'이 법의 기초가 되었다. 계약은 개인에게 자유를 공평하게 최대로 향유할 수 있게 하는 법형성의 기제이다. 그리고 현대사회에서 계약적 사고를 넘어서서 사회체계(social subsystem)의 '기능'을 통해 개인의 자유와 생존을 배려하게 됨에 따라 법의 패러다임은 계약에서 기능으로 변화했다고 볼 수 있다. 이 변화는 인간의 자유를 증진시키는 발전의 변화이다.

(3) 중층화된 연속성

하지만 예술의 패러다임들 상호간에는 명확한 단절이나 전복이 존재

---

11 Arthur C. Danto, 앞의 책, 65~66쪽. 이러한 단토의 생각은 Clement Greenberg의 이론과 같은 것이다.

12 미술의 주체로서 화가가 누리는 권리의 정점은 자신의 작품이 다른 사람에 의해 소유되더라도 그 작품에 어떤 변형도 가하지 못하게 하는 권리, 즉 저작인격권(동일성유지권)이라고 할 수 있다. 이를 도덕적 권리(moral rights)라고 표현하는데, 이 개념의 함의 역시 화가의 주체적 지위를 자식에 대한 아버지의 지위(父性)와 같은 것으로 가리킨다.

13 Arthur C. Danto, 앞의 책, 47쪽.

하더라도 현재 하나의 예술 작품에 세 가지 예술패러다임이 동시적으로 존재할 수 있음을 간과해서는 안된다. 그러니까 현대미술은 오히려 '비동시적인 것의 동시성'(the contemporaneity of uncontemporary)[14]을 보여주는 미술인 경우가 더 많다.

1) 미술역사의 중층적 연속성 가령 모던미술의 자기반성적인 발전의 정점에 있는 추상표현주의 회화에서도 종교적 이미지는 읽혀질 수 있고,[15] 개념예술과 같은 포스트모던미술에서도 비예술시대의 미술처럼 종교적 이미지나 예술시대의 미술처럼 내러티브가 여전히 존재할 수 있다. 작품의 이런 중층적 차원은 무엇보다 예술이론이나 비평이론의 체계내적 관점에 머무르지 않고, 정신분석학적 비평을 끌어들일 때 더욱더 잘 드러난다. 그러므로 단토가 말하는 비예술, 예술(프리모던미술과 모던미술), 탈예술(포스트모던미술)은 미술작품이 아름다움을 구성하는 방식의 패러다임적 차이로서 서로 배타적이거나 불연속적인 역사적 발전의 선후관계를 이루는 것이 아니라, 하나의 작품을 구성하는 중층적인 미학적 차원을 이루는 것이라고 볼 수 있다.[16]

2) 법의 중층화된 연속성 이런 '비동시적인 것의 동시성'은 법에서도 마찬가지이다. 가령 서구사회에서 법의 발전은 로마법으로부터, 교회법과 게르만부족법이 지배하던 중세시대의 법, 그리고 근대 법전의 형성과 실질법의 발전을 거쳐, 현대사회의 법, 특히 법다원주의(legal pluralism)와

14 이를 복합적 중층결정(complex overdetermination)이라 개념화하기도 한다. 중층결정 개념에 대해 자세히는 김형효, *구조주의의 사유체계와 사상* (인간사랑, 1999), 533~534쪽 참조.

15 가령 Barnett Newman, *Who's Afraid of Red, Yellow and Blue* (1966)에 대해 독일 대학생이 손괴를 시도한 것도 우상파괴의 성격을 띨 수도 있고, 독일 국기와 히브리즘적인 신성성 사이의 경계를 넘어서는 비체(abject)를 상징하는 것일 수도 있다.

16 이와 비슷하게 한국의 근대미술시대를 일반적으로 갑오경장부터 1940년대까지 약 60년으로 보는 것과 달리, 전통미술사와 근대이후 미술사를 분리하지 않고, 즉 전근대와 근대를 통합하여 근대미술의 역사적 연속성을 바라보야 한다는 견해로 홍선표, *한국근대미술사 — 갑오개혁에서 해방시기까지* (시공사, 2009)를 들 수 있다. 이런 통합적 관점은 타당하지만, 우리사회에서 탈근대미술이 1940년대 이후에 이미 시작되었다고 말할 수 있을지는 매우 의문이다. 회화로 표현되는 사유적 주체(cogito)의 성장이 1980, 90년대까지도 충분히 이루어졌다고 볼 수 없기 때문이다.

절차주의적 법제의 성장으로 나아가는 과정으로 요약할 수 있다. 이 발전사도 한편으로는 인간의 자유증진이라는 진보를 가져온 패러다임의 변화이지만, 다른 한편으로는 현대사회의 법체계에 중층으로 퇴적되어 있다는 의미에서 그 연속성을 말할 수 있다.

<table>
<tr><th colspan="2"></th><th>양식 패러다임</th><th>작가(주체)</th><th>내러티브</th><th>법현상</th></tr>
<tr><td colspan="2">비예술시대
(~1400년)</td><td>종교적 이미지의 설명</td><td>예술가
부존재</td><td>부존재</td><td rowspan="2">로마법
교회법,
게르만부족법
근대법의
성장</td></tr>
<tr><td rowspan="2">예술시대</td><td>바자리적
에피소드
(1400~1900년)</td><td>세계의 시각적
(모방적) 재현</td><td>르네상스 시대의 인문주의적 작가</td><td>역사진보의
내러티브</td></tr>
<tr><td>모더니즘
그린버그
에피소드
(1900~1960년)</td><td>미술의 (선험적) 가능조건에 대한 자의식의 (모방적, 양식적) 표현</td><td>의식철학자 같은 미술가</td><td>미술과 비미술을 구분하는 내러티브</td><td>근대법의
완성</td></tr>
<tr><td colspan="2">탈예술시대
포스트모더니즘
(1960년~)</td><td>비평(=양식을 사용하는 양식)적 구성</td><td>작가의 죽음과 다원적 사상과 비평의 주체화</td><td>내러티브의 종말
(→ 예술의 종말)</td><td>법다원주의,
법의 통일성
해체</td></tr>
</table>

이 중층적 연속성을 세밀하게 해명하는 것은 불가능할 뿐만 아니라 여기의 논의가 추구하는 목적도 아니다. 다만 미술과 법, 각각이 말하는 모더니즘의 내적 연관을 밝히기 위한 보조적인 논의로서 법발전의 중층적 연속성을 이해하는 것은 필요하다. 중층적 연속성의 한 예를 든다면, 오늘날 다원주의사회에서 매우 중요한 법원리인 관용을 들 수 있다. 오늘날 관용원칙(Toleranzprinzip)이 민주적 법치국가에서 가장 중요한 원칙의 하나라는 점에는 의문이 없다. 그러나 이 관용은 중세의 스콜라신학과 교회법에서 발달된 사법적 개념[17]이라는 점에서 법의 전근대라는

17 Istvan Bejczy, "Tolerantia: A Medieval Concept", *Journal of the History of Ideas* (Vol. 58, No. 3, 1997), 365~368쪽; 이 점을 중세문학에서 설명하는 신우석, *중세시대의 종교적 관용의 발전* (고려대 석사학위논문, 2012) 참조.

역사적 지층에 이미 퇴적되어 있었으며, 법인류학적 연구를 배후에 둔 법다원주의적 관용(예: 이슬람교도의 히잡에 대한 관용)[18]과 같이 20세기 후반의 탈근대적 지층으로 이어지고 있다.

2. 법과 모던미술의 기호학적 동치성

(1) 모던미술의 구조적 특징

그러면 모던미술이란 무엇인가? 미술사의 대가, 단토의 모던미술에 대한 철학적 이해를 나의 법철학적 이해와 그 지평을 혼융시키면서 설명해보기로 한다.[19]

1) 사유적 주체와 양식의 성찰 단토가 바라본 모던미술을 한 마디로 정의하라고 하면, 아마도 '모던미술이란 칸트(Kant) 철학과 같은 의식철학의 심미적 버전이다'라고 말할 수 있을 것이다. 칸트가 지식의 가능조건을 물었듯이 모던미술의 화가도 회화의 가능조건을 묻는다는 것이다.

모던미술의 내러티브는 회화가 그 고유성을 연역해낼 수 있게 하는 회화의 조건, 칸트의 언어를 빌리면 회화의 비판에 대한 자의식(self consciousness)의 발전에 관한 것이다. 이런 모던미술의 흐름은 대표적으로는 미술계의 칸트라고 불리는 마네(Manet)[20]에서 시작하여 낭만주의나 인상주의 화가를 거쳐 1880년 후반의 반 고흐와 고갱 그리고 세잔에 이른다. 인상주의에서 극명하게 드러나듯 모던미술은 화가의 의식이 지배하는 감각에 따른 세계의 경험을 마치 세계 그 자체인 것처럼 절대화하여

18 이에 관해 자세히는 정채연, "유럽사회에서 다문화정책의 현황과 관용의 한계", *단국대 법학논총* (제36권 제1호, 2012), 325~271쪽 참조.

19 특히 여기서 언급하는 모던미술의 구조적 특징은 단토의 이론이며, 그 세부적 설명은 나의 이해와 해석에 의한 것임을 밝혀둔다.

20 마네가 이전의 미술과 확연히 구분되는 근대미술의 선구자임을 옹호한 미술비평가로 졸로(Zola)의 이론세계와 그의 마네에 대한 비평을 자세하게 정리한 글로 손경애, "미술비평가 졸라와 마네: 근대성을 향한 두 혁명가", *한국프랑스학논집* (제68집, 2009), 439~458쪽 참조.

주체적으로 표현한다. 이를 위해 단순히 세계를 모방하여 정확하게 재현하는 것이 아니라 '재현의 수단과 방법에 대한 성찰'이 중요하게 된다.

가령 '오일 온 캔버스'(oil on canvas)는 나무 등으로 지지대를 만들고 그 위에 특수한 재질의 천을 댄 다음 유성 용재로 용해시킨 안료로 붓질하여 이미지를 생성시키는 방식이다. 오일 온 캔버스를 모던미술의 중요한 질료적 특성으로 바라보는 이유는 그것을 통해 화가는 이미 칠한 붓질에 주관적 감각으로 만족할 때까지 다른 붓질을 더 가함으로써 사물의 재현을 사유적으로 통제하고 지배할 수 있게 되기 때문이다. 이로써 화가는 — 마치 데카르트의 '사유하는 주체'(cogito)처럼 — 사유하듯 그림이 세계를 재현하는 양식을 의식화하고, 그렇게 의식화된 양식에 의해 세계에 대한 자신의 경험을 주체적으로 표현할 수 있게 된다. 그래서 단토는 모더니즘은 시종일관 예술의 불변적 본질을 하나의 예술 양식과 동일시하고, 그 외의 것들은 옳지 않은 것이라고 선언하는 '선언의 시대'(age of manifestos)를 이루었다고 본다.[21] 선언의 시대에는 예술과 비예술이 날카롭게 구별된다.

2) 시각적 이미지의 즉각적 향유 모던미술처럼 양식과 기법이 두드러지게 되면, 그림의 지향점은 인상주의에서 잘 드러나듯이 '시각적 이미지'의 극대화로 향하게 된다. 여기서 주의할 점은 양식의 의식화가 곧 철학적 사상이나 관념의 구현을 뜻하지 않는다는 것이다. 그것은 오히려 포스트모던미술의 특징을 이룬다. 그렇기 때문에 단토는 인상주의 그림을 어떤 철학도 필요로 하지 않는 순수한 (시각적) 즐거움에서 바라본다.[22] 인상주의 그림에서 누리는 쾌락은 단토가 보기에 의식철학의 정점에 있는 헤겔(Hegel)의 '즉각적 향유'(immediate enjoyment)에 견줄 수 있는 것이다. 다시 말해 모던미술은 빛과 그림자 사이의 자연적 차이들을 가지고 시각적 외관을 정복하는[23] 의식의 (자연 모방적) 표현인 것이

21 Arthur C. Danto, 앞의 책, 28~29쪽.

22 Arthur C. Danto, 앞의 책, 33쪽.

23 Arthur C. Danto, 앞의 책, 55쪽.

다. 모던미술은 사유를 시각화하는 것이 아니라 시각을 사유화하는 것이다.

3) 순수성과 환원주의 모더미술은 회화를 회화로 존재하게 하는 것 이외의 모든 것을 배제함으로써 순수성을 지향한다.[24]

(가) 평면성과 정면성 그렇기에 입체주의에서 보이는 바와 같이 삼차원적 공간의 사용은 회화의 순수성을 훼손하는 것이며, 따라서 모던미술은 그린버그(Greenberg)에 의하면 원칙적으로 '평면성'(flatness)과 정면성(frontality)을 유지해야 한다. 여기서 평면선이란 입체성과의 대비 속에서 그 의미가 이해될 수 있다. 예컨대 평면성과 입체성은 마치 사물을 사진에서 볼 때와 3차원 공간에서 실물을 볼 때의 차이, 또는 일반영화(또는 디지털영화)와 3D영화를 볼 때의 차이에 대비될 수 있다. 따라서 그린버그에 의하면 모던미술의 화가들은 일상경험의 주제보다는 자신의 예술적 기교(craft)나 그 매체(medium)에 더 관심을 갖게 되었다고 한다. 정면성이란 인물이나 물체를 캔버스와 평행한 면으로 구성하는 것을 말한다.

(나) 붓질의 중요성 이처럼 그린버그에 의하면 모던미술을 이끈 예술적 충동은 "그림을 상대적으로 무차별적인 표면으로 환원(reduce the picture to a relatively undifferentiated surface)하는 경향"[25]에 있었다. 이처럼 평면과 정면으로 환원된다는 점에서 다른 예술과 구별되는 매체의 고유성을 갖는 모던미술에서는 캔버스에 주관적 감각경험을 다양한 시각적 이미지로 옮겨 놓는 '붓질'이 중요해진다. 색면회화(color field painting)는 이런 모던회화의 평면성을 극대화하는 양식이라 할 수 있다. 그 극대화는 이성을 이성적인 것으로 다시 성찰하는 작업과 같다.

사진기의 발명도 모더니즘 이전 시대의 회화들, 자연을 모방적으로 재현

---

24 Arthur C. Danto, 앞의 책, 69쪽.

25 Greenberg, "The Crisis of the Easel picture" (1948) (http://mysite.pratt. edu/~morourke/common/Critical Paradigms/GreenbergCrisis.pdf) 참조.

하는 회화의 시대를 종결지을 수는 있어도, 모던미술을 종결짓지는 못한다. 왜냐하면 사진에는 주관적 감각경험을 다양하게 시각화하는 붓질의 느낌이 없기 때문이다. 또한 바로 그런 점에서 사진은 오랜 세월 미술로서 인정될 수가 없었던 것이기도 하다. 이와 같이 모던회화를 다른 예술과 구분짓게 하는 매체 중심성은 화가(주체)의 극대화된 자기의식이 비정신적인 것, 즉 시각적 이미지로 전이된 결과라고 할 수 있다.

Vincent van Gogh,
The Starry Night, 1889

(다) **자연의 모방** 하지만 모던미술도 세계를 있는 그대로 '재현'하는 것은 아니지만, 자연을 '모방'(mimesis)한다. ① 루카치가 말하는 미메시스의 철학적 의미로서 현실의 본질적 특성을 그려내면서도 현실과 구별되는 새로운 현실을 창조하는 것[26]은 모던미술 이전에는 두드러지지 못했고 인상주의 회화와 같은 모던미술에 와서야 비로소 뚜렷해졌다. 가령 고흐(Vincent van Gogh)의 〈별이 빛나는 밤(The Starry Night)〉을 보면 자연을 모방하여 그리면서도 자연의 색채와는 무관한 색상을 사용한다. 이로써 화가 개인의 주관적 감정, 가령 불안과 혼돈의 실존적 상황이 표현되고, 그것을 통해 자연과는 또 다른 자연의 이미지가 생성되고 있다. 이런 모던미술의 양식적 특성에 의해 내면의 세계는 자연 속으로 객관화되며, 거꾸로 자연은 내면의 옷을 입게 된다.

② 그러니까 회화의 순수성에서 자연은 괄호쳐지는 것이 아니라 양식적으로 순수하게 환원되어 표현되어야 할 콘텐츠의 원천으로 의연하게 그 위치를 지키고 있는 것이다. 모던미술의 끝지점에 있는 추상미술을 개척한 칸딘스키(Wassily Kandinsky)도 이렇게 말한다. "추상적인 회화는 자연의 모습과는 거리가 멀지만, 자연의 법칙에서 분리된 것은 아

26 미술에서 루카치의 미메시스 이론이 갖는 의미를 자세히 밝힌 이원숙, "미메시스(Mimesis)로서의 문학과 미술 — 루카치미학의 리얼리즘을 중심으로", 철학논총 (제59집 제1권, 2010), 223쪽 아래 참조.

니다. … 예술은 우주의 법칙과 직접적인 관계를 맺고 있을 때, 그리고 그 법칙을 따를 때에만 위대해질 수 있다."[27] 거꾸로 추상미술과 그 이전의 모던회화 사이의 차이도 추상성의 정도에 불과한 차이라고 이해할 수도 있다. 어떤 모던회화도 자연을 사진처럼 재현하지는 않고, 자연에서 어떤 부분은 생략하고, 잘라낸다는 점에서 라틴어 추상(abstrahere)의 개념에 해당한다. 추상미술의 추상은 그 추상화의 정도가 강하여 "자연의 가시적 현상을 몰각하는 가운데, 몰(沒)대상적인 형성에 도달"[28]한 경우일 뿐이다. 이 점에서도 추상미술은 모던회화를 벗어난 것이 아니라 그 끝점에 있는 것이다. 그런 극도의 추상화 방식은 근대적 이성에 대한 반성의 회화적 표현이라 할 수 있다.

4) 모던미술의 반성 이상과 같은 특징으로 파악되는 모던미술은 세계대전을 계기로 반성적으로 변화하게 된다.

Wasily Kandinsky, Composition IV 1911

㈎ 칸딘스키의 추상회화와 평면성 · 모방성의 반성 양식적 특성으로 보면 평면성을 해체하는 입체주의나 재현적 모방이라는 양식을 포기하는 추상미술은 모더니즘 미술의 한계를 반성하고, 그 양식적 특성을 뛰어넘는 표현을 보여준다. 이런 모던미술의 변화는 사유하는 주체가 지배하는 감각의 세계가 직면한 세계대전과 인종학살과 같은 반인간적 역사현실에 대한 미학적 반성, 즉 이성의 자기부정에 대한 미학적 반성이라고 할 수 있다. 따라서 입체주의나 추상미술은 모던미술의 철학적 자기반성이며, 추상표현주의는 그 반성의 끝점에 서 있는 것이다. 자신이 살던 시대에 칸딘스키(Kandinsky)는 미래시대의 회화는 대상의 재현으로부터 자유로운 추상회화, 특히 비기하학적인 추상화, 그

27 *ABC북맛보기 사전 미술과 문학* (도서출판 창해, 2012), 칸딘스키 바실리 편에서 인용함.

28 민주식, "추상미술의 미학적 원리: 개념과 장르적 특성을 중심으로", *미술사학보* (제34집, 2010.6), 6쪽.

러니까 "외관적으로는 캔버스 위에 무작위적으로 흩어져, 서로 간에 아무런 관계가 없는 요소들로 이루어진 것처럼 보이지만 그림으로부터 무의식 중에 현현하여 눈보다는 영혼에 의해 파악될 수 있는 숨겨진 유형의 것"을 지향할 것이라고 전망하였다.[29] 무의식 중에 현현하는 이미지를 생성시킨다는 점에서는 추상미술이 포스트모던미술의 단초를 갖고 있음을 보여준다. 하지만 추상미술은 무의식이 아니라 자아(cogito)의 주체적 표현을 지향한다는 점에서 여전히 모던미술로 남아 있다.

(나) 잭슨 폴록의 흩뿌리기와 사유적 주체성의 반성 모던미술에서 시각적 이미지를 다양하게 만드는 붓질은 잭슨 폴록(Jackson Pollock)의 액션페인팅(actionpainting)에 의해 대체된다. 폴록은 넓은 화면 위에 이리저리 계획없이 움직이면서 물감을 화면 위에 '흘림'(Dripping) 또는 흩뿌림으로써 우연적으로 그림이 생성되게 하였다. 흔히 폴록은 모던미술의 극점인 추상표현주의에 속하는 것으로 이해된다. 하지만 그의 액션페인팅은 주체가 지배하는 감각의 이미지화를 좇지 않는다. 폴록의 그림에서 주체는 이미지가 형성되는 단순한 계기일 뿐이고, 시각적 이미지는 주체의 감각적 경험이 지배한 결과가 아니라 단지 우연한 결과이다. 이 우연한 결과는 주체가 지배한 감각적 재료의 미학적 산물이 아니며, 주체의 사유와 기획을 넘어서는 의미를 머금고 있을 수 있다. 그렇기 때문에 잭슨 폴록의 액션페인팅은 그의 짧은 생애(1912~1956)에도 불구하고 포스트모던 미술의 단초를 이뤘다고 할 수 있다.

Jackson Pollock의 Dripping

29 칸딘스키의 추상회화를 쇤베르크의 무조음악에서 불협화음(Dissonanz)의 회화적 표현으로 바라보는 윤희경, "쇤베르크의 무조음악과 칸딘스키의 추상", *서양미술사학회논문집* (제32집, 2010.2), 203~231쪽, 특히 216쪽에서 재인용된 것임. 원출처는 Vasily Kandinsky, *Über das Geistige in der Kunst* (Bern, 1952), 129~130쪽 참조.

★ 동양화와 액션페인팅 비교 여기서 폴록의 액션페인팅과 현대 동양화의 특성을 비교해보자. 가령 박꽃 그리는 화가 김혜진의 작품은 서양의 모던 회화의 정점에 있는 색면회화와 잭슨 폴록의 흘리기가 교묘하게 융합되어 있다. 한지의 재질은 회화의 평면성과 한지의 질감(texture) 위에서 움직이는 붓질에 의한 시각적 다양화를 가져오면서 동시에 한지라는 재료로부터 연원되는 흩뿌리기와 유사한 물감의 퍼짐을 통하여 의미를 구성하게 한다. 그렇기에 현대의 동양화는 한지라는 재료와 흩뿌리기라는 방법을 통해 재료의 미학(materialist aesthetics)과 의미의 미학(aesthetics of meaning)을 통합한다고 할 수 있다. 이런 점에서 김혜진의 박꽃그림과 같은 동양화는 서양회화에서 모더니즘의 끝과 포스트모더니즘의 시작이 접점을 이루는 그 지점에 위치한다고 볼 수 있다.

(2) 근대 이성법의 미술적 특징

근대 이성법은 지금까지 고찰한 모던미술의 미학적 특징을 공유하고 있다. 이는 마치 근대 이성법이 발레의 미학적 특징을 공유하고 있는 것과 동치적인 현상이다.

1) 거대사적 내러티브로서 법의 계몽적 과제 첫째, 모던미술이 예술의 본질을 추구함으로써 진보의 역사를 구성하는 내러티브를 갖고 있는 것처럼, 근대 이성법도 법을 통해 인간과 인류사회의 진보를 지향하는 내러티브를 갖고 있다. 사실 이성법의 내러티브는 바로 근대 이성법의 철학적 후견인인 계몽(Aufklärung)의 정치철학과 사회계약이론의 내러티브이다. 그렇기에 이성법은 인류역사가 계몽의 역사, 즉 인간의 자유와 평등이 역사적으로 발전을 거듭해가는 역사에 대한 믿음 속에서 그 믿음을 따라 발전해가는 존재로 기획된 것이다. 이는 모던미술의 거대사적 내러티브와 전혀 다르지 않다. 다시 말해 인간이성에 대한 신뢰와 역사의 진보에 대한 믿음에 기초한 거대사적 내러티브가 규범적으로 표현된 것이 이성법(근대법)이고, 미학적으로 표현된 것이 모던미술이라고 할 수 있다. 이런 역사인식은 포스트모던 사회에서도 그리고 비서구권

에 대해서도 여전히 유지되고 있다.[30]

	모던미술	근대 이성법
①	• 내러티브(narrative) • 진보적 발전의 거대사	• 계몽의 역사와 법의 진보
②	• 의식이 지배하는 감각의 주체적 표현	• 실천이성의 법
③	• 양식성(style) • 재현의 양식에 대한 성찰	• 권리의 체계성
④	(이미지적) • 시각성(visuality)	• 시각성의 소멸 (텍스트로 환원된 시각성)
⑤	• 평면성(flatness)과 • 정면성(frontality)	• 자유의 수평적 평등성 (수직적 불평등의 외면)
⑥	• 모방성(mimesis)	• 법존재론(자연법)

2) 사유적 주체성으로 실천이성의 법 모던미술이 화가가 자연에 대한 자신의 감각적 경험을 주체적으로 표현하고, 이를 위해 그림의 매체(예: 캔버스 온 오일나 붓질)에 대해 성찰하는 것처럼, 이성법은 이성의 주체가 인간의 내적 자연(예: 충동적 본능)을 지배하고, 이를 위해 법이라는 매체(예: 근대법전)에 대해 — 이를테면 사회계약이론에 의해 — 성찰한다. 이로써 사유적 주체성은 모던미술과 근대법에 공통된 특성으로 자리 잡는다. 또한 모던미술이 예술적 양식을 통해 예술과 비예술을 구별하는 선언을 하듯이, 이성법도 계약이라는 양식에 담길 수 있는 규범과 그렇지 못한 규범을 법과 비법으로 구별하는 선언을 한다. 예술의 본질이 모던미술의 양식으로 환원되듯이, 법의 본질이나 흔히 법의 본질을 가리키는 대명사였던 자연법은 법전이나 보통법(common law)으로 환원된다.

---

30 그렇기 때문에 사회철학자 하버마스는 동유럽 공산주의국가가 몰락했을 당시에 그 국가들에 대해 '계몽의 역사를 만회하는 혁명'(nachholende Revolution)이 요구된다고 말하기도 했다. Habermas, *Die nachholende Revolution* (Suhrkamp, 1990) 참조.

3) 시각성 모던미술이 인상주의에서 보듯이 시각적 이미지의 극대화를 지향하는데 비해, 이성법은 이미지(image)가 매우 절제된 법[31]이다. 이것은 근대법의 성장 이래로 법의 규범적 내용이 텍스트 속에 담겨진 전통의 결과이다. 법의 텍스트화는 법의 양식에 대한 의식화의 산물이다. 이성의 법은 대륙법계에서는 법전화(codification)에 의해 그리고 영미법계에서는 — 드워킨(Dworkin)이 말하듯이 마치 연작소설(chain novel)[32]과 같은 — 판례들에 의해 텍스트화되었다. 이때 법텍스트의 의미는 실재세계의 개별존재들이 보이는 감각적 특징들을 초월하는 이념적 요소들에 의해 '존재론적으로'(ontologisch) 구성된다. 이와 같은 법의 텍스트적 성격은 비록 이미지를 제거하는 것이지만,[33] 시각성은 여전히 유지하게 만든다. 그래서 법이 보여주는 시각성을 '텍스트적 시각성'이라고 부를 수 있다. 텍스트적 시각성은 합리적으로 사유하는 주체의 법의식을 외부화하는 핵심적 수단으로 기능한다. 이처럼 시각성이 의식을 외부화하는 수단이 되는 이유는 의식의 작용은 글로 외부화되고, 글을 보고 읽거나 들음으로써 의식과 글 그리고 시각과 청각은 하나가 되기 때문이다. 바로 그런 점에서 시청각교육이란 말이 성립한다.[34] 다시 말해 텍스트적 시각성에서 말하는 시각은 촉각이나 후각과는 달리 청각과 함께 이성의 기관인 의식의 지배를 받는다.[35] 이렇게 볼 때 법의 텍스트적 시각성이 갖는 의미는 모던미술의 이미지적 시각성이 갖는 의미와 같다고 할 수 있다.

---

31 이를 두지나스(Douzinas)는 "미학적 금욕주의"(aesthetic abstinence)라고 부른다. Costas Douzinas, "Sublime Law: On Legal and Aesthetic Judgements", *Parallax* (Vol. 14, No. 4, 2008), 19쪽 참조.

32 드워킨의 연작소설론에 대해서는 R. Dworkin(장영민 역), *법의 제국(Law's Empire)* (아카넷, 2004), 325~330쪽 참조.

33 근대(형)법의 성립이 이미지의 소멸과 함께 이루어진 것임을 밝힌 김문정, *이미지의 소멸과 근대형법의 탄생: 라캉(J. Lacan)과 르장드르(P. Legendre)의 이론을 중심으로*, 고려대 박사학위논문, 2020 참조.

34 이상돈, *법의 춤* (법문사, 2012), 144쪽.

35 이상돈, 위의 책, 142쪽.

4) 양식성으로서 이성법의 기하학적 구조 이성법은 권리와 의무의 체계이다. '기하학적 조형미'는 근대법의 정당성을 마련해주는 미학적 가치이며, 이 미학적 가치는 모던미술과 같은 재현의 수단과 방법에 대한 성찰, 즉 양식(style)에 대한 성찰에 견줄 수 있다. 예컨대 대칭성(symmetry)이나 균형성(비례성 proportionality) 그리고 정합성(coherence) 등은 이성법의 정당성을 떠받들고 있는 원리들이다. 이성법으로서 근대법전법의 패러다임을 이룬 판텍텐시스템은 이런 양식에 대한 성찰의 극단을 보여준다. 판덱텐 시스템의 법이란 실제사건들이 가질 수 있는 다양한 불법의 유형적 본질을 '분석적 방법'[36]으로 여러 단면으로 쪼갠다. 이를테면 매매하는 행위는 법률행위의 측면과 채권행위의 측면, 특정한 계약유형의 측면 그리고 불이행시(특히 적극적 채권침해)에는 불법행위의 측면으로 쪼개져 각기 다른 법규정에 의해 규율된다. 형사법도 범죄행위가 가질 수 있는 다양한 불법의 유형적 본질을 재산, 업무, 사생활의 비밀, 문서거래의 신용성, 공무의 수행 등과 같은 법익으로 쪼개어 규율한다. 그러면서도 민법전과 형법전의 각 규정들이 사안을 규율하는 이념이나 가치는 다른 규정들의 그것과 하나의 정연한 논리적 체계를 형성함으로써 법의 통일성을 이룬다. 이로써 법체계는 세분화된 권리와 의무의 정교한 체계가 된다. 이처럼 근대 이성법은 자신이 실존하는 양식이 대칭성, 비례성, 정합성, 통일성, 체계성과 같은 기하학적 조형미의 가치를 실현하는지를 성찰하고, 그 가치에 위배되는 법을 지양한다.

5) 법의 평면성과 정면성으로서 개념성 근대법의 발전에서 정점을 이뤘던 개념법학(Begriffsjurisprudenz)은 모던미술에서 평면성과 정면성에 대한 집착과 같다. 법을 평면에 담는다는 환유적 표현은 법을 주로 법텍스트의 논리적 의미로 환원시키고, 그 의미만을 마주하며, 그 밖의 요소들을 외면한다는 것을 뜻한다. 여기서 그 밖의 요소들이란 평면이

---

36 이 분석적 방법은 서양의 과학(학문)이 공통적으로 보여 온 '환원주의적 전통'과 같은 연장선상에서 이해할 수 있다.

아니라 3차원의 현실공간 속에 일어나는 무수히 많은 다양한 요소들, 예컨대 법에토스, 법감정, 윤리적 가치나 미학적 가치 또는 법에서 풍토적 요소[37]나 에를리히(Ehrlich)가 말하는 '살아 있는 법' 등의 다양한 사회학적 요소들을 가리킨다. 법의 개념성은 개념의 의미론에 담기지 않는 것들을 법에서 배제함으로써 모던미술의 순수성에 상응하는 특성을 갖는다. 순수법학은 개념법학의 순수성을 극대화한다. 시각적 이미지를 다양하게 하려는 모던미술의 붓질은 개념의 끊임없는 세분화와 체계화에 견줄 수 있다.

6) 모방성으로서 이성법 모던미술에서 사유적 주체가 지배하는 감각에 의해 표현되는 세계는 비록 주관적으로 파악된 것이긴 하지만, 여전히 자연과 세계를 모방(mimesis)한 것이었다. 이 점은 이성법에서도 마찬가지였다. 이성법의 전통에서 실정법은 비록 존재론적 자연법에 대한 인간의 인식론적 한계 때문에 얼마간의 주관성을 가질 수밖에 없지만, 그러나 그 근본에서는 그 존재를 믿는, 즉 존재론적인(ontologisch) 자연의 법을 모방하는 것이었다.

(가) 비워두기와 구체적 자연법 추상미술은 주체가 지배하는 감각으로 파악된 세계의 내용을 '비워두기'로 처리한 것이라고 볼 수 있다. 이는 모방의 모던미술이 자기반성적으로 발전한 것이다. 이런 비워두기는 자연법론이 구체적 자연법론으로 발전한 데서 똑같이 발견된다. 법이 모방하는 존재론적 자연법의 내용을 비워두고, 역사적으로 그 내용이 변화할 가능성을 열어둠으로써 주체가 실천이성의 사용을 통해 법의 세계를 지배적으로 채워넣는 것을 중단하는 것이다. 모던미술의 추상화와 자연법의 역사화는 사유적 주체의 자기반성적 수행이라고 할 수 있다.

(나) 추상미술과 자유주의 정치철학 또 다른 한편 우리나라에서 추상화

37 법에서 풍토적 요소를 처음으로 주장한 이항녕은 풍토적 배경이 없는 법은 생활이 없는 것이 되고, 생활이 없는 것은 법이 아니라고 본다. 그러므로 근대 이성법의 기획처럼 세계에 관통하는 법의 일원적 보편성이란 존재할 수 없다고 보게 된다. 이런 사상에 관해 자세히는 이항녕, *법철학개론* (제3정판)(박영사, 2004), 43쪽 아래 참조.

는 자유주의 정치철학을 수용한 미학의 반응이었다고 할 수 있다. 즉, 미술작품의 비평을 작품 속에 표현된 '자아 안의 타자'를 읽어내는 작업이라고 볼 때,[38] 1950년대 후반부터 시작된 우리나라의 추상미술은 자기 안의 타자를 프랑스에서 미국으로 이동시키고,[39] 미국과 같은 자유진영(他者)과 연대하는 자아를 보여준다고 해석될 수 있기 때문이다.[40] 이런 자아 안의 타자 읽기는 거꾸로 타자를 통해 자아를 형성하는 과정이라고 할 수 있다. 타자, 즉 자유주의가 지배하는 미국의 추상(표현)주의가 1960년대 자아, 즉 한국의 화단에 본격 수용되는 과정은 대한민국이 미국과 같은 자유주의를 국체로 삼는 국민국가로 형성되는 과정과 함께 한 것이었다.[41] 이성법의 자기성찰적 발전은 모던미술의 추상화 흐름은 동치적인(equivalent) 것이다.

II. 법이 승인하는 모던미술의 가치

법이 바라보는 미술의 예술적 가치, 미술이 법에서 예술로 취급되기 위해 갖추어야 할 가치가 무엇인지는 매우 해명하기 어렵다.

1. 음란성의 법개념을 경계짓는 예술성

법이 추구하는 미술의 예술적 가치가 개념화된 것은 음란성과 경계

---

38 이런 비평작업으로 조은정, "1950년대 전반 한국미술에서 他者읽기", *미술사학연구* (제240호, 2003.12), 119~148쪽 참조.

39 이 이동은 미국 내에서 독일이나 프랑스의 거장들이 이민와서 활동함으로써 미국 미술계에 수용된 타자가 되는 과정과 유사하다고 할 수 있다. 이 점에 관해 신채기, "미국미술의 국제화 과정과 이민자 미술의 역할", *미국사연구* (제20집, 2004), 119~139쪽 참조. 다시 말해 유럽 미술계로서는 1950년대 후반 이후 미국의 추상표현주의가 타자로서 수용되었다 할 것이지만, 반면에 그 추상표현주의는 미국에 수용된 타자로서 유럽 미술계였다고 할 수 있다.

40 조은정, 앞의 논문, 145쪽.

41 이러한 관점으로 이인범, "1960년대의 한국 추상미술과 국민국가 형성", *미술사학보* (제35집, 2010.12), 특히 54쪽 참조.

를 이루는 예술성에 대한 분석적 이해를 통해서다.

(1) 밀러 판결의 기준

대표적으로 미국 연방대법원의 Miller v. Clifornia 판결을 들 수 있다. 밀러(Miller) 판결은 음란성의 판단요소로 ① 동시대 지역사회의 평균인(average person)을 기준으로 작품 전체가 외설적인 흥미에 호소(appeals to prurient interest)하는 것인지, ② 주법이 정의하는 성적 행동들을 "현저히 자극적인 방법으로"(in a patently offensive way) 표현하는지, ③ 작품이 전체로 보아 "진지한 문학적, 예술적, 정치적 또는 과학적 가치를 결여"(lacks serious literary, artistic, political, or scientific value)하고 있는지를 제시하였다. 이 판결은 음란성이라는 법적 개념을 규정짓는 방편으로서 예술성 또는 예술적 가치를 법개념의 일부로 삼은 것이라 할 수 있다.

(2) 대법원의 기준

우리나라 대법원도 논증방식은 다소 다르지만 법적인 '음란'(물)의 개념은 예술성과 음란성의 비교형량을 통해 구성된다는 입장을 취하고 있다.

> "예술성과 음란성은 차원을 달리하는 관념이므로 어느 예술작품에 예술성이 있다고 하여 그 작품의 음란성이 당연히 부정되는 것은 아니라 할 것이고, 다만 그 작품의 예술적 가치, 주제와 성적 표현의 관련성 정도 등에 따라서는 그 음란성이 완화되어 결국은 형법이 처벌대상으로 삼을 수 없게 되는 경우가 있을 수 있을 뿐이다."[42]

이에 의하면 어떤 미술작품은 예술성과 음란성이 다 있을 수 있고, 그런 경우에는 예술성이 음란성을 완화시켜 형법상 "음란" 개념에 해당하지 않게 하는지를 판단하게 된다. 그러나 음란성을 완화시키는 법적

---

42 대법원 2002. 8. 23. 선고 2002도2889 판결.

개념으로서 예술성 또는 예술적 가치는 밝힌 바 없다.

2. 아들러의 예술적 가치

아들러(Adler)는 미국의 밀러(Miller) 판결에서 제시된 진지한 예술적 가치의 의미를 두고 작품이 다음과 같은 세 가지 요소를 갖추고 있을 때 진지한 예술적 가치가 있다는 해석을 한다.[43]

① 새롭고 독창적이고, 아방가르드적[44](new, orginal avantgarde)일 것,
② 고급예술의 신성함과 엄숙함[45](sanctity and solemnity of high art)을 반영할 것,
③ 작가가 성실함(sincerty)과 의도성(intention)을 갖고 임할 것.

(1) 예술의 법적 가치기준 설정

아들러가 재해석해낸 이 세 가지 요소들은 어떤 미술작품이 음란물로 낙인이 찍히지 않기 위해 갖추어야 할 가치요소가 된다. 이성법은 이성사회를 구축하기 위해서는 음란물을 통제해야 한다는 전제에 서 있다. 음란물을 통제하려면 음란물과 예술품의 경계를 나눌 수 있어야 하며, 그런 경계짓기를 할 수 있으려면 가치관련적 기준이 필요하다. 앞의 세 가지 요소는 바로 그런 가치를 설정하고 있는 것이다. 따라서 이 세 가지 가치요소들은 이성법이 예술적 가치로 인정하는 요소이며, 이를 이성법의 심미적 가치라고 할 수 있다.

(2) 이성법의 규범적 가치와 미술의 심미적 요소의 내적 연관

여기서 미술작품의 심미적 요소와 이성법의 가치적 요소가 내밀한 관계를 맺고 있음을 엿볼 수 있다. ① 첫째, 작가의 성실함과 의도성은 사유적 주체에게 당연히 요구되는 인격적 특성이다. 근대 이성법상의

43 Amy M. Adler, "Post-Modern Art and the Death of Cbscebity Law", *The Yale Law Journal* (Vol. 99, 1990), 1365~1369쪽 참조.
44 Amy M. Adler, 앞의 논문, 1366쪽.
45 Amy M. Adler, 앞의 논문, 1367쪽.

책임원칙(Schuldprinzip) 또는 과책원칙(Verschuldensprinzip)은 인간에게 자신의 자유를 자기책임 하에 성실하게 사용할 것을 요구하는 것이다. 이는 화가의 성실성과 작품에 대한 진정한 의도 없이는 미술의 예술성이 인정되지 않는다는 인식과 내적으로 연관되어 있다고 할 수 있다. ② 둘째, 예술은 고급스러운 것이어야 하고, 이를 위해 신성함과 엄숙함이 있어야 한다는 것은 이성법의 정점에 있는 인권(사상)의 내밀한 요소로 연장될 수 있다. 헌법의 기본권으로 근대 헌법전에서 제도화된 근대적 인권은 흔히 '천부자연권', '양도불가능한 권리'로 이해되는데, 이는 인권이 기독교적 함의를 갖고 있는 것임을 말해준다.[46] 인권은 인간에 대한 하나님의 권리이고, 하나님 이외에 누구도 침해할 수가 없는 것이 된다.[47] 아들러는 예술성을 신성성과 엄숙성이라는 기독교적 함의로 해석한 것이고, 이로써 이성법과 예술적 가치는 기독교적 함의를 통해 서로에게 연장되어 있는 것임을 알 수 있다. ③ 셋째, 미술의 독창성(originality) 요청은 오늘날 저작권법이 요구하는 저작물의 필수적 요건이다. 하늘 아래 새로운 것(novum)은 없지만, 다른 사람의 것과 구별되는 독창성, 즉 고유성이 있어야만 예술적 가치를 인정받게 된다. 이 독창성은 근대 이성법에서 권리와 책임의 '귀속'원칙과 같은 것이다. 법적으로 개인의 고유한 인격이 외부세계에 발현된 결과에 대해 그 개인이 권리를 누리거나 책임을 지는 것, 그리고 미술이 되기 위해서는 다른 작품과 구별되는 화가만의 고유한 표현으로서 독창성이 있어야 한다는 것은 모두 '개인주의적 이성'의 발현이라고 할 수 있다. 물론 이런 해석에서는 저작권의 '권리성'과 미술작품의 '예술성'이

모던미술의 예술적 가치	이성법의 규범적 가치
독창성	인격발현 귀속원리
신성성	천부인권
성실성	책임원칙 과책주의

46 이런 해석으로 이상돈, *인권법* (법문사, 2005), 11쪽 아래 참조.

47 손규태, "인권문제에 대한 신학적 고찰", *기독교사상* (제379호, 1990), 178~179쪽.

하나로 수렴되어 있는 것이기도 하다.

3. 현대미술의 반가치적 흐름

아들러가 분석해낸 예술적 가치(①②③)는 현대미술에서는 실현되지 않는 경우가 많다. 이 점을 간략하게 살펴보기로 한다.

(1) 모방성 · 세속성 · 냉소성

첫째, 오늘날의 현대미술가들은 종종 작품의 독창성보다는 오히려 모방성을 강조하기도 한다. 예컨대 미국의 신표현주의(Neo Expressionism)를 대표하는 데이비드 살르(David Salle)의 회화 속에는 대중문화나 포르노그래피 또는 인류학에서 가져온 다양한 이미지의 파편들이 복잡하게 갈래치면서 배치되어 있다. 이를 통해 섹슈얼리티와 환타지적 요소가 그림에 깃들게 된다. 이 이미지의 파편들은 분석이 어렵다. 그 의미구조가 다층적이며, 그 의미의 문화적 출처도 분석이 거의 불가능하기 때문이다. 살르의 작품은 모던가치로서 미술작품의 독창성이라는 요소가 공허한 것임을 말없이 보여준다. 분석하기 어려운 다층적 모방성이 예술적 가치를 새롭게 만들어내는 것이다.

Julia Wachtel, Subscribers, 1989

이런 점은 현대미술이 엔터테인먼트와 미디어에서 사용되는 이미지를 끌어 들여 해학적 기능을 수행한다는 점에서도 분명해진다. 예컨대 쥴리아 왓첼(Julia Wachtel)의 그림은 싸구려 인사 카드의 만화 그림을 복사해내고 있고, 제프 쿤스(Jeff Koons)의 조각은 쓰레기나 폐품과 작품의 경계를 허물어뜨린다.

둘째, 이로써 현대미술에서 고급예술의 신성성과 엄숙성은 미술의 예술성을 구성하는 카테고리로 남을 수 없게 된다. 대중매체에서 등장한 이미지는 신성하거나 엄숙하기 어렵기 때문이다. 세속성과 경박함은 포스트모던 작품에서 의도되고 있는 것이다.

셋째, 모방적이고, 대중적이며 저속한 미술작품에서는 성실한 의도를 지닌 작가의 모습을 추적하기 어렵다. 회화에서 대중적 이미지가 차용된 부분을 처음 대면할 때 감상자에게는 작품에 대한 성실한 작가의 이미지가 일단 흔들린다. 더군다나 왓첼의 작품처럼 싸구려 인사카드를 복사하는 그림은 작가가 고급예술에 대해 냉소적인 사람이거나 고급예술의 미학적 가치추구에 신물이 난 사람일 거라는 추측을 하게끔 한다. 그렇기에 포스트모던미술은 "냉소적이고 물린 예술"[48](cynical and jaded art)의 이미지를 떨치기 매우 어렵다.

모던미술(Adler)	포스트모던미술
독창성	모방성
신성성과 엄숙성	대중성과 저속성
성실한 의도	냉소적 물림

(2) 이성법의 도덕적 요청을 넘어서는 예술적 가치

그러므로 예술적 가치에 대한 아들러의 해석은 이와 같은 포스트모던미술의 예술성을 해명하지 못한다. 아들러의 예술성 이해는 시공을 초월한 보편성이 있는 예술적 가치를 해명할 수가 없는 것이다. 이는 아들러가 분석해낸 예술적 가치가 이성법의 규범적 가치와 다르지 않다는 점에서 이미 예정된 결과이기도 하다. 하지만 현대미술의 예술성은 이성법의 규범적 가치를 훌쩍 넘어서 있다. 그렇기 때문에 법의 도덕적 요청이 미술작품의 예술적 요소를 모두 결정하거나 적어도 법적으로 승인받기 위한 예술성의 구조적 요소를 지배결정하게 된다면, 법은 예술의 세계를 매우 협애한 기술적 작업의 영역 속에 가두어 놓는 폭력이 되고 만다.

48 Amy M. Adler, "Post-Modern Art and the Death of Cbscebity Law", *The Yale Law Journal* (Vol. 99, 1990), 1369쪽.

4. 현대미술의 모던가치 확장

현대미술의 이러한 경향에도 불구하고 모던예술의 가치는 20C(특히 1920년대 이후)의 현대예술에도 이어지고 있다. 다만 그 가치들의 외연이 확장되고, 그 위치가 바뀌었을 뿐이다. 모던예술과 기호학적 동치성을 지닌 근대 이성법도 마찬가지로 확장되었다. 예술과 법에서 모더니즘의 확장은 이성의 해체라는 함의를 지닌 포스트모더니즘과는 구별되어야 한다.

(1) 현대미술의 다른 독창성

이 점을 살르(David Salle)의 그림을 예로 살펴보자. 살르가 이미 대중문화에 존재하는 이미지를 작품에 끌어들일 때, 고급예술로서 미술과 저급한 대중문화의 이미지는 서로 어울리지 않는 상태로 억지로 결합되어 있는 것이 아니다.

David Salle, Old Bottles, 1995

1) 고급미술과 대중문화의 호환 살르의 작품은 고급예술과 대중문화 사이의 정신분석학적 호환을 가져온다. 여기서 정신분석학적 호환이란 인간의 의식의 전일성(Einheit des Bewußtseins)을 구성하는 대극들 사이의 상호내재성을 가리킨다. 예컨대 창녀와 숙녀, 신사와 깡패는 서로 대극적인 것이지만, 창녀에게 숙녀성이, 숙녀에게 창녀성이 내재해 있고, 신사에게 깡패성이, 깡패에게 신사성이 내재해 있을 수 있다.[49] 인간의 정신은 이들 사이의 균형이 이루어질 때 건강한 정신이 된다. 고급스런 회화의 이미지 한 가운데 대중문화의 이미지(예: 앞의 그림에서 낡은 물병)가 자리함으로써 그 고급스런 회화적 부분은 고급예술에 내재한 저급성

49 이에 관해 자세히는 이상돈 · 민윤영, *법정신분석학입문* (법문사, 2010), [11]단락 참조.

이 노출되는 맥락 속에 들어가는 반면, 대중문화적 이미지는 고급스런 회화의 이미지로 둘러싸임으로써 대중문화에 내재해 있는 고급성이 노출되는 맥락 속으로 들어간다.

2) 변모의 미학 이런 호환을 통해 고급스런 회화는 저급성과 균형 잡힌 또 다른 차원의 고급성을 획득하며, 대중적인 이미지는 고급성과 균형 잡힌 또 다른 차원의 대중성을 획득하게 된다. 이와 같은 새로운 미적 가치의 상승은 이질적인 두 요소, 고급스런 회화와 대중적인 이미지 부분의 하이브리드, 즉 단순한 '혼성'(hybridity)[50]의 결과인 것이 아니라, 서로를 통해 각자의 '또 다른' 모습을 창출하는 '변모'(morphosis)의 미학에 힘입고 있다. 살르의 그림에 대한 이러한 설명을 통해 이성법의 세 가지 미학적 가치는 현대미술에서도 재해석된 상태로 추구될 수 있음을 알 수 있다.

3) 모던미술의 기법을 낯설게 하기 모던미술과 근대 이성법의 미학적 가치로서 첫번째 요소인 독창성이 현대미술에서도 유지되고 있음을 알 수 있다. 원래 모던미술에서 작품의 독창성이란 그 작품이 작가의 고유한 인격이 발현된 결과라는 점, 즉 고유성을 의미한다. 이를 저작권법에서는 '창작성'(저작권법 제2조 제1호)이라고 개념화한다. 현대미술의 고유성 또는 창작성은 모던미술에서 볼 수 없었던 메타적인 기법, 그러니까 모던미술의 기법을 '낯설게 하는' 기법을 통해 생성된다. 이로써 독창성의 차원이 미술적 '기법'의 차원에서 기법에 대한 '성찰'의 차원으로 이동한다. 이 이동을 통해 진지한 예술적 가치로서 작품의 독창성(Originality)은 현대미술에서도 결코 종말을 고하지 않고, 새로운 차원에서 유지된다.

---

50 혼성이란 단순한 합성을 통해 장점만이 아니라 단점도 증폭될 수 있는 뒤섞임이다. 바꿔 말해 서로 다른 것들 사이의 소통을 가능케 하는 접점을 발견하는 기능보다는 그 차이를 지우는 기능이 커질 수 있는 것을 말한다. 이런 의미로 혼성성(hibridity)과 다성성(poliphonocity)의 개념을 구분하는 이상돈, *법의 춤* (법문사, 2012), 46~47쪽 참조.

(2) 현대미술의 다른 고급성

1) 대체와 대치 모던미술의 진지한 예술적 가치의 두 번째 요소인 '고급성'(신성성과 엄숙성)도 현대미술에서는 새로운 방식으로 유지된다. 현대미술의 낯설게 하기는 흔히 고급예술과 대중문화 사이의 경계를 허물어 뜨리는 방식으로 진행되기 때문이다. 유화의 캠버스 위에 붓질로 그려지는 '신성한' 회화의 한 가운데에다 '대중적' 이미지를 끌어들이는 '저속한' 행동은 전통적으로 화가에게 허용되어 온 불문율인 엄숙한 화법을 깨뜨린다. 이것은 모던미술의 고급성을 낯설게 하는 대표적인 방법이다.

그러나 이 낯설게 하기는 고급예술의 고급성을 거세하는 것이 아니라 새로운 맥락에서 오히려 새롭게 하는 것임에 주의해야 한다. 여기서 새로운 맥락이란 '대치'(對峙 confrontation)의 상황을 가리킨다. 즉, 예술적 가치를 구성하는 고급예술의 신성성과 엄숙성은 대중성과 저속성으로 '대체'되는 것이 아니라 그것과 '대치'됨으로써 새로운 의미를 갖게 된다. 이것은 마치 세계적인 소프라노 조수미가 가요를 부를 때 조수미 노래의 고급성이 대중예술인 가요의 저급성(또는 통속성)에 의해 대체되는 것이 아니라 '대치됨'으로써 새로운 모습으로 등장하는 것과 마찬가지이다.

이 점을 키치미술의 예에서 잘 설명된다. 키치는 1870년대 독일 남부에서 생성된 verkitschen('싸게 만들다')에서 유래되었다. 이 개념을 미술사에서 처음 사용한 것은 모더니즘 미술비평이론의 대가인 그린버그(Greenberg)이다. 1939년[51] 그는 당시 미국사회에서 등장한 할리우드 영화나 재즈, 광고 일러스트레이션을 가리키는 개념으로 키치 개념을 사용했다. 그린버그는 키치를 전통적인 고급예술이나 아방가르드의 대용

51 Clement Greenberg, "Avant-Garde and Kitsch", *Partisan Review* (1939), 5~22 (http://blog.lib.umn.edu/mulli105/1601fall10/Greenberg-AvGd%26Ktch. pdf, 1~13쪽).

문화(ersatz culture)라고 비판하였다.[52]

2) 아방가르드와 추상표현주의 키치와 같은 시기에 생성된 아방가르드의 의미를 살펴보자. 그린버그는 먼저 피카소의 추상화 세계가 보여주는 바와 같은 아방가르드(Avant-Garde)를 새로운 역사의식과 미의식을 이끄는 흐름으로 바라보았다. 그는 그 흐름은 부르주아 문화의 지배적인 기준이나 전례에 저항하는 보헤미안적 지향성을 가지면서도, 부르주아 문화를 이념적 혼란과 폭력 속에서 탈출시키는 새로운 고급 문화를 생장시키는 것이라고 보았다. 이 새로운 미의식은 사상이나 의식으로 채워지는 그림의 '내용'을 완전하게 '형식' 속으로 용해시켜버리는 방식으로 진행되었다. 그림의 내용이 그림의 형식에 용해된다는 것은 그림이란 어떤 대상을 그린 것이 아니라 '그리는 것을 그린 것'이 됨을 의미한다. 이 말의 실천적 의미는 추상미술(abstract art)이나 비구상 미술(nonobjective art)에서 이해할 수 있다.[53]

㈎ 추상표현주의 추상표현주의(Abstract Expressionism)는 바실리 칸딘스키(Wassily Kandinsky)에서 시작하여, 잭슨 폴록(Jackson Pollock), 윌렘 드 쿠닝(Willem de Kooning)의 작품들에서 분명한 이름을 얻는다. 추상적 표현주의의 요체는 그림의 형식은 추상적이지만 내용은 표현적이라는 점에 있다. 추상성은 자연의 단순한 또는 정밀한 재현이 아니라 무의식과 그로부터 발생하는 우연적 결과를 그린다는 점을, 그리고 표현성은 사물의 있는 그대로의 모습을 그리는 것이 아니라 미술가의 체험을 특징적으로 강조하여 드러낸다는 점을 가리킨다. 그러니까 추상표현주의는 좀 단순화해서 말한다면 무의식의 세계에 대한 체험을 '액션 페인팅'(예: 드 쿠닝처럼 자유분방하고 율동적인 선과 다채로운 색채를 통해 비정형적이고 우연적인 효과를 표현)이나 '색면추상'(예: 단순한 색면을 통해 숭고성의 이미지를 형상화) 또는 '앙포르멜'(informel)(예: 두꺼운 물감의 화면이

52 Clement Greenberg, 앞의 논문, 5쪽.
53 Clement Greenberg, "Avant-Garde and Kitsch", *Partisan Review* (1939), 5~22 (http://blog.lib.umn.edu/mulli105/1601fall10/Greenberg-AvGd%26Ktch. pdf, 2쪽).

나 석회를 바른 화면을 긁는 등의 행위를 통해 실존자의 서정성을 표현함) 등의 방법으로 드러내는 것이다.

(나) **성찰로서 그리기** 그런데 추상표현주의 미술에서 추상(성)은 (사실주의 미술에서 볼 수 있는 것처럼) 어떤 대상을 형상화한 것이라기보다는 그리기의 과정을 모방하는, 바꿔 말해 그리는 것을 의식화하고[54] 그것을 그리는 표현의 양식이라고 설명할 수 있다. 미국의 추상표현주의 작가인 마더웰(Motherwell 1915~1991)이 말하듯 "추상성(abstractness)은 근대적 예술 구조 안에서 유구하고 특수한 내부적 발전의 결과로서 존재한다."[55] 가령 말레비치(Kazmir Malevich)의 모노크롬(monochrome) 회화는 시각적 이미지를 평면에 주관적으로 표현하는 모던회화에서 화면의 지배자인 사유적 주체가 자신의 사유가 채우는 (그림의) 내용이 형이상학적으로 공허함을 반성하고, 사유의 내용을 비워두는 성찰적 수행을 한 결과라고 볼 수 있다. '그리는 것을 그린다'는 말의 이론적 의미는 바로 '성찰'이다. 화가가 무엇을 그리는 것이 아니라 그리는 것을 그리기 위해서는 자신의 그리는 행위를 '성찰'해야 한다. 여기서 아방가르드란 기존의 미술이 자기의식을 갖고, 자기로부터 탈피하려는 성찰적 의식을 수행하는 흐름을 말한다. 가령 말레비치에게는 인상주의 등의 모던회화에서 탈피하면서도 그런 양식적 이탈이 예술작품을 비예술과 구별할 수 없게 만드는 상황에 빠지지 않게 하는, 그러나 모던회화의 양식과는 다른 양식들이 미래에 새롭게 예술성을 (엘리트적인 방

Kazmir Malevich,
Black Rectangle,
BlueTriangle, 1915

54 이 점은 창작과정 자체가 미술이 되고(창작과정=미술), 그렇기에 큐레이터들도 전시—제작자가 되는 것과 구별해야 한다. 이런 개념미술에 대하여 상세한 점은 진휘연, "≪When Attitudes Become Form≫, 1969년 아방가르드 미술의 결집장", *서양미술사학회논문집* (제19집, 2003.6), 105~130쪽 참조. 추상미술은 여전히 모더니즘 회화의 패러다임을 해체한 것이 아니다.

55 Rober Motherwell, *The Modern Painter's World*, *DYN*, *VI* (1944), 인용은 *The Modern Painter's World*, *Revisiones* (http://dspace.unav.es/dspace/bitstream/10171/19592/3/Robert%20Motherwell%20REV%2006.pdf, 2010), 72쪽.

식으로) 성취하게 될 것이라는 예감(Antizipation)과 같은 자기의식이 있었다. 그렇기 때문에 아방가르드는 아무리 보헤미안 기조를 갖고 있어도, 결국 한 사회의 지배층이 누리는 고급문화의 흐름을 이루게 된다.[56]

3) 키치의 예술가능성 그린버그에 의하면 키치는 부르조아의 기성문화를 즐길 여유와 (고급문화의 가치를 이해할 수 있는) 교육수준을 갖추지 못한 도시의 노동자나 소상인들이 기분전환을 할 수 있게 그리고 돈벌이를 위해 상품으로 만들어진 진짜가 아닌 합성예술(synthetic art)이다. 또한 그에 의하면 키치는 형식주의보다는 사회주의 리얼리즘의 경향이 높고, 진정한 예술품의 타락한 모조품(simulacra)을 원재료로 삼고, 단지 대리적 경험과 환각을 갖게 할 뿐이다. 그렇기에 키치는 예술의 과정에 관심이 없고, 그 효과, 즉 환각적 쾌락에 이르는 지름길을 제공한다. 대중의 관심과 집단적 정서를 조작함('대중조작')으로써 정치적 지배를 확립하려는 독재자들이 키치를 선호하는 것은 당연하다.

그린버그가 이토록 비판적으로 바라봤던 키치는 통속물이지만,[57] 오늘날에는 대중문화 또는 대중예술의 하나로 분류되고, 나름의 예술성을 인정받기도 한다. 이런 상황은 그린버그가 중요한 점을 간과하고 있음을 말해준다. 그것은 "대중문화가 지배자에 의해 부여된 전체주의적 역할에서 벗어나고, 특정한 사회적 · 역사적 결집(conjuncture) 안에서 부정과 비판의 고유한 기능을 수행하는"[58] 능력이 있다는 점이다. 반면에 그린버그가 고급예술의 전통에서 바라 본 아방가르드도 미국 문화의 정치적 경제 안에서는 상당한 정도 상품화되어 있기도 하다.[59] 그러므로 아

---

56 유명한 자동차 회사 Mercedes-Benz는 모든 차종에서 classis, elegance, avantgarde를 나눈다. 이 가운데 아방가르드는 같은 차종에서 가장 가격이 높게 책정된다. 이 예는 아방가르드는 우리의 일상생활에서 보헤미안적이지만 고급문화의 층위에 위치한다는 함의를 갖는다.

57 이는 그린버그의 모더니즘 개념에 내포되어 있던 '순수성'의 이론적 한계가 빚어낸 필연적인 결론(조주연, "유럽 모더니즘의 수용과 변질 — 클레멘트 그린버그의 미술론", *서양미술사학회 논문집* (제19집, 2003.6), 53쪽)일 수 있다.

58 Anthony Chase, "Avant-Garde, Kitsch and Law", *Nova Law Review* (Vol. 14, 1990), 555쪽.

방가르드도 저급문화와 구별되는 고급문화로 온전하게 남아 있기가 어렵다.

4) 또 다른 고급성의 생성 이처럼 키치와 아방가르드, 저급예술과 고급예술의 경계지움이 상대적임에도 불하고 대중적으로 소비되는 모든 작품을 예술이라고 볼 수는 없다. ① 여기서 키치의 저급성이 예술을 구성하는 요소가 되기 위해서는 고급성을 '대체'(代替)시키는 것이 아니라 그것과 '대치'(對峙)됨으로써 고급성을 낯설게 하는 것이어야 한다고 말할 수 있다. 그러므로 그린버그가 키치는 좋은 예술과 나쁜 예술의 경계를 지워버린다고 말한[60] 뜻은 키치가 고급예술을 낯설게 함으로써 고급예술을 새롭게 해석하게 만드는 기능이 없다는 데에 있다. 키치는 그린버그가 비평했을 당시에는 아방가르드 문화나 고급예술과 '대치'하는 것이 아니라 그것들을 '대체'하는 현상이었던 것이다. 고급성이 예술을 구성하는 요소라면, 저급성은 예술을 부정하는 요소가 되는데, 키치의 저급성이 고급성과 대치되는 것이 아니라, 그것을 대체하는 것이라면 키치는 예술의 자격을 잃어버리게 되는 것이다.

② 또한 여기서 대치관계는 서로 마주보고, 서로로부터 구분되어 있는 상태에 머무는 것이 아니라 서로에게 침투하고, 서로 영향을 받는 과정에 놓인다. 가령 브레이크댄스는 흑인들이 뒷골목에서 추는 저속한 춤에서 출발하여 여러 문화를 가로지르고, 서로 짜깁기하는 의미, 예컨대 주류문화와 비주류 하부문화 사이를 소통시키는 상호문화적(intercultural) 의미를 갖게 됨으로써,[61] 하나의 새로운 춤예술이 되었다. 그러나 키치는 이런 상호문화성이 없다. 키치는 상업주의적으로 생산된 합성물로서, '다른 예술'이 아니라 '예술과 다른 것'이다. 하지만 키치의 대중성에 밑바탕을 이루는 민주성은 팝아트라는 포스트모던 예술의 시대를 여는 예

59 이러한 지적으로 Anthony Chase, "Avant-Garde, Kitsch and Law", *Nova Law Review* (Vol. 14, 1990), 554쪽.

60 Clement Greenberg, "Avant-Garde and Kitsch", *Partisan Review* (1939), 7쪽.

61 이에 관해 자세히는 이상돈, *법의 춤* (법문사, 2012), 169쪽.

고와 같은 것이었다.

(3) 현대미술의 다른 작가정신

현대미술의 작가들은 때때로 성실한 의도로 작품에 임하지 않는 것처럼 보이기도 한다. 현대미술작품 속의 '냉소적 요소'는 모던미술의 작가들이면 누구나 갖기 마련인 작품에 대한 지나친 성실성과 의도성을 낯설게 하는 기법이기 때문이다. 우리가 주변에서 흔히 볼 수 있는 작가들의 모습은 생활에서는 냉소적이고, 규율이 없는 모습이지만, 작품에 임해서는 진지하고 성실한 모습들이다. 이런 작가정신의 통상성과 대치되는 불성실함의 외양을 띤 냉소성은 단지 무기력한 사회의 비주류가 뿜어내는 불만의 언어가 아니다. 그런 냉소성은 성실한 의도성이라는 전통적인 작가정신과 싸우는 또 다른 치열한 작가정신이다. 이 작가정신은 흔히 성실한 의도성의 작가정신을 죽이는 방식으로 전개된다. 작품은 있지만, 작가는 부재하며, 작가의 의도는 있지만, 알 수는 없으며, 바로 그렇기 때문에 자기 작품의 다중적인 해석가능성이 존재한다는 메시지를 감상자에게 전달하려는 것이다. 이런 작가정신은 성실성과 의도성의 측면에서 모던예술의 작가들과 다르지 않다.[62] 따라서 현대미술의 민주성에도 불구하고, 어떤 작품이 미학적 가치와 시장적 가치를 가질 수 있기 위해서는 다음과 같은 중요한 전제조건이 충족되어야 한다. 즉, 화가가 아닌 일반인도 쉽게 표현할 수 있는 기술적 수준의 양식을 사용하면서도 현대미술의 작가는 모던미술의 작품을 훌륭하게 그려낼 수 있는 능력(예: 탁월한 소묘 능력)이 있어야 한다는 것이다. 할 수 있는데도 그 할 수 있는 것을 해체하기 위해 하지 않는 것이 되어야 한다. 그러므로 현대미술의 화가들도 예컨대 '소묘'를 충분히 잘 할 수 있어야 한

---

62 이 점은 아들러(Adler)도 인식하고 있는 것으로 보인다. 그렇기에 "포스트모던미술은 감상자에게 예술가가 부재하며, 예술가의 의도를 알 수 없을 때 생기는 다중적인 해석가능성이 존재함을 고려할 것을 요구한다"(Amy M. Adler, "Post-Modern Art and the Death of Cbscebity Law", *The Yale Law Journal* [Vol. 99, 1990], 1368쪽)고 본다.

다.[63] 이상에서 현대미술도 다른 차원과 다른 의미에서 모던미술의 예술적 가치를 갖고 있음을 알 수 있다. 그런 현대미술은 '성찰적 모더니즘'의 예술이라고 할 수 있다. 이는 포스트모던미술과 접점을 이룬다.

III. 근대법과 발레

인상주의와 같은 모던미술과 근대 이성법 사이의 기호학적 동치성은 근대 이성법과 근대적인 춤의 대표로서 발레 사이에도 발견된다.

1. 발레의 이상과 근대법의 이성

발레는 ① 이상적인 몸의 추구와 ② 체계적 자세(예: 5가지 발 자세[64]와 2가지 몸 자세[65]), 그리고 ③ 확장된 선을 그리는 동작이 만들어내는 조화로운 공간적 디자인 등을 그 특성이라고 말할 수 있다.

(1) 시각중심성

이런 발레의 특성은 촉각이나 청각보다 시각을 절대적으로 중시한 결과이다. 그래서 발레 무용수들은 촉각적 요소들(예: 발레슈즈의 소리, 숨소리)을 극소화하고, 시각적 요소(예: 동작의 선, 몸의 공간적 배치)는 극대화하도록 훈련받는다. 발레의 시각중심성은 발레의 공연에 연주되는 음악마저도 발레와 수평적 상호작용의 관계에 놓일 수 없게 만든다. 발레에서 음악은 발레가 창출하는 이미지를 극대화시키는 수단으로만 기능할 뿐이다.

또한 발레 무용수들은 이런 발레의 수행과정에서 "근운동적 자각"(kinesthetic awareness)을 갖게 된다.[66] 이 자각은 서구근대사회의 문화

---

63 Arthur C. Danto, 앞의 책, 53쪽.

64 이는 ① 에쁘망 크로와제, ② 바뜨망 탄듀, ③ 쏘떼, ④ 부레, ⑤ 빠세 플르베를 말한다.

65 이는 ① 아라베스크, ② 아티튜드를 말한다.

66 이런 발레의 현상학적 특징을 시각중심성(The celebration of the visual in ballet)으로 설명하는 Helen Thomas, *The Body, Dance and Cultural Theory* (Palgrave

적 패러다임으로서 정신과 육체의 이원주의라는 전통에서 정신과 단절된 육체의 움직임을 객관화하는 자각이다. 이 자각은 육체의 경험을 내면의 신호로부터 단절시키고, 발레의 시각적 이상화가 요구하는 육체적 조건을 충족하기 위해 자신의 육체를 통제하고 길들이는 습관이다. 이런 자각은 춤연습을 할 때 전신의 활동을 다 보여주는 거대한 거울에 비춰지는 육체의 모습을 통해서 일어난다. 이에 반해 정신과 육체가 분리되지 않은 채, 신체의 감각에 집중하면서도 내면과의 유대성을 느끼는 자각은 몸[67]의 자각(somatic awareness)이라고 할 수 있다.[68] 춤이 몸의 자각이 되어야 한다는 관점에서 그리고 페미니즘의 관점에서 보면, 발레의 근운동적 자각은 남성의 시선을 위한 객관화라는 비판마저 받을 수 있다. 발레가 (아래에서 보듯) 근대법의 기호이고, 근대법이 남성의 법[69]이라는 것은 결코 우연이 아니다. 이에 비해 몸의 자각이 중심이 되는 춤은 '성적 코드의 지속적 호환으로서 법'[70]을 기호화할 것이다.

이상에서 발레는 무의식을 의식화하는 춤이 아니라 의식의 시각적 이미지를 절대화하여 구현하는 춤이라고 말할 수 있다. 즉, 발레는 의식을 극대화하고, 무의식을 의식의 지배와 통제 아래 놓이게 하는 것이다. 이 점에서 발레는 '시각화된 관념철학'(의식철학, Bewußtseinsphilosophie)이라고 부를만하다.

Macmillan, 2003), 95~102쪽 (인용구는 98쪽) 참조.

67 여기서 몸이라는 한국어는 정신과 육체가 통합된 감각의 주체성을 영어의 somatic보다 더 잘 표현해준다. 무용학계는 somatics를 이미 '몸학'으로 번역하기도 한다. 이 개념을 정신과 육체의 이분법주의를 극복하는 춤의 새로운 비전에서 사용하는 조기숙, "춤의 새로운 비전을 위한 고찰. 몸의 체험을 기반으로 한 연구와 성찰을 위하여", *한국무용기록학회* (제17권, 2009), 169~195쪽 참조.

68 이 개념에 대해 자세히는 Jill Green, "Somatic authority and the myth of the ideal body in dance education", *Dance Research Journal* (Vol. 32, No. 2, 1999), 80~100쪽 참조.

69 남성의 법에 대해서 이상돈 · 민윤영, *법정신분석학입문* (법문사, 2010), [5]단락 참조.

70 이에 대해서 이상돈 · 민윤영, 위의 책, 102쪽 참조.

(2) 근대 이성법으로서 발레

발레는 근대 이성법을 기호화한다. 발레의 발전과 근대법의 발전은 함께 이루어졌다.

1) 발레와 근대법의 이성적 동일성 발레의 기호학적 의미가 이성법이 되는 이유를 살펴본다. ① 절제와 인내, 한치의 오차도 없는 훈련의 반복이 없이는 만들기 어려운 몸의 이상은 근대법의 이성(Vernunft)과 같다. ② 발레의 체계적 자세는 (주관적) '권리의 세분화된 체계'로 구축된 근대법을 구성하는 기본개념들(예: 민법전의 능력, 대리, 물건, 의사표시 등)과 원칙들(예: 비례성원칙, 명확성원칙)과 유사하다. 또한 ③ 확장된 선을 그리는 동작에 의해 디자인되는 조화로운 동작의 공간적 모습은 마치 유럽 중세 교회의 고딕양식을 닮으려는 듯 '높이'를 지향하는데, 이는 헌법을 정점으로 '통일성'을 이루도록 짜인 법규범의 위계적 형상과 매우 유사하다. 그렇기에 18세기 발레의 기술적 편중을 지양하고 (사상) 표현적 요소를 강조한 프랑스 안무가 노베르(Jean Georges Noverre)는 발레의 형이상학적 특징을 '신나게 뛰어 노는 것을 포기하고, 뽐내는 웃음을 포기하고, 사유와 이성을 너의 두 스텝에 집어넣는 것'이라고 표현한 바 있다.[71]

감각현상학적인 관점에서는 발레를 시각에 치중한 숭고한 이미지의 창출을 지향하는 '감각적인'(sensible) 춤이라고 볼 수 있다. 발레의 감각적 특성은 발레를 이성법의 기호로 보게 만든다. 왜냐하면 발레가 세우는 감각은 오로지 '의식의 시각화'로서만 기능하고 있고, 이때의 의식은 마치 발레의 수행에 대한 무용수들의 근운동적 자각(kinesthetic awareness)처럼 의식과 분리된 육체를 지배하고 통제하는 합리의 정신으로서 근대적 자아(cogito)와 같기 때문이다.[72] 르장드르(Legendre)가 내린 발레의 개념,

---

71 Pierre Legendre (Peter Goodrich 역), "The Dance of Law", *Law and the Unconscious: A Legendre Reader* (Macmillan Press, 1997), 61쪽에서 인용함.

72 서구의 근세적 인간관이 시각(visual feeling)에 기초해 있는데 반해 한국인은 복감

"발레는 눈을 통하여 영혼에 말을 건다"[73]는 부분도 바로 이 점을 가리킨다. 여기서 감각이 '의식의 시각화'로서 기능한다는 것은 어떤 감각에 집중할 때, 그런 상태를 배경으로 의식은 순화되기 쉬워지게 됨을 뜻한다. 다시 말해 의식에 의한 어떤 절대적 가치(예: 절대선이나 신의 의지)의 추구가 숭고하게 되려면 의식은 다른 가치를 떠올리는 상념의 바다를 헤매서는 안되는데, 의식의 그런 방랑을 차단하는 방편의 하나가 바로 특정한 감각에 집중하는 것이다.[74] 발레의 시각집중성은 바로 의식의 순화를 지향해 있다.

2) 발레의 합리화와 근대법의 발전 시각화의 형식을 통하여 합리의 의식이 지배하는 발레가 근대사회와 마찬가지로 합리화의 진보역사를 밟는 것은 필연적인 것일 수 있다. 발레의 기술적 발전은 마치 막스 베버가 말하는 합리화의 역사와 같이 요약해볼 수 있다.[75] 민속풍습의 춤에서 시작한 발레(16C)는 귀족 춤의 예의(Grand Manners)로 발전한 뒤, 군주정의 이미지를 고양시키는 아마추어리즘의 단계(17C 중반)를 지나 전문화의 길, 즉 5가지 자세의 확립(1700년)을 기점으로 기술적 발전을 거듭하여, 마침내 (발과 다리를 각각의 방향으로 옆으로 돌리는) 턴 아웃(turnout)의 각도가 90°에 이르는 발전(18C)을 이루게 되었다.

★ 루이 14세의 춤과 절대왕정권력의 교차성 프랑스 영화 『Le Roi Danse』(왕께서 춤추시다)[76]는 17세기 중반 발레가 군주정의 이미지를 고양시키는

(visceral feeling)에 중심을 둔다고 보는 김용옥, *아름다움과 추함* (통나무, 1987), 59쪽 참조.

73 Pierre Legendre (Peter Goodrich 역), "The Dance of Law", *Law and the Unconscious: A Legendre Reader* (Macmillan Press, 1997), 60쪽.

74 이런 점은 불교철학을 바탕으로 생각을 버리는 방편으로 오감을 갈고 닦아 실제적인 감각을 강화할 것을 주장하여 베스트셀러가 된 코이케 류노스케(유윤한 옮김), *생각 버리기 연습* (21세기북스, 2010)의 관점과도 매우 유사하다.

75 이하의 내용은 Phillip E. Hammond and Sandra N. Hammond, "The Internal Logic of Dance: A Weberian Perspective on the History of Ballet", *Journal of Social History* (Vol. 12, No. 4, 1979), 591~608쪽을 요약한 것임.

76 이 영화는 흔히 『왕의 춤』으로 번역되기도 하는데, 이처럼 『왕께서 춤추시다』로 번역한 것은 이 영화를 내게 소개해준 제자 이소영 교수(제주대)이다. 법문학자로서 이소

> 수단이었음을 잘 보여준다. 이 영화에서 소년 루이 14세가 어머니와 추기경의 섭정을 받던 시절, 자신이 지향하는 정치를 춤으로 표현하는 장면, 특히 내레이션과 함께 소년 루이 14세가 몸짓으로 권능(puissance, power), 환희(plaisir, pleasure), 빛(lumiere, radiance)을 표현하는 장면[77]이나 22세가 된 해에 루이 14세가 어머니의 섭정을 거부하면서 재상제를 폐지하고 직접 왕권을 행사하겠다고 선언한 직후에 외척들 앞에서 춤추는 장면[78]은 절대왕정이 실행된다는 의미를 함축한다. 여기서 루이 14세의 춤은 이미 확립된 절대왕정을 단지 사후적으로 상징화하는 것이 아니다. 아직은 절대왕정체제가 다소 불완전한 상태이지만 과감하게 강력한 정치세력들 앞에서 절대왕정권력의 상징을 지니는 춤을 춤으로써 절대왕정에 대한 정치세력들의 승인을 굳히는 정치권력적 과정이 진행되는 것이다. 여기서 춤은 절대왕정의 확립에 따른 사후적인 상징의 창출이 아니라 그 확립에 구성적인 요소로 작동함을 알 수 있다. 즉 춤과 정치권력의 형성 및 행사는 동시적으로 일어나며, 춤은 정치권력을 구성하는 퍼포먼스가 된다. 이렇게 볼 때 절대왕정의 권력은 아마추어적인 발레의 춤 양식 속에 기호화(기의)되어 있고, 그 춤은 권력의 실행 속에 기호화(기표)되어 있는 것이다. 이런 점에서 춤과 절대왕정의 권력은 서로에게 내재되어 있는 것이며, 교차적인 관계에 있다. 절대왕정의 권력에 법을 대입하면 똑같은 관계가 형성된다.

그러나 발레의 기술적 전문화가 가져온 고전주의적 무감성주의(Unemotionalism of classicism)에 대한 반성으로 공중공간을 지배하는 낭만주의적 발레(19C 초중반)가 일어났다. 이후 발레가 곡예춤처럼 과도하게 인위적인 기술에 의존하게 되자 이에 대한 반성으로 팔다리의 움직

영 교수의 번역은 너무나 정확하다. 왕의 춤은 별다른 함의를 담지 못한다. 그러나 루이 14세의 춤이 춤의 해체적 속성과 왕의 권력집중적 성격이 대조되는 문맥에, 왕권을 아직 확립하지 못한 상황에서 기존 집권세력의 권력을 해체하는 상징의 맥락에 들어가야만 춤의 의미가 생성될 수 있다. 『왕께서 춤추시다』는 그런 맥락을 구성하는 번역이다. 춤과는 어울릴 것 같지 않은 존귀하신 왕께서 황송하옵게도 춤을 추는 것이다. 그러니 그 춤은 민속축제장에서 민중이 추는 춤과는 의미가 다른 것이며, 바로 그렇기 때문에 우리는 '왕께서 춤을 추실 때' 그 다른 의미에 주목해야만 하는 것이다.

77 http://www.youtube.com/watch?v=SYHPNgSUIoE 참조.

78 http://www.youtube.com/watch?v=gV-YzePE2Dg 참조.

임이 그리는 선을 최대한 확장하는 신고전주의적 발레(19C 후반)가 생겨났다. 이처럼 〈Grand Manners → 5가지 자세 확립 → turnout 기술과 각도의 증가 → 공중공간의 지배 → 선의 최대확장〉이라는 발레의 역사적 발전은 발레를 진보시키는 합리화의 과정이 된다. 발레의 이 발전과정을 다시 요약해보면 아래 도표과 같다.

	발레의 특징적 모습	불만요소	기술적 진보=합리화
16C	◦ 민속 풍습의 춤	조잡함	• 르네상스의 귀족적 예의(Grand Manners)
17C 중반	◦ 군주정의 이미지를 고양시키는 수단	아마추어	• 5가지 자세 확립(1700년 피에르 보샹)
18C	◦ 전문화(독립된 이야기, 정교한 발끝돌기, 턴아웃)	춤의 2차적 지위	• 턴아웃의 각도가 증가하여 90°에 이름
19C 초중반	◦ 낭만주의 영향아래 자기생산적 예술로 발전	고전주의의 무감성주의	• 공중공간(aerial space)의 지배
19C 후반	◦ 낭만주의 쇠퇴 신고전주의(→ 인간화)	춤의 곡예화	• 팔다리를 움직이는 선의 최대확장

이와 같은 발레의 발전은 발레의 기술적 차원에서 '전문화'와 정치적, 예술적 차원에서 '독립화' 그리고 실행적 차원에서 '인간화'로 특징지을 수 있다.[79] 이런 특징은 근대 이후 법의 합리화가 갖는 특징과 다르지 않다. 17C부터 20C 초반에 이르는 법의 합리화는 법전편찬과 법학의 발전을 통한 '전문화', 종교와 정치로부터의 '독립성'(예: 의회제도, 관방사법의 극복)의 증대, 그리고 사회적 연대를 추구하는 '인간화'(예: 사회적 연대성의 실질법)가 누적되는 발전[80]이기 때문이다.

79 이런 발레의 발전은 발레의상의 변화에도 반영된다. 특히 오늘날 발레하면 떠오르는 — 드가의 그림에서 흔히 보는 — 여려겹으로 겹처진 전형적인 발레의상인 '튀튀'(tutu)는 19세기 낭만주의 발레의 정점부터 유행하였다. 발레의 역사적 발전에 따른 발레의상의 변화에 관해 자세히는 이희현, "15세기~19세기 발레 의상", *한국의상디자인학회지* (제12권 제3호, 2010), 105~119쪽 참조.

80 이 점에 대한 개괄적인 이해를 위해서는 이상돈, *법의 깊이* (법문사, 2018), 09단락(법

2. 발레와 근대법의 문법

또한 발레는 '권리의 문법'[81]을 추구하는 이성법의 전통과 같이 몸의 문법을 추구한다.

(1) 몸, 권리, 언어를 관통하는 문법

발레는 엄격하게 지켜야 하는 문법이 있는 춤이다. 발레에서 깎아 다듬어 놓은 몸은 정제되고 아름다운 언어와 같고, 동작을 5가지 발 자세와 2가지 몸 자세의 운용 속에서 전개하는 것은 마치 문법에 맞게 언어를 운용하는 것과 같다. 기본 동작의 운용에서 벗어난 몸짓을 허용하지 않는 것은 문법에 어긋난 언어사용을 허용하지 않는 것과 같다. 발레의 문법은 교회법상의 계율, 카논(canon)이 시각화된 언어로 구현된 것이라고 할 수 있다.

★ 수도사의 회전무와 흑조의 훼떼 ① 터키의 메브레비 수도사(Mevrevi Dervishes)들은 13세기 이래로 원추형의 긴모자를 쓰고 흰색 망토를 걸친 채 눈을 감고 회전을 하며, 신의 은총을 기다린다. 오른손바닥은 성령을 받으려고 하늘로 향하고, 왼손바닥은 성령을 전달하려고 대지를 향한다. 이 회전무는 〈백조의 호수〉에서 흑조가 2인무(pas de deux)를 할 때 32회의 훼떼(fouett'es)를 추는 모습와 매우 흡사하다. ② 모든 문화는 진화와 발전의 과정에서는 언제나 혼성적인 것이다. 그런 혼성성이 차이를 통하여 새로운 고유성을 창출하는지가 춤의 기능 확장에서 관건이 될 뿐이다. 터키 수도사들의 회전무가 근대 발레의 탄생을 가져오는 다른 문화권

과 역사)을 읽기를 권함.

81 이 표현은 김도균 교수의 저서 *권리의 문법* (박영사, 2007)의 제목이기도 하다. 김 교수는 이 책에서 권리의 개념과 쟁점들을 논리적으로 분석함으로써 권리가 사회경제적 권력관계의 단순한 반영이 아니라 이성적 사고의 기반 위에서 자율성과 독립성의 내적 논리를 갖고 있음을 보여준다. 여기서 '문법'이라는 표현은, 근대법의 언어이론적 이해(이에 관해서 이상돈, *기초법학* 제2판 [법문사, 2010], 369쪽 아래 참조)에서 보면, 단지 수사학적인 것이 아니라, 역사적이며 실제적인 것이다. 가령 근대 이성법의 권리는 '존재론적 의미론'(ontologische semantik)의 기반 위에서 자명한 것으로 구축되고, 법체계의 내부구조로서 권리의 정합적 체계는 소쉬르(Saussure)가 말하는 이상적 구문론의 언어체계와 다르지 않다.

> 의 단초가 되었을 가능성을 부인하긴 어렵다. 물론 회전무가 유럽 교회법상의 카논이 발레의 문법이 되는 역사로부터 파생된 혼성물의 원초적 모습이었을 가능성도 있다. 그러나 그것을 현재 입증할 수는 없다. ③ 중요한 점은 발레의 문법이 상호문화적(intercultural) 관점에서 보면 서유럽의 춤에서만 카논이 되는 것은 아니고, 다른 문화권의 춤에도 카논이 될 수 있으며, 다른 문화권의 춤에서도 발레적 요소를 읽어낼 수 있다는 상호문화성이다.[82]

또한 시각적 이미지의 극대화를 지향하는 것은 언어사용이 소쉬르(Saussure)가 — 빠롤(parole)을 배제하고 랑그(Langue)를 중심으로[83] — 말하는 '이상적 구문', 즉 기호와 그 기호들의 가능한 조합에 관해 이미 주어진, 단일하고 질서정연한 규칙체계의 이미지와 같다. 소쉬르의 언어관은 근대적인 것이며,[84] 근대법과 내적으로 연결되어 있다. 왜냐하면 근대법이 전제하는 법언어는 체계적으로 잘 짜인 다양한 형태의 권리(와 그에 대응하는 의무)들의 총체로 구성된 완전무결한 규범이 담겨 있을 정도의 의미론적 명확성과 구문론적 이상성을 지향하는 것이기 때문이다.[85] 여기서 발레를 하는 몸과 이익을 분배하는 권리 그리고 규범을 담는 언어는 근대적인 이성의 문법에 의해 지배되고 있음을 알 수 있다. 이처럼 발레를 하는 몸이 숭고미를 구현하는 몸('숭고한 몸')이 되는 반면, 발레의 몸짓이 기호화하는 근대법의 이상에 편입된 일반인의 몸은 규제와 훈육을 통해 (근대법과 국가에 대한) 복종의 미덕을 체화한 몸, 즉, "엄숙한 몸"(the solemnised body)[86]이 된다.

---

82 이 삽입글에서 수도사의 회전무에 대한 설명과 이 회전무를 발레 중심의 춤 개념에 포함될 수 있도록 춤의 카논을 상호문화주의의 관점에서 확장하는 견해를 펼치는 코플랜드 (윤계정 역), "수도사들의 회전춤과 흑조의 춤: 춤에 대한 문화상호적 접근방식", *공연과 리뷰* (창간호, 1994), 136~148쪽 참조.

83 F. Saussure, *Grundfragen der allgemeinen Sprachwissenschaft*, 2.Auflage (1967) 참조.

84 이진경, *철학과 굴뚝청소부* (그린비, 2005), 283쪽.

85 이상돈, *법의 깊이* (법문사, 2018), 469쪽 아래 (근대법과 언어) 참조.

86 Pierre Legendre (Peter Goodrich 역), "The Dance of Law", *Law and the Unconscious: A Legendre Reader* (Macmillan Press, 1997), 45쪽.

(2) 발레와 근대법의 동질적인 미학적 구조

발레의 아름다움은 높이를 지향하면서 확장된 선으로 만들어내는 공간적 이미지에 의해 주로 창출된다. 이 아름다움은 수직성이 강조된 기하학적 조형미이다.

1) 발레의 수직성과 근대법의 기하학적 조형미 첫째, 기하학적 조형미라는 점에서는 서구의 근대법이 정의를 창출해내는 미학적 지향성과 같다. 근대법은 물론 심미적 담론으로부터 분리된 도덕적 담론을 기반으로 형성된 것이지만, 오늘날 법미학의 관점에서 보면 근대법은 기하학적 조형미를 정의의 내재적인 요소로 갖고 있다. 이를테면 근대법에서 권리에 의무가 맞대응되어 있고, 권리와 의무를 서로 동등하게 교환하는 '대칭성'(symmetry)과 수많은 범규범들 사이의 '정합성'(coherence)은 기하학적 조형미[87]의 전형을 이룬다. 발레하는 몸의 아름다운 비율은 현실을 규율하는 법의 비례성(균형성)과 완전히 똑같은 심미적 체험을 가능케 한다.

2) 발레와 근대적 인권의 기독교적 지향성 둘째, 발레의 춤동작이 지향하는 '높이'는 발레의 아름다움을 구성하는 고유한 요소이다. 이 높이의 수직성은 마치 교회의 고딕양식처럼 궁극적으로는 기독교적 신의 존재에 향해져 있다. 이는 근대법의 미학적 구조와도 같다. 근대법은 헌법을 정점으로 위계질서가 있는 통일성을 이루도록 짜인 삼각형의 수직성을 보여준다. 이 수직성은 헌법상 기본권으로 정초된 근대적 인권 개념의 기독교적 지향성에 의해 그 삼각형 밖으로 뻗쳐있다. 근대적 인권의 특성으로서 '천부자연성', '양도불가능성'은 기독교적 신이 인간에게 준 선물이므로 다른 인간에 의해 침해되거나 넘겨줄 수 없다는 전통의 영향사 아래서 형성된 관념이다.[88]

---

87 이에 관해 자세히 이상돈, *법미학* (법문사, 2008), 112쪽 아래 참조.

88 이 점을 분명히 한 이상돈, *인권법* (법문사, 2005), 58쪽 아래 참조.

3. 발레의 고전성과 법의 보편성

(1) 발레의 해방적 요소

발레의 문법을 이루는 기본 자세나 동작의 형식들은 시대를 넘어 지속되고 있다. 이 점에 대해 발레는 지나치게 형식적인 기술무용이라는 비판을 받는다. 이런 비판에는 춤은 '몸짓으로 표현된 그의 시대'이어야 한다는 생각이 깔려 있다. 발레의 비인간성을 비판한 이사도라 던컨(Isadora Duncan)[89]은 발레를 습득하였지만 발레의 문법을 깨는 춤으로써 현대무용의 창시자가 되었다. 하지만 발레가 정립한 몸의 문법이 현대무용에도 마치 유전자처럼 내재화되어 있는 점을 보면 발레는 시대를 넘는 미학적 차원을 갖는 고전이다. 이는 근대법이 시대를 넘어 유효한 법의 고전이 되는 것과 마찬가지이다.

발레가 춤의 고전이 되는 이유는 차이의 정치학에서 바라보는 춤의 기호학적 의미에서도 설명된다. 가령 양쪽 발끝을 180° 벌려 양 발끝을 닿게 하는 자세나 '까치발'은 몸의 자연을 거스르지만, 동시에 인간존재를 지상에 묶어 놓는 중력을 뿌리치고, 하늘의 신을 향한 몸의 수직적 확장과 비상(飛上)을 위한 수평적 확장을 상징한다. 그러니까 발레의 문법은 일상적 자연으로부터의 '해방', 일상적 걸음의 '낯설게 하기'라는 기호학적 의미 속에서 생성되는 것이다. 이는 근대법의 이성이 인간의 갈등과 분쟁의 현실에 대해 일종의 '낯설게 하기'를 수행한 사상인 사회계약론(계몽의 정치철학)에 의해 정초된 것에 견줄 만하다. 사회계약론의 생성은 만인의 만인에 대한 투쟁이라는 자연상태로부터의 해방, 훼데(Fehde)와 같은 자력에 의한 피의 보복이 악순환되는 일상적 분쟁상황의 낯설게 하기라는 기호학적 의미 맥락 속에서 이해될 수 있다. 이성

89 이사도라 던컨의 무용과 삶에 대해 자세히는 Peter Kurth, *Isadora: A Sensational Life* (Back Bay Books, 2002); *위대한 예술가— 이사도라 던컨 (Isadora Duncan)*, DVD (피터팬 픽처스, 2009) 참조.

법의 해방적 요소는 자유를 공평하게 분배하는 보편성에서 비롯되는 것이다. 여기서 이성법의 보편성이 해방의 문법이고, 발레에서 카논과 같은 몸의 법칙들이 몸을 해방시키는 문법인 것을 고려하면, 기호학적 관점에서 이성법의 보편성과 발레의 숭고미는 교차된다고 할 수 있다.

(2) 발레의 숭고성과 이성법의 보편성

1) 발레리나의 순수욕망과 숭고미 그러나 발레와 근대법이 오늘의 시대에도 유효한 고전이 되는 까닭은 그런 해방의 의미 때문만은 아니다. 발레의 영원성은 발레가 좇는 해방의 욕망이 라깡(Lacan)이 말하는 순수욕망(pure desire)과 같다는 점에서 나온다. 즉, 발레의 문법은 주체의 숭고성,[90] 그러니까 욕망의 내용이 아니라 욕망을 좇아 죽음을 무릅쓰고,[91] 죽음과 의연하게 대면하는 태도[92]를 요구한다.[93] 이 태도는 발레의 내향적 이해에서 바라본다면 발레의 카논을 엄격하게 준수하여 기술적 완벽함, 우아함과 품위, 유연함과 경쾌함을 실연하고, 그것을 위한 고통스런 노력마저 겉으로 드러나지 않게 하는 "확고한 통제력"[94]을 의미한다. 발레리나 강수진의 심하게 변형된 망가진 발[95]은 발레의 미학이

90 이에 관해 조현준, "안티고네: 숭고미에서 퀴어 주체로", *라깡과 현대정신분석* (제8권 제2호, 겨울 2006), 187~196쪽 참조.

91 이런 라깡의 사상은 죽음을 긍정적인 것, 열렬히 욕망되어야 하는 것으로 바라보는 쇼펜하우어, 니체, 프로이트 등의 영향사 아래 있다고 볼 수 있다. 이에 대해서는 Linda Hutcheon and Michael Hutcheon, "Death Drive: Eros and Thanatos in Wagner's "Tristan und Isolde"", *Cambridge Opera Journal* (Vol. 11, No. 3, 1999), 267~268쪽 참조.

92 비록 픽션이지만 영화 〈블랙스완〉에서 나탈리 포트만이 작품 〈백조의 호수〉의 흑조 오딜 역을 제대로 하기 위해 — 특히 지그프리트 왕자를 현혹시키려 32번의 푸에테를 추는 장면에서 보듯 — 미쳐 죽어감을 무릅쓰는 노력을 하는 태도는 이를 잘 보여준다.

93 라깡의 숭고미에 관해서 비평적 설명으로 이상돈 · 민윤영, *법정신분석학입문* (법문사, 2010), 65~66쪽 참조.

94 링컨 컬스타인 (윤계정 옮김), "고전 · 낭만 · 현대의 고전발레", *공연과 리뷰* (제14호, 1997), 162쪽.

95 http://shindonga.donga.com/docs/magazine/shin/2003/01/22/200301220500027/200301220500027_3.html의 사진; 한강, "발레리나 강수진 — 고통이 열이면 빛은 반 개쯤인 춤", *월간 샘터* (제26권 제10호, 1995), 52~54쪽 참조.

숭고미임을 말해준다.

2) 보편적 법의 시련 발레의 문법에 내재된 숭고성은 근대법에도 존재한다. 모든 법적 규율이 지향하는 '보편성'(universality)이 그것이다. 법의 보편성은 효력의 측면에서는 국가권력에 의해 강제로 실현될 수 있지만, 타당성의 측면에서는 언제나 이상으로 남아 있다. 자유의 평등한 보장, 권리와 의무의 대칭적 분배는 보편성을 좇는 근대법의 전략이지만, 이 전략은 현실에서는 언제나 다양한 난관에 부딪혔다. 가령 법은 권리와 의무를 대칭분배 할 수 없게 만드는 전승된 직업윤리(예: 환자의 의사선택권은 보장하지만 의사의 환자선택권은 부정함)에 부딪히기도 하고, 사회경제적 계급의 분화로 인해 평등하게 보장한 자유가 실질적인 부자유가 되는 이데올로기적 갈등상황에 부딪히기도 하였다. 또한 오늘날에는 보편적 법의 적용을 거부하는 포스트모던적인 하부문화의 성장이라는 새로운 난관에 직면하기도 한다.

3) 아름다운 법과 보편적인 발레 그럼에도 불구하고 이성법은 이전까지의 법이 부분적으로 소멸됨을 무릅쓰고 끊임없이 자기성찰적 변화(새로운 법의 생성)를 수행하여 보편성의 이상을 달성하려는 노력을 해왔다. 그 결과 이성법은 문명의 패러다임이 다른 사회(예: 이슬람사회)를 제쳐놓는다면, 대안이 없는 법패러다임으로서 전 세계의 국가로 확산되었다. 이와 같은 이성법의 발전은 과거의 이성법(예: 계약의 자유)이 부분적으로 죽고 새로운 법(예: 임대차보호법)이 생성되는 과정으로 볼 수 있다. 이 변화는 법의 합리화이며, 진화이다. 이처럼 끊임없이 자기변화를 도모하는 이성법은 '보편화가능성'(Universalisierbarkeit)이라는 술어를 귀속받을 수 있게 된다. 이러한 법의 보편화가능성은 기호학적으로 보면 시각적 이미지의 절정을 향해 죽음을 무릅쓰는 발레리나의 노력과 마찬가지로 숭고미라는 술어가 귀속될 수 있는 주어가 된다. 이성법의 보편성은 숭고한 아름다움을 띨 수 있는 것이다.

다른 한편 발레의 숭고미도 보편성을 띨 수 있다. 죽음을 무릅쓰고 발레의 카논을 이상적으로 구현하려는 노력은 모든 인간에게 내재해 있는 순수욕망을 매개로 모든 사회에 통용될 수 있는 아름다움을 만들어 낼 수 있다. 이것은 보편성을 지향하는 근대 이성법의 정신과 다르지 않다. 그렇기에 발레는 보편적인 춤이 된다. 우리나라에서도 발레는 근대법처럼 서양의 춤이 아니라 이미 100년의 전통을 가진 우리의 춤이며, 우리의 문화이다.[96]

이처럼 보편성을 지향하는 이성법은 숭고미를 띨 수 있고, 숭고미를 지향하는 발레는 보편성을 띨 수 있다. 이런 교차적 관계는 이성법과 발레의 기호학적 의미를 동치적인 것으로 만든다.

---

96 우리나라에 발레가 소개된 것이 1920년대 경이라고 본다면, 우리나라 발레의 역사도 거의 100년이 되어가며(우리나라 발레의 역사에 관해 김용길 · 정희자, "한국 발레의 발달과정에 관한 연구. 1970년대~1990년대", *한국체육과학회지* (제7권 제1호, 1998), 499~512쪽 참조), 강수진, 김주원(장광열, "김주원, 세계 무용계의 샛별로 떠오른 발레리나", *한국국제교류재단* (제20권 제3호, 2006) 참조)과 같은 세계적인 발레리나도 배출한 점 등에 비추어 볼 때 발레는 이미 외국의 춤이 아니라 우리나라의 춤이라고 보아야 한다.

03 법과 포스트모던예술

법은 포스트모던예술과도 모던예술과 이성법의 관계처럼 내적 연관을 갖고 있다. 특히 포스트모던미술과 즉흥접촉춤, 힙합과 브레이크댄스와 같은 예술장르를 중심으로 포스트모던예술의 기호학적 의미를 분석하고, 그와 동치적인 법의 발전과 현상을 논의한다.

I. 포스트모던미술과 법

포스트모던미술로 취급될 수 있는 미술의 흐름들은 매우 다양하다. 아래서는 현대사회의 미술 흐름을 전 방위로 살피는 것이 아니라 포스트모던미술과 포스트모던 법의 내적 연관을 밝히는데 필요한 범위에서 살필 것이다.

★ 반모더니즘 포스트모던미술은 우리나라에서 1980년대 성장한 민중미술[1]과 같은 반(反)모더니즘[2]과는 구별되어야 한다. 민중미술은 모더니즘의 사회체계에 침천된 억압과 불평등의 현실에 저항하는 것일 뿐 모더니즘의 이념 자체를 해체하거나 탈피하는 것이 아니기 때문이다. 하지만 이 포스트모더니즘과 반모더니즘 사이의 경계가 모호한 경우들도 적지 않다. 포

1 "민주 · 민중의 의식을 표방한 방법과 기법에서 예술적 본질과의 조화가 결여된 면이" 많았다는 지적으로 이구열, "전환기의 한국문화예술: 미술", *문화정책논총* (제1집, 1988.12), 279쪽 참조.

2 민중미술을 반모더니즘으로 보고 탈모더니즘과 구별하는 김영백, "1960년대 이후 한국 현대미술에 관한 사회학적 논의", *미술사연구* (제23호, 2009.12), 421~423쪽 참조.

스트모던미술의 발전으로 미술계의 중심이 프랑스에서 미국으로 넘어가는 무렵, 특히 1960~70년대 프랑스에서 전개된 참여미술의 다양한 흐름들, 가령 자크 빌르글레(Jacques Villeglé)와 같은 누보 레알리즘(Nouveau Réalisme)의 벽보파(Affichistes) 작품들은 포스트모던미술의 특성을 많이 공유하고 있었기 때문이다.[3]

★ 여성미술 우리나라에서 1980년대 이후 성장한 여성주의 미술도 민중미술운동과 연대함으로써 반모더니즘적 요소를 보여주었다. 그러나 여성미술은 "'여성미술' 일변도의 독선적이고 단선적인 것이 아니라, 그 내부에 다른 목소리들이 갈등하고 타협하며 새로운 정체를 찾아가는 역동적인 과정임을 드러"[4]냄으로써 포스트모던미술의 특성을 보여주기도 한다. 시각중심주의, 양식중심주의, 남근중심주의가 "서로 미끄러지듯 환유될 수 있는 기표들"[5]이라는 점을 고려해보면, 이에 대항하는 여성주의는 양식중심의 모던회화에 대항적인 포스트모던회화의 이념적 기반이 될 수 있기도 하다.

1. 포스트모던미술의 예술성 해체

포스트모던미술이란 인상주의 회화와 같이 사유적 주체가 자신의 감각적 경험을 캔버스에 주권적으로 표현하는 양식을 해체하는 특성을 갖는 일체의 미술들을 가리킨다. 포스트모던미술은 탈예술의 미술이라고 불리기도 한다.

(1) 단토의 포스트모던미술 이해

미술비평이론가인 단토(Danto)에 따르면 ① ("팝아트가 미술의 철학적 진리를 자기의식에 가져옴으로써") 거대한 내러티브가 미술에 더 이상 존

---

3 이 점에 대한 자세한 논의로 배소현, "그룹 운동을 통해 본 1960-1970년대 프랑스 미술의 정치성", *서양미술사학회논문집* (제33집, 2010.8), 31~59쪽, 특히 41쪽 아래 참조.

4 김현주, "1980년대 한국의 '여성주의' 미술", *현대미술사연구* (제23집, 2008.6), 136쪽 참조.

5 정현이, "상상계로서의 미술사 — 미술사학에 있어서 젠더의 문제", *미술사학* (제18호, 2004), 203쪽.

재하지 않고, ② 미술예술과 그 밖의 비예술을 구분할 수 있는 양식적 특징이 존재하지 않으며, ③ 사상과 비평이 작품의 세계에 들어가 있으며, ④ 그렇기에 미술에서 시각성은 더 이상 중요하지 않게 된다.[6] 즉, 예술의 양식적 차별성은 사라지고, 모든 예술이 동등하게[7] 되며, 미술이 미래에 취할 방향성도 없게 된다. 미술비평 역시 다원주의적으로 될 수밖에 없다. 이런 국면의 미술은 더 이상 객관적인 의미에서 진보적 발전의 가능성을 인정할 수 없게 된다.[8]

(2) 포스트모던의 요소

단토의 이해를 좀 더 상세히 그리고 흠결된 부분을 보완하여 다시 포스트모던미술의 고유한 요소를 종합해보자. ① 첫째, 포스트모던미술은 모던미술의 기존 양식을 해체한다. 리히텐슈타인(Lichtenstein)처럼 시각적 이미지와 다른 텍스트를 사용한다든지, 왓첼(Julia Wachtel)처럼 싸구려 인사 카드의 만화 그림을 복제하는 식으로 기존 양식을 해체한다. ② 둘째, 사물이 갖는 의미를 뒤집어 엎는다. 이를 전복성이라고 할 수 있다. 가령 듀샹(Duchamp)의 〈샘(fountain)〉이라는 작품은 변기의 일상적 의미가 샘의 의미로 전복된 경우이다. ③ 셋째, 사회적 소통에 의해 미학적 가치를 생성시킨다. 포스트모던미술은 대체로 작품을 구성하는 기법 등과 같은 작품의 내향적 가치(intrinsic value)가 빈곤하고, 문화적, 정치적 및 행위상황적 맥락에 의해 구성되는 외향적 가치(extrinsic value)만 풍부한 경우가 많다. 그런 작품들의 예술적 가치는 작품의 (전복적) 의미에 대한 사회적 소통에 의해 생성된다. 모던미술의 경우에는 작품이 그 자체로서 의미와 가치가 있고, 사회적 소통은 단지 그 의미에 대한 관람자들의 이해문제로 남겨져 있는 반면, 포스트모던미술에서

---

6 Arthur C. Danto, *After the End of Art* (Princeton University Press, 1997), 12~16쪽, 인용은 121쪽 참조.

7 Arthur C. Danto, 앞의 책, 34쪽.

8 이런 입장은 Hans Belting (Christopher S. Wood 역), *The End of Art History* (University of Chicago Press (Tx), 1987) 참조.

는 사회적 소통이 비로소 작품의 가치를 구성한다는 것이다. ④ 넷째, 모던미술이 작가의 의식(cogito)이 발현된 결과인 반면, 포스트모던미술은 작가의 무의식이 의식화된 결과인 경우가 많다. 포스트모던미술이 보통사람들에게 쉽게 이해되지 않는 것은 작품의 감상에서 작가의 인격과 관람자의 인격이 만나기가 어렵기 때문이다. 이는 작품에 발현되는 작가의 인격은 인격의 그림자,[9] 즉 무의식에서 비롯되기 때문이다. 관람자가 감상이라는 행위를 통하여 포스트모던미술의 작가(인격)와 만나려면 작가의 무의식을 바라보아야 하고, 이는 관람자 스스로 자신의 무의식을 되돌아보지 않고는 불가능하다.

만일 미술이 더 이상 현실세계에 존재하는 존재들과 양식적으로 구분되지 않고, 양식에 결합된 사유적 주체의 거대사적 내러티브도 존재하지 않으며, 감각적 시각성의 미학도 사라져 버린다면 그런 미술작품이 어떻게 사회적으로 예술이라는 승인을 받게 되는 것일까? 포스트모던미술이 예술성을 생성시키는 근원은 주로 사상(이하 2.)과 비평(이하 3.)이다.

2. 사상의 예술성 생성

어떤 작품의 예술성을 생성시키는 힘이 주로 사상일 수 있다는 점을 논의해보기로 한다.

(1) 개념의 예술성

포스트모던미술의 생장점이었다고 볼 수 있는 그 유명한 듀샹(Henri Robert Marcel Duchamp)의 〈샘(fountain)〉이라는 작품을 예로 하여 설명

9 융의 그림자 개념에 관해서 자세히는 이부영, *그림자* (한길사, 2009) 참조. 가령 스티븐슨의 소설 〈지킬박사와 하이드씨〉는 제2의 인격인 그림자의 문제를 쉽게 보여준다. '지킬박사'가 그 시대의 요구에 걸맞는 선하고 모범적인 페르소나(persona)라면, 그의 그림자인격은 페르소나의 정반대되는 측면들로 이루어진 악하고 비열한 하이드씨인 것이다. 법의 그림자에 관해서는 이상돈·민윤영, *법정신분석학입문* (법문사, 2010), 250쪽.

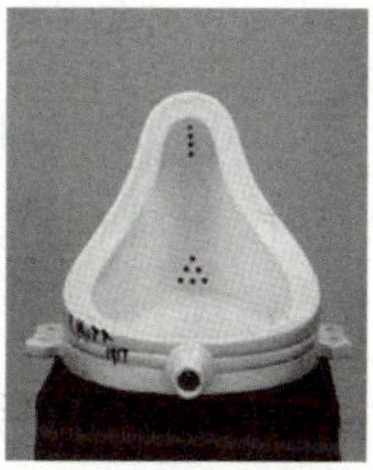

Henry Duchamp, Fountain, 1917

해보자. 듀샹의 샘이라는 작품의 실재는 제품(기껏해야 공예품 craft)으로서 소변기일 뿐이다. 그것도 이미 사용한 것 같이 더러운 소변기이다. 그런 제품이 갤러리에 마치 예술품인 양 전시되었다. 그 소변기가 아름다운 샘과 같은 존재가 갖는 본질적인 가치(존재론적 가치)를 똑같이 가질 수 있는가? 이것이 가능하기 위해서는 변기와 샘의 존재론적 차이(ontological difference)가 해체될 수 있어야만 한다. 이 해체는 누구나 아무렇게나 할 수 있는 것이 아니다. 그런 해체는 변기가 샘의 아름다움을 가질 수 있기 위한 화용론적(pragmatic) 조건이 갖춰진 경우에만 일어난다. 그런 화용론적 조건을 분석해보자. 듀샹의 시도에서 독창성은 일상의 사물(예: 변기)이 예술이 될 수 있다는 새로운 '개념'의 독창성이며, 이 독창성에 의해 변기제품은 예술품이 될 수 있는 첫 번째 조건을 마련하게 된다. 또한 바로 그처럼 개념이 작품의 예술성을 생성시키는 것을 개념미술(conceptual art)이라고 부른다.

(2) 예술의 민주성의 한계

하지만 개념예술이 일반인에게 알려지는 순간, 사람들은 그렇다면 누구나 예술품을 만드는 작가가 될 수 있다고 생각할 수도 있다. 물론 그런 생각으로 예술세계는 민주화된다. 그런데 이러한 예술의 민주성은 고급예술의 은폐된 비가치를 폭로해주기는 하지만, 예술성을 구성하는 '숭고성'을 너무 희석시킨다는 점에서 예술성을 해체하는 기능을 한다. 따라서 누구나 미술가가 될 수 있으나, 바로 그로 인해 미술가는 무엇을 하는 것인가라는 회의[10]도 일어나게 된다. 여기서 이런 예술창작에서의 민주성은 누구에게나 예술을 만들 수 있다는 일반적인 권능(competance)을 부여할 뿐이고, 개인에게 구체적인 예술품을 창작할 능력을 부여하

10 이런 회의를 제기하는 전혜숙, "미술개념의 변화와 미국의 1968년: 개념미술의 등장을 중심으로", *미국사연구* (제28집, 2008), 160～162쪽 참조.

는 것은 아니라고 볼 필요가 있다. 가령 앤디 워홀(Andy Warhol)은 1964년과 1968년 두 차례에 걸쳐 실재 상품상자와 같은 〈브릴로 상자(brillo box)〉를 전시했다. 만약 개념이 예술을 만든다면, 이미 1917년 듀샹의 전시로 이와 비슷한 시도는 더 이상 독창성이 있는 예술작품이 될 수 없다. 그러나 앤디 워홀의 다방면에 걸친 예술적 창의성과 소묘능력 등 그가 그 이전에 보여준 화가의 기본역량은 그런 전시행위를 통해 실재와 구별되지 않으면서도 실재와 다른 예술적 가치를 구성할 수 있게 한다.[11] 물론 작가의 능력뿐만 아니라 그 행위가 수행되는 맥락(예: 갤러리라는 공간적 맥락)과 비평의 힘이 뒷받침되어야 한다.

Andy Warhol, brillo box, 1964

(3) 양식 없는 양식성으로서 사상

그러므로 변기를 〈샘〉으로 예술화하는 힘은 예술과 비예술, 즉 일상의 경계를 허물겠다는 사상(thoughts) 그 자체[12]인 것은 아니다. 사상이란 미술작품보다는 철학적 언명에 의해 더 간결하고 명확하게 선언될 수 있다. 그러므로 포스트모던미술에서 사상이 예술작품을 구성한다면, 그것은 사상 그 자체 때문이 아니라 사상이 마치 예술성을 생성시키는 양식과 같은 기능을 하는 경우이기 때문일 것이다. 예컨대 자신의 나체를 자동카메라가 찍어주는 대로 찍어서 만든 사진을 '이런 일상의 표현이 곧 예술이야'라는 투철한 사상을 갖고 그 사진을 인터넷에 올린다고

---

11 그렇기 때문에 듀샹보다도 워홀이 미술에서 새로운 내러티브의 역사를 열었다고 평가되며, 이런 평가에 관해 자세히는 최애주, "미술의 종말인가 미술철학의 시작인가 — 워홀의 〈브릴로 상자〉를 중심으로", *강원인문논총* (제17집, 2007.6), 289~311쪽 참조.

12 예컨대 선릉역 포스코 건물 앞 프랭크 스텔라의 〈꽃이 피는 구조물(또는 아마벨)〉이나 청계천 진입로에 있는 클래스 올덴버그의 〈스프링(Spring)〉과 같은 팝아트에 대해 철학자도 포스트모던미술의 특징을 예술과 비예술의 경계를 허물고, 예술과 일상의 경계를 무너뜨린 데에 있다고 보기도 한다. 이런 입장으로 윤평중, "예술은 자유다", *미술세계* (컬럼, 2007.3), 96쪽 참조.

해서 그 사진이 예술이 되는 것은 아니다. 하지만 앤디 워홀과 같은 역량이 이미 인정된 작가가 치밀한 구상과 퍼포먼스 기획 속에서 그리고 갤러리라는 공간 안에서만 '브릴로 상자'를 전시한다면 일상의 물건과 양식적으로 구별되지 않으면서도 미학적으로는 구별되는 예술성을 갖게 될 수 있다. 즉, 포스트모던미술에서 사상은 일종의 '양식 없는 양식성'으로서 기능하는 것이다. 사상을 양식으로 구현한 작품만이 예술성을 갖게 되는 것이다.

1) 역사적 맥락에 들어감 이처럼 사상이 '양식 없는 양식성'으로 기능하게 되는 것은 문화적, 역사적 맥락과 그 맥락에서 그런 의미를 창출하는 비평에 의존한다. 물론 소변기는 미술관이라는 공간에서만 샘의 아름다움을 창출할 가능성이 생긴다. 미술관은 하나의 작품이 예술이 되는 것을 방해하는 모든 조건들을 제거하는 맥락을 형성하기 때문이다.[13] 그러나 더 중요한 점은 소변기가 샘의 의미를 얻는 것은 특정한 문화적, 역사적 맥락 속에서만 가능하다는 점이다. 예컨대 주체적 감각이 화면을 가득 채우고, 그 감각에 의해 지배되는 심미적 체험이 회화의 중심이 되는 현실에 대한 반발이 점점 커지는 사회적 상황 속에서라야 비로소 변기는 샘이라는 예술작품이 될 수 있다. 이런 맥락은 세계대전과 같은 역사적 현실이 보여주는 이성의 자기부정이라는 변증의 역사적 맥락 안으로 작가나 관람자가 다 같이 들어가 있을 때에만 가능한 것이다.

이것은 법의 영역에서도 비슷하다. 예컨대 제2차 세계대전 직후 자연법의 부흥이 이루어졌는데, 많은 경우 그 자연법적 요청은 정의에 관한 합리적 논거가 아니라, 비합리적이지만 사람들이 널리 공유하는 정

13 이를 "맥락(context)으로서 미술관 공간"이라고 부를 수 있다. 이에 대한 논의로 자세한 것은 박일호, "포스트모더니즘 시대의 미술관", *예술경영연구* (제4집, 2003.12), 6쪽 아래 참조. 이런 맥락으로서 미술관의 의미는 포스트모던 미술에서도 그 물적 현상은 다원화되었지만, 지속될 수 있다고 본다. 그러므로 '웹아트'라는 개념은 웹상의 모든 행위가 예술이 된다는 의미가 아니라, 예술을 웹이라는 매체로 옮겨온 현상을 가리킨다고 보아야 한다.

의에 관한 '감정'(Gefühl)으로 채워졌다. 감정이 이성법의 영역에 정의의 요소로 들어올 수 있었던 것은 바로 이성법의 부정적 변증이 세계대전이라는 비참한 현실을 낳았던 역사적 맥락 속에서였다.

2) 새로운 양식을 창출하는 사상 현대미술에서 사상이 예술성을 낳는 문화적 역사적 맥락의 예를 들어 보자.

㈎ 다다이즘 다다이즘(dadaism)은 제1차 세계대전의 비극적 현실이나 히틀러 시대의 전체주의체제와 같은 역사적 상황 속에서만 예술의 흐름으로 들어설 수 있었던 것이라 이해할 수 있다. 프랑스어로 장난감 목마(木馬)를 가리키는 다다(dada) 사상의 핵심은 '무의미함'이다. 이제까지의 모든 예술의 양식과 그것이 추구한 미학적 가치, 그리고 작품이 생성하는 이미지에 저장되어 있는 전승된 도덕적 가치를 모두 무의미하다고 보는 것이다. 그러므로 다다이즘은 반(反)도덕적이며, 비심미적인 것을 좇는다. 이는 서구사회의 근대적 합리성에 대한 부정이기도 하다. 이런 부정은 곧 '반도덕의 의미', 반문화적 태도를 암시하는 것이다. 이는 제1차 세계대전의 비참한 현실을 반성하는 사상의 예술적 발현이라고 할 수 있다. 그러나 다다이즘에서는 양식이 완전히 해체되고 사상만 있는 것이 아니다. 다다이즘의 사상은 새로운, 그러나 자유분방한 양식을 창출한다. 다다이즘의 가장 중요한 표현양식은 자유분방한 콜라주(collage)와 오브제(objet)이다.

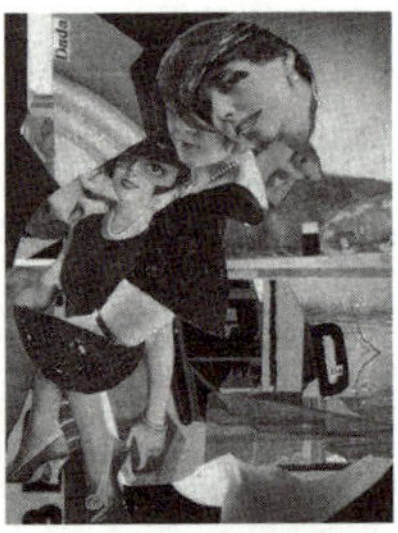

Hannah Höch,
Da Dandy, 1919

㈏ 미학의 정치화로서 콜라주 독일의 대표적인 다다 작가인 회흐(H. Höch)의 작품을 보면 콜라주의 기법, 즉 원래 서로 관련이 없는 이미지들을 본래적 목적이나 용도와 상관없이 결합시키는 기법을 사용한다. 이 자유로움은 이데올로기에 무관심한 중립의 사상성을 지향한다. 그 지향의 실천적 의미는 세계대전이나 나치와 같은 전체주의체제의 현실을 가져온 서구사회의 합리성과 이성에 대한 비판이다. 그

렇기에 다다이즘은 '미학의 정치화'(Politisierung der Ästhetik)[14]라고 볼 수 있다. 하지만 콜라주는 양식적으로도 일상의 파편들이 자유롭게 모여 새로운 아름다움을 창출하는 기능성을 갖는다. 정치화된 미학사상이 새로운 양식의 아름다움을 창출한 것이다.

(다) **철학화된 양식으로서 오브제** 이런 콜라주의 기법이 조형적으로 확장된 것이 오브제이다. 오브제란 더 정확하게는 '발견된 대상'(Objet trouvé)을 말한다. 작가가 아무런 작업도 하지 않은 채 그냥 일상에 이미 존재하는 대상을 '이미 발견되어진 것'(trouvé, vorgefunden)으로 표현하는 것이다. 이때 '이미 발견되어진'이란 그 대상물을 우리가 일상에서 사용할 때 좇는 '실용적 목적성' 이전의 존재세계로 되돌려 놓는 것을 말한다. 그렇게 함으로써 그 실용적 목적성이 계속 확장되어 형성할 수 있는 거대한 사회의 (도덕적) 질서와 그 위에 구축된 정치적 체제의 이념성까지 제거하는 상징이 생성되는 것이다. 이처럼 양식성이 거의 희미해져 있는 다다이즘 작품의 예술성은 전쟁과 전체주의 체제가 세상을 뒤덮은 일상이라는 맥락에서 일상적 대상물을 빼내는 이미지작업을 통해서 생성되는 것이다. 듀샹의 〈샘〉도 변기라는 일상적 대상물을 그 일상에서 빼내어 '일상 이전의 (가상적인) 존재상태'로 돌려 놓은 물체인 것이다. 물론 오브제의 기법도 혼돈 속에서 새롭게 질서잡힌 자유로운 아름다움의 이미지를 창출하는 양식성을 갖기도 한다. 오늘날에도 오브제는 새로운 조형미를 창출하는 기법으로 널리 사용되고 있다. 이런 점에서 오브제의 '양식 없는 양식성'은 '철학적 양식성'이라고 부를 수 있다.

3. 비평의 예술성 구성

여기서 다시 듀샹의 작품 〈샘〉을 되돌아 보자. 이 작품을 보면 철학

---

14 이처럼 다다이즘을 미학을 정치화하는 시도로 보는 연구로 Michael Erlhoff/ Raoul Hausmann, *Dadasoph: Versuch einer Politisierung der Ästhetik* (Verlag Zweitschrift, Hannover 1982) 참조.

적 성찰은 강하지만, 그것의 오브제 기법이 시각적으로 아름다운 이미지를 창출하는 양식성은 매우 약하다고 볼 수 있다. 양식성이 거의 해체되어 있다고 해도 과언이 아니다. 그렇기에 듀샹의 〈샘〉은 다다이즘의 끝에 있으면서 사상이 예술성을 형성한다는 점에서 포스트모던적 개념미술의 단초를 이룬다고 할 수 있다. 하지만 다다이즘은 포스트모던 개념미술과 구별되어야 한다. 개념미술은 철학적 양식성마저도 완전히 배제하고 있기 때문이다. 물론 다다이즘 작품들이 생성시킨 양식성과 개념미술의 무(無) 양식성 사이의 구별은 매우 어렵다. 완전히 양식이 없는 작품과 새로운 양식을 창출하는 작품, 즉 새로움 때문에 아직 그 양식성이 잘 읽히지 않는 양식을 지닌 작품 사이의 차이는 마치 종이 한 장과도 같다.

그 차이를 인식할 수 있게 하는 것이 바로 비평이다. 가령 다다이즘처럼 사상이 새로운 양식을 창출했다고 보는 것은 사상 자체에 힘입은 것이 아니라 미술비평의 결과이다. 해석학적 관점에서 달리 말한다면, 다다이즘이 처했던 역사적·문화적 맥락 속에서 작품을 통한 작가의 의미기획과 관람자의 이해지평이 서로 만날 수 있게 그 이해를 이끌어주는 미술비평이 다다이즘의 양식성을 사회적으로 승인할 수 있게 해주었다고 할 수 있다.[15]

그러나 아무런 양식도 새롭게 창출하지 않는 사상이 예술성을 생성시키려면, 특히 보통사람의 눈에 예술성을 생성시키는 양식적 특성이 거의 포착되지 않는다면, 작가가 그 작품을 통해 표현하려는 사상은 새로운 철학을 생성시킬 정도로 깊이있고, 철저한 것이어야 한다. 그럴 경우에 작가의 사상은 이미 미술비평의 차원을 넘어선다. 예술성을 생성시키는 양식이 완전히 없다고 비평되는 작품이 예술성을 갖게 되는 것은 일종의 '메타비평'(meta criticism)에 의해서 가능하다. 그런 메타비평

15 그러므로 포스트모던미술에서 예술(art)과 공예(craft)의 차이가 사라진 것이 아니라, 그 둘을 구별하는 방식이 양식의 차별성에서 의미이해의 망으로 이전한 것이라고 볼 수 있다.

은 곧 철학이며 법학이 된다. 메타비평이란 미술전문가들의 미술비평을 비평하는 또 다른 차원의 비평을 가리키며, 그런 차원으로서 가장 중요한 것이 철학적 성찰과 법해석학적 검토이다. 따라서 사상만으로 예술성을 생성시키는 작품에 대해서는 미술전문가들의 비평만 중요한 것이 아니라 철학자나 문화사회학자 또는 법학자 등의 비평이 중요해진다. 가령 미술교사 김인규의 〈우리부부〉의 누드사진이 예술성이 있는지를 판단함에는 순수 미술비평가들의 미술비평만으로는 부족하다. 철학자의 예술비평이나 법학자의 법해석이 그런 작품의 예술성을 생성시키는 구성적 요소가 되는 것이다.

★ 모던미술과 포스트모던미술의 특징 차이 요약 지금까지 논의한 단토(Danto)의 모던미술과 포스트모던미술에 대한 이해를 요약하여 표로 정리하면 아래와 같다. 이 표에서 포스트모던미술에 대한 단토의 이해를 나는 맨 오른쪽 칸에 정리한 바와 같이 수정하는 견해를 취한다.

모던미술	포스트모던미술 (Danto 이해)	포스트모던미술 (이상돈 이해)
① 내러티브(narrative) 진보적 발전의 거대사	내러티브의 소멸 (→ 탈예술)	진보사관적 내러티브만 소멸 미시사적인 내러티브 유지
② 사유적 주체성: 의식이 지배하는 감각의 주체적 표현	사상과 관념의 감각에 대한 지배	(다원적) 비평이 그림을 구성
③ 양식성(style): 재현의 양식에 대한 성찰	양식의 의미상실	양식의 해체적 구성 (양식을 다원적으로 이용하는 양식)
④ 시각성(visuality)	시각성의 소멸	심상적 시각성
⑤ 평면성(flatness)	평면성의 소멸	평면, 입체를 뛰어넘는 다차성
⑥ 모방성(mimesis)	모방성의 완전 소멸	모방과 독창의 대치: 예술과 비예술을 경계지우는 경계해체

이상에서 살펴본 포스트모던미술의 특성들은 현대사회에서 성장하고 있는 포스트모던 법의 특성들과 유비적인 관계를 맺고 있다. 이 점을

좀 더 자세히 검토해보기로 한다.

4. 내러티브의 지속

단토(Danto)의 분석에서 포스트모던미술에서는 내러티브가 더 이상 존재하지 않는다고 한다. 그러나 이런 인식은 제한적으로만 타당하다.

(1) 모던미술의 거대사적 내러티브 종말

단토가 말하는 모던미술의 내러티브는 근대의 낙관적인 진보사관, 유토피아적 사회로 발전해가는 이성의 자기발전적 역사를 말한다. 이런 거대사적 내러티브는 분명 포스트모던미술에서 찾아보기 어렵다. 그러나 그와 같은 근대성의 신화가 아니라, 원시문명이나 중세문화로 회귀하는 듯한 내러티브는 포스트모던미술에서도 쉽게 찾을 수 있다. 더 나아가 모더니즘의 거대사적 내러티브도 완전히 소멸한 것이 아니라 거대사적 차원을 떠나서 미시사적 차원으로 이동하여 여전히 행해지고 있다고 볼 수 있다.

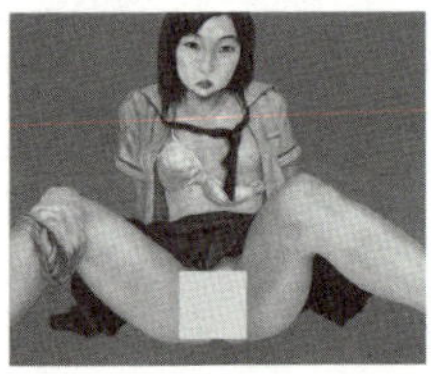

최경태, 〈여고생〉 전시회 (2011) 중 한 작품[16]

가령 최경태의 〈여고생 포르노그래피전 2 (2001)〉의 작품들은 내러티브가 부재한다거나 그래서 포르노와 다를 바가 없는 것이 아니라, 성도덕에 관한 문명화를 거스르는 성찰, 또는 미성년자의 성향유를 억압한 근대사회의 윤리에 대한 반성적 성찰, 아니면 여고생에 대한 성윤리를 전복시키는 탈관습적 성찰을 내레이션하는 것일 수 있다. 이런 내레이션은 유토피아를 향한 역사의 발전이라는 거대사적 의식은 떨쳐 버린 것이지만, 근대사회의 이성적 발전 과정에서 억압된 성을 여고생의 일상에 대한 표현을 통해 마치 구술사[17]처럼 이야기하고 있는 것이다. 물론 여고생의 성

16 이 이미지는 네이버(naver)의 다양한 블로그에 게재되어 있는 사진이며, 성기부분을 회색 사각형으로 가린 것은 예술작품으로 생각하는 작가에게 매우 유감스러운 일이지만, 대법원에서 음란물로 판단받은 점을 존중하기 위한 것임을 밝혀둔다.

기나 신체를 MRI와 같은 의과학기술로 해부하는 형상, 즉 포스트휴먼(posthuman) 신체[18]를 표현하는 방식으로 표현했다면 구술사적 내러티브보다 더 포스트모던적인 회화가 될 수 있을 듯하다. 이 경우 의과학적 기술을 통한 인간신체의 변형은 인간종의 자기이해를 새롭게 한다는 점에서 미시사적 내러티브 대신에 거대사적 내러티브가 행하여진다.

(2) 이성법의 거대사적 내러티브 종말

근대 이성법도 인간의 실천이성을 통해 지속적으로 더 나은 법을 성취해가는 진보적 역사의식 위에서 구축된 법이다. 자유주의적 법제의 구축에서, 노동자를 비롯한 사회적 약자를 보호하는 사회국가적 법제의 확대, 그리고 정당한 절차를 통해 자유와 평등의 갈등을 변증적으로 지양하는 절차주의적 법제의 성장에 이르는 법발전은 모더니즘의 거대사적 내러티브이면서 이성의 발현이라고 할 수 있다. 그러나 이성의 해체를 통해서 비로소 법적 정의가 생성될 수 있다는 관점이 등장하고, 그런 관점이 매우 중요한 법적 사례들이 증가함에 따라 이성의 발전이라는 내러티브가 더 이상 진행되지 않는 현상들이 등장한다. 여기서 이성의 역사적 발현과 단절하고 이성의 해체라는 방향성을 가진 새로운 현상의 모든 법을 포스트모던 법[19]이라고 부를 수 있다.

가령 동성애를 범죄로 취급하는 법으로부터 관용의 대상으로 그리고 인권의 관점에서 허용되는 보호(예: 동성애 커플의 상호부조의무 인정)의 대상으로 인정하는 것까지는 이성법적 전통에 수용될 수 있다. 이에 비해 동성애자의 혼인권을 인정하는 법은 "혼인과 가족생활은 개인의 존엄과 양성의 평등을 기초로 성립되고 유지되어야" 한다고 규정하는 근

---

17 이에 관해 이상돈, *법의 깊이* (법문사, 2012), 589쪽 아래 참조.

18 1990년대 이후 주로 이루어진 이런 미술흐름에 대해서 전혜숙, "미술 속의 포스트휴먼 신체와 의학", *미술사학보* (제37집, 2011.12), 117~146쪽, 특히 포스트휴먼 신체와 관련된 미술 전시에 관한 소개와 설명은 118쪽 참조.

19 포스트모던 법현상에 대한 이해로는 이소영, *포스트모던적 사유의 법학적 수용: 법사회사와 법문학의 영역을 중심으로* (고려대 박사학위논문, 2010) 참조.

대적 성격의 헌법(제36조 제1항)이 개정되어야 한다는 점에서 포스트모던적이라 할 수 있다. 이런 법에는 이성의 발전이라는 거대사적 내러티브가 소멸하지만, 그 당사자들의 구술사적 관점에서 생성되는 다원화되고, 지역화된 내러티브가 이루어진다.

5. 시각성과 양식의 변화

포스트모던미술로서 개념미술은 의식을 대변하는 양식을 통해서 사물을 표현하는 시각성은 거의 사라져 있다. 시각성은 미술의 본질과 거의 관련 없는 것처럼 떨어져 나갔다.[20]

(1) 심상적 시각성

개념미술은 시각성 대신에 관념성이 두드러진다. 가령 개념예술의 전시들을 보면, 눈에 보이는 것들은 작품의 예술성을 고유하게 특징짓지 못한다. 그 전시물들은 단지 바라보일 뿐이다. 이 바라보임의 시간적 진행 속에서 관람자의 마음에는 마치 눈이라는 감각기관으로 무엇을 보는 듯한 이미지가 비쳐질 수 있다. 그러니까 시각성은 감각기관인 눈에 볼거리가 되는 상태로부터 '바라봄'의 과정 속에서 마음에 일정한 상(심상 心象)이 맺히는 방식으로 변한다. 그러므로 시각성은 포스트모던미술에서 사라졌다고 말하는 것보다는 눈이라는 감각(기관)의 차원에서 마음 속 상상의 차원으로 이동했다고 말하는 것이 더 적절하다. 다시 말해 시각성은 포스트모던미술에서 사라진 것이 아니라, '감각적 시각성'(sensual visuality)에서 '심상적(心象的) 시각성'(imaginary visuality)으로 옮겨간 것이다.

(2) 텍스트의 시각성과 양식의 양식성

이 심상적 시각성은 포스트모던 예술에서 때로는 이미지가 아니라

---

20 Arthur C. Danto, 앞의 책, 16쪽.

텍스트의 형태로도 수행된다.

1) 리히텐슈타인 그림의 텍스트 리히텐슈타인(Roy Lichtenstein)의 작품 〈Forget It! Forget Me!〉에는 "FORGET IT! FORGET ME! I'M FED UP WITH YOUR KIND"라는 텍스트가 들어가 있다.

Roy Lichtenstein, Forget It! Forget Me!, 1962

(가) 심상적 이미지로서 텍스트 먼저 이 텍스트는 만화의 스토리를 전달하는 글이 아니라, 보이지 않는 이미지의 생성을 위한 것임을 주목할 수 있다. 이 텍스트는 이 그림에서 시각적으로 보이는 그림부분을 넘어서 다른 것들이 마음 속에 비쳐지게 하는 촉발작용을 한다. 가령 텍스트의 문자적인 의미는 통상적인 의미의 맥락에서 읽히는 의미를 그대로 전달하기 위한 기법이 아니다. 만일 그렇지 않다면, 이 그림은 단순한 만화가 되어 버린다. 이 그림의 텍스트는 정반대의 이미지, 즉 여자가 자기를 잊으라고 말하는 상황 속에서 남자가 속마음으로 말하고 싶었던 것을 말한 것으로 이해할 수 있다. 다시 말해 그 텍스트는 통상적 의미와 정반대의 반전된 의미에 해당하는 이미지를 감상자의 마음 속에 맺히게 하는 것이다.

(나) 텍스트와 그림의 거듭되는 의미전복 텍스트의 이처럼 전복된 의미는 이 그림의 회화적 부분의 이미지를 다시 한번 반전시킨다. 즉 얼핏 보는 것과는 달리 그림에서 남자가 여자에게 이별을 고하는 것이 아니라, 여자가 남자에게 이별을 고하는 것이다. 그리고 회화부분이 이렇게 반전된 의미로 이해됨으로써 바로 그 텍스트는 통상적 의미가 뒤집혀진 의미를 생성시키는 이미지로 기능하게 된다. 여기서 '① 텍스트의 반전된 심상적 이미지 → ② 회화부분의 이미지 반전 → ③ 텍스트의 통상적 의미의 반전 → ① 텍스트의 반전된 심상적 이미지'라는 순환적인 반전구조가 구축된다. 이 순환적인 반전구조가 바로 이 팝아트의 예술성을 형성하는 사상적 차원이다.[21]

그렇기에 리히텐슈타인의 그림에 대해 진실한 감정이나 깊은 의미를 전달하려는 진지한 의도[22]가 결여되어 있다는 식으로 비평한다면, 그것은 매우 잘못된 비평이다. 텍스트를 통해 만화의 양식을 빌리면서도 만화가 아닌 것이 되게 하고, 고급예술과 저급예술의 구분을 해체하며, 동시에 텍스트의 통상적 의미와 회화부분의 통상적 의미를 서로 꼬리에 꼬리를 물면서 순환적으로 뒤집는 방식이 리히텐슈타인의 작품을 만화가 아니라 예술로 인정할 수 있게 한다.

2) 미술의 개방된 분리성의 양식 이처럼 다중적으로 양식을 이용하는 양식성은 모던미술의 양식을 해체하고(양식의 해체적 구성), 포스트모던미술의 새로운 예술성을 생성시킨다. 이렇게 되면 미술의 서사 공간도 "가상세계와 우주에로의 무한대로 넓어지면서 미술가들도 동시편재적 노마디즘(ubiquitous nomadism)을 향유하게 될 것이고, 미술 작품 또한 다양한 해석의 지배를 받게"[23] 된다. 이런 점에서 포스트모던미술에서도 양식은 종말을 고한 것이 아니라 양식이 특정되지 않고, 무한대로 다양해진 것이라 할 수 있다. 그렇기 때문에 듀샹이나 워홀의 작품들은 팝아트를 열어놓은 역사적 의미를 가질 뿐, 포스트모던미술을 정의하는 힘을 갖지는 못한다. 그것은 양식이 어떻게 없어져야 하는지를 규정하지도 못한다. 이들의 작품은 다분히 미술을 철학화하였는데, 그 사상은 마치 의식의 변증적 자기발전과 같은 궤적, 즉 〈세계의 모방적 재현→사유하는 주체가 지배하는 감각적 이미지의 표현(모던회화)→시대정신

---

21 장민한, "아서 단토의 미술종말론과 그 근거로서 팝아트의 두 가지 함의", *현대미술논집* (제19집, 2006.6), 78~88쪽은 팝아트의 두 가지 함의로서 ① 지각적 식별불가능성과 의미의 구현, ② 미술에 대한 믿음체계의 변화와 내러티브의 종말을 든다. 여기서 설명한 '심상적 시각성'이란 ①의 의미구현 차원을 좀더 변증적 사고로 구체화한 설명이라고 볼 수 있다.

22 진지한 예술적 가치의 하나로서 작가의 성실한 의도성을 말하는 Amy M. Adler, "Post-Modern Art and the Death of Cbscebity Law", *The Yale Law Journal* (Vol. 99, 1990), 1365~1369쪽 참조.

23 최애주, "미술의 종말인가 미술철학의 시작인가 — 워홀의 〈브릴로 상자〉를 중심으로", *강원인문논총* (제17집, 2007.6), 290쪽.

이 예술을 구성함〉의 궤적을 그린다는 점에서 오히려 헤겔(Hegel)의 의식철학에 합류한다고 말할 수 있다. 그런 점에서 모던회화의 사유적 주체가 정신으로 바뀌었을 뿐 미술이 '관념철학'(Bewußtseinsphilosophie)의 역사철학적 궤도에서 펼쳐진다는 점에서는 모던회화의 역사를 완전히 벗어난 것이라고 할 수 없다.

포스트모던미술의 양식은 "전례 없는 다원주의로서 매체들간의 개방된 분리성(open disjunction)"으로 각인된 것이라 할 수 있다. 그러므로 추상미술이든 — 그것이 모던회화의 변증적 자기발전의 필연적 결과[24]이긴 하지만 — 팝아트나 개념예술과 같은 포스트모던미술이든 다중적으로 양식을 이용하는 다원적 양식의 단지 한 예에 불과하게 된다. 그러므로 포스트모던 시대에 회화를 설명하는 통일된 이론은 이제 더 이상 존재하지 않는 것이다.[25]

(3) 포스트모던 법에서 다원주의

포스트모던미술의 개방된 분리성 양식은 오늘날 법에서 통일성이 상실되고, 사회영역마다 각기 다른 다원적인 가치들이 법가치로서 승인되고, 법규범이 중앙집권적인 방식이 아니라 지역화된 방식(지역화된 기구와 그 지역내의 고유한 절차)으로 형성되는 현상, 즉 법다원주의(legal pluralism)에 비유할 수 있다. 법다원주의에 의하면 법을 형성하는 범주적인 양식이 특정되거나 통일화될 수 없다.

1) 법의 개방된 분리성과 감성법 가령 독일에서는 환자가 의사를 선택할 권리와 의사가 환자를 선택할 권리는 대칭적으로 분배되는 기하학적 조형미의 '양식'[26]을 띠지만, 우리나라 의료법(제15조 제1항)은 의료소비자주권의 이념을 바탕으로 의사는 환자를 선택할 권리가 없고, 환

24 같은 인식으로 장민한, "아서 단토의 미술종말론과 그 근거로서 팝아트의 두 가지 함의", *현대미술논집* (제19집, 2006.6), 89쪽.

25 다원주의 미술의 시대와 다원주의 미술비평을 말하는 장민한, 앞의 논문, 90~91쪽.

26 이 대칭성을 "내향적 대칭성"(intrinsic symmetry)이라고 부르는 이상돈, *법미학* (법문사, 2008), 114쪽 아래 참조.

자만 의사를 선택할 권리를 갖는 식의 '비대칭성'으로 각인되어 있다. 즉 기하학적 조형미의 양식이 우리나라 의료법에는 매우 부족하다. 이런 "타인과의 관계에 있어서의 대칭성"[27](symmetry of everyone's relation to each other)은 롤즈(Rawls)가 원초적 상태에서 존재하다고 본 도덕적 개인들 사이의 공정성(fairness)에 해당한다.

하지만 이런 대칭성이라는 법적 양식의 상실이 곧 법적 정의의 상실을 의미하는 것은 아니다. 환자와 의사의 비대칭적 관계의 법적 모형은 환자보호의 필요성과 의사의 환자에 대한 후견주의적 문화의 전통 속에서 사회적으로 수용가능한 정의감정(Gerechtigkeitsgefühl)에 근거한 것이기 때문이다. 다만 매체들간의 '개방된 분리성'의 관점에서 바라보면, 이런 비대칭성은 자유의료시장에서는 법적 정의를 구성하는 모던 '양식'의 상실이지만, 가령 국민건강보험제도(국민건강보험법 제42조 제5항)의 사회보장체계 안에서는 법적 정의를 실현하는 '질감미(texture)'의 양식으로 승인될 수도 있다. 그러므로 이성법의 전통적인 양식들이 상실된 포스트모던 법의 정의실현 여부는 '개방된 분리성'을 갖고 판단하여야 한다.

여기서 두 가지 점이 확인된다. 첫째, 의료법 또는 국민건강보험법이라는 매체에 따라 같은 법제도라도 정의실현에 다른 결과를 가져오는 '분리성(disjunctiveness)'이 확인된다. 둘째, 대칭성이라는 법적 정의의 양식이 질감미로 대체된다는 것은 모던미술의 시각성이 심상적 시각성으로 대체되는 것에 상응한다. 질감미는 시각에 의한 미학적 정의가 아니라 촉각에 의한 미학적 정의이며, 이는 법이 '이성'의 법에서 '감성'의 법으로 변환되는 것임을 말해준다. 심상적 시각성이란 마음 속에 맺히는 이미지로서 주로 감성의 영역에서 생성되는 것이기 때문이다.

2) 법의 상호합법성으로서 개방된 분리성 이 '개방된 분리성'은 국내법의 차원을 넘어 국제사회에서 모든 국가의 법이 동등하게 보편성을

---

27 John Rawls, *A Theory of Justice* (The Belknap Press of Harvard University Press, 1999), 11쪽.

인정받는 상호합법성(interlegality)[28]으로 발현될 수도 있다. 여기서 상호합법성이란 각 국가의 국내공론에 의해 그리고 민주적 입법절차로 형성된 법은 국가들 사이에 차이와 충돌을 보이더라도 모두 정당한 법으로 서로 승인하고 존중해야 함을 말한다. 이로써 법적 정의의 양식은 각국마다 다르고, 그 양식들은 외형상으로는 서로 충돌할 수도 있다. 가령 서구의 법체계를 수용한 국가들 사이에서도 어떤 국가는 동성혼을 인정하고, 다른 국가는 불허할 수 있고, 동성애자에 대한 인권보호의 수준도 각국의 문화적 역사적 특수성에 따라 다를 수 있다. 여기서 법이 정의를 실현하는 양식은 근대적 이성의 발현양식에 국한되지도 않고, 모든 국가에서 통일되지도 않는다. 이처럼 정의를 실현하는 법적 양식의 다원성과 개방성, 그리고 국경을 넘고 문화적 차이를 가로지르는 상호합법성의 현상은 포스트모던미술에서 모던미술의 양식 해체와 분리된 개방성의 모습과 동치적인 것임을 알 수 있다.

6. 미술비평의 구성적 의미와 법률말놀이

단토(Danto)는 포스트모던미술의 특징 가운데 하나로서 사상과 비평이 작품의 세계에 들어간 점을 지적한 바 있다.[29] 이런 지적은 일면 타당한 것이긴 하지만, 충분한 것은 아니다. 단토가 지적한 것은 사상과 이론을 배경에 두고 수행되는 작품비평이란 단지 '이미 존재하는' 작품에 덧붙여지는 의미적 요소가 된다는 점이었다.

---

28 이런 착상의 원조는 J. Habermas, *Faktizität und Geltung* (1992), 151쪽, 159쪽; J. Habermas, "Über den internen Zusammenhang von Rechtsstaat und Demokratie", Ulrich K. Preuß(Hrsg.), *Zum Begriff der Verfassung* (1994), 83~94쪽; 그것의 법이론적 발전은 K. Günther, "Rechtspluralismus und universaler Code der Legalität: Globalisierung als rechtstheoretisches Problem", Wingert/Günther, *Die Öffentlichkeit der Vernunft und die Vernunft der Öffentlichkeit* (2001), 557쪽; 그리고 한국사회에서 적용은 이상돈, *인권법* (법문사, 2005), 140쪽 아래.

29 Arthur C. Danto, *After the End of Art* (Princeton University Press, 1997), 12~16쪽.

(1) 미술을 구성하는 비평과 예술세계

그러나 사상과 이론은 이미 존재하는 작품에 덧붙여지는 추가적인 의미요소에 그치지 않고 작품 자체를 내적으로 '구성'하는 요소가 된다. 앞서 설명한 리히텐슈타인의 그림이 만화가 아니라 미술(회화)이 되는 것은 그것이 비록 만화의 양식을 가지고 있음에도, 이 양식을 사용하는 포스트모던 양식의 고유한 의미 때문인데, 이 의미는 비평을 통해 '비로소' 드러날 수 있다. 일반인들은 리히텐슈타인의 그림에서 즐겨 사용한 만화 같은 양식의 고유한 의미를 잘 이해할 수 없다. 보통의 시민들은 그 그림이 천문학적 숫자의 가격으로 판매되었다는 뉴스의 영향을 받아 그 그림에다 예술로서의 권위를 인정해주곤 한다. 그러나 그 그림이 만화가 아니라 회화가 되는 진정한 힘은 판매가격이 아니라 바로 비평의 힘 때문이다.

그러므로 비평은 단토(Danto)가 말한 수준보다 더 강력한 의미에서 그림에 관계한다. 즉, 비평이 예술작품에 인정과 권위를 덧붙여주는 것이 아니라 작품의 예술성을 구성해주는 것이다. 비평이 작품을 구성하기 위해서는 물론 비평의 담론이 펼쳐지는 전문가 세계가 존재하여야 한다. 단토가 "어떤 것을 예술로 본다는 것은 눈이 볼 수 없는 어떤 것, 예술이론의 분위기, 예술의 역사에 대한 지식, 즉 예술계(art world)를 필요로 한다"[30]고 말한 것도 이 점를 의미한 것이라고 해석할 수 있다.

(2) 예술담론과 법률말놀이

팝아트에서 보듯 문화적, 역사적 맥락과 비평의 힘에 의해 작품이 실재 사물과 같아 보이면서도 예술로 승화되는 현상은 언어철학의 미술사적 반영으로도 볼 수 있다.

---

30 Arthur C. Danto, "The Art World", *The Journal of Philosophy* (Vol. 61, Issue 19, 1964), 571~584쪽; *After the End of Art* (Princeton University Press, 1997), 165쪽.

1) 예술론의 화용론적 전환 포스트모던미술은 형이상학적 공허험과 무의미를 파헤치고, 공통된 일상인들의 경험과 담론에 의지함으로써 실재 사물을 예술로 만들기도 한다.[31] 이런 현상은 비트겐슈타인(L. Wittgenstein)의 화용론적 전환(pragmatic turn)에 상응한다. 팝아트와 같은 포스트모던미술의 예술성은 일상인들의 미학적 담론에 의해 구성되는 것이며, 그 담론은 역사적으로 끊이 없이 변한다. 그럼에도 무엇을 예술로 볼 것인지는 일종의 놀이(Spiel)이다. 이 놀이는 어떤 작품의 예술성을 낳는 양식의 사용에 관한 규칙을 형성하고 변화시키는 놀이다. 이런 양식의 사용규칙은 작품의 미학적 가치에 대한 판단의 규칙과는 구별되어야 한다. 어떤 양식을 사용한다는 것은 미학적 가치를 가질 가능성을 열어주는 것이긴 하지만, 그 기존의 양식사용규칙을 따르거나 해체하는 행위가 어떤 미학적 가치를 가지는 것인지는 규칙에 의해 결정될 수 없고, 비평에 의해 판단될 수 있을 뿐이기 때문이다.

이와 같은 예술놀이는 비트겐슈타인의 말놀이(Sprachspiel)의 변용으로 볼 수 있다. 그런데 여기서 주목할 점은 팝아트와 같은 포스트모던미술의 예술성은 단순히 일상인들의 담론과 그에 기초한 예술놀이에 의해 구성되는 것이 아니라는 점이다. 미술비평은 매우 전문적이며, 전문가집단의 특유한 의사소통적 맥락 속에서 수행되기 때문이다. 이 점에서 팝아트가 예술의 민주성을 가져왔다고 하더라도, 실제로는 '비민주적인 민주성'을 가져온 것이다. 즉 전문가들의 비평담론이 — 단토(Danto)의 개념으로는 예술계(art wolrd)가 — 예술성을 구성하는 주도적 역할을 수행하고, 일반시민들의 예술놀이는 그 전문가 담론에 의해 이끌려진다는 것이다.[32] 다만 전문가 비평담론은 일반시민들의 민주적인 예술

---

31 이렇게 바라보는 Arthur C. Danto, *After the End of Art* (Princeton University Press, 1997), 129~130쪽 참조.

32 그러나 미술세계에 떠도는 가십(gossip)도 진정한 미술사를 형성한다고 보는 견해도 있다. 이에 관해 고동연, "1950년대 뉴욕 화단에서 가십, 미술비평, 그리고 남성성에 대한 논의", *미술사학보* (제29집, 2007.10), 85~114쪽 참조.

놀이에 지향되어 이루어져야 한다.

2) 법의 화용론적 전환 이는 법해석에서 법전문가들의 해석활동과 일반시민들의 법이해 사이의 관계와 완전히 일치한다. 법해석은 법률단어의 놀이(법률말놀이[33])이며, 이 법률말놀이는 법률전문가들의 해석공동체에서 전문적으로 수행되고, 그 결과들이 보통의 시민들에게 전달된다(언어적 분업). 물론 법전문가들의 담론은 일반시민들의 보편적 이익을 지향해야 한다(민주성). 그래서 법해석도 "불가피하게 비민주적인 민주적 법적 통제의 패러독스"[34](Paradoxen der notwendig undemokratisch demokratischen Rechtskontrolle)를 겪을 수밖에 없다.

팝아트가 문을 열어 놓은 포스트모던미술은 모더니즘과 완전히 '단절된' 것이 아니라 오히려 사유적 주체와 모더니즘의 자기반성에서 연원하는 것이라 할 수 있다. 포스트모더니즘은 모더니즘과 전혀 다른 것이 아니라 모더니즘의 또 다른 발전인 것이다. 그런 모더니즘을 성찰적 모더니즘이라고 부를 수 있다.

7. 다원주의적 미술비평과 법학방법

(1) 포스트모던법학과 다원주의적 미술비평의 동류성

하지만 좀더 포스트모던적인 법의 발전은 이런 이성적 성찰의 단계를 지나 법형성이나 법해석을 미시사적 분석방법(예: 계보학적, 구술사적, 일상사적 분석방법)[35]이나 정신분석학[36]에 의존하여 수행하는 단계로 나아가고 있다. 이런 방법들은 근대법학의 법학방법을 대체하는 것이 아니라 문제마다 그때그때 적절하게 선택될 수 있는 수많은 방법 가운데 하나가 된다. 다원주의적 법학방법은 포스트모던미술의 시대에서 적합한

---

33 이런 이론으로 이상돈, *법이론* (박영사, 1996), 178쪽 아래 참조.

34 Podlech, "Die juristische Fachsprache und die Umgangssprache", in: Petöfi/Podlech/Savigny (Hrsg.), *Fachsprache-Umgangssprache* (1975), 180쪽 참조.

35 이에 관해 자세히는 이상돈, *법의 깊이* (법문사, 2018), 584쪽 아래 참조.

36 이상돈·민윤영, *법정신분석학입문* (법문사, 2010); 이상돈, "나르시시즘의 법", *법철학연구* (제22권 3호, 2019), 157~190쪽 참조.

다원주의적 미술비평, 즉 "작품의 근거, 의미, 지시의 맥락에서 작품에게 그 고유한 의미에 대한 질문을 제기하며, 어떻게 물질적으로 구현되었으며 또 어떻게 이해되어야 하는가 하는 점에 입각해 있는 비평"[37]과 같은 미술비평이론의 다른 모습이라고 할 수 있다.

가령 최경태의 〈여고생 – 포르노그래피전 2 (2001)〉의 여고생 작품들은 여고생들의 일상사와 구술사적 분석을 통해 얻어지는 성의 억압에 대한 성찰을 수행함으로써 그 작품의 예술성을 생성시킬 수 있다. 이런 (사상적) 예술성의 사회적 승인은 마치 성매매여성들의 구술사적 고찰을 통해 (포주 등에 의해 조직화되지 않은) 자발적 성매매를 처벌하지 않고, 심지어 합법화하는 법률의 합리성에 대한 사회적 승인[38]과 평행적인 현상이다. 구술사적 고찰은 "맥락에 섬세한 규율(kontextsensible Regelung)"[39]을 가능케 하는 방법이며, 당사자의 삶의 '맥락'에서 성매매가 당사자에게 어떤 고유한 의미를 지니는지에 대한 의문에 답함으로써 법을 형성한다. 바로 이 점에서 법의 구술사적 형성은 다원주의적 미술비평과 같은 해석구조를 갖고 있다.

그렇기에 다원주의적 미술비평과 법의 미시사적 고찰방법들은 서로 내적인 정치적 연합을 맺을 수 있다. 가령 성매매를 합법화하는 법적 정의 개념의 포스트모던적 변화는 〈여고생〉과 같이 포르노와 유사한 회화에 대해서도 음란물로 통제하지 않는 법의 변화를 보여줄 수 있을 것이다.

(2) 미술의 지방어화와 법의 지역화

이런 의미에서 비평을 지속적으로 지역화할 필요가 있다. 바꿔 말하

---

37 Arthur C. Danto, *After the End of Art* (Princeton University Press, 1997), 150쪽.

38 이상돈, "성매매의 범죄화와 인권침해", *시민과 변호사* (통권 131호, 2004), 18~22쪽 참조.

39 이를 위해 여성의 지위 강화뿐만 아니라 정치적 의사소통과정에 대한 참여를 촉진시켜야 한다고 보는 J. Habermas, *Faktizität und Geltung* (Suhrkamp, 1992), 515쪽. 이에 의하면 성매매여성은 성매매처벌법제의 제정과정에 그들의 목소리를 듣게 할 수 있어야 하고, 이때 그들의 목소리란 구술사적 분석을 통해서 효과적으로 청취될 수 있다.

면 비평도 '지방어가 되어'(vernacularize)야 하는 것이다.

1) 지역화된 예술성 특히 한 공동체의 주류집단이 예술성을 인정하는 미술과는 '다른' 미술이 예술성을 인정받을 수 있으려면 비평의 지방어화가 필요하다. 물론 지방어가 된 비평에 의해 인정되는 예술은 예술의 주류적 역사 밖에 위치하는 예술(extrahistorical art)일 수 있다. 사실 미술의 주류적 경향이란 것도 알고 보면 비록 넓지만, 본질적으로는 지역적인 것일 수 있고, 그에 대한 비평의 언어들도 지역적인 것일 수 있다.[40] 가령 리히텐슈타인의 만화같은 그림들이 위대한 예술작품으로 승인되는 것은 그 작품의 예술성을 인정하는 지방어로서 비평언어가 성장했기 때문이다. 이 언어들은 모던미술의 예술성을 떠받쳤던 주류 비평언어 밖에 위치하는 것이었다. 이런 비평언어의 지방어화는 다원주의의 현대사회에서 이성법의 실현이 한계에 부딪힘으로써 이성법이 전문영역마다 개별화, 특수화되고, 그렇게 분화·발전된 전문적인 법들 사이의 체계적 통일성을 유지하지 않는 법의 발전현상, 즉 이성법의 '지역화' 현상[41]에 비견할 수 있다.

2) 미술비평언어의 지방어화의 한계 지방어화든 지역화든 주류적인 비평언어 밖의 언어를 만드는 것이지만, 한계가 없는 것은 아니다. 가령 김인규 교사의 〈우리부부〉[42]처럼 중년부부가 자동카메라로 나체사진을 찍고, 그것을 미술작품이라고 개념화하는 언어도 미술의 주류역사 밖에 위치하는 예술로 승인할 수 있는 것일까? 예술비평의 지방어화가 '분리된 개방성' 속에서 어떤 예술적 양식성도 근거지을 수 없을수록, 그리고 예술의 자유가 가능하기 위한 사회의 도덕적 기반을 상징적이 아니라

40 80년대 부산에서는 소시민의 주체분열을 함축하는 (당시 한국 미술계에 풍미했던 추상적 이미지와 달리) 일상적 구체성을 그린 그림들이 많았다고 한다. 이런 경향을 부산이라는 지역(locality)에 뚜렷한 미술적 경향으로서 〈형상미술〉이라고 개념화하고, 이를 통해 지배적인 생산양식(예: 포디즘 Fordism)에 대한 미학적 대응을 한 것으로 바라보는 박훈하, "80년대 부산 〈형상미술〉의 가능성과 그 현재적 의미", *인문학논총* (제15권 제3호, 2010.10), 119~144쪽 참조.

41 이런 이론으로 이상돈, *법의 깊이* (법문사, 2018), 09단락, 특히 559쪽 아래 참조.

42 이 작품에 대한 자세한 소개와 비평은 이 책 [01]. V. 2. 참조.

실제적으로 해칠수록, 예술을 구성하는 비평의 지방어화는 승인될 수 없다. 가령 학생이 드나드는 교사의 개인 홈피에 누드사진을 아무런 조건 없이 게시하는 것을 두고 예술이라고 부를 수 없다. 그렇지 않다면, 교사가 나체로 교단에서 학생들을 가르치는 행위도 예술적 퍼포먼스라고 비평할 수 있고, 그 비평을 허용해야만 할 것이기 때문이다. 이런 예에서 보듯, 예술비평의 지방어화는 니체(Nietzsche)가 말하는[43] 극단적 허무주의(Der extremste Nihilismus)로 치닫는 것이 되어서는 안 되는 한계가 있다.

3) 이성법의 지역화의 한계 이 점은 법의 지역화 현상에서도 마찬가지이다. 가령 가족생활이라는 사회영역에서 동성애자들의 하부문화, 이를테면 동성의 결합을 '혼인'으로 개념화하는 것은 비록 인권을 촉진시키기는 하지만, 양성을 기초로 한 혼인의 전승된 문화적 상징에 대한 사람들의 권리를 지워버린다는 점에서 법적으로 승인될 수 없다. 왜냐하면 동성애자의 혼인권 보장은 이성애자의 혼인에 대한 문화적, 종교적 권리를 침해함으로써 권리의 대칭성을 훼손하기 때문이다. 여기서 권리의 대칭성이 법에서 기하학적 조형성이라는 이성적인 미학적 가치라는 점을 되새기면, 동성애자의 혼인권 보장과 같은 가족법의 지역화는 이성법의 성찰적 한계를 넘어서는 것이라 할 수 있다. 다시 말해 포스트모던 사회에서 법의 지역화 현상을 인정한다고 해도 이성법의 미학적 가치들(예: 대칭성, 균형성, 정합성)은 여전히 국가적 또는 종교적, 문화적 경계를 가로지는 하나의 공통된 법가치로 남아 있을 수 있다. 여기서 김인규 교사의 〈우리부부〉가 예술로 승인될 수 없는 것과 동성애자의 '혼인권'이 승인될 수 없는 것은 같은 이치이다.

---

43 니체(Friedrich Nietzsche)는 〈① 불명료한 시기(1850~1888) → ② 위대한 아펙트들의 시기(1888~1988) → ③ 혼란의 시기(1988~2088)〉라는 허무주의의 현상형식의 발전을 말하였다. '극단적 허무주의'가 20세기말 이후 혼란의 시기에 퍼질 것이 예견되었다. 이에 관해 니체 (백승영 역), *유고(1888년 초~1889년 1월 초)* (해제) (책세상, 니체전집 21권, 2004), 제2부, 2.단락 참조.

II. 즉흥접촉춤과 감성법

포스트모던예술의 또 다른 예로서 포스트모던 춤과 법의 기하학적 동치성을 살펴보기로 한다. 그런 춤의 대표적인 예로 즉흥접촉춤과 브레이크댄스를 들 수 있다.

1. 즉흥접촉춤의 발전

즉흥접촉춤(contact improvisation)[44] 또는 즉흥춤은 신체적 접촉점을 출발로 하여 즉흥적인 움직임을 탐구하는 춤이다.

(1) 즉흥접촉의 현상

1972년 미국의 스티브 팩스턴(Steve Paxton)이 주창하여 캐나다와 유럽으로 확산된 포스트모던 춤으로서 몸의 기 흐름을 따르는 자연적 법칙성을 중시한다. 몸의 즉흥적 움직임을 촉발시키기 위해 음악도 대개 라이브 음악을 사용한다. 즉흥접촉은 소규모의 격식 없는 공간에서 무용수들이 서로 몸의 무게를 주고받으며 접촉점을 계속 만들어가면서 몸을 서로 엉키게 하다가 마치 합기도 등의 무술동작처럼 넘어지거나 구르기도 한다. 듀엣으로 추는 경우에도 무용수들은 발레의 빠드되(pas de deux)처럼 남녀로 고정되어 있지 않다. 즉흥접촉의 듀엣 무용수들은 주로 촉각 중심으로 움직이며 상호 교환하는 몸에 대한 감각을 공유한다. 촉각은 접촉점을 즉흥적으로 창출한다.[45] 하지만 즉흥접촉은 촉각과 몸의 무게에 대한 감각을 넘어 성적 만남이나 심리적 만남을 하지 않도록 거리를 둔다. 역설적이게도 듀엣의 무용수들은 사적이면서 공적이다. 즉

44 우리나라에서는 제11회 서울국제즉흥춤축제가 2011.4.10.~4.16.일까지 서울 대학로의 아르코예술극장 소극장 무대 위에서 펼쳐진 바 있다. www.improvisation. co.kr 참조.

45 Helen Thomas, *The Body, Dance and Cultural Theory* (Palgrave Macmillan, 2003), 102~105쪽.

즉흥춤은 “사적인 것과 공적인 것 사이의 이원적인 구분을 가로지르는 방식으로 몸을 재배치한다”.[46] 즉흥춤은 무용수의 몸냄새와 숨소리가 관객에게 전달되어 관객이 그들의 몸감각을 공유하게 하며, 때로는 관객을 그들의 퍼포먼스에 합류시키기도 한다.

(2) 발레와의 대치

이처럼 즉흥접촉의 현상학적 특징은 발레와 대치될 수 있다. ① 발레가 웅장하고 격식있는 대형무대에서 공연되는 데에 비해 즉흥접촉은 격식이 없고, 관객과의 물리적 거리가 매우 짧은 소형무대에서 수행된다. ② 발레가 부르주아적인 춤이라면 즉흥접촉은 격식 없이 자유로이 실행하고 사교하는 마치 잼쎄션(jam sessions)[47]과 같은 형태의 춤이다. ③ 발레가 몸을 통제하고 일종의 문법과 같은 자세와 동작의 기법에 따라 엄격하게 실행된다면, 즉흥접촉은 몸을 어떤 정형적인 구속으로부터도 자유롭게 하고, 그런 자유의 상태에서 — 비록 즉흥춤 공연의 프레임은 짜여 있지만 세부사항에서는 어떤 양식도 없이 — 즉흥적으로 등장하는 새로운 움직임의 가능성을 탐구한다. ④ 발레가 시각중심의 아름다움을 좇는다면, 즉흥접촉은 촉각중심의 심미적 체험을 좇는다. ⑤ 발레는 남자와 여자의 역할이 나눠져 있고, 듀엣은 남녀가 구성하지만, 즉흥접촉은 남남-듀엣이나 남녀남의 접촉만남도 허용한다. ⑥ 발레는 문법적인 몸짓 이외의 실행을 허용하지 않음으로써 무용수들의 사적 관계를 철저하게 배제하

발레(Ballet)	즉흥접촉(contact improvisation)
대형무대	소형공간
춤의 문법성	춤의 즉흥성
시각중심성	촉각중심성
남과 여의 구분	남과 여의 구분해체
공적 수행	사적이며 공적인 수행
무용수와 관객의 구분	무용수와 관객의 경험공유

46 Helen Thomas, 앞의 책, 107쪽.

47 음악가들이 준비를 하지 않은 채 모여서 연주하면서 사교도 하고 정보도 교환하는 모임인 jam sessions과 같은 형태의 모임을 가리킨다.

지만, 즉흥접촉은 공사의 구분을 배제한다. 즉, 즉흥접촉은 무용수들이 서로 성적, 심리적 만남에 거리를 둔다는 점에서 공적 실행을 하는 것이지만, 동시에 즉흥적 접촉으로 사적 실행을 하기 때문이다. ⑦ 발레는 무대 위에서 춤추는 무용수와 객석에서 관람하는 관객이 주체와 객체로 엄격히 이분되지만, 즉흥접촉에서는 관객도 즉흥접촉의 참여자가 되기도 하고, 무용수들의 몸냄새와 숨소리를 함께 체험하는 주체가 된다.

★ 전통춤의 즉흥성 즉흥성의 측면에서는 즉흥접촉춤과 우리나라 전통춤인 살풀이춤이 매우 유사하다. "즉흥이란 춤을 추는 사람이 짜인 틀에 연연하지 않고 자유자재로 원가락(본래의 가락)의 틀을 변화시켜 추는 것을 말한다."[48] 살풀이춤은 우리춤의 토대가 되는 춤이다. 흔히 즉흥무라고 불린다. 틀은 있지만 구체적인 자세나 동작의 양식에서 자유를 누리는 점은 즉흥접촉춤과 같다. 즉흥춤은 한국 전통춤이나 무속문화에 뿌리내려 있기 때문에 한국인이 즉흥접촉춤을 실연할 경우에는 전통문화가 재해석되어 즉흥접촉춤의 포스트모던적인 연대와 융합될 수 있다. 이럴 경우 즉흥접촉춤은 세방화(Glocalization)의 현상[49]으로 이해될 수 있다.

2. 감성의 법으로서 즉흥접촉

이런 특징들을 고려할 때, 발레를 근대 이성법의 기호로 바라본다면, 즉흥접촉춤은 감성의 법을 기호화한다고 볼 수 있다. 이 점을 이해하기 위해 먼저 인간의 인지유형을 나누어 볼 필요가 있다. 여기서 유형은 철학적 엄밀성을 지닌 구분이 아니라, 아래에서 설명하는 바와 같이 법영역에서의 실천성에 중점을 둔 구분임을 먼저 일러둔다.

(1) 인지 유형에 따른 이성법과 감성법의 구별

첫째, 의식의 지배를 받아 사물을 과학적으로 인식하고, 논리적으로

48 이애주, "춤과 과학. 우리춤의 온 과학적 속성", *비교민속학* (제28집, 2005), 61쪽.
49 비슷한 관점으로 하선애, "글로벌리제이션에서 글로컬리제이션", *공연과 리뷰* (제45호, 2004), 131～141쪽.

추론하고 아울러 그 가치를 체계적으로 평가하는 인지작용을 이성(understanding, Vernunft, Verstand)으로 개념화 할 수 있다. 이런 이성과 대척점을 이루는 인식작용, 즉 비과학적으로, 비논리적으로, 비체계적으로 사물을 파악하는 인식작용을 감정(느낌, feeling, Gefühl)이라 부를 수 있다. 이에 비해 사물을 인식하는 것이 아니라 지각하는 작용으로 감각과 직관을 들 수 있다. 감각(sensing)은 5관(눈, 귀, 코, 피부, 혀)에 의한 지각이고, 직관(intuition, Anschauung)은 감각(또는 그에 따른 관찰)에 의존하지 않는 지각의 총체로서 감각의 대척점에 위치한다.

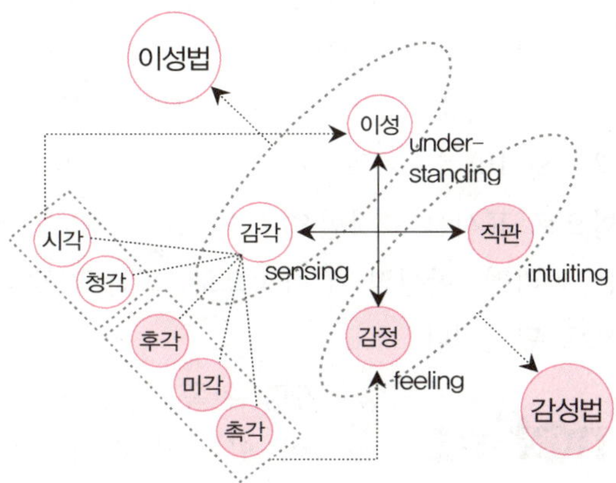

1) 이성, 감정, 감각, 직관의 법 법은 네 가지 인지작용에 의해 형성될 수 있다. ① 근대법의 전통에서 법은 원칙적으로 이성의 법이다. 특히 자유의 공평한 향유를 가능케 하기 위해 각 개인에게 배분되는 권리와 의무의 정합적인 체계로서 법은 실천이성에 의해 생성되는 것이다. ② 이성의 대척점에 있는 감정은 흔히 법원이 법감정에 의해 판결을 할 때 법을 생성시키는 인지작용이 된다.

> 가령 종교단체가 설립한 학교(종립학교)가 그 종교를 따르지 않는 학생들에게까지 "보편적인 교양으로서의 종교교육의 범위를 넘어서서 학교의 설립이념이 된 특정의 종교교리를 전파하는 종파교육 형태의 종교교육을 실시하는 경우 … 법감정에 비추어 볼 때 용인될 수 있는 한계를 초과한 종교교육이라고 보이는 경우에는 위법성을 인정할 수 있다."50

50 대법원 2010. 4. 22. 선고 2008다38288 전원합의체 판결.

③ 직관은 법관들이 판결의 정의를 발견하는 인지작용의 한 형태이다. 법전은 이성의 작용으로 구축된 데에 비해, 그 법률을 구체적 법규범으로 실현하는 과정에서 법관의 인지작용은 직관인 경우가 많다.[51]

> 예컨대 닭에게 사료를 먹인 후 산란율이 급감했지만 그 원인이 명확하게 밝혀지지 않았음에도 사료업자에게 불법행위법상의 손해배상책임을 인정하는 것[52]은 직관적 판단에 의한 것이다.

특히 사안이 법률의 구체적 의미에 해당한다는 점, 즉 포섭(Subsumtion)은 오로지 직관에 의해서만 이루어지기도 한다. 예컨대 어떤 상표가 상표법상 서술적 또는 기술적(記述的) 상표, 즉 "그 상품에 산지·품질·원재료·효능·용도·수량·형상(포장의 형상을 포함한다)·가격·생산방법·가공방법·사용방법 또는 시기를 보통으로 사용하는 방법으로 표시한 표장만으로 된 상표"(제6조 제1항 3호)에 해당하는지 여부는 논리적, 이성적, 감각적으로, 또는 감정적으로 판단되지 않고 직관적으로 판단된다.

가령 왼쪽 위의 상표는 화재방지·예방의 성질·효능이 있는 수성도료, 페인트를 판매대행하는 업에 관한 것이어서 기술적 상표에 해당한다는 판단[53]이나 왼쪽 아래의 상표의 'Jazz' 부분은 설명적 의미를 인식할 수 없을 만큼 문자인식력을 압도하여 일반인의 특별한 주의를 끌 정도라는 점에서 기술적 상표에 해당하지 않는다는 판단[54]은 모두 "직관적 인식"[55]의 결과이다.[56] 이런 판단은 비록 시각을 사용하지만 시각이

---

51 대법원은 직관적 판단을 중심으로 법을 적용하기 때문에 채무불이행책임보다는 불법행위책임으로 배상책임을 구성하고, 그로 인해 불법행위법은 비대하게 성장하고, 계약법은 발육부진 상태에 있게 되었다는 분석으로 조규창, "논리와 직관: 대법원민사판례를 중심으로", *논리와 직관* (법문사, 1998), 1~9쪽 참조.

52 가령 대법원 1977. 1. 25. 선고 75다209 판결 참조. 이런 직관적 판단의 경향은 우리나라 대법원의 판례에 전방위적으로 퍼져있다.

53 대법원 2007. 3. 15. 선고 2005후452 판결.

54 대법원 2002. 6. 11. 선고 2000후2569 판결.

결정해주는 것이 아니며, 감정상의 선호나 이성의 논리적 추론이 결정해주는 것도 아니다.

④ 감각은 주로 법률텍스트를 적용할 사안을 확정하는 과정에서 작동하는 인지작용이다. 예컨대 증언은 말의 내용만이 아니라 말하는 증인의 표정에 대한 시각적 인지, 목소리의 떨림에 대한 청각적 인지를 고려할 때에만 비로소 그 신빙성을 판단할 수 있다.[57] 물론 감각은 이성이나 감성에 작용함으로써 실체법의 형성에 간접적으로 기여하기도 한다.

2) 감각의 이성법 현상학적 분석으로 어떤 춤에서 어떤 인지작용이 중심인지를 파악하고, 그 유형에 따라 각 유형의 춤을 법의 기호로 배치시킬 수 있다. 가령 발레는 시각 중심이고, 즉흥접촉춤은 촉각 중심이며, 탱고는 후각 중심이라고 현상학적인 분석을 했다고 하자. 발레는 이성법의 기호로, 즉흥접촉춤은 감성의 법, 즉 (법)감정이나 직관에 의해 그 정의판단으로 생성되는 법의 기호로 배치될 수 있다. 이 배치에서는 먼저 감정과 직관에 의해 생성되는 법을 감성법(예: 법감정, 직관적 법인식)으로 총칭하고, 이성과 감각에 의해 생성되는 법을 이성법으로 총칭하기로 한다. 감각이 감정과 한짝을 이루지 않고, 이성과 한짝을 이루는 이유는 시각이나 청각과 같은 감각은 이성의 중심을 이루고 있는 의식의 지배 아래 놓여 있기 때문이다.

---

55 판례는 이를 "직관적 인식"(대법원 1987. 2. 24. 선고 86후132 판결 등 참조)으로 표현한다.

56 이 판단에서 '직관적 인식의 가능성'만이 아니라 '특정인의 상표독점방지'라는 공익적 측면을 보충적으로 고려하자는 노갑식, "기술적 상표의 판단기준으로서의 직관적 인식의 가능성과 공익적 고려", *특허소송연구* (제4집, 2008) 437~456쪽 참조.

57 이를 하쎄머(Hassemer)는 장면적 이해(szenisches Verstehen)라고 부르는데, 이 개념을 나는 마당적 이해라는 개념으로 한국화하고 동시에 스토리텔링의 요소를 추가하고 그 요소의 법미학적 차원을 새롭게 구축한 바 있다. 자세히는 Sangdon Yi, "Der Einfluss von Winfried Hassemers Konzept des szenischen Verstehens auf die Strafprozessreform in Südkorea", *Festschrift für Winfried Hassemer* (C.F.Müller Verlag Heidelberg, 2010), 1103~1117쪽; 이상돈, *기초법학* (법문사, 2010), 450쪽 아래 참조.

★ 의식의 감각 지배와 검증 ① 가령 형사소송법에서 증거방법이나 범죄현장 등을 인식하는 것을 검증(檢證)이라고 개념화하는데, 흔히 검증의 개념은 사람, 물건, 장소의 성질·형상을 신체오관의 작용으로 인식하는 강제처분으로 정의된다. 그러나 검증의 실질은 사물의 상태를 과학적으로 인식하고, 그 인식을 토대로 논리적인 추론을 하며, 그 사물의 증거가치를 체계적으로 평가하는 이해활동임을 고려하면, 검증의 개념에서 오관에 의한 감각작용은 이성적인 이해활동의 수단으로 기능한다고 할 수 있다. ② 물론 이와 같은 검증 개념의 감각의존성 및 감각에 대한 의식의 지배라는 의식중심성은 극복되어야 한다. 첫째, 감각의존성은 검증이 단순히 시각으로 인지한 내용을 단지 언어적으로 표현하는 행위가 아니라는 점에서 부정된다. 왜냐하면 시각적 인지내용은 의식의 작용으로 무엇을 보려고 하는지에 따라 달라지기 때문이다. 둘째, 의식중심성은 눈으로 보고 있는 바의 내용이 — 시각의 작용 그 자체도 아니지만 — 의식의 배후에 있는 이해관계(인식관심)나 무의식 속의 욕망에 의해 지배된다는 점에서 부정될 수 있다. ③ 검증은 상당 부분 한 인간의 감각기관에 의한 인식의 활동이 아니라 상호이해에 지향한 주관적 체험의 언어적 서술이다. 예컨대 범죄현장의 검증에서 교통사망사고 피의자가 중앙선을 침범하기 시작한 지점과 부딪힌 지점을 경찰의 요구에 따라 손가락으로 가리키는 행위는 경찰관의 시각적 검증의 범위를 특정하는 행위가 아니라 중앙선 침범의 과실을 인정하는 진술(자백)로서 취급된다.[58]

(2) 시청각의 이성법과 촉각의 감성법

감각 가운데에서도 촉각, 후각, 미각 중심의 춤은 감성법의 기호로 배치될 수 있다. 여기서 발레의 시각이나 즉흥접촉춤의 촉각이나 모두 감각작용인데도 시각은 이성법의 현상학적 특징으로, 촉각은 감성법의 현상학적 특징으로 배치되어야 하는 이유를 따져볼 필요가 있다. '시청각 교육', '시청자'라는 말에서 보듯 시각(視覺)과 청각(聽覺)은 의식의 작용에 기여한다. 의식(cogito)의 법이 낳은 이성법은 법텍스트라는 언어적

---

58 이를 형사소송법학에서는 검증조서에 기재된 진술의 증거능력에 관한 수정설이라고 본다. 수정설에 관해서는 이상돈, *사례연습 형사소송법* (법문사, 2004), 382쪽 참조.

기호 속에 제도화되어 있는데, 텍스트는 냄새를 맡거나 만지거나 맛을 볼 수 없지만 보거나 (낭독할 경우에) 들을 수 있다. 그렇기에 춤에서 시각과 청각이라는 감각(sense)을 중심으로 삼는 춤은 이성법의 기호로 읽기 쉽다. 의식의 작용이 글을 낳고, 글을 보고 읽고 들음으로써 의식, 글, 시각과 청각은 하나가 되기 때문이다.

이에 비해 후각(嗅覺), 촉각(觸覺), 미각(味覺)은 텍스트의 형성과 이해에 직접 도움을 주지 않는다. '시청자'라는 말은 있어도 '후촉자'라는 말은 없다. 이는 후각과 촉각은 TV가 전달하는 정보들을 처리하는 역량이 없음을 말한다. 후각, 촉각, 미각은 의식의 작용과 직접적으로 연합하기 보다는 감정(느낌)의 작용과 연합한다. 가령 향기로운 냄새를 맡거나 부드러운 피부에 닿으면 바로 그로 인해 직접적으로 행복한 느낌이 생길 수 있다.[59] 그러므로 촉각이 중심을 이루는 즉흥접촉춤은 감성법을 기호화한다고 할 수 있다. 여기서 즉흥접촉춤이 감정의 법을 기호화 한다고 보는 것의 구체적인 의미는 두 가지 측면에서 살펴볼 필요가 있다.

— 즉흥접촉춤의 현상학적 특징을 이루는 촉각 중심성이 법에서 갖는 의미(이하 3. 참조)
— 즉흥접촉춤의 사회문화적 의미가 법에서 갖는 의미(이하 4. 참조)

3. 즉흥춤의 촉각과 법의 질감미

(1) 법감정으로서 즉흥춤의 촉각

즉흥춤에는 공연의 큰 틀(프레임)은 있어도 개별적인 몸짓의 양식이 없다. 무용수들이 어떤 몸짓을 펼칠 것인지는 각 무용수의 고유한 결정에 맡겨져 있다. 그 결정의 방향을 지시하는 어떤 규칙도 없다.

1) 실존을 소통시키는 촉각 즉흥춤에서 무용수들이 몸짓을 양식 없이 연속적으로 전개하게 만드는 가장 중요한 힘은 각 무용수들 사이에

59 물론 후각과 촉각의 좋은 경험이 의식에 미치는 영향은 직접적인 것(예: 사용하는 언어의 세분화)이 아니라 간접적인 것(예: 의식활동의 왕성화)이라는 점에서 구분된다.

일어나는 신체적 접촉이다. 이 접촉이 어떤 신체부위에 어떤 면적으로 얼마동안 그리고 어떤 강약으로 이루어지느냐가 그 이후 전개되는 몸짓의 중요한 변수가 된다. 이 변수는 무용수들의 감성적 만남과 그것을 통한 새로운 자기이해와 자기창조에 중대한 영향을 미친다. 즉흥춤을 촉각 중심의 춤이라고 했을 때 '촉각'(sense of touch)이란 단순히 피부면에서 일어나는 감각만을 의미하는 것이 아니라 '몸과 마음이 통합되는 만남과 그것을 통해 자기이해와 자기창조를 일으키는 총체적 느낌'을 말한다.

> **★ 봉산탈춤에서 소통적인 시선의 접촉** 우리나라 전통춤인 봉산탈춤도 신체접촉을 통한 소통의 이미지를 매우 다양하게 보여준다. 특히 접촉의 개념이 손과 팔, 신체와 신체에 의한 접촉 뿐만 아니라 시선의 접촉으로 확장되어 있다는 점은 매우 눈에 띤다. 짧은 시선과 긴 시선, 시선에 수반하는 신체동작이나 소도구의 동시적인 이용에 따른 의미변화, 시선의 각도, 위치, 자세에 따른 의미변화, 상호적 시선과 일방적 시선, 개인적 시선과 집단적 시선 등, 시선의 화용론적 차원이 매우 풍부하다.[60] 그러나 봉산탈춤에서 시선은 서양 발레의 시각중심성과 같은 것이 아니라 오히려 소통지향적인 즉흥접촉춤의 촉각중심성과 유사하다. 반면 즉흥접촉춤에서도 몸의 접촉은 "서로의 눈빛이 만나고 각국의 언어가 만나며, 개개인의 이동방향이 만나"[61]는 컨텍스트 속에서 이루어짐으로써 소통의 기의를 갖는다.

그러므로 촉각은 무용수들이 실존의 느낌을 소통시켜 각자의 새로운 실존을 창출하는 매개체가 되는 것이다.

2) 즉흥춤의 촉각과 법감정의 유비적 구조 춤이 법의 기호라고 할 때, 이러한 총체적 느낌으로서 촉각은 법감정으로 번역될 수 있다. 여기서 법감정이란 대법원이 말하는 "국민 일반의 가치관 내지 법감정"[62]과

---

60 이에 관한 자세한 분석으로 김영순 · 김정은, "신체 특성과 신체 접촉의 기호화용론적 구조. 봉산탈춤과 노장과장을 중심으로", 한국언어문화 (제29집, 2005), 209~234쪽.

61 이선, "10인의 접촉, 10가지 색채", *공연과 리뷰* (제49호, 2005), 174쪽.

62 수많은 판결들에서 이 용어가 사용되지만 최근 예로 대법원 2007. 8. 23. 선고 2007도4818 참조.

같은 윤리적 기획이 아니다. 법감정은 이성법의 전통에서 벗어나 있으면서 이성법적 사고로 생산해낼 수 없는 정의를 꿈꾸는 감정이다. 이 감정은 이성법적 기획과의 '차이'를 본질적인 요소로 하며, 폭넓은 공감(empathy)을 획득할 수 있는 것이어야 한다.

그런데 이성법과의 차이를 본질적인 요소로 삼는 법감정의 핵심은 아름다움의 체험이다.[63] 즉 어떤 개인이 어떤 현상에서 아름다움을 체험하고, 그 체험이 다른 사람들에 의해 공유됨으로써 사회적인 정의가 되고, 그 정의가 법률이나 판결의 내용이 되는 것이다. 이때 법감정은 공유되는 체험이 아름다움이라는 점에서 윤리적 선이나 도덕적 옳음을 내용으로 하는 이성법의 전통과는 본질적인 차이를 갖는다. 이런 차이는 즉흥춤과 발레의 본질적인 차이와도 같은 것이다. 즉, 즉흥춤에서 접촉은 모든 양식으로부터 해방된 새로운 아름다움의 체험을 공유하게 하는 반면, 발레에서는 이성적으로 짜여지고 의식적으로 통제된 몸짓의 문법에 의해 아름다움을 창출한다. 요컨대 즉흥춤은 '공감'에 의해 비로소 아름다움이 생성되지만, 발레는 그 춤의 '문법'에 의해 이미 아름다움이 생성되는 것이다.

여기서 법감정과 접촉의 유비적 구조를 확인할 수 있다. 즉흥춤의 접촉이 개인적 몸짓으로 표현되는 개인의 심미적 체험을 보편적 아름다움의 체험으로 변환시키는 매체인 것처럼, 법감정은 법의 영역에서 개인의 심미적 체험을 객관적인 정의로 변환시키는 매체가 된다고 할 수 있다.

(2) 춤의 인간미와 법의 질감미

접촉춤의 추동력인 촉각이 법감정을 기호화한다면, 그리고 법감정이 공감되는 아름다움의 체험이라면, 이때 아름다움은 어떤 것인지가 좀더 밝혀질 필요가 있다.

---

63 이런 이론을 처음 전개한 이상돈, *법미학* (법문사, 2008), 86~91쪽 참조.

1) 질감과 촉감 발레의 시각적 아름다움이 정교한 기하학적 조형미를 구현한다고 보면, 즉흥춤의 촉각적 아름다움은 이와는 다른 아름다움이다. 촉각이 피부의 감각에서 시작하여 실존을 소통시키는 총체적인 느낌의 공유에 이르게 되는 전 과정의 인지작용이라면, 촉각의 법적 의미는 법이 규율하는 어떤 사안에 대해 사람들이 공통으로 체험할 수 있는 질감(texture)과 같은 것이라 할 수 있다. 법에서 질감은 법률텍스트에서 체험되지 않고 그 텍스트가 적용되는 사안에서 체험된다. 해석학적인 이해로 보면, 법은 법률텍스트와 사안이 서로에게 수렴될 때(또는 상응 Entsprechung될 때) 구체적인 규범으로 생성된다.[64] 이때 구체적인 법규범이 정의로운 것이 되려면 텍스트의 의미를 올바르게 이해하기만 하면 되는 것은 아니다. 텍스트의 의미는 — 비트겐슈타인(Wittgenstein)의 사용이론[65]에 의하면 — 그것이 적용될 사안에 의해 비로소 형성되는 것이고, 과거의 사안을 통해 형성된 텍스트의 의미는 현재 그리고 미래의 사안에 적절하게 적용될 수 있는 의미소를 완전히 구비하고 있지는 못하다.

2) 즉흥춤의 전미래시제와 법의 차연적 구조 그렇기 때문에 법률텍스트(의 올바른 해석)만으로 정의를 실현하려 한다면 “결정불가능성(indécidabilité)의 시련”[66](the ordeal of undecidability)을 겪을 수 밖에 없다. 그래서 프랑스의 해체주의 철학자 데리다(Derrida)는 법은 마치 유령[67]과 같은 것이라고 보았다. 여기서 데리다의 이론을 전용해보면, 법

---

64 이 해석학적 구조에 관해서 자세히는 이상돈, *법이론* (박영사, 1996), 203쪽 아래 참조.

65 비트겐슈타인은 “한 단어의 의미는 언어 속에서의 그의 사용이다”(Die Bedeutung eines Wortes ist sein Gebrauch in der Sprache)라는 화용론적 전환(pragmatik turn)으로 불리는 유명한 명제를 제시하였다. (L. Wittgenstein, *Philosophische Untersuchungen* [Ffm., 1982], § 43 참조) 또한 이 명제를 법률해석이론으로 발전시킨 이상돈, *법이론* (박영사, 1996), 178쪽 아래 참조.

66 J. Caputo, *Deconstruction in a Nutshell: A Conversation with Jacques Derrida* (Fordham University Press, 1997), 138쪽.

67 J. Derrida(진태원 옮김), *마르크스의 유령들* (문학과 지성사, 2007) 참조.

률텍스트는 그 의미가 완결되어 있지 않고 (미래의) 구체적인 사안에 자신의 의미를 '차연'(différance)시키고 있다고 말할 수 있다. 바꿔 말하면 법률을 사안에 적용한다는 것은 미래의 어느 시점에 가서야 비로소 (그 때의 법률적용은) 적절한 '것이었던 게 될 것이다'라는 전미래시제(futur antérieur)[68]의 구조를 띤다.

이런 법적 정의의 전미래시제적 성격은 바로 즉흥춤의 심미적 체험이 갖는 성격과 똑같다. 즉흥춤에서 어떤 몸짓의 아름다움은 사후적으로만 결정된다. 왜냐하면 즉흥춤의 아름다움은 어떤 신체적 접촉이 실존을 소통시키는 공감의 아름다움을 창출하는데 적절한 것일 때 비로소 생성되는데, 그런 적절성 여부는 그 접촉 이후 전개되는 접촉들과의 '연속선상에서' '사후적으로' ('이전의 접촉은 적절한 것이었다'는 식으로만) 판단할 수 있기 때문이다. 이 점은 발레에서 어떤 동작의 아름다움이 그 동작을 하는 순간에 '이미' 그 동작이 문법적으로 정확한 것인지 여부에 의해 대부분 결정되는 것과 뚜렷하게 대조된다. 이처럼 즉흥춤에서 아름다움을 창출하는 데 있어 신체적 접촉의 적절성에 대한 공감과 법적 정의는 똑같이 시축화(temporalization) 속에서만 가능한 것이다.

3) 춤과 법에서 인간미 생성의 자유적 과정 이제 즉흥춤에서 아름다움에 대한 공감을 불러일으키는 몸짓의 추동력으로서 접촉은 법감정으로 변화되는 아름다움의 소재와 같은 것이 된다. 법감정의 소재는 '언어적-논리적'인 것이 아니라 '이미지적-감성적'인 것이다. 이런 소재는 사안의 무한한 빛깔에서 찾을 수 있다. 사안은 이런 것이다.

> "무한대의 데이터 뭉치이며, 보는 이의 이념적 색깔에 따라 그 이념에 적합한 데이터가 다르게 선별되어 사안은 다른 색깔의 빛을 발산한다. 사안의 데이터들은 서로 정합적이어서 사안에 대한 촉감이 매끈할 때도 있지만, 서로 부정합적이어서 까칠할 때도 있다. 사안의 구체적 데이터들은 연

---

68 이상돈 · 이소영, *법문학* (신영사, 2005), 167~168쪽; J. Derrida(진태원 옮김), *마르크스의 유령들* (문학과 지성사, 2007), 392~395쪽 참조.

> 민을 불러일으키기도 하고, 거꾸로 분노를 증폭시키기도 한다. 사안은 우리에게 논리적으로 말을 걸기보다는 어떤 다른 이미지를 연상하게 만든다. 사안은 대칭성과 균형성으로 진실함을 느끼게 하기보다는 인간적인 따뜻함과 냉정함으로 진실과 거짓을 느끼게 만든다. 사안의 이 모든 특성들은 사안의 아름다움이 기하학적 조형미가 아니라 질감미라고 말할 수 있게 한다."[69]

법에서 질감미의 체험을 통해 사안의 의미를 해석하고 법률텍스트와의 상호적 수렴을 도모하는 법률적용의 과정은 마치 접촉춤의 미학적 체험과정과 같다. 접촉춤에서 미학적 체험은 공감의 형식으로 이루어지며, 이 공감은 춤에 참가하는 모든 사람들의 실존을 소통시키는 과정이라는 점에서 인간미가, 그리고 그런 과정은 새로운 자기이해와 자기창조의 과정이라는 점에서 "자유적 과정"(liberatory process)[70]이 된다. 그렇기에 법에서 사안의 질감미를 고려하는 것은 "인간의 인격성에서 총체성과 하모니를 부활시키는"[71] 과정이 된다.

4. 즉흥접촉춤과 법의 구조변화

즉흥춤은 현대무용까지도 겪고 있는 창조성의 고갈상태에 수분을 공급하는 마르지 않는 샘과 같은 춤이다. 모든 즉흥춤에서는 모든 것이 변하는데, 변하지 않는 유일한 것이 있다면 그것은 바로 늘 변화한다는 것이다. 그런 변화를 통해 즉흥춤은 새로운 자기인식의 창조를 돕는다. 새로운 자기의 획득은 바로 해방이며, 그렇기에 즉흥춤은 춤의 해방적 의미를 극대화한다. 그러나 즉흥춤의 해방적 의미는 파괴적인 것이 아니라 생산적인 것이다. 이를테면 즉흥춤은 서구의 지성사적 전통으로서

---

69 이상돈, *법미학* (법문사, 2008), 127~128쪽.

70 D. Manderson, "Quodlibet: Just Aesthetics and the Aesthetics of Justice", *Songs without Music: Aesthetic Dimension of Law and Justice* (University of California Press, 2000), 193쪽.

71 B. de Sousa Santos, *Toward a New Common Sense: Law, Science, and Politics in the Paradigmatic Transition* (Routledge, 1995), 52쪽.

신체와 정신의 이원주의를 부정하고 그 둘을 통합하는 지향성을 갖는다. 발레와 같이 춤추는 자의 감정과 춤추는 형식 사이의 분리도 해체한다. 이는 예술의 세계에서 뿐만 아니라 지성사적으로, 정치적으로도 하나의 혁명이라고 할 수 있다. 여기서 즉흥춤이 기호화한 법은 포스트모던 법의 최전방에 있게 된다. 이 최전방의 모습을 두 가지 특징으로 그려보기로 한다.

(1) 즉흥춤의 민주성과 법의 구조적 변화

첫 번째의 모습은 즉흥춤의 민주성이다. 발레가 안무가를 정점으로 한 위계질서의 체제, 때로는 흡사 폭악한 군주정(君主政)과 같은 모습의 체제에서 수행되는 반면, 즉흥춤은 무용수 각자의 고유한 결정이 연쇄적으로 이어지는, 지극히 민주적인 체제에서 수행된다. 즉흥춤이 예술적 공감을 주는 시대에 즉흥춤의 민주성은 법질서에 세 가지 함의를 가져온다.

— 법은 사회의 다양한 행위자들에 의해 다원적으로 형성된다. (이하 1) 참조)
— 법규범들 사이에 통일성이 해체된다. (이하 2) 참조)
— 헌법과 법률들 사이의 위계질서가 해체되고 수평적 상호작용의 관계가 형성된다. (이하 3) 참조)

1) 즉흥춤의 민주성과 법다원주의 오늘날 법다원주의(legal Pluralism)는 새로운 법의 변화 모습을 규정짓는다. 이에 따르면 ① 법규범과 사회규범 사이의 날카로운 구획이 사라지고, ② 법규범의 적용을 받는 모든 행위자들이 그 법을 정립하는 절차에 참여하는 행위자가 될 가능성이 확보되고, ③ 법은 그와 같이 다양한 사회적 행위자들 사이의 규율에 대한 합의 절차가 실제로 효력이 있을 때 비로소 정립할 수 있게 된다.[72] 이 법다원주의의 의미는 즉흥춤의 기호로 풀이될 수 있다. 이를테

72 이런 이해에 관해 자세히는 이상돈, *인권법* (세창출판사, 2005), 139쪽 아래 참조.

면 ① 즉흥춤의 전개는 무용수들의 몸짓을 지시하는 일체의 '양식'을 거부하고, 각 무용수들이 그때그때 '접촉'할 수 있게 하는 몸짓들의 형상에 의해 이루어진다. 여기서 춤의 '양식'과 춤의 실행(퍼포먼스)의 구별이 사라진다. 이는 마치 법규범과 사회규범의 경계가 흐릿해지는 것과 같다. 또한 ② 춤의 전개가 각 무용수들의 고유한 결정에 의해 형성된다는 것은 법이 그 적용을 받는 모든 행위자들이 참여하는 절차에서 형성되는 것과 같다. 그리고 ③ 각자가 서로 다른 몸짓을 하면서도 접촉의 가능성을 지향하는 것은 수범자들의 규율에 대한 유효한 합의절차를 가리킨다.

★ 법다원주의의 예 법다원주의의 예로 기업의 회계기준은 금융위원회의 사전승인을 받아야 하지만 그 실질은 공인회계사회라는 민간기구가 정립하는 것[73]을 들 수 있다. 법다원주의는 국내 단위에서 뿐만 아니라 초국가적 단위에서도 확산되고 있다. 마치 즉흥춤이 전 세계에 퍼져 있는 것과 같다. 대표적으로 인권규범을 들 수 있다. 오늘날 인권은 인간의 존엄과 같은 보편적 규범으로 연역적으로 도출되는 것이 아니라 다양한 문화와 고유한 체제 속에서 지역화된 형태로 성장하여 '다투어질 수 있는 보편성'만을 갖는 경우가 많다. 예를 들어 정리해고를 당하지 않을 노동자의 이익은 각국의 자본주의 체재에 따라 인권적 수준의 권리가 되기도 하고, 그렇지 않기도 하다.[74] 동성애가 역사적으로 범죄에서 합법적인 것으로 승인되는 단계를 거쳐 결혼의 권리로까지 확장되는 것이 동성애자들의 인권인지 여부는 각국의 문화적, 종교적, 정치적 상황에 따라 다르게 결정된다. 동성애자들에게 혼인권을 인정하는 것이 인권보장이고, 인정하지 않는 것은 인권침해가 되는 그런 보편성은 존재하지 않는다.

2) 즉흥춤의 민주성과 법질서의 비통일성 즉흥춤의 민주적 특징 가운데 춤추는 사람들 각자의 고유한 결정은 어떤 궁극의 통일성을 지향하지 않고, 각자의 삶을 표현할 뿐이다. 그래서 때로는 '난장'처럼 보이

73 주식회사의 외부감사에 관한 법률 제5조 제2항; 이에 관해 자세히는 이상돈, *부실감사법* (법문사, 2007).

74 이상돈, *인권법* (법문사, 2005), 134~135쪽 참조.

기도 한다. 그러나 그 표현들의 상징적 의미들은 그때그때 서로 조화를 이루고 있거나, 설령 갈등을 보이더라도 그 갈등은 춤의 전체적 프레임이 유지되는 가운데 각자의 자기성찰과 인간성의 표현[75]이라는 연대를 잃어버리지 않는다. 여기서 즉흥춤의 프레임은 민주적 법치국가의 프레임에 견줄 수 있다. 그 프레임이 깨지지는 않으면서 각각의 법들은 서로에 대해 정합적일 수도 있고, 비정합적일 수도 있다. 이제 법들 사이의 통일성은 강제되지 않는다. 가령 자본시장이 자유의 이념으로 짜여지는[76] 반면, 의료시장이 사회국가(부분적으로는 사회주의)의 이념으로 짜여지는[77] 것은 법의 이념적 통일성을 더 이상 이룰 수 없게 된다. 시장 부분마다 다른 이념적 성향이 서로 어우러져 전체적으로 통일적인 법체계를 말할 수 있을 만큼의 조화를 이루는 것도 현실에서는 가능하지 않다. 현실은 각 부분의 법제들을 둘러싸고 끊임없는 갈등과 대립, 이념적 투쟁들이 전개되고, 그 미래의 변화를 예측할 수 없기 때문이다.

3) 위계질서의 해체와 법체계의 수평적 구조 즉흥춤의 민주적 특징 가운데 안무가를 포함하여 즉흥춤에 참여하는 사람들 사이의 위계질서가 파괴되고 수평적 관계가 형성된다는 점은 전통적인 법체계의 위계질서형 구조가 수평적 상호작용의 체계로 바뀌는 현상을 기호화 해준다. 근대법의 체계에서는 인간존엄의 이념을 정점에 두고 헌법이 짜이고, 그 헌법의 구체화로서 민법, 형법, 상법과 같은 개별법들이 하위에 놓였다. 이 구조는 단지 효력상의 구조일 뿐만 아니라 생성상의 구조이기도 했다. 그러나 오늘날 헌법과 민법, 헌법과 형법은 효력상 상하의 위계질서를 유지하기는 하지만, 생성의 차원에서는 헌법으로부터 민법이나 형

75 비슷한 관점으로 권옥희, "즉흥춤의 힘: 서울국제즉흥춤축제의 9시간 즉흥난장", *공연과 리뷰* (제73호, 2011), 177쪽.

76 이를 수행하는 법률로 「자본시장과 금융투자업에 관한 법률」을 들 수 있다.

77 이를 수행하는 대표적인 법률로 「국민건강보험법」을 들 수 있고, 의료체계의 법이 아니라 의료인들의 생활세계를 규율하는 「의료법」도 최근에는 사회보장적 의료체계의 이념이 침투하고 있다. 이 점에 관해 자세히는 이상돈, "의료법의 개혁방향", *고려법학* (제50호, 2008), 267~295쪽 참조.

법이 구체화되기만 하는 것이 아니라 민법이나 형법의 발전이 헌법의 구체적 형성과 변화를 이끌어가기도 하는 수평적인 상호작용의 관계가 전개된다. 그래서 다소 수사적으로 말하면 민법이 헌법이 되고,[78] 형법이 헌법이 된다고 말할 수 있다.[79]. 마치 즉흥춤의 무용수 누구나 발레로 친다면 프리마돈나가 되고 동시에 (수석)안무가가 되는 것과 같다.

(2) 접촉의 연속과 새로운 사회적 연대의 창출

지금까지 즉흥춤의 기호학적 분석으로만 보면 즉흥춤에서 무용수들은 각자가 끊임 없이 새로운 자기이해와 자기창조를 수행하는 유일한 주권자와 같은 존재로 이해되기 쉽다.

1) 접촉의 불연속적 연속성과 인간상 그러나 즉흥춤의 무용수들은 외로운 개인으로 머물러 있지 않고, 약하지만 매우 강한 연대를 창출한다. 그 기제의 핵심이 즉흥춤에서는 '접촉의 연속'이다. 즉흥춤이 단일한 듀엣으로 실행될 때에는 신체의 다양한 부위들이 접촉의 연속을 이루고, 집단춤으로 실행될 때에는 여러 무용수들이 다양한 신체부위에서 예측할 수 없는 접촉의 연속을 이어나간다. 즉, 즉흥춤에서는 몸짓의 '양식'은 없지만 '접촉의 연속'은 있다. 이 접촉의 연속은 춤추는 사람들이 예측되지 않는 순서로 끊임없이 접촉을 이어나감으로써 창출된다. 예컨대 무대에서 잠시 잠깐 혼자 춤추고 있던 사람이 '왜 저 사람은 저기서 혼자 춤추고 있나'라고 생각하는 순간, 그는 이미 다른 사람들의 접촉점을 이어나가는 새로운 접촉을 다른 누군가와 하고 있는 것이다. 이처럼 즉흥춤에서 무용수들은 제 각기 극도로 자유롭게 움직이는 것 같으면서도 마치 보이지 않는 띠로 연결한 듯한 착각을 불러일으킨다.

78 이런 입장을 전개하였지만 헌법학자로부터 많은 비판을 받았던 서울대 법대 교수를 지낸 양창수 대법관의 논문을 들 수 있다. 양창수, "헌법과 민법", *민법연구* (제5권, 1999), 20～22쪽 참조. 양 대법관은 헌법재판제도에 의해 헌법이 민법을 통제하기는 하지만, 정반대로 민법은 "기본생존양상의 법적 존재형식"을 정하는 "사회의 기본법"(constitution sociale)으로서 국가의 기본법(constitution d'Etat)인 헌법도 존중해야 한다는 주장을 하였다.

79 이런 입장으로 이상돈, *헌법재판과 형법정책* (고려대학교 출판부, 2005), 19～22쪽.

이러한 접촉은 미시적으로 보면 불연속적이다. 이는 즉흥춤의 몸짓이 안무가에 의해 문법적으로 지시되지 않고, 무용수가 스스로의 고유한 결정으로 그리고 자유롭고 기회균등하게 몸짓을 결정하고, 그에 따라, 또는 그와 함께 다른 무용수와의 신체적 접촉을 그때그때 상황에 따라 즉흥적으로 설정해가기 때문에 생기는 현상이다. 하지만 접촉은 거시적으로 보면 연속적이다. 즉흥춤의 전체적 과정에서 바라 본다면 다양한 무용수들의 다양한 신체적 부위가 그때그때 상황에 따라 변화무쌍하게 파트너를 바꾸고, 접촉부위와 시간을 임의적으로 선택하면서도 접촉을 지속적으로 이어나가는 것으로 보인다.

2) 등가성연쇄의 연대성 바로 이런 접촉의 불연속적 연속은 춤추는 사람들이 자유로우면서도 전체성을 말할 수 있는 연대를 창출하게 만든다. ① 여기서 즉흥춤의 '춤추는 자아'는 근대적 자아처럼 홀로 진리를 인식하는 '외로운 주체'(Einsames Subjekt)와도 다르고, 동시에 전체주의 사회의 획일화된 개체와 같이 '속박된 자아'와도 구별된다. 춤추는 자아의 연대는 민주적 법치국가의 전통적 연대인 실질법(예: 주택임대차보호법, 이자제한법, 노동법)의 확장이나 사회국가적 보장(예: 의료보험 등의 사회보험)이 창출하는 사회적 연대와 다르다. 전통적인 연대에서 법은 자유보다는 평등, 생산보다는 분배의 이념을 좇는다. 그러나 춤추는 자아의 연대는 그런 이념적 편향성이 없다. 즉흥춤에서 접촉의 연속은 자유로우면서도 평등한 주체로 끊임없이 다시 자리매김시킨다. 어떤 몸짓도 어떤 이념이나 그 이념을 구현하는 문법적 규칙의 실행으로 해석할 수가 없다. 몸짓 하나하나는 이념적으로 중립적이다. 하지만 그 몸짓이 이루는 접촉의 연속은 사회를 변화시키는 힘을 지닌 강력한 연대를 창출한다. ② 접촉의 연속은 정치학적으로는 등가성연쇄와 같은 것이다. 이를 이해하기 위해서 먼저 사회는 차이들의 불안정한 질서로서, 궁극적으로는 봉합될 수 없는 구성체라고 보는 라끌라우(Laclau)의 견해[80]에

80 Ernesto Laclau, "Metaphor and Social Antagonism", in Cary Nelson, Lawrence

주목할 필요가 있다. 그의 사회관에서 보면 우리는 '사회적인 것(the social)'을 말할 수 있을 뿐이고, 더 이상 합리적이고 완성된 '그' 사회(the society)를 말할 수 없다. 이런 사회에서 연대를 창출하는 방법이 바로 등가성 연대이다. 즉흥춤에서 접촉의 불연속적 연속성은 비결정적이고 수렴불가능한 차이들 속에서 법을 변혁시키는 기제를 상징한다. 예를 들어 촛불시위를 하는 곳에서 벌어지는 춤판은 라끌라우가 말하는 사회적 적대세력(social antagonism)들 사이에 '접합연쇄'(등가성연쇄, chains of equivalence)를 창출하는[81] 의식이 된다.[82] 춤을 같이 추거나 적어도 참여적 관찰을 하는 사람들이라면 단일한 계급에 속하지 않는, 그래서 사회변혁의 이념적 코어를 공유하지 않는 사람들(예: 노점상, 실직근로자, 매춘여성, 동성애자, 환경운동가, 종교인 등)이 그들 사이의 차이를 넘어서 그때그때의 이슈에 대해 연대를 맺는 접합을 연쇄적으로 갖게 될 수 있다.

★ 즉흥춤과 오디션열풍의 기호학적 이해 2009년부터 M.net에서 방송한'슈퍼스타K'의 성공을 계기로 공중파에까지 다양한 오디션 프로그램이 열병처럼 번졌다. 경쟁사회의 폐해에 찌든 한국사람들이 천문학적 숫자의 경쟁률을 보이는 오디션 프로그램에 열광하는 이유는 무엇일까? 유치원생부터 할아버지까지, 재수생과 실업청년부터 대학교수에 이르기까지 무지개빛 같이 수많은 차이가 있는 사람들이 참여하고, 또한 그렇게 차이가 있는 사람들이 다같이 시청하고 열광한다. 이 열풍은 즉흥춤의 '접촉의 연속'과 '등가성 연대'로 해석할 수 있다. 수많은 차이의 집단에 속하는 사람들이 경연의 각 부분에서, 흔히 인간드라마로 불리는 각자 다양한 형태의 어려운 과정을 겪으면서도 아름다움을 창출하려는 노력에 의해 피어나는

Grossberg(ed.), *Marxism and the Interpretation of Culture* (University of Illinois Press, 1988), 254쪽.

81 이 점에서는 춤과 법문학비평이 같은 기능을 수행할 수 있다. 법문학비평의 이런 기능에 관해서는 이상돈 · 이소영, "법문학비평의 개념, 방법, 이론, 실천", *안암법학* (제25호, 2007), 391~428쪽.

82 그러므로 나는 촛불시위에서 벌이는 춤판은 과거 이념운동을 할 때 추던 민중춤보다 이 즉흥춤이 제격이라고 생각한다. 이데올로기 투쟁의 풍취를 많이 내는 춤은 촛불시위에서 지양되어야 한다.

숭고미의 연속이 바로 이 오디션 프로그램에 의해 창출되고 있는 것이다. 그러니까 즉흥춤에서 접촉의 연속은 오디션프로에서 숭고미의 연속으로 기호화되고, 이는 연령, 성별, 사회계층 등을 넘어서는 사회적 연대를 창출하는 것이다. 그렇기에 오디션프로 중에서도 참가자 뿐만 아니라 경연의 종목(예: 노래, 춤, 마술)까지 무한한 차이를 보여주는 경연프로(예: 2011년 tvN의 '코리아갓탤런트'(korea's got talent))는 전국민이 판을 벌리는 즉흥춤의 마당이라 할 만하다.

이런 접합연쇄(등가성연대)는 이데올로기적 투쟁의 성격을 띠는 사회문제(예: 노동권, 생존권, 국가안보)에서는 적절하지 않다. 그보다는 이념적 좌표를 종적으로도(보수와 진보), 횡적으로도(자유와 평등) 가로지르는 문제들, 이를테면 아마존 원시림의 파괴와 같은 환경문제나 확산되는 인류의 육식을 위해 동물의 자연적인 생로병사를 왜곡하고 동물을 학대하는 축산의 문제처럼 이념적 좌표를 정할 수 없는 현대사회의 거대문제들에서 접합연쇄(등가성연대)는 법(예: 환경관련법, 동물관련법이나 축산물관련법)을 변화시키는 힘이 된다.

★ 즉흥춤의 자연성과 동물학대적 축산의 거부 동물학대적인 축산방법을 거부하는 인류의 등가성연대는 즉흥춤에서 접촉의 연속을 창출해가는 몸짓의 자연성에서 그 근원을 찾을 수 있다. 이를테면 즉흥춤은 몸에 작용하는 중력을 인위적으로 통제하려고 하기 보다는 몸을 중력으로 환원시킨다. 의지로써 몸의 동작을 순간적으로 펼치려다가 이내 중력에 몸을 맡겨버린 듯 팔을 떨어뜨리고, 근육을 이완시키는 몸짓이다. 이는 발레가 지극히 인위적 몸짓이라면, 즉흥춤은 지극히 자연적 몸짓임을 말해준다. 춤추는 자아의 이 자연스런 몸짓은 일차적으로는 인간과 인간사회에 향해 있는 메세지이지만 인간의 자연성은 식생활에서 자연주의, 이를테면 채식주의나 전통적인 자연축산의 방법으로, 특히 각자가 자신의 집에서 기를 수 있는 (양의) 가축들을, 게다가 그 기른 정 때문에 쉽게 잡아 먹지 못하는 마음의 작용에도 불구하고 어쩔 수 없이 잡아 먹게 되는, 바로 그 정도의 육식만을 하는 삶에 지향되어 있을 수 있다.

III. 브레이크댄스와 법

포스트모던예술 가운데 가장 대표적인 대중예술은 힙합과 브레이크댄스이다. 특히 브레이크댄스가 갖는 기호학적 의미는 포스트모던 법의 발전과 동치적인 요소를 많이 갖고 있다.

1. 브레이크댄스의 기초적 이해

(1) 브레이크댄스의 특징들

브레이크댄스(Breakdance)는 춤으로 표현된 힙합(hip-hop)의 텍스트(악보)라고 할 수 있다.[83] 브레이크댄스는 대체로 ① 각자의 자리에서 스텝을 밟으며 자신을 소개하는 업록킹(uprocking), ② 바닥에 손을 대고 손과 발을 함께 사용하며, 특히 6-스텝(six-stepping)을 밟는 다운록(Downrock), ③ 무수히 많은 스핀(spins)과 플립(flips)을 사용하면서 아크로바틱한 자세들을 실현하는 파워무브(powermove), ④ 그리고 끝맺음 자세로 취하는 프리즈(freeze)의 4단계로 구성된다. 이런 점에서 브레이크댄스는 아무런 양식이 없는 즉흥접촉춤과 구별된다. 하지만 브레이크댄스의 이와 같은 양식적 정형성은 발레의 경우처럼 견고한 것이 아니다. 브레이크댄스는 비보이들의 개인적인 즉흥성에 의해 그때그때 구성되는 측면이 상당히 강하기 때문이다. 또한 불과 40여년의 짧은 역사에도 불구하고, 브레이크댄스의 기술은 매우 다양하게 발전하였다. 양식성의 정도로만 보면 브레이크댄스는 발레와 즉흥접촉춤, 그 사이에 위치한다.

(2) 브레이크댄스의 초국가성

오늘날 브레이크댄스는 어떤 춤보다도 전 세계에 넓게 퍼져 있다는

---

83 브레이크댄스는 MCing, DJing, Graffiti과 함께 힙합의 4대요소로 불리기도 한다.

점이 주목할 만하다. 브레이크댄스의 시작은 1970년대 미국 뉴욕에서였다. 브롱크스(Bronx)를 중심으로 흑인들이 주류문화에 대한 저항적 함의를 담아 힙합 음악의 텍스트를 몸짓으로 표현한 거리의 춤이다. 이 하부문화의 생성사는 이후 다른 나라의 브레이크댄스에서도 비슷하다. 브레이크댄스는 1980년대 후반까지 미국에서 많은 관심과 사랑을 받다가 1980년대 후반 대중들의 관심에서 멀어지게 되었다. 그러나 1990년대 유럽에서 다시 부흥했고, 1990년대 후반에는 우리나라와 일본에까지 확산되었다. 특히 우리나라에서는 2000년대에 들어서 전문댄스그룹들(예: Visual Shock, Gambler, Last For One)이 생겼나고, 이들이 이후 각종 세계대회를 석권함으로써 우리나라는 명실상부하게 브레이크댄스에서 세계의 중심이 되고 있다. 브레이크댄스는 2000년대 후반에 들어서는 남미, 동남아, 아프리카, 중국에까지 확산되고 있다. 브레이크댄스의 확산은 마치 세계화의 진행에 병행해서 일어나는 현상처럼 보인다.

2. 브레이크댄스와 인권법의 구조

(1) 수행성과 공연성

브레이크댄스라는 기호가 갖는 법의 의미를 밝히기 위해서는 먼저 그 기호의 사회문화적 의미를 밝힐 필요가 있다. 이를 위해 페미니즘 학자 버틀러(Butler)의 수행성과 공연성 개념을 전용하는 것은 매우 유용하다.

1) 브레이크댄스의 수행성 수행성(Performativity)은 버틀러에 의하면 사회적 성(gender)이 실행되는 방식, 좀 더 비판적으로 말하면 성정체성에 대한 왜곡된 특성을 구성하는 허구적인 몸짓을 가리킨다.[84] 여기서 여성주의적 투쟁의 인식관심을 제거하고 일반화하면,[85] 수행성이란

84 Judith Butler, "Gender Trouble: Feminism and the Subversion der Identity (New York: Routledge, 1990), 제2장(Bodily Inscriptions, Performative Subversions) 참조.

85 Halifu Osumare, "Global Breakdancing and the Intercultural Body", *Dance*

개인적 자아를 어떤 문화의 특정한 춤으로 표현하는 몸짓의 총체가 된다. 이때 문화의 요소로서 가장 중요한 것은 부르디외(Pierre Bourdieu)가 제안한 개념인 관습(habitus, 아비투스)이다. 즉 환경이나 사회적 계급, 교육수준, 재산정도 등에 의해 축적된 생활양식으로서 개인의 성향을 구조적으로 결정짓는 무의식적 습관들을 말한다. 그러므로 춤은 개인적 자아를 표현하는 문화적으로 개별화되고, 무의식적 관습으로 구조화된 몸짓이라 할 수 있다.

2) 브레이크댄스의 공연성 춤은 이처럼 문화적 차원 이외에 그와 상반되는 체계적 차원을 갖는다. 브레이크댄스는 미국의 MTV나 우리나라의 M.net, KM 방송 등에 매일같이 흘러나오는[86] 힙합음악의 시각화된 텍스트이며, 뮤직비디오라는 상품의 중요한 컨텐츠로 애용된다. 이는 자본주의체계에서 춤의 상업화 현상을 가리킨다. 철학계와 여성학계에서 '수행'으로 번역되는 버틀러의 Performance[87] 개념은 시장영역의 상업적 행위에 전용한다면 '공연성'으로 번역할 수 있다. 즉 상업적으로 행하는 모든 춤은 공연성을 갖는 것이다. 이 공연성을 부르디외는 개인들이 무의식적 관습에 상호 영향을 주는 사회영역이라는 의미에서 장(field)이라는 개념으로 표현하기도 했다. 공연성이든 장이든 모두 엔터테인먼트 상품을 거래하는 시장을 가리킨다. 오늘날 이 엔터테인먼트 시장은 국경을 넘어 세계화된 시장을 갖고 있다.

(2) 브레이크댄스의 상호텍스트성과 직물구조

이처럼 브레이크댄스는 각 지역의 민속성(ethnicity), 즉 전통문화의 틀 속에서 무의식적 관습을 구현하면서도(수행성) 세계화된 시장의 상업

Research Journal (Vol. 34., Nor. 2), 43쪽, 각주 2번 참조.

86 방송에서 브레이크댄스는 CF나 TV의 스테이션 아이디(station identification)로 사용된다.

87 Judith Butler, "Performativity' Social Magic" in: Theodore R. Schatzko and Wolfgang Natter (eds.), *The Social and Political Body* (Guilford Press, 1996), 30쪽.

적 수요에 부응하는 행위(공연성)의 양면성을 갖는다. 브레이크댄스는 공연의 차원에서는 국경을 넘어 전 세계의 시장 곳곳에 퍼져있는 초국가적인(transnational) 몸짓이지만, 수행성의 차원에서는 민속학적 전통문화의 지역적인(local) 몸짓이 된다는 것이다.

1) 상호텍스트성 이것은 브레이크댄스가 시장에서 금전적 수익을 창출하는 합리적 행위라는 의미와 지역사회의 문화 속에 뿌리 내려온 전통적 가치들을 이어나가는 감성적 행위라는 의미를 함께 엮어 짠 직물(織物)과 같은 모습임을 말한다. 이를 두고 브레이크댄스의 상호텍스트성(Intertextuality)[88]이라고 부를 수 있다. 상호텍스트성이란 크리스테바(Kristeva)가 바흐친의 이론을 발전시켜서 정립한 개념이다. 즉, 모든 작가는 — 의식적으로든 무의식적으로든 — 한 사회에서 말하여지거나 쓰인 타자의 '텍스트'들에 동화되어 이것이 작품에 베어 나올 수밖에 없다는 것이다. 브레이크댄스도 그러하다. 아무리 흑인들이 브레이크댄스를 통해 미국의 자본주의체제의 가치를 전복시키는 상징을 창출하려고 해도, 브레이크댄스는 그 자체로서 가장 미국적인 자본주의체제의 시장논리를 수용하고 이용한다.

예컨대 미국의 흑인들이 추는 브레이크댄스는 노예로 끌려왔던 조상들의 무기력하고 수동적인 존재의 이미지를 해체하는 상징을 창출하는데, 이는 시장체제의 저편에서가 아니라 바로 시장체제 위에서 이루어진다. 즉, 흑인 힙합전사들은 G-Unit이나 힙합풍의 R&B 가수 어셔(Usher Raymond)처럼 MTV와 같은 미디어의 산업활동이 전개되는 (엔터테인먼트) 시장을 지배하는 자가 됨으로써, 그리고 바로 그런 지배자의

88 이 개념에 대한 자세한 설명으로는 Julia Kristeva, Semiotikè: *Recherches pour une sémanalyse* (Seuil, 1969), 144쪽, 그리고 Peter von Zima, *Textsoziologie. Eine kritische Einführung* (Metzler, 1980), 81~85쪽; 이를 인권문제에 적용한 이상돈, *인권법* (법문사, 2005), 58~60쪽; 신동룡, *저작권법제도의 정당성에 대한 비판적 고찰: 미하일 바흐친의 대화주의를 중심으로* (연세대학교 대학원 박사학위논문, 2005); "대화주의와 저작권법", *법철학연구* (제8권 제2호, 2005), 243~274쪽; "대화윤리와 저작권법", *법철학연구* (제9권 제1호, 2006), 215~242쪽 참조.

이미지를 통하여 흑인의 전통적 이미지를 해체적으로 재구성한다. 그런데 이때 시장 위에서 힘 있는 행위자의 이미지를 생산하는 원천은 아프리카의 민족주의적 미학이다. 바로 이 점에서 브레이크댄스는 세계화를 촉진시키는 초국가적 행위자들인 코카콜라나 MS와 같은 다국적 기업들이 퍼트리는 대중문화와 같으면서도 다르다고 할 수 있다.

2) 브레이크댄스의 직물짜기 여기서 브레이크댄스는 태고의 아프리카에서부터 계승된 민족주의적 미학과 시장체제 위에서 상업적으로 성공한 대중스타의 미학을 짜깁기하고 있음을 알 수 있다. 물론 발레나 즉흥접촉춤에도 이와 같은 상호텍스트성이 전혀 없다고 할 수는 없지만, 브레이크댄스처럼 직물을 구성할 정도로 상호텍스트성은 없다. 그런데 미국의 흑인 비보이들이 추는 브레이크댄스의 직물은 주로 두 가지, 즉 상업적인 자본의 창출이라는 자본주의체제의 가치와 전통문화의 감성적 가치로 짜인 단순 문양(□▦)의 직물이다. 이에 비해 우리나라 비보이들(춤: 라스트 포 원[89])이 가야금으로 연주(연주자: 숙명여대 가야금연주단)하는 파헬벨의 캐논(canon)에 맞춰 브레이크댄스를 추는 공연(TV CF)은 훨씬 더 섬세한 직물구조를 보여준다. 이 공연에서 가야금은 자본주의 시장체제의 형성 이전 사회(전근대사회)의 에토스를, 파헬벨의 캐논은 서구 근대사회의 에토스를, 그리고 브레이크댄스는 탈근대사회의 에토스를 상징한다. 그러니까 이 공연은 전근대(전통)와 근대 그리고 탈근대(포스트모던)의 시축(時軸)들을 브레이크댄스가 짜는 직물의 구조적 형상으로 삼는다. 또한 이 브레이크댄스는 그 공연이 CF로 사용된다는 점에서 시장체계 위에서 수익을 창출하는 시장가치의 전형을 보여준다. 그러면서도 시장체계에서 형성된 자본과 그것에 연계된 정치적 권력의 지배체제를 전복시키는 상징을 동시에 창출한다. 이렇게 종으로 횡으로 짜인 직물은 (횡으로만 짜인 미국 흑인 힙합 전사들이 추는 브레이크댄스보

89 라스트포원(Last4one)은 2005년 독일의 '배틀 오브 더 이어'에서 우승을 차지한 팀이다. 이들의 홈페이지(http://last4onecrew.cyworld.com)를 참조함.

다) 훨씬 더 아름답다.

(3) 인권법의 직물구조

브레이크댄스의 상호텍스트성과 직물짜기의 특성은 브레이크댄스가 오늘날 법체계에서 인권을 생성시키는 춤의 대표가 되게 만든다. 이는 '절대불가침성', '양도불가능성'의 술어를 받는 주어로서 근대적 인권 개념이 포스트모던시대에 산적한 인권문제들을 해결하는 데 한계를 겪는 상황에서 더욱 주목할 만한 현상이다.

1) 섬유로서 인권, 직물로서 인권법 오늘날 절대불가침의 "근대적 인권은 문화의 복수성 속에서 '하나의' 가치로서 다른 소수문화들과 직물짜기의 방식으로 융합"[90]될 수 있다. 여기서 소수문화란 사회적 소수자의 하부문화를 가리킨다. 예컨대 동성애는 전근대사회에서는 범죄이기도 했지만, 오늘날엔 인권의 하나로 승인되어 가고 있다. 그러나 동성애는 원래 근대적 법질서에서도 합법화될 수가 없다. 왜냐하면 근대적 헌법은 이성애(異性愛)를 바탕으로 하고, 자본주의적 인간상의 전형인 소유적 개인주의가 지배하는 가족제도[91] 위에서 법공동체를 구축하고 있기 때문이다. 소유적 개인주의가 지배하는 가족제도는 이중혼도 금지하고, 혼인 외의 성교도 불법화한다. 그렇기에 동성애는 근대법질서에서는, AIDS 감염의 고위험군이라는 따가운 눈총 속에서, 기껏해야 '관용'(tolerance)될 수 있을 뿐이다. 여기서 동성애를 관용하는 단계를 넘어 동거하는 동성애자들에게 입양권을 보장하고 사회보장급부의 상호적 수혜권을 누릴 수 있게 하는 합법적인 '시민결합권'을 인정해주는 일은 오로지 직물짜기의 방식으로만 가능하다. 직물짜기는 이성애, 동성애, 심지어 양성애라는 각각의 섬유(纖維)들을 서로 어울러뜨려 하나의 아름다운 천이 되도록 엮는 것을 말한다.[92] 각 섬유로 비유된 특정 사람들의

90 이상돈, *인권법* (세창출판사, 2005), 59쪽.

91 대한민국헌법 제36조 제1항: "혼인과 가족생활은 개인의 존엄과 양성의 평등을 기초로 성립되고 유지되어야 하며, 국가는 이를 보장한다."

공통된 생각이나 문화의 고유성을 깨뜨리지 않으면서 서로 조화를 이루어 다양한 빛깔과 문양을 띠는 직물, 즉 더 성숙한 공동체를 이룰 수 있게 하는 것이다. 그러므로 동성애에게 시민결합의 수준을 넘어 '혼인권'을 주는 것은 옳지 않다. 이것은 흔히 말하듯 국가의 개입(예: ADIS 위험원인 자유로운 성관계에 대한 자기반성의 요구, 일부일처제의 강요)과 그로 인한 부작용(예: 동성혼이 아닌 다른 결합형태의 반사적인 불법화)[93] 때문만이 아니다. 더 중요한 이유는 동성혼을 인정하게 되면 전통적인 결혼제도를 따르는 사람들의 신념이 띨 수 있는 섬유의 빛깔이 동성애라는 섬유의 빛깔로 덧칠되어 그 고유한 빛깔이 퇴색되기 때문이다. 동성혼은 승인하지 않고 시민결합체만을 인정함으로써 전통적인 이성애자이든 동성애자이든 또는 양성애자이든 각자의 인권은 각자의 빛깔을 가진 섬유로 남은 채, 다른 사람의 인권과 함께 짜여 아름다운 가족제도가 만들어질 수 있다. 이와 같은 설명에서 다시 확인할 점은 각각의 인권은 다양한 빛깔과 질감의 섬유로 그리고 인권법은 그런 섬유들을 엮어 아름다움을 발산하게 짜놓은 직물로 환유[94](換喩, metonymy)될 수 있다는 점이다.

2) 인권의 유형적 이해의 폐기 이런 환유는 인권법의 구조를 새롭게 이해하게 한다. 흔히 인권의 발전을 3세대, 즉 제1세대 인권(자유권), 제2세대 인권(사회권), 제3세대 인권으로 구분한다. 이런 구분은 사회권적 인권이 자유권적 인권과 모순관계에 놓이기 쉽고, 제3세대 인권은 자유권적 및 사회권적 인권에 의해 확보되지 않는 인권의 공백을 메운

---

92 이와 비슷한 생각으로 친족이라는 개념도 자연적 관계의 단일성에서 이해되지 않고, 다양한 조각들이 자율적으로 짜 맞춰진 것으로 이해된다는 J. Butler, "Is Kinship Always Heterosexual?", *Differences: A Journal of Feminist Cultural Studies* (Volume 13, Issue 1, 2002) 14~44쪽 참조.

93 J. Butler, "Is Kinship always heterosexual?", *Left Legalism/Left Critique* (Duke University Press, 2002), 232, 242쪽 참조.

94 이에 관해 김문정, "환유로서 법해석, 은유로서 정의", *고려법학* (제91호, 218), 115~147쪽 참조. 다만 은유이든 환유이든 정의를 생성시키는 법해석의 방법이라고 볼 수 있다.

다는 점이 반영된 결과이다. 제3세대 인권론으로는 주로 환경권, 발전권, 평화권 또는 의사소통권, 인류공동의 유산에 대한 소유권, 자결권, 문화적 상이성을 주장할 권리, 정보 교환의 권리 등이 제시된다. 그러나 그 수많은 다양한 인권목록이 이 세 가지 유형에 가지런히 배치될 수가 없다. 강제적 배치는 그 인권의 섬유가 발하는 빛깔을 변색시킬 수 있기 때문이다.

★ 이중국적자유의 인권유형 가령 이중국적의 자유는 세계화시대에 새로운 인권으로 승인될 만하다. 이중국적의 자유는 흔히 어떤 국가에서 시민으로 살 것인지에 대한 자기결정권을 보장한다는 점에서 제1세대 인권으로 분류되기 쉽다. 그러나 이중국적은 '국가로부터의 자유'가 아니라 '국가로 향한 자유'라는 점에서 제1세대 인권과 다르다. 그렇다고 이중국적의 자유가 그 개인의 생존을 배려하는 사회권적 성격이 두드러지는 것도 아니다. 또한 이중국적의 자유는 제3세대 인권의 전형적 특징들, 이를테면 ① 엷은 정치적 색채, ② 국가 대 개인의 문제가 아니라 개인, 국가, 공·사단체, 국제공동체가 연대해야 할 문제, ③ 국제법적 차원에서 먼저 제기되고 그 인정을 요구하고 있다는 점, ④ 그 주체가 개인이 아니라 민족이나 국가와 같은 집단이라는 점[95] 등 가운데 ②, ④의 요소를 충족하지 못한다.

여기서 수많은 다양한 인권목록을 3세대로 유형화하는 사고는 포기되어야 함을 알 수 있다. 그 자체가 반(反) 인권적 사고를 보여준다. 인권을 세 가지로 유형화하려는 노력은 마치 캐논의 가야금 연주에 맞춰 추는 브레이크댄스가 캐논이라는 근대적 음악의 텍스트와 가야금의 질감적 선율 그리고 전복적인 시각적 형상을 엮어 만드는 작품(직물)과, 하와이의 토착문화와 엮어 브레이크댄스가 만드는 작품 그리고 뉴욕의 흑인 비보이의 브레이크댄스가 수행하는 검은 몸의 재해석, 이 셋을 각기 어떻게 유형화할지를 두고 고민하는 것과 같다. 헤아릴 수 없이 많

95 제3세대 인권에 대한 개관은 홍성방, "제3세대 인권", *법정고시* (제5호, 1996), 32~44쪽 참조. 특히 제3세대 인권 중 발전권에 대해서는 김형민, "발전과 인권: 제3세대의 인권론을 중심으로", *한국기독교신학논총* (제13호, 1996), 203~234쪽 참조.

은 섬유와 직물이 있듯, 헤아릴 수 없이 많은 인권이 있을 뿐이다.

3. 브레이크댄스의 상호문화성과 상호문화성의 법

브레이크댄스는 구조적으로는 수행성과 공연성의 두 요소로 짜인 춤이다. 이런 춤을 추는 몸은 '상호문화적[96] 몸'(intercultural body)으로 개념화할 수 있다.

(1) 상호문화성과 하부문화의 법

오스마(Osumare)는 브레이크댄스를 추는 미국 흑인의 몸을 상호문화적 몸으로 개념화하였다. 이 개념은 "사회문화적 공간(sociocultural)에서 상호작용하는 감각적인 존재"[97]로 이해되는 인간이 "글로벌 팝문화와 민속학적 전통문화라는 커다란 틀에서 즉흥적으로 춤추는 몸"[98]을 가리킨다. 상호문화적 몸으로서 브레이크댄스는 상호문화적 법의 현상을 잘 이해할 수 있게 한다.

1) 주류문화와 비주류 하부문화의 상호성 그러나 미국의 흑인 비보이가 미국의 주류문화와 지배체계에 대해 전복적인 몸짓을 한다고 해서 그의 몸이 충분히 상호문화적 몸이 되는 것은 아니다. 그것은 하나의 국가 안에서 단지 주류문화와 비주류 하부문화 사이를 소통시키는 것이 될 수는 있지만, 글로벌 사회에서 다양한 민족 간의 문화적 소통을 포괄하고 있지는 않기 때문이다. 미국의 흑인 비보이가 추는 브레이크댄스는 — 특히 1990년대 유럽으로 퍼지기 이전에는 더욱 더 — 수행성과 공연성, 무의식적 관습과 상업적 시장의 이중성만을 포함하는 상호

---

96 춤에서 interculturalism을 상호문화주의가 아니라 문화상호주의로 번역하기도 한다. 조기숙, "춤의 새로운 비전을 위한 고찰. 몸의 체험을 기반으로 한 연구와 성찰을 위하여", *한국무용기록학회* (제17권, 2009), 180쪽 참조. 그러나 문화'상호주의'는 법학의 맥락에서보면 문화상대주의와 혼동되기 쉽고, 상법상의 상호 개념도 연상시킨다는 점에서 다소 부적절하다.

97 Halifu Osumare, "Global Breakdancing and the Intercultural Body", *Dance Research Journal* (Vol. 34., No. 2), 42쪽.

98 앞의 논문, 42쪽.

텍스트성의 단계에 머물러 있는 것이다.

하지만 주류문화와 비주류 하부문화 사이의 제한적인 상호문화성도 법의 형성에 중요한 요소로 자리 잡을 수 있다. 이런 상호성은 주류문화에 대해서는 '전복(顚覆)적 수단'(subversive means)이 되고, 하부문화에 대해서 건설적 의미를 준다고 생각하기 쉽다.

(가) 얼음동작의 전복적 의미 가령 브레이크댄스의 전형적 동작 가운데 한 예로서 얼음(freeze) 동작을 들 수 있다. 얼음은 정지, 고정의 의미이며 그 심층적 기의는 인간의 몸을 "젊은 남성의 생명력과 그 반대편의 것들, 이를테면 여성, 동물(개, 말, 노새), 어린아이, 노인, 부상과 질병… 그리고 죽음과 비교하고 대조시키는 가정법의 상태에서"[99] 인간의 몸을 탐구하는 것이다. 여기서 비교와 대조는 차별화를 위한 것이 아니라 역설적이게도 사회적 연대를 촉진시킨다. 그러니까 비보이는 얼음동작을 할 때 그 동작을 지켜보는 사람들에게 '내가 이렇게 강인한 몸의 동작을 취할 수 있는데, 바로 그렇기 때문에 그렇지 못한 약한 사람들을 잠시 함께 생각해보자'고 말을 걸고 있는 것 같아 보인다. 또한 그렇게 말 거는 순간에 — 즉, 한 비보이가 퍼포먼스를 얼음동작으로 끝내는 그 순간에 — 다음 차례의 비보이가 들어와 춤을 춘다. 이는 에티켓이자, 개인주의가 지배하는 형태의 춤에서 사회적 연대를 창출하는 것이다.

(나) 브레이크댄스의 시장적 의미 그러나 브레이크댄스가 비록 흑인의 하부문화에서 생장한 것이지만, 미국의 엔터테인먼트 산업의 성장과 시장의 확장에 기여함으로써 자본주의체제의 주류문화에 간접적으로 기여한다는 점을 간과할 수 없다. 또한 주류문화도 흑인의 하부문화의 영향 속에 성찰적인 자기변화를 도모하거나 적어도 그 내용의 풍요로움을 더할 수 있다. 반면에 브레이크댄스가 MTV로 상징되는 시장의 상품으로 전용됨으로써 그 춤을 추는 흑인들의 하부문화도 주류문화적 풍취와 물적 기반을 얻는다. 우리나라에서도 이런 변화는 비슷하다. 브레이크댄스

99 Sally Banes, "Breaking", *Fresh Hip Hop Don't Stop* (Random House, 1985), 97쪽.

는 뒷골목 아이들만의 문화, 헐렁한 복장으로 기성사회에 대한 불만을 표출하는 하부문화에 머무르지 않고, Mnet의 드라마 〈브레이크〉처럼 방송시장의 상품으로 전용되고, 〈비보이를 사랑한 발레리나〉나 〈더 코드〉 등과 같이 다양한 변주의 상품으로서[100] 시장에 확장적인 침투를 계속해오고 있다. 그렇기 때문에 주류문화와 비주류 하부문화 사이의 상호성은 주류문화와 하부문화에 대해 모두 전복적이면서 동시에 생산적인 것이 된다.

2) 하부문화적 법 브레이크댄스의 이와 같은 상호문화성은 법도 주류문화와 비주류 하부문화 사이의 상호성을 도모해야 함을 말해준다. 그럴 때에만 법은 더 민주적이며, 덜 계급적일 수 있고, 민주적 법치국가는 문화가 편향되지 않고 인간성이 풍요롭게 피어나는 국가, 곧 문화국가가 될 수 있다.[101] 문화국가의 현대적 의미는 상호문화성을 실현하는 국가이다. 그 첫 단계가 한 국가 내부에서도 주류문화와 비주류 하부문화 사이의 상호성을 도모하는 일이다.

㈎ 법에서 하부문화의 고려 이런 문화국가적 과제는 법으로 하여금 하부문화의 현상을 법의 형성이나 법률해석에서 고려하게 하는 방법으로 이행할 수 있다.

ⓐ 가령 성전환자들의 의식, 행동관습, 연출스타일 등도 하나의 하부문화가 된다. 그들의 집단의식은 법의 적용에서 고려되어야 한다. 예컨대 성전환수술로 여자가 된 생래적 남자는 그들의 하부문화에서는 분명히 여자이다. 그렇기 때문에 그런 여자를 때려 성교를 하려다 다치게 한 남자의 행

---

100 이에 관해 송준호, "한국비보이의 세계적 트렌드현상에 대한 소고", *월간말* (통권 245호, 2006), 222~225쪽.

101 헌법 제9조는 "국가는 전통문화의 계승·발전과 민족문화의 창달에 노력하여야 한다."고 규정한다. 여기서 전통문화의 발전은 전통문화의 재해석을 통한 현대문화의 생산을 의미한다는 점에서 우리의 헌법에서 국가는 문화국가이어야 한다. 다만 민족문화의 창달은 단일민족 사회의 역사의식이 낳은 것으로서 다민족 사회로 이행하고, 전세계가 다양한 문화를 서로 소통시키는 시대에 접어들었다는 점을 고려할 때 (헌법 개정을 통하여) 삭제되어야 한다. "민족문화의 창달"은 "새롭고 다양한 문화의 창달"로 개정함이 적절하다.

위는 강제추행치상죄가 아니라 강간치상죄의 적용을 받아야 한다. "성염색체의 구성이나 본래의 내·외부성기의 구조…(중략)…수술 후에도 여성으로서의 생식능력은 없는 점…(중략)…등 여러 요소를 종합적으로 고려하여 보면 위 피해자를 사회통념상 여자로 볼 수는 없다"[102]는 판결은 전통적인 남성성과 여성성의 구별 위에 서 있는 주류문화에 고착되어 있는 것이다.

ⓑ 호적상 성별정정의 문제에서 대법원은 성전환자의 호적정정을 허가한다. 본인의 성정체성과 사회적 남성의 역할수행 등을 이유로 삼았지만 "주위 사람들로부터도 그 성으로서 인식되고 있으며, 전환된 성을 그 사람의 성이라고 보더라도 다른 사람들과의 신분관계에 중대한 변동을 초래하거나 사회에 부정적인 영향을 주지 아니하여 사회적으로 허용된다"[103]는 단서를 달았다.

성전환자들의 하부문화를 통해 주류문화(남성성과 여성성의 준별)를 성찰함이 없이 (ⓐ의 인용판례처럼) 주류문화의 근간을 고수하거나[104] (ⓑ의 인용판례처럼) 크게 흔들어 놓지 않는 범위에서 예외적인 배려의 정책을 쓰고 있는 것은 남성 (무의식) 속에 여성성(anima), 여성 (무의식) 속에 남성성(animus)이라는 정신분석학적 통찰을 간과한 것이다.

(나) 사회규범으로서 하부문화 여기서 하부문화를 단지 예외적으로 배려해주는 것이 아니라 원칙적으로 '승인'하고 고려하는 법의 태도는 문화국가의 인프라라고 말할 수 있다. 그런 법을 '하부문화적 법'(subcultural law)이라고 부를 수 있다. 이 개념은 주류문화와 하부문화를 소통시키는 법을 의미한다. 다른 각도에서 보면 하부문화적 법은 주류문화를 일방적으로 억압하고 전복시키는 법이 아니다. 따라서 하부문화적 법은 하부문화가 일종의 사회규범이 된 경우에 비로소 그것을 승인하고 고려해야만 한다.

---

102 대법원 1996. 6. 11. 선고 96도791 판결; 다만 현재 이 판결을 변경되었고, 성전환여성도 여성으로 인정한다(대법원 2009. 9. 10. 선고 2009도3580 판결).

103 대법원 2006. 6. 22. 자 2004스42 전원합의체 결정.

104 앞의 삽입글 ⓐ에서 인용된 판례는 유니섹스 시대에 남성성을 구출하려는 상징적 전략을 쓴다고 평할 수 있다. 이에 관해 이상돈, *기초법학* (법문사, 2010), 816쪽 참조.

> 예컨대 오토바이 폭주족들의 동호회에서 흔히 서로에게 벌이는 터프한 행동은 그 하부문화 안에서는 어떤 법적 책임을 가져오지 않는다는 법해석(예: 경범죄처벌법의 적용)을 할 수 있다. 그러나 그 동호회에 속하지 않은 일반시민에게 같은 행동을 한 경우에, 즉 그런 행동을 예의가 아니라 폭행으로 받아들이는 주류시민문화에서는 여전히 폭행죄로 제재를 가할 수 있다.[105]

(2) 초국가적 상호문화성과 법

1) 브레이크댄스의 상호문화성 상호문화적 몸짓으로서 브레이크댄스의 의미는 상호텍스트성의 맥락에서 파악하되, 맥락을 함께 형성하는 텍스트의 개념에는 한 국가 내의 주류문화와 비주류문화만이 아니라 국가가 다르고 역사와 전통이 다른 지역의 문화들을 대입해 넣을 수 있다. 즉, 브레이크댄스를 추는 춤꾼들은 어떤 국가, 어떤 민족에 속하건 간에, 자국의 민속학적 전통문화를 재해석하고 그를 통해 자신의 정체성을 형성하는 몸짓을 수행할 수 있다. 가령 한국의 비보이들은 미국의 비보이들에 비해 자유로운 스타일보다 조직적인 스타일을 취하며, 또한 절박함의 미학이 빛난다고 한다.[106] 절박함은 한국사회 청소년의 하부문화에서 재해석된 브레이크댄스의 미학이다. 이 미학은 파워무브의 고난이도 기술의 틀마저 깨뜨렸다고 한다. 한국 비보이들의 브레이크댄스에 대한 문화적 재해석과 기술적 발전은 때로는 서구 강대국의 견제를 받기도 했지만, 오늘날에는 세계 각국의 비보이들로부터 존중받고 있다. 이 존중은 한국 비보이의 브레이크댄스에 입력된 한국 청소년들의 무의식적 관습(habitus)에 대한 존중이다. 이 존중을 통해 다른 지역의 청소년들은 타자의 고유성을 인식할 뿐만 아니라 자신들의 자아를 다시 성찰하는 계기를 가질 수 있다. 물론 이런 존중과 성찰은 한국 비보이들

---

105 이상돈, *형법강론* (박영사, 2017), 272쪽 참조.

106 이러한 이해로 세계적인 한국의 비보이 홍텐의 레이디경향 인터뷰(2007.5.21.) (http://zine.media.daum.net/ladykh/view.html?cateid=3000&newsid=20070521120813613&p=ladykh) 참조.

이 미국의 브레이크댄스를 보고 배우는 과정에서도 일어난 것이다. 이로써 미국의 비보이 문화와 한국의 비보이 문화는 상호적인 것이 된다. 이런 상호문화성이 다른 어떤 춤보다도 브레이크댄스에서 가장 넓게 전 세계적으로 확산되어 있다고 보인다.[107]

여기서 브레이크댄스의 상호텍스트성과 상호문화성을 브레이크댄스의 하부문화가 갖는 수직적 차원과 수평적 차원으로 개념화함으로써 양자의 차이를 좀 더 명료하게 할 수 있을 것이다.

— **수직적 차원**: 브레이크댄스는 자본주의 사회에서 경제영역 뿐만 아니라 정치영역[108]을 포함한 거의 모든 사회영역을 지배하게 된 시장의 거대한 힘에 맞서는 (비록 약하지만) 대항마와 같은 하부문화이다.

— **수평적 차원**: 브레이크댄스는 이미 거의 모든 대륙에 걸쳐 국경을 넘어, 다양한 문화를 가로지르는 글로벌 하부문화이다.

2) 상호문화적 법 브레이크댄스의 상호문화성은 브레이크댄스가 기호화하는 법의 상호문화성을 가리킨다.[109]

(개) 상호문화성의 의미 여기서 상호문화성은 모든 문화권을 포괄하는 보편성의 법문화를 가리키는 것이 아니다. 테러나 인종학살 등과 같은 범죄들을 처벌하는 법은 얼핏 문화초월적 보편성을 지니는 법처럼 보인다. 그러나 이런 보편성은 이슬람권과 서방세계 사이의 근본관점의 차이를 문화(culture)의 차이가 아니라 문명(civilisation)의 대립으로 볼 때 비로소 인정될 수 있을 뿐이다. 문화의 다원성과 상호존중은 서구의 민주주의 체제를 수용한 국가들 사이에서만 타당한 것이 된다.

상호문화성은 서로 다른 법문화(권)를 가로지르는 것, 그러니까 서로 다른 법문화 사이의 소통을 통하여 각 법문화가 자기반성적 변화와 발

107 BTS의 세계적 성공도 한국 비보이 문화의 상호문화성과 엔터테인먼트 산업이 유튜브를 매체로 확장한 초국가적 공연성과 합작한 결과로 볼 수 있다.

108 정치의 시장화(Vermarktung)는 이상돈, *형법의 근대성과 대화이론* (홍문사, 1994), 48쪽.

109 Otfried Höffe, *Gibt es ein interkulturelles Strafrecht? Ein philosophischer Versuch* (Suhrkamp, 1999).

전을 이루어나가는 것을 가리킨다. 상호문화성은 강대국 중심으로 전개되는 세계화 흐름의 대립항이 될 수 있다. 세계화 시대에 법의 상호문화성은 세계를 통괄하는 단일한 법의 정립이 아니라 국가단위의 법체계들이 서로 이해를 확장해감으로써 대립을 지양하고 조화를 도모하는 초국가적인 법을 요구한다. 오늘날 상호문화성은 "자유주의적 법제도의 본질적인 부분"(integralen Bestandteil eines freiheitlichen Rechtswesens)[110]으로까지 인정되어가고 있다.

(나) **상호문화적 법의 조건** 여기서 초국가적 법이 형성되는 과정의 대강을 기획해보자.[111] ① 첫째, 모든 각국의 법은 세계화 시대에는 원칙적으로 초국가적 효력을 주장할 수 있다. ② 둘째, 그러나 이 주장은 그 국가형법이 이질적인 구성의 세계시민사회 안에서 형성되는 초국가적 공론에 의해 정당화될 것을 전제한다. ③ 셋째, 초국가적 공론이 다양한 시민단체들의 국제적 연대에 힘입어 다른 국가의 국내공론에 영향을 미치는 대화적 방식으로 한 국가의 형법은 다른 국가의 공론에 의해 타당한 것으로 수용된다. ④ 넷째, 한 국가의 공론은 다른 국가의 국내공론이나 초국가적 공론과 소통을 할 수 있어야 한다. ⑤ 다섯째, 이와 같은 다른 국가의 공론을 상호 존중하고, 어떤 국가의 국내공론도 다른 국가의 국내공론과 같은 내용으로 변화될 수 있어야 한다. 이는 세계화 시대의 에토스이다.

---

110 이런 이해로 Otfried Höffe, *Gibt es ein interkulturelles Strafrecht?: Ein philosophischer Versuch* (Suhrkamp, 1999), Vorwort 참조.

111 이하의 기획은 Alexander von Humbolt Stiftung/Deutscher Akademische Austausch Dienst가 일본 도쿄에서 주최한 *Globalisierung und Recht* (2005.9.28.~2005.9.29.), Arbeitsgruppe Strafrecht의 "Grenzüberschreitende Kriminalität und Internationalisierung des Strafrechts"에서 지정토론자(Erster Kommentar)로 내가 발표한 "Globalisierung und Strafrecht"와 고려대 법과대학 주체 *세계화 시대의 법과 한국법의 발전* (2005.11.19.)에서 발표한, "세계화와 한국형법의 미래", 105~108쪽에서 세운 것임.

04 법의 예술적 주체

I. 작가의 법적 지위 변화

모든 예술작품은 사람이 만든다.[1] 예술작품을 만든 사람(작가)에게 어떤 지위를 인정할 것인지는 시대마다 사회마다 다르다. 물론 작가의 지위가 시대마다 사회마다 다른 것에는 사회역사적 배경과 원인이 있다. 하지만 작가의 지위변화는 가령 미술의 양식적 발전과 같은 미술계의 내적 변화와도 분리되지 않는다.

1. 중세에서 종교적 이념의 노동자로서 화가

서구사회의 중세에 미술품은 상업의 대상이 아니라 교회와 연계되어 신앙적 가치를 생산하는 방편이었다. 그렇기에 당시에는 예술가 개인의 인격이 예술품 수집가들에게 중요하지 않았고[2] 오늘날과 같은 화가의 저작권도 인정되지 않았다. 과격하게 표현한다면, 화가는 종교의 이념을 회화적으로 재현하는 노동자에 불과했다. 그러므로 당시 그림에는 화가의 서명이나 낙관이 없었다.

---

1 동물을 반려자로 여기는 문화가 성장하면서 최근에는 동물작가도 등장하고 있고, 또한 인공지능(AI) 시대가 본격화되면서 AI도 작품을 생산하는 현상이 벌어지고 있다. 이는 인간이라는 작가의 주체성에 새로운 문제를 던져주지만, 이 장에서는 논의하지 않기로 한다.

2 Thoma Wurtenberger, "Criminal Damage To Art-A Criminological Study", *DePaul Law Review* (Vol. 14, 1964-1965), 83쪽.

2. 근대사회에서 상업적 거래의 주체

이에 비해 자본주의체제가 들어선 근대사회 이후의 회화, 이를테면 인상주의(impressionism)와 같은 모던회화(근대미술)에서 작품은 저자의 인격이 발현된 결과이며, 따라서 작품은 당연히 '누구의' 작품으로서 그 의미와 가치가 인정되었다. 이런 저자의 지위는 오늘날에는 법적으로 그림에 자신의 이름을 표시하고(성명표시권[3]), 그 그림을 공표할지 여부를 결정할 권리(공표권[4])로 제도화되어 있다.

회화의 양식도 이런 저자의 주체적 지위와 내적으로 연관되어 있다. 예컨대 인상주의 회화에서 회화적 표현은 주체가 감각적으로 지각한 주관적 체험내용을 캔버스의 평면 위에 시각적으로 완벽하게 현출시키는 과정이다. 이는 주체의 객체(자연)에 대한 지배를 수행하는 이념이 그림의 양식으로 내면화된 결과라 할 수 있다. 하지만 근대사회에서 작품은 종교의 수단으로부터 벗어나 상업적 거래의 대상이었고, 따라서 작품의 소유권이 저자 이외의 사람에게 넘어가면, 그 작품에 대한 모든 처분권도 저자에게서 매수인에게 넘어갔다.

---

3 저작권법 제12조(성명표시권) ① 저작자는 저작물의 원본이나 그 복제물에 또는 저작물의 공표 매체에 그의 실명 또는 이명을 표시할 권리를 가진다. ② 저작물을 이용하는 자는 그 저작자의 특별한 의사표시가 없는 때에는 저작자가 그의 실명 또는 이명을 표시한 바에 따라 이를 표시하여야 한다. 다만, 저작물의 성질이나 그 이용의 목적 및 형태 등에 비추어 부득이하다고 인정되는 경우에는 그러하지 아니하다.

4 저작권법 제11조(공표권) ① 저작자는 그의 저작물을 공표하거나 공표하지 아니할 것을 결정할 권리를 가진다. ② 저작자가 공표되지 아니한 저작물의 저작재산권을 제45조에 따른 양도, 제46조에 따른 이용허락, 제57조에 따른 배타적발행권의 설정 또는 제63조에 따른 출판권의 설정을 한 경우에는 그 상대방에게 저작물의 공표를 동의한 것으로 추정한다. ③ 저작자가 공표되지 아니한 미술저작물·건축저작물 또는 사진저작물(이하 "미술저작물등"이라 한다)의 원본을 양도한 경우에는 그 상대방에게 저작물의 원본의 전시방식에 의한 공표를 동의한 것으로 추정한다. ④ 원저작자의 동의를 얻어 작성된 2차적저작물 또는 편집저작물이 공표된 경우에는 그 원저작물도 공표된 것으로 본다. ⑤ 공표하지 아니한 저작물을 저작자가 제31조의 도서관등에 기증한 경우 별도의 의사를 표시하지 않는 한 기증한 때에 공표에 동의한 것으로 추정한다.

3. 현대사회에서 저자의 절대적 주체화

작품에 대한 처분권이 매수인에게 넘어간 뒤에도 화가는 그 매수인이나 새로운 소유자가 자신이 그린 그림을 변형시키거나 훼손하는 것을 못하게 할 권리가 있는 것일까?

(1) 동일성유지권

오늘날의 저작권법은 이런 권리를 저작자의 권리로 인정하고 있다. 우리나라 저작권법도 그림의 "내용·형식 및 제호의 동일성을 유지할 권리"(동일성유지권[5])를 인정한다. 이런 저자의 권리는 그 작품의 소중한 가치를 훼손하지 않게 하는 방향으로만 기능하고, 예술적 가치가 있는 작품의 생성이나 새로운 예술적 표현의 가능성 확보에는 오히려 역기능적이다. 이런 저자의 지위는 법을 만든 입법자의 지위보다 훨씬 강하고 높다고 할 수 있다. 입법자가 어떤 기획을 갖고 법을 제정해도 법관이나 행정관료에 의해 그 법은 재해석된 채 운영되기 때문이다. 이런 저작권법의 현실은 예술의 자유(제22조 제1항)나 문화국가를 추구하는 헌법 조항(전문, 제9조, 제11조 제1항, 제69조)에서 비롯되는 것이 아니다.

(2) 개인주의적으로 이해된 이성과 감성

저자가 자신의 작품에 변형조차 가하지 못하도록 하는 힘을 갖는다는 것은 작품의 미학적 가치가 오로지 저자의 사상과 표현적 행위에 의해서 구성된다는 인식을 전제한다. 이는 마치 법을 개인의 (실천)이성이

5 저작권법 제13조(동일성유지권) ① 저작자는 그의 저작물의 내용·형식 및 제호의 동일성을 유지할 권리를 가진다. ②저작자는 다음 각 호의 어느 하나에 해당하는 변경에 대하여는 이의(異議)할 수 없다. 다만, 본질적인 내용의 변경은 그러하지 아니하다. 1. 제25조의 규정에 따라 저작물을 이용하는 경우에 학교교육 목적상 부득이하다고 인정되는 범위 안에서의 표현의 변경 2. 건축물의 증축·개축 그 밖의 변형 3. 특정한 컴퓨터 외에는 이용할 수 없는 프로그램을 다른 컴퓨터에 이용할 수 있도록 하기 위하여 필요한 범위에서의 변경 4. 프로그램을 특정한 컴퓨터에 보다 효과적으로 이용할 수 있도록 하기 위하여 필요한 범위에서의 변경 5. 그 밖에 저작물의 성질이나 그 이용의 목적 및 형태 등에 비추어 부득이하다고 인정되는 범위 안에서의 변경.

제도적으로 발현된 결과로 여기는 이성법의 전통에서 전제되어 있는 주체적 인간상에 상응한다. 그러니까 근대법의 정의가 개인의 이성으로 환원되는 것처럼, 미술작품의 미학적 가치도 화가 개인의 감성으로 환원되는 것이다. 개인주의적으로(individualistisch) 해석된 이성[6]이란 (숭고한 철학자처럼) 실천이성이 발달한 개인이라면 혼자서도 정의를 인식할 수 있다는 함의를 갖는다. 개인은 이성으로 평등한 자유의 가능조건들을 선천적으로 알 수 있다는 것이다. 이와 상응하게 작가의 예술적 감성(feeling)을 개인주의적으로 해석한다면 작품의 미학적 가치는 설령 공감(empathy)을 얻지 않더라도 작가 개인의 주관적 감성이 표현된 결과 그 자체로서 생성될 수 있다는 생각이 저작인격권의 배후를 이룬다. 이런 점에서 근대 이성법과 현행 저작권법의 저작인격권(특히 동일성유지권)은 개인주의(individualism)라는 공통된 기반을 갖고 있다고 할 수 있다.

II. 모더니즘의 정점으로서 저작인격권

그러나 포스트모던 시대에도 이런 저자의 권리가 유지될 수 있는 것일까? 이 물음에 답을 하기 위해서는 먼저 저작인격권이 갖는 법철학적 의미를 규명하고 이해할 필요가 있다.

1. 부성(父性)의 명예심으로서 저작인격권

현행 저작권법에 의하면 화가는 그림에 자신의 이름을 표시하고(성명표시권), 그 그림을 공표할지 여부를 결정하며(공표권) 아울러 그림의 "내용 · 형식 및 제호의 동일성을 유지할 권리"(동일성유지권)를 갖는다.

---

6 이런 통찰로 K. Günther, "Möglichkeiten einer diskursethischen Begründung des Strafrechts", Heike Jung/Heinz Müller/Ulfried Neumann(편), *Recht und Moral* (Baden-Baden, 1991), 207쪽 아래 참조.

또한 이런 권리는 화가의 "일신에 전속한다"(제14조 제1항). 이를 저작인격권이라고 부른다.

(1) 도덕적 권리와 부성(父性)

저작인격권은 19세기 프랑스에서 시작되어 유럽국가에서 널리 인정되어 오다가, 1979년 베른협약[7]에 의해 전 세계적으로 보편화되었다. 이 권리들이 인격권인 이유를 깊게 이해하기 위해 미국법에서 이와 같은 권리들을 도덕적 권리(moral rights)로 개념화하는 이유를 살펴볼 필요가 있다. 미국은 저작인격권을 인정하지 않다가 1988년에 베른협약을 비준하였고, 1990년 Copyright Act를 수정하는 VARA법을 제정함으로써 이 권리를 비로소 인정하였다. 이 법은 시각예술(visual art)에 한하여 도덕적 권리로서 고결권(高潔權)과 부성의 권리를 인정한다.[8]

미국 VARA법	한국 저작권법
▶ 시각예술에 제한함	제한없음
right of integrity(高潔權)	동일성유지권
right of paternity(부성권)	성명표시권
	◀ 공표권

고결권(right of integrity)은 작가의 명예나 명성에 편견을 가져오는 작품의 의도적인 왜곡, 훼손 또는 기타의 변형을 막을 권리로서 우리나라의 동일성유지권에 해당한다. 미국법은 또한 고결권의 연장으로서 작품의 단순한 변형이 아니라 현저한 파괴를 방지할 권리도 인정한다.

부성권(Right of Paternity)은 우리나라의 성명표시권에 해당한다. 저작인격권이 이처럼 부성(父性 paternity)에 비유되는 이유에 관한 아들러(Amy M. Adler)의 설명[9]을 들어 보자. 그에 의하면 저작자와 작품의 깊은 연결은 마치 아이에 대한 아버지의 관계와 같다고 한다. 그래서 작

7 Berne Convention for the Protection of Literary and Artistic Works, art 6bis, as amended on Sept. 28, 1979.

8 유럽이나 우리나라 저작권법은 시각예술에 한정하지도 않고, 공표권도 저작인격권에 포함시키고 있다는 점에서 미국에 비해 저작인격권을 좀 더 두텁게 보호하고 있다고 볼 수 있다.

9 Amy M. Adler, "Against Moral Rights", *California Law Review* (Cite 97 Cal, L. Rev. 263, 2009), 269쪽.

품이 손상당했을 때 저작자는 마치 아이가 다쳤을 때 아버지가 겪는 고통을 느낀다는 것이다. 이런 부성은 아이가 커서 집을 떠나도 마찬가지인 것처럼 작품이 팔렸을 때도 마찬가지라는 논리이다.

(2) 작품성과 구별되는 고결성

그렇기 때문에 저작인격권은 작품을 판 이후에도 유지되는 것이다.

1) 고결성의 의미 이런 설명은 작품이 저작자의 인격발현을 넘어서 저작자의 가장 깊은 내면, 이를테면 '양심'이나 명예훼손죄에서 말하는 '내적 명예'와 비슷한 그 무엇을 표현하는 것임을 말해준다. 바로 이런 점에서 우리나라 저작권법이 동일성유지권으로 개념화하는 권리가 VARA법에서 고결권으로 불리는 이유를 알 수 있다. 고결성(integrity)이란 개념은 예술작품과 그것을 만들어낸 저작자의 깊은 내면이 불가분적으로 결합되어 있다는 함의를 나타낸다.

2) 제품의 작품성과 저작인격권의 불인정 저작인격권이라고 할 때 인격은 양심이나 명예의 주체라는 함의를 갖고 있다. 바로 이 점에서 저작인격은 저작성, 즉 작품성 개념보다 한층 고양된 개념임을 알 수 있다. 예컨대 Mercedes-Benz의 AMG엔진들은 엔지니어 한 명이 전담하여 수작업으로 조립하고, 그 엔지니어의 이름을 부착함으로써 일종의 작품성을 추구한다. 하지만 이런 작품성은 그 엔진을 다른 엔지니어가 새롭게 튜닝하는 것을 배제하는 권리를 낳지 않는다.[10] 여기서 어떤 제품들은 그 작품성으로 인해 저작자의 인격이 발현된 것으로 볼 수 있더라도 그 인격이 명예나 양심과 같은 깊은 내면의 차원에 관련하지 않는 사회적 차원에 머무르는 것일 수 있음을 알 수 있다. 이처럼 작품성과 저작인격성은 다른 것이다.

3) 명예훼손으로서 저작인격권 침해 저작인격권을 이렇게 작가의 내면적 명예심과 연결시키면, 저작인격권의 침해는 작품의 훼손이 누가

---

10 물론 이런 작품성은 저작인격권뿐만 아니라 저작권을 낳는 필요충분조건이 되지도 못한다.

보아도 객관적으로 저작자의 양심이나 명예를 훼손하는 것일 때에야 비로소 인정할 수 있게 된다. 이런 관점은 저작인격권의 제한(목적론적 축소해석)을 가져올 수 있다. 왜냐하면 작품훼손이 명예훼손을 초래하지 않는 한 저작인격권의 침해도 인정할 수 없게 되기 때문이다.

2. 모더니즘의 절정과 해체

저작인격권은 모더니즘과 포스트모더니즘 사이에 위치해 있다. 다시 말해 저작인격권은 모더니즘의 절정에 있으면서 모더니즘을 해체시키는 이중성을 갖고 있는 것이다.

(1) 자기 자신이 될 권리

작품을 인격의 발현으로 볼 때, 인격, 그 가운데 가장 깊은 내면의 세계는 개인에게 고유한 것일 수 있다. 물론 내적 명예심도 사회적 상호작용의 결과로 생긴 트라우마(trauma)의 흔적일 때도 있기 때문에 절대적으로 고유한 것일 수는 없다.

1) 자기창조의 권리 하지만 그런 정신분석학적 차원을 일단 제쳐놓고 본다면 양심이나 내적 명예는 상대적으로 인격의 다른 요소들보다는 개인에게 더 고유한 부분이다. 가령 화가의 저작인격이라는 개념은 화가가 어떤 그림을 바로 '그렇게 그린' 까닭은 그렇게 그림으로써 화가가 자기 자신이 된다는(becoming self) 느낌을 갖게 되기 때문이다. 이런 의미에서 저작인격권은 저작자가 그의 저작물의 심미적 구성을 통해 자기 자신이 될 권리, 자기창조(self-fashioning)[11]의 권리라고 재해석할 수 있다.

2) 이성법적 권리와의 차이 이처럼 자기 자신이 될 권리는 이성법

---

11 Self-fashioning이라는 푸꼬의 윤리학의 개념은 Ben Golder/Peter Fitzpatrick, *Foucault and law* (Routledge, 2009), 107~121쪽 참조; 니체의 자기자신 되기(to become what one is)에 대해서는 Simon May, *Nietzsche's Ethics and his War on 'Morality'* (Oxford University Press, 1999), 108~111쪽 참조.

이 정교한 체계로 짠 권리들과는 완전히 다른 권리이다. 이성법이 구축하는 권리는 오로지 자기가 될 기회를 부여하는 것이 아니라 타인의 자유보장과 균형을 이룰 수 있는 한에서만 자신의 자유를 누릴 기회를 부여하는 것이기 때문이다. 그러므로 저작인격권은 유아론적 자기이해라는 점에서는 근대 이성법의 상속자라고 볼 수 있지만, 자기 자신이 될 권리라는 점에서는 이미 포스트모던 법의 요소[12]를 갖고 있는 것이라 할 수 있다.

(2) 모더니즘의 절정과 붕괴

그러나 저작인격권은 기본적으로 근대 이성법의 절정에 위치하는 권리이다. 자신이 창작한 작품에 대한 지배를 마치 인간의 자연에 대한 완전한 지배의 이상과 같은 모습으로 구현하기 때문이다. 작품을 개인의 인격발현으로 보고, 그 인격발현을 이유로 작품에 대한 지배력을 인격발현자인 저작자에게 귀속시키는 것은 이성법의 근본원리, 이를테면 인격의 자유발현, 사적 소유권의 보장, 책임원칙의 관철과 같은 원리에 입각한 것으로 볼 수 있다. 이는 저작인격권에는 그림의 심미적 가치가 오로지 그림을 창작한 작가의 심미적 이성에 의해 생성되는 것이라는 믿음이 전제되어 있음을 보여준다. 이 믿음은 마치 근대 이성법에서 법규범의 실천적 도덕적 가치가 그 법규범의 타당성의 원천인 개인주의적 실천이성(indivisualistischer Vernunft)에 의해 생성될 수 있다는 믿음과 정확히 일치한다. 그래서 저작인격권은 화가의 인격을 구상화(具象化)한 그림의 심미적 가치에 대한 화가의 (심미적) 판단을 그의 작품이 시장영역에 들어간 이후에도 절대화하는 것이라 할 수 있다.

그러나 저작인격권은 그림을 향유하는 시민들의 삶에서 이성법의 또 다른 요소인 대칭성, 즉 모든 개인들의 인격발현의 '대칭적' 보장이라는 이념에 부응하는 것인지에 관해서는 여전히 심각한 의문이 남는다. 저

12 '자기 자신이 될'(becoming self) 권리를 포스트인문적 권리로 설명하는 이상돈 · 민윤영, *법정신분석학입문* (법문사, 2010), 103쪽 아래 참조.

작인격권은 그림의 소유권자에게 마치 문화재보호법이 적용될 때 그림의 보존을 위해 인정되는 권리제한과 비슷한 제한을 가져오기 때문이다. 저작인격권(동일성유지권)은 이렇게 타인의 권리를 제한하는 것인데도, 문화재보호를 위한 권리제한과는 달리 그 제한의 이익이 오로지 저작자인 화가 개인에게만 귀속된다. 이처럼 저작인격권의 과도한 보장(동일성유지권)은 자유이익의 공평한 분배, 권리와 의무의 대칭적 분배라는 이성법의 기획을 흔들어 놓는다.

III. 사라짐과 불멸 사이에 있는 작가와 입법자

1. 사회적 소통으로서 예술

저작인격권의 미학이론적 전제와는 달리, 저자가 작품을 완성하고 나면, 그 작품의 의미는 감상과 비평의 지속적인 반복과 열린 순환의 과정, 간단히 말해 사회적 소통의 과정에 맡겨진다.

(1) 불멸의 저자와 입법자

저자 자신이 누리는 작품의 예술적 가치도 그런 소통의 과정에서 '사회적으로 생성'되는 것이지, 작품에 내재해 있는 어떤 '존재론적' 속성에 의해 또는 저자의 심미적 이성적 판단에 의해 그림 속에 입력된 가치가 그 자체만으로 예술적 가치가 되는 것은 아니다.

1) 저자의 불멸성을 가져오는 동일성유지권 이런 점에서 저자는 그의 작품을 완성하는 순간, 그 작품의 예술적 가치를 규정하는 '주체'의 지위에서 사라진다고 할 수 있다. 그렇기 때문에 동일성유지권과 같은 저작인격권은 화가의 그림에 대한 사회적 소통이 어떻게 전개되건 간에 그 그림의 예술적 가치에 대한 화가의 고유한 관점을 감상인이나 비평인에게 강제하는 마치 불멸의 존재와 같은 지위를 화가에게 부여한다고 볼 수 있다.

2) 해석금지의 입법 이런 현상은 마치 입법자가 제정한 법률의 의미이해를 오로지 입법자의 의사에 의해 결정짓고, 법률적용자들은 그렇게 결정된 내용만으로 법률을 해석·적용하게 하는 법률해석의 금지에 견줄 수 있다. 법률해석이 금지된 시대에 법관은 마치 몽테스키외(Montesquieu)가 말했듯이 단지 '법률을 말하는 입'[13] 또는 기껏해야 법률해석을 통해 '입법자의 의사를 말하는 입'에 불과하게 된다. 그러나 입법자의 의사라는 것도 통일적이거나 명확하지 않은 것일 수 있다. 또한 그런 사고는 법률이 변화하는 사회현실의 새로운 상황적 맥락 속에서 새로운 의미를 획득해갈 수 있다는 점, 이른바 입법취지에 따른 법률해석(목적론적 해석)의 가능성도 부정하게 된다. 이는 현대사회의 복잡성과 가치다원성 그리고 탈중심화된 사회문화의 현실에 적합하지 않다. 법률이 적용되는 현실에서 발견되는 (입법자가 고려하지 못했던) 다른 가치, 다른 문화 그리고 다른 현실에 대한 고려는 입법자의 의사를 불멸의 것으로 남겨둘 수 없게 한다. 입법자가 입법과 함께 사라져야만 그 법이 사회적으로 좀 더 정의롭게 기능할 수 있는 가능성이 열리기도 하는 것이다.

3) 유아론적 지위의 불행 이로써 법률해석이든 그림의 감상과 비평에서든 '저자는 불멸이다'의 요청은 현대사회에서는 결코 유지할 수 없는 것임을 알 수 있다.[14] 그런 요청은 화가나 입법자에게 작품의 가치를 홀로 구성하는 지위, 유아론적(唯我論的 solipsistic) 지위를 부여하는 것이 된다. 유아론적 지위는 그림의 감상자나 비평자에게도 불행이지만, 화가

13 몽테스키외의 *법의 정신* 독일어 판인 Montesquieu, *Vom Geist der Gesetze* (1951), 225쪽.

14 그림의 감상은 "시각 세계에 대한 정보를 얻기 위해 뇌가 주어진 시각정보를 취사선택하고 그것을 기존에 저장된 정보와 비교하여 새로운 시각-상을 만들어내는 능동적인 과정"이며, 그래서 "미술 창작자가 생산해 내는 그림은 그 창작자의 시각뇌가 세계에 대하여 은유적으로 읽고 구성한 결과이며, 또다시 감상자의 읽기는 감상자 자신의 시각-뇌의 능동적인 은유적 읽기 행위"가 된다. 이런 관점으로 김동영, "미술 감상-비평 교수를 위한 통합적 구조화 연구", *미술교육연구논총* (제23집, 2008.8) 43쪽 아래 참조.

자신에게도 불행이다. 왜냐하면 화가는 자신이 설정한 작품의 가치세계 속에 갇힌 채 고독한 창작자의 공허함을 감수해야 하기 때문이다. 이는 입법자가 그와 같은 유아론적 지위를 누릴 경우에, 그가 제정한 법률이 사회적 현실을 규율하는 데 실패함으로써 겪게 되는 아픔에 비유할 수 있다. 해석이 금지된 법률을 제정하는 입법자는 법률적 규율의 실패를 극복하는 새로운 법률을 거의 날마다 만들어야 하는 부담을 짊어지게 될 것이다.

(2) 저자의 사라짐과 그 한계

여기서 데리다가 말하는 저자의 사라짐에 주목할 필요가 있다.

> "나는 나의 주장을 직접 통찰력있는 것으로 만들기 위하여 '나는 앞으로 사라질 것이다'라고 말한다. 나는 나의 사라짐을, 내가 존재하지 아니함을, 다시 말해 나의 생각, 나의 의향과 기호를 표현하거나 생산할 때 내가 이로써 의욕하는 바가 현존하지 않음을 말할 수 있어야만 한다."[15]

저자의 사라짐은 작품의 생명을 시간과 공간을 뛰어 넘게 하고, 작품의 의미를 더욱 풍부하게 만드는 데 없어서는 안 될 요청이다. 그러나 미술작품의 체험적 의미의 이해나 미학적 가치의 판단이 '저자는 사라진다'는 요청에 의해 완전히 지배되어서도 안 된다.

1) 라드브루흐의 비유 이것은 법률해석에서 해석자가 입법자의 의사에 대한 고려 속에 갇혀서는 안 되지만, 동시에 그런 고려를 생략해서도 안 되는 것과 같다. 라드브루흐(Radbruch)는 적절하게도 법률을 '물살을 헤치고 예정된 항로 위로 부두를 떠난 배'[16]에 비유한 바 있다. '예정항로'는 입법자의 의사이지만, 실제 항해는 선장의 지휘 아래 나름대로의 고유한 항해길을 찾아서 나아가는 것이 된다. 다시 말해 엄격한 의미에서 입법자의 의사에 따른 해석은 이론적 요청으로 뿐만 아니라

---

15 J. Derrida, "Signatur Ereignis Kontext", in: ders., *Randgänge der Philosophie* (Wien, 1988), 298쪽.

16 G. Radbruch, *Rechtsphilosophie*, 8 Auflage (1973), 207쪽.

사실적으로도 불가능하고, 법률해석에는 언제나 객관적인 의미가 많든 적든 들어갈 수밖에 없는 것이다.[17]

2) 저자와의 소통과 교감 법률해석에서 입법자가 생각하지 못했던 '객관적 의미'란 미술작품의 감상자나 비평자가 창출하는 새로운 미적 가치를 가리킨다. 하지만 이런 새로운 미적 가치의 창출은 감상자나 비평자가 어디까지나 저자와 소통하고 교감하는 가운데 이루어지는 것이어야 한다. 이는 법률의 객관적 목적론적 의미를 밝히는 해석이 입법자의 의사를 해석학적으로 재구성하는 과정을 통해서 이루어져야만 하는 것[18]과 마찬가지이다. 법률해석이든 미술비평이든 저자의 의사에 갇히지도 않지만, 저자의 의사를 완전히 외면해서도 안 되는 것이다. 이는 가령 그림을 구입한 소유자가 아무런 새로운 미적 가치를 창출하지 않아도 마음대로 화가가 그린 그림의 동일성을 변경할 수 없음을 말해준다. 그런 변경이 허용된다면, 화가는 그의 그림을 통해 자신의 고유한 인격을 발현할 가능성을 잃어버리는 것이다.

(3) 사라짐과 불멸의 사이성

그렇기 때문에 법률해석뿐만 아니라 그림의 감상이나 비평적 변형도 '저자는 사라진다'와 '저자는 불멸이다'의 요청 그 사이(inbetween)에 위치해 있다고 보아야 한다. 화가는 사라지는 저자도 아니고, 불멸의 저자도 아니다. 화가는 감상자와 비평가들과의 교감에 작품의 미학적 가치를 열어 놓은 소통의 주체이다. 이 소통의 주체성은 작품을 감상하거나 비평하는 사람에게도 인정되는 지위이다. 이로써 미술작품의 가치는 저자와 감상자 비평가가 펼치는 교감과 소통을 통해서 이루어지는 것이라고 할 수 있다. 바꿔 말해 미술작품의 가치는 상호주관적으로(intersubjectively) 생성되는 것이다.[19]

---

17 R. Christensen, *Was heißt Gesetzesbindung?* (1989), 104쪽.

18 이에 관하여 자세히는 Sangdon Yi, *Wortlautgrenze, Intersubjektivität und Kontexteinbettung* (Ffm., 1992), 236쪽 아래 참조.

이러한 상호주관성은 저작권법에도 각인되어야 한다. 예컨대 저작권법상 저작인격권에서 '인격'은 유아론적 인격이 아니라 작품에 대한 사회적 소통을 통해 새롭게 구성되는 인격, 줄여서 상호주관적(intersubjective) 인격이라고 말할 수 있다. 상호주관적 인격으로서 화가는 자신의 작품에 대해 무조건적인 동일성유지권을 누릴 수는 없다. 즉, 기존의 작품에 새로운 예술적 가치가 창출되는 경우라면 동일성유지권이 제한될 수 있다. 그러한 제한은 소통을 통한 새로운 가치의 창출을 위해 누구나 부담해야 하는 공적 부담이 된다. 저작인격권은 일신전속적 권리가 아니라 상호주관적 인격권이어야 하는 것이다.

2. 사이비 상호주관성으로서 개념예술

현대미술의 흐름 가운데는 외관상으로는 이런 상호주관성의 이념을 실천하는 것처럼 보이는 사조가 있다. 개념예술(conceptual art)이 바로 그것이다. 이 개념예술이 미술의 상호주관성을 보여주는 정점에 있는 것인지를 살펴봄으로써 다시 한번 상호주관성의 의미를 정립해보기로 한다.

(1) 외관과 의미의 대립

이 논의를 위해 먼저 아름다움을 바라보는 관점으로서 1988년 미국 미술계에서 크게 대립했던 두 가지 관점[20]을 살펴볼 필요가 있다. 당시 미국 미술계는 ⓐ 작품의 외관(appearance), 모습(looking), 미적 양식을 중시하는 입장과 ⓑ 컨텐츠나 의미(meaning) 또는 목적(purpose)을 중시하는 입장이 대립하였다.

1) 미적 양식을 중시하는 메이플소프의 사진미학 가령 동성애적 전율

19 나의 이런 관점으로 저작권을 해석한 심영진, *저작물 이용과 형사책임 귀속의 정당성 : 저작권에 대한 대화이론적 이해를 토대로* (고려대 석사학위논문, 2009) 참조.

20 이 대립은 Dave Hickey, *The Invisible Dragon: Four Essays on Beauty* (Los Angeles: Art Issues Press, 1993), 13쪽 아래 참조.

을 보여주는 흑인게이나 남성의 누드, 사도마조히즘의 사진들을 창작·전시함으로써 사진 역사에서 아방가르드가 되었던 메이플소프(R. Mapplethorpe)(1946~1989)의 작품들이 주는 아름다움은 앞의 요소(ⓐ의 요소)들이 강화된 경우이다. 섹스의 아름다움을 신성성의 양식으로 표현하는 그의 작품에서는 삶과 죽음의 경계가 사라지며, 위선과 허상이 소멸하는 느낌을 준다. 그러나 이런 흐름에서는 "합의형성적 정치에 멍에를 씌우는 상실과 매도의 미학(consiliatory aesthetics)이 귀환한다."[21]

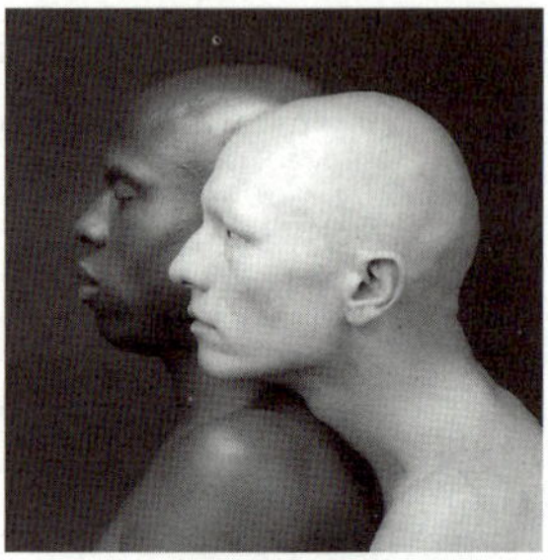

Robert Mapplethorpe, Ken Moody and Robert Sherman, 1984

2) 의미 목적을 중시하는 개념미술 반면에 메이플소프와 같은 시기에 정반대로 뒤의 요소(ⓑ의 요소)들을 더 강조하는 입장으로 곤잘레스 토레스(Felix Gonzalez-Torres)를 들 수 있다. 그는 바닥에 카펫모양으로 사탕을 자신의 애인과 자신의 체중을 합한 무게만큼 깔아 놓고, 관객이 원하는 만큼 가져가게 함으로써, 사탕이 차츰차츰 없어짐에 따라 연인을 잃은 상실감과 슬픔도 점점 줄어드는 개념을 표현하였다.[22] 그에게 아름다움은 상실과 애도를 넘어서는 방식으로 생성되고, 고통과 죽음의 경험으로부터 우리를 구원하는 힘으로 내면화된다.

이런 그의 예술은 미니멀리즘(minimalism)[23] 또는 개념예술(conceptual art)이라고 불린다. 이 개념예술에서 아름다움은 그 의미와 내용이 주변화되지 않은 채 — 개인적 문제나 정치적 콘텍스트를 병치시키면서 — 감춤 속에서 소통되는 미학적 생산의 전략으로 생성된다고 한다. 개념

21 Suzanne Perling Hudson, "Beauty and the Status of Contemporary Criticism", *The MIT Press* (Spring, 2003), 124쪽.

22 이 작품은 우리나라의 아시아 미술관에서 "Felix Gonzalez-Torres double" (2012.6.21~2012.9.28)로 전시되었다.

23 모르스 루이스 등의 미니멀리즘은 모더니즘 비평이론가이면서 포스트모던 미술의 도래를 인식하지 못한 그린버그(Greenberg)에 의해 포스트회화적 추상(post-painterly abstraction)이라고 명명되기도 했다.

예술은 작가의 유아론적 주체성을 버리고, 직접적으로 관객의 참여에 의해 의미가 생산되고 소통되는 것을 지향한다. 이를 통해 미의 중심은 표현과 양식이 아니라 의미와 목적에 놓이게 된다.

예컨대 두 개의 시계로 이루어진 토레즈의 작품은 같은 시각에서 출발한 두 시계의 초침이 조금씩 벌어지는 거리를 보여줌으로써 애인의 사라짐에 대한 두려움은 트라우마의 핵을 지닌 아름다움으로 의미화되는 것이다.

Gonzales-Tores, "Untitled" (Pefect Lovers), 1991

3) 개념예술로서 소녀상 여기서 존치와 철거의 대립과 외교적 마찰 등 많은 논란을 낳고 있는 〈평화의 소녀상(Statue of Peace)〉을 생각해 봄직하다. 이 평화의 소녀상은 사법체계의 아이콘인 정의의 여신상 유스티치아(iustitia)의 숫자를 어쩌면 능가하게 될 지도 모를 속도로 증가하고 있다.[25] 그렇기에 유스티치아와 소녀상을 예술이자 법적 정의의 아이콘으로 비교검토 하는 것 또는 정의의 알레고리를 "정의의 여신상에서 소녀의 상으로"[26]라고 바꿔 말하는 것은 상당히 예지적인 것일지도 모른다. 그러기 위해서는 〈소녀상〉을 단지 정치적 운동의 상징물로만 바라보아서는 안 되고, 예술성이 있는 조각작품으로 바라볼 수 있어야 한다. 물론 작가들은 소녀상을 통해 2차 세계대전 당시 아시아·태평양지역에서

Seo Kyung / Eun Sung Kim, Eine Mädchenstatue für den Frieden, 2019[24]

---

24 이 소녀상은 김운성·김서경 작가가 프랑푸르트의 Frankfurter Haus am Dom에서 2019. 10. 28.～2020. 1. 14.까지 전시한 모습이다.

25 소녀상은 평화의 소녀상, 위안부 소녀상, 정의비 등의 여러 가지 명칭이 있지만, 평화의 소녀상이 가장 많이 사용되는 이름이며, 2019년 10월 현재 국내외 약 96개에 달한다.

26 박지윤, "정의의 여신상과 소녀상", 법과 사회이론학회 2020년 동계학술대회 발표문 (발제집 16~27쪽); "아이치트리엔날레와 '표현의 부자유'전", *아세아여성법학* (제22권, 2019), 3쪽 아래 참조.

일본제국의 군대에 의해 섹스노예가 되기를 강요받았던 수십만 명의 여성이 겪은 고통을 상기시켜왔다.[27] 그와 같은 여성들과의 연대와 평화의 정치사상도 조각작품으로서 〈소녀상〉의 예술성을 형성할 수 있다. 하지만 그와 같은 정치적 사상성은 국제관계에서 외교마찰을 가져오기도 하고 국내정치에서는 좌우이념을 가르는 의도하지 않은 기능을 하기도 한다. 정치적인 '의도 없는 의도성'(intentionslose Intention)[28]이라는 우려를 불식시키기가 쉽지 않다. 여기서 그런 정치적 사상성을 잠시 제거해 놓고 〈소녀상〉을 바라보자. 표현양식의 빈곤함이 비판받을 수 있음에도 불구하고 〈소녀상〉은 여전히 사상적 예술성을 인정받을 수 있어 보인다. 〈소녀상〉은 일종의 개념예술로 바라볼 여지가 있기 때문이다. 즉, 위에서 토레스가 '사라짐의 미학'을 보여주었다면, 〈소녀상〉은 '나타남의 미학'을 보여준다. 특정한 역사적 인물들(피해자들)에 대한 집단기억에 갇히지 않으면서도 소녀상을 보는 순간, 여성폭력에 결정(結晶)되어 나타나는 모든 폭력의 이미지들이 시간과 국경을 초월하여 어김없이 소환된다. 이 소환 속에서 감상자는 제각각 다양한 폭력의 피해자 이미지를 체험하게 된다. 위안부였던 여성피해자도 나타날 수 있고, 매 맞는 증후군의 여성피해자도 나타날 수 있으며, 다국적 기업의 반인도적 노동에 죽어간 어린이들도 유령처럼 나타날 수 있다. 그런 체험 속에서 모든 폭력에 대한 경종은 울린다. 이런 개념예술적 성격은 〈소녀상〉의 정치이념적 채색을 덜어내면서도 작가들이 의도한 경고의 기능을 동일하게 수행할 수 있게 한다. 하지만 소녀상이 개념예술작품이라는 해석은 두 가지 함의를 갖는다. 첫째, 소녀상은 유스티치아와 같은 법아이콘이 될 수 없다. 둘째, 소녀상이 많이 설치될수록 소녀상의 개념미술적

---

27 독일 미디어에 보도된 작가들의 이런 취지의 인터뷰는 https://bistumlimburg.de/beitrag/eine-maedchenstatue-fuer-den-frieden 참조.

28 Thomas Köhler, *Reflexivität und Reproduktion.: Zur Sozialtheorie der Kultur der Moderne nach Habermas und Bourdieu* (Offizin-Verlag Hannover, 2001), 115, 149쪽.

성격은 사라지고, 정치적 성격이 강화된다.

(2) 개념예술의 편향성

개념예술은 예술의 표현과 양식의 차원에서 작가의 주체적인 미학적 결정이 섬세하게 발현되지 않는다는 점에서 유아론적 주체성을 거의 완벽하게 제거해냈다고 볼 수 있다. 양식의 투박함은 오히려 사상을 위해 의도한 것처럼도 보인다.

1) 이념적 기획의 침투로서 미술 하지만 이로써 모더니즘은 완전히 단절되고, 아름다움은 양식성이 아니라 소통되는 관념 속에 내재화된다. 그러나 곤잘레스 토레스가 지향한 내밀화된 소통, 표현적이지 않고 연상적인(evocative) 작품의 의미는 작가와 관람자 사이를 서로 오가며 변화하는 소통이 아니라, 작가가 주체적으로 설정한 의미가 마치 바이러스처럼 관람자에게 침투하는 것에 불과할 수 있다. 이 침투는 의도하지는 않았어도 특정한 정치적 기획(예: 동성애의 합법화, 반전사상)을 지향하는 것일 수 있다. 바꿔 말해 정치적 기획이 작품의 체험을 통해 감상자들에게 무의식적으로 침투해 들어가게 되는 것이다. 이렇게 볼 때 개념예술은 각 작품이 생성하는 관념이 두 극단(예: 삶과 죽음, 이승과 저승, 물질과 정신, 소유와 상실)의 사이성을 창출할 수는 있을지 모르지만, 예술의 표현과 의미, 형식과 내용의 사이성, 그리고 작가와 관람자의 진정한 상호주관성을 창출하지는 못한다.

2) 상호주관성의 결핍 상호주관성의 이와 같은 결핍 속에서 개념예술은 우리의 트라우마를 들추어내고, 마주하게 할 수 있을지는 모르나 치유시킬 수는 없을 것이다. 개념예술을 관람하면, 우리는 종종 트라우마를 연상만 하게 되고, 그 연상에서 생성되는 내면적 아픔의 여운을 그대로 간직하면서, 자신을 치유되어야 할 존재로 감지한 채로 전시장을 나오게 되기 쉽다. 그러므로 한편으로는 작가가 생산한 양식 자체의 아름다움을 관람자가 향유하는 과정과 다른 한편으로는 작가와 관객이 함

께 소통적으로 작품의 의미를 생산하는 과정이 동시적으로 펼쳐질 수 있을 때 미술작품은 트라우마를 치유하는 기능을 수행할 수 있을 것이다. 그러나 개념미술은 이런 기능을 수행할 수 없다.

(3) 양식과 의미의 미학적 변증과 합법성

또한 표현양식의 고유성이나 전통성, 맥락성 등을 외면하는 개념예술은 마치 '법이란 실정법의 외관과 상관없이 정의로운 의미 그 자체이다'라고 바라보는 자연법론에 비유할 수 있다. 자연법론이 자연의 개념을 결정짓는 철학자들의 유아론적 주체성에 의해 그 내용이 아로새겨지기 쉽듯, 개념예술도 작가가 의도하든 하지 않든 그의 정치적 지향성에 의해 아름다움이 조각될 수 있다. 자연법론은 법실증주의가 비호해준 실정법이 부정의하며, 때로는 트라우마를 가져온다는 점을 사람들에게 환기시켜줄 수는 있지만, 그것을 제거하거나 치유시켜주지 못한다. 이 또한 개념예술의 경우와 다른 것이 아니다. 법이 추구하는 정의란 의미에만 집중해서 생성될 수 없고, 따라서 법이 기획하는 의미의 가치는 실정성, 즉 법이 제정되는 '절차의 민주성'이라는 법의 양식적 아름다움을 통해서 비로소 정의로운 것이 될 수 있다. 바로 그렇기에 오늘날 법이 법답다는 것, 즉 합법성(legality)이란 실증성과 정당성이 제도화된 법적 대화의 과정 속에서 변증된 것, 즉 '제도적으로 한계 있는 정당성과 도덕적으로 한계 있는 실증성'[29]이 종합된 것을 가리킨다. 이와 같은 법의 이해는 미술비평에서 아름다움도 표현과 의미, 외관과 목적이 변증적으로 종합되는 과정을 통해 생성된다는 이론을 더 선호하게 한다.

IV. 작품의 상호텍스트성과 미학적 담론

저작인격권에서 인격 개념은 상호주관적 인격이어야 한다는 명제의

29 이상돈, *법의 깊이* (법문사, 2017), 33쪽.

실천적 의미를 좀 더 자세히 살펴보기로 한다. 이 상호주관적 인격 개념은 다음 두 가지 의미를 갖는다.

- 작품의 창작적 구성이 상호텍스트성을 갖는다(이하 1. 참조).
- 작품의 가치는 그 작품에 발현된 작가의 인격적 고유성에 귀속되는 것이 아니라 대화적인 미학적 담론에 의해 생산된다(이하 2. 참조).

1. 작품을 구성하는 상호텍스트성

먼저 작품의 성립을 개인의 총체적인 인격이 '사회적으로' 발현이 되는 과정으로 이해할 때, 이때 '표현되는 인격'은 개인에게 전유(專有 appropriation)될 수 있는 것이 아님을 인식해야 한다.

(1) 선이해와 영향사

왜냐하면 작품을 생성시키는 인격의 발현과정에는 첫째, 문화적으로 전승된 상징과 의미들이 저작자의 선이해(Vorverständnis)로 일정한 영향을 미친다. 이 영향을 분석적으로 밝힐 수는 없지만 이 영향을 빼놓고 작품을 이해할 수는 없다.

가령 오늘날 현대적인 동양화(한국화)는 일반인의 눈에는 서양화와 거의 구별되지 않는 경우들이 많다. 예컨대 동양화도 여백 없이 빼곡하게 그려지고, 서양화도 때로는 여백을 두기도 한다. 또한 혼합된 기법과 매체들의 사용이 증가함으로써 동양화와 서양화의 차이가 더욱 사라졌다. 이념적으로 동양화는 주관적 세계, 서양화는 객관적 세계의 형상화에 중점이 있다는 식의 설명도 더 이상 설득력을 갖기 어렵다. 그래서 어쩌면 오늘날 동양화는 화선지 사용을 통해 서양화와의 차이를 유지한다고 말해도 지나치지 않을 듯하다. 화선지는 캔버스에 비해 질감미(texture)가 두드러져 있다는 점에서 화선지에 그려진 그림을 서양화와 구별 짓게 한다. 그러나 이런 소재의 차별성은 궁극적으로는 동양화와 서양화의 차이를 유지시킬 수 없다.

여기서는 동양과 서양을 철학적으로 〈자연〉과 〈인위〉로 구분하는 전통에 따라 동양화와 서양화의 차이를 설명하기로 한다. 즉, 미술계에서 동양화는 서양화에 비해 자연성이 더 두드러진다는 인식이 지배적이다. 이 인식은 예컨대 얼핏 서양화처럼 보이지만 동양화를 그리는 화가에게서도 마찬가지로 유효하다.[30]

(2) 상호텍스트성과 저작인격의 한계

둘째, 미술작품에도 상호텍스트성(Intertextuality)[31]이 작용한다. 상호텍스트성이란 크리스테바(Kristeva)가 바흐친의 이론을 발전시켜서 정립한 개념이다. 모든 작가는 의식적으로든 무의식적으로든 한 사회에서 말하여지거나 쓰인 타자의 '텍스트'들에 동화되어 이것이 작품에 배어나올 수밖에 없다는 것이다. 미술은 언어적 텍스트는 아니지만, 시각적 텍스트로서 사회적, 문화적 의미구조의 맥락 속에서 그 의미구조를 형성하는 상호작용을 통해 미술의 의미가 생성된다. 한젬마의 〈그림 읽어주는 여자〉에서 보듯 그림도 읽는 텍스트가 될 수 있다. 그림의 시각적 텍스트도 상호텍스트성을 갖는다. 그런 상호작용이 작품의 창작에 개입하는 한에서 그 작품은 이 세상에 없던 것이 완전하게 새롭게 태어나게 된 것이라고 말할 수 없다.

(3) 저작인격의 충돌과 조정

이와 같이 영향사나 상호텍스트성은 어떤 저작물도 완전하게 새로운

30 예컨대 박꽃 그림을 그리는 김혜진 작가의 작품세계에서도 위와 같은 인식이 선이해로 작동하는 것으로 보인다. 그렇기에 그녀는 물감을 화선지에 '칠하는 것'이 아니라 '흩뿌려서' 물감을 퍼져나아가게 하고, 그것을 통해 그림의 선과 면 등을 '스스로 그런'(自然) 모습으로 형성하게 한다. 박꽃 그림의 심미적 가치는 그 화법의 자연성에서 가장 동양적, 한국적이며 바로 그 점에서 세계적 가치를 얻을 가능성이 매우 높은 것이기도 하다.

31 이 개념에 대한 자세한 설명으로는 Julia Kristeva, Semiotikè: *Recherches pour une sémanalyse* (Seuil, 1969), 144쪽, 그리고 Peter von Zima, *Textsoziologie. Eine kritische Einführung* (Metzler, 1980), 81~85쪽; 이를 인권문제에 적용한 이상돈, *인권법* (법문사, 2005), 58~60쪽 참조.

것(novum)이라고 볼 수 없게 만든다.

1) 저작권의 귀속점으로서 고유성 바꿔 말해 저작물은 오로지 저작자 개인의 인격이 발현된 결과만으로 볼 수 없다는 것이다. 다른 이들의 인격발현과 그 역사적 축적물들이 알게 모르게 어떤 누구의 작품에서도 구성적인 요소로 작용한다. 여기서 저작인격권이 저작물의 심미적 가치에 대한 판단이나 저작물의 변형이나 훼손에 대한 어떤 관용의 가능성도 남기지 않을 만큼 강한 권리가 될 수 없음을 알 수 있다. 하지만 이와 같은 영향사나 상호텍스트성에도 불구하고 '법적으로는' 자신이 만든 작품이 이전의 작품들에 대해 고유성(창작성 originality)을 갖는 것이라면 그 작품은 그것을 만든 사람(저작자)에게 귀속될 수 있다. 이때 법적으로 귀속되는 권리는 작품에 대한 소유권이나 저작권, 상표권, 디자인권 등을 말한다. 또한 이런 법적 귀속은 어떤 작품의 내용적 동질성을 훼손하는 것을 배제하는 권리(동일성유지권)를 인정하는 데에까지 나아갈 수 있다. 작품을 매입하여 소유하더라도 그 작품의 동일성을 훼손할 수 없다는 것은 그 작품의 예술적 가치의 구성과 판단을 저작자에게 전유시키는 것을 의미한다.

2) 저작인격의 동등성 그러나 전통의 영향사나 상호텍스트성이 언제나 저작활동에 관여한다는 것은 저작활동이란 언제나 다른 사람과 '함께 하는 문화해석'임을 의미한다. 저작자의 문화해석이 갖는 고유성은 유일한 것일 수도 없고, 완전히 새로운 것(novum)일 수도 없다.

(가) 저작인격의 충돌과 동등 그러니까 다른 사람은 그 나름의 고유한, 그러나 저작자와는 다른 문화해석을 할 수 있고, 이 다른 문화해석은 새로운 작품으로 표현될 수도 있고, 기존의 저작물을 내용적으로 변경하는 것으로 표현될 수도 있다. 이렇게 생성된 작품도 이전 또는 원래의 작품과는 '또 다른 고유성'(창작성 another originality)을 가질 수 있다. 이럴 경우에는 기존의 작품을 변형하여 새로운 작품을 만들었을지라도 기존 작품의 저작인격권을 침해한다고 볼 수 없다. 왜냐하면 그런 경우

에는 기존의 작품에 발현된 원저작자의 인격과 그 작품을 변형한 2차적인 저작자의 인격이 충돌하고 있는 것이고, 어떤 인격(발현)을 다른 어떤 인격에 대해 우월한 것으로 평가할 수 있는 잣대는 지구상에 없기 때문이다.

(나) 동일성유지권의 한계 그러므로 저작인격권에서 동일성유지권이란 그 동일성을 훼손하는 작품의 변형이 새로운 고유성을 창출하지 않는 한에서만 인정되는 것이라 할 수 있다. 물론 이와는 정반대로 작가의 동의를 받지 않고 그의 작품을 수정한 작품이 원래의 작품과 다른 고유성을 가져오지 않는다면, 원래 작품의 저작인격권에 대한 침해가 인정될 수 있다.

2. 작품의 가치를 구성하는 담론

작품의 생성이 상호주관적이듯, 생성된 작품의 가치도 상호주관적으로 결정된다.

(1) 작품의 가치를 결정하는 사회적 소통

즉, 저작자의 인격이 발현된 결과로서 작품성, 즉 작품의 가치도 개인적 귀속가능성을 결정할 수 있는 기준에 의해 결정되기 보다는 사회적인 차원에서의 소통과정을 통해 생성되기 때문이다. 어떤 그림에 대한 비평가의 가치 부여나 갤러리의 전시 및 판매 프로모션 등은 그림에 대한 미학적 가치를 사회적으로 결정하는 의사소통의 현상이다. 이런 미학적 가치부여는 사람들의 관심을 그 그림에 끌어 모으고, 그 관심이 커짐에 따라 그에 비례하여 그림의 경제적 가치도 커진다. 궁극적으로 시장에서 작품의 가치는 인격을 발현시키는 양식의 특수성이 아니라 그것에 대한 사람들의 관심과 그에 기초한 수요량의 증가에 의해 결정된다. 이런 의미에서도 작품의 가치는 작품의 생성과 마찬가지로 작가 개인의 인격(의 발현)에 의해 결정되는 것이 아니라 상호인격적(interpersonal),

상호주관적(intersubjectively)으로 결정되는 것이라 할 수 있다.

(2) 민주적인 미학적 담론

따라서 한 작품이 부여받는 가치가 정의로운 것이 되려면 그 작품에 대한 미학적 의사소통이 이성적인 것이어야 한다. 여기서 미학적 의사소통의 이성적 수준은 그 작품의 존재론적 특성에 기초한 가치의 절대적 크기에 의해 결정되는 것이 아니다. 미학적 의사소통의 이성은 그 소통이 특정한 개인이나 집단에 의해 지배되는 담론이 아니라 민주적인 담론이 될 때 실현된다. 민주적인 미학적 담론이란 그림에 대한 비평능력이 있는 전문가들 사이의 소통이 — 이념적으로는 하버마스의 이상적인 대화를 더 많이 닮는 것을 의미하지만, 현실적으로는 — 특정한 비평가(세력)나 갤러리 또는 미술품의 구매력이 큰 재력가의 공생적 이해관계에 의해 결정되지 않는 것을 말한다. 이와 같은 작품가치의 상호주관적 구성을 뒷받침하는 법제도는 아직 요원하다.

05 법의 예술적 양식

I. 예술과 법에서 아방가르드와 그로테스크

아방가르드(avantgarde)와 그로테스크(grotesque)라는 용어는 예술비평에서 가장 많이 사용되는 비평언어라고 볼 수 있다. 그러나 그 의미는 매우 모호기에, 비평가들마다 서로 엇갈리거나 모순되게 때로는 양자를 중첩시켜 사용하기도 한다.

1. 아방가르드의 미학과 법의 정의

아방가르드는 일반적으로 기존의 권위와 전통에 저항하고, 혁명적인 예술 정신을 좇는 예술행위나 작품을 가리킨다.

(1) 모더니티의 아방가르드 요소

아방가르드는 종종 포스트모던미술의 한 특성처럼 사용되기도 한다. 하지만 이는 다소 수정될 필요가 있다.

1) 모던미술의 아방가르드 요소 아들러(Amy M. Adler)는 모던미술의 전통에서 진지한 예술적 가치를 갖기 위해서는 새롭고 독창적이고, 아방가르드적[1](new, original and avantgarde)일 것이 요구된다고 보았다. 이럴 경우 아방가르드는 모던미술의 미학적 가치를 구성하는 요소로 이해

---

1 Amy M. Adler, "Post-Modern Art and the Death of Obscenity Law", *The Yale Law Journal* (Vol. 99, 1990), 1366쪽.

된다. 다다이즘이나 입체주의 이전의 모던미술에서 모더니티(modernity)의 역사적 의미를 고려할 때 아들러의 예술성 이해는 잘못된 것이라고 볼 수 없다. 즉, 모더니티는 근본적으로 계몽철학에 뿌리를 두고 있고, 따라서 역사가 이성의 발전 속에서 더 나은 미래를 향해 일차선형적으로 뻗어나아간다는 진보성의 함의를 갖고 있다. 불교처럼 윤회하는 것이 아니라, 아방가르드적 요소를 통해 진보하는 역사를 이루어 나아갈 때, 예술도 그 가치가 인정될 수 있다는 것이다.

2) 이성법의 아방가르드 요소 이처럼 아방가르드를 모더니티의 요소로 바라보는 관점은 법에서도 유효할 수 있다. 가령 입법이든 판례의 변경이든 모든 법의 변화는 더 나은 법의 미래, 이전보다 더 정의로울 수 있는 법을 기획하는 것이며, 이 기획은 근대 이성법의 역사성을 이룬다. 특히 근대 이성법이 자연법의 제도화였고, 그 자연법의 구체적 내용은 역사적으로 변화하는 것이라는 '구체적, 역사적 자연법'론은 이성법에서 일종의 아방가르드에 해당한다. 아방가르드는 법률해석에서도 이성의 지속적인 실천양식이다.

(2) 모던양식의 파괴로서 아방가르드

아방가르드의 진보성은 기존의 양식을 파괴하는 방식으로 생긴다.

1) 피카소의 입체주의와 아방가르드 역사적으로도 포스트모던미술 이전이긴 하지만 일종의 서막으로 제1차 세계대전 후 등장한 다다이즘이나 입체주의, 초현실주의 등의 미술에 대해 처음으로 아방가르드라는 말이 사용되었다. 가령 피카소가 3차원의 사물들을 다각적인 평면으로 그리는 것은 그 시대에서는 그리기의 지배적인 양식을 파괴하는 것이었다고 할 수 있다. 즉 피카소는 당시까지 사물의 존재를 입체적으로 그리는 방식인 원근법이나 명암법의 허위성을 깨뜨리고, 시점(視點)을 복수화하여 색과 면을 분해하는 양식을 사용하였다. 피카소의 이런 입체주의는 인상주의의 감각적 시각성으로 정점을 보인 이성의 미학적 원리

들(예: 원근법과 명암법 등)을 해체하는 것이고, 이는 마치 근대적 이성의 미학적 양식을 해체하는 것이라 할 수 있다.

Pablo Picasso, Woman Pissing, 1965

그러나 시점의 다각화가 원근법보다 사물을 더 입체적으로 표현하는 것인지는 의문이다. 그 점에서 피카소의 시도는 회화는 자연을 모방(mimesis)한다는 패러다임에서 벗어나지 않았던 모던미술을 '더 올바르게' 구현하는 것이 아니다. 그의 시도는 모던미술로부터 알 수 없는 미래로 나아가는 것이며, 그 미래는 진보가 아닐 수도 있고, 진보일 수도 있다. 가령 피카소의 〈오줌 누는 여인〉(Woman Pissing)를 보자. 이 그림에서 표현되는 내용은 당대에도 음란물로 통제받을 수 있는 것들이었다. 그러나 누구도 이 그림을 포르노라고 보지 않는다. 그것은 무엇보다도 인간이 갖고 있는 리비도의 원천을 입체주의라는 새로운 양식을 통해 상징적으로 창출한 데 그 까닭이 있다. 그 새로운 양식성을 '표현적 사상성'이라고 부를 수 있다.

최경태, 〈여고생〉 전시회 (2011) 중 한 작품[2]

2) 표현적 사상성과 묘사적 사상성 여기서 피카소의 표현적 사상성은 당대 아방가르드였기에 〈오줌 누는 여인〉는 음란물이 아니라 독특한 예술로서 인정된 것이다. 여기서 표현적 사상성이 포르노적 회화에 스며있는 사상적 요소와 어떻게 다른 것인지를 최경태의 에로티카회화 〈여고생〉과의 비교를 통해 살펴보기로 하자.

〈여고생〉의 표현방식이 포르노와 다른 점으로 피부와 성기 등을 유화의 칙칙한 색깔로 표현함, 여고생의 얼굴표정이 멍하고, 수동적이며, 불경스런 포즈나 장난스런 표정을 지음, 특별하고 별난 취향이 아니라

2 이 이미지는 네이버(naver)의 다양한 블로그에 게재되어 있는 사진이며, 성기부분을 회색 사각형으로 가린 것은 예술작품으로 생각하는 작가에게 매우 유감스럽고 미안한 일이지만, 대법원에서 음란물로 판단받은 점을 존중하기 위한 것임을 밝혀둔다.

대표적인 성 취향을 표현함, 성기의 표현을 기계적으로 단순하게 하고, 사진보다도 더 묘사적임, 회화적 표현에서 상업적인 그래픽 방식을 사용함, 성에 관한 불쾌감을 재현할 목적을 추구함 등을 들 수 있다.[3] 이에 반해 포르노는 칙칙한 색상보다는 선명하고 화려한 색상을 사용하고, 모델로 하여금 멍한 표정을 짓거나 장난스러운 표정보다는 프로페셔널한 표정을 연출시키며, 대표적 성취향보다는 특별하고 별난 성취향(special taste)을 좇는다는 것이다. 여기에 '묘사적'인 표현양식과 상업적 그래픽 방식의 요소는 좀 더 상세한 검토가 필요하다. 묘사적이라는 말은 첫째, (주관적 감각을) 표현하는 인상주의 회화나 표현주의 회화의 표현성(expressive)이 부족한 측면을 가리킨다. 가령 오스트리아의 표현주의 화가 에곤 쉴레(Egon Schile)[4]가 여자의 자위를 상상하여 그린 〈꿈속에서 보다〉(The dream one)(1911)는 〈여고생〉보다 모델의 모습을 한층 더 특징적인 방식으로 묘사한다. 둘째, 〈여고생〉은 성욕을 유발하기 위해, 사실을 있는 그대로 묘사하는 사실주의와는 달리 사실을 묘사하되 몽환적으로 과장해서 묘사하는 포르노의 과장성(depictive)이 상대적으로 약하다. 셋째, 〈여고생〉은 사실주의 회화, 예컨대 구스타프 쿠르베(Courbet Gustave)(1819~1877)가 그린 〈세상의 근원〉(L'Origine du monde)이 보여주는 여성 음부 묘사에 비하면 사실성[5]이 상당히 부족하다. 그러므로 '묘사성'이란 표현성과 과장성, 그리고 사실성을 꼭짓점으로 하는 삼각형의 중앙

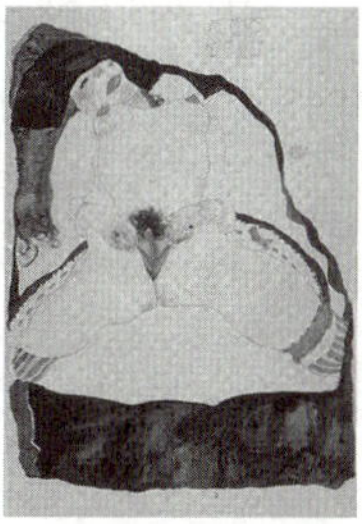

Egon Schile,
The dream one,
1911

3 미술평론가 최진욱의 비평인데, 자세히는 최진욱, 2003년에 연 최경태의 전시회(2003. 2. 14.)인 〈쌈지스페이스-"1987부터 빨간 앵두까지"〉에 대한 도록의 서문 참조.

4 쉴레의 미술세계에 대하여 자세히는 박덕흠, *에곤 실레-에로티시즘과 선 그리고 비틀림의 미학* (재원미술작가론 9, 2001) 참조.

5 "이 사건 도화는 교복을 입은 여고생이 성인 남자의 성기를 빨고 있는 모습, 교복을 입은 여고생이 팬티를 벗어 음부와 음모를 노출시킨 모습 등을 극히 사실적으로 묘사하고 있는 것들이고…(중략)…이는 모두 보통 사람들의 성적 수치심과 선량한 성적 도의관념을 침해하는 음란한 도화 및 문서에 해당한다"(대법원 2002. 8. 22. 선고 2002도2889 판결).

부근에 위치한다고 볼 수 있다. 그런 점에서 묘사성은 서술성이 아니라 특성화된 서술성(qualified description)이라고 개념화할 수 있다. 이 묘사성은 〈여고생〉의 예술성을 충분히 높여놓지 못한다. 또한 〈여고생〉을 그린 최경태의 사상이

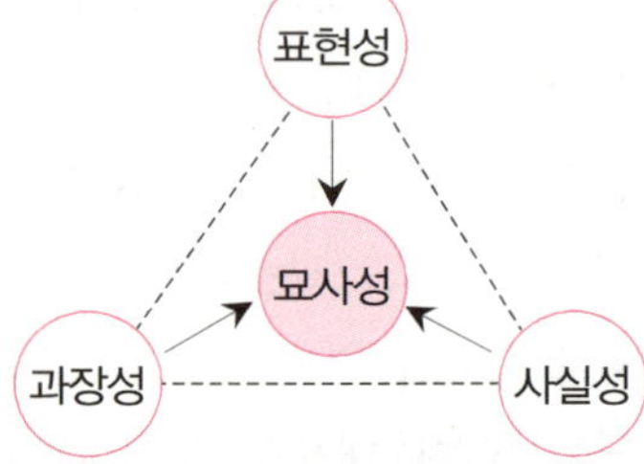

이 작품의 양식 속에 충분하게 용해되어 있지도 않다. 이처럼 양식에 용해되지 않은 사상과 묘사성이 결합하여 생성시키는 예술성을 사상적 묘사성이라고 개념화할 수 있다.

이 사상적 묘사성은 피카소(P. Picasso)의 입체주의 회화 〈오줌 누는 여인〉보다 사상적 예술성이 높을 수는 있어도 양식적 예술성은 훨씬 낮을 수밖에 없다. 〈오줌 누는 여인〉는 매우 표현적인 양식을 갖고 있고, 사상도 그 양식 속에 은근하게 배어 있다. 이 표현적 사상성과 〈여고생〉이 보여주는 사상적 묘사성의 차이는 작품의 형사 처벌문제에서 의미있는 차이를 가질 수도 있다. 게다가 피카소의 시대와 최경태의 시대는 큰 문화적 차이가 있고, 따라서 2000년대에 사상적 묘사성만을 보여주는 〈여고생〉이 그 시대에 아방가르드라는 평가를 받기 어렵다.

3) 법원칙을 파괴하는 정의의 법과 아방가르드 이처럼 아방가르드가 모던양식의 파괴를 뜻한다고 할 때, 그 모던양식의 법학적 의미는 근대 이성법이 그의 정의를 실현하는 양식인 법치국가적 원칙들이라고 할 수 있다. 그런 원칙으로는 국가의 인권보호의무, 국가의 행동의 예측가능성이나 법적 안정성, 신뢰보호, 비례성원칙 등을 들 수 있다. 가령 근대 이성법의 자연법적 유산으로서 고문금지원칙을 테러행동주의자에 대해 예외적으로 적용하는 것[6]은 서구사회의 이성법에서 모던가치를 파괴하는 아방가르드 운동으로 볼 수 있다. 또한 가령 공소시효가 완성된 사

6 이에 대한 서구사회의 논의로 자세히는 Eric Hilgendorf, “Folter im Rechtsstaat?” *JZ* (2004), 331~339쪽 (이 논문의 번역문으로 이상돈 · 홍승희 공역, *형법의 세계화와 전문화* (박영사, 2010), 77~110쪽 참조).

건임에도 특별법(예: 5·18 특별법)을 만들어 처벌하는 것[7]은 자연법적 정의를 관철하는 것일 수는 있지만, 공소시효제도라는 법치국가적 장치를 폐기시킨다.[8] 이처럼 자연법이 실정법(예: 형사소송법)에 대한 윤리적·도덕적 비판을 넘어 실정법의 정당성을 부인하는 데까지 이르면,[9] "실정법의 정치적인 기능화"[10]가 초래되고, 이는 실정법 속에 제도화된 근대 이성법의 "도덕적 카테고리를 파괴"[11]한다. 이런 점에서 법철학사에서 유명한 라드부르흐의 공식, '법률적 불법과 초법률적 법'은 이성법의 모던가치를 파괴하는 아방가르드였다고 평가할 수 있다. 이런 법의 변혁은 정의를 세우려 하는 법의 혁신이지만, 법의 모더니티를 실현해온 양식들을 파괴함으로써 알 수 없는 미래로 나아가는 것이라 할 수 있다.

(3) 아방가르드와 포스트모더니즘

이처럼 아방가르드의 함의로서 모던미술과 이성법의 양식 '파괴'는 포스트모던 미술과 법이 양식을 구성적으로 '해체'하는 것과 외관으로는 구별하기 어렵다. 그런 점에서 모던양식의 파괴라는 아방가르드는 포스트모던 미술과 법의 전위적 형태라고 말할 수 있다. 즉 피카소의 입체주의는 개념 미술과 같은 포스트모던미술의 전위적 형태였고, 테러리즘에 대한 방어로서 고문금지의 예외인정은 동성애자에게 혼인권(또는 혼인과 유사한 법적 지위)을 인정하는 포스트모던 법의 전위적 형태였다고

---

7 왜 공소시효가 완성된 것인지에 대한 자세한 분석은 이상돈, *형법강의* (법문사, 2010), [1]단락 방주 33, 사례 ⓔ 참조.

8 홍영기, "과거사에 대한 법적 처리의 정당성과 가능성 대안", *법철학연구* (제10권 제2호, 2007), 57~58쪽 참조.

9 자연법과 법실증주의의 부당한 대립에 대한 비판은 김영환, "공소시효와 형벌불소급의 원칙", *형사판례연구* (제5권, 1997), 25쪽 아래 참조.

10 김영환, "법을 통한 과거청산", 김일수·배종대 편, *법치국가와 형법* (세창출판사, 1998), 184쪽.

11 이상돈, *형법학* (법문사, 1999), 221쪽; 여기서 도덕적 카테고리라고 한 것은 형사절차는 그것이 제도로서 갖는 한계를 통찰하고 그 제도의 기능이 합리적일 수 있기 위한 테두리조건들을 유지해야 하는데, 공소시효도 그 가운데 하나라는 의미이다.

볼 여지가 있다.

그러나 모던양식의 '파괴'(destruction)와 '해체'(decontruction)는 구별되어야 한다. 포스트모던미술이나 법에서 모던양식의 해체는 기존의 양식을 없애는 데 중점이 있는 것이 아니라 새로운 예술과 법의 '생성'에 중점이 있는 것이다. 새로운 법의 생성은 모던가치나 모던양식의 파괴가 없이도 일어날 수 있고, 파괴를 거쳐서야 비로소 일어날 수도 있다. 그래서 해체는 파괴와 달리 새로움을 구성한다는 함의를 갖는다. 해체는 어디까지나 구성적 파괴(constructing destruction)인 것이다. 포스트모더니즘(postmodernism)이나 포스트모더니티(postmodernity)라는 개념을 해체의 구성적 차원에 주목하여 사용할 때, 포스트모더니즘은 한편으로는 모던 미술이나 법과 단절된 새로운 것을 가져온다는 함의가 있으면서, 다른 한편으로는 모던 미술이나 법과 연속된 발전적인 것을 가져온다는 함의도 있다. 아방가르드가 띠는 모더니즘의 양식 파괴는 모던 미술이나 법의 양식 전체를 부정하는 것이 아니라 단지 그 작은 일부를 파괴함으로써 새로움을 가져오는 것이다. 그렇기에 아방가르드의 파괴적 요소가 강해질수록 포스트모더니즘에 접근하고, 포스트모더니즘의 구성적 기능이 강할수록 모더니즘에서 멀리 떨어지지 않게 된다. 그렇게 하여 서로 근접한 상태에 있을 경우 아방가르드로 확장된 모더니즘, 달리 말해 성찰적 모더니즘과 구성적 측면이 강화된 포스트모더니즘, 달리 말해 (해체 일변도에 대한) 반성적 포스트모더니즘은 실제로 접점을 가질 수 있게 된다.

2. 포스트모던예술의 그로테스크 미학과 법적 통제

아방가르드라는 개념과 자주 뒤섞이거나 혼동되어 사용되는 비평언어가 그로테스크(grotesque)라는 개념이다. 물론 아방가르드는 그로테스크한 표현 속에서도 자주 인정될 수 있다. 그로테스크는 법이 미술작품을 음란물로 처벌하려고 할 때, 미술인이나 비평가들이 즐겨 사용하는 대항언어이다. 그로테스크하다는 점이 인정되면, 법도 그 미술작품을 음란물이나 이적표현물로 쉽게 바라보기 어렵게 된다.

(1) 그로테스크의 의미

그로테스크란 원래 고대미술에 대립되는 근대미술의 특징으로서 낭만주의적인 환상의 근원적 형식을 가리켰다. 그러나 오늘날에는 널리 역설, 기괴함, 웃김의 요소에 집착함으로써 전율적인 작용을 가져오는 왜곡되고 희화화된 표현을 가리킨다.

김인규, 무제, 1996[12]

1) 예술성을 구성하는 양식, 그로테스크 가령 김인규의 〈우리부부〉 사진과 함께 기소되었던 다른 작품인 〈무제〉(1996)는 좀 그로테스크한 성격이 있다. 이 회화는 마치 변기와 같은 물체에서 똥·오줌이 내려가는 중앙의 구멍 난 부분에 남자 성기가 또아리고 있는 모습을 그리고 있다. 이 그림은 법원에서 무죄판결을 받았다. 이 그림의 양식적 아름다움이 별로 높지는 않지만, 그 그로테스크함은 성기의 노출이라는 음란한 표현에도 불구하고 또한 그 추함에도 불구하고 뭔가 알지못하는 환상이나 가상의 세계가 있을 듯한 의문을 감상자에게 남겨준다. 이 같은 그로테스크라는 표현양식을 바라보지 않는다면, 형사처벌이 필요하지 않을 정도로 음란성을 완화시키는 예술성을 인정하기가 쉽지 않았을 것이다. 그러므로 예술성에 대한 논증을 하지 못한 채 이 그림에 대해 무죄를 선고한 대법원은 다음과 같은 판결이유 이외에는 음란성 없음을 설명하기 어려웠을 것이다.

> "'무제'라는 작품(공소사실 제2항)은 진한 남색의 플라스틱제 환자용 변기 바닥의 한가운데에 남자의 성기가 자리잡은 모습(발기되지 않은 모습)을 그린 것으로서 그림 전체에서 성기가 차지하는 비중이 매우 작고 그 성기가 두드러져 보이지도 아니하여 언뜻 보기에는 남자의 성기로 보이지 아

12 대법원에서 음란물이 아닌 것으로 판단 받았기에 모자이크처리 없이 그림을 원용한다.

니할 정도인 점, 그림을 전체적으로 보면 성기가 환자용 변기에 압도되어 있어 성기보다는 환자용 변기의 이미지를 먼저 갖게 될 가능성이 높아 보통 사람으로 하여금 성적 흥분이나 수치심을 불러일으킨다고 보기는 어려운 점."

결국 대법원은 표현된 성기가 변기에 비해 매우 작게 그려져서 음란성이 없다는 것이다. 하지만 이 논증은 우스꽝스러운 것이다. 왜냐하면 성기의 크기야 돋보기로 보면 크게 보이고, 인터넷에 올려진 그림은 화면상 배율크기를 확대하면 얼마든지 큰 성기로 현상될 수 있기 때문이다.

2) 그로테스크 미학의 철학적 의미 여기서 그로테스크 미학의 철학적 의미를 살펴볼 필요가 있다.

Robert Mapplethorpe, Self Portrait, 1985

(가) 메이플소프 자화상의 그로테스크 가령 메이플소프(Mapplethorpe)의 자화상 사진으로 이를 설명해본다. ① 머리 위에 있는 알 수 없는 — 즉 "객관적인 비결정의"[13] 뿔(각)은 인간이 아닌 것, 인간 밖의 것이면서 기존의 인간형상을 구성한다. ② 이로써 그 '인간이 아닌 것', '인간 밖의 것'(他者)이 없는 인간을 진정한 인간으로 인식해왔던 사람들은 기존의 인간을 낯설게 느끼게 되고, 혼돈에 빠지면서 그 불확실성으로 인해 (막연한) 두려움을 갖게 된다. ③ 이 두려움은 그 인간 밖의 것과 인간 안의 것 사이의 경계를 해체[14]하면서 인간성을 새롭게 재구성하게 만든다. 이처럼 인격성의 해체와 재구성은 그로테스크 미학의 철학적 의미라고 할 수 있다. 그렇기에 메이플소프의 자화상 사진은 기괴하지만, 익숙한 인간상을 낯설게 하고, 인간과 비인간의 경계를 해체하면서 새로운 이해의 시작을 알리는 상징을 창출한다. 여기서 그로

---

13 Gilles Deleuze (하태환 역), *감각의 논리 (Francis Bacon: Logique de la sensation)* (민음사, 1995), 47쪽.

14 이를 인격성의 해체를 통한 미학적 전복이라고 부르는 박슬기, "그로테스크 미학의 존재론적 기반과 의의", *충북대 인문논총* (제58집, 2007), 179~203쪽 참조.

테스크 미학의 철학적 의미를 다음 세 요소로 요약할 수 있다.

① 인간 밖의 것을 상징하는 기괴한 표현양식
② 기존의 인간상을 낯설게 하면서 두려움을 생성시킴
③ 인간과 인간 아닌 것 사이의 경계를 해체하며 새로운 이해를 시작함

이태리 Domus Aurea에 있는 그로테스크

(나) 고대의 그로테스크 그로테스크의 개념은 역사적으로 변해왔지만, 그 철학적 의미는 그로테스크 개념의 어원이었던 그로트(grotto)의 본래적 의미, 즉 동물, 식물, 상상의 존재로 이루어진 고대로마의 문양에서 크게 변하지 않았다고 할 수 있다. 인간 밖의 존재를 가져와 현실의 인간상을 낯설게 하고, 그로부터 인간과 인간 밖의 존재, 이를테면 초월적 존재와의 경계를 지우고, 새로운 인간을 꿈꾸는 작용은 앞서 분석한 그로테스크 미학의 철학적 이해와 구조적으로 다르지 않다. 아마도 인간 밖의 존재가 아름다운 신화적 상상 속의 동물로부터 현실 속에 있는 인간 밖의 존재들(예: 물고기, 변기, 쇠고랑)이나 인간 내면의 세계, 즉 무의식 속에 있는 이미지들로 변화되고 확장되었을 뿐일 듯하다. 또한 그런 존재를 표현하는 기법의 기괴함에서 정도의 차이가 있기는 하다. 여기서 그로테스크란 포스트모던미술의 고유한 양식이 아니라 초역사적인 양식임을 알 수 있다.

(2) 음란물과 그로테스크

이렇게 볼 때 표현의 자유에 관한 우리사회의 공론에서 핫이슈가 되었던 김인규 미술교사의 〈우리부부〉 사진은 그로테스크하다고 볼 수 있을까? 이 사진은 대법원에서 음란물로 유죄판결을 받은 바 있다.

1) 〈우리부부〉의 그로테스크함 예술성을 근거짓는 요소로서 이 사진이 그로테스크한 것인지를 앞서 설명한 그로테스크의 철학적 의미에 따라 판단해보자. 첫째, 이 사진은 표현기법이 기괴하거나 환상적인 것

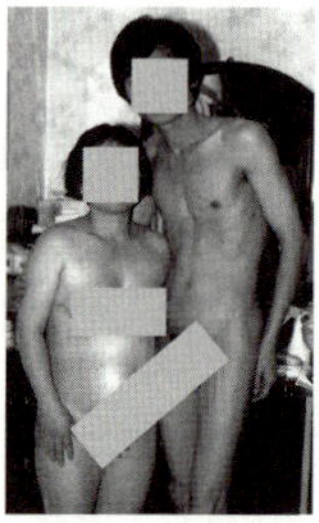

김인규, 우리부부, 1996[15]

을 찾을 수 없다. 인간 밖의 것이나 인간 아닌 것을 표현하는 양식적 특성이 없다. 그저 일상의 지친 중년 부부의 벌거벗은 모습이다. 둘째, 이런 결과는 일상을 예술로 만들겠다는 예술관에서 비롯된다. 그러니까 〈우리부부〉는 기괴함의 표현이 없는 가운데, 벌거벗은 모습을 일상으로부터 낯설게 만드는 것이 아니라, 일상에서 친근한 것이 되도록 만든다. 여기서 그로테스크의 두 번째 요소도 존재하지 않는다. 셋째, 〈우리부부〉는 벌거벗지 않는 일상과 벌거벗는 일상을 도덕과 음란, 예술과 비예술로 이분법적으로 나누는 것을 해체하려 한다는 점에서는 기존의 인간상을 해체하는 요소가 있다. 그러니까 그로테스크 미학의 철학적 요소 가운데 하나만 충족하는 것이다. 여기서 〈우리부부〉가 그로테스크하다고 말할 수 있다면, 그것은 표현의 양식적 차원이 아니라 제작과 감상의 심리적 차원에서만 가능한 것임을 알 수 있다. 이를 두고 굳이 그로테스크하다고 말하고자 한다면, 그때의 개념은 '심리적' 그로테스크라고 밖에 부르는 것이 적절하다. 그러나 심리적 그로테스크는 포스트모던미술의 속성에 가깝다.

2) 포스트모던미술 속에서 그로테스크 포스트모던미술에서 그로테스크는 포르노와 비슷한 양식으로 이루어질 수도 있다. 가령 인간이 착용하지 않는 개목걸이 같은 것을 차거나 말에다 사용하는 채찍을 인간의

15 다만 작가가 있는 그대로 드러내야 예술성이 있다고 봄에도 불구하고, 대법원에 의해 음란물로 판결을 받은 작품이라는 점에서 필자는 부득이 성기와 가슴 부분을 가렸고, 부부의 얼굴도 식별할 수 없도록 모자이크 처리했다. 김인규 작가도 자신의 작품이 형사사건화 되었을 때 미디어가 보도했던 〈우리부부〉 사진은 이미 그가 의도했던 의미의 사진이 아니었음을 비판하고 있다(김인규, *나의 그림은 실제상황이다* (푸른나무, 2002), 159~160쪽). 그의 항변은 맞다. 미디어의 보도는 사실을 왜곡하곤 한다. 그런데도 이 책에서 나는 김인규 작가에게는 미안한 일이지만, 그의 〈우리부부〉가 아닌 모자이크처리된 〈우리부부〉를 두고 논의를 해야만 할 것 같다. 이 사진의 예술성에 대한 논의는 우리사회에서 꼭 필요하고, 그래서 이 글의 논의에서 정확한 사진은 아니지만, 대강 어떤 구도에서 어떤 표현으로 만든 작품인지에 대한 인식 정도는 있어야 하겠기 때문이다. 대법원 판결에 대한 존중과 작가의 의도에 대한 존중 그 사이에서 이렇게 모자이크 처리된 사진을 놓고 논의하는 것에 대해 김인규 작가를 포함한 모든 이의 깊은 이해와 아량을 부탁드릴 수밖에 없을 것 같다.

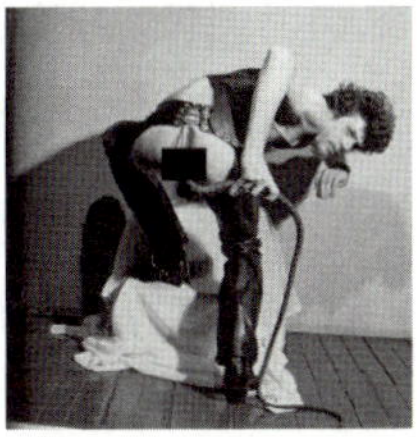

Mapplethorpe, Self Portraits, 1978

성애를 높이는 도구로 설정하는 등 인간 밖의 것들을 가져와 단정한 성생활의 틀에 갇힌 인간상을 낯설게 하고, 끝내는 인간과 말, 인간과 개의 경계를 해체함으로써 인간임의 의미를 다시 생각하게 만드는 것이다.[16] 그렇기 때문에 포르노와 그로테스크한 미술 사이의 경계도 사라진다. 이 점을 메이플소프의 〈자화상〉(1978년)을 예로 설명해보자. 이 작품은 하드코어 포르노적 요소와 마치 동물의 꼬리가 몸에 결합된 듯한 그로테스크한 표현요소를 모두 갖고 있다. 두 요소는 결코 분리되지 않은 채 인간 밖의 것을 가져와 기존의 인간상을 낯설게 하면서 동시에 해체하는 이미지를 생성시킨다. 게다가 이런 이미지를 생성시키는 영상미학의 표현적 양식도 매우 풍부하다. 그로테스크는 메이플소프의 사진이 보여주는 바처럼 포르노와 회화(또는 사진예술), 비예술과 예술의 경계를 지워버리는 차원에서 생성되고 있는 것이다.

II. 포스트모던미술에서 창조적 해체의 법적 의미

1. 창조적 해체의 가능성

포스트모던미술의 해체성은 모던양식의 단순한 파괴가 아니라 새로운 예술을 생성시키는 해체이다. 이를 구성적 해체(constructing destruction) 또는 창조적 해체라고 개념화할 수 있다.

(1) 저작인격권의 범위와 구성적 해체

이런 구성적 해체는 모던가치의 파괴 자체에 중점이 있지 않다. 그러면 모던가치를 파괴하지 않으면서, 바꿔 말해 모던가치와 양립하거나,

---

16 이런 포르노의 극단을 통한 포스트모던 예술성의 생성은 장정일의 소설 〈내게 거짓말을 해봐〉에서 인상적으로 드러난다.

모던가치를 계승하면서 어떻게 새로운 예술성을 생성시키는 해체, 즉 포스트모던적 해체의 의미가 실현될 수 있는 것일까? 이런 물음에 대한 대답을 미술비평이론에서 찾는 것은 거의 불가능하다. 어떤 비평이론적 시도도 거의 실패했다고 해도 과언이 아니다. 그런데 이 물음에 대한 대답은 저작권법의 해석이론에서 찾아볼 수 있다. 즉, 미술에 대한 저작인격권(특히 동일성유지권[17])과 같은 이성법적 권리가 보호되면서도 새로운 예술성의 창작을 가능케 하는 법(해석)이 마련될 수 있다면, 그 법이 보호하는 미술작품은 창조적 해체를 수행한 것이라 할 수 있다. 여기서 창조적 해체의 실례를 가장 극단적인 사례, 즉 기존 작품의 해체를 통해 새로운 미술작품을 창작하는 행위에서 찾아보자.

(2) 지워진 드 쿠닝 드로잉

Robert Raushenberg, Erased de Kooning Drawing, 1953

기존의 미술작품에 일정한 변형을 가하여 새로운 미술작품을 만든 대표적인 예로 〈지워진 드 쿠닝 드로잉〉을 들 수 있다. 1950년대 미국의 미술흐름이 추상표현주의로부터 팝아트로 발전하는 과정에서 로버트 라우센버그(Robert Rauschenberg)는 당시 추상표현주의의 대가인 빌렘 드 쿠닝(Willem de Kooning)의 드로잉 작품을 잉크와 크레용 등 15가지의 방법으로 한 달간 지우는 작업을 하여 〈지워진 드 쿠닝 드로잉(Erased de Kooning Drawing, R. Rauschenberg, 1953)〉이란 작품을 만들

17 저작권법 제13조(동일성유지권) ① 저작자는 그의 저작물의 내용·형식 및 제호의 동일성을 유지할 권리를 가진다. ② 저작자는 다음 각 호의 어느 하나에 해당하는 변경에 대하여는 이의(異議)할 수 없다. 다만, 본질적인 내용의 변경은 그러하지 아니하다. 1. 제25조의 규정에 따라 저작물을 이용하는 경우에 학교교육 목적상 부득이하다고 인정되는 범위 안에서의 표현의 변경, 2. 건축물의 증축·개축 그 밖의 변형, 3. 특정한 컴퓨터 외에는 이용할 수 없는 프로그램을 다른 컴퓨터에 이용할 수 있도록 하기 위하여 필요한 범위에서의 변경, 4. 프로그램을 특정한 컴퓨터에 보다 효과적으로 이용할 수 있도록 하기 위하여 필요한 범위에서의 변경, 5. 그 밖에 저작물의 성질이나 그 이용의 목적 및 형태 등에 비추어 부득이하다고 인정되는 범위 안에서의 변경.

었다.

1) 팝아트의 전복성 이 작품은 마치 쿠닝 작품의 유령 같기도 하다. 그러나 이 유령적 성격은, 데리다(Derrida)의 〈마르크스의 유령들〉에서 알 수 있듯이 작품이란 고정불변의 미학적 가치를 갖지 않으며, 저자가 사라짐으로써 오히려 비로소 새로운 미학적 가치가 생성된다는 점을 보여주는 것이기도 하다. 그렇기에 쿠닝의 작품손괴는 쿠닝과는 '또 다른 소묘'가 될 수 있다. 이 작품이 갖는 역사적 의미는 이를 통해 라우센버그가 나중에 팝아트, 즉 대중문화(popular culture)를 반영한 미술을 생성시켰다는 데에 있다. 그의 이 창작적 훼손은 추상표현주의의 고급성과 대중문화의 저급성이라는 위계를 전복시키기 위한 것이었다고 평가할 수 있다. 이후 발전한 팝아트는 대중문화의 미술상품화를 의미하는 것이 아니라, 고급스런 초월성의 비현실성과 대중문화의 저급한 현실성 사이의 경계를 지워버리는 해체의 미학을 보여준다고 볼 수 있다. 이 해체는 양식적으로는 하나의 그림 속에서 대중적 이미지가 고급스런 회화를 일방적으로 '대체'해버리는 방식이 아니라 그 둘이 서로 '대치'(confrontation)되는 방식으로 진행된다. 이 작업에 의하여 이제 현실(의 이미지)도 현실이 아니라 상징(회화적 상상 속의 한 요소)의 하나가 되고, 비현실, 즉 상징도 단순히 상징이 아니라 현실이 되는 미학이 미술에 자리 잡게 된 것이다. 여기서 미술의 본질은 그것의 양식에 있지 않고 양식이 실현되는 사회적 맥락의 철학적 배후에 놓이게 된다. 이처럼 팝아트는 현실과 상징의 경계를 지워버리는 전복성이 두드러진다. 가령 드 쿠닝의 소묘가 고급예술의 상징이라면 그것을 지우는 행위는 현실이고, 그 현실이 소묘에 침투함으로써 〈지워진 드 쿠닝〉은 상징과 현실 사이의 경계가 사라진다는 의미를 생성시킨다. 이와 정반대로 드 쿠닝의 소묘가 고급예술이 존재한다는 현실의 기호라면, 그것을 지워버리는 행위는 저급예술과 구분되는 고급예술이 따로 존재하지 않는다는 상징의 기호라고 할 수 있다. 그 행위가 〈지워진 드 쿠닝〉의 작품에 침투하

여 현실과 상징의 경계가 지워지는 의미가 생성된다.

2) 지우기의 창조성 여기서 라우센버그가 의도한 것은 지우기도 창조적인 작업일 수 있음을 보여주는 것이었다. 또한 지우기가 창조적이기 위해서 모든 사람들이 위대하다고 보는 사람의 작품을 사용할 필요가 있었던 것이다. 하지만 이처럼 뒤에 만들어진 작품이 이전의 작품을 (부분적으로) 해체하는 것은 그 작품에 발현된 작가의 인격을 침해할 수 있다. 이는 법적으로는 저작인격권(동일성유지권)의 침해에 해당한다. 그러나 이런 해체는 다른 고유성을 가진 작품을 창조하기 위해 부득이한 것일 수 있고, 그런 부득이한 해체는 포스트모던미술에서 창조적 해체의 의미를 가짐으로써 모던가치의 단순한 파괴와는 구별되는 것이다. 바로 그럴 때, 작품의 부분적 파괴는 저작인격권을 침해하는 것이 되지 않고, 오히려 새로운 저작물을 만드는 것이 될 수 있다.

2. 창조적 해체의 일반적 승인

먼저 기존의 작품에 다른 고유함을 더하는 작품의 창출은 기존의 작품이 갖고 있는 미학적 특성을 해체하고 다른 미학적 특성을 더하는 재구성의 작업이다. 이런 작업이 미술창작행위로 인정될 수 있기 위해서는 다음 두 가지 사상을 전제한다.

- 첫째, 예술적 가치가 있는 그림을 훼손하는 것도 예술적 가치가 있는 행위가 될 수 있다. 즉, 예술은 예술의 파괴(Art as the Destruction of Art)[18]이다.
- 둘째, 화가의 고결한 인격을 공격하는 것도 예술적 가치를 가질 수 있다.

18 Amy M. Adler, "Against Moral Rights", *California Law Review* (Cite 97 Cal, L. Rev. 263, 2009), 284쪽 아래 참조.

(1) 미학적 자유의 평등과 그 전제조건

해체는 전면적일 수도 있고, 부분적일 수도 있다. 이론적으로는 모든 작품은 — 저작자가 밝히든 밝히지 않든 — 과거의 작품들을 해체하고, 다른 해석으로 다르게 조합하는 일종의 해석학적 순환 속에 있다. 그렇기 때문에 누구나 기존의 자신의 작품에 인정되는 미학적 가치와 동등하거나 우월한 새로운 미학적 가치가 타인에 의해 창출되는 경우에는 그 타인의 자유를 존중할 의무가 있다. 이 의무는 '공평한 자유'라는 이성법의 공리로부터 비롯된다. 이러한 의무에 대응하여 모든 사람은 자신의 인격을 발현하여 작품을 생성시키고, 미학적 가치를 부여받는 권리를 누리게 된다. 다시 말해 누구나 '고유성'이 있는 작품을 만들 수 있고, 또한 누구나 그것과는 '또 다른' 고유성이 있는 작품을 만들 권리가 있다. 비로 이 맥락에서 미학적 자유의 평등을 말할 수 있다.

이러한 미학적 평등은 예술반달리즘(art vandalism)을 정당화하지 않는다. 포스트모던미술의 창작적 훼손에 속하지 않는 예술의 파괴는 예술에 대한 몰이해와 반문화주의적 폭력을 정당화할 뿐이기 때문이다.

(2) 작품해체적 창작과 법의 딜레마

이상에서 법은 작품의 보존, 바꿔 말해 그림에 발현된 화가의 인격을 보호하는 방향으로만 기능해서는 안 됨을 알 수 있다.

1) 파괴로서 그림 그리기 보존이 아니라 오히려 해체 또는 파괴가 예술의 지속적인 창조를 가능케 할 수도 있기 때문이다. 그렇기에 피카소(Picasso)도 "그림이란 그림의 파괴의 총합이다"(A picture is a sum of its destructions)라고 말한 바 있다. 그러므로 저작권법이 예술작품을 보존하는 목적을 좇는다고 할 때, 그 예술작품의 개념은 유연해져야 한다. 예컨대 가치 있는 그림의 변형물도 새로운 가치의 그림이 될 수 있다고 보아야 한다. 새로운 가치의 그림을 창출하기 위해 기존 그림을 변형하는 행위는 기존의 작품의 유지라는 측면에서는 저작인격권의 침해에 해

당한다. 하지만 그 행위는 새로운 작품의 창작이라는 측면에서는 저작권을 새롭게 생성시키는 행위가 된다. 그러므로 하나의 행위는 저작권법상으로는 양면성(ambivalence)을 가질 수 있다.

여기서 미술작품의 모더니즘적 가치에 대한 (저작권)법의 맹목적 고수는 새로운 창작의 무한한 다양성을 방해하고, 이는 창작인센티브의 보장이라는 (저작권)법의 목적을 오히려 그르치게 만든다.

2) 도덕으로부터 자유로운 창작적 해체의 합법화 여기서 법은 아포리아에 빠지게 된다. 라우센버그의 쿠닝 그림 지우기와 같은 행동을 금지할 수도 장려할 수도 없는 것이다. 라우센버그의 그림 지우기 행위가 갖는 양면성으로 인해 그런 행위는 저작권법의 기초를 이루는 '도덕으로부터 자유로운 영역에'(moralfreier Raum) 위치한다고 볼 수 있다. 그처럼 도덕으로부터 자유로운 영역에 위치하는 창작적 훼손행위에 의해 생성된 작품에 대해 저작권을 인정할 것인지는 다시금 이성법의 과제가 된다.

(3) 주체간의 미학적 평등

기존의 그림을 훼손하는 행위가 새로운 가치의 그림을 창작하는 것인지, 그런 행위를 통해 그림의 가치가 증가하는지 아니면 감소하는지 등은 그림을 바라보는 미학적 비평의 관점에 따라서 또는 비평문화의 패러다임 변화에 따라 다르게 대답될 수 있다. 그러므로 기존 그림을 훼손하여 새로운 가치의 그림을 그리는 행위가 저작권법의 통제를 받지 않을 수 있으려면, 파괴되는 그림의 화가가 그 그림을 통해 발현한 미학적 주체성의 가치와 그 그림을 훼손하여 새로운 그림을 창작하는 미학적 주체성의 가치가 적어도 균형을 이루어야만 한다.

1) 수평적 미학적 평등 물론 원론적으로 모든 개인은 자신의 미학적 발현이 다른 사람의 그것과 동등한 취급을 받을 권리가 있다. 모든 인간은 평등하며, 이 평등의 이념은 미학적 평등에까지 미쳐야 한다.

㈎ **미학적 상호주관성** 이처럼 모든 개인이 그의 예술적 능력과 안목 등과 상관없이 미학적으로 동등한 주체로 인정되어야 한다는 점을 '미학적 상호주관성'(aesthetic Intersubjectivity)이라고 개념화할 수 있다. 이 미학적 상호주관성은 개인들 사이의 수평적 관계에서 승인되는 것이다. 이런 수평적 미학적 평등은 현대미술과 제조물(Product) 사이의 경계가 희미해져가는 현상에 의해서 좀 더 촉진되기도 한다. 미술작품과 제조물 사이의 차이가 적어질수록 미술작품의 소유자가 그 작품을 개인적 취향에 따라 변형하는 행위를 법적으로 허용할 필요성은 높아질 것이다.

㈏ **예술적 주권** 미술작품의 변형에 대한 허용은 작품의 소유권이 화가의 저작인격권보다 우선하는 권리이기 때문이 아니다. 그것은 포스트모던 사회에서 예술의 의미 변화와 그 변화를 공동으로 결정하는 모든 사람들의 권리, 즉 비유적으로 말해 예술적 주권 때문이다. 누구나 미학적 가치를 창조하는 자격을 갖고 있고, 무엇이 예술인지를 스스로 결정할 권리를 갖고 있다는 것이다. 그러나 예술적 주권은 누구나 누려야 하기 때문에 상호주관적 권리로 구성되어야 하고, 그런 권리를 향유하는 상태를 미학적 상호주관성이라고 개념화할 수 있다.

2) 수직적 미학적 평등과 문화재보호법 그러나 그 작품이 한 법공동체에서 역사적 의미를 가지게 됨으로써 문화재보호법에 의한 보존의 대상이 되는 경우에는 예외가 인정된다. 문화재보호법에 의해 어떤 작품을 원 저작자가 창작한 상태로 보존하고, 그 변형이나 훼손을 차단하는 경우에 승인할 수 없게 되는 상호주관성은 개인들 사이의 수평적 동등성일 뿐이다. 왜냐하면 문화재보호법은 과거, 현재 그리고 미래의 세대가 문화재를 함께 공유할 기회를 보장한다는 점에서 또 다른 차원의 상호주관성, 즉 세대들 사이의 미학적 평등을 보장하는 것이기 때문이다. 이런 평등을 수직적 미학적 평등이라고 개념화할 수 있다. 이처럼 저작권법이 수평적 미학적 평등을 실현해야 한다면, 문화재보호법은 수직적 미학적 평등을 실현해야 하는 것이다.

3. 창작적 훼손의 법적 취급

그러나 미학적 상호주관성이란 이름 아래 아직 문화재가 되지는 않았지만 그래도 이미 사회적으로 높은 가치를 인정받은 작품을 개인의 미학적 고유성을 이유로 함부로 훼손하는 것을 허용할 수는 없다. 왜냐하면 사회적으로 그 가치가 높게 인정된 작품은 이미 문화재가 '되어가는' 과정에 있고, 그런 점에서 '잠재적인 문화재'라고 볼 수 있기 때문이다. 여기서 수직적인 미학적 상호주관성에도 불구하고 기존 작품의 훼손을 통한 창작을 허용(수평적인 미학적 평등)할 수 있기 위한 법적 조건을 설정해야 한다. 이는 창작적 훼손이 위치하는 '도덕으로부터 자유로운 영역'을 법으로 규율하게 되는 것, 즉 법제화를 의미하는 것이기도 하다.

- 첫째, 기존 작품의 훼손이 법적 규제를 받지 않을 정도로 가치 있는 새로운 작품의 창작이 되기 위해서는 기존 작품의 미학적 가치를 단지 파괴하는 것이 아니라 그 기능을 유지하면서 새로운 가치를 창출하는 것이어야 한다. 이를 위해 사용(use)과 언급(mention)의 구분이론은 의미가 있다(이하 (1) 참조).
- 둘째, 새로운 작품의 창작을 위해 기존 작품을 훼손하는 사용이 불가피하고, 최후의 수단이어야 한다(이하 (2) 참조).
- 셋째, 기존 작품의 창작적 훼손이 원저작자에 대한 명예훼손행위가 되는 경우에는 형법에 의해 허용되지 않는다(이하 (3) 참조).

(1) 이용과 언급 : 창작적 훼손

논리학에서는 이용(use)과 언급(mention)의 개념이 널리 구별된다. 단어로써 그 단어의 의미를 표현할 때, 그 단어는 '이용'되는 것이지만, 단어 그 자체에 대해 토론할 때, 그 단어는 단지 '언급'되는 것이다. 예를 들어 '서울은 하나의 거대도시다'라는 표현에서 서울은 거대도시의 의미를 지니는 단어로 사용되는 반면, '서울은 두 글자로 이루어졌다'라는 표현에서 서울은 단지 언급되고 있을 뿐이다.

1) 단토의 비평이론 예술철학자 아서 단토(Arthur C. Danto)는 이 논리학 개념을 응용하여 그림의 이용과 언급을 구별한다.[19] 즉, 기존의 가치 있는 그림을 사용하는 방식이 그 그림이 원래 보여주는 것을 표현하는 경우에, 그 그림은 '이용'(use)되는 것이고, (그림 자체의 감상이 아니라, 다른 목적을 위해) 원래 그림처럼 보여지도록 표현한다면 그 그림은 단지 '언급'(mention)되는 것이라고 한다. 예를 들어 위조된 그림은 원래의 그림을 언급할 뿐, 이용하는 것이 아니다.

Russel Cornor,
The Kidnapping of Modern Art by the New Yorkers, 1985

이에 비해 단토(Danto)의 비평에 의하면 러셀 코너(Russel Connor)가 피카소의 〈아비뇽 처녀들(Les demoiselles d'Avignon, 1907)〉의 여자들로써 루벤스의 〈레우키푸스 딸들의 강간(The Rape of the Daughters of Leucipus, 1618)〉의 여자들을 대체하여 그린 〈뉴요커들에 의한 모던 아트의 납치(The Kidnapping of Modern Art by the New Yorkers, 1985)〉는 피카소와 루벤스의 그림을 '이용'하여 그린 새로운 걸작이 된다. 그가 이렇게 보는 이유는 코너는 피카소나 루벤스의 그림을 단지 흉내 낸 것이 아니라, "우리의 시대를 위해 존재하는 방식" (ways of doing so which are for our time)[20]으로 그렸기 때문이다. 이런 평가를 받으려면 단토는 새롭게 만든 그림이 원래의 그림의 작가가 메시지를 전달하는 데 사용한 것과는 다른 수단들(means)을 갖고 있어야 한다고 본다. 단토에게 코너의 그림은 일종의 교차된 정체성의 풍자만화이며, 포스트모던미술의 걸작으로서 인정될만한 수단을 갖고 있는 것으로 평가되었다.

---

19 이러한 구별에 관한 이론으로 Arthur C. Danto, *After the End of Art* (Princeton University Press, 1997), 205쪽 아래 참조.

20 Arthur C. Danto, *After the End of Art* (Princeton University Press, 1997), 209쪽.

2) 독자적 의미의 생성으로서 창작 여기서 어떤 그림의 훼손이 미학적 평등의 차원에서 하나의 새로운 예술행위로 인정되려면 그 훼손이 그 그림을 단지 언급하는 것이 아니라 그 그림이 표현하려 했던 바를 '이용'하되, '새로운 수단'에 의해 독자적인 의미를 생성시키는 것이어야 함을 알 수 있다. 또한 이때의 새로운 수단이란 단지 특정한 기법을 뜻하는 것이 아니라, 새로운 시대적 상황적 맥락 속에서 메시지를 재해석하는 것 등을 포함하는 넓은 의미로 이해되어야 한다. 따라서 이미 세계적으로 인정받는 명화를 똑같이 그리더라도 새로운 해석의 의미가 담겨진다면, 그 그림은 똑같은 그림이 아니라 새로운 시대에 독자적인 가치를 지니는 그림이 될 수 있다.

Richard Prince가 타인의 인스타그램을 사진찍어 전시한 모습

또한 이는 새로운 그림이 됨을 넘어서 새로운 장르가 되기도 한다. 대중매체의 사진이미지나 책의 표지 또는 다른 사람의 사진이나 심지어 인스타그램의 사진을 재촬영하여 작품[21]을 만들어내는 리처드 프린스(Richard Prince)의 작업을 '재사진'(re-photography)이나 전유미술(appropriation art)이라는 개념에 의해 새롭게 장르화하고, 그런 재사진 작품이 고가로 경매되는 현상은 그 대표적인 예이다. 이처럼 다른 작품을 이용하여 새로운 미학적 의미를 생성시키는 창작행위와 단지 언급함으로써 그 작품의 저작권을 침해하는 행위를 구별하는 이론은 법의 해석 · 적용에도 매우 유용한 도구가 될 수 있다. 여기서 우리나라 대법원 판례에 등장한 두 가지 사건을 예로 설명해본다.

3) 나체의 마야와 성냥갑 사건 저작권 침해가 문제된 사건은 아니지만, 이용과 언급의 구별이 유용한 사건으로 〈나체의 마야〉 성냥갑 사

21 가령 말보로 담배의 카우보이 광고 사진을 재촬영한 Untitled (Cowboy)는 프린스의 대표작으로서 뉴욕 크리스티 경매에서 고가에 낙찰되기도 한 바 있다.

Francisco Goya, The Nude Maja (La maja desnuda), 1800년경

건이 있다. 1970년에 사회적 이슈가 되었던 사건으로 고야(Francisco Goya)가 그린 명화인 〈나체의 마야〉를 유엔성냥갑이라는 물품에 새겨 넣어 판매한 사건을 들 수 있다.

㈎ 공익성과 예술성의 차이 이 사건에서 대법원은 다음과 같은 이유로 음화제조판매죄의 유죄를 인정하였다.

> "비록 명화집에 실려 있는 그림이라 할지라도 이것을 예술 문학 등 공공의 이익을 위해서가 아닌 성냥갑 속에 넣어 판매할 목적으로 그 카드사진을 복사, 제조하거나 시중에 판매하였다면 명화를 모독하여 음화화시켰다 할 것이고 그림의 음란성 유무는 객관적으로 판단해야 할 것이다."[22]

여기서 〈나체의 마야〉를 성냥갑에 인쇄하여 판매한 행위의 문제점은 공익을 위한 것이 아니었다는 점에 있지 않다. 옥션의 명화 거래도 수익성, 때로는 심지어 사기적 성격의 거래를 하기도 한다. 그럼에도 옥션이 〈나체의 마야〉를 판매하는 행위는 음화제조판매죄에 해당하지 않는다. 옥션의 거래는 그 그림을 '언급'하는 행위가 아니라 '이용'하거나 그 이용을 돕는 행위이기 때문에 〈나체의 마야〉를 예술영역에 머무르게 한다. 〈나체의 마야〉를 인쇄한 성냥갑은 원래의 명화 〈나체의 마야〉가 보여주는 것을 표현하고 있는 것이 아니라, 그 명화처럼 보이도록 표현하고 있을 뿐, 사실은 포르노와 유사한 기능을 수행하도록 사용되고 있을 뿐이다.

㈏ 비평의 오류 유죄판결을 두고 당시 언론은 우리 현실의 '비예술성'과 편견에 대해 경종을 울리기도 했다.[23] 그러나 이용과 언급의 구분에 의하면 그 성냥갑은 〈나체의 마야〉를 예술로서 이용하는 것이 아니라 단지 (그것도 저급하게) 언급하는 상업적 사용행위이다. 이를 처벌하는 현실을 비예술적인 것으로 바라보는 비평관점이 오히려 비예술적이

---

22 대법원 1970. 10. 30. 선고 70도1879 판결.
23 경향신문 (1970. 10. 31.) 기사 〈나체의 마야〉의 내용임.

다. 그런 비평과는 정반대로 명화 속의 "그 아름다운 모습이 백주(白晝)의 명동에 나타난다면 이것은 이맛살이 찌푸려질 일이 아닐 수 없다"고 하면서 성냥갑 제조판매행위를 "명화에 대한 모독"이라고 보는 미술비평가 손동진의 비평[24]이 더 적절한 비평이다. 그러나 그는 에로티시즘의 명화는 나체 그 자체를 그대로 그리는 것이 아니라 분식(粉飾)해서 표현해야 한다고 주장했는데, 이는 부적절한 비평이다. 성냥갑 속의 나체의 마야와 그 원본 그림은 색감의 표현 등에서 엄청난 질적 차이가 있고, 그 차이는 오히려 분식이라고 말할 수 있을 정도이기 때문이다. 그가 말하는 분식성이란 나체를 사실주의적으로 그리지 말고, 표현주의적으로 그리라는 요구인 듯하다. 그러나 사실적이든 표현적이든 그것은 작가의 예술적 취향과 정신에 따라 선택할 문제일 뿐이다.

4) 히딩크넥타이 문양의 창작성과 창작적 모방 2002년 월드컵 4강을 달성한 감독 히딩크의 이름을 딴 히딩크넥타이를 모방하고 일부 변형하여 제조판매한 사건에서 그런 모방과 변형이 일종의 창작적 훼손인지 단순한 저작권 침해의 모방행위인지를 검토할 필요가 있다.

히딩크넥타이(左) 모방넥타이(右)

① 첫째, 히딩크넥타이에 사용된 팔괘나 태극문양 또는 사각형이나 다이아몬드형의 점들은 작가에게 고유한 것이 아니고, 그 문양을 넥타이에 사용한 것은 단지 아이디어일 뿐 '표현'적인 창작물이 아니다.[25] 따라서 저작권이 애당초 히딩크넥타이의 문양에 인정되지 않을 수도 있다. 하지만 당시 법원은 그 배열의 고유성을 인정하여 저작권을 인정하였다.[26] ② 둘째, 이런 판례의 입장이 일단 타당한 것으로 가정하더라도

24 손동진, "나체화와 에로티시즘", *동아일보* (1970. 11. 6.), 논단 참조.

25 비슷하게 비판적인 차상육, "응용미술의 저작물성 판단기준", *창작과 비평* (제45호, 2006), 111쪽.

26 무죄를 선고했던 원심판결은 서울지방법원 2003. 8. 14. 선고 2003고단3524 판결, 대법원의 파기환송판결은 대법원 2004. 7. 22. 선고 2003도7572 판결 참조.

모방넥타이가 새로운 창작물을 만든 것인지를 검토하였어야 한다. 모방넥타이가 히딩크넥타이처럼 태극문양, 팔괘문양 점 등을 사용한 점은 맞지만, 자세히 보면, 히딩크넥타이와는 달리 팔괘를 안에 갖고 있는 원형 주변에 흰색 점선들이 단지 사각형 구조를 이루지 않고, 환형(環形) 구조를 이루고 있음을 볼 수 있다. 환형구조는 정신분석학적 융(Jung)이 말하는 의식의 전일성(Einheit des Bewußtseins)을 표현하는 가장 완벽한 도안일 수 있다. 물론 이런 도안 자체는 아직 아이디어일 뿐이다. 그러나 배열의 고유성으로 저작권을 인정하는 판례의 입장에서 보면 의식의 전일성을 모티브로 볼 수 있는 모방넥타이의 새로운 배열도 고유한 표현으로서 저작권이 인정될 수 있다. 그러므로 모방넥타이는 히딩크넥타이의 응용미술작품을 이용(use)하여 새로운 응용미술작품을 만든 것이지, 그것을 언급(mention)하여 무단으로 저작권을 침해한 것이 아니다.

(2) 창작적 훼손의 보충성

그림의 창조적 훼손이라는 요건은 한 그림을 훼손하면서도 그 그림의 저작인격권을 침해하지 않기 위한 필요조건에 불과하다. 추가적인 요건으로 창작적 훼손은 보충적인 것이어야 한다.

1) 문화국가적 보존과 창작적 훼손 사이 가령 그림은 아직 문화재가 되지 않은 경우에도 저작인격의 발현이라는 개인적 차원을 넘어 사회적으로 의미 있는 미학적 담론의 대상이 되고, 공표와 함께 점점 더 많은 사람들에게 공명(共鳴)을 얻어가고, 그 그림과의 심미적 소통과 교류의 역사가 깊어져간다. 그림은 때때로 매우 뜨거운 공론의 대상이 되기도 한다. 그렇기 때문에 공표되어 사람들의 감상과 담론의 대상이 된 그림은 크건 작건 모종의 '사회적 가치'와 '공공적 성격'(또는 공공재적 성격)을 가진다고 할 수 있다.

여기서 어떤 그림의 소유권을 취득하기만 했다면, 그 그림을 훼손하는 방식으로 새로운 창작을 해도 무방하다고 볼 수 없게 된다. 원 저작자의 미학적 발현과 새 저작자의 미학적 발현이 동등한 경우라 할지라도 이미 공표되어 사람들이 미학적 소통을 펼친 역사가 쌓인 작품을 무조건 지워버리는 것은 문화국가의 실현이라는 요청(헌법 제9조)에도 어긋나기 쉽다. 그러므로 법은 작품의 '창작적 훼손의 자유'와 작품의 '문화국가(실현)적 보존'을 위한 금지 사이에 위치하게 된다. 이런 의미에서 법은 사이성(inbetweenness)의 규범이 된다. 사이성의 법은 충돌하는 관점과 이익들을 실제적으로 조화시키는 법이다.

2) 동일성유지권의 예외 창작적 훼손의 자유와 저작인격권 및 문화국가적 보존을 조화시키는 지점으로 법은 예컨대 작품의 훼손이 새로운 창작행위일지라도 그 창작행위가 원 작품의 훼손이라는 방법 이외의 방법으로는 그 고유성을 창출할 수 없는 경우에만 창작적 훼손을 허용하는 규범으로 기획될 수 있다. 다시 말해 기존 작품에 새로운 의미를 생성시키는 작품의 이용행위가 창출하는 미적 가치가 기존 작품의 직·간접적 변형을 통해서만 비로소 창출할 수 있는 경우에 한하여 저작권자의 동일성유지권(저작권법 제13조 제1항)의 침해를 인정하지 않는 것이다. 저작권법 제13조 제2항도 이를테면 "그 밖에 저작물의 성질이나 그 이용의 목적 및 형태 등에 비추어 부득이하다고 인정되는 범위 안에서의 변경"(제13조 제2항 5호)을 그런 경우에 해당하는 예로 들고 있다.

> **저작권법 제13조(동일성유지권)** ② 저작자는 다음 각 호의 어느 하나에 해당하는 변경에 대하여는 이의(異議)할 수 없다. 다만, 본질적인 내용의 변경은 그러하지 아니하다. 1. 제25조의 규정에 따라 저작물을 이용하는 경우에 학교교육 목적상 부득이하다고 인정되는 범위 안에서의 표현의 변경 (2. 3. 4. 호 생략), 5. 그 밖에 저작물의 성질이나 그 이용의 목적 및 형태 등에 비추어 부득이하다고 인정되는 범위 안에서의 변경.

이 일반조항은 창작적 훼손의 보충성요청을 담고 있으며, 훼손의 자유와 보존의 공익, 예술적 창작과 저작인격권 보호의 '사이에' 위치하는 법을 기획한다. 다만 저작권법은 본질적 내용의 변경은 여전히 금지하는 제한을 둠으로써 이 사이성은 상당히 저작인격권에 더 많은 비중을 두고 있는 셈이다. 그러나 본질적 내용의 변경도 그것 없이는 그리고 그것을 능가하는 새로운 예술작품을 창조할 수 없는 경우라면 금지되지 않는다. 물론 한 작품의 예술성이 사회적으로 널리 공유된 예술작품일수록, 그 작품의 본질적 내용을 훼손하면서 동시에 그 작품의 예술성을 능가하는 예술행위를 한다는 것은 매우 어려운 일이다.

(3) 명예훼손의 인격침해가 없을 것

예술작품의 창작적 훼손이 그 작품의 저작인격권을 침해하는 것이 되지 않으려면 소극적인 요건으로 그 훼손행위에 의한 기존 작품의 미학적 해체가 원 저작자 개인의 사적인 명예나 양심과 같은 인격의 핵심부를 침범하는 경우가 아니어야 한다. 그렇지 않다면 형법상 명예훼손죄가 성립할 수 있기 때문이다. 여기서 명예훼손죄의 보호법익은 저작인격권의 최소한이 됨을 알 수 있다. 바꿔 말해 명예훼손죄가 성립하는 지점부터 저작인격권은 더 이상 제한될 수 없다. 명예훼손죄가 성립하는 창작적 훼손행위는 물론 저작권법 제13조 제2항 단서의 "본질적인 내용의 변경"에 해당하는 경우 가운데 한 유형으로 볼 수도 있다.

이처럼 저작자의 명예보호를 위해 작품의 창작적 변형을 금지하는 것은 인격의 동등한 상호적 승인을 추구하는 이성법의 본질에서 비롯되는 것이다. 다른 사람의 작품의 미학적 가치의 해체와 재구성이 허용되는 것은 내가 만든 작품의 미학적 가치도 다른 사람에 의해 해체되고 재구성될 수 있음을 전제한다. 그러나 인격의 미학적 발현에서 이와 같은 평등의 요청은 인격 그 자체에 대한 침해가 아니라 인격에 대한 상호존중을 의미할 뿐이다. 그러므로 어떤 작품의 미학적 해체가 그 작품의 저작자의 명예를 훼손하는 지점에 이른다면, 그것은 미학적 평등으로 인정될 수 없고, 법의 보호를 받을 수도 없다.

III. 숭고미의 차이와 차이의 법

예술작품의 미학적 가치가 매우 높을 때, 그런 작품을 숭고하다고 말하고, 숭고한 작품이 생성시키는 아름다움은 숭고미라고 표현할 수 있다. 숭고미는 모던미술뿐만 아니라 포스트모던미술에서도 추구되고, 사회적으로 승인될 수 있다. 하지만 포스트모던미술의 숭고미는 모던미술의 숭고미와는 다른 의미를 갖고 있고, 법의 미학적 가치로서도 다른 의미를 가져다 준다.

1. 숭고미의 정신분석학적 의미

숭고미의 의미는 라깡(Jacques Lacan)이 말하는 욕망의 정신분석학 이론을 통해 가장 깊게 이해될 수 있다.

(1) 라깡의 욕구, 욕망, 순수욕망

라깡에 의하면 욕망은 욕구와 욕망, 그리고 순수욕망으로 구별된다. ① 욕구(needs)는 식욕, 성욕 등과 같은 생물학적 욕구이다. 욕구는 그것을 충족시킬 재화가 있다면, 언제나 충족될 수 있다. ② 욕망(desire)은 사랑과 사회적 인정에 대한 바람을 말한다. 이런 욕망은 영원히 충족될 수 없다. 왜냐하면 욕망은 욕망을 향해 있고(desire to desire),[27] 욕망은 끊임없이 욕망을 재생산하기 때문이다.

> 예컨대 최경태의 〈여고생(포르노그라피 2)展〉(2001년)에서 보듯 포르노와 얼핏 유사하지만, 다소의 양식적 차이를 보여주는 에로티카(성애물) 회화는 라깡의 개념에서 보면 성적'욕구'를 표현하는 작품이다. 이에 비해 김인규의 〈우리부부〉 사진은 가령 미디어가 모델의 아름다운 모습에 의해 학습시켜 놓은 욕망, 사회적으로 가치가 승인된 몸에 대한 욕망(desire)을

---

27 이는 이상돈, *욕망은 행복을 낯설게 한다*(연극과 인간)의 중심적인 명제이다.

비판하기 위한 작품이라고 할 수 있다.

③ 순수욕망(pure desire)은 욕망의 주체가 그 실현을 위해 죽음을 무릅쓸 때 순수해지는 그런 욕망을 말한다. 이처럼 인간이 (아름다움을 위해) 죽음을 무릅쓰는 것은 쇼펜하우어, 니체, 프로이트 등으로 이어지는 사상의 전통에서 보면 인간에게 죽음은 긍정적인 것, 심지어 열렬히 욕망되어야 하는 것이기[28] 때문이다. 죽음충동(thanatos)은 인간의 보편적인 심리이며, 죽음충동의 실현은 욕망이 순수해지기 위해 통과해야 하는 터널과도 같은 것이다.

> 가령 아이들이나 미술교육을 받지 못한 어른들이 아무렇게나 그림을 그리는 것은 욕구(needs)이다. 현실로부터 해방의 이미지를 담은 아름다움을 생성시키고픈 욕구의 표현이다. 미술대학에 가기 위해 그리는 방법을 배우고, 양식을 익히는 것은 욕망(desire)이다. 사회적으로 그림을 잘 그린다는 것을 인정받기 위한 욕망이다. 화가가 되어 유명세를 얻고, 돈을 잘 벌게 되었음에도 그 화가는 더 인정받고 (더 많이 벌고) 싶은 욕망에 빠진다. 욕망을 향해 있는 욕망이다. 진정하게 위대한 화가는 그런 욕망을 넘어서 그림 자체에만 몰입해 있는, 즉 순수욕망을 갖고 있는 예술가이다.

(2) 욕망의 죽음을 통한 욕망의 순수화

숭고미는 라깡이 말하는 순수욕망을 통해서 생성된다. 숭고(崇高)란 욕망이 땅에서 하늘을 향해 올라가 절대자의 거룩함을 닮아가는 상태를 말한다. 대부분의 인류문화에서 땅 속에 묻히는 것은 죽음이며, 하늘을 향해 높아지는 것(예: 비상 飛上)은 거룩한 절대자를 닮거나 가까이 다가가는 (영원한) 삶을 의미한다. 순수욕망, 즉 죽음을 무릅쓰는 순수욕망이란 죽음을 통하여, 영원한 삶을 얻으려는 욕망이다. 즉, 땅 속에 묻힘을 통하여 하늘로 높이 날아가려는 욕망이다.

---

28 이에 대해서는 Linda Hutcheon/Michael Hutcheon, "Death Drive: Eros and Thanatos in Wagner's 'Tristan und Isolde'", *Cambridge Opera Journal* (Vol. 11, No. 3, 1999), 267～268쪽 참조.

여기서 땅 속에 묻히는 것은 욕구(needs)나 사회적으로 가치를 인정받으려는 욕망(desire)이고, 하늘로 높이 날아가는 것은 아름다움 그 자체 이외에 어떤 것도 욕망하지 않는 것을 의미한다. 이런 숭고미는 욕망을 실현하기 위해 어떤 아름다움의 양식을 선택하고, 개발하는지와 무관하게 생성될 수 있다. 예술작품은 그 작품의 아름다움을 통해 사회적으로 인정받으려는 욕망을 땅 속에 묻어 아름다움을 좇는 욕망을 순수하게 할수록 숭고미에 다가가는 예술성을 갖게 된다. 여기서 예술성의 '자기모순'을 알 수 있다. 즉, 예술작품을 창작한다는 것은 죽음충동을 끝까지 몰고가는 예술작업을 통해 삶으로서 에로스를 실현하는 것이다.

(3) 욕망의 중층성으로서 예술작품의 숭고미

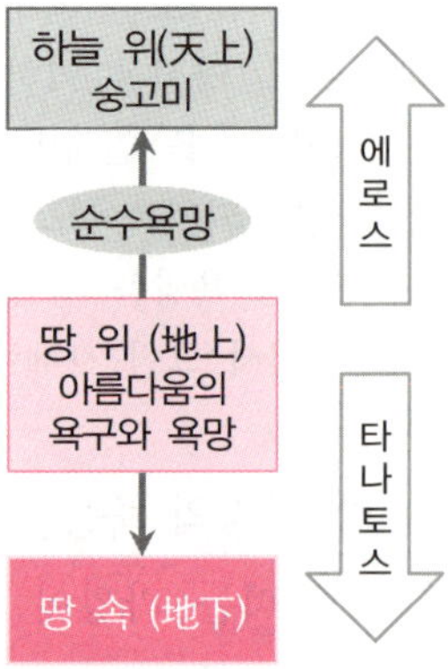

욕구, 욕망, 순수욕망은 서로 배제하는 관계에 있지 않고, 〈욕구 → 욕망 → 순수욕망〉으로 발전하는 중층구조를 이룰 수 있다. 예술작품이 생성시키는 아름다움, 특히 해방적 이미지를 생산하고, 독자가 향유하는 삶의 과정도 이런 욕망의 발전적 중층구조를 띨 수 있다. 예술작품에서 욕구란 억압과 금기가 지배하는 현실의 삶으로부터 해방하고픈 바람이며, 이를 채워주는 작품은 아름다움의 욕구를 채우는 것이다. 또한 그 작품이 사회적으로 (비평으로 통해) 승인되는 가치를 얻는 양식을 통하여 해방적 이미지를 생성하고 향유할 수 있게 하면, 아름다움의 욕망을 채워주는 것이 된다. 이 욕망의 단계를 지나 욕구의 충족여부나 사회적 가치가 인정되는 양식에 대한 욕망을 떨쳐버리고, 영원한 해방감의 체험적 의미를 생성시키고, 그 의미를 향유하는 단계에 이르면 그 작품의 예술성은 숭고미의 단계로 접어들었다고 말할 수 있다.

여기서 주의할 점이 있다. 예술작품에 대한 비평은 숭고미의 차원이 아니라 욕망의 차원에서 진행된다. 그러나 숭고미의 이미지를 갖는 작품이거나 숭고미를 지향하는 순수욕망을 좇은 작가의 작품을 숭고미가 있다고 비평할 수 있다. 숭고미는 우리가 현실로 도달하는 것이 아니라, '예료'(anticipation)하는 것이다. 즉 미래에 달성될 상태를 지금 미리 느낄 수 있는 것일 뿐이다. 데리다의 개념을 빌면, 숭고미는 전미래시제(futur antérieur)"[29]로서만 존재할 수 있을 뿐이다. 숭고미의 진정한 도달은 인간이 절대자가 되거나 절대자의 영역에 들어가 영생을 얻었을 때에 이루어지기 때문이다.

2. 모던미술에서 숭고미와 절차주의적 이성법

숭고미는 모던미술에서도 양식적 특성으로 발현되기도 한다. 절대주의(Suprematism)라고 불리는 (기하학적[30]) 추상예술, 즉 비구상의 세계(die gegenstandlose Welt)를 그리는 예술을 예로 설명해보자.

(1) 말로비치의 모노크롬에서 숭고미

Kazimir Malevich, White on White, 1918

특히 비구상의 시대를 열은 것으로 평가되는 모노크롬(Monochrome 단색화)의 창시자 캐시미르 말로비치(Kazmir Malevich)(1878~1935)의 그림을 보면 실질적인 지시내용은 제거되고 형식적이고 기술적인 질료적 특징만 남아 있다. 모더니즘의 한계점에 위치한 추상미술의 숭고성은 그림이 재현하는 공간이나 선 등과 같은 현실이 아니라 오직 그림의 표면 위에만 존재한다. 말레비치가 재현하는 공간은 감상하

29 이에 관해서 Jacques Derrida (진태원 옮김), *마르크스의 유령들* (문학과 지성사, 2007), 392~395쪽; 이를 법적 정의에 적용한 이상돈, *법미학* (법문사, 2008), 123쪽 참조.

30 추상예술은 흔히 절대주의 추상미술처럼 기하학적(geometrical) 추상과 칸딘스키 이래의 표현적(expressive) 추상으로 구분된다. 이에 관해 자세히는 마순자, "추상미술, 그 의미의 다의성", *서양미술사학회 논문집* (제24집, 2005), 138쪽 아래 참조.

는 데 필요한 시간의 흐름이 멈추어 버린 듯한 공간, 즉 환영적인 공간(illusionistic space)이다. 이 공간 속에서는 모든 내용(의미)은 선과 공간이 구성하는 형식에 의해 대체되고,[31] 그 형식은 선과 공간의 재배치나 새로운 형태들, 삼각형이나 원 등의 추가와 재배열을 통해 비판적으로 재생산된다. 이와 같은 형식은 '이성'의 가장 순수한 형태이다. 내용은 이성의 순수성을 왜곡하는 이데올로기를 갖기 쉽다. 그렇기에 내용적 메시지를 담지 않는 미니멀리즘(minimalism)은 이성을 가장 이성답게 재현하는 방편이며, 그림이 현실을 왜곡되게 재현하는 것에 대한 자기반성적 성찰이기도 하다.

(2) 동일성강제에 대한 성찰

그러므로 내용을 형식에 용해시켜버리는 추상예술은 모든 인간에게 같은 내용(의 삶, 도덕적 지향성)을 수용하라는 요구에 대한 거부이다. 이 요구는 이성이 비이성을 배제하고, 이성이 요구하는 바대로 행동하라는 동일성의 강제(Identitätszwang)를 말한다. 이런 동일성의 강제에 대한 예술의 거부는 아도르노(Adorno)가 말하듯, 미술이 '객관적으로 유효한 의미를 거부하는 것'이라 할 수 있다. 하지만 추상예술에서 형식은 완전히 죽는 것이 아니라 비판적으로 재구성될 뿐임에 주의할 필요가 있다. 형식은 삶이 펼쳐지는 시·공간이다. 따라서 형식의 성찰적인 재생산에 쏠린 추상예술은 삶의 내용이 이데올로기적일 것을 거부하지만, 예술이 삶과 통합되는 변증적 과정을 거부하지는 않는다. 예술의 숭고함(the sublime, sublimity)이란 끊임 없이 재생산되는 형식과 삶의 내용이 변증적으로 통합되는 과정 속에 있게 된다.

---

31 Jerome Carroll, "The Limits of the Sublime, the Sublime of Limits: Hermeneutics as a Critique of the Postmodern Sublime", *The Journal of Aesthetics and Art Criticism* (Vol. 66, No. 2, 2008), 174쪽.

(3) 추상미술의 발전과 이성법의 절차주의화

추상미술의 발전을 통한 모던미술의 자기반성적 성찰은 이성법의 자기반성적 성찰에 견줄 수 있다. 만일 내용이 환원되는 형식을 고정된 양식으로 이해한다면, 그런 형식은 또 다른 의미의 내용이 될 수 있다. 가령 이성법의 체제에서 형벌권 실현을 통해 실현되는 정의의 '내용'은 피고인을 보호하는 법치국가적 '형식'[32](예: 공소시효 등과 같은 소송조건)에 담긴다. 이때 법치국가적 형식은 형사소송법의 중요한 실체적 내용이 된다.

그러므로 내용이 환원되는 형식이란 법의 형식이 아니라 법이 형성되는 '절차'를 가리킨다고 재해석하여야 한다. 여기서 법의 절차주의(Prozeduralisierung)를 간단히 언급할 필요가 있다. 법의 절차주의는 이성법의 한계에 대한 자기반성이다. 이성법의 한계란 이성과 비이성을 구분하고, 비이성을 철저히 배제하는 이성법의 보편주의적인 태도가 개별사안의 특수성과 고유성을 바라보지 못함으로써 폭력적인 동질화를 강요하게 되는 것을 가리킨다. 법의 내용을 '합리적인 절차'에 내맡기는 법의 절차주의는 바로 그와 같은 이성법의 한계를 극복하는 법의 새로운 패러다임이다. 그리고 이때 합리적 절차란 이성적 사고를 하는 사람들이 비판과 토론을 펼치는 대화의 제도화된 과정을 의미한다. 예컨대 절차주의적 사고에 의하면, 어떤 그림이 음란물인지를 판단할 때, 그 그림이 성기나 성교를 그렸는가와 같은 실체적 내용을 기준으로 정하는 것이 아니라, 소송에 참여하는 사람들의 활발한 의견개진과 미술비평가나 법학자의 감정의견을 충분히 듣는 절차를 통해서 정하되, 그 결정의 내용을 개방시켜 놓는 것이다.

이와 같은 절차주의적 법을 추상미술에 견줄 수 있다면, 추상미술의

---

32 독일에서는 형사사법의 '보호형식성'(Justizförmlichkeiten)이라고 불려왔다. 이 용어는 짜샤리에(Zachariae)에게서 비롯된다. Zachariae, *Handbuch des deutschen Strafprozesses*, Band. I (1860), 144~147쪽 참조.

숭고미에 해당하는 이성법의 숭고미는 절차의 극점(極點)으로서 하버마스(Jürgen Habermas)가 말하는 이상적 대화상황(ideale Sprechsituation)[33]에서 생성될 것이다.

3. 포스트모던미술의 숭고미와 차이의 법

(1) 탈형식, 이질성, 자기목적성, 즐거운 개방성

포스트모던미술에서 숭고미는 내용을 형식으로 환원시키는 방식이 아니라, 형식의 '죽음'을 추구하는 방식으로 생성된다. 형식은 아무리 성찰적으로 재구성되더라도, 비록 전승된 문화에 대해 비판적일 수는 있긴 하지만 그 문화의 양식을 계승하는 관습의 맥락에서 완전히 해방되지 않기 때문이다. 가령 추상예술에 비해 팝아트는 예술의 고급성을 구성하는 형식을 새롭게 한 것이 아니라 일체의 형식을 거부하는 것이다. 이는 예술이 삶과 통합되어야 하는 목적성을 더 이상 좇지 않는 것이다. 즉 예술은 자신 속에 내재화된다(자기목적성).

모던미술의 숭고미	포스트모던미술의 숭고미
• 형식의 비판적 재생산	• 형식의 죽음
• 동일성 거부	• 이질성(heterogeneity)
• 예술의 형식과 삶의 내용의 변증적 통합	• 예술의 자기목적성
• 환상적 시공간의 재현	• 표현할 수 없는 것의 표현
• 미니멀리즘적 성찰	• 즐거운 개방성

예술이 형식을 소멸시키면 무한대의 다양성 또는 이질성(heterogeneity)이 펼쳐진다. 무한대의 이질성을 추구하는 것은 리오타르(J. F.

33 Habermas, *Vorstudien und Ergänzungen zur Theorie des kommunikativen Handelns* (Suhrkamp, 1984), 127쪽 아래. 하버마스는 이 개념을 주로 70년대 초기에 즐겨 썼으나, 형이상학 또는 허구라는 비판을 받은 후에는 주로 "합리적 대화"란 개념을 사용하였다. 이 개념에 대해서는 Habermas, *Faktizität und Geltung* (Suhrkamp, 1992), 138쪽 아래 참조.

Lyotard)의 표현을 빌면 '즐거운 개방성'(joyous openness)이라고 할 수 있다. 그림이 표현할 수 있는 이질성이 무한대라면, 그 표현은 무엇이 표현되는 것인지를 알 수 없게 하는 것이어야 한다. 그러니까 포스트모던미술에서 숭고미는 "표현할 수 없는 것을 표현하는"(presenting the Unpresentable)[34] 자기모순적 경험에서 오는 것이 된다. 이렇게 '즐거운 개방성' 아래서는 여성의 삶을 잔인할 정도로 노정(露呈)하는 여성주의 미술에 대해서도 부정적인 예술적 가치가 아니라 "해방과 자유의 이념"[35]에 의해 매개되는 숭고미를 인정할 수 있게 된다.

(2) 차이의 법

포스트모던미술의 이와 같은 특성은 차이(difference)의 법에 견줄 수 있다. 차이의 법은 절차주의적 이성법의 패러다임에서 발견되지 않은 '즐거운 개방성'을 갖고 있기 때문이다.

1) 이성법의 정의원리로서 차별의 금지 포스트모던 법의 새로운 정의원리로서 차이를 이해하기 위해서는 먼저 이를 이성법의 차별(discrimination) 개념과 구별할 수 있어야 한다.

(가) 평등의 확장으로서 이성법의 발전 근대 이성법은 모든 개인에게 자유를 평등하게 보장하는 법이었다. 이 평등한 자유는 개인의 능력과 환경, 시장메커니즘의 조정기능의 한계로 인해 현실에서 자유를 향유할 조건(재화)의 불평등을 가져왔고, 이에 대한 반성으로 자유(향유)의 실질적 조건(재화)을 가능한 평등하게 분배하려는 법(실질법, 사회국가적 법)이 성장해왔다. 그러나 평등한 '자유'와 자유(조건)의 '평등', 바꿔 말해 자유주의와 공동체주의는 언제나 충돌과 갈등을 겪게 된다. 추상회화의 법적 상응으로서 절차주의의 법제는 자유와 평등의 충돌과 갈등을 해소하

---

34 Jean-François Lyotard, "Presenting the Unpresentable: The Sublime", *Artforum* (Vol. 20, 1982), 64~69쪽, 특히 68쪽 참조.

35 여성주의 예술에서 이 점을 칸트(Kant)의 역동적 숭고 개념의 확장으로 이해하는 김혜련, "여성적 숭고의 가능성", *한국여성철학* (창간호, 2001), 177쪽 아래 참조.

면서 양자를 조정하는 기능을 수행하기도 한다.[36] 절차주의의 법제는 이런 조정기능을 넘어서 자유와 평등을 조정하고 법을 형성하는 일체의 과정에 개인들의 자유롭고 기회균등한 참여를 도모하기도 한다. 이로써 이성법의 발전은 〈'자유'의 평등 → '재화'(자유향유조건)의 평등 → '참여'의 평등〉으로 이루어졌다고 볼 수 있다.

(나) 합리성과 보편성 위의 차별 여기서 평등은 이성법의 시대와 법패러다임을 가로지르는 정의의 원리로서 위치한다. 평등은 합리적인 이유가 없는 차별을 금지하고, 동시에 합리적인 이유에 의한 차별을 요구한다. 이성법의 정의를 구성하는 핵심개념으로서 차별 개념은 합리적 사고와 보편화가능성의 원리 위에서 작동한다. 가령 이성애자에게 혼인할 권리를 보장한다면, 동성애자에게도 같은 권리를 보장하는 식의 보편화 원리가 작동한다. 물론 이런 보편화가능성은 합리적 사고에 의해 판단된다. 동성애자가 혼인한다고 다른 사람에게 직접 피해를 주지도 않으며, 그렇지 못했을 경우에는 오히려 그들의 인권이 침해된다는 식의 합리적 논거와 사고가 개입하여 보편화가능성이 판단된다.

2) 차이의 의미 하지만 동성애자에게 혼인권을 인정하면 양성을 기초로 가정을 누려온 시민들의 혼인과 가족제도에 관한 정체성과 상징성을 훼손하게 된다. 다시 말해 '차별'(discrimination)은 해소할 수 있으나 동성애를 거부하는 비동성애자들의 동성애자에 대한 차이(difference)가 지워진다. 이처럼 합리적 사고에 의한 보편화가능성의 판단이 아니라 설령 비합리적이라고 할지라도 각 개인이 갖는 고유성과 차이성을 존중하는 것은[37] 포스트모던 시대의 법이 실현해야 하는 새로운 정의가 된다. 이와 같은 차이성은 거의 무한대이다. 이 차이성의 무한대란 바꿔

---

36 이 점을 다차원적인 법제의 구축에 의해 구체화시키는 이상돈, *기초법학* (법문사, 2010), 25쪽 아래 참조.

37 이것은 만인을 속박하는 규범적 헤게모니의 구속들에서 벗어나는 자기배려라고 볼 수 있다. 이에 관해 연효숙, "윤리적 주체와 차이의 존재론", *시대와 철학* (제20권, 2000), 19~20쪽 참조. 이런 점에서 포스트모던 법은 춤으로서 법이 된다는 이상돈, *법의 춤* (법문사, 2012), 75쪽 참조.

말해 포스트모던미술의 특성으로서 '즐거운 개방성'과 같다. 이런 법은 이성법이 전제한 시민사회와 다른 사회, 이를테면 라끌라우(Laclau)의 견해처럼 차이들의 불안정한 질서로서, 궁극적으로는 봉합될 수 없는 구성체[38]와 같은 사회상을 전제한다. 여기서 차이의 개념을 좀더 이론적으로 설명한다면, 차이란 이성법에 수용하지 못한 민속학적 전통이나 하부문화적 관행, 더 나아가 상호이해의 가능성을 머금고 있는 개인의 주관적인 정의관점 등의 다양한 의미망을 가리킨다. 차이는 궁극적으로는 자신의 사회적 실존을 결정하고, 그 실존의 의미를 문화적(사회적, 언어적)으로 구성하는 개인의 능력이 발휘됨으로써 생성된다. 인권도 그런 능력의 발휘를 통해 생산된 의미망에서 결정(結晶)되는 권리이다. 여기서 차이는 포스트모던 사회에서 인류학적 원칙(anthropological principle of right)[39]이며 법의 새로운 권리원칙이 된다고 할 수 있다.

3) 차이의 한계 하지만 차이의 법이라고 해서 모든 개인의 주관적 관점에서 바라보는 다른 사람에 대한 자신의 차이가 '절대적으로', '무조건적으로' 허용되는 것은 아니다. 만약 그렇지 않다면 차이는 다시금 근대 이성법에서 인정했던 자연법적 권리, 처분불가능한 권리를 부활시키는 시대착오적인 법원리가 되기 때문이다. 그렇기 때문에 차이의 법은 어떤 사람의 차이가 다른 사람의 차이들을 지워버리는 것인지를 성찰해야 하고, 이 성찰은 차이의 존중이 새로운 불합리한 차별을 가져오는지를 면밀히 살피는 것이어야 한다. 그렇게 할 때 포스트모던 법은 근대 이성법의 원리를 폐기하는 것이 아니라, 그것을 전제하고, 그것의 결핍과 한계를 메우는 성찰적 기능을 하게 된다. 바로 그 지점에서 법의 모더니즘과 포스트모더니즘은 접점을 갖게 된다.

---

38 Ernesto Laclau, "Metaphor and Social Antagonism", C. Nelson & L. Grosberg 편, *Marxism and the Intepretation of Culture* (University of Illinois Press, 1988), 254쪽.

39 이런 이해로 Terence Turner, "Human Rights, Human Difference: Anthropology's Contribution to an Emancipatory Cultural Politics", *Journal of Anthropological Research* (Vol. 53, No. 3), 279~285쪽 참조.

예를 들어 자신이 근무하는 중학교의 학생들이 쉽게 찾아 드나들 수 있는 홈페이지에 자기 부부의 누드사진을 올린 미술교사 김인규의 〈우리부부〉는 예술적 표현의 자유 범위 안에 있는 것으로 보기 어렵다. 물론 그 작품을 두고 벌어지는 법원과 작가의 음란성에 대한 서로 다른 관점은 개인적인 '차이'에 해당된다. 음란성의 이성법적 개념에 의해서는 작가의 고유한 관점이 결코 존중될 수 없다. 하지만 자동카메라로 찍힌 부부의 누드사진이 예술이라는 관점은 (광학적 이미지의 절제된 선택과 표현적 행위와의 융합의 유무에 따라) 예술적 사진과 기술적 사진을 차별화하는 법의 보편성을 폐기해버릴 위험이 있다. 물론 작가의 고유한 예술적 관점의 차이를 존중하기 위해 예술적 사진과 기술적 사진의 법적 차별을 제거해볼 수도 있다. 이것은 차이의 원리가 요구하는 바일 것이다. 하지만 그런 차이의 존중을 이유로 중학생들이 드나드는 홈페이지에 누구나 자신의 누드사진을 게재할 수 있게 한다면, 그것은 학생들로 하여금 도덕에 관련하여 니체가 말하는 극단적 허무주의[40]에 빠지게 만들 수 있다. 바로 이 지점에서 차이의 정의는 철수될 수밖에 없는 것이다.

Ⅳ. 소설의 포스트모던 양식성

지금까지 포스트모던예술의 양식성 문제를 주로 미술을 중심으로 살펴보았다. 그러나 포스트모더니즘은 소설과 같은 문학장르에서도 그 고유한 양식성, 즉 양식 없는 양식성, 개방된 분리성의 양식으로 발현될 수 있다. 아래에서는 포스트모던 소설 일반에 관한 논의는 생략한다. 여기서 다루려고 하는 바는 포스트모던예술의 양식성에 대해 지금까지 도모해온 이해를 갖고 문학작품을 비평한다면, 그 작품에 대한 통상적인 이해는 완전히 뒤집힐 수 있다는 점이다. 가령 리히텐슈타인의 만화 같

40 *KGW* Ⅷ1 2[119], 119쪽.

은 그림들이 만화가 아니라 예술성 높은 새로운 회화로 인정받을 수 있다면, 장정일의 소설 〈내게 거짓말을 해봐〉도 흔히 사람들이 그렇게 보듯 하드코어 포르노물이 아니라 예술성 높은 새로운 문학으로 인정받을 수도 있을 것이다. 이 소설에 대해 법예술비평을 하기에 앞서 간단히 언급할 점으로 작가 장정일은 어린 시절 소년원에 복역하는 등 불우한 어린 시절을 보내다 1980년대 시로 등단하여 26살에 김수영 문학상을 수상한 실력 있는 작가였다는 점이다. 그는 1996년에 이 소설 〈내게 거짓말을 해봐〉를 유명출판사인 김영사에서 출간했다. 그러나 이 소설은 음란물로 기소되었고, 2000년 대법원에서 유죄가 확정되었다.[41]

1. 〈내게 거짓말을 해봐〉의 내용

아래 요약하는 소설의 줄거리는 2.에서 하는 법예술비평의 입장을 전제로 시네마토그래픽한 분석을 통해 저자가 재구성한 것이며, 괄호 안의 숫자는 따옴표의 표현부분이 위치한 소설 〈내게 거짓말을 해봐〉(김영사, 1996)의 쪽수를 가리킨다.[42]

"신경이 가녀"(20)린 중견의 조각가 제이는 어린 시절 군인 출신인 아버지의 엄격한 규율을 받으며 자랐다. 그는 아버지를 "신격화된 아버지"(56), 즉 신버지라고 부른다. 제이는 "이불의 네 모서리가 방의 네 모서리와 대칭을 이루지 못하면 잠을 자지 못"(101)할 정도로 결벽증에 걸렸다. 초등학교 5학년 때 아버지가 돌아가셨지만, "제이의 내면 깊숙이 아로새겨진 아버지의 억압과 명령은 그의 육체에 직접 행사되는 실체였다"(56). 그래서 제이는 유년시절 "수도승처럼 살기를 원했"(17)다. 제이는 조각을 하면서부터 "아버지의 망령으로부터 벗어나기 시작"(54)했다. 하지만 제이는 점차 "조각이라는 게 실은 어린 시절 아버지로부

41 대법원 2000. 10. 27. 선고 98도679 판결.

42 이하의 내용은 이상돈, *예술형법* (박영사, 2014), 172~202쪽을 요약·수정·보안한 것이다.

터 강요받았던 매일매일의 일기쓰기의 변용에 불과"(73)함을 깨닫고, 작품활동을 중단하기로 결심한다. 제이는 지난 몇 년간 자신의 작품을 쓰레기나 똥으로 만드는 작업에만 매달렸다. 제이의 이 분뇨예술(73)은 자기 모멸을 통해 아버지의 망령으로부터 벗어나기 위함이었다. 제이의 신버지는 "제이의 온몸에 뻗친 신경줄이 기타줄처럼 떨리며"(103) 마치 "몽정과도"(103) 같이 성관계를 닮은 모습으로 제이에게 찾아 왔으나 제이는 신버지의 강림이 "자신의 내적 욕구에 의해 만들어진 가상"(104)이며, "자신이 창작행위를 하는 동기와 힘을 아버지를 적대화하는 일에서 얻어온 것"(104)일지도 모른다는 생각을 갖기도 한다. 제이는 "불혹이 되기 전에 죽고 싶다"(75)고 하면서 와이와 섹스를 할 때도 제이는 "죽지 못해 산다"(32)고 말한다. 그는 "사랑은 맞아 죽는 것이다"(76)라고 생각한다. 그는 글쓰기에서조차 자기 속에 "아버지가 들어 있다는 것을"(136) 알았다. 그는 "똥 같은 글을 더 쓰고 싶지 않"(136)다고 혼잣말한다.

신버지의 망령은 제이에게 "자긍심이나 자존심이 전무하"(81)도록 만든다. 하지만 주한미군범죄가 일어날 때마다 미군을 한 명씩 암살하는 임무를 "사형수나 무기수에게 사면을 조건으로"(136) 맡기자는 글을 쓰기도 하는 제이의 속에 있는 "파시스트"(94)의 모습은 바로 신버지와 닮은 모습이다. 그는 남녀 관계를 인격의 전체적 교감이 아니라 오로지 "씹에만 한정하고 싶"(28)어 한다. 자신의 성기도 "똥이라고 생각해야만 마음이 편"(72)했고, 에이널 섹스도 "여성에게 수치를 주려는 뜻보다 자신에게 모멸을 안기려는 쪽"(72)이었다. 제이에게 섹스는 "그의 뇌리와 두 손에 달라붙은 신버지를 잊"(26)게 만들었다. "여자의 음부는 제이의 도피처 역할을 톡톡히"(36) 한 것이다. 하지만 섹스에서도 신버지의 망령은 어김없이 찾아왔고, 그의 가학증적 행동이 바로 그 망령이었다. 제이의 아내 지도 그의 "가학증적인 환상"(118)에 못 견디고 파리로 떠났다.

이 년 뒤 제이는 안동 근처 와이 시에서 "불량기도 가정적 문제도 없"(28)으며 예술적 감수성도 무딘 편(28)의 18세 여고생 와이를 만났다. 와이의 친구 우리는 "예술적인 감수성이 뛰어나"(29)고, "전 학년의 우등생이자 전교의 모범생"(29)이었고, 와이의 "정신적 어머니"(30)와 같은 존재였고, 와이와 "동성애적 친밀성"(48)을 가졌는데, 남친이 생겼고, 그때 와이도 우리가 좋아했던 제이에게 몰두해 보기로 결심한다(97). 와이는 제이에게 접근 못하고 있는 우리를 위해 제이에게 전화를 했고, 제이의 근사한 목소리에 와이는 "우리에게서 제이를 훔친다는 죄책감에도 불구하고 그에게 '씹하고 싶다'는 제의를 하게 되었다"(48). 와이는 전화로 한 달이 넘게 제이와 폰섹스를 가졌고, 급기야 안동으로 찾아온 제이와 첫 섹스를 갖는다. 제이는 와이와 첫 만남에서 섹스 이외에 오럴과 에이널 섹스까지 감행한다. 와이가 38세의 제이와 변태적인 섹스를 감행할 수 있었던 것은 동사무소 직원이었던 그녀의 착한 큰 언니가 "강간을 당하고, 일 년 넘게 우울증에 빠져 있다가"(45) 목매 자살했던 충격과 둘째 언니도 볼링장에서 아르바이트를 하다 강간당하고 그 남자와 살게 된 아픈 기억 때문이기도 했다. 그녀는 제이와 성관계 후 "나는 … 강간당하기 전에 내가 선택한 사람과 치러 버리고 싶었던 거"(46)라고 말했다. 와이는 제이와의 관계 후 "제이를 우리로부터 훔쳐 왔다는 죄의식"(39)을 가졌고, 우리가 추궁하자 와이는 "단 한 번의 통화로 그의 정부가 되기로 했다"(95)고 말한다. 우리는 와이의 몸을 두들겨 패면서 "너는 내 처녀를 빼앗아 갔어"(96)라고 말한다.

제이와 와이가 변태적인 성관계를 갖는 순간, 제이는 신버지의 망령에서 벗어나고, 와이는 강간의 충격과 고통스러운 기억을 지워버리는 듯하다. 섹스가 변태적일수록 더욱 그렇게 보인다. 제이는 "와이가 음식을 먹는 모습"을 보면서 쓰리썸을 상상하며 흥분하기도 한다. 제이가 섹스를 대하는 자세가 자기모멸적인 것과는 정반대로 와이는 "행복에 대한 예민한 능력"(77)을 보여준다. 섹스 후 잠을 자는 와이에게서 "차고 넘치는 수면이 제이의 척추로 스며"(58)든다. 제이와의 두 번째 만남부터 몽둥이로 엉덩이를 맞는 피학적 성애 상황에서도 와이는 "'널 사랑해. 널 사랑해'라고 외치거나 '난 행복해. 난 행복해'라고 말한다"(146). 와이와의 첫 만남을 마치고 서울로 다시 돌아온 제이는 그의 집에 와 있던 24세의 여자 피와 다시 섹스를 하게 된다. 하지만 그녀와의 관계는 마치 그의 성기를 "피에게 임대해 준 꼴"(99)이었고, 그렇기에 제이는 그 와중에도 와이와 통화를 한다. 피는 미국에서 큐레이터 공부를 하다 아버지 사업이 망해 돌아온 여자이다. 피와의 관계는 피가 어느 전시회에서 제이에게 유학을 계속할 수 있는 특전을 얻어줄 수 없냐고 묻는 대화에서 시작되었다. 그녀는 담배를 피웠고, 잠이 적어서 밤새 제이로 하여금 잠을 편히 잘 수 없게 하는 여자였다.

제이는 와이와 변태적인 성교를 이어간다. 제이는 와이와 한 시간 이상 하는 "전화상의 섹스"(106)로도 "그녀의 모든 것을 가졌으며, 그것은 가상이 아니었다"(107). 제이는 안동의 같은 여관에서 두 번째 변태적인 사랑을 나눈다. 와이는 "너무너무 보고 싶었어"(113)라고 하며 울기도 하고, 오럴 섹스를 할 때 제이의 성기를 "오늘은 끊어갈 테야"(113)라고 말한다. 제이는 "와이와 함께 돌이킬 수 없는 열정 속으로 빠져들지도 모른다는 두려움을"(130) 느끼며, 그 "여행의 끝이 두렵"(131)게도 느껴진다. 제이에게 와이와 자신의 사랑은 "이질적인 것을 하나 되게 만드는 그 열정"(123)으로서 "우리들의 고유한 위치와 존재를 무와 혼돈으로 되돌"리는, 그래서 "내가 죽어 사라지는 최악의 경험"(123)이 될 수밖에 없기 때문이었다. 하지만 "가학증적인 환상"(118)을 계속 실행했고, 와이는 "널 사랑해, 난 맞는게 좋아"(125)라고 소리친다. 명예와 돈에 대해 그런 사랑을 하겠다고 생각한다. 그러나 제이의 가학증은 와이가 즐기고, 와이의 피학증은 제이가 즐기는 듯하다. 제이는 말한다. "난 너의 노예가 되어 널 소유하고 싶어"(139). 대학수능시험을 치르고 대구에서 세 번째의 만남을 가졌을 때, 와이는 호기심이 아니라 "처음으로 하고 싶어지는 기분"(140)이라며, 성교에서 "굉장히 능동적으로 나"(149)섰다. "제이는 자신을 여자로 상상하면서 남자인 와이에게 당하고 있는 것이라고 생각했다"(149).

제이와 와이의 변태적 성행각은 점점 더 심해진다. 제이는 와이의 젖가슴을 아버지가 했을 법한 방식으로 치고, 전깃줄로도 그녀를 심하게 때린다. 그리고 부은 와이의 몸을 보며 "널 전시하고 싶어"(165)라고 말한다. 변태적 행위를 한 제이는 "와이에 대한 연민과 자신에 대한 혐오가 함께 밀어 오른다"(165). "내가 만든 것은 다 이래. 모두 아버지의 모조품이야"(165)라고 말하며, 자신의 가슴을 점령한 우울을 향해 "너와 함께 죽어 버리고 싶다"(166)라고 중얼댄다. 파리에 있는 아내 곁으로 간 제이는 와이를 망가뜨릴 거라는 생각으로 와이를 다시 만나지 않으려 하지만, 가학을 거부하는 아내와의 정사는 실패하고(173), 서울에 돌아오자 곧 바로 안동으로 내달아 와이와 가학적 성교를 또 다시 시작한다. 제이가 와이에게 결혼하자고 했을 때 와이는 "네가 이혼하면 우리 사이도 끝"(175)이라고 말한다. 와이는 자신은 피학을 즐기는 것이 아니라 제이 "네가 좋아하니까"(176) 행복한 것이라고 말한다. 제이는 이제 와이에게 자신을 때리라고 한다. 와이는 제이의 말과 행동을 흉내내며 제이를 때린다. 제이는 육체는 고통스러운데 정신은 "고향 집에 되돌아온 듯한"(177) 기쁨을 느낀다. 와이는 제이에게 "내게 엄마라고 말해봐"(179). 제이는 "눈물이 왈칵 솟아오른다"(179). 와이의 가학은 점점 깊어만 갔다. 제이가 때리지 말라고 해도 와이는 "널 안 때리면 내가 무슨 재미로 너와 만나니?"(184)라고 말한다. 제이도 "와이의 매질이 갖는 엄격함과 정확함 그리고 아름다움에 대한 기대로 설렌다"(185). "제이는 육체적 고통이 쾌감으로 전화하는 완벽한 순간"(186)을 경험한다. 와이의 매가 제이에게 "항문을 끝으로 하는 그의 내장 끝 줄기를 톡톡 건드려 주는 것 같은 뭐라 말할 수 없는 시원한 기분"(186)을 느끼게 했다. "제이는 끝이 보이지 않는 캄캄한 소실점으로 사라지고 자신이 사라진 면 소실점으로부터 또 다른 제이가 환하게 스며 나왔다. 제이는 자기 속에 있는 악마와 같은 힘을 천사에게 양도하고 더 큰 힘, 즉 무를 얻었다"(186). 그때 "와이는 그의 성모다"(186). 와이가 제이의 집에서 성교를 할 때 직전 애인인 피가 집으로 들어오자 와이의 태연한 제의로 셋은 성관계를 갖는다. 피는 그 이후 제이의 집에 오지 않았다. 제이는 다시 파리로 떠나기 전 점점 더 성숙해지는 와이를 바라보며 와이의 사타구니에 "내 꺼"라는 문신을 약하게 새기지만 그 문신은 곧 스스르 없어졌다.

파리에 있을 때 제이는 우리에게서 "까미유의 아마조네스 진군. 당신, 사랑하는 당신에게 바쳐요. 당신을 저주하는 우리가"(191)라는 제목의 비디오를 받는다. 그 비디오에는 다비드의 조각 같은 몸의 우리가 전라로 등장하며, 그녀가 조각한 성기 모양의 막대에 콘돔을 덮어 자신의 하이멘을 파열시키는 행위를 한다. 우연히 이를 같이 보게 되었던 아내는 "아무 말 하지 않는다"(192). 서둘러 귀국한 제이는 와이가 그새 제이보다 나이가 더 든 남자에게 오럴 섹스를 해주었다는 고백을 받는다. 그러나 둘의 가학적, 피학적 성행위는 계속된다. 마침내 에이널 섹스로 제이의 성기에 묻은 물똥을 와이가 입에 머금고, 제이가 다시 "그 배설물을 탐욕스레 거두어 삼"(195)키며 와이를 사랑한다고 노래한다. 제이는 자신은 똥이라고 말한다(195).

와이는 제이와의 일들을 늘 우리에게 그 둘의 "사랑 행위에 대한 복기를"(156)하듯 다 말해주었다. 제이는 아내나 우리와 같은 예술가 지망생들은 자신을 "근친의 감정 속에 묶어"(157) 버린다고 느낀다. 그들은 흔히 "사랑의 광기가 들어서야 할 자리에 사랑의 광기로 가장된 예술적 광기가 들어서"(157) 있는 존재라고 생각한다. 제이는 그런 우리가 못마땅하다. 어느 날 와이와 헤어지고 집에 돌아온 제이는 그의 집이 불타 사라지고 없음을 알게 되었다. 그러나 그는 연기가 모락모락 나는 "자신의 집을 바라보며 생애 처음으로 가장 편안한 안도감을 느꼈다. '이제 모두 끝났다.'"(197)고 생각하며, 자기 작품을 모두 불태워 달라는 유언을 남겼던 카프카를 떠올린다. "예술가가 진정으로 자기를 모멸하는 방법은 그리하여 감시체계와 고해체계로부터 벗어나는 길은 생을 바꾸는 일이리라"(197)고 말한다. 제이 집의 방화는 와이의 오빠로 추정되었다. "두 번이나 소년원엘 갔다 왔다"(137). 와이의 오빠는 제이의 신분을 추적했고, 결국 우리를 통해 둘의 관계를 알게 되었다. 오빠와 그의 식구는 와이를 집에 가두고, 오빠는 와이의 머리를 빡빡 밀어버린다. 하지만 와이는 집을 탈출해 나와 제이와 다시 만난다. "제이가 자신의 집을 새로 짓지 않듯이 와이 역시 그녀의 가족과 대학을 포기한다"(200). 여러 도시의 여관을 전전하며 변태적 성행각을 계속해간다. 와이의 가학적 행위는 제이라는 "남자를 여성화시"(200)키며 쾌감을 늘려간다. 제이는 와이에게 "난 당신의 노예야, 그러니 벌을 줘"(201)라고 한다. 와이는 제이의 "양 허벅지에 각각 자신의 한자 이름과 '내 님'이라는 글자를 새긴다"(201). 와이는 제이와 변태적 성행위의 도피행각을 벌이면서 계획적으로 우리에게 행적을 보고함으로써, 우리를 통해 들은 오빠가 몇 시간 뒤쯤 그들이 떠난 거처를 습격할 수 있게 해준다(203). 와이와 제이는 어느 날 그렇게 둘을 쫓던 오빠가 밤길에 과속으로 오토바이를 달리다가 가로수를 들이받고 죽었다는 소식을 듣게 된다.

제이는 와이와 심하게 다투고 우리가 습작을 하고 있는 폐쇄된 공장으로 달려갔다. "대리석으로 조각된 여신상을 보고 있는 것처럼 아름답고 강"(205)해 보이며 수줍어 하는 우리를 범하려다 오히려 그녀에게 간단히 제압당했고, 그 수치와 부끄러움 속에 제이는 "작업장에 굴러 다니는 조각도로 그녀를 마구 난자했다"(205). 제이는 그 행위의 이유를 알지 못한다. "우리가 너무 아름답고 강"(205)해서 질투가 났기 때문이라고만 느낀다. 그는 황급히 다시 파리로 갔다. 그곳에서 제이는 "그건 사랑이 아니야. 나는 내가 원해서, 나만의 행복을 추구했을 뿐이야"(204)라고 말하며, 와이에게 맞을 때 "나는 천국의 문을 보았다"(204)고 느낀다. 마침내 제이는 "대체 예전에 무슨 일을 했던 사람인지 알지 못하는 것처럼 내게 아버지가 존재했는지 나는 모른다"(206)고 생각한다. 아버지는 그의 "공상의 산물"(206)이고, "내 똥같은 작품의 논리적 근거를 마련하기 위해 그토록 그악한 아버지가 만들어진 것"(206) 그리고 "내 성적 환상을 인정받기 위해 내 유년을 압박한 아버지가 필요했"(206)던 것일지 모른다는 생각을 한다. 제이는 이제 안다. "어떤 아버지도 존재하지 않았다는 것을. 나는 아버지 따위의 존재 없이 고독 속에 태어났다"(207). 와이는 브라질에 사는 언니의 초청으로 브라질로 살러 가던 길에 파리의 공항에서 제이를 불러낸다. 그녀는 고등학교 교복을 가방에서 꺼내 입고, 제이의 엉덩이를 곡갱이 자루로 내리쳤다(207). 그녀는 제이에게 그 순간 "교복처럼 순결한 날개와 세상을 행복하게 해주는 지휘봉"(208)을 든 천사처럼 보인다. "어린 시절부터 나는 얼마나 아버지의 성기가 부러웠던가? 그리고 그가 나를 사랑해 주길 얼마나 희망했던가! 그리스도가 하느님에게 그랬던 것처럼 모든 이들이 아버지의 영원한 신부였으니"(208). 제이는 와이가 준 교복과 곡갱이 자루를 들고 집으로 가져와 잠들었다가 눈을 떴다. 아내가 "와이의 교복을 입은 채 의자에 앉아 턱밑에 한 손으로 쥔 곡갱이 자루를 펴고 있었다"(209). 아내는 허벅지에 쓰인 와이가 누구냐고 물으면서 대답하지 않는 제이에게 곡갱이 자루를 방바닥에 한 번 쾅 찍으면서 "자, 내게 거짓말을 해봐!"(209)라고 말한다. 그래서 제이는 거짓말을 하기 시작했다.

와이는 리우데자네이루에서 SM 클럽인 아마조네스 클럽의 여신이 되고, 제이에게 잘렸던 두 팔을 봉합하고, 끝내 작품 활동을 재기하여 첫 전시회를 여는 우리에게 다음의 편지를 보낸다. 가학이나 피학이 "자기 존재를 확장하고 변화시키기 위해서"(214) "지금까지 고수해 왔던 자아를 버리고 다른 자아를 채워 넣는 것, 그들의 쾌감도 고통도 모두 거기서 비롯되는 것"(214)이야. 우리가 제이를 찾아갔다면 지금쯤 잘해야 "그의 식탁을 아기자기하게 꾸미는 존재밖에 더 되지 않았을 거야. 아니라면 나처럼 이런 모양의 여신이 되어 있겠지"(214). "이제서야 네게 용서를 구하고 싶어. 내가 제이를 범인으로 지목하지 않은 것을. 하지만 난 네 뜻을 따랐다고 생각해. 너 역시 아무 말 하지 않았으니까"(215). "하지만 우리는 모든 것을 이겨 냈어. 사랑과 저주의 시간들 속에서 오직 우리만 승리했어. 진정한 여신이자 나의 '정신적 어머니'인 우리에게. 미래로부터 Y가."(215).

2. 〈내게 거짓말을 해봐〉의 법예술비평

(1) 추상적 표현성

〈내거해〉는 리얼리즘 기법과 같은 양식을 사용하지 않는다. 제이와 와이가 만나는 공간들(안동시, 대구, 서울 제이의 집)의 풍물에 대한 사실주의적 묘사가 거의 없고, 도피적인 성 행각을 한 도시들의 이름이나 파리나 드골 공항 등의 이름도 익명화된 공간들에 가깝다. 와이는 경상도의 시골 여학생임에도 사투리가 없다. 제이와 와이가 만나는 시간의 표기도 단지 숫자일 뿐 그 시간이 위치한 역사적 맥락이나 문화적 배경 등도 완벽하게 괄호 쳐져 있다. 이에 반해 이 소설은 성애장면에 대한 묘사가 소설의 대부분을 차지한다. 이처럼 익명화된 시·공간은 마치 추상표현주의로 분류되는 색면회화(color painting)의 평면과 같다. 색면회화가 세계대전과 반인류적 학살 등의 역사현실을 가져온 근대적 이성의 합리성을 반성적으로 성찰하는 것처럼, 〈내거해〉의 추상적인 시·공간 묘사는 인간이 이성으로 건설한 도덕적 사회의 반인간적 측면에 대한 거부를 묘사하고, 반도덕성의 극단을 보이는 남녀의 변태적 성행각은 강조되듯 전면에 또렷이 부각되는 '표현성'이 두드러진다.

(2) 그로테스크함

〈내거해〉는 이런 '추상적 표현성'에 그로테스크함을 더한다. 예컨대 메이플소프(R. Mapplethorpe)의 자화상[43]처럼 제이는 와이와 성교하면서

43 223쪽의 메이플소프가 꼬리를 달고 있는 듯한 자화상 사진 참조.

그 기분을 "이럴 때 꼬리가 있으면 얼마나 힘차게 흔들어 댈 것인가"(32)라고 표현하기도 한다. 변태적 성행위의 묘사는 제이와 와이를 개나 동물 또는 외계인같이 느끼게 하며, 그들을 보통의 인간과 다른 기괴한 존재로 표상하게 만든다. 이런 전위적 요소들은 사랑, 인간존재, 이성적인 문명(civilization)과 문화를 곤혹스럽게 만들고, 되돌아 보게 만든다. 이 성찰은 이성적인 사회의 유토피아적 행로에 대한 거대담론이나 특정 이데올로기에 대한 편향성을 전제하지 않는다. 이념에 대한 성찰이 없다. 그런데 바로 이 성찰 없음의 극단화 속에서 묘하게도 성찰의 맥락이 생성된다. 죽으려고 자살을 시도한 사람이 다시 살아났을 때 강한 생의 의지를 갖게 되는 것과 비슷하다. 그로테스크한 변태적 성행위의 과도하게 상세하고 집요한 묘사의 극단은 이성사회가 이룩한 문명의 죽음과 같은 징후를 체험하게 하고, 그 순간 그 문명을 다시 살아나게 하는 성찰을 시작하게 된다. 그렇기에 〈내거해〉는 양식 없음의 양식성과 성찰 없음의 성찰성을 보여준다.

(3) 트라우마의 해체와 자아의 재구성

〈내거해〉는 제이의 변태적 성행위의 추동력이 아버지의 억압과 명령, 감시에서 자아가 겪은 트라우마(trauma)[44]에 있고, 죽음에 이르는 변태적 사랑행각은 그 트라우마를 해체하려는 몸부림이다. 제이의 자아는 사라졌다 다시 생성되고, 와이는 그에게 성모와도 같게 된다. 반면 와이의 성폭행 트라우마는 제이와의 변태적 성행각의 추동력이고, 제이와의 변태적 성행각과 그 끝에 SM 클럽의 성교 없는 피학적 가학적 주체가 됨으로써 해채된다. 변태적인 성행위는 반이성적 방법의 기표이며,[45] 이

44 장정일 작가의 첫 소설인 〈아담이 눈뜰 때〉(1990)부터 〈내게 거짓말을 해봐〉(1996)에 이르기까지, 그의 작품에는 〈아버지=세상=악〉, 〈아버지=해체해야 할 것〉이라는 등식이 성립해 왔다고 보는 구모룡, "오만한 사제의 위장된 백일몽", *작가세계* (제9권 제1호, 1997), 44쪽.

45 제이가 "난 너의 노예가 되어 널 소유하고 싶어"(139)라고 말한 것도 이를 방증한다. 제이가 와이의 노예가 되어 노예로서 와이를 소유한다는 것은 논리적 모순이다. 그러

로써 자아해방의 기의가 생성되는 전복(subversion)이 일어난다.

(4) 삶과 죽음, 에로스와 타나토스

제이와 와이의 변태적 에로스는 작품 활동으로 형성된 사회적 자아(ego)로써 벗어날 수 없었던 신버지의 망령에서 벗어나게 하고, 신버지의 망령으로 뒤덮인 사회적 자아(ego)를 죽게 하고(타나토스의 발현), 무의식의 자기(self)로부터 새로운 자아를 구축하게 만든다(에로스의 발현). 그러니까 〈내거해〉의 변태적 성행각이 띤 추상적 표현성은 〈에로스 → 삶, 타나토스 → 죽음〉이라는 시각 이외에도 〈에로스 → 죽음, 타나토스 → 삶〉이라는 다른 시각을 더함으로써 피카소의 입체주의 그림과 흡사한 다시각성(多視覺性)을 갖고 있다.

(5) 무한한 개방적 구조

〈내거해〉는 피에타처럼 권선징악의 플롯[46]을 채택하지 않고, 이념을 비워둔 채 성찰의 연속적 가능성을 열어놓으며, 따라서 가능한 미래적 삶은 불확정적인 것이 되는 포스트모던 양식의 전형[47]을 보여준다. 이는 엔딩 없는 엔딩과 우리의 파레르곤적 위치에 의해 이루어진다. 첫째, 제이의 아내가 끝 장면에서 "내게 거짓말을 해봐"라고 말하고, 제이는 다시 거짓말을 시작하는데, 이는 제이와 아내의 관계라는 '현실'이 제이와 와이의 관계와 같은 '가상'으로 들어가고, 동시에 제이와 와이의 가상이 제이와 아내의 현실에 들어오는 것을 의미한다. 또한 〈내거해〉의 엔딩은 제이와 와이가 펼친 변태적 성행각의 '시작'과도 같다는 점에서 '엔딩

나 헤겔의 '주인과 노예의 변증법'에서 보듯 노예는 영원히 노예인 것이 아니라 주인으로 전복된다. 마찬가지로 이성과 반이성 또는 비이성의 관계도 언제나 뒤집힐 수 있는 것이다.

46 이 점에 대한 나의 비판적 비평으로 앞의 55쪽 아래 참조.

47 하지만 미래적 삶의 불확정성은 포스트모던적 양식만이 아니고, 불교적 성찰이기도 한 것으로 보인다. 법정 스님은 "지나간 모든 순간들과 기꺼이 작별하고 아직 오지 않은 순간들에 대해서는 미지 그대로 열어둔 채 지금 이 순간을 받아들인다"(법정, *아름다운 마무리* (문학의 숲, 2008), 24쪽)라고 말씀하신다.

없는 엔딩'이라는 포스트모던적 양식을 띠게 된다. 둘째, 우리는 제이와 와이의 만남을 매개한 존재이면서 둘의 만남을 해체시키는 발단이 되며, 처녀성을 그녀가 만든 작품(남근조각상)으로 스스로 파괴해버림으로써 사랑을 이루지 못한 저주의 감정을 예술혼으로 승화하며, 작업실에서 여신 같은 이미지를 보여주기도 한다. 제이와 와이의 자기모멸적 성행각이 에르곤(ergon)이라면 우리는 파레르곤이다. 우리는 에르곤인 제이와 와이의 자기모멸적 애정행각의 의미를 생성시키게 하고, 미래의 에르곤이 될 가능성으로 위치하고 있다. 그렇기에 와이는 우리에게 보낸 편지에서 "사랑과 저주의 시간들 속에서 오직 우리만 승리했어…미래로부터 Y가."라고 말한다. 우리는 미래적 정의의 가능성으로 위치하고 있다.

(6) 가상과 현실의 해체된 구분

〈내거해〉는 현실과 가상의 경계를 해체한다. 제이가 만든 작품의 이미지 세계로부터 신버지로부터 해방되는 현실이 만들어지면서도(가상→현실), 신버지는 제이가 작품생산의 에너지를 얻으려 만든 가상이다(현실→가상). 전화상의 가상 섹스는 제이와 와이의 지독한 성행각의 현실을 가져오면서(가상→현실), 제이와 와이의 만남현실은 전화상의 섹스보다 더 강한 상상의 세계를 만든다(현실→가상). 더 나아가 작가와 소설 사이에서도 현실과 가상의 구분을 해체한다. 즉, 작가는 이 소설의 극단적 변태성 묘사를 통해 감옥에 가는 길을 걸어갔고(가상→현실), 그런 길을 가게 한 이 소설은 자기모멸적 자기파괴를 통한 작가의 자기치유과정에서 생성된 것일 수도 있다(현실→가상).[48] 이로써 소설 쓰기는 픽션을 만드는 일, 또는 전위적인 글쓰기와 같은 것이 아니라, 작가가 그 자신

---

48 이와 관련하여 방민호, "그를 믿어야 할 것인가", *창작과 비평* (제88호, 1995), 79~80쪽 참조("그것은 먼저 그의 문학이 내포하고 있는 모순성에 대한 관심에 있다. 그의 문학은 세상에 대한 희망과 절망, 구원을 향한 희구와 그 방기 사이의, 자신에 대한 우월감과 열등감, 문학에 대한 진지함과 경박성 사이의, 모든 갈등 위에 놓여 있다.").

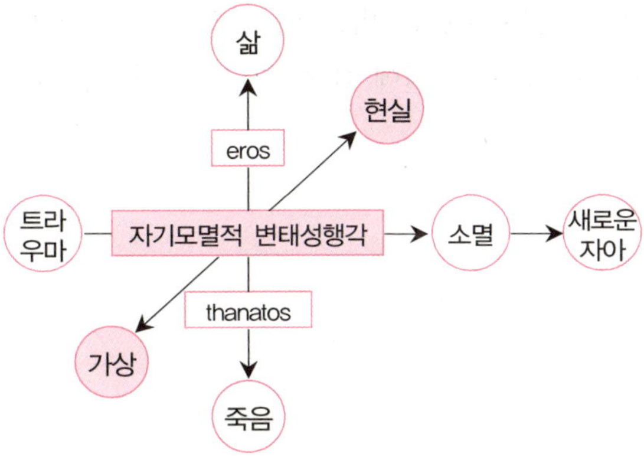

으로 돌아가 실존하는 것이 된다. 투옥될 것을 무릅쓰면서까지 작가가 소설쓰기를 통해 '자기 자신이 된다'는 것(becoming self)[49]은 소설이 허구면서도 현실의 삶처럼 살아 있게 만든다. 〈내거해〉는 일종의 메타픽션(metafiction)이 된다.

3. 예술형법의 아포리아

이렇게 장정일 작가의 소설은 "글쓰기란 무엇인가에 대한 질문의 제기와 함께 나의 글쓰기란 무엇인가에 대한 성찰과 자기부정의 작업을 동시적으로 수행하고 있다"[50] 여기서 법관이 빠져나올 수 없는 예술과 형법 사이의 아포리아(aporia)가 등장한다. 예술을 위하여 처벌을 원하는 작가의 표현을 두고 그가 원하는 대로 처벌할 것인가, 아니면 예술을 처벌하는 폭력성을 벗어던지는 형법의 도덕성을 위해 처벌하지 않고, 또한 그렇게 함으로써 예술작품에 불어넣는 작가의 숭고한 예술혼을 오히려 약화시킬 것인가? 바꿔 말해, 형법이 예술을 위해 봉사할 것인가, 아니면 예술이 형법을 위해 봉사할 것인가? 선택은 법관이 자신이 되는 그의 실존적 결단에 맡겨져 있을 뿐이다. 그러나 〈내거해〉로 장정

---

49 이 개념에 대해 자세히는 이상돈 · 민윤영, *법정신분석학입문* (법문사, 2010), 106~107쪽 참조. 이 책에 의하면 '자기되기'를 보장하는 것이 포스트인문주의적 인권의 핵심이며, 법의 임무가 된다고 본다. 그렇기에 〈내거해〉에 대한 나의 이 비평이 맞는 것이었다면, 장정일 작가를 처벌한 형사사법은 포스트인문주의적 권리(posthuman rights)로서 인권을 침해한 것이 된다.

50 권명아, "〈햄버거〉에서 〈거짓말〉까지 작품론 1: 진지한 놀이와 지워지는 이야 기", *작가세계* (제9권 제1호, 1997), 67쪽.

일 작가를 처벌한 법은 이제 장정일 작가의 〈내거해〉를 석방시켜 주어야 한다. 이 소설에 대한 판금조치가 해제되어야 한다는 것이다.[51]

51 참고로 이 소설을 원작으로 만들어진 영화 〈거짓말〉은 원작의 정신분석학적 맥락을 많은 부분 삭제하고 있음에도 불구하고 그 예술성을 인정받기도 한다. 그런 관점으로 강내희, "〈거짓말〉 사태가 제기한 문제들 – 예술의 음란성 논란과 음란물의 사회적 관리", *문화과학* (통권 제21호, 2000), 163쪽.

06 법의 예술비평방법

I. 예술의 이미지성과 법의 텍스트성

1. 예술의 감각적 아름다움과 이미지성

예술작품의 관람자들은 작품에서 아름다움을 체험할 뿐만 아니라 비록 명확하지는 않아도 일정한 의미도 인식한다. 또한 많은 사람들이 작품의 의미를 판단하여 그 작품의 예술적 가치를 매기기도 한다.

(1) 예술의 체험적 의미로서 이미지

그러나 예술작품의 의미 인식은 글 텍스트의 의미 이해와 달리 특정한 시·공간 속에서 예술작품이 갖는 감각적 아름다움을 체험하게 해주는 이미지를 통해서 이루어진다. 이미지(image)는 아름다움과 추함의 체험을 응축하고, 그것을 정의나 부정의의 관념으로 옮겨주기도 한다. 바꿔 말해 이미지는 미학적 가치를 생성시킨 미학적 '체험'과 정의를 구성하는 가치의 '의미'가 융합되는 장소이다. 그런 점에서 이미지는 체험적인 의미(experientialistic meaning)를 생성한다고 말할 수 있다. 이런 이미지의 체험적 의미는 그 이미지를 체험하는 주체의 내면으로 들어가 그의 가치의식을 변화시키기도 한다. 이를 이미지의 '부식성'(corrosivity)이라고 부른다.[1] 이 점에서 예술은 텍스트로 직접 의미를 전달하는 법과

---

1 James Elkins, *The Object Stares Back: On the Nature of Seeing* (Simon & Schuster, 1996), 42~43쪽: "이미지란 정보체계에 있는 한 조각의 데이터가 아니다.

구분된다. 텍스트는 의미의 논리성과 합리성을 지향하는 로고스(logos)의 세계가 중심을 이루지만 이미지는 체험의 감각성과 애착성(이끌림)에 쏠린 에로스(eros)의 세계가 중심을 이룬다.[2]

(2) 예술의 텍스트성

그런데 예술이론가 단토(Arthur C. Danto)는 포스트모던예술, 특히 미술이 철학적으로 성숙해짐에 따라 감각성, 특히 시각성이 아름다움과 거의 관련이 없는 것이 되어버렸다고 주장한다.[3] 그러나 팝아트와 같은 예술이 생산하는 아름다움의 중심도 여전히 감각적 아름다움과 그것의 의미를 체험하게 하는 이미지에 있다.

1) 텍스트성의 예술장르별 차이 물론 예술의 장르마다 차이는 있다. 가령 문학, 특히 시는 텍스트 자체가 미학일 수 있고, 영화도 영상미가 중요하지만 시나리오라는 텍스트가 상당한 비중을 차지한다. 음악도 악보가 나름 중요한 의미를 가지며, 춤도 미미한 기능을 할 뿐이지만 기호적 텍스트, 즉 무보(舞譜 choreography)가 일정한 작용을 한다. 이에 비해 미술은 그런 미미한 정도의 기호적 텍스트마저도 아예 없다.

예술은 그 텍스트성이 강할수록 작품의 논리적 구성 차원이 중요해지고, 그 반대일수록 감각적 이미지가 더욱 더 중요해진다. 아마도 작품의 예술성을 구성하는 요소로서 이미지의 비중은 〈문학 → 영화 → 음악 → 춤 → 미술〉의 순으로 더 커지고, 작품의 논리적 구성요소의 비중은 그 반대의 순으로 점점 더 커진다고 할 수 있을 것이다.

그것은 부식성이 있는(corrosive) 것이며, 내 안으로 터널을 내고, 현재의 나를 일부를 녹여서 다른 모습으로 개조할 수 있는 잠재력을 가진 어떤 것이다. 바로 그 어떤 이미지 때문에 내 안의 어떤 점들이 달라진다. 만일 내가 기꺼이 내 지킴이(guard)를 실망시키고 또한 이것이 어떻게 작동하는지에 관해 정직해질 의향이 있다면, 이것이 의미하는 바는 나는 (역주–이미지를 체험하기) 이전의 나와 같은 사람이 아니라는 것이다."

2 이미지의 이와 같은 기능과 법의 관계를 자세히 설명하는 이상돈, *법의 깊이* (법문사, 2017), 651쪽 아래 참조.

3 Arthur C. Danto, *After the End of Art* (Princeton University Press, 1997), 16쪽.

2) 이미지로 환원되지 않는 텍스트성 하지만 미약한 텍스트를 지닌 춤이나 전혀 텍스트가 없는 미술작품도 텍스트의 요소가 의외로 상당한 비중을 차지할 수도 있다. 다만 여기서 말하는 텍스트는 춤이나 미술작품이 생성되는 사회문화적, 역사적 맥락을 가리킨다. 사회적 맥락은 미술작품을 '직접' 구성하는 기호들로 짜인 텍스트가 아니고, 그 작품의 의미를 형성시키는 네트워크(의미망)와 같은 것이다. 여기서 예술의 비텍스트성은 이미지(image, Bild)라고 부를 수 있다. 물론 예술이 텍스트가 없거나 적다고해서 예술작품이 생산하는 이미지가 아무런 논리를 갖고 있지 않은 것이라고 보아서는 안 된다.

비트겐슈타인의 '화용론적 전환'(pragmatic turn)에 비견되는 고트프리드 뵘(Gottfried Boehm)의 아이콘적 전환(iconic turn) 이론[4]에 의해 '이미지는 일정한 논리를 갖고 있다'(이미지적 논리)는 점이 이미 밝혀졌다. 합리적 근거로 논의될 수 없다고 해서 예술에 논리가 없는 것은 아니라는 것이다. 물론 이런 전환은 텍스트도 일정한 이미지를 생산한다는 상호성 속에서 이루어진다. 텍스트의 이미지성과 이미지의 논리성은 동시에 발견되고 승인될 수 있다.

(3) 합리와 열정

이런 상대성에도 불구하고 텍스트의 논리와 이미지의 논리는 여전히 중대한 차이가 있다. 텍스트는 합리(적 근거)(reason)에 의해 의미를 구성하는 반면, 이미지는 열정(passion)에 의해 의미를 구성한다는 점이다. 열정은 순수할 수 있지만, 과장되거나 사실을 왜곡하기 쉽다. 합리적 논거는 사실을 냉철하게 파악하게 하지만, 논증적으로 설명되는 것의 '배후'와 그 배후의 근본적 의미를 드러내지 않기 쉽다.

---

4 Boehm, Gottfried, Wie Bilder Sinn erzeugen: Die Macht des Zeigens (Berlin University Press, 2015) 참조. 뵘의 이미지학에 관한 자세한 소개와 설명은 김승호, "현대미술에서 이미지의 논리: 곳프리드 뵘을 중심으로", *현대미술논집* (제22집, 2007.12), 141~166쪽, 특히 144쪽 아래 참조.

1) 이미지의 텍스트화의 왜곡기능 그렇기에 전시되는 그림의 옆에 붙어 있는 텍스트, 즉 그 그림의 제목이나 크기, 작품소재나 기법 등에 관한 설명이 그림의 감상을 지배하게 되면, 그림의 이미지가 가져올 수 있는 다양한 의미의 생성가능성과 그 의미들의 전복가능성이 오히려 사라져 버릴 수 있다. 음악의 감상도 텍스트적인 해설에 의해 도움을 받을 수 있지만, 감상이 논리적인 해설에 지나치게 갇히면 음악의 감각적 체험과 그 체험의 새로운 의미 생성이 억압될 수 있다. 큐레이터와 함께 하는 예술의 관람은 맹목적 관람을 깨뜨려주긴 하지만, 체험의 통로를 정형화함으로써 창의적이거나 수용적인 관람을 방해하는 양면성을 띤다.

2) 이미지 저속성의 편견 전통사회의 (특히 형이상학이 지배하는) 문화에서는 텍스트는 고상하고, 이미지는 저속한 것이라는 인식이 지배한다. 그런 사회에서는 예술의 가치가 글의 가치보다 낮게 평가된다. 이성과 합리가 지배하는 근대화된 시민사회에서도 여전히 문학소설은 고상하고, 만화는 저속하다는 인식이 강하게 남아 있다.[5] 이는 또한 텍스트보다 그림에 대해 법이 음란성 통제를 강하게 하는 원인의 하나가 되기도 한다.

3) 이미지의 큰 영향력 하지만 사람들에게 주는 영향력은 텍스트보다 이미지가 훨씬 더 크다. 가령 음란소설보다는 음란그림이 사람들의 윤리적 해이를 더 강하게 유발할 수 있다. 그러기에 우상숭배주의자들(idolatry)은 그림을 통해 우상화를 도모하고, 정반대로 성상숭배의 우상파괴주의자(聖像破壞主義 iconoclasm)들은 우상숭배의 이미지를 강하게 생성시키는 그림을 훼손하기도 한다.

★ 성상파괴주의 우상파괴주의의 대표적인 예로 8세기 초 콘스탄티노플

5 독일사회의 예를 들어 보면, 이에는 가령 FAZ(Frankfurter Allgemeiner Zeitung)의 독자는 사진과 이미지로 기사를 쓰는 BILD지보다 더 고상한 가치가 있으며, BILD지를 읽는 사람은 지성이 약한 사람이라는 가치의 차등화가 널리 통용된다.

(현 이스탄불)을 공격한 아랍군을 격퇴시킨 비잔틴 제국의 황제 레오 3세(Leo III)가 726년 로마를 포함한 제국 전역에서 성상 숭배를 금지하고 그 파괴 및 (과세를 하고 불응 시) 몰수를 명한 역사를 들 수 있다. 성상파괴주의는 차츰 로마 교황과 비잔틴 황제의 관계를 단절시켰고, 교황을 프랑크 왕국과 긴밀한 관계를 맺게 하였으며, 1054년에는 비잔틴 교회와 로마 교회가 결정적으로 분리하게 되는 역사의 시발점이 되었다. 이는 성상의 이미지가 기독교세계의 질서(라깡의 용어로 대타자의 질서)를 구축하는 주춧돌이 되었음을 말해준다.

성 마틴 성당, 16C 성상파괴주의의 모습

이미지의 영향력은 이처럼 개인의 삶뿐만 아니라 사회역사를 만들고 바꿀 정도이다. 이미지는 사회적 욕망의 전범(典範), 라깡의 용어로 표현하면 대타자(the Other)의 질서를 구성하는 것이다. 이런 영향력은 적어도 대중들에게는 텍스트보다 훨씬 더 크다고 할 수 있다.

(4) 이미지에 대한 법의 강한 통제

	텍스트	이미지
가치	대	소
영향력	소	대

바로 이런 점에서 텍스트보다 그림이나 영상의 음란성이나 명예훼손, 이적성 등에 대해 법이 더 강하게 통제하는 경향을 이해할 수 있다. 도표에서 보는 바와 같이, 그림이나 영상의 이미지는 텍스트보다 (특히 형이상학적) 가치는 낮으나 대중적 영향력은 더 크기 때문에 그림이나 영상이 음란하거나 타인의 명예를 훼손하거나 또는 이적표현을 하는 경우에 법은 더 강하게 통제하게 된다. 이처럼 그림에 대해 통제를 강하게 하는 법은 이성법의 전통에 있는 법이다. 이성법의 세계에서는 말의 설득력이 가치를 구성하고, 법은 로고스(logos)의 왕국에 머무른다.

하지만 포스트모던 시대에는 로고스의 법은 복잡하고 다원화된 사회현실을 규율하는 데 한계가 있다. 이미지는 비록 불확실하지만 거의 무한대로 다양한 체험적 의미를 생산할 수 있고, 그 의미생산을 이끄는 열정은 법이 규율하는 대상(현실)에 대한 에로스(eros)의 발현이 될 수 있다. 이처럼 이미지의 열정이 구성하는 의미를 수용하는 법을, 이성법의 로고스적 전통과 대비하여 에로스(eros)의 법[6]이라고 부를 수 있다.

> **★ 이미지 고려를 통한 법의 변화** 가령 동성애자의 강한 구애에 맞서 그 구애자를 죽인 행위가 그 피고인이 어린 시절 목격한 성적 학대, 특히 그의 누이와 엄마가 아버지로부터 받은 성적 학대의 이미지가 떠올랐기 때문이었던 사건을 가정하자. 영(Young)의 분석에 의하면[7] 이런 사례에 대해 호주나 미국의 많은 판례들[8]은 범죄자가 ① 이미지 속으로 들어가고 — 자신과 피해자의 관계를 '환상적인 시각화'를 통해 자신과 자신을 학대한 아버지의 관계로 전이시키고 — ② 바로 전이된 그 이미지의 영향 아래 살해한 점을 고려하여 '도발된 정당방위'를 인정하고, 책임을 완화시킨다. 이처럼 이미지의 체험적 의미에 대한 고려는 (정당방위)법의 변화를 가져올 수 있다.

에로스의 법은 어떤 대상의 아름다움을 체험하는 것을 북돋거나 보호하는 매체이다. 가령 헌법재판소가 말하는 음란 개념, 즉 '인간성 왜곡의 성표현'[9]을 하고 있는 회화는 실제 현실에서 인간성을 왜곡하지 않고 그런 표현을 통해 오히려 인간성이 왜곡된 현실에서 해방되는 이미지를 생성시킬 수도 있다. 그런 이미지의 생성을 억압하는 법은 정의로울 수가 없다.

2. 이미지의 불확실성과 이성법의 확실성

그러나 이미지는 매우 불확실한 것이다. 이는 이미지가 적어도 근대법의 시대 이후에는 법의 내용을 지배하게 되는 것을 경계하게 만든다.

---

6 이상돈, *법미학* (법문사, 2008), 5~6쪽 참조.

7 Alison Young, "*Into the Blue*: The image written on law", *Yale Journal of Law and Humanities* (Special Issue, 2001), 305~307쪽 참조.

8 이런 판례의 대표로 (1997) 148 A.L.R. 659 (High Court) 참조.

9 헌재결 1998. 4. 30. 95헌가16.

역사적으로도 이미지의 소멸과 법의 근대화는 동시적으로 이루어진 것으로 본다. 이미지를 통한 체험적 의미로는 고도로 복잡해지고, 분화되고, 다원화되는 사회의 법을 재현할 수 없기 때문이다. 하지만 이미지의 불확실성은 법관이 예술작품의 이미지가 갖는 체험적 의미를 주관적으로 해석하고, 그것을 이유로 그 작품을 통제하는 것을 문제삼을 수 있게 한다.

(1) 뉴먼의 추상표현주의

Barnett Newman, Who's Afraid of Red, Yellow and Blue, 1966

이미지의 불확실성을 좀더 이해하기 쉽게 하기 위해 가령 버넷 뉴먼(Barnett Newmann)의 추상표현주의 작품을 예를 갖고 설명해보자. 뉴먼의 그림 〈Who's Afraid of Red, Yellow and Blue IV〉가 갖는 이미지는 매우 모호했다. 1950년대 초반까지도 뉴먼의 그림은 사람들에게 널리 이해되지 못했다. 그는 당시 지배적이던 미국의 사실주의, 유럽의 입체주의나 구성주의, 초현실주의를 넘어서 신비적인 추상표현(abstract expressionism)을 지향했다. 그의 추상표현은 ① 사물성, ② 신비성, ③ 숭고성을 강조하는 것이다.

① 첫째, 그는 상투적인 직사각형이 아닌 세모 등의 모양을 지닌 캔버스(shaped canvas)를 사용하여 그려냄으로써 그림이란 사물을 반영하여 단순히 재현하는 것이 아니라 사물 그 자체임을 강조한다. ② 둘째, 그의 그림은 엄청나게 커다란 캔버스를 난색으로 채움으로써 삶의 비극과 공허를 대면해야만 하는 인간존재의 무력감에 대한 두려움과 분노의 감정을 표현하면서도, 동시에 그 거대한 색면에 단색의 선을 위아래로 가로지름으로써 마치 구원의 빛과 같은 신비성을 표현한다.[10] ③ 셋째, 거대한 화폭의 장엄함으로 인해 그 감상은 얼마간 그림으로부터 뒷걸음

10 그래서 버넷 뉴먼은 색면회화(color field painting)의 선구자로 평가되기도 한다.

하여 화폭이 두 눈의 시각에 담기는 지점에 도달할 때까지의 시간적 흐름을 요구한다. 하지만 그 흐름 속에서 감상자는 역설적이게도 시간이 정지된 공간 속으로 빨려 들어가는 느낌을 받는다. 이는 숭고함을 느끼는 과정이기도 하다.

(2) 이미지 해석의 불확실성

예술의 이미지가 갖는 체험적 의미의 불확실성은 이성법의 명확성(Bestimmtheit)과 대비된다. 가령 뉴먼의 위 작품의 예에서 설명해보자.

1) 우상파괴주의적 행동 러시아계 유태인인 뉴먼에게 숭고성은 히브리 민족제일주의의 아우라와 같은 것이기도 하다. 그런데 1982. 4. 13. 29세의 독일 수의학과 학생이 당시 독일 국립미술관에 전시되었던 이 그림을 난타하는 사건이 일어났다. 그 학생은 뉴먼의 작품이 (검정, 빨강, 노랑으로 이루어진) 독일국기를 오용(誤用)한 것이었고, 독일 사람들을 겁줄 것이며, 그래서 독일 국립미술관에 있어서는 안 된다고 생각했다고 한다. 당시 뉴먼도 이 작품이 적개심을 불러일으킬 수 있음을 인정한 적도 있다고 한다. 물론 독일 학생이 우상파괴주의자(iconoclasm)였는지는 분명하지 않다. 그러나 만일 그 학생이 우상파괴주의자였다면, 그는 "이미지는 단지 예술이기만 한 것은 아님을 인정하고, 그로부터 경험의 심오한 재구성을"[11]함으로써 그런 행동을 한 것일 수 있다.

2) 비체의 낯설음과 공포 · 혐오감 여기서 독일 학생이 느낀 경험의 심오한 재구성을 다음과 같이 시도해보자. 뉴먼의 그림은 특히 독일인들에게는 독일 국기와 같이 빨강, 노랑을 사용하면서 검정을 슬쩍 파랑으로 비껴 칠한 것으로 볼 여지가 있다. 뉴먼이 검정 대신 파랑색을 선택한 것이 의도된 것이 아니라 무의식의 표현이었다고 하더라도 이는 프로이트가 말하는 본심이 드러나는 실언(freudian slip)이었을 것이다. 즉 파랑색의 선택은 '의도함이 없이 의도한' 결과인 셈이다. 이로써 독

11 David Freedberg, *The Power of Images: Studies in the History and Theory of Response* (The University of Chicago Press, 1991), 426쪽.

일국기와 히브리즘적인 신성성 사이의 경계가 허물어지고, 뉴먼의 그림은 그 둘의 경계를 넘어서는 비체(abject)와 같은 것이 된다. 비체는 주체와 객체의 경계를 넘어선 '무엇인지 알 수 없는 어떤 것'을 의미한다.[12] 이것이 뉴먼의 그림이 주는 낯설음이며, 이 낯설음은 라깡이 말하는 '실재', 즉 '미끄러운(slippery)' 것으로서 이성적 언어 질서로는 포착할 수 없는 것이기에 공포감과 혐오감을 갖게 한 것이다.[13]

이런 점은 예술의 이미지가 얼마나 불확실한 것인지를 잘 보여준다. 텍스트의 세계에서는 철학자의 이성적 논증과 우상파괴주의자의 편협한 괴변은 나름의 합리성을 갖고 구분될 수도 있다. 그러나 이미지의 해석에서는 그런 구분이 쉽지가 않고, 따라서 우상파괴주의자와 철학자 사이의 경계도 흐릿해지기 쉽다.

(3) 알 수 없음의 숭고한 이성법

뉴먼의 회화세계에서 엿볼 수 있듯이, 예술작품에 대한 감상만으로는 예술작품의 체험적 의미를 명확하게 알 수 없다.

1) 이미지의 금지 예술비평도 예술작품의 이미지가 갖는 의미의 불확실성을 완전히 제거해 주지 못한다. 그러나 회화의 이미지가 갖는 의미의 바로 그 '알 수 없음'(unknowability)[14]은 뉴먼의 추상표현주의가 숭고함의 가치를 생성시키는 방식임에 주목할 필요가 있다. 이는 마치 신의 이미지가 금지됨으로써 신에 대한 숭고성이 생성되는 것에 견줄 수 있다. 근대 이성법은 이 같은 신적인 것을 모방한 법이었다.[15] 즉, 사

---

12 이는 크리스테바의 개념으로, 이에 대해서는 줄리아 크리스테바, *공포의 권력* (서민원 옮김)(동문선, 2001), 22~25쪽 참조.

13 Fred Botting, "Relations of the real in Lacan, Bataille and Blanchot", *SubStance* (Vol. 23, No. 1, Issue 73, 1994), 24~26쪽 참조.

14 Costas Douzinas, "Sublime Law: On Legal and Aesthetic Judgements", *Parallax* (Vol. 14, No. 4, 2008), 18~29쪽 참조.

15 근대법이 신적인 숭고성을 모방한다는 분석으로 Costas Douzinas, "Sublime Law: On Legal and Aesthetic Judgements", *Parallax* (Vol. 14, No. 4, 2008), 18~29쪽 참조.

람들이 법의 규율을 받으면서도 그 법을 알아 볼 수 없게(unknowable) 함으로써 법의 권위를 생성시킨 것이다. 그래서 두지나스(Douzinas)는 "이미지의 금지"는 "법의 선험적 조건"(the transcendental condition of the law)이 된다고 말한다.[16]

2) 이미지로 재현되는 정의가 결핍된 이성법 이미지의 금지가 법의 선험조건이 된다는 말은 근대 이성법이 철저하게 텍스트 중심으로 짜인 법으로 성립해온 법전편찬(Kodifikation)의 역사에 합치한다. 이를 바꿔 말하면 근대 이성법은 '이미지'로만 재현할 수 있는 정의가 결핍되는 것을 감수하면서 성립한 것이었다고 볼 수 있다.[17] 물론 이는 예나 지금이나 이미지로만 재현될 수 있는 정의가 존재한다는 점을 전제한다.

여기서 '이미지'란 주로 미학적 체험에 의해서 생성되는 영상화된 가치(예: 진리/거짓, 옳음/그름 또는 아름다움/추함)를 가리킨다. 제2차 세계대전이 끝난 직후인 1950~60년대에 미국 화단을 주도하였던 추상표현주의는 모더니즘의 회화(근대회화)를 탈피하는 반성적 회화였다. 이런 회화의 흐름은 이미지로 재현할 수 있는 정의(에로스)가 결핍되어 온 근대 이성법의 발전사에 대한 반성을 촉매하는 문화적 맥락을 형성한다. 텍스트 중심 이성법의 최정상에 있는 독일의 연방대법원도 법감정(Rechtsgefühl)을 고려하는 판결[18]을 내렸던 점처럼, 이성법과 대비되는 감성법에 대한 법원의 관심[19]과 그 발전역사는 추상표현주의의 비평사적 의미맥락과 같은 사회문화적 맥락 속에서 이루어진 것이라고 할 수

---

16 Costas Douzinas, 앞의 논문, 24쪽.

17 이 점에 관해 자세히는 김문정, *이미지의 소멸과 근대형법의 탄생: 라캉(J. Lacan)과 르장드르(P. Legendre)의 이론을 중심으로*, 고려대 박사학위논문, 2020 참조

18 대표적으로 강요죄의 위법성판단에서 "자연적 법감정에 비추어 적법한"(für das natürliche Rechtsgefühl rechtsmäßig)지 여부를 고려한 1952년의 독일연방법원판례인 BGHST 2, 196참조. 이러한 판결 흐름은 이성법을 추구하는 진영에서는 비판받을 수밖에 없다. 독일의 대형법학자 Roxin도 이런 흐름이 헌법상의 법률주의에 위배될 수 있음을 지적한다. 이에 관해 C. Roxin, *Strafrechtliche Grundprobleme* (Walter de Gruyter, 1973) 192쪽 참조.

19 수많은 판결들에서 이 용어가 사용되지만 한 예로 대법원 2007. 8. 23. 선고 2007도 4818 판결 참조.

있다.

3. 이미지와 감성법의 설계

여기서 독일 연방대법원이 말한 법감정을 법에서 미학적 정의라는 새로운 법적 정의의 이론을 배후에 둔 감성법이라는 매우 새롭고 낯선 개념으로 재구성해보기로 한다.

(1) 인지작용의 유형

이를 위해 먼저 인간의 인지작용을 다음의 네 가지로 나누어 볼 필요가 있다: ① 의식의 지배를 받아 사물을 과학적으로 인식하고, 논리적으로 추론하고 아울러 그 가치를 체계적으로 평가하는 인지작용인 이성(understanding, Vernunft, Verstand), ② 비과학적, 비논리적, 비체계적인 느낌으로 사물을 파악하는 인식작용인 감정(feeling, Gefühl), ③ 오관(눈, 귀, 코, 피부, 혀)에 의한 지각인 감각(sensing), ④ 감각(또는 그에 따른 관찰)에 의존하지 않는 총체적인 지각으로서 감각의 대척점에 위치하는 직관(intuition, Anschauung).

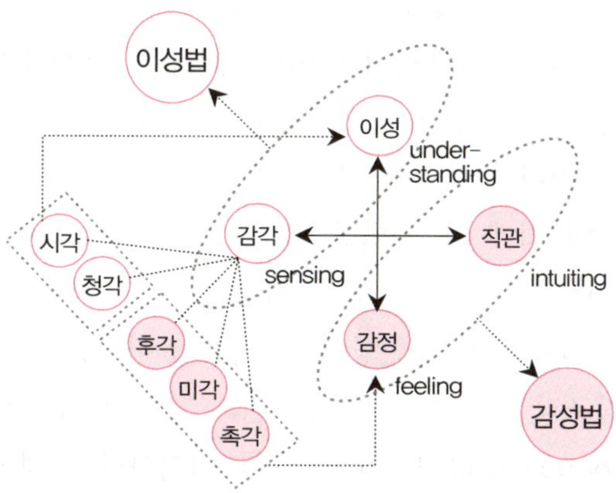

(2) 이성법과 감성법의 대척성

이성법은 ① 자유의 공평한 향유를 가능케 하기 위해 각 개인에게 배분되는 권리와 의무의 정합적인 체계로 형성된 법, 즉 실천이성의 제도화로서 법을 가리킨다. 이에 비해 감성법이란 ② 이성의 대척점에 있는 감정, 예컨대 법감정에 의해 판결을 할 때 생성되는 법(규범)이나 ③

이성적 추론이나 언어적 논증(이성의 작용)이나 감정의 작용을 개입시키지 않고, 대상(의 명증성)을 직접적으로 인식함으로써 실현되는 법을 가리킨다.[20]

가령 어떤 도안이 상표법이 보호하는 상표가 되기 위해서는 그 도안이 '설명적 의미를 인식할 수 없을 만큼 문자인식력을 압도하여 일반인의 특별한 주의를 끌 정도(기술적 상표의 요건)인지 여부[21]가 중요하다.

(3) 법의 이미지적 전환

감성법은 이미지를 통해 형성되는 법이기도 하다. 고트프리드 뵘(Gottfried Boehm)의 아이콘적 전환(iconic turn) 이론이 보여주듯 감성법은 법의 '이미지적 전환'을 통해 생성된다. 이 전환의 한 예로서 법해석과 미술비평이 하나가 되는 법아이콘학(legal iconography)을 비롯한 법미학[22]의 분과를 들 수 있다.

Justitia

1) 유스티치아의 이미지 해석 법아이콘학이란 예컨대 정의의 여신상 유스티치아(justitia)와 같은 아이콘의 이미지 압축을 풀어 그 상직적 기호의 의미를 풀어내어 법에 그 의미를 담고, 그 의미에 대한 미학적 체험에서 비롯되는 힘을 바탕으로 그 의미를 법의 가치로 축적시키는 현상을 분석한다. 아이콘의 해석은 매우 창조적이다. 눈가리개는 흔히 "감각의 부패로부터의 자유"(freedom from corruption of the sense)[23]를 의미한다고 해석된다.

그러나 이 이미지는 미국에서 유색인종에 대한 불공정한 재판에서 판사들이 보여주는 불공정한 지각(perception of unfairness)을 상징할 수

20 이상의 설명에 대해 더 자세히는 이상돈, *법의 춤* (법문사, 2012), 139쪽 아래 참조.
21 대법원 2002. 6. 11. 선고 2000후2569 판결.
22 법미학이 무엇인지, 어떤 분야가 있으며, 이성법학과 달리 어떤 성과를 가져다 줄 수 있는지에 관한 자세한 논의로 이상돈, *법미학* (법문사, 2008) 참조.
23 M. Loughlin, *The Iconography of Justice, Sword & Scale: An Examination of the Relationship between Law & Politics* (Mart Publishing, 2000), 58쪽.

도 있다. 흰옷을 입은 여성으로서 유스티치아의 이미지는 여자판사가 없던 시절에는 "현실에서 떨어진 정의" (justice removed from actuality)[24]를 암시했지만, 오늘날에는 여성성이 내재된 남성의 이미지로 해석할 수 있다. 이 해석을 통해 법은 숭고한 형이상학적 이념이거나 존재론적으로 단일한 실체로서의 정의가 아니라 다양한 소수자들의 다성적인 목소리[25]가 깃든 인간됨을 추구해야 한다는 인식이 강화될 수 있다.

2) 무의식 차원의 이미지 해석 또한 아이콘에서 체험하는 이미지는 '개인의 생물학적 차원, 사회적 차원 그리고 무의식의 차원(the unconscious dimension)을 연결'[26]해주기도 한다.

Stefan Hirsch, Justice as Protector and Avenger, 1938

가령 1937년에서 1938년 사이에 화가 Stefan Hirsch는 에이켄(Aiken)에 있는 사우스 캐롤라이나주 연방법원의 신청사에 벽화를 그려달라는 의뢰를 받고 "수호자이자 복수자인 정의"(Justice as Protector and Avenger)라는 벽화를 그렸다. 그런데 이 벽화 가운데 중심인물의 하나로서 정의를 나타내는 여인이 인디안과 백인의 첫 혼혈인이라는 뮬라토(mulatto)를 닮았다는 이유로 벽화를 철거하자는 캠페인이 벌어졌고, 2년이 지난 후 결국 벽화는 철거되었다.

이 사건을 두고 케이퍼즈(Capers)는 서구의 법률역사에서 정의는 백인주의(whiteness)와 무의식적으로 연결되어 있었다고 해석한다.[27] 이런 법무

24 D. Curtis/J. Resnik, "Images of Justice", *The Yale Law Journal* (제96권 제8호, 1987), 1765쪽.

25 이에 관해서 이상돈, *인권법* (세창출판사, 2005), 164~168쪽; 이상돈 · 이소영, *법문학* (신영사, 2005), 285쪽 아래 참조.

26 이에 관해서 P. Legendre (P. Goodrich/A. Pottage 역), "Introduction to the Theory of the Image: Narcissus and the Other in the Mirror,"(*Dieu au mirroir: Etude sur l'institution des images*) *Law and Critique* (제8권 제1호, 1997), 5쪽, 10~16쪽 참조.

27 I. Bennett Capers, "On Justitia, Race, Gender, and Blindness", *Michigan Journal of Race and Law* (가을호, 2006), 224쪽.

의식의 형성을 분석해내고, 그 이데올로기성을 비판하고 해체시키는 대안적 이미지를 형성해 냄으로써 법적 아이콘의 이미지 해석은 정의의 실현에 기여할 수 있을 것이다.

여기서 더 자세히 논의하지는 않지만, 이와 같은 법의 이미지적 전환은 비단 압축된 이미지로서 아이콘에서만 일어나는 현상이 아니라 모든 이미지에서 일어나는 현상이다. 법아이콘학은 법이미지학이 될 수 있다. 법이미지학의 가능성은 이미지를 중심으로 한 예술작품의 비평방법이 법의 해석방법으로 기능할 수 있다는 점에서 바라볼 수 있다.

(4) 공감법의 가능성

물론 감성은 이성의 한계를 보완하는 요소로 기능할 수 있다. 물론 감성은 대화의 논리에서 벗어나 있고, (이성보다 상대적으로 훨씬 더) 주관적인 것이어서 그 진리성을 보장할 수 없다는 점이 문제이다. 하지만 법관의 감성에 의한 법률해석에 대해 다른 사람들도 같은 감정을 느끼는 경우, 즉 공감(empathy)을 얻는 경우에는 주관적 보편성(subjective universality)을 인정할 수 있다. 이때 공감의 핵심은 사람들이 그 사안에 대해 그리고 그 사안에 대한 법적 효과에 대해 같은 미추판단을 한다는 데에 있다.[28] 즉 감성의 법률해석은 이성에 의한 정의 판단이 놓치기 쉬운 미학적 정의를 실현한다. 감성이 미학적 정의의 기초가 될 때, 감성법은 이미 공감법이 된다.

II. 정신분석학적 시네마토그래피와 법방법

예술작품은 그것을 바라보는 사람이 어떤 인지적인 입장(cognitive stance)을 갖느냐에 따라 그 시각적인 이미지가 다르게 체험되고, 그 작

---

28 이런 설명으로 이상돈, "공감의 법－공감법의 현상, 개념, 정당성, 미래", *법적 이슈 공감하기* (세창출판사, 2017), 15～31쪽 참조.

품이 갖는 의미도 달라진다. 그러나 더욱 중요한 것은 그 예술작품의 작가가 어떤 인지적인 입장에 서 있었느냐는 점이고, 그 입장의 근본을 알기 위해서는 작가의 무의식의 심연까지 들어가는 정신분석학적 접근[29]이 필요하다. 다시 말해 정신분석학적 접근은 예술작품의 체험적 의미를 이해하는 데 불가결한 요소이며, 가장 중요한 비평의 토대가 된다.[30] 이처럼 예술작품의 이미지 해석에서 정신분석학적 접근이 필요하다는 점은 이미지로써 재현될 수 있는 정의가 결핍되어 있는 이성법에게도 그와 같은 정신분석학적 접근이 있을 때에야 비로소 그런 정의의 결핍을 메울 수 있음을 말해준다.[31]

1. 정신분석학적 비평의 깊이

Michelangelo, Moses, 1513~1515, SanPietro in Vincoli

아래서는 모세상의 해석을 예로 하여 예술의 정신분석학적 비평 방법이 무엇인지를 이해하고, 이 방법이 법해석에서 언어의 논리에 힘입은 논증으로 드러내기 힘든 진실을 밝히는 데 매우 유용한 것임을 설명한다. 서양의 예술사에서 최고의 조각상으로 평가되는 미켈란젤로(Michelangelo)의 모세상은 일반적으로는 내면에 영혼이 충만한 삶, 그러나 사유와 행동의 잠재성을 갖고 있는 삶을 환기시키는 상징을 갖고 있다고 한다. 이 작품의 걸작성을 찬양하는 미사여구는 넘쳐난다. 특히 조각의 디테일한 부분에서 놀라우리만큼 섬세한 점

29 맑시즘이나 페미니즘적인 비판적 미술비평의 한계를 넘어서는 비판적 미술비평으로 정신분석학적 미술비평을 제시하고, 그 핵심이 시니피앙(signifiant), 즉 미술이 생성시키는 이미지의 정신분석에 있다고 보는 정은경, "미술사와 미술비평에서 정신분석의 의의", *인문학논총* (제26집, 2011.6), 139~164쪽.

30 최근 미술비평계에서는 인문학적 미술사 연구의 필요성이 강조되기도 한다. 장진성, "인문학적 미술사의 가능성", *역사학보* (제211집, 2011.9), 350쪽. 정신분석학적 비평은 그런 연구의 가장 대표적인 흐름이 될 것이다.

31 법의 정신분석학적 이해를 본격적으로 시도한 이상돈 · 민윤영, *법정신분석학입문* (법문사, 2010) 참조.

과 살아있는 듯한 느낌(생동감)은 그런 미사여구의 중심을 이룬다. 그러나 이런 비평언어들은 이 작품의 깊은 의미를 파헤친다기보다는 작품의 피상적 인상에서 맴돌기 쉽다.

(1) 프로이트의 모세상 해석

이에 비해 정신분석학적 비평을 하게 되면, 다른 비평이 도달할 수 없는 어떤 깊이의 의미를 드러낼 수 있다. 예컨대 모세상에 대한 프로이트(Freud)의 이해는 통상적인 이해와 완전히 달랐다. 프로이트는 모세의 모습을 분노와 고통 그리고 경멸로 점철된 것으로 보았다. 즉, 조각상의 모세는 시나이에서 내려와 십계명(석판)을 든 채, 백성들이 황금 송아지 주변에서 춤추고 있는 것을 보고는, (얼굴의 표정에서 볼 때) 분노가 일어나 있었고, (발을 구르는 듯한 자세에서 볼 때) 마치 일어서 석판을 깨버릴 듯한 태세를 보이며 고통 속에서 그들을 경멸하는 모습을 보여준다는 것이다. 그러나 이 모습은 수염에 의해 상징되는 강력하고 건강한 유태인 아버지의 윤리적인 모습이며 마치 신과 같은 이미지를 가진다고 보았다. 프로이트의 정신분석학 이론에서 보면 모세상은 자아(ego)와 이드(id)의 충동과 욕구를 조절하는 초자아(superego)라는 개념을 구상화해주는 것이다.[32] 이와 같은 프로이트의 이미지 해석은 모든 미술작품의 이해를 한 차원 더 깊은 곳으로 진행시킨다.

(2) 사상적 예술성의 비평수단으로서 정신분석학

정신분석학적 미술비평은 특히 시각적 표현성이 모던미술(근대미술)에 비해 상대적으로 약화된 포스트모던미술에서 더욱 더 필요한 비평방법이 된다. 왜냐하면 모던미술에서는 시각성이 감각(sense)을 지배하는

---

32 이러한 모세상에 대한 프로이트의 해석에 대한 설명으로 자세히는 Mary Bergstein, "Freud's Moses of Michelangelo, Photography, and Art Historical Practice", *The Art Bulletin* (Vol. 88, No. 1, 2006), 158~176쪽 참조. 다만 초자아가 자아와 이드를 조절하는 것이라기 아니라, 자아가 초자아와 이드가 균형을 이루도록 조절하는 것임에 주의를 요한다.

의식의 현현을 보여주는 정점을 이루지만, 포스트모던 미술에서 시각성은 의식을 지배하는 관념(사상 thoughts)의 배후에 숨어 들어가 있는 잠재태로 남아 있기 때문이다. 관념(사상)의 배후에 들어가 있는 시각적 잠재태의 의미를 밝히기 위해서는 그 그림의 이미지 해석과 작가정신의 분석이 필요한 것이다. 이런 해석과 분석을 하는 것이 시네마토그래피에 의한 비평이다.

2. 시네마토그래피로서 예술비평

프로이트가 모세상에 대해 수행한 정신분석학적 예술비평은 오늘날의 방법론으로 옮겨오면 '시네마토그래피'(cinematography)에 의한 예술비평방법에 해당한다.[33]

(1) 시네마토그래피의 세 요소

시네마토그래피는 정신분석학자들이 환자를 분석할 때 그의 표정과 몸짓을 깊이 이해하기 위해 사진을 찍는 것에 비유할 수 있다. 정신분석학적으로 수행되는 예술비평이란 ① 그 작품의 모습을 세세한 부분까지 (카메라에 의해) 순간의 시간에 담아, 그 이미지를 해석하고, ② 그때그때의 정신특성을 분석하고, ③ 그 해석되고 분석된 내용들을 마치 사진들의 나열순서를 바꿈으로써 그 피사체의 의미를 체계적으로 편집하는 창작적 행위와 같다. 다시 요약해보면 시네마토그래픽 예술비평은 ① 이미지 창출과 해석, ② (피사체의) 정신특성의 분석, ③ (카메라기술적) 편집(재배열)이라는 세 가지 구조요소를 갖는 예술비평을 가리킨다. 각 세 가지 구조요소가 각 비평에서 차지하는 역할이나 비중은 비평대상이 속한 예술영역의 특성이나 개별 작품의 고유성 등에 따라 달라질 수 있다.

---

33 프로이트의 비평을 시네마토그래픽하다고 본 Peter Fuller, *Art and Psychoanalysis* (London, 1980), 40~57쪽 참조.

(2) 시네마토그래픽 예술비평

신학철, 모내기, 1987

시네마토그래피의 예술비평방법을 국가보안법 위반으로 형사처벌된 신학철의 〈모내기〉(1987)라는 그림에 적용하여 이해해보기로 한다. 이 사례를 보면 시네마토그래픽 예술비평이 법의 적용에서도 얼마나 유용하고 중요한지를 알 수 있을 것이다.

1) 〈모내기〉 재판 신학철 화가는 1995년 작품인 〈금강〉에서 보여주듯 동학의병부터 현대의 민주화 항쟁까지 정치권력에 저항하는 민중들의 모습을 줄곧 담아온 화가였다.[34] 그는 "80년대의 삶과 현실에 뿌리박은 새로운 형상회화의 흐름의 거목"[35]으로 평가받았는데, 70년대 후반부터 민중미술을 본격적으로 시작했고, 군부독재 시절인 1982년 제1회 미술기자상을, 1991년에는 제1회 민족미술상을 받았다. 신학철은 민중미술협의회의 제2회 통일전에 〈모내기〉(1987년)를 출품하였는데, 이로 인해 국가보안법위반으로 기소되었고, 1심과 항소심[36]에서는 무죄를 선고 받았지만, 1998년 뒤늦게 대법원에서 유죄판결[37]을 받았다. 1, 2심과 대법원의 판결이유를 요약해보면 아래 표와 같다. 그림의 상반부와 하반부를 어떻게 해석할 것인지에 따라 판결의 향방이 갈렸다고 볼 수 있다.

---

34 최근 신학철 화가는 민중이나 정치사를 담는 아래에서 위로 가는 수직적인 그림에서 서민들의 이야기를 풀어내는 수평적인 그림으로 선회하고 있다고 스스로 말한다. 이 인터뷰 내용은 http://blog.naver.com/tnt62sik?Redirect=Log&logNo=120010180612 참조.

35 이선영, "뜨겁게 솟아오르는 우리시대의 서사화 — 신학철전(5. 1.~11 · 학고재)", *미술세계* (통권 제79호, 1991), 92쪽.

36 서울형사지법 1994. 11. 16. 선고 93노7620 판결.

37 대법원 1998. 3. 13. 선고 95도117 판결.

	항소심	대법원
하반부	"모내기 그림의 하반부에 관하여는, 전체적으로 원작자가 표현하고자 하는 바대로 통일에 장애가 되는 요소로서의 외세와 저질외래문화를 배척하고 우리 사회를 민주화하여 자주적, 평화적 통일로 나가야 한다는 조국통일에의 의지 및 염원을 나타낸 것이고, 하반부의 그림 중에 탱크, 미사일 등 무기를 써래질하는 모양은 비인간적이고 평화와는 상치되는 무기의 배제를 상징적으로 나타내어 평화통일을 이루어야 함을 표현하고자 하는 것"	"그림의 상단 우측에 백두산을, 하단에 파도가 이는 남해바다를 그리는 등 전체적으로 보아 한반도를 묘사하고 있고 상반부와 하반부로 나누어 각각 다른 광경을 그리고 있는 바, 그림 하반부는 모내기를 하는 농부가 황소를 이용하여 써래질을 하면서 소위 미·일 제국주의 등 외세를 상징하는 이.티(E.T), 람보, 양담배, 코카콜라, 매트헌터, 일본 사무라이, 일본 기생, 레이건 당시 미국대통령, 나카소네 당시 일본수상, 군사파쇼정권을 상징하는 전두환 당시 대통령, 미군을 상징하는 탱크, 핵무기 등은 물론 지주 및 매판자본가 계급을 상징하는 사람들을 황소가 짓밟으면서 남해바다 속으로 쓸어버리고 삽으로 분단을 상징하는 38선의 철조망을 걷어내는 형상을 묘사하고 있고…" "그림 하반부는 남한을 그린 것으로서 미·일 제국주의와 독재권력, 매판자본 등 통일에 저해되는 세력들이 가득하며 농민으로 상징되는 민중 등 피지배계급이 이들을 강제로 써래질 하듯이 몰아내면 38선을 삽으로 걷듯이 자연스럽게 통일이 된다는 내용을 그린 것"
상반부	"위 모내기 그림의 상반부에 관하여는 통일이 주는 기쁨과 통일 후의 평화로운 모습을 이상향으로 묘사하고 있는 사실"(을 인정함)	"그림 상반부는 상단에 잎이 무성한 나무숲에 천도복숭아가 그려져 있고 그 나무숲 좌측상단에 두 마리 비둘기가 다정하게 깃들어 있는 모습이 그려져 있으며 그 나무숲 우측 아래에 북한에서 소위 '혁명의 성산'으로 일컬어지는 백두산이 그려져 있으며 그 바로 밑 좌측 부분에는 꽃이 만발한 곳에 초가집과 호수가 그려져 있으며 그 아래 부분에 농민들이 무르익은 오곡과 풍년을 경축하며 각종 음식을 차려놓고 둘러앉거나 서서 춤을 추며 놀고 주변에는 어린이들이 포충망을 들고 행복하게 뛰어 노는 장면이 그려져 있는 사실"(을 인정함). "그림 상반부는 북한을 그린 것으로서 통일에 저해되는 요소가 전혀 없이 전체적으로 평화롭고 풍요로운 광경으로 그림으로써 결과적으로 북한을 찬양하는 내용으로 되어 있고…"
결론		"피지배계급이 파쇼독재정권과 매판자본가 등 지배계급을 타도하는 민중민주주의 혁명을 일으켜 연방제통

		일을 실현한다는 북한 공산집단의 주장과 궤를 같이 하는 것으로 여겨질 뿐만 아니라, 위에서 본 제작동기, 표현행위 당시의 정황 등 제반 사정을 종합하여 보면, 위 그림은 반국가단체인 북한 공산집단의 활동에 동조하는 적극적이고 공격적인 표현물"

이로부터 7년 뒤인 2005년에는 〈포플라가 있는 길 Ⅰ·Ⅱ〉, 〈원추리〉 등이 국회의장 집무실과 회의실, 비서실 등에 걸리는 영광을 안기도 했다. 그는 성공한 '민중미술가'라 할 수 있다. 하급심과 대법원의 〈모내기〉 이해방식 가운데 어느 것이 더 타당한 것일까? 이 점을 시네마토그래피의 비평방법으로 검토해보자.

2) 이미지 해석 하급심(원심)이 바라본 〈모내기〉의 상반부의 이미지는 통일이 이루어진 평화롭고 행복한 민중의 삶을 보여주며, 하반부의 이미지는 통일을 이루기 위해 극복되어야 할 현실의 모습을 보여준다. 이에 비해 대법원이 바라보는 상반부의 이미지는 통일에 저해요소가 없는 평화롭고 풍요로운 삶이 보장된 북한의 모습이며, 하반부의 이미지는 미제국주의의 식민지로서 겪는 남한의 비참한 현실의 모습이다.

3) 정신특성의 분석 하급심과 대법원의 비평적 관점에 밑바탕을 이루는 정신특성을 분석해보자.[38] 첫째, 하급심이 해석한 상반부에서 나타난 작가의 정신특성은 통일 후의 더 나은 삶을 고도산업사회나 후기자본주의 사회가 아니라 농경사회의 전원적 모습으로 그린다는 점에서 시대착오적 역사의식이라고 할 수 있다.[39] 이에 비해 대법원이 해석한

38 신학철 화가는 〈모내기〉의 평화로운 마을은 자신의 고향인 경북 금릉(현재 김천시)을 그린 것이며, 집안 형님의 써레질을 보고 통일에 방해가 되는 것들을 싹 쓸어내고 싶은 마음으로 그렸다고 말한다(이는 한겨레 21 정재숙 기자의 인물탐험, 〈화가 신학철〉(http://oldconan.tistory.com/2867 참조)에서 한 인터뷰의 내용임.) 그러나 그는 다른 인터뷰에서는 이 그림에서 모를 심고 추수를 했을 때가 통일이 되었을 때를 가리키는 것이라고도 밝혔다(신학철의 이 인터뷰는 http://blog.naver.com/tnt62sik?Redirect=Log&logNo=120010180612 참조.)

39 민중미술이 그리는 이상향이 대체로 '산업화되지 않은 농경사회'이며, 경제적 풍요로움보다 '민중이 역사의 주체가 되어 생존의 가치와 존엄성을 존중받는 이상적인 현실'이

상반부에서 작가의 정신특성은 북한체제를 동경하는 작가의 '현재의식'이라 할 수 있다. 이러한 정신특성의 분석은 작가가 1986. 2. 민중미술운동을 지향했던 민족미술협의회에 가입하고, 1987. 3. 공동대표를 역임하였으며, 이런 미술운동이 1986~1987년경 당시 북한의 주체사상을 좇는 남한혁명이론인 민족해방 민중민주주의혁명론(NLPDR)이 득세하였던 시대상황 속에서 전개되었다는 점을 고려한 결과로 볼 수 있다.[40] 둘째, 하급심이 해석한 하반부에서 작가의 정신특성은 통일을 위해 해야 하는 선결과제에 대한 작가의 '현재의식'이다. 이에 비해 대법원이 해석한 하반부의 이미지는 남한은 발전한 것이 아니라 미제국주의의 식민지로 전락해 있다는 '역사의식'이다.

4) 편집 〈모내기〉의 상반부와 하반부는 모던 회화에서 입체성을 표현하는 기법인 원근법(遠近法)에 의해 표현되어 있지 않다. 〈모내기〉의 이분법은 일종의 입체주의 회화처럼 '다시각성'(多視覺性)을 보여준다.

㈎ 다시각성 하급심의 이미지 편집은 하반부의 이미지와 상반부의 이미지를 '시간적'으로 정렬한 것이다(아래 왼쪽 그림). 즉 통일과제에 대한 현재의식(하반부)을 바탕으로 통일 후의 미래적 삶의 모습(상반부)을 그리는 것이다.

이에 비해 대법원은 상반부의 이미지와 하반부의 이미지를 북에서 남으로 내려가는 '공간적인 정렬'의 방식으로 해석하고 편집한 것이다. 즉 공간적으로 상반부는 동경할만한 체제로서 북한체제를, 그리고 하반

라고 보는 김현화, "1980년대 민중미술: 반(反)풍요와 반(反)개방, *미술사학* (제25호, 2011), 2~83쪽.

40 이러한 고려는 정신특성의 분석에서 불가피하며 정당하다. 이를 두고 "대법원의 판결문은, 민미협과 민예총은 '빨갱이 단체'이니까 여기 속한 사람들은 다 '빨갱이'이며, 진보적 통일운동을 하는 사람은 무조건 '빨갱이'라고 규정하고 있는 것이다"(이재현, "신학철 화백의 「모내기」는 이적표현물?", *월간말* (제143호, 1998), 224쪽)라고 보는 것은 부적절하다. 일종의 침소봉대이다. 그림의 이미지 분석을 위한 하나의 과정으로서 정신특성을 분석하고, 작가의 단체활동을 그런 분석에서 단지 하나의 요소로 고려하는 것은 정당하며, 그러한 고려가 특정한 결론을 이미 예정하게 만드는 것은 아니기 때문이다.

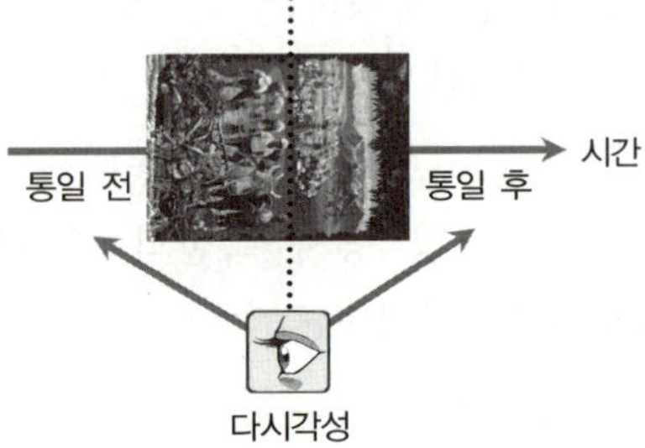

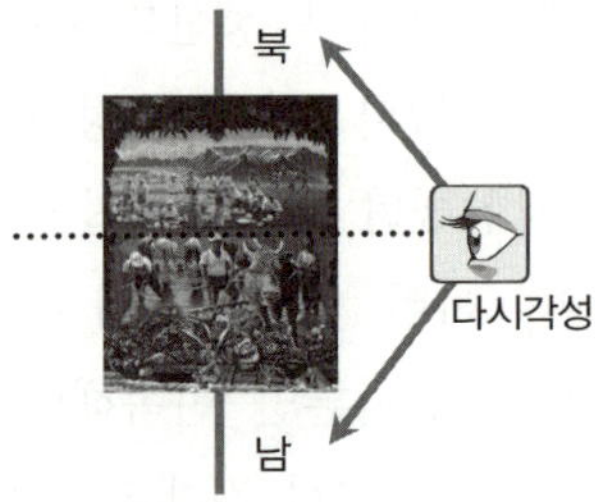

부는 척결해야 할 체제인 미제국주의의 식민지로서 남한체제를 그리고 있다고 보는 것이다(위 오른쪽 그림).

(나) **민중민주주의혁명사상의 시간적 선분** 그러나 〈모내기〉의 공간적 다시각성은 남한과 북한 사회의 병폐를 균형 있게 바라보는 다시각성으로 이어지지 않는다. 가령 하반부가 통일의 과제를 이행하는 실천만을 그렸다고 하나, 그 실천의 내용은 대부분 남한의 현실을 민중민주주의 혁명론의 관점에서만 파악하고 있다. 특히 하반부에서 제거되어야 할 현실을 그리면서도 소련제 탱크가 온전하게 서 있는 모습은 민중민주주의 혁명의 편향적 시각을 압축하여 보여준다. 이로써 하반부와 상반부의 다시각성은 사실상 북한체제에 의한 남한체제의 혁명적 변화라는 사상에 의해 시간적으로 통일 전과 통일 후로 비교적 명확하게 선분(線分)된다. 이와 같은 민중민주주의혁명 사상에 의한 선분(線分)에 의해서 이 그림은 시간적인 다시각성을 택하고 있음을 알 수 있다.

따라서 저자의 사상이 무엇인지가 불명확한 상태에 있을 때 적용되는 원칙, 이를테면 — 이적성에 대한 의문보다 예술의 자유를 우선시킨다는 의미의 — '의심스러울 때에는 예술에 유리하게'(in dubio pro ars) — 원칙은 〈모내기〉의 경우에는 적용되지 않는다고 할 수 있다.

★ 포스터와 회화의 차이 〈모내기〉는 포스터와의 차이가 엷아져 있다. 그 이유는 회화와 포스터의 전통적인 다음 세 가지 양식적 차이가운데 ⓐ 요소가 흠결되어 있기 때문이다:

— ⓐ 포스터는 선전하려는 의미를 강조하기 위해 단일한 의미를 구성하는 반면, 회화는 매우 다의적인 이미지를 생성한다.
— ⓑ 포스터는 대량복제의도로 제작되는 반면, 회화는 아무리 민중미술이라 할지라도 일품으로 만든다. 따라서 프린트는 포스터에 적합한 생산방식이고, 회화의 근대적 양식이 된 오일 온 캔버스(oil on canvas), 즉 유화는 회화에 적합한 생산방식이다.
— ⓒ 포스터는 흔히 선이 단순, 간결하고, 색이 넓은 면을 이루면서 사상을 명확하게 하는 특징이 있는 반면 회화에는 그런 특징이 없다.

물론 이와 같은 차이는 오늘날에는 상대적이긴 하다. 하지만 〈모내기〉가 생성하는 의미는 다의적이지는 않고, 오른쪽 표와 같이 단지 이중적일 뿐이다. 포스터가 전달하는 의미도 이중적인 경우가 적지 않다는 점과 위와 같은 〈모내기〉의 시네마토그래피적 비평에 의해 밝혀지는 작가의 정신적 특성을 함께 고려하면, 〈모내기〉는 회화에서 포스터로 상당히 이동한 것으로 볼 수 있다.

원심	대법원
저질외래문화의 축출	미·일 제국주의와 군사 파쇼정권 및 지주와 매판 자본가의 축출
자주평화통일	민중민주주의혁명에 의한 통일

(3) 예술을 규제 법의 구성요소로서 예술비평

시네마토그래픽 예술비평은 첫째, 언어와 논증의 차원에서 우열을 가리기 힘든 두 가지 상반된 해석(원심과 대법원의 해석)들 가운데 어느 하나를 정신분석학이라는 심층적 기반에 뿌리를 둔 채 선택할 수 있게 해준다. 이는 미술작품을 비평하는 이해의 지평과 법을 해석하는 이해의 지평이 정신분석학 위에서 서로 융합('지평융합')할 수 있음을 말해준다.

둘째, 이와 같이 예술비평은 법의 규범영역을 구체화하는 작업, 바꿔 말해 국가보안법의 해석적용을 좌우하는 요소가 된다. 이로써 예술비평은 적어도 미술의 예술성을 규제하는 법 밖에 있는 것이 아니라 법 안에 들어와, 그 법을 구성하는 요소가 됨을 알 수 있다. 즉, 비평이 법(의 내용)이 되는 것이다. 이렇게 볼 때, 예술비평은 법의 정신분석학적 기반을 발굴하는 가장 중요한 방법의 하나가 된다고 말할 수 있다.

3. 법방법으로서 시네마토그래피

시네마토그래픽 예술비평의 방법은 단지 예술을 규제하는 법의 구성요소로 기능함에 머무르지 않고, 모든 법의 해석에서 완전히 새로운 지평을 열어준다. 언어와 논증 중심의 해석이 이성법의 기획을 구축해온 반면, 시네마토그래픽 예술비평은 '감성법'의 지평을 열어 줄 수 있다. 감성법이란 앞서 살핀 바와 같은 이성법의 대립항으로서 감정(feeling)이나 직관(intuition)에 의한 판단으로 정의를 발굴하는 법, 또는 미학적 정의(aesthetic justice)를 실현하는 법, 프로이트의 용어를 빌어 표현하면 죽음충동(thanatos)을 제어하는 에로스(eros)를 생성시키는 법의 총괄개념으로 사용한다.

(1) 법률해석과 시네마토그래픽 예술비평의 유사성

먼저 예술비평뿐만 아니라 법해석도 일종의 시네마토그래피와 유사한 구조를 갖고 있다는 점에 주목해 보자. 가령 자동차로 행인을 쳐 다치게 한 운전자 甲은 피해자 乙을 병원으로 옮겨 놓고 자신의 신원을 밝히지 않은 채 사라져 버렸다. 甲의 행위가 도주차량죄(특정범죄가중법 제5조의3 제1항)의 "도주"에 해당하는지를 해석해보자.

1) 시네마토그래피와 법률해석방법의 대비 ① 첫째, 도주란 사전적 의미로는 "피하거나 쫓기어 달아남"[41]을 뜻하므로 이런 가해자 甲의 행위도 도주에 해당할 수 있다. 경찰을 피해 달아난 것이기 때문이다. 이처럼 법텍스트의 일상언어적 의미에 따른 해석을 문법해석(grammatische Auslegung)이라고 한다. 이런 해석은 그림이나 영상이 주는 이미지의 해석에 상응한다. ② 둘째, 도주차량죄의 조항을 제정한 입법자의 의사가 '교통의 안전확보'와 '피해자의 생명 · 신체의 보호' 그리고 '손해배상청구

41 이 개념은 네이버(Naver)의 국어사전에 나와 있는 풀이이다.

권의 실효적 확보'를 위한 것이었다고 해석하는 역사적 해석(historische Auslegung)에 의하면 甲의 도피행위는 "도주"에 해당한다.[42] 이때 이 역사적 해석은 그림이나 영상의 이미지 해석 다음에 이루어지는 작가의 정신특성 분석에 상응한다. 즉, 甲은 피해자를 구하고, 경찰의 체포 등을 피하기 위해 사고장소를 떠난 도피행위를 한 것이지만, 도주차량죄의 입법자는 그런 도피행위자의 이미지에서 범죄자의 정신특성을 바라보았던 것으로 볼 수 있다. ③ 셋째, 도주차량죄가 민법이나 사법이 아니라 특정범죄가중법이라는 '특별형법'에 규정되고 있다는 법체계적 위치를 고려하여, 손해배상청구권의 실효적 확보는 형법의 직접적 목적이 아니므로 동 조항의 의미에서 제외시켜야 한다는 해석을 할 수도 있다. 이런 해석은 넓은 의미에서 체계적 해석(systematische Auslegung)에 속한다. 이 해석방법은 시네마토그래피에서는 편집에 가깝다. 그런 해석은 도피행위의 이미지와 도피자의 정신특성이 위치할 장소를 형법적인 규율영역에서 사법적인 규율영역으로 옮겨놓는 것이기 때문이다.

2) 법률해석의 시네마토그래픽 구성 이상과 같은 이성법의 법률해석방법과 예술비평방법으로서 시네마토그래피의 유사성을 다시 한번 정리해보면, 텍스트로 이루어진 법률의 해석도 ① 법텍스트가 규율하는 대상인 인간행동의 '이미지'에 상응하는 상징과 의미를 그 법텍스트에 부여하는 행위이고, ② 그 상징적 의미의 분석을 통해 법의 기저를 이루는, 또는 법이 지향하거나 금지를 통해 억압하려고 하는 '인간정신의 특성'(예: 입법자가 분석한 잠재적 수범자의 정신특성)을 분석하는 것이며, ③ 그렇게 분석된 상징과 의미들을 전체 법질서 안에서 또는 하나의 법률(법전) 안에서 체계적으로 배열하고, 조합하는 방식으로 편집함으로써 법텍스트의 전체적 의미를 밝히는 작업이 된다.

---

42 다만 여기서 말한 역사적 해석이 입법이유서나 국회 회의록 등에 그 근거가 나타나지 않는다면 사실상 (객관적) 목적론적 해석(teleologische Auslegung)으로 보아야 한다.

시네마토그래피 방법	법률해석방법
이미지 해석	문법해석
정신특성 분석	역사적 해석
편집	체계적 해석

(2) 법률해석방법을 넘어서는 시네마토그래픽 비평방법

그러나 이상과 같은 유사성은 단지 형식적인 것이며, 구조적인 모습의 유사성일 뿐이다. 시네마토그래픽 비평방법과 전통적인 법률해석방법은 그 내용의 실질은 기본적으로 다르다. 시네마토그래피가 감성의 법, 에로스의 법을 실현한다면, 법률해석방법은 이성의 법, 로고스의 법을 실현하기 때문이다.

1) 법률해석의 한계를 넘어서는 해석 이 점을 구체적인 예를 들어 설명해 보자. 남자로 태어났지만 20년간 심리적으로 여자의 성정체성을 갖고, 여장과 여성적 행동을 하며 살아 왔고, 성전환수술까지 받은 사람이 다른 남자에게 폭행을 당해 어쩔 수 없이 성관계를 하였을 때, 그 피해자는 "부녀"(婦女)(구 형법 제297조)에 해당하는가?

(가) 성전환자와 부녀 개념의 해석 대법원은 과거 이런 성전환자를 "부녀"로 보지 않았다. ① 무엇보다도 "성염색체의 구성이나 본래의 내·외부성기의 구조", "여성으로서의 생식능력은 없는 점"이 결정적인 이유였다(대법원 96도791 판결). 이런 해석은 부녀가 '자연언어'(natürliche Sprache)로서 갖는 의미, 즉 문법적 해석에 따른 것으로 볼 수 있다. 삶의 세계에서 자연적으로 형성된 의미의 퇴적층에서만 부녀 개념을 이해한다면, 호르몬 주사 등의 과학적 개입이 없이는 남자의 생식기를 갖고 여성의 생식능력을 갖고 있지 않은 사람을 남자로 볼 수 없다. ② 하지만 사회적 성정체성(gender)과 생물적 성(sex)의 구분이 일반화되고, 성전환자가 법적으로 여성으로 대우받는 것을 인권으로 바라보는 사회의식이 성장함에 따라 대법원은 2009년 성전환자를 여성으로 바라보는 판

결[43]을 내렸다.

(나) **자연언어적 의미의 한계를 넘어선 해석** 그러나 새로운 판례는 아마도 1970~80년대 한국사회에서라면 — 가해자를 강제추행죄가 아니라 강간죄로 처벌했다는 점에서 행위자에게 불리한 — 유추금지의 원칙에 위배된다는 판단을 받았을 것이다. 사회의식의 변화가 있었지만, "부녀" 또는 여자가 자연언어로서 갖는 의미에 여전히 반하기 때문이다. 부녀의 부(婦)라는 상형문자가 갖는 이미지, 즉 여자가 시집와서 빗자루(帚)를 들고 집안을 청소하는 여자(女)의 이미지 또는 녀(女)라는 상형문자가 갖는 이미지, 즉 손을 앞으로 모으고 무릎을 꿇고 앉아 있는 연약한 사람의 이미지가 부녀라는 법언어에 오랜 세월 귀속된 채 남아 있다는 점에서 그러하다.

또한 '자연언어적 의미'와 '일상언어적 의미'를 구별하고, 법률해석의 한계를 설정하는 문법해석은 일상언어적 의미에 따른 해석이라고 가정하더라도 성전환자를 부녀로 해석하는 것은 '법규정의 가능한 의미'를 넘은 해석이라고 보아야 한다. 이 점은 바로 그렇기 때문에 의회에서 "부녀"를 "사람"으로 개정할 필요성이 있었던 것이며, 실제로 형법은 2012년에 그렇게 개정되었다. 다시 말해 이런 판례변경과 형법개정의 역사는 오히려 그와 같은 해석이 부녀의 일상언어적 의미를 넘어선 것임을 반증한다.

2) 시네마토그래피에 의한 부녀 개념의 재해석 여기서 대법원의 새로운 판례는 이성법을 현실에 옮기는 법률해석방법이 아니라 시네마토그래피의 비평방법에 의해 이루어진 것이라고 볼 수 있다. 먼저 성전환자의 삶을 하나의 동영상(moving image)처럼 바라보자. 그 동영상 속의

43 성장기부터 남성에 대한 불일치감과 여성으로의 귀속감을 나타내었고, 성인이 된 후 의사의 진단 아래 성전환수술을 받아 여성의 외부 성기와 신체 외관을 갖추었고, 수술 이후 30여 년간 여성으로 살아오면서 현재도 여성으로서의 성정체성이 확고하여 남성으로 재전환할 가능성이 현저히 낮고, 개인생활이나 사회생활에서도 여성으로 인식되어, 결국 사회통념상 여성으로 평가되는 성전환자에 해당한다고 봄이 상당하"다(대법원 2009. 9. 10. 선고 2009도3580 판결).

성전환 사람(남자)은 ① 첫째, 여성성의 코드로 무장한 모습과 언행을 보임으로써 여성의 전형적(스테레오타입의) 이미지를 보여준다. ② 둘째, 그런 여성의 전형적인 이미지를 생성시키는 사람은 20년간 여성의 성정체성을 갖고 살아왔고, 그 정체성 속에서 남성 성기를 제거하는 수술까지 받는 특별한 '정신적 특성'을 보여준다. ③ 셋째, 여기에 더하여 그 사람이 부녀인지에 대한 판단과 관련하여는 성전환수술 후에도 여전히 결핍으로 남아 있는 여성의 유전자 구조나 생식능력이라는 요소가 주는 비여성적 이미지를 삭제해버리는 '편집'을 한다. 이로써 그 생래적 남자사람은 이제 여성으로 이해(비평)할 수 있게 된다.

(3) 시네마토그래피에 의한 감성법의 성장

이와 같은 시네마토그래피의 법해석은 감성법을 실현한다.

1) 부녀 개념의 감성법적 해석 ① 첫째, 그토록 힘겹게 살고 수술까지 받는 고생을 마다하지 않는 성전환한 자에게 느끼는 연민, 그런 남자사람을 법적으로 여성으로 대우해 주라고 요구하는 시민들의 감정은 법을 구성하는 감정, 즉 '법감정'이 될 수 있다. ② 둘째, 그토록 여성으로 살고 싶어 하고, 죽도록 노력하는 성전환자의 모습에서 알 수 없는 아름다움(숭고미)을 느끼는 미학적 체험이 가능하므로 그 남자사람을 여성으로 취급하는 것이 정의로운 것일 수 있다. 이는 법적 정의가 미학적 정의로써 더 확장적으로 재구성됨을 뜻한다. ③ 셋째, 이 미학적 체험은 잘린 귀를 붕대로 싸맨 고흐(Vincent van Gogh)의 〈자화상〉에서 느끼는 미학적 체험과 유사할 수 있다. 성전환자의 힘겨운 삶에 대한 연민이 대다수의 시민들에게 공통적으로 발생할 때, 그 사람을 여자로 인정하는 법은 공감(empathy)의 토대 위에서 규범적 타당성을 갖게 된다. ④ 넷째, 하지만 이런 시네마토그래픽 법률해석은 법텍스트의 자연언어적 의미를 넘어서는 것이며, 이성법적 전통

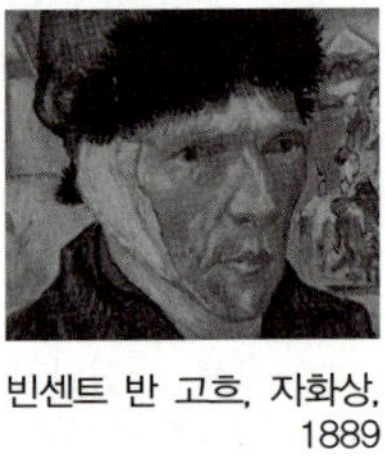

빈센트 반 고흐, 자화상, 1889

(유추금지원칙)에서 비켜나 있는 것임에 주의할 필요가 있다.

2) 감성법과 성찰적 모더니즘의 접점 물론 이성법은 이런 시네마토그래피의 비평을 법률해석의 방법으로 수용할 수 있고, 그럴 경우 이성법은 감성법에 개방되어 있는 '성찰적 모더니즘'(reflexive modernism)의 법이 된다. 이 성찰은 이성적 논거로 무장한 채 합리적인 입법의 과정으로 이어질 수 있다. 성전환자를 강간죄의 객체로 인정하기 위해 강간죄(형법 제297조)의 객체를 "부녀"에서 '사람'으로 변경한 법개정이 그것이다. 이는 구 형법전의 부녀(婦女)가 (자연)언어적 한계로 인해 담지 못했던 미학적 정의의 요청이 이성적 논증과 토론을 통해 합의를 형성하고, 그 합의에 기초하여 입법을 하는 새로운 (절차주의적) 실천이성의 형식 속에 담기게 됨을 뜻한다.

다시 말해 시네마토그래픽 비평을 통한 감성법적인 법률해석은 법의 성찰적 자기변화를 가져오는 이성적인 힘의 성장으로 이어질 수 있는 것이다. 이러한 설명에서 감성법이 이성법으로 흘러들어가고, 이성법은 감성법에 문을 열고 자기를 확장하는 상호작용의 관계가 성립할 수 있음을 알 수 있다.

(4) 입법에서 시네마토그래피의 비판적 기능

시네마토그래피의 방법은 단지 법률해석에서 뿐만 아니라 입법에서도 매우 의미 있는 역할을 수행할 수 있다.

1) 영화와 스토킹의 범죄화 입법 이 점을 스토킹의 범죄화 입법을 예로 하여 설명해보기로 한다. 현행 경범죄처벌법 제3조 제1항 제41호[44]은 스토킹을 지속적 괴롭힘으로 개념화하고, 미약하나마 범죄로서 처벌하고 있다. 그러나 더 강력하게 처벌하기 위해 스토킹을 형법전상

---

44 경범죄 처벌법 제3조(경범죄의 종류) ① 다음 각 호의 어느 하나에 해당하는 사람은 10만 원 이하의 벌금, 구류 또는 과료(科料)의 형으로 처벌한다. 1.~40.(생략) 41. (지속적 괴롭힘) 상대방의 명시적 의사에 반하여 지속적으로 접근을 시도하여 면회 또는 교제를 요구하거나 지켜보기, 따라다니기, 잠복하여 기다리기 등의 행위를 반복하여 하는 사람

의 범죄, 이를테면 협박죄의 변형구성요건(예: 형법 제284조의2 [지속적 괴롭힘])으로 추가하자는 입법안[45]이 제출되기도 하였다.[46]

자유국가의 상징이자 똘레랑스의 나라, 프랑스를 제외하고 서구의 선진각국에서는 이미 오래전에 스토킹을 범죄로 처벌하는 입법이 이루어졌다.[47] 그 중 1990년의 미국 캘리포니아주 형법전 제646.9조 (a)[48]이나 1993년의 미국 모범스토킹 방지법(The Model Anti-Stalking Code, 1993) Section. 2[49]은 선도적인 입법례이다. 이 입법은 가령 2007년 개정 독일 형법전(StGB) 제238조(Nachstellung)보다 십수년이 앞선 것이었다. 이처럼 스토킹 형법의 입법이 미국에서 선도된 데에는 영화의 나라 미국에서 스토킹을 다룬 영화들의 영향력을 간과할 수 없다. 그런 영화의 대표적인 예로 줄리아 로버트가 주연한 '적과의 동침'(Sleeping with

---

45 2015.3.6. 안효대 의원 대표발의의 형법 일부개정법률안은 대표적인 예이다.

46 호주 퀸즈랜드주 형법(Queensland Criminal Code Act 1899 Current as at 1 March 2017)은 제33장 자유에 대한 범죄(Chapter 33 Offences against liberty)의 다음인 제33장A 불법적 스토킹(Chapter 33A Unlawful stalking)을 규정하고, 그 장의 마지막 조문인 제359조(협박죄)의 다음 조항인 제359조A부터 제359조F까지에서 스토킹을 범죄로 처벌하고 있다.

47 이에 관한 비교법적 연구로 이상돈, *스토킹 범죄의 처벌 제도 개선방안 연구* (법원행정처, 2017) 부록 참조.

48 Califonia Penal Code. §646.9. (a)는 "의도적으로, 악의를 가지고, 반복적으로 다른 사람을 쫓아다니며 괴롭히고, 그 사람(또는 그의 가까운 가족)에게 죽음이나 중대한 신체적 상해를 입게 될 것에 대한 근거 있는 공포(reasonable fear)를 갖게끔 할 의도로 실제로 실현될 것 같은 위협(credible threat)을 가한 자는 스토킹의 죄책을 지고, 1년 이하의 징역이나 $1,000 이하의 벌금에 처하거나 이 둘을 병과한다.

49 The Model Anti-Stalking Code for the States, Section 2. Any person who: (a) purposefully engages in a course of conduct directed at a specific person that would cause a reasonable person to fear bodily injury to himself or herself or a member of his or her immediate family or to fear the death of himself or herself or a member of his or her immediate family, and (b) has knowledge or should have knowledge that the specific person will be placed in reasonable fear of bodily injury to himself or herself or a member of his or her immediate family or will be placed in reasonable fear of the death of himself or herself or a member of his or her immediate family; and (c) whose acts induce fear in the specific person of bodily injury to himself or herself or a member of his or her immediate family or induce fear in the specific person of the death of himself or herself or a member of his or her immediate family; is guilty of stalking.

enemy) 등을 들 수 있다.

Sleeping with the enemy, 1991

★ 스토킹죄 입법의 배경영화 적과의 동침 로라는 매우 지적인 모습과 말, 재력과 예의바른 구애행동을 보여주면서 자신을 극진히 아껴주는 마틴에게 반해 결혼한다. 하지만 결혼 후 마틴은 로라에게 통조림 병이나 욕실수건 등 모든 것을 가지런히 정리할 것을 요구하는 결벽증을 보이고, 로라가 그 지시를 따르지 않으면 가차 없이 폭력을 가한다. 또한 마틴은 로라의 일상을 감시하고 로라가 다른 남자의 눈에 뜨였다는 점만으로 로라에게 폭력을 가한다. 폭력 후에 마틴은 천연덕스럽게 다시 매너 있는 미소로 꽃이나 옷을 선물한다. 결국 로라는 결혼생활을 견디지 못하고 마틴과 항해에 나섰을 때 폭풍을 이용해 마틴에게서 탈출한다. 마틴은 수영을 못하는 로라가 익사한 것으로 착각하고 장례식을 치룬다. 그러나 로라는 아이오와의 작은 마을에서 사라라는 이름으로 새 생활을 시작하고, 이웃 벤과 점차 가까워지면서 행복을 서서히 찾아간다. 마틴은 우연히 로라의 어머니를 통해 로라가 살아 있음을 알고 로라에게 찾아가 자기에게 되돌아올 것을 협박하며 벤을 살해하려고 한다. 로라는 경찰에 침입자 신고전화를 하고, 마틴을 쏴 죽인다. 로라는 벤과 포옹한다.

이러한 내용의 영화 〈적과의 동침〉은 과도한 구애행위들에 대해 마치 목표물인 사냥감에 몰래 접근·추적해 가는 사냥행위의 이미지를 덮어씌움으로써 그러한 과도한 구애행위들에 대해 범죄의 의미(이미지의 논리)를 생성시켰으며, 그 죄명을 스토킹죄(stalking)로 개념화하는데 큰 기여를 하였다.

2) 영화의 시네마토그래픽 비평 ① 이 영화에서 결혼 직후 마틴이 편집증, 결벽증, 강박증 속에서 행한 사냥과 같은 행동들은 결혼 전 남편의 신사다운 모습과 연장선에서 볼 때 의미적으로는 사랑과 범죄 사이에(inbetween) 위치하는 것으로 비춰진다. 그 위치에 머무르는 동안 로라는 괴롭고 불행하지만, 아직은 남편 마틴을 범죄자로 낙인찍을 수 없다. 그때까지의 남편은 단지 남들과 많이 색다른 정신적 특성을 가진

사람일 뿐이다(정신특성의 분석). ② 하지만 마틴의 행위가 무자비한 폭행과 부부강간 등 명백하게 범죄로 발전하게 된 이후에는 그 이전 단계의 사냥과 같은 형상을 띠는 남편의 편집증적, 강박증적, 결벽증적 행동들이 사후적으로 다른 이미지를 갖게 된다(이미지의 창출). 가령 관객들은 영화를 다 보고 난 후면, 마틴의 범죄 장면을 영화의 처음에 배열하는 기억의 편집(카메라기술적 편집)을 할 수 있다. 그러고 나면 관객들에게 로라에 대한 마틴의 행위는 처음의 신사적 행동까지도 로라를 사냥감으로 모는 행위처럼 여겨지고, 그런 그의 모든 행위들은 사랑의 의미를 완전히 잃어버린 채 폭행이나 강간범죄와 오버랩 되는 이미지가 생성된다. 이런 시네마토그래픽 비평 속에서 마틴이 만남의 처음에 한 다소 끈질기지만 신사적 행동의 울타리를 벗어나지 않은 구애행동들도 비록 폭행이나 강간범죄는 아니지만 모종의 새로운 범죄, 즉 오늘날의 스토킹범죄로 그 의미가 재구성된다(의미의 창작적 구성).

3) 시네마토그래픽 예술비평의 형법비판기능 이상과 같은 시네마토그래픽 영화비평은 〈적과의 동침〉과 같은 영화가 스토킹을 형사범죄로 입법하게 만드는 사회적 영향력을 반성할 수 있게 해준다. 이 반성을 위해서는 먼저 마틴의 로라에 대한 사냥과 같은 행동들이 여전히 일상적인 — 흔히 말하는 '정상적인' — 생활행동(예: 선반 위의 통조림을 가지런히 정렬함, 욕실 수건의 깔끔한 정돈)과 애정표현(예: 다른 남자 눈에 띄는 것에 대한 경계와 질투심의 표현)의 외형을 띠는 행위라는 점을 주목하여야 한다.

㈎ 이미지로 만들어진 범죄 그런 조금 지나치지만 아직은 정상적이라고 말할 수 있는 외형을 띠는 행위가, 살인 등과 같은 형법상 범죄로 발전하기 이전 단계에 이미 어떤 범죄적인 불법유형(Unrechtstypus)의 실질을 갖고 있는 것인지를 언어적으로 명확하게 기술하는 것은 매우 어렵다.[50] 왜냐하면 첫째, 그런 불법유형의 실질은 아직은 언어의 세계

50 그러므로 스토킹에 관해 "일단 피해자가 원치 않는 스토커와의 접촉으로서, 직·간접

가 아니라 그 행위자의 정신세계에 잠재된 형태로만 존재하기 때문이다. 둘째, 그런 행위들은 그 행위자의 정신적 특성이 완전히 범죄로 발현되는 영화의 끝에 생성되는 범죄적 이미지에 의해서 비로소 범죄행위가 된다. 그런 점에서 오늘날 스토킹범죄라고 하는 행위들은 그 불법의 실질이 이미지 또는 동영상(moving image) 속에 거주하는 것이라고 할 수 있다. 이 한에서 스토킹죄는 이미지 또는 동영상으로 만들어진 범죄라고 할 수 있다.

(나) 스토킹 제재의 대안 필요성 그러므로 살인과 강간 등의 범죄로 발전하기 이전의 과도한 구애나 애착적 행동(스토킹)을 범죄로 입법하는 것은 형법원칙(예: 죄형법정주의, 비례성원칙)에 볼 때 정당성을 얻기가 쉽지 않다. 그렇기에 스토킹은 형법보다는 형법, 민법, 공법의 중간지대에 위치하는 과징금, 징벌손해배상 등의 중간법적 제재로 통제하는 대안을 생각해보아야 한다.[51]

III. 에르곤과 파레르곤의 이론과 법방법

예술비평방법이 법방법이 되는 또 다른 이론으로 데리다의 해체주의적 사고에서 말하는 에르곤(ergon)과 파레르곤(parergon)의 이론을 들 수 있다. 이 이론은 미술비평에 중요한 정신분석학적 거점을 제공해주며, 법해석의 방법에 새로움을 가져다준다.

1. 에르곤과 파레르곤의 구분과 미술비평

데리다(Derrida)는 이성철학의 전통에서, 특히 칸트의 미학 개념에서

적으로 위협감을 전달하거나 피해자를 두려움에 빠뜨리는 행위들은 모두 스토킹에 해당한다고 해두자"(이기헌, "스토킹의 형법적 규제에 관한 비교법적 고찰", *비교형사법연구* 제4권 제2호, 2002, 328쪽)는 식으로 개념적 불안정성을 전제하는 태도는 스토킹이 영화적 개념이라는 그 계보학적 특성과 부합한다.

51 이러한 제안으로 이상돈, *스토킹 범죄의 처벌 제도 개선방안 연구* (법원행정처, 2017), 109쪽 아래 참조.

에르곤(ergon)은 완성된 작품으로서, 파레르곤(parergon)은 작품 옆에서 작품에 덧붙여진 대립적인 것으로 이해된다고 보았다.

(1) 데리다의 루크레티아 해석

데리다는 이 점을 루카스(Lucas)의 루크레티아(Lucretia) 그림을 예로 설명한다.

Lucas Cranach, Lucretia, 1533

1) 루크레티아에서 단검의 의미 루크레티아는 B.C. 6세기경 로마인 콜라티누스(Collatinus)의 아내로서 정절로 유명한 여자이다. 콜라티누스가 술취한 채 친구들에게 누구의 아내가 더 정절이 깊은지를 시험하자는 내기를 했고, 고대 로마의 마지막 왕 타르키니우스의 아들 섹투스 타르키니우스(Sextus Tarquinius)는 루크레티아의 침실로 들어가 사랑을 애걸하고, 듣지 않으면 자신의 종을 죽여 나체상태로 그녀 옆에 둠으로써 그녀와 간통하다가 죽음을 당한 것처럼 꾸미겠다는 협박을 했다. 결국 루크레티아는 무너졌고, 이후 진실을 남편과 시아버지에게 말했다. 그들은 명예를 위해 복수를 결의했지만, 루크레티아는 그들이 보는 앞에서 칼을 빼들고, 자신의 가슴을 찔러 자결하였다. 이 일을 계기로 일어난 분쟁으로 로마의 왕정이 무너지고, B.C. 509년 공화정이 성립하게 된다. 루카스는 이 루크레티아의 자살을 소재로 여러 종류의 그림을 그렸다. 옆의 그림은 데리다가 그의 논문에서 제시한 루카스의 그림이다.

2) 데리다의 루크레티아 비평 이 그림에서 데리다는 루크레티아의 하반신 쪽을 덮고 있는 투명한 천을 파레르곤이라고 보았다. 즉, 이성주의적 사고에서 보면 루크레티아 그림에서 파레르곤인 얇은 천은 나체(특히 음부)를 장식하고 감추면서 루크레티아의 육체와 경계를 이루며, 그 육체의 아름다움 밖에 있는 주변적인 것이다.[52] 하지만 데리다가 보

52 J. Derrida, "Parergon. The Truth in Painting", trans. by Geoff Bennington and Ian Meleod (The University of Chicago Press, 1987), 54, 55쪽.

기에 이런 표현 속에서 본질의 안과 밖, 중심과 주변, 본질과 잉여의 경계를 결정하는 것은 불가능하다. 이 그림에서 단검이나 목걸이도 파레르곤일 수도 있고 아닐 수도 있다. 가령 단검은 루크레티아의 아름다운 나신에 파레르곤처럼 보이지만 루크레티나 나신이 아름다운 것은 바로 그 파레르곤 때문이다. 이 그림에서 단검은 죽음에 직면한 순수한 의지가 생성시키는 숭고함[53]의 아우라를 루크레티아의 몸에 더하고 있다. 다시 말해 루크레티나의 하얀 몸은 바로 그 단검 때문에 더 아름다워진 것이다.

그렇다면 이제 단검은 에르곤인 루크레티나의 몸에 대해 부수적인 파레르곤일까 아니면 그녀와 함께 단검은 이 작품의 에르곤일까? 데리다가 보기에 이처럼 부수적이고 외재적인 잉여를 떼어내 보면 에르곤, 즉 작품의 중심은 결핍(lack)을 보이기 시작한다.[54] 그런 결핍이 없다면 파레르곤은 처음부터 필요하지도 않았을 것이기 때문이다. 그러므로 양자(에르곤과 파레르곤, 이성과 비이성)는 서로 모순될지라도 구조적으로 분리가 되지 않는다. 해체는 그처럼 구조적 분리를 지워버리는 것이다. 결국 데리다에게 파레르곤은 이론적으로는 허구(theoretical fiction)이며, 이 허구의 내용과 대상은 일종의 형이상학 또는 존재신학(ontotheology)일 뿐이다.

(2) 동양화의 농담과 여백

김홍도, 옥순봉도, 1796

이성과 비이성의 경계와 대립이라는 이분법을 해체하기 위해 데리다가 미술비평의 소재로 삼은 루크레티아는 에르곤과 파레르곤의 이분법 해체를 역설하기에는 다소 부족해 보인다. 데리다의 의도

53 물론 여기서는 정절이라는 과거시대의 남성이데올로기 문제를 제쳐두고 하는 논의이다. 그러나 어느 시대 어떤 사상의 표현도 미래에는 이데올로기로 재해석될 가능성이 있다는 점을 간과해서는 안 된다. 그러니까 숭고함이란 이데올로기가 종말을 고한 뒤에야 발생하는 것이 아니라, 어떤 이데올로기 아래서도 발생할 수 있는 것이다.

54 J. Derrida, 앞의 논문, 59쪽.

를 더 적절하게 설명해줄 수 있게 하는 소재는 우리나라의 전통적인 동양화라고 할 수 있다. 농담(濃淡)과 여백(餘白 blank space)이라는 동양화의 전통적 양식은 에르곤과 파레르곤의 이분법 해체가 불가피한 진실임을 이해시키는 데 더 적합하다. 왜냐하면 동양화에서 여백은 다음의 진술에서 보듯이 칠해진 부분과 하나가 되어 무한한 생명성이 담긴 미학적 가치를 생성시키고 있기 때문이다.

> "산수에 내재된 모든 것들이 허가 실이 되고 실이 허가 되는 허와 실의 관계를 이루게 된다. 이것은 원망하면서도 함축된 공간을 만들어내는 것인데, 이것이 허실상생(虛實相生)의 무한한 생명성이 담긴 여백인 것이다"[55]

그렇기에 여백이라는 파레르곤은 주변적인 것, 본래적 아름다움의 밖에 있는 잉여의 것이 아니라, 그림의 본래적 아름다움을 안으로부터 구성하는 요소가 된다.

다만 동양화에서는 칠해진 부분과 그렇지 않은 여백이 에르곤과 파레르곤으로 이분되었다가 해체된 것이 아니라, 애당초 이분되지 않은 것이다. 이런 한에서 동양화의 여백의 미는 에르곤과 파레르곤의 이분화를 거쳐 다시 그 이분법을 해체하는 단계로 발전한 서양미학의 현대적 흐름이 귀착하는 원점이 될 지도 모른다. 다른 한편 동양화도 여백을 남기지 않는 채색화로 그려지는 경우에 에르곤과 파레르곤이 이분화되어 표현되고, 다시 통합될 가능성을 남겨 놓는다. 그렇기에 동양화와 서양화는 이제 역사적으로 어떤 우열관계에 놓이지 않음은 물론이고, 그 경계도 희미해지고 있다고 보아야 한다.

2. 파레르곤의 전미래시제적 기능과 법

에르곤과 파레르곤이 구조적으로 분리되기 어렵다는 데리다의 비판

---

55 윤세열, "산수화의 여백에 관한 고찰", *한국예술연구* (제20호, 2018), 117쪽.

적 분석은 그 둘이 여백의 미를 지닌 동양화에서 보듯 애당초 '개념적'으로도 구분될 수 없는 것으로 이해해서는 안 된다.

(1) 에르곤과 파레르곤의 미학적 평등과 기능적 차등

루크레티아에서 그녀의 몸과 얇은 베일의 천이나 단도는 개념적으로, 존재적으로(ontisch) 구분된다. 동양화에서 묵으로 그린 부분과 여백은 — 농담의 기법으로 무수히 많은 단계적 차이를 구분할 수 있을지라도 — 물리적으로 시각적으로 구분된다. 그러므로 에르곤과 파레르곤의 경계를 해체한다는 것은 그 구분가능성을 지우는 것이 아니라 작품의 예술성을 구성하는 요소로서 에르곤과 파레르곤을 차별화해서는 안 된다는 것을 의미한다.

다시 말해 에르곤과 파레르곤은 미학적으로 평등한 것일 뿐, 존재적으로 똑같은 것은 아니다. 이렇게 에르곤과 파레르곤을 존재적으로 구분할 때, 아름다움의 미래적 차원을 바라볼 수 있게 된다. 에르곤과 파레르곤이 작품의 예술성을 '미학적으로 평등하게' 구성한다고 해서 그 둘이 현재 작품의 아름다움을 형성하는 '기능'에 차이가 없음을 뜻하지는 않는다. 가령 루크레티아의 그림에서 그녀의 몸 부분이 발산하는 아름다움과 그녀의 음부를 살포시 가리는 베일과 같은 천이 그녀의 몸을 더욱 아름답게 만드는 '기능'은 구별되어야 한다. 이것은 마치 영화의 주연과 조연의 차이와도 같다. 조연 없이 영화가 살기 어렵지만, 주연과 조연의 역할과 기능의 차이는 여전히 있는 것이다.

(2) 파레르곤의 전미래시제적 기능과 예술비평

에르곤과 파레르곤이 현재 작품의 예술성을 형성하는 기능에서 차이가 있다고 할 때, 그 차이는 현재 시점의 상태로 고정된 것이 아니라 미래에 변화될 가능성 속에서 인정되는 것이다. 현재 조연의 역할과 기능으로 작품의 예술성을 구성해주는 파레르곤은 미래 언젠가는 주연처럼 예술성을 구성하는 에르곤이 될 가능성이 있다. 그런데 이 미래적 변화의 가능성은 이미 현재의 예술성 판단을 구성하는 요소임에 주목할 필요가 있다.

1) 루크레티아에서 파레르곤의 미학적 기능의 변화 가령 루크레티아의 음부를 가리는 베일이 더 두꺼워지고 불투명해지면 그녀의 몸은 더 아름다워질 수도 있고, 덜 아름다워질 수도 있다. 이런 양면적인 가능성이 전제된 가운데, 현재의 가림(상태)은 미학적 요소로 기능하는 것이다. 어느 경우이든 현재 그림 속의 베일 천의 가림이 구성하는 아름다움이 어떤 것인지는 그 천이 다르게 표현되는 그림을 그려보는 미래에 가서야 비로소 판명된다. 여기서 현재의 예술성을 미학적으로 평등하게 구성하는 에르곤과 파레르곤의 기능적 차등은 오로지 그것들이 변화하는 경험을 지나서야 비로소 판단된다. 이를 데리다가 말하는 전미래시제(futur antérieur)로 표현해본다면,[56] 에르곤과 파레르곤의 예술적 기능의 차등은 미래 시점에 가서 과거를 회고해 볼 때 '그 그림의 (에르곤과 파레르곤의) 표현은 가장 예술적이었다'라는 식으로만 판단될 수 있다.

신학철, 모내기, 1987

2) 〈모내기〉에서 파레르곤의 미학적 기능 국가보안법 위반으로 유죄판결을 받았던 신학철의 〈모내기〉에서 그림의 상반부 가장자리를 장식하고 있는 잎이 무성한 나무에 천도복숭아가 그려져 있는 것도 파레르곤의 한 예라고 볼 수 있다. 복숭아 꽃 파레르곤은 〈모내기〉의 상반부와 하반부의 의미를 구분함으로써 표현되는 사상을 생성시키는 데 없어서는 안 되는 요소이다. 하지만 그것은 상반부와 하반부의 의미를 구분 짓게 하는 주된 요소가 아닌 부수적인 요소이다. 주된 요소는 상반부에서는 추수를 하고 잔치를 하며, 아이들이 평화롭게 뛰노는 모습이고, 하반부에서는 농부가 힘들게 모내기하며, 황소를 이용하여 써래질을 하면서 이티(E.T.), 람보, 양담배, 코카

56 이에 관해서 Jacques Derrida (진태원 옮김), *마르크스의 유령들* (문학과 지성사, 2007), 392~395쪽; 이를 법적 정의에 적용한 이상돈, *법미학* (법문사, 2008), 123쪽 참조.

콜라, 매트헌터, 일본 사무라이, 일본기생, 레이건 당시 미국대통령, 나카소네 당시 일본수상, 전두환 당시 대통령, 탱크, 핵무기 등을 남쪽 방향의 바다 속으로 쓸어버리는 모습이다. 이처럼 부수적인 요소로서 복숭아 표현부분은 무릉도원(武陵桃源), 서양의 유토피아와 같이 실존하지는 않지만 낙원과 같은 곳을 상징한다. 그러니까 〈모내기〉의 상반부는 복숭아라는 파레르곤을 통하여 더욱 더 명료하게 유토피아라는 의미의 맥락 속에 있게 된다.

〈모내기〉의 이와 같은 유토피아적 상징은 하급심 판시와 같이 상반부가 통일 후의 더 나은 삶을 표현하는 것이라면 이적표현물에 해당하지 않는 사상적 예술성을 생성시킨다고 볼 여지가 있다. 그러나 대법원 판시와 같이 상반부가 공간적으로 북한의 체제를 상징한다고 본다면 복숭아의 유토피아적 상징은 〈모내기〉가 북한체제를 동경하는 작가의 '현재의식'을 표현하는 이적표현물임을 말해준다. 다시 말해 복숭아 표현이 생성시키는 사상적 예술성은 하급심에서는 긍정적이고 합법적인 것이었지만, 대법원에 가서는 부정적이고 위법한 것이 되었다. 만일 대법원 판결의 〈모내기〉 비평이 공감을 더 얻는다면, 작가가 설령 하급심의 〈모내기〉 비평과 같은 의도로 그림을 그렸을지라도, 작가의 복숭아 표현은 전미래시제에서 바라볼 때 이미 그 행위 당시에도 사상적 예술성이 없었던 것이 된다.

(3) 파레르곤의 전미래시제적 법

에르곤과 파레르곤을 법철학에 옮겨오면, 법이 추구하는 정의는 에르곤이고, 정의가 없는 법은 정의 밖에 있으면서 정의에 괜실히 덧붙여 있는 잉여의 것으로서 파레르곤이 될 수 있다.[57] 정의롭지 않은 실정법은 자연법적 사고에서는 제거되어야 하고, 제거되어도 무방한 파레르곤

57 이런 설명으로 John D. Caputo, "Dreaming of the Innumerable: Derrida, Drucilla Cornell, and the Dance of Gender", *Derrida and Feminism* (Routledge, 1997), 141~160쪽 참조.

이 되는 것이다. 가령 헌법이 가족제도의 기초로 삼는 양성(兩性)(헌법 제36조 제1항) 간의 애정이 에르곤이면, 동성애는 파레르곤이 된다. 따라서 이성주의적 사고에 의하면 동성애는 제거되어도 되는 것으로 이해되었다. 1980.10.27. 전부 개정된 헌법 제34조 제1항에 처음 등장한 양성평등의 가족제도도 제헌 헌법(1948.7.17)에서는 규정되지 않았지만, 제헌 당시에도 그와 같은 양성의 평등은 전미래시제적으로는 이미 법이었던 것이 된다. 이렇듯 양성애(이성간 애정)가 현재의 에르곤이고 동성애가 파레르곤이라면, 동성애는 미래 어느 시점에는 지금 이미 법이었던 것이 될 수도 있다.

그러나 동성애자의 혼인권 인정은 이성애과 동성애를 에르곤으로 설정하고, 미혼자나 다른 가족형태(예: 여성 2명과 남성 1인)를 또 다른 파레르곤으로 설정하는 새로운 이분법을 생성시킨다. 그렇기에 에르곤과 파레르곤의 경계해체는 법에 의한 획일적 규율이 아니라 각 사안의 고유성을 최대한 살리는 다양성의 규율에 의해 이루어져야 한다. 예컨대 동성애자에겐 사회보장의 수혜권을 상호보장해주거나 입양권을 인정하는 등의 (가칭)시민적 결합체의 승인만으로 충분하다. 그리고 혼인제도를 양성(兩性)의 결합으로 보는 사람들의 가족문화에 관한 권리를 보호하기 위해서는 동성애자의 혼인권을 인정할 수가 없다. 바로 이 한에서 동성애와 이성애는 법적으로 여전히 구분되어야 하는 것이 된다. 이렇듯 법은 에르곤과 파레르곤의 이분법 도그마에 서있는 것이 아니라 그 도그마의 해체를 넘어서 에르곤과 파레르곤을 새롭게 구성하는 것이다.

3. 에르곤과 파레르곤의 구성적 해체로서 법해석

지금까지 설명한 에르곤과 파레르곤의 구성적 해체는 때로는 그 둘을 구분하고, 때로는 그 둘을 구분하지 않는 법의 해석작용으로 실현될 수도 있다.

(1) 이분법의 유지와 법해석과의 상호작용

먼저 법해석에서 에르곤과 파레르곤의 구분은 유지될 필요가 있는 경우도 있다. 가령 널리 친숙해진 이름이 저작물의 제명(題名)인 경우에도 그 이름까지 저작권의 보호대상이 된다면 그 친숙한 이름을 자유롭게 말하고 이용하는 시민들의 이익이 지나치게 외면될 수 있다는 법적인 판단을 한다고 가정하자. 그러면 제명은 저작권법의 보호에서 제외해야 하고, 이를 위해서는 지적재산권이 제명이 미치지 않는다는 법해석을 하여야 한다. 예컨대 만화 〈또복이〉 사건에서 대법원 판례[58]는 그런 입장을 잘 보여주었다.

★ 파레르곤으로서 제명(題名) 만화가 정운경이 창작하여 1960, 70년대에 유명해진 〈또복이〉라는 만화가 인기를 끌자 S 식품은 자사의 빵 상품에 〈또복이〉라는 표시를 하여 판매하였다. 당시 또복이는 상표권등록을 한 상태가 아니었고, 따라서 저작권침해(배제)만이 문제되었다. 대법원은 작가가 제기한 저작권침해배제소송에서 S 식품이 만화의 제명(題名)을 유용하였지만 원래 작품의 제호는 사상 또는 감정의 표명이라고 보기 어려워 저작물성이 없는 것이라고 보았다.

이처럼 제명(題名)이 저작권을 구성하지 못하고, 그 침해에 대해서도 법적 제재를 할 수가 없다는 것은 제명은 작품의 다른 중요부분들처럼

58 대법원 1977. 7. 12. 선고 77다90 판결. 이런 입장은 상표법의 적용에서도 마찬가지이다. 이를테면 "저작물의 제호나 캐릭터의 명칭은 그 자체만으로는 사상 또는 감정의 표현이라고 보기 어려워 저작권법 제2조 제1호에서 저작권의 보호대상으로 규정한 저작물이라고 할 수 없고, 따라서 특단의 사정이 없는 한 누구나 이를 자유롭게 사용할 수 있는 것이므로, 비록 저작물이나 그 캐릭터가 주지·저명한 것이라고 하더라도 저작물 자체 또는 캐릭터 자체에 내재된 재산적 가치는 별론으로 하고 이러한 제호나 캐릭터의 명칭에 어떤 재산적 가치가 화체되어 있다고 할 수는 없으므로, 상표를 등록하여 사용하는 행위가 저작권을 침해하는 행위라고 할 수 없는 이상은, 저명한 저작물의 제호 또는 그 캐릭터의 명칭을 모방한 표장을 사용한다는 사실만으로 저작물에 내재된 재산적 가치를 직접적으로 침해하는 행위로서 상표법 제7조 제1항 제4호 소정의 공공의 질서 또는 선량한 풍속을 문란하게 하는 행위라고 할 수 없다."(특허법원 2003. 8. 14. 선고 2003허2027 판결)

작품의 에르곤에 해당하지 않고, 파레르곤에 해당한다고 보는 이분법에 입각한 것으로 볼 수 있다. 이렇게 되면 작품의 파레르곤은 작품의 다양한 요소들 가운데 저작권이 미치지 않는 부분을 가려내고, 유형화하는 기능을 하는 법개념이 된다. 하지만 이런 법개념의 적용은 거꾸로 어떤 작품에서 어떤 요소를 파레르곤으로 볼 것인지에 대한 예술비평에 크게 달라질 수 있다. 그러므로 파레르곤과 저작권 판단은 상호작용관계에 놓인다. 즉 어떤 작품의 어떤 부분을 '예술적인 관점'에서 파레르곤으로 비평을 하면 그 부분은 저작권법의 보호를 받지 않는 부분이 되고, 거꾸로 어떤 작품의 어떤 부분을 '법적인 관점'에서 저작권법의 보호에서 배제하면, 그 부분은 예술적인 의미에서 파레르곤이 되는 것이다.

(2) 무용극 저작권침해 판단에서 이분법의 해체

그러나 어떤 법해석에서는 에르곤과 파레르곤을 해체하는 것이 필요할 때도 있다. 에르곤과 파레르곤의 해체는 가령 다른 장르의 저작물들 사이의 실질적 유사성을 판단하는 데 중요한 기능을 할 수 있다. 다음과 같은 영화와 무용극 〈행복은 성적순이 아니잖아요〉[59] 사이의 저작권 침해 사건을 예로 설명하기로 한다.[60]

1) 무용극과 영화 〈행복은 성적순이 아니잖아요〉 사건 ① 안무가인 G 교수(원고)는 1987년 무용극 〈행복은 성적순이 아니잖아요〉를 창작하여 전국 20여개 도시에서 80여회의 순회공연을 가졌다. 이 무용극은 "제1장에서는 공부하다 벌 서고 시험치기를 되풀이 하는 학생들의 일상생활을, 제2장에서는 서로 앞장 서려고 치열히 싸우는 경쟁사회 속에서 시험공부에 시달려 온 한 여학생이 "난 1등 같은 거 싫은데.…난 남을

59 이 작품들은 1986년 S대 사대부중 3학년 여학생 Y양의 자살사건이 계기가 되어 펼쳐진 참교육에 관한 열정적 담론 속에서 만들어졌다. 당시 Y양의 유서에는 입시를 위해 꿈을 외면하고 친구와 경쟁하여 이기는 공부에만 몰두해야 하는 중고생의 현실과 그것을 강요하는 엄마에 대한 사랑과 원망이 담겨져 있었다. 이 자살사건은 1989년 전교조 결성의 배경이 되었다고 볼 수 있다. 1989년 정영상 시인은 〈행복은 성적순이 아니다〉(실천문학사)를 펴냈다. 우리사회에서 교육담론의 빼놓을 수 없는 부분이 되고 있다.

60 이하 설명은 이상돈, *예술형법* (박영사, 2014), 328~345쪽을 요약・보완한 것임.

사랑하며 친구와 살고 싶은데…행복은 성적순이 아니잖아!"라는 독백끝에 쓰러지는 모습을, 제3장에서는 브레이크댄스에 열중하다 기진맥진해서 쓰러졌던 청소년들이 "고향의 봄"을 부르며 소생하듯 일어나 예전의 한국 어린이들이 즐기던 놀이를 벌이는 모습 등이 비록 전통적인 무용과는 달리 연극성이 강하고 서술적 전개에 치중"[61]하였다고 한다.[62]

② H (주) 대표(피고)는 동일 제목의 영화를 제작하여 〈행복은 성적순이 아니잖아요〉를 제작하여 1989. 7. 29. 개봉 상영하였다.[63] 영화는 봉구(김보성 분)가 농구대에 목매달아 자살을 시도하는 꿈을 꾸다 깨어나고 어머니한테 야단을 맞는 장면으로 시작한다. 봉구는 모범생 은주(이미연 분)에게 관심을 갖는다. 봉구의 친구 천재는 담배를 피우다 체육선생님 길호(이덕화 분)한테 걸린다. 천재와 길호는 새로운 양호선생님(최수지 분)에 넋이 나간다. 은주는 전교 6등 성적표를 받았지만, 은주 엄마는 은주가 가야할 대학과 학과는 하나밖에 없다고 은주를 야단친다. 고급차를 타고 하교하는 문도는 어머니와 리어커를 밀며 쓰레기를 치워야할 만큼 가난한 창수(김민종 분)에게 그의 몸에서 쓰레기냄새가 난다고 험담하다 창수에게 멱살을 잡힌다. 천재는 양호실에서 양호선생님께 원피스의 뒷지퍼를 올려달라는 부탁을 받는 등을 상상하는 꿈을 꾼다. 학부형들은 회의를 소집해 우열반을 만들어 달라고 항의한다. 천재와 봉구는 극장에 갔다가 선생님한테 걸려 다음날 운동장에서 오리걸음을 한다. 봉구가 찾아간 천재의 집에서 천재는 양호선생님을 찍은 '나의 연인'이라는

영화 〈행복은 성적순이 아니잖아요〉, 1989

61 서울민사지방법원 1990. 9. 20. 선고 89가합62247 판결 참조.

62 중앙일보 1988. 2. 9.자 〈행복은 성적순이 아니잖아요, 입시지옥 풍자 춤판〉 보도에 의하면 당시 이 무용극 제1장에서는 장난스런 풍물 장단에 맞춰 '지겨워'를 외치며 시험치기를 되풀이하는 학생들의 모습이 그려지고, 제3장에서는 고향의 봄 노래를 부르며 일어나 하는 놀이로 땅따먹기, 제기차기, 팥주머니 놀이, 기차놀이, 말타기 등이 등장한다.

63 이 영화의 시나리오 원본은 2005년 김성홍 저, 〈행복은 성적순이 아니잖아요〉(커뮤니케이션북스, 2005)로 출간되어 있다.

영화를 보여준다. 길호는 체육관으로 창수를 불러 창수의 집사정이 어렵다는 얘기를 듣고 마음아파 한다. 문도의 계획으로 교실에서 돈이 없어지자 창수가 범인으로 몰린다. 문도의 계획을 안 창수는 문도를 흠씬 패주고, 그로 인해 창수의 퇴학을 논의하는 회의가 열린다. 문도는 창수의 판잣집에 찾아가 사과한다. 학기말 고시가 시작되자 다들 온갖 컨닝 방법을 동원해 시험을 본다. 은주는 화장실에서 코피를 흘리고, 시험이 끝나자 봉구와 야외로 데이트를 나간다. 빨간 장미꽃 한 송이를 들고 양호선생님 집을 찾아간 천재는 꽃다발을 든 길호와 마주치고, 그 둘의 데이트를 뒤쫓아가 술자리를 훼방 놓는다. 은주는 학기말 성적이 많이 떨어진 사실을 알고, 아파트 옥상에서 투신자살을 한다. 화면은 푸른 빛으로 가득 찬다. 은주의 텅 빈 자리에 꽃 한 송이가 놓이고, 운동장에 은주의 영구차가 들어오자 봉구는 차 앞을 막고 은주 부모님께 데이트 때 은주가 관심 있어 했던 미니 카세트를 선물로 내밀며 은주와 함께 묻어달라고 한다.

③ 법원은 제목의 사용에서 원고의 성명을 표시하지 않은 점은 제명만으로 사상이나 감정의 표현이라고 볼 수 없다는 점에서 저작권침해가 인정되지 않으며, 두 저작물 사이의 실질적 유사성(substantial similarity)을 판단할 때 사상, 주제, 소재의 유사성은 중요하지 않고, 무용극과 영화라는 '예술의 존재양식 및 표현기법의 차이'는 감안하지만, 그보다는 플롯(plot)과 스토리전개 및 등장인물의 교차성과 같은 '실질적 구성면'의 유사성이 중요한 것인데, 이 영화와 무용극 사이에는 그런 실질적 유사성이 없으므로 영화가 무용극의 2차적 저작물이 아니며, 따라서 피고는 원고의 저작권(성명표시권이나 동일성유지권)을 침해하지 않는다고 보았다.[64]

2) 제명의 저작권성과 이분법의 해체 제명이 저작권의 대상이 되지 않는다는 판례의 예술비평적 원칙으로서 에르곤과 파레르곤의 이분법이

64 서울민사지방법원 1990. 9. 20. 선고 89가합62247 판결.

유지될 수 있으려면 — 회화에서 제목 없이 무제(無題)라고 하여 전시되는 것처럼 — ① 무용극도 제명 없이 공연되었어도 작품을 이해하는 데에 아무런 결핍도 발생하지 않아야 한다. 그러나 결핍이 발생한다면 법은 저작권 침해를 판단할 때 데리다의 루크레티아 비평[65]이 보여주는 바와 같이 에르곤과 파레르곤의 이분법을 해체하여야 한다. 실제로 무용극 〈행복은 성적순이 아니잖아요〉가 제명 없이 공연되었다면 그 무용극은 입시지옥의 문제의식보다 전통무용과 놀이문화의 일상적 복원과 같은 주제로 이해될 수도 있었다. 그런 점에서 이 무용극에서 〈행복은 성적순이 아니잖아요〉라는 제명은 무용극이 갖는 의미를 구성한다고 볼 수 있다.[66] ② 또한 이 무용극에서 그 제명은 수많은 춤동작의 의미적인 불명료성을 제거해줌으로써 무용극에서 춤과 함께 스토리텔링을 수행하는 요소로서도 기능한다. 영화와 대비할 때 스토리텔링이 취약한 예술장르인 무용극에서는 스토리텔링의 결핍이 이처럼 제명을 통하여 상당한 정도로 메워질 수 있는 것이다. ③ 따라서 무용극과 그 제명을 분리하고, 그 제명에 대해 저작권을 인정하지 않는 사고는 데리다가 파레르곤에 대해 행한 비판처럼 일종의 '이론적 허구'(theoretical fiction)이며, 형이상학적 또는 존재신학적(ontotheological) 환상일 수 있다. 따라서 피고는 저작자의 성명표시권(저작권법 제12조)을 침해한 것이며 저작인격권침해죄(저작권법 제136조 제2항 1호)가 성립할 수 있다. 더 나아가 영화가 무용극의 내용까지 본뜬 것으로 인정된다면 영화는 2차적 저작물이 되고, 피고의 행위는 저작재산권침해죄(법 제136조 제1항, 1호)가 되기도 한다. 게다가 내용을 본뜨면서 내용적 동일성을 해친 경우에는 저작인격권침해죄(법 제136조 제2항 1호)까지 성립할 여지도 있다.

---

65 J. Derrida, "Parergon. The Truth in Painting", trans. by Geoff Bennington and Ian Meleod, (The University of Chicago Press, 1987), 59쪽.

66 이런 점에서 Edna St Vincent Millay의 시 제목인 "Euclid alone has looked on beauty bare"에 저작권을 인정한 미국 판례 Heim v. Universal Picture Co., Inc., 154 F.2d (2d Cir.1946)도 같은 취지로 이해할 수 있다.

3) 장르 사이의 실질적 유사성 판단 이 영화가 이 무용극의 2차적 저작물인지는 그 둘 사이의 실질적 유사성에 의해 판단된다.

(가) 예술의 존재양식 및 표현기법의 차이 고려 다른 예술장르에 속하는 작품의 실질적 유사성 판단은 '예술의 존재양식 및 표현기법의 차이'를 고려함으로써 두 장르를 가로지르는 비교분석을 하여야 한다. 가령 무용극은 영화보다 스토리텔링이 명확하지 않은 특성을 갖고 있으므로 춤동작에 의한 비언어적 스토리텔링을 이끌고 보완하는 제명에 의해 구체화되는 주제(사상)의 유사성을 고려하여야 한다. 따라서 무용극의 춤동작 등에 의한 '상징적 표현'이 영화의 사건과 대사에 의한 '언어적 스토리텔링'과 실질적 유사성을 갖는지를 판단해볼 필요가 있다. 특히 무용극에서 비언어적 스토리텔링은 제명을 고려하여 해석되어야 하고, 그렇게 해석된 비언어적 스토리텔링이 영화 속의 대사나 영상미학 등에 침투되어 있는지를 확인해보아야 한다. 다음과 같은 점에서 영화는 무용극과의 실질적 유사성을 잃어버리지 않는 2차 저작물의 '개변'(改變)의 범위 안에 있다고 판단된다.

> ① 무용극 〈행복은 성적순이 아니잖아요〉의 제1장에서 학교의 장면은 로봇과 같이 공부해야 하는 일그러진 학교생활의 현실을 뭉뚱그려 상징화하고, 영화는 봉구, 천재, 문도, 창수 등 다양한 인물들의 개별적인 스토리가 로봇처럼 공부해야 하고, 그로 인해 그들의 '자기되기'(becoming self)가 억압되는 학교생활의 공통된 모습을 보여준다. 스토리텔링에서 이 정도의 차이는 영화가 소설을 원작으로 만들어질 때 일어나는 변형의 통상적인 수준보다 결코 큰 것이 아니다. ② 영화 속에서 시험이 다가왔을 때 친구들이 필기를 빌려주지 않는다거나 교실 한 켠에서 싸움이 벌어져도 어떤 학생들은 자기 공부에만 열중하고, 은주는 자신이 전교석차가 32등으로 떨어졌음을 알고 절망하는 등의 모습은 자기되기를 억압하는 학교현실에 대한 주제의식을 보여주는데, 이는 무용극 제 2 장의 다양한 표현들과 주제의식에서 강렬한 동일성(유사성)을 보여준다.

(나) 극의 민중성과 영화의 대중성의 차이 무용극과 영화는 사건구성

(plot)에서도 일부 차이를 보인다. 무용극 제2장에서 학생들의 데모를 반대하는 장면 등이 나오지만, 영화 속에는 없다. 영화에서는 학생들이 극장에 들어갔다가 적발되어 벌을 받는 장면이 나오지만, 무용극에는 없다. 이런 차이는 무용극의 연극적 요소가 '민중적' 성격이 강하고, 영화의 영상예술은 '대중적' 성격이 강하다는 장르적 차이에 서 비롯된다고 볼 수 있다. 무용극에서 학생들의 데모가 민중적 사회의식의 표현이라면, 영화에서 학생들의 영화관 출입은 대중적 시대의식의 표현이지만, 둘 다 학생들이 사회적 자아로 성장하는 과정을 억압하는 학교의 입시교육 현실을 비판하는 것이다. 따라서 이런 사건구성의 차이는 장르적 차이이지, 두 저작물 간의 실질적인 차이가 아니다.

(다) 춤의 비언어적 표현과 스토리텔링 무용극에서 춤의 비언어적인 스토리텔링을 해석해내어 영화의 스토리텔링과 비교해보아야 한다. 예컨대 무용극 제3장에서 등장하는 브레이크 댄스는 할렘의 흑인 하부문화와 MTV와 같은 상업적으로 성공한 대중문화를 서로 엮어 짠 직물(織物)과 같은 모습, 크리스테바(Kristeva)의 개념을 빌리면 상호텍스트성(Intertextuality)[67]을 갖는다. 무용극 〈행복은 성적순이 아니 잖아요〉에서 브레이크댄스의 퍼포먼스는 우등생과 열등생을 구별하는 경계의 해체를 말하는 무언의 스토리텔링이며, 이는 영화에서 공부 열등생 봉구와 공부 우등생 은주의 데이트로 형상화되고 있다고 보인다.

(라) 음향미학과 영상미학 무용극의 음악은 때로는 영화의 사건전개나 스토리텔링과 대비해 보아야 장르간 비교가 가능해진다. 예컨대 영화 속 봉구의 자살 꿈이나 은주의 자살 장면은 푸른빛의 '영상미'로 처리됨으로써 불행한 입시지옥의 삶을 해체하는 죽음을 보여준다. 이 영상미는 시험에 지겨워하는 학생들의 삶을 상징하는 무용극 제1장의 풍물 장

67 이 개념에 대한 자세한 설명으로는 Julia Kristeva, Semiotikè: *Recherches pour une sémanalyse* (Seuil, 1969), 144쪽, 그리고 Peter von Zima, *Textsoziologie. Eine kritische Einführung* (Metzler, 1980), 81~85쪽; 이를 인권문제에 적용한 이상돈, *인권법* (법문사, 2005), 58~60쪽 참조.

단과 제3장의 배경음악인 (죽을 때 돌아가고픈 곳인) 고향의 봄이라는 노래의 음향미학을 장르적으로 변환한 것으로 볼 수 있다.

물론 이상과 같은 장르를 가로지르는 비교는 주관적일 수 있다. 하지만 이런 장르적 차이의 비교를 하지 않고는 무용극과 영화의 실질적 유사성을 판단할 수 없다.[68]

(3) 모델소설의 명예훼손판단에서 이분법 해체

이분법 해체의 또 다른 예로 소설의 본문과 서문(작가의 말)의 구별 문제를 들 수 있다.

김진명, 무궁화 꽃이 피었습니다, 해냄, 1993

1) 소설 〈무궁화 꽃이 피었습니다〉 사건 소설 〈무궁화 꽃이 피었습니다〉는 실존했던 재미 물리학자 이휘소 박사를 모델링하면서, 핵물리학자가 핵폭탄 개발에 애국적으로 헌신하는 등의 허구적인 내용을 묘사하였다는 이유로 그 명예훼손여부가 재판을 받은 바 있다. 김진명 작가는 소설 〈무궁화 꽃이 피었습니다〉의 서문에서 "개인의 최고 명예랄 수 있는 노벨상마저 포기하고 조국의 핵개발을 위해 죽음을 각오한 채 귀국했던 천재 물리학자 …(중략)… 이휘소"라고 실명을 언급하면서 이휘소에 대한 경외심에서 그를 모델로 하여 이 소설의 주인공 이용후를 만들었다고 언급하였다. 그러나 실제인물인 핵물리학자 이휘소는 우리나라에서 핵개발에 관여한 사실이 전혀 없었다.

(가) 소설 〈무궁화 꽃이 피었습니다〉의 줄거리 반도일보 권순범 기자는 최영수 검사의 부탁을 받아 취재를 하다가 세계적인 핵물리학자 이용후 박사가 북악스카이웨이에서 교통사고를 가장한 죽음을 당했다는 의혹을 갖는다. 이 박사를 죽인 폭력두목 박성길의 고백으로 사건의 베일이 벗

---

68 이 사건에 대한 나의 개인적인 판단을 결론지을 수 없음을 고백한다. 이유는 무용극을 직접 보지 못했기 때문이다. 다만 이 글은 무용극과 영화의 실질적 유사성을 판단하는 판례의 구조적 문제점을 지적하는 것으로 이해되기를 바란다.

겨지기 시작하고, 이 박사를 국내에 데려온 사람이 박정희 대통령이라는 사실을 알게 된다. 당시 박 대통령은 미군의 철수 등 한반도 상황을 고려하여 핵개발을 하기 위해 이 박사를 데려온 것이었다. 미국은 한반도에 핵이 개발되지 않도록 온갖 수단으로 훼방하고 성공을 눈앞에 둔 순간 이 박사는 의문의 죽음을 당한다. 인도와 파리 조사, 이 박사를 모셨던 신윤미와의 관계 등 권 기자의 집요한 취재는 계속 이어졌으나, 박성길이 죽게 되고, 함께 조사를 한 개코 형사도 죽음을 당한다. 하지만 권 기자는 70년대 인도에서 플루토늄 80kg이 한국에 반입되었고, 청와대 정원에 있는 인도산 코끼리 조각상 안에 숨겨져 있음을 알아내고, 대통령에게 알린다. 대통령은 북한에 한반도 공동핵개발을 제의한다. 일본은 소련의 개발권 선점에서 일본기업들이 한국기업에 참패당하자 독도문제를 빌미로 독도를 침범하고, 포항제철과 울산공단을 초토화시킨다. 한국의 대통령은 미국을 통해 외교적 해결을 모색하지만 실패한다. 남북한 정상들은 각자 핵폭탄을 작동하는 키를 조합하여 일본에 동경 부근의 무인도를 폭격한다.

(나) **출판금지 가처분신청** 이휘소의 딸 아이린 앤 리는 이 소설이 이휘소(와 자신)의 삶과 죽음을 날조, 왜곡하고, 이휘소와 유족들의 명예를 훼손했다는 이유로는 출판 등 금지 가처분을 신청하였다. 사실왜곡이라고 주장한 내용은 이휘소를 모델로 한 '이용후'가 박정희 대통령의 간곡한 요청으로 우리나라에 귀국하여 미군 철수에 대비하여 핵무기 개발을 주도한 것으로 묘사된 점, 미국 핵개발의 비밀정보를 국내에 반입하기 위하여 뼈 수술을 받아 다리뼈 속에 핵개발 메모를 넣어 두고 박정희 대통령에게 이를 전달하였고, 부인과 사별하였는데도 삼원각 마담 신윤미와 성관계를 맺었으며, 인도로부터 플루토늄을 3천 5백만 불에 구입하였고, 이용후가 미국 CIA 등의 사주에 의하여 북악스카이웨이에서 폭력집단 두목 박성길에게 잔인한 방법으로 살해되었다는 점, 이용후의 딸인 이미현이 이휘소의 딸 아이린 앤 리와 완전히 다르게 묘사된 점

등이었다.

㈐ **서문과 소설을 분리하는 판결** 이 사건에 대한 서울지방법원 판결[69]은 다음과 같다. 이 소설의 서문은 "소설 부분과는 달리 위 이휘소의 삶을 실제와 현저하게 달리 묘사함으로써 위 이휘소에 대한 명예훼손 또는 인격권 침해가 된다고 할 것이고(소설의 서문에서 소설의 모델이 된 인물을 밝히는 것은 허용되지만, 그 부분까지 소설의 구성부분이 된다고 볼 수는 없고, 최소한 서문에서는 소설의 모델이 된 인물에 관하여 기술하면서 실제와 달리 표현하여서는 안 될 것이다), …피신청인 김진명, 송영석은 신청인들에게 위 표현을 삭제하지 아니하고는 "무궁화 꽃이 피었습니다"의 발행, 출판, 인쇄, 복제, 판매, 배포, 광고를 하여서는 아니할 의무가 있다." 반면 이휘소를 모델로 한 소설부분은 "헌법상 예술의 자유와 출판의 자유가 보장되어 있는 점에 비추어 위 소설로 인하여 위 이휘소의 명예가 중대하게 훼손되었다고 볼 수 있는 경우에 한하여 위 소설의 출판 등을 금지시켜야 할 것인바, … 이휘소를 모델로 한 '이용후'에 관하여는 … 서울대학교 화공과 재학시절 성적이 매우 뛰어나 미국으로 유학을 갔으며, 미국에서도 탁월한 업적을 남겨 노벨상을 받을 날이 머지않았음에도 이를 포기하고 국내에 들어와 일본을 포함한 외세에 대항하기 위하여 핵무기 개발을 주도하다가 의문의 죽음을 당하는 세계적인 물리학자로 … 전반적으로 매우 긍정적으로 묘사되어 있고, 위 소설을 읽는 우리나라 독자들로 하여금 위 이휘소에 대하여 존경과 흠모의 정을 불러일으킨다고 할 것이어서, 우리 사회에서 위 이휘소의 명예가 더욱 높아졌다고도 볼 수 있으므로 … 사회통념상 위 이휘소의 명예가 훼손되었다고 볼 수도 없으며, … 이용후의 딸인 이미현은 위 이휘소의 딸인 신청인 아이린 앤 리와는 일치하는 부분이 거의 없어 신청인 아이린 앤 리가 위 소설속의 이미현의 모델이라고 보기 힘들기 때문에 소설 속의 이미현에 관한 부분은 작가가 창작해 낸 허구라고 할 것이어서, 신청인 아

---

69 서울지방법원 1995. 6. 23. 선고 94카합9230 판결.

이린 앤 리가 위 이휘소의 딸이라는 이유만으로 명예훼손을 이유로 위 소설의 출판금지를 구할 수는 없다."

이 소설에 대한 재판의 쟁점은 문학적 가치 자체보다는 모델소설로서 명예훼손을 하는 지 여부였다. 따라서 소설은 서문의 표현들만 삭제함으로써 명예훼손의 혐의를 벗게 되었다.

> **★ 소설 〈무궁화꽃이 피었습니다〉에 대한 문학비평들** 이 소설의 사상에 대해서는 국가를 신성한 존재로 간주하고, 국가에 대한 무조건적인 충성을 강조하는 이데올로기[70]라거나, 진저리나는 군사독재정권의 극우화 논리를 교묘하게 위장하고 독자를 기만한다거나[71], 민족주의를 소설에 용해시켜 진정한 민족의 개념을 왜곡하고, 민중을 신화로서의 민족의 이름 아래 복종시킨다거나[72] "일본과의 전쟁을 통해 민족주의의 힘을 과시하고 즐기기에 여념이 없다"[73]거나 민족적 보복심리, 군사적 패권주의, 반북 이데올로기 등의 시대적 폐기물들을 교묘히 묶은 '배설패키지'를 민족적 콤플렉스라는 불후의 소비욕을 만나게 한 집단 히스테리[74]라거나 "서민성을 가장한 영웅주의요 사이비 신학적 교리문답"[75]이라는 등 문학비평가들로부터 혹독한 비판을 받았다. 또한 이 소설의 양식성에 대해서도 서사구조에서 볼 때 마치 영화 007과 유사하다거나[76] 무협지의 양식[77]을 띠고 있다는 점이 문단에서 자주 비판받았다.

2) 소설서문의 파레르곤과 소설의 예술성 서문(작가의 말)과 소설 부분을 구분하여 서문에서 사실과 다른 점을 묘사하면 명예훼손이 되고,

---

70 이동한, "〈무궁화 꽃〉의 허구", *한국논단* (제67권, 1995), 13쪽

71 문흥술, "민족주의 이름 아래 왜곡된 역사와 전망 — 김진명의 민족주의 소설에 대한 비평", *작가세계* (통권 제42호, 1999), 120쪽

72 김태만, "한반도에 무궁화 꽃이 피었습니다 — 민족을 파는 또 하나의 방식", *문예비평* (통권 제34호, 1999), 293쪽

73 조명기, "90년대 대중(위에 군림하는) 소설 —「아버지」,「천년의 사랑」,「무궁화 꽃이 피었습니다」,「영원한 제국」을 중심으로", *문예비평* (통권 제24호, 1997), 140~141쪽

74 한정수, "바야흐로 민족을 노래하는 광대들", *수원대문화* (제11호, 1995), 67쪽.

75 김상준, "한반도 핵위기와 핵국가주의 —「무궁화꽃이 피었습니다」에 나타난 대중심리 분석", *문학과 사회* (제16권 제2호, 2003), 807쪽.

76 조명기, 앞의 논문, 138쪽.

77 김태만, 앞의 논문, 99~301쪽.

소설 부분에서는 사실과 다른 점을 묘사해도 된다는 논리는 에르곤과 파레르곤의 이분법에 입각한 것으로 볼 수 있다. 그러나 작가는 작품의 내용을 통해서 뿐만 아니라 서문, 후기 또는 해제 등의 형태로 작품의 본론과 구별되지만 관련 글을 통해 그 작품을 확장적으로 구성할 수 있다. 즉, 작품에 대한 '작가의 말'은 작품 밖에 있는 것이 아니라 작품 속에 들어가 있는 것이다. 여기서 파레르곤이 없는 현재의 에르곤은 죽은 정의, 곧 괴물(monster)이며, 현재의 파레르곤은 미래에 오히려 중심적인 것, 정의로운 것이 될 수 있다는 데리다의 예술비평방법[78]을 되새겨 볼 필요가 있다. 서문 등에 쓰인 작가의 말은 작품에 비해 부수적인 것처럼 보이지만, 사실 그것이 없다면 작품은 죽고 말 수도 있다. 이 소설 속의 주인공 이용후의 이미지는 작가의 말을 통해 이휘소라는 실존 핵물리학자의 이미지와 겹친다. 그렇기에 이 소설의 허구성은 영원히 허구로 남지 않고, 미래 언젠가 현실이 될 수도 있는 환상이 된다. 사실 소설을 픽션(fiction)의 장르로 도식화하지만, 소설은 그 허구적 내용이 언젠가 현실이 될 수도 있다는 가능성을 — 서문에 언급한 작가의 말과 같은 파레르곤(parergon)에 의해 — 확보할 때, 독자들에게 더 큰 감동을 주는 예술성을 생성시킬 수도 있다.

이 점은 '소설은 허구다'라는 이해의 변화에 의해 더욱 뒷받침된다. 가령 포스트모던 소설에서는 가상이 현실이 되고, 현실이 가상이 된다.[79] 또한 포스트모던 소설이 아니더라도 소설의 허구적 내용이 이미지

---

78 데리다는 Cranach's Lucretia를 예로 들어 설명한다. 이 그림에서 그녀의 몸을 향해 피부에 대고 있는 단검(dagger)이나 그녀의 목걸이는 겉보기엔 '고유한 영역(예: 몸이나 목 그 자체)의 밖에서 덤으로 오는 어떤 것'(부수적인 것)이지만 실은 그 영역 안의 결핍이 메워주고, 그 영역의 고유하고 중심적인 것들(즉 ergon)을 압박하고, 그것들과 마찰하며 또한 그것과 이웃하여 놀이를 하는 것(즉 parergon)이다. 파레르곤은 에르곤의 결핍을 메우는 보충물이 아니라 에르곤을 '구성'하는 것이다. 이상의 설명은 Jacques Derrida, "Parergon", *The Truth in Painting* (trans. Geoff Bennington and Ian Meleod, (The University of Chicago Press, 1987), 57~59쪽(그림은 58쪽에 수록됨) 참조.

79 이 점은 장정일 작가의 *내게 거짓말을 해봐* 참조.

를 생성시키고, 그 이미지로부터 다시 독자의 인식이 생성될 수 있다. 그렇기에 오늘날 소설의 독자들은 허구적 내용이 사실처럼 받아들일 수도 있는 것이다.

3) 허구적 묘사의 종점와 숭고미 생성의 시점 법적으로는 소설이 표현의 자유가 허용하는 범위에서 허구적 묘사를 하는 경우에도 그 허구적 묘사는 "타인의 명예나 권리 또는 공중도덕이나 사회윤리를 침해"(헌법 제21조 제4항)해서는 안 된다. 이런 제한은 소설적 허구의 사실성과 사실의 허구성을 고려하면 더욱 더 타당하다. 민주적 법치국가는 소설의 예술성을 표현의 자유와 명예침해 사이에 위치시키고, 그 위치를 벗어나면 작가를 처벌함으로써 한편으로는 자유의 평등을 실현하면서(법의식의 고양) 동시에 처벌에 의한 작가의 사회적(상징적) 죽음을 통해 작품의 숭고성을 생성시킬 수 있다(법무의식의 발현).[80] 전자가 법에 의한 예술의 보장이라면 후자는 법에 의한 숭고미의 예술성 형성이라고 할 수 있다. 다시 말해 법은 소설가에게 실존인물을 모델로 삼아 소설의 주인공을 표현할 자유를 보장해주면서, 다른 한편 소설가를 처벌하는 허구적 표현의 한계를 설정함으로써 그 소설의 예술성(숭고미)을 생성시키는데 무의식적으로 개입하는 것이다. 그러므로 법이 소설에 개입하는 지점은 소설의 허구적 표현이 넘어서는 안 되는 종(착)점이면서 동시에 숭고미의 예술성이 생성되는 시(작)점인 것이다. 그런 지점을 측량해내는 기준은 법 자체에 내재하지 않고, 외재한다.

4) 법의 인간상으로서 합리적 독자 그런 지점의 한 예로 '합리적 독자'를 생각해볼 수 있다.

㈎ 대법원의 합리적 시청자 개념 대법원은 합리적 독자에 상응하는 합리적 시청자라는 개념을 제시한 바 있다. "역사적 사실은 당대에 있어서도 그 객관적 평가가 쉽지 아니한데다가 시간의 경과에 따라 그 실체

80 이러한 형법과 형사처벌의 예술형성기능을 설명한 이상돈, "예술과 형법의 상호형성관계", *고려법학* (제68호, 2013), 357~384쪽

적 진실의 확인이 더욱 어려워지는 관계로 이를 소재로 드라마를 창작, 연출함에 있어서는 명백하여 다툼이 없거나 객관적 자료로 뒷받침되는 단편적 사실만을 묶어 현실감 있는 이야기를 전개해 가기에는 근본적 한계가 있다 할 것이어서, 그 필연적 현상으로 연출자 등이 역사적 사실에 대한 작가적 해석 및 평가와 예술적 창의력을 발휘하여 허구적 묘사를 통해서 객관적 사실들 사이의 간극을 메우기 마련이라 할 것이고, 합리적인 시청자라면 역사적 사실의 서술을 주로 하는 기록물이 아닌 허구적 성격의 역사드라마의 경우 이를 당연한 전제로 시청할 것으로 예상되는 이상, 위 허구적 묘사가 역사적 개연성을 잃지 않고 있는 한 그 부분만 따로 떼어 역사적 진실성에 대한 증명이 없다는 이유로 허위라거나 연출자에게 그 허위의 점에 대한 인식이 있었다고 단정하여서는 아니될 것이다."[81]

(나) 합리적 독자 이 합리적 시청자의 개념은 소설에서는 합리적 독자로 읽힐 수 있다. 그러니까 합리적인 독자라면 소설 〈무궁화 꽃이 피었습니다〉를 읽으면서 이용후의 삶과 이휘소의 삶을 분별할 수 없을 때 법은 개입해야 한다는 것이다. 하지만 그런 의미의 합리적 독자는 사실상 이용후 평전을 쓸 정도로 이용후를 연구한 전문가에 국한될 것이다. 그리고 더 중요한 문제는 법은 합리적 독자와 비합리적 독자를 구분하고 차별할 정당한 이유를 갖고 있지 않다는 것이다. 근대 이성법이 추구하고 전제한 인간상으로서 합리적 인간상이란 사유하는 주체를 말할 뿐 비합리적 독자를 배제하지 않는다. 그렇기에 소설가는 허구적 표현을 하는 한 비합리적 독자를 위한 배려로서 소설의 서문이든 본문이든, 또는 광고문안이든 그 어디에서도 소설의 모델인물이 실제로 누구라는 점을 언급하지 않아야 한다.

(다) 허구적 묘사의 역사적 진실가능성 물론 그런 허구적 묘사라도 아직 밝혀지지는 않았지만, 역사적 진실일 가능성이 존재한다면, 그런 허구적

81 대법원 2010. 4. 29. 선고 2007도8411 판결.

묘사는 소설적 표현의 자유로서 허용되어야 하고, 그런 상황에서 소설가에 대한 법적 제재는 숭고미의 예술성을 생성시키기 보다는 소설을 정치화하기 쉽다. 그처럼 소설의 허구성을 빗대어 역사적 진실을 말하는 작가를 투옥시키는 것은 정치체제를 수호하기 위한 반체제인사 탄압이거나 중대한 인권침해가 될 것이다. 물론 허구적 묘사의 역사적 진실 가능성은 비록 학계의 소수설에 불과할지라도 학술적인 역사해석에 의해 뒷받침 될 수 있을 때 비로소 인정될 수 있다.

그러나 그와 같은 학술적 뒷받침이 없는데도 실존인물의 삶을 허구적인 내용으로 묘사하는 소설에서 (특히 비합리적인) 독자들은 그 허구성과 실제성을 분별할 수 없다. 그런데 이 소설과 관련하여 2010년 KBS에서 방영된 스페셜 다큐멘터리 〈이휘소의 진실〉[82]에 의하면 이휘소, 벤자민 리는 핵무기와 관련 없는 소립자 물리학 분야 전문가에 불과했고 박정희 대통령과 접촉한 적도 없었다. 그러기에 이 다큐의 "2010년 4월, 사후 33년간 소설 속에 갇혀있던 이휘소 박사, 그가 다시 부활한다"라는 광고문구처럼 이휘소의 명예는 이 소설로 인해 침해되었다고 할 수 있다.[83]

---

82 이 다큐의 제1부는 "무궁화 꽃은 피지 못했다"(2010. 4. 30.)를, 제2부에서 "벤자민 리의 유산"(2010. 5. 1.)을 방영하였다.

83 이 사건의 판결이 이 소설로 인하여 이휘소의 명예가 오히려 더 높아졌다고 본 것은 애국주의(patriotism)와 민족주의(nationalism)의 관점에서 나온 것이다. 그러나 민족주의의 이데올로기가 각국에서 강화되면 오히려 전쟁이 일어나기 쉽게 되고, 애국주의가 강화되면 미국의 '애국법'(Patriot Act)에서 보듯 인권침해적인 정책이 만연해지기 쉽다. 애국주의와 민족주의는 국가간의 상호적 승인과 국제협력을 통해 세계시민사회로 나아가기 위해 일시적으로만 타당하고 불가피한 방편으로 이해되어야 한다. 이 소설은 물리학자 이휘소를 그런 이데올로기의 광풍 속에 몰아넣을 뿐만 아니라 세계의 물리학자인 아인슈타인의 핵무기개발 반대운동을 고려해보면 물리학자의 학문적 정체성과 가치관의 핵심문제를 건드린다.

Ⅳ. 예술비평의 공감과 법방법

지금까지 살핀 내용을 정리해보면 다음과 같다. ① 예술작품은 이미지가 중심인 반면, 법은 텍스트가 중심이라는 차이가 있다. ② 하지만 법률해석에도 이미지가 작용하고, 그래서 이성과 감각보다는 감정과 직관에 의해 형성되는 법, 즉 감성법의 영역이 있을 수 밖에 없다. ③ 예술비평은 법이 되고, 법적 평가는 작품의 예술성을 형성한다. ④ 그렇기에 예술비평의 방법들(시네마토그래피 방법, 에르곤과 파레르곤의 이론)은 법방법이 될 수 있다.

그러나 예술비평과 미학적 판단의 타당성은 객관적인 것이 아니라 지극히 주관적이기 쉽다. 이 주관성에도 불구하고 예술비평과 그 방법이 법을 형성하는 요소가 될 수 있으려면 법의 보편성요청(Universalitätsanspruch)를 충족해야 한다. 미학적 판단의 보편성은 이성적 합의가능성이 아니라 감성적 공감에 의해 확보될 수 있는 주관적 보편성이다. 공감은 예술비평의 지향점일 뿐만 아니라 포스트모던 사회에서 새로운 법을 형성하는 방법이 된다. 이 점을 아래에서 자세히 살펴보기로 한다. 공감이 있는 미학적 판단에 의해 형성되는 정의를 내용으로 하는 법은 이제 감성법의 단계를 지나 공감법이라고 부를 수 있게 된다.

1. 미학적 판단의 주관적 보편성

먼저 예술작품에 대한 미학적 판단은 주관적이며, 그렇기 때문에 예술작품에 대한 법적 규제도 불확실할 수밖에 없게 된다.

(1) 미학적 판단의 인식적 모호성

미학적 판단이 주관성을 띠는 것은 법해석의 규범적 판단과 다른 요소를 갖고 있기 때문이다.

1) 대면의 원칙 첫째, 비텍스트성이 강한 예술작품에 대한 미학적 판단은 그 작품에 대한 직접 경험을 필요로 한다. 직접 경험을 갖지 못한 사람은 도덕적 판단과는 달리 그 작품에 대한 미학적 판단을 논의하기 어렵다. 텍스트는 내용을 언어로 설명하면 되지만, 예컨대 그림의 이미지는 직접 체험해야만 그 판단자에게 미학적 작용을 발휘하게 되고, 그 작용 속에서만 그 작품이 갖고 있는 이미지의 의미가 해석될 수 있기 때문이다. 이를 '대면의 원칙'(acquaintance principle)이라고 부른다.

2) 인식적 모호성 둘째, 예술작품을 직접 경험한 사람들이 그 작품에 대해 내리는 미학적 판단은 언어의 의미에 대한 이해가 갖는 다양성보다 훨씬 더 다양하다. 물론 미학적 판단도 대면한 경험내용을 일정한 심미적 관점에서 판단하고, 그 결과를 언어로 표현함으로써만 다른 사람과 그 판단에 대해 소통하고, 그 판단을 공유할 수 있다. 그러나 예술작품의 경험내용을 이해하는 심미적 관점을 통일시킬 수 있는 객관적 기준은 없다. 또한 미학적 경험내용이 동일한 경우에도 그것을 언어로 표현하는 것, 바꿔 말해 자신의 경험내용에다 언어기호를 귀속시키는 것이 매우 불확실하다. 미학적 체험을 언어로 표현하기 위한 언어기호의 의미론이 매우 불안정하기 때문이다. 그렇기에 미학적 판단은 극도로 주관적일 수밖에 없다. 이와 같은 심미적 관점의 다양성과 언어적 표현의 불안정성으로 인한 미학적 판단의 불확실성을 '미학적 서술의 인식적 모호성'(perceptual elusiveness)이라고 부를 수 있다.[84]

3) 체험과 인식의 해석학적 간극 셋째, 이 인식적 모호성은 예술작품을 체험하고, 기쁘고 즐거운 감정의 상태에 빠지는 경우에도 그런 자신의 상태(가 갖는 의미)를 깨닫지 못하는 심리상태, 이른바 "이차 의식이 없는 심미적 반응"[85](aesthetic response without secondorder awareness)

---

84 대면의 원칙과 미학적 서술의 인식적 불명확성에 관하여, MARÍA JOSÉ ALCARAZ LEÓN, "The Raional Justification of Aesthetic Judgments", *The Journal of Aesthetics and Art Criticism* (Vol. 66, No. 3, 2008), 292쪽.

85 Kevin Melchionne, "On the Old Saw 'I know nothing about art but I know

에서도 비롯된다. ① 이는 특히 자신이 갖고 있는 기존의 취향(taste)에 대한 신념이 자신의 감정에 일어나는 변화를 아직 따라가지 못할 때 발생한다.[86] 하지만 취향에 대한 기존의 신념은 작품에 대한 한 개인의 체험적 감상의 역사 속에서 형성된 것이고, 이 신념이 아직 따라가지 못하는 새로운 체험적 감상의 정서적 상태도 계속 반복하여 쌓이게 되면, 미래에는 그 신념의 체계에 반영되게 된다. 그러나 그렇게 되는 시점에는 다시 또 다른 감상의 정서적 상태를 새롭게 경험하게 된다. 따라서 자신의 미학적 취향에 대한 신념과 자신의 현재 감상상태 사이에는 좁힐 수 없는 간극이 존재하게 된다.

② 그런데 기존의 신념체계는 새로운 심미적 경험에 일종의 선이해(Vorverständnis)로서 일정한 작용을 하게 되고, 그 경험의 축적을 통해 기존의 신념체계가 변화하게 되는 일종의 해석학적 순환을 이루게 된다. 이런 의미에서 기존의 신념체계와 현재의 심미적 감상 사이의 간극을 '해석학적 간극'(hermeneutischer Abstand)이라고 부를 수 있다. 이런 간극은 법의 형성과 발전에서도 마찬가지이다. 법이란 법률을 현실의 사안에 적용함으로써 형성되는 '구체적인 규범'을 말한다. 이런 의미의 법은 법률이 지금까지의 사안들에 적용됨으로써 형성된 것이고, 이런 법은 기존의 사안들과 다른 요소를 지닌 새로운 사안에 적용되기에는 부적절할 수 있다. 그러나 바로 그 새로운 사안에 법률이 적용됨으로써 법은 다시금 재구성된다. 하지만 기존의 법과 새로운 사안(이 제기하는 정의의 요구내용) 사이에는 좁힐 수 없는 간극이 발생한다. 이런 간극을 법률과 사안 사이의 "해석학적 간극"[87]이라고 부른다. 이 해석학적 간극은 미학적 기호에 대한 신념체계와 현재의 감상상태 사이의 간극과 꼭 마찬가지이다.

---

what I like'", *The Journal of Aesthetics and Art Criticism* (Vol. 68, No.2, 2012), 135쪽.

86 Kelvin Melchionne, 앞의 논문, 136쪽.

87 이를 처음 밝히고 개념화한 이상돈, *법이론* (박영사, 1996), 397쪽.

(2) 미학적 판단의 비평적 주관성

미학적 판단의 주관성은 각자의 체험적 내용이 다른 데서 비롯될 수 있지만, 미학적 체험에 개입하는 선이해의 하나라고 할 수 있는 예술비평이 편견적이거나 미학적 체험의 언어적 표현이 불확실한 데서도 비롯된다.

1) 비평의 편견성 첫째, 이 미학적 경험내용을 언어화하는 과정은 당시의 지배적인 비평관점의 영향을 받기 쉽다. 그럴 경우 미학적 경험의 개인적 주관성은 '편견성'으로 바뀌고 객관성으로는 바뀌지 않는다. 왜냐하면 당대에 지배적인 비평관점은 언제나 새로운 미술의 아름다움을 느끼는 것을 방해하는 기능을 하기 때문이다. 많은 유명한 예술작품들이 당대에는 혹평 받았던 역사가 이를 잘 말해준다. 정서－유형편견이란 심미적 경험을 편향적으로 좋게 또는 나쁘게 평가하는 심리적 경향을 말하고, 이런 경향은 흔히 전문비평가들의 작품에 대한 호·불호의 비평에 의해 만들어진다. 이를 비평의 수행적 기능(performative function)[88]이라고 부를 수 있다. 다른 말로 비평의 감상안내기능이라고 할 수 있다.

그러나 비평가들의 관점은 언제나 기존의 예술작품에 대한 비평의 역사에서 형성된 것이고, 기존의 예술작품과 다른 새로운 정서유형을 만드는 새로운 예술을 비평할 수 있는 적절한 관점을 아직 갖고 있지 못하다. 이처럼 미학적 판단의 주관성은 편견성으로 각인되기 쉽고, 미학적 판단은 (법률)텍스트의 해석이 갖는 불명확성보다 훨씬 증가된 모호성을 갖게 된다.

---

88 이런 주장으로 Arnold Isenberg, "Critical Communication", *The Philosophical Review* (Vol. 58, 1949), 330쪽 참조.

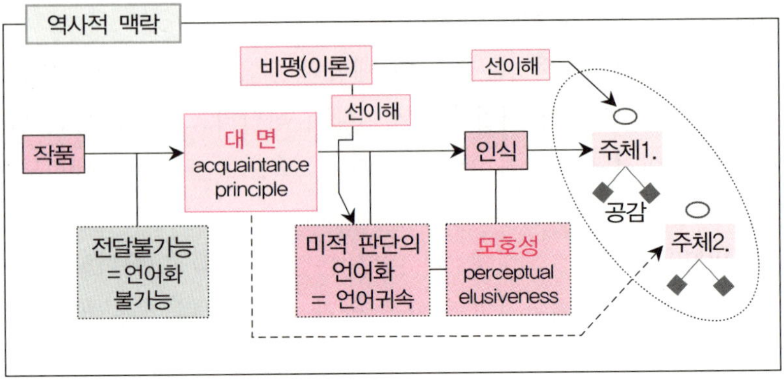

2) 비평의 규칙화 불가능 예술비평의 편견성은 근원적으로는 비평 관점들이 법해석의 이론들처럼 판단에 관한 '규칙'(rule)을 세우는 것이 아니라는 점에서 비롯된다. 점묘화(點描畵)로 표현된 김환기의 추상화 〈여름〉을 예로 보자. 이 그림은 가령 한국적 정서로 채색된 여름을 추상적 표현의 극화된 양식인 점－선－면의 시적(poetic) 명상을 통해 새로운 질서로 재구성하고, 특히 형이상학적 인간을 상징하는 점이 무수히 많아서 좋다고 평가할 수 있다. 이런 비평이 공감을 얻는다고 해도 '그런 점－선－면의 시적 명상이 없는 그림은 예술적 가치가 적고, 많은 그림은 예술적 가치가 높다'라는 식의 '양식의 평가법칙'(ecaluative laws of the form)을 설정할 수가 없는 것이다.[89]

좀 각도를 달리 설명하자면, 한 주체의 미학적 판단을 타당한 것이라고 인정하더라도, 그것을 뒷받침해주는 비평이론은 그런 판단과 어긋나는 다른 주체의 다른 미학적 판단이 잘못된 것임을 밝혀주는 법과 같은(law-like) 규칙[90]을 설정할 수가 없다. 비평은 편견에 친하지, 규칙에 친하지가 않다. 이 점은 법해석에서 법관이 선례나 학설을 이용하여 법

89 Mary Mothersill, "Critical Reasons", Francis J. Coleman (ed.), Contemporary Studies in Aesthetics (New York: McGraw Hill, 1968), 210쪽.

90 MARÍA JOSÉ ALCARAZ LEÓN, 위의 논문, 298쪽.

김환기, 여름, 1972

률텍스트를 사용하는 규칙을 만들어 법률의 의미를 구체화할 수 있는 점[91]과 확연하게 구분된다. 예술작품의 해석에서는 그 의미를 형성하는 해석의 규칙을 만들 수가 없다. 예술작품의 체험적 의미를 규명하여 법이 규제를 하려고 할 때, 법은 비평에 의존할 수 있을 뿐, 규칙에 의존할 수가 없는 것이다. 그렇기에 미학적 판단은 법률해석의 규범적 판단보다 훨씬 증가된 모호성을 갖게 된다.

(3) 예술체험의 철학적 의미와 법전화

미학적 판단이 매우 높은 주관성을 띠고 있다고 하여, 그 판단의 보편성이 완전히 불가능한 것은 아니다. 미학적 체험은 주관적인 것이긴 하지만, 법과 공통적으로 철학적 의미를 갖고 있기도 하다.

1) 에로스로서 예술체험 미학적 체험의 내용은 인간의 행위나 그 행위로 만들어지는 예술작품에 대한 에로스(eros)라고 말할 수 있다. 이 에로스는 그 행위나 작품이 불러일으키는 이미지가 갖는 체험적 의미(experientialistic meaning)[92]가 그 감상의 주체를 — 욕망이 충족될 수 없는 결핍이나 도덕적 제약 때문에 — 욕망이 억압된 현실이 주는 고통과 슬픔의 세계로부터 '해방'시키는 것일 때 생성된다. 에로스는 제약된 현실이 미래에는 계속되지 않을 수 있다는 상징의 세계 속으로 주체를 이동시킴으로써 미래의 삶이 의미 없는 삶이 되지 않게 하는 힘이다. 이 힘은 죽음을 연기시키고, 삶을 견뎌낼 수 있게 하는 힘이다. 여기서 예술은 불행한 현실을 견뎌내게 하고, 그런 현실로부터 벗어날 미래에 대한 희망을 갖게 하는 체험적 의미를 머금은 이미지를 생산하는 인간의 행위와 그 행위로 만들어지는 작품이라고 할 수 있다. 반면에 타나

91 법률해석이란 법률텍스트의 사용규칙을 설정하거나 그 규칙을 따르는 것이라고 보는 이상돈, *법이론* (박영사, 1996), 342쪽.

92 이상돈, *법미학* (법문사, 2008), 18쪽.

토스(thanatos)는 그와 같은 에로스가 약화될수록 커지며, 우리를 급기야 는 죽음에 이르도록 만드는 충동적인 힘이다.

2) 이성법의 텍스트가 된 미학적 가치 근대 이성법도 이와 같은 맥락에서 바라볼 수 있다. 근대 이성법은 자연상태에서의 실존적 불안과 결핍의 현실에서 인간을 해방시켜주는 의미가 법전이라는 시각적 이미지 속에 재현된 결과라고 볼 수 있기 때문이다. 예술작품의 체험적 의미와 법전의 규범적 의미는 '해방'이라는 차원에서 근원적으로 같은 것이다. 이런 관점에서 이성법은 완전히 재해석될 수 있다. 이를테면 근대의 법전들은 정의의 미학적 가치, 이를테면 균형성, 비례성, 정합성, 통일성 등의 미학적 가치의 상징들이, 사안에 적용됨으로써 현실이 될 수 있는 잠재적인 의미, 즉 규범적 상징 속으로 들어가 있는 것이라 할 수 있다. 여기서 법텍스트의 의미는 미학적 가치의 이미지가 재현된 결과라고 볼 수 있다. 가령 사람들이 8등신을 지향하는 것은 비례성의 미학적 가치 때문이다. 이 비례성의 미학적 가치란 인간에게 불행(감)을 주는 불비례적(균형없는 비율) 형상으로부터의 해방을 꿈꾸게 하는 것이다. 국가권력이 추구하는 목적과 그것을 달성하기 위해 사용하는 수단이 비례적이어야 한다는 비례성원칙은 미학적 가치의 체험적 의미가 규범적 의미로 전환된 결과라고 볼 수 있다. 이런 비례성원칙 없이는 오늘날 헌법재판은 거의 작동하기 어렵다.

(4) 주관적 보편성의 가능성

그러나 미학적 체험의 이와 같은 철학적 의미가 아니라 개개의 미술작품의 미학적 가치에 대한 구체적인 판단은 어떻게 주관성을 넘어서 보편성을 획득할 수 있는 것일까? 먼저 개별 예술작품이 주는 이미지의 체험적 의미는 에로스로 발현되는 미학적 가치이고, 이 미학적 가치는 법해석에 침투할 수 있다는 점에 주목해보자.

예컨대 최경태의 〈여고생〉 시리즈와 같은 작품에서 미학적 쾌락을 경험한 사람은 그림이 잘못된 것이 아니라 그런 그림을 음란물로 규제하는 법이 잘못된 것이라고 바라볼 수 있다. 즉 주관적 미학적 체험은 규범적 판단으로 전환된다. 이처럼 주관적인 미학적 체험이 객관적인 규범의 의미로 전환된다는 것은 미학적 체험의 주관성은 보편화가능성(Universalisierbarkeit)의 차원을 갖고 있음을 전제한다. 그런 차원을 예술작품의 양식 측면(양식적 예술성)에서 설명해보기로 한다.

1) 미학적 체험의 양식성 주체가 예술행위나 예술작품에 대해 에로스를 갖게 되는 미학적 체험은 인지적으로 보면, 무엇보다도 그 작품이 취하는 양식(style, form)을 이해할 때 더욱 쉬워진다.

(가) 모던예술의 양식 예컨대 근대성의 상징들을 파노라마로 펼쳐놓은 마네(Manet)의 〈폴리 베르제르의 술집〉에서 경험할 수 있는 것처럼 인상주의 회화는 그 '시각성', '평면성', '표현성'이라는 양식이 그 고유한 아름다움의 체험을 가능하게 한다. 그러므로 양식이란 아름다움을 담는 그릇이며, 체험적 의미를 지닌 이미지를 형성하는 틀과 같다. 물론 양식은 문화적으로 특수한 형태를 취하며, 역사적으로 변화한다. 사회화도 예술작품이 아름다움을 담는 관행적 형태를 양식으로 이해하고, 그 양식을 인지의 자원으로 습득하는 과정이라고 이해할 수 있다. 이런 사회화가 없이는 삶이 무의미해 보이고, 희망의 출구가 보이지 않는 상황에서 '삶을 견디는'(enduring life) 힘을 키우기도 어렵다. 이는 자살, 특히 청소년의 자살이 예술적 체험의 결핍에서 비롯되거나, 적어도 예술적 체험을 많이 하였다면 피할 수도 있음을 의미한다.

Edouard Manet, A Bar at the Folies-Bergeres, 1882

(나) 양식 없는 양식성 이와 같이 예술의 양식과 사회화의 성공 사이의 불가분성을 인정한다면 흔히 '양식의 사라짐'이라는 특징을 보이는 포스트모던 예술도 양식이 없는 것이 아니라, 바로 그 양식 없음을 하나의 또 다른 양식으로 갖고 있다고 말하게 된다. '양식 없음의 양식성'

은 팝아트(pop art)에서도 뚜렷하다. 팝아트는 모던예술과 같은 양식이 없는데도 미래에는 (다른) 양식을 통해 미학적 체험이 일어날 가능성이라는 '의미적인 양식성'을 갖고 있는 것이고, 바로 그처럼 미래의 양식을 비워두는 의미의 양식성이 팝아트의 아름다움을 체험할 수 있게 하는 것이다. 그러나 만일 양식을 취할 수 없음이 영원하다면 팝 아트의 양식 없음은 더 이상 아름다움을 생성시킬 수 없다. 데이비드 살르(David Salle)의 작품과 같은 신표현주의가 미국에서 팝 아트 이후에 일어난 것도 결코 우연은 아니다.

David Salle, Old Bottles, 1995

(다) **성찰 없는 성찰** 소설도 양식 없는 양식성을 띨 수 있다. 장정일의 〈내게 거짓말을 해봐〉는 그로테스크 하면서도 지겨울 정도로 다양하게 끊임 없이 변주되는 변태적인 성애를 묘사적으로 표현한다. 이런 소설은 이성적인 문명과 문화를 매우 곤혹스럽게 만든다. 그러나 이를 통해 이념과 문명적 가치에 대한 인류의 이성적인 성찰은 역설적이게도 소멸하며, 독자는 문명과 문화의 죽음과 같은 징후를 느끼게 된다. 하지만 바로 그 순간 독자는 새로운 생의 에너지가 생기고 문명적 가치를 새롭게 세우려는 의지도 되갖는다. '성찰 없는 성찰'은 포스트모던미술의 양식 없는 양식성처럼 이 소설의 포스트모던 양식이라 할 수 있다.

2) 미학적 체험의 놀이성 그러나 예술작품의 양식성만으로는 그것이 어떤 것이든 예술작품에 대한 미학적 체험의 주관성을 극복하고 객관적인 것으로 만들 수는 없다. 객관성의 자리에는 놀이성이 들어설 수 있을 뿐이다. 즉, (양식 없는 양식성을 포함하여) 어떤 양식을 통해 어떤 아름다움이 표현된다는 규칙성을 많은 사람들이 인정할 수는 있고, 그 규칙성에 따라 예술작품에 대한 미학적 체험을 함께 나누어 가질 수 있다. 다시 말해 예술작품의 아름다움을 체험한다는 것은 일종의 놀이(예술놀이)가 된다.

(가) 양식의 존재론과 유명론의 지양 이것은 첫째, 아름다움의 체험을 가능케 하는 존재론적 실체로서 예술작품이나 그 양식이 존재하지 않음을 뜻한다. 즉, 예술성의 본질주의적 또는 존재론적 입장은 포기되어야 한다. 예컨대 에로티카 그림들이 오일 온 캔버스(oil on canvas)라는 모던미술의 양식을 취했다고 해서 그 그림들이 포르노와 차별화되는 예술성을 갖는 것은 아니다. 둘째, 어떤 작품이든 그것을 작가가 (주관적 의미체험에 따라) 예술이라고 부르기만 하면, 바로 예술성이 인정되는 것도 아니다. 즉, 예술성의 유명론적 입장도 포기되어야 한다. 예컨대 〈우리 부부〉라는 누드사진 사건에서처럼, 교사가 자기 부부의 누드사진을 예술이라고 말한다고 해서, 그것이 곧 예술이 되는 것은 아니다.

(나) 예술놀이의 조건으로서 양식 작품의 양식은 예술성을 최종적으로 단독으로 결정짓는 것은 아니지만 양식에 대한 이해가 전혀 없는 사람은 어떤 작품을 예술이라고 말하고, 그 체험적 의미를 다른 사람과 소통하는 예술놀이에 참여하기가 어렵다. 그런 한에서 양식은 예술놀이가 가능하기 위한 조건의 하나가 된다. 하지만 인간은 예술작품의 이미 존재하는 양식을 받아들이고, 그에 따라 예술작품을 감상하기만 하는 것은 아니다. 기존의 예술양식에 대한 이해가 있어도 다른 양식의 미학적 쾌락을 추구할 수 있는 것이다. 다른 양식의 추구는 곧 예술놀이의 규칙을 변화시키려는 것이다. 이런 변화는 예술이 현실의 질곡으로부터 인간을 해방시키는 상징적 의미를 생산하는 기능을 한다. 바로 그런 점에서 기존 양식의 변화도 양식의 존속처럼 예술놀이가 가능하기 위한 조건이 된다고 할 수 있다.

(다) 양식의 사용규칙과 미학적 가치의 판단규칙 여기서 양식의 사용에 관한 규칙이 그 양식을 사용하는 작품의 미학적 가치에 대한 판단의 규칙이라고 오해되어서는 안 된다. 어떤 양식을 사용한다는 것은 미학적 가치를 가질 가능성을 열어주는 것이긴 하지만, 그 기존의 양식사용규칙을 따르거나 해체하는 행위가 어떤 미학적 가치를 가지는 것인지에 관

한 규칙은 여전히 존재하지 않기 때문이다. 그러나 양식은 분명 예술의 가능조건이면서 동시에 변화하는 조건이 된다.

(3) 주관적 보편성으로서 공감

그러면 법이 승인할 수 있는 예술성에 대한 판단은 어떻게 보편성을 얻을 수 있는 것일까? 그것은 바로 공감이다.

1) 공감의 의미와 동의와의 차이 공감은 합리적 논거에 의해 상대방을 설득하거나 자신이 설득 당함으로써 이루게 되는 동의(consent)의 개념과는 구별된다. '공감'(empathy)이란 예술작품에 대한 심미적 체험에 귀속시킨 언어가 이끄는 판단자의 '정서적 상태'에, 수 많은 다른 사람들이 '이입'(移入)하게 되는 현상을 말한다. 이런 공감은 어떤 양식을 사용했건 해체했건 또는 새로이 만들었건 아무런 양식도 사용하지 않았건간에 일어날 수 있다.

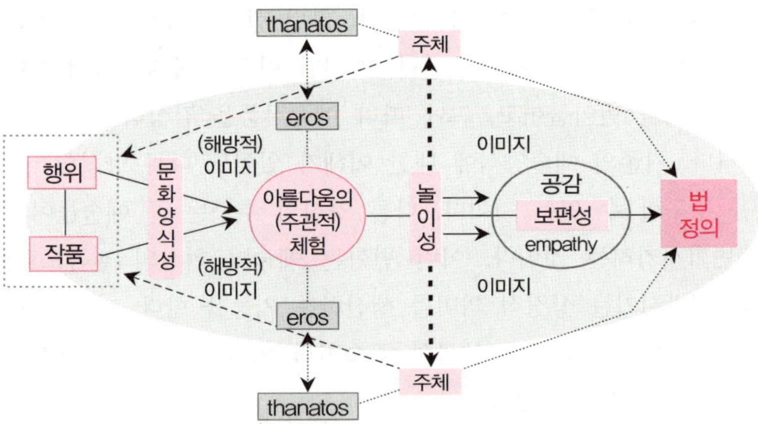

법을 형성하거나 적용하는 이성적인 추론에 의한 규범적 판단에 대한 동의와 미학적 판단에 대한 공감 사이에는 적지 않은 구조적 유사성이 있다. ① 첫째, 법적 판단도 미학적 판단보다 약하지만 주관적인 것이다. 합리적 추론과 논증에 의한 법해석의 끊임 없는 견해대립은 법해

석도 주관과 주관 사이의 타협하기 어려운 대립임을 말해준다. ② 둘째, 개인의 과거 경험과 그에 대한 반성과 성찰 및 이해가 이루어지는 사회문화적, 사회역사적 맥락에서 형성되는 일정한 의미기대 등은 미학적 판단에서뿐만 아니라 이성적 법해석에 의한 규범적 판단에서도 선이해(Vorverständnis)로 작용한다. ③ 셋째, 이론이나 학설도 합의의 형성에서뿐만 아니라 공감의 과정에서도 똑같이 기능한다. 법학의 이론들(학설)이 법률해석의 관점을 근거지음으로써 그 해석에 대한 수범자들의 '동의'를 이끌어내듯, 미학적 판단에서 예술비평 전문가들의 비평이론과 관점은 미학적 판단(언어적 귀속)을 근거지음으로써 '공감'을 불러일으킨다. ④ 넷째, 미학적 판단의 타당성 범주인 공감이나 규범적 판단의 타당성 범주인 동의(합의)는 모두 한 주체의 존재에 대한 정확한 인식이 아니라 주체들 사이의 상호승인(reziproke Anerkennung)이라는 지향점을 갖는다. 다시 말해 규범적 판단이나 미학적 판단의 궁극적 주체는 개인이 아니라 상호주관성(intersubjectivity)이다.

2) 공감의 불안정성 하지만 공감의 형성은 법형성의 합의형성보다 쉽지가 않거나 더 불안정적이다. 예컨대 샤갈 그림이 좋은 이유가 미술사가들이 샤갈을 중요한 화가로 다루어 왔기 때문인지, 아니면 샤갈이 표현한 말의 환상적인 색상과 몽환적인 이미지 때문인지 알기가 어렵다. 그렇기에 여름방학이면 자주 전시되던 샤갈전을 구경하는 그 수많은 인파의 행렬이 모두 샤갈 그림이 주는 기쁘고 즐거운 아름다움 때문이라고 보기도 어렵다. 심미적 판단에서 공감은 언제나 "심미적 반응의 잘못된 귀속"[93](false attribution of aesthetic responses)에서 비롯되기 쉬운 것이다.[94] 그렇기에 공감은 합의보다 정의를 창출하기에 좀 더 불안정적

---

93 Kevin Melchionne, "On the Old Saw 'I know nothing about art but I know what I like'", *The Journal of Aesthetics and Art Criticism* (Vol. 68, No. 2, 2012), 138쪽.

94 오늘날 이런 잘못된 귀속은 자본의 거대권력들, 국제 비엔날레나 제도기관의 큐레이터들이나 상업화랑이 미술비평가들의 비평을 무력화시키고 있는 데서 비롯되기도 한다. 이런 비평의 보평성 상실과 무력화에 대해서는 정헌이, "1970년대 이후 한국미술의 내

인 기반이라고 할 수 있다. 이 점은 법이 아름다움을 정의의 요소로 받아들이는 경우에 법적 정의가 이성적 논의에 의해 형성되는 합의보다 불안정해질 수 있음을 말해준다. 이런 점에서도 법은 기본적으로는 이성적 합의가능성을 지향하여 구성하되, 다만 아름다움의 감성적 판단을 통해 이성의 폐해(예: 동일성강제)를 반성적으로 지양하는 길(성찰적 모더니즘)을 가야 함을 알 수 있다.

(4) 실재주의와 반실재주의의 종합

이상에서 설명한 미학적 판단의 구조는 실재주의와 반실재주의의 종합으로 이해될 수 있다. 이는 마치 법을 존재와 당위의 변증적 종합이라고 보는 것에 상응한다. 법은 존재만도 아니고, 당위만도 아니라, 그 둘이 서로 일치(Entsprechung)하는 접점에 위치한다. 첫째, 이런 인식은 법적 판단은 법적 정의를 담보해주는 존재(실체)를 인식하는 것이라고 보는 존재론적 법의 이해를 물리치는 것이다. 이와 마찬가지로 미학적 판단은 직접 경험하는 예술작품의 심미적 실체를 인식하는 것이 아니라는 점에서는 실재주의(realism)를 배척한다. 둘째, 법은 실체도 아니지만, 오로지 규범의 순수한 결정체도 아니다. 미학적 판단도 오로지 심미적 관점에서 내리는 주관적 판단이기만 한 것도 아니다. 이와 같은 한에서 반(反)실재주의(antirealism) 또는 유명론(nominalism)이 배척된다.

이 설명을 뒤집어서 말한다면, 미학적 판단이 예술작품이라는 존재를 직접 경험할 것을 전제로 한다는 점, 즉 대면(직접경험)의 원칙은 실재주의의 요소를 보여주고, 미학적 서술의 주관성과 공감에 의한 타당성의 승인은 반실재주의의 요소를 보여준다. 이 두 요소는 서로를 전제로 하면서 서로를 견제하는 과정을 통해 미학적 판단을 수행하게 한다. 이는 마치 사안이란 법규범에 의해 선별되고 조합된 데이터들의 정연한 구성물이고, 거꾸로 법규범은 사안을 통해 비로소 그 의미내용이 구체

셔널리즘과 미술비평", *서양미술사학회논문집* (제31집, 2009.8), 273쪽 아래 참조.

화되는 것[95]이라는 법의 해석학적 실현구조에 견줄 수 있다.

2. 공감의 재해석

그러나 공감의 의미는 종종 합의나 동의와 구별되지 않은 채 이성주의적 관점에서 이해되기도 한다.

(1) 공감의 의미논쟁

대표적으로 공감을 일종의 도덕적 관점(a moral point)으로 바라보는 견해를 들 수 있다.[96]

1) 덕목이론 공감을 넓은 의미에서 도덕적 관점으로 설정하는 이론의 예로서 덕목이론(virtue theoretical model)을 들 수 있다. 이 이론의 연원은 아리스토텔레스(Aristoteles)의 덕목이론이다. 그에 의하면 모든 존재는 어떤 목적(a telos)를 갖고 있고, 그 존재가 그 목적을 실현하는 기능을 잘 수행할 때 그 존재는 덕목(virtue)을 갖는다는 것이다. 코프먼(Daniel A. Kaufman)은 이를 예술비평이론에 전용하였다. 그에 의하면 다음과 같은 미학적 판단에 관한 공식이 성립한다.

> "한 예술작품(A)의 가치는 그 작품의 예술적 목적(P1－N)에 관련한 성공을 이루는 기능이다. (이 목적들은 또한 특정한 문명(화)에 속하는 문화적 관심들의 기능들이다.) 따라서 다음과 같은 공식이 성립한다: A는 그것이 P1－N에 관련하여 성공적인 한에서 좋은 것이다."[97]

여기서 코프먼이 말하는 예술작품의 목적이란 문화적 인공물(cultural artifacts)이 스타일과 재현의 목적을 실현할 수 있는 역량이라고 할 수

---

95 이런 법해석학의 이론을 대표하는 Winfried Hassemer, "Juristische Hermeneutik", *Archiv für Rechts- und Sozialphilosophie* (Heft 2, 1986), 195쪽 아래; 배종대 · 이상돈 (편역), *형법정책* (세창출판사, 1998), [2]단락 참조.

96 Desmond Manderson, "Requiem: Green Death-Aesthetic Interpretations and Influences in the Death Penalty", *Songs without Music: Aesthetic Dimension of Law and Justice* (Universtity of California Press, 2000), 125쪽.

97 Daniel A. Kaufman, "Normative Criticism and the Objective Value of Artworks", *The Journal of Aesthetics and Art Criticism* (Vol. 60, No. 2, 2002), 161쪽.

있다. 물론 목적은 매우 다양하지만 한 문명권 안에서 문화적 관심이 미학적 양식을 갖고 재현된다면, 그것은 문명의 객관적 사실이라는 것이다. 또한 그런 객관성이 바로 예술작품에 대한 미학적 판단의 규범성을 가져온다고 한다.[98]

2) 목적의 한계 그러나 어떤 작품은 예술적 가치가 높다는 진술이 당대의 문화적 맥락에서 구성되는 어떤 목적성의 평가관점에 완전히 갇히는 것일까? 추상표현주의(abstract expressionism)는 서구의 이성적 문명이 오히려 반이성적 사회(예: 세계대전, 집단학살 등)를 초래한 역사에 대한 자기반성(self reflexive)이라는 문화적 관심사를 펼치는 목적적 기능을 수행한다고 볼 수 있다. 하지만 예컨대 잭슨 폴록(Jackson Pollock)의 No. 32 작품은 그런 문화적 관심사의 표현으로만 이해될 수 있을까? 어떤 작품에 대해 문화적 관심사에 따라 그 목적을 구성하고, 배열하는 것은 아마도 화가의 목적이 아니라 비평가들의 목적일 뿐일지도 모른다.

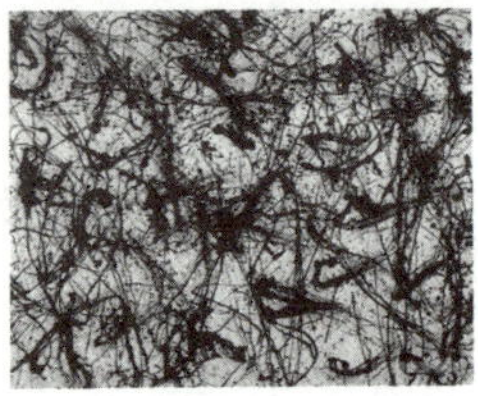

Jackson Pollock, No. 32, 1950

미학적 가치는 목적 이외에 그 연원을 갖고 있다. 예컨대 이 작품을 바라볼 때 관람자는 치유될 필요가 있는 문명의 질병을 그 작가와 함께 공유하면서, 작가가 그의 작품활동을 통해 스스로를 치유하는 자기성찰적 과정에 동참하고, 그렇게 함으로써 함께 치유된다는 느낌을 가질 수 있다. 여기서 목적이란 단지 공감의 기반이 되는 문명사적, 문화적 맥락을 공유하고 있다는 점을 표현할 뿐이다. 공감이 이처럼 작품이 지향하는, 그러나 작품 밖에 위치한 목적의 관점에서 내려지는 도덕적 판단이 되어버린다면, 작품은 그 자체로서 가질 수 있는 가치의 차원(미학적 자율주의)을 잃어버리고, 목적을 위한 방편이 된다. 게다가 작품의 가치를 목적적 가치로 바라보면, 예술품(art)과 공예품(handicraft)의 차이도 상당한 정도로 사라지게 될 것이다.

---

98 Daniel A. Kaufman, 위의 논문, 157쪽.

더욱 큰 문제는 문화적 관심의 대상이 되는 예술의 목적은 헤아릴 수 없이 많은 것들을 내용으로 할 수 있다는 점이다. 또한 수많은 목적 가치들은 끝없는 비교형량의 과정에 놓일 수 있고, 그런 과정에서 미학적 판단은 이성적 합리적 판단으로 대체되어 버리게 된다. 만일 정말로 그렇게 된다면, 예술의 덕목을 이룬 목적의 수행은 역설적이게도 예술의 (자연적) 기능을 해체하게 될 수 있다.

3) 목적 없는 합목적성 여기서 칸트(Kant)가 미학적 쾌락을 "목적 없는 합목적성"(purposiveness without a purpose)이라고 한 이유를 이해할 수 있다.[99] 예술작품에는 문화적 맥락에서 자기반성이라는 (의도한 또는 의도하지 않은, 즉 의향적 또는 비의향적) 목적성이 있지만, 그 목적성은 이익형량적 가치판단에 놓이게 되는 그런 특정한 내용의 목적이 아니다. 즉, 예술작품의 목적은 미학적 판단의 타당성에 대한 객관적 기준으로서 작동할 수 있는 목적으로 구체화될 수가 없다는 것이다.

㈎ 목적을 위한 목적과 구별 하지만 칸트가 말하는 '목적 없는 합목적성'은 '예술을 위한 예술'의 절대적 내재적 가치, 즉 예술의 절대적인 자기목적성을 의미하는 것이 아니다. 가령 "칸트가 말하고자 했던 바는 인간이 목적 그 자체가 됨으로써 품격(dignity)을 얻는 것처럼 예술도 목적 그 자체가 됨으로써 품격을 얻는다는 것이다"[100]라고 보는 하이만(Lawrence W. Hyman)의 해석은 옳지 않다. 왜냐하면 목적 없는 합목적성이란 예술에 목적이 없다는 것을 강조할 뿐이고, 작품을 통해 문화는 자기반성(예: 억압에 대한 해체적 비판의 상징 창출)을 할 수 있고, 감상의 주체도 그런 반성 속에서 미학적 쾌락을 느끼고, 그것을 지속하려는 의식을 갖게 될 수 있기 때문이다. 그러므로 하이만의 해석은 '목적 없는

---

99 이에 관해서 Rachel Zuckert, "A New Look at Kant's Theory of Pleasure", *The Journal of Aesthetics and Art Criticism* (Vol. 60, No. 3, 2002), 245쪽; Arthur C. Danto, *After the End of Art* (Princeton University Press, 1997), 83쪽.

100 Lawrence W. Hyman, "Art's Autonomy Is Its Morality: A Reply to Casey Haskins on Kant", *The Journal of Aesthetics and Art Criticism* (Vol. 47, No. 4, 1989), 377쪽.

합목적성'을 마치 '목적을 위한 목적'처럼 만들어 버린다고 할 수 있다.

(나) **도덕을 위한 도구와의 구별** 그러나 다른 한편 해스킨(Casey Haskins) 처럼 칸트의 '목적 없는 합목적성'을 '예술이 인간을 더 도덕적으로 만드는 도구로서 가치가 있는 것'이라고 이해하거나 또는 이보다는 좀 완화된 버전, 즉 예술작품은 마치 인간에게 가능한 도덕적 자율성과 유추적인 자율성을 갖는다[101]고 이해하는 것도 적절하지 않다. 왜냐하면 이런 이해는 결국 도덕적으로 좋은 의지가 최상의 선(善)이면서 다른 모든 것들의 조건이라는 전제에 서 있기 때문이다. 따라서 해스킨의 해석에 의하면 칸트의 '목적 없는 합목적성'은 인간의 도덕을 고양시키는 목적성이 되고 만다. 그러나 '목적 없는 합목적성'에서 합목적성은 인간의 도덕적 자율성이나 그와 유사한 조건에 귀속되는 것이 아니다.

(다) **인간, 문화, 예술의 상호형성적 의미망** 칸트의 "목적 없는 합목적성"은 인간의 도덕과 수평적으로 상호작용하는 '문화의 자기반성'과 그 속에서 인간이 향유하는 '미학적 쾌락의 지속성'에 관계한다. 문화를 만드는 것은 인간들이지만, 거꾸로 인간들의 도덕적 발전을 가져오는 것은 문화이다. 이처럼 인간과 문화는 수평적 상호작용의 관계에 있다. 예술은 그런 문화의 자기반성적 변화를 최선봉에서 이끌 수 있고, 그런 과정에서 기존 문화에 배태되어 있는 인간성 억압의 기제를 해체하는 미학적 쾌락을 인간에게 제공해준다. 하지만 거꾸로 예술은 문화가 낳은 산물이면서 동시에 인간이 만든 작품이기도 하다.

그러므로 인간, 문화, 예술은 서로 수평적인 상호작용의 삼각관계에 놓여 있는 것이다. 칸트의 '목적 없는 합목적성'은 인간, 문화, 예술 그 어느 하나가 다른 것(의 발전)을 목적으로 삼는 수단이 되는 것이 아니라, 각각이 서로의 목적이자, 서로의 수단이 되면서 모두의 발전과 진화를 가져오는 역사적 의미의 망에 함께 놓여있다는 점을 말하는 것이다.

---

101 하이만의 글을 재반박하는 Casey Haskins, "Kant, Autonomy and Art for Art's Sake", *The Journal of Aesthetics and Art Criticism* (Vol. 48, No.3, 1990), 235~237쪽 참조.

(2) 공감의 포스트모던적 이해

이상의 설명이 보여주는 공감에 대한 논쟁은 대체로 이성주의의 전통에 머물러 있는 것이라고 할 수 있고, 바로 그 점에서 이성적 합의나 동의와 차별화되는 공감의 의미를 파악하는 데 한계가 있다. 따라서 공감은 포스트모더니즘의 맥락에서 재해석하는 것이 필요하다. 특히 니체의 이론을 원용하는 것은 매우 유용하다.

1) 삶을 강화시키는 에너지 공감되는 미학적 체험은 니체의 이론에서 보면 '삶을 강화' (enforcement of life)[102]시켜 주는 '긍정적인 충동'의 발현이 된다. 이 충동은 일종의 바이오에너지이다. 미학적 판단에 있어서 사람들이 갖는 공감의 현상은 그 작품을 감상할 때, 많은 사람들이 각자의 험난한 삶의 현실에서 그 삶을 견뎌낼 수 있게 해주는 에너지를 얻게 되는 것을 가리킨다. 예술작품의 감상을 통해 바이오에너지를 획득함으로써 그 작품의 분석하기 어려운 미학적 가치는 법적 정의로 변환된다. 왜냐하면 법이 추구하는 정의도 삶을 인간답게 살 수 있게 만들어주는 조건들, 이를테면 평등한 자유의 보장이나 자유의 실질조건을 배려하는 기능이기 때문이다. 공감이라는 잣대를 통해 미학적 판단의 타당성을 가늠하는 것은 미학적 판단이 '객관성'이나 '규칙성'을 가질 수 없는 상태에서도 가능하다.

2) 민주적인 상호적인 고귀한 연민 공감은 니체가 말하는 고귀한 연민(noble compassion)의 개념에 의해 좀더 심층적인 의미를 가질 수 있다. 니체의 초인(Übermensch) 사상[103]에서 볼 때, 초인이 되어 가는 과

---

102 니체에게 있어 자기 자신이 되는 것은 곧 삶을 강화하는 과정이고, 독자적으로 선의 목록을 만들어가는 '가치의 정화'(purifying values) 과정이기도 하다. 이런 니체사상의 자세한 설명은 Simon May, *Nietzsche's Ethics and his War on 'Morality'* (Oxford University Press, 1999), 104~116쪽, 특히 107쪽 참조.

103 이에 대해 자세히는 민윤영, *니체(Nietzsche)의 법이론: 법에서 모더니즘의 해체: 법미학, 법여성학, 법심리학의 발흥지로서 니체에 관한 연구* (고려대 석사학위논문, 2008) 참조; 초인은 '극복인'으로 번역되기도 한다. 예컨대 전성택, "니체의 극복인(Übermensch)과 삶의 예술", *열린정신 인문학연구* (제11집 제1호, 2010.6), 5~33쪽

정이란 바로 인간이 자기 자신이 되는 과정, 즉 '삶을 강화'(enforcement of life)하는 '긍정적인 충동'이 발현되는 과정이다.[104]

이러한 니체의 고귀한 연민 개념에서 초인의 요소를 제거하고, 연민이 보통의 사람들 사이에 상호적으로 일어난다고 가정할 때, 고귀한 연민은 바로 공감이 된다. 다시 말해 공감이란 민주화된 그리고 상호적인 '고귀한 연민'이다. 좀더 쉽게 풀어 말한다면, 우리가 예술작품을 감상하고, 그 체험적 의미를 소통함으로써 미학적 쾌락을 갖게 될 때, 우리는 — 가령 자본주의 사회가 길러준 — 타자의 욕망에서 벗어나서 '자기 자신이 되어가는' 과정 속으로 들어가게 되는 것이다. 이처럼 예술작품에서 느끼는 감정은 단지 주관적인 체험이 아니라 예술작품을 통하여 우리 모두가 자기 자신이 되어가는 과정에 진입하게 되는 객관적 체험이 된다. 그러므로 공감이란 예술체험을 통해 각자가 자신 자신이 되도록 서로를 북돋아주는 감정을 함께 느끼는 상태(feeling together)라고 말할 수 있다. 이런 의미에서 예술성은 순수하게 주관적이거나 객관적인 것이 아니라 '주관적이면서 보편적인' 것(주관적 보편성 subjective universality)이 된다.

3. 미학적 공감과 공감법

예술의 미학적 체험과 비평의 보편성 기초로서 공감에 관한 논의는 가령 대법원이 종종 법감정(Rechtsgefühl)이라고 말하는 그런 법의 실체를 밝혀줄 수 있다.

(1) 법방법으로서 공감이론

법이 근대법처럼 이성적인 것이어야만 한다면 법감정이라는 개념은 주관적이며 때로는 자의적인 인간의 감정이 법이 될 수 있다는 점에서

참조.

104 이에 대해 이상돈, *법미학* (법문사, 2008), 37~38쪽.

형용의 모순을 보여준다. 하지만 예술비평의 보편성 기초로서 공감은 감정이 법이 될 가능성을 근거짓고, 아울러 그 한계범위도 설정해준다. 예술비평의 보편성 기초로서 공감이론은 특히 포스트모던 사회에서 새로운 법을 형성하는 일종의 법방법(juristische Methode)이 될 수 있는 것이다. 먼저 '감성'이 보편성을 획득한 모습인 '공감'이 법이 된 경우를 이성법에 대비하여 공감법이라고 부르기로 한다.

공감법의 자세한 논의에 들어가기에 앞서 세 가지를 전제할 필요가 있다. ① 인간행위의 실질적인 불법여부는 단지 그 사회적 유해성이나 유용성에 대한 이성적 판단에 의해서 뿐만 아니라 그 행위의 미추에 대한 감정적 판단에 의해서도 결정될 수 있다. ② 인간의 행위(또는 법적 사건)는 그 사람의 인격이 발현된 하나의 '작품'(Werk)이며, 인간행위의 실질적 불법여부에 대한 감정적 판단은 일반인이 모두 참여하는 일종의 작품비평이라고 볼 수 있다. 이 작품비평은 미학적 판단이라는 점에서는 예술작품에 대한 예술비평과 공통된다. 게다가 예술작품도 단지 선이나 미(美)만 추구하지 않고, (상징적으로는) 악이나 추(醜)도 추구한다는 점을 고려하면 인간의 행위라는 작품에 대한 감정적인 미추판단은 더욱 더 예술비평과 구별되기 어렵다. ③ 인간행위의 미추에 대한 감정적 판단이 공감을 얻을 때, 그 판단은 이성법의 한계를 넘어서는 법의 실질적인 내용이 된다.

(2) 공감법의 의미

공감법의 실무화 가능성을 높이기 위해 공감법의 의미를 다음과 같은 인간의 행위(작품)을 예로 들기로 한다.[105]

> **사례 ⓐ** : 여자 친구의 친구로부터 술 취한 상태에서 강제키스를 당하던 남자가 방어를 위해 그 여자의 혀를 2센티미터 절단하였다. 이 남자는 몸을 밀쳐내는 등의 다른 방어수단을 사용하지 않았다(최후수단성의 흠결).

105 이하의 설명은 이상돈, "공감의 법. 공감법의 현상, 개념, 정당성, 미래", *법적 이슈 공감하기 2017* (세창출판사, 2017), 15~31쪽을 요약하고 수정 보완한 것임.

대법원은 이 남자에게 정당방위를 인정하지 않았다(대법원 2014도17023 판결).

사례 ⓐ에서 남녀가 뒤바뀐 사건이라면 대법원은 과거의 판례(대법원 89도358 판결)에 비추어 볼 때 정당방위를 인정했을 것이다. 그렇기에 이 판결은 정당방위권 인정에서 남녀를 차별한 것이 된다, 약한 남성, 강한 여성(phallic woman)의 모습에서 보듯이 남녀간의 '일반적인' 신체적 방어능력의 차이(difference), 즉 일종의 성차를 인정하기도 어렵다. 그러므로 정당방위권의 차별은 합리적 차별이 될 수 없다. 그럼에도 이 판결이 잘못되었다고 생각하는 사람은 그리 많아 보이지 않는다. 물론 혀를 자른 남자의 중상해 행위에 대한 사람들의 감정은 정서-유형 편견[106](affect-type-bias)에 따라 매우 다양할 수 있다. 상당 수의 남자들이 왜 남자는 그렇게 방어하면 안 되냐는 감정을 공유할 수도 있다.

그러나 그런 의미의 공감은 "심미적 반응의 잘못된 귀속"[107](false attribution of aesthetic responses)에서 오는 것이기 쉽다. 그보다 더 많은 사람들이 남자의 그런 행위(작품)가 범죄라는 판단을 못 받는다면 왠지 우리네 삶을 강화시켜주는 에너지가 증가하기 보다는 감소할 것같은 느낌을 가지기 쉽다. 남자와 여자가 평등하긴 하되, 서로를 다르게 배려하는 삶의 태도, 즉 민주적이고 상호적인 돌봄과 배려의 시민의식이 — 니체의 개념으로 말한다면 '고귀한 연민'의 발현이 — 남자의 그와 같은 정당방위 인정에 의해서는 위축되기 쉽다. 이런 점에서 중상해행위라는 남자의 작품에 대한 많은 사람들의 심미적 체험은 추함의 체험이 되기 쉽고, 그 작품에 대해 범죄라는 판단을 귀속시킨다.

---

106 Kevin Melchionne, 앞의 논문, 137쪽 아래 참조.

107 Kevin Melchionne, "On the Old Saw 'I know nothing about art but I know what I like'", *The Journal of Aesthetics and Art Criticism* (Vol. 68, No.2, 2012), 138쪽.

(3) 공감법의 범위

이런 공감법은 그 중심적인 인지유형을 기준으로 직관의 법과 감정의 법으로 나누어 볼 수 있다. 직관과 감정은 인간의 인지작용을 네 가지, 즉 이성과 감정, 감각과 직관으로 분류하는 맥락에서 말하는 것이다. 즉, 근대의 이성법은 이성과 감각을 중심으로 한 법이라면, 공감법은 감각과 직관을 중심으로 한 법이다.

★ 이성과 감각의 법 이성(Vernunft)이란 의식의 지배를 받아 사물을 과학적으로 인식하고, 논리적으로 추론하고 아울러 그 가치를 체계적으로 평가하는 인지작용이다. 이성의 능력은 합리적인 이해(understanding)의 능력이기도 하다. 가령 인간이면 누구나 다른 사람을 죽여서는 안 된다는 법은 인간의 생명권을 보호한다. 이런 법은 인간사회가 약육강식의 자연상태에 머무를 경우엔 누구의 생명도 보호될 수 없고, 따라서 나부터 다른 사람을 죽여서는 안 된다는 실천적 인식을 통해서 생성된다. 이성은 감각(sensing)을 지배하면서 감각을 사용하여 대상을 인식한다. 감각이란 오관(五官: 눈, 귀, 코, 피부, 혀)을 통한 지각을 말한다. 이성법은 오관으로 인식될 수 있는 대상들을 전제로 구성된다. 가령 소송에서 주장된 사실이 과거에 존재했는지를 판단하기 위해 현장 등에 대해 검증을 행한다. 이때 검증이란 흔히 법관이 감각기관(오관)의 작용에 의하여 물건이나 신체의 존재, 상태 등을 직접 인지하는 증거조사방법이라고 정의된다. 검증은 독일어(Duden 사전풀이)로 Augenschein인데, 이는 '눈을 통한 직접적 지각'(unmittelbare Wahrnehmung durch das Augen)을 가리킨다. 이런 검증의 독일어 개념은 다른 감각작용, 즉 코로 냄새 맡기, (범죄현장의 소리 등을) 귀로 듣기, 손으로 만져보기, 혀로 (예: 마약 등을) 맛보기를 제외하고 있으나 시각적 체험이 검증의 중심이 된다는 점에서 그런 법률용례를 이해할 수 있다. 여하튼 이성법은 소송에서 감각을 통해 인지되는 대상에 관한 정보들을 사용하여 관철된다. 피고인이 사람을 살해했다고 하여 징역형을 선고하려면 피살자에 대한 검증, 감정이라는 감각작용을 거치지 않을 수 없다. 그 뿐만 아니라 수사기관에서 조사된 서류들도 법관은 시각을 통해 그 서류에 기재된 언어적 정보들을 인지하고, 증거물도 인지할 수 있다. 이처럼 감각은 이성을 도와 이성법을 실현하는 지각작용

이 된다.

1) 직관의 법 직관(直觀 intuition, Anschauung)은 감각(또는 그에 따른 관찰)에 의존하지 않으며, 합리적 분석을 통하지도 않으며, 느낌(감정)보다는 주관적이지 않지만, 순간적이면서도 종합적인 지각의 총체이다. 하지만 직관은 감정에 이웃하며, 대상에 대해서 이성과 감각으로 포착하기 어려운 것들을 파악한다. 과거 우리나라 법관들은 법률해석에서도 한국사회의 전통 문화적 특성에서 비롯되는 경험적 직관에 많이 의존해 왔다. 전통문화가 약화되어 다양한 하부문화의 단지 한 부분으로 편입될 정도로 포스트모던 문화가 성장한 현대사회에서 법관의 직관적 판결은 이성법의 자리에서 빠져나와 이성법의 한계를 넘어서거나 결함을 보완하는 법발견의 방법이 된다. 예컨대 어떤 도안(예: 오른쪽 사진의 모방넥타이)이 타인의 상표권이나 저작(복제)권(예: 오른쪽 사진의 히딩크넥타이)을 침해하는 것인지를 판단하려면 이성이나 감각으로는 불충분하고, 직관이 개입할 수밖에 없다.

히딩크넥타이(左) 모방넥타이(右)

이런 의미의 직관이 주관적 보편성을 갖고, 그렇게 직관으로 형성한 법이 공감법이 되는지는 일반인의 직관적 판단에 의해서 결정되기 어렵다. 또한 설문조사를 해보아도 그런 직관적 판단은 공감을 말할 수 있을 정도로 광범위하게 일치하기도 어렵다. 직관적 판단의 주관적 보편성은 그 도안의 유사성에 대한 전문적인 예술비평에 의존하게 된다. 즉 양식의 유사여부나 추구하는 사상의 동질성에 대한 전문적인 분석에 의한 비평의 설득력에 의존하게 되는 것이다.

2) 감정의 법 감정(feeling)이란 (이성을 기준으로 볼 때) 비과학적으로, 비논리적으로, 비체계적으로 사물을 파악하는 느낌이다. 이성의 대척점에 있는 인지작용이다.

사례 ⓑ : 베트남 국적 여성이 한국인 남편의 의사에 반하긴 했지만 남편에게 어떠한 불법적인 사실상의 힘을 행사함이 없이 13개월 된 아이를 집에서 데리고 나와 베트남으로 데리고 갔다. 대법원은 남편의 동의 없었다는 점만으로는 베트남 여성에게 국이외송약취죄 및 피약취자국외이송죄가 성립하지 않는다고 보았다(대법원 2010도14328 전원합의체 판결).

형법상 약취는 폭행, 협박 또는 불법적인 사실상의 힘을 사용하여 피해자를 자기 또는 제3자의 지배 아래로 옮기는 것을 뜻한다. 사례 ⓑ에서 대법원은 이러한 '약취' 개념의 의미론(semantics)에 따른 '논리적 결론'을 취한 것이다. 그러나 한국인 아버지가 베트남 부인이 아이를 베트남으로 데리고 가는 것을 제지할 법률상 방도가 없고, 가사재판으로 아이 인도명령을 받아도 베트남에서 집행할 수도 없다는 점에서 이 판례는 "국민 일반의 정서와 법감정에 현저히 반"한다(대법원 2010도14328 전원합의체 판결의 반대견해)고 볼 여지도 있다. 약취 개념의 의미론을 넘어서 이처럼 감정을 법발견의 원천으로 삼아 형성되는 법이 감정의 법이다. 하지만 베트남 부인의 행위(작품)에 대한 사람들의 감정은 그 행위가 추하다고 느끼는 쪽으로 기울지는 않을 것이다. 이처럼 감정의 법은 그 감정이 주관적 보편성을 띠지 못할 때에는 정의로운 것이 될 수 없다. 즉, 사례 ⓑ에서 감정의 법은 공감법이 되지 못하는 것이다. 이는 사례 ⓐ에서 감정의 법이 공감법이 되는 경우와 대비된다.

(4) 공감법의 미래적 성격

그러나 미추체험이 아직 주관적 보편성을 얻지 못한 경우라고 하여 법이 이성법의 전통에 머물러야만 하는 것은 아니다.

1) 공감법의 전미래시제 예를 들어 사형폐지의 문제를 생각해보자. 사형은 일반적으로 무차별적인 연쇄살인의 살인마에게만 선고된다. 사형은 죄값에 비례한 응보의 정의를 실현한다는 점에서 이성적으로 옳은 법제도일 수 있고, 더 많은 사람의 생명을 지키는 공익을 실현한다는

점에서 윤리적으로도 좋은 법제도일 수 있다. 사형폐지에 관한 국민여론은 대체로 50%의 위·아래를 오르락내리락 하고 있다. 즉, 사형제도에 대한 시민들의 미추체험이 아직은 추함의 체험으로 쏠리지 않았다. 하지만 사형폐지의 입법은 시도될 수 있고, 시도되어야 마땅하기도 하다. 사형제도의 폐지를 추진하는 힘으로서 추함의 미학적 체험은 주로 사형수를 '사물화'[108]하는 사형집행절차의 추한 이미지에 대한 것이다. 그리고 이 이미지의 힘은 비록 '미래에 가서'이지만 사형폐지는 지금 시점에서도 이미 정의로운 법, 즉 공감법'이었던 것'이 되도록 만들 수도 있다. 이런 시제(미래에 가서 [과거의 무엇이] ~이었던 게 되는 시간구조)를 데리다(Derrida)는 '전미래시제'(futur antérieur)라고 불렀다. 공감법은 바로 전형적인 전미래시제의 법이다. 그러니까 공감이란 언제나 압도적인 다수국민의 여론이 있을 때에만 말할 수 있는 것이 아니다. 50%의 여론만으로도 공감은 말할 수 있고, 이성법의 한계를 넘어서는 미래의 법개혁을 이끌어갈 수도 있다.

2) 문화의 변화와 공감 이것은 물론 시민들 사이에서 어떤 행위(작품)에 대한 심미적 판단이 변화함을 전제로 한다. 예를 들어 보자. 동물권이 아직 법적 권리로 승인되지 않은 시대에 개고기를 맛있게 먹기 위해 잔인한 방법으로 도축하는 행위는 비이성적이거나, 비윤리적이라고 단정짓기 어려웠다. 수십 년 전에는 개를 잔인하게 도축하고 맛있는 보신탕을 끓여 단백질 섭취가 부족한 마을사람들이 함께 나누어먹던 풍습도 있었다. 그런 시절에 개 도축과 식용의 행위는 비윤리적인 것이 아니며, 법으로 금지되어야 하는 것도 아니었다. 그러나 지금은 많은 사람들이 그런 행위를 비윤리적인 것으로 본다. 그와 같은 동물 학대행위를 처벌하는 동물보호법(제8조 제1항, 제46조 제1항 1호)도 마련되었다.

---

108 D. Manderson, "Requiem: Green Death–Aesthetic Interpretations and Influences in the Death Penalty", *Songs without Music: Aesthetic dimension of Law and Justice* (University of California Press, 2000), 95쪽 참조.

이런 변화는 어떻게 일어난 것일까? 사람들이 그런 행위를 이성적으로 그릇되거나 윤리적으로 나쁜 것으로 보지 않았던 때에도 일부 사람들은 그런 행위를 심미적으로 추한 행동으로 인지하였고, 그런 심미적 판단은 점차 문화의 일부를 구성하면서 더 많은 사람들에게 퍼져나갔다. 이런 변화는 무엇을 추하다고 느끼는 주관적인 미적 체험이 대부분의 사람들이 추하다고 느끼게 되는 과정, 즉 '주관성'이 '보편성'을 획득하게 되는 과정를 거치면서 일어난다. 여기서 심미적 판단은 철학자 칸트(Kant)가 말했듯이 '주관적 보편성'(subjective universality)을 가질 수 있게 된다.[109] 이처럼 주관적 보편성을 갖는 심미적 체험의 내용에 대해서는 사회적으로 심미적 가치가 승인되고, 그 가치는 법의 내용으로 수용되는 것이다. 이처럼 법의 내용으로 수용된 심미적 가치는 정의의 한 요소가 된다. 그런 정의를 미학적 정의(aesthetic justice)라고 부른다.

3) 예술비평적 감수성의 법관상 공감은 이처럼 법의 변화를 가져오는 실천의 토대가 된다. 그러나 공감을 법으로 전환하는 것은 궁극적으로 법관의 인격에 달려 있다. 이 점은 이성법에서보다 더 강하다. 공감법은 논리와 추론, 논증과 규칙형성이 불가능하거나 매우 힘든 판단영역에서 이루어지기 때문이다. 그렇기에 법관에게는 자기 시대의 공감을 읽어내는 감수성과 미래의 공감을 예측하는, 즉 선취(Antizipation 豫了)의 능력이 요구된다. 이런 공감능력을 갖추기 위해서 법관은 심미적 통찰력과 예술비평의 능력을 갖추거나 적어도 예술비평을 이해하는 능력을 갖추어야 한다. 또한 그런 능력을 바탕으로 법관은 미학적 정의를 실현하기 위해 다른 사람들의 심미적 견해와 소통할 수 있는 열린 태도도 가져야 한다.

---

109 하지만 개고기의 유통은 현행 축산법, 축산물위생관리법, 동물보호법의 부조화와 공백 속에서 이루어지고 있고, 이는 국민 일반의 법감정에 반한다고 보는 한민정, "개고기 유통 관련법의 문제점 검토", *유통법연구* (제5권 2호, 2018), 253~281쪽 참조.

07 형법의 예술성

I. 예술형법의 의미

인류역사상 가장 오래된 법인 형법은 얼핏 보면 규율하지 않을 것같은 예술영역에서도 매우 중요한 역할을 수행한다. 특히 예술행위나 작품에 대한 형법의 규제에서는 그 규제의 가혹성 때문에 예술성 자체에 대한 논란이 더 인상 깊게 불붙는다.[1]

물론 예술에 대한 형법적 규제라고 하면, 예술작품의 거래에서 발생하는 다양한 법적 문제들, 이를테면 위작(僞作)에 대한 책임(예: 사기죄)[2], 문화재에 대한 일탈행위(예: 절도, 밀반출 등), 예술작품거래를 통한 조세포탈 등을 떠올린다. 하지만 그런 형법은 예술의 영역 안으로 들어가는 것이 아니라 단지 형법적 통제영역을 예술이라는 전문영역으로 확장하는 것에 불과하다.

---

1 이 07장의 내용은 이상돈, "예술과 형법의 상호형성관계", 고려법학 (제68호, 2013), 357~384쪽과 이상돈, *예술형법* (박영사, 2014), 54~88쪽을 종합하고 교정 보완한 것임.

2 예컨대 이중섭의 물고기와 아이들, 두 아이와 개구리 등의 위작을 그 유족에게 팔아달라고 제안하고, 그 유족이 이를 수락하여 서울옥션을 통해 낙찰 매각한 경우에 사기죄를 인정한 대법원 2007. 10. 25. 선고 2005도1991 판결; 이 경우 경매회사의 법적책임에 관해서는 손보미, *감정실패에 대한 미술경매회사의 민·형사상 책임* (고려대 석사학위논문, 2014), 84쪽 아래 참조.

1. 유령 같은 예술형법

그러나 형법은 예술작품의 예술성을 규율하기도 한다. 가령 우리나라 형법은 예술작품이 음란하다는 이유로 음화제조·판매죄(형법 제243조, 제244조)를 적용하거나 이적표현물이라는 이유로 이적표현물작성죄(국가보안법 제7조 제5항)를 적용하며, 다른 예술작품을 모방하였다는 이유로 저작권침해죄(저작권법 제136조 제2항)를 적용한다.

(1) 형법의 예술한계 설정과 예술의 형법한계 설정

이러한 형법적 규제는 작품의 예술성 문제를 건드린다. 법원이 작품의 예술성을 낮게 평가할수록 그 작품은 음란성이나 이적성 또는 모방성을 이유로 형사처벌될 가능성이 높아지기 때문이다. 하지만 이렇게 작품의 예술성 유무나 그 정도를 판단할 때, 형법은 예술작품에 대한 자신의 통제가 그 작품의 예술성에 미치는 영향을 고려하지 않는다. 그런 점에서 형법은 예술 밖에 위치하는 것처럼 행동한다. 즉 형법은 예술에 대해 외재적(extern)인 것이다. 대개의 법률가들도 이처럼 형법을 예술에 대해 외재적인 것이라고 바라본다. 법원은 예술작품에 대한 재판에서 감정인의 의견으로 제출된 예술비평을 참고한 다음, 객관적이고 규범적인 잣대로 예술작품의 예술성을 판단함으로써 형법적 통제여부를 결정한다.

물론 예술가의 입장에서도 예술은 형법의 밖에 위치하는 것으로 보인다. 그렇기 때문에 대부분의 예술가는 예술작품을 규제하는 형법이 사라질수록 예술은 꽃피울 것이라고 믿는다. 이런 사고에서 보면 예술성은 음란성, 이적성, 모방성을 이유로 권력을 행사하는 형법이 넘어서는 안 되는 울타리를 설정해주는 것이 된다. 그리고 예술에 대한 존중이 극단적으로 커지게 되면, 예술적 표현의 자유는 마치 처분불가능한 권리, 자연법적 권리처럼 주장될 수 있다.

(2) 예술형법의 유령

그런데 예술성에 대한 형법적 규제는 예술이 무엇인지에 대한 규명 없이 이루어진다. 그런 점에서 예술 개념은 거의 "결정불가능성(indécidabilité)의 시련"(the ordeal of undecidability)을 겪고 있다고 말할 수 있다.[3] 그렇기에 예술성 부족을 이유로 예술작품을 처벌하는 형법은 마치 유령과도 같다.

물론 예술철학적으로 예술 개념의 정의가 시도되기도 한다. 가령 예술 개념의 내포를 직접적 쾌락, 기술 또는 기교, 양식, 새로움과 창조성, 비평, 재현, 특별한 초점, 표현적 개성, 감정적 침투, 지적 도전, 문화적 전통, 상상적 경험의 특성들로써 파악하는 자연주의적 예술개념(naturalist definition)[4]을 들 수 있다. 그러나 이런 분석적 관점도 예술과 비예술을 명확하게 경계지을 수는 없다. 이는 단지 예술로 인정되는 작품이 갖는 다양한 특성들을 보여줄 뿐이다. 형법이 예술에 대해 외재적이면서 예술이 무엇인지 해명하지 않은 채 예술성을 판단하는 것은 예술성을 빌미로 권력이나 이념을 예술세계에 강요하는 것일 수 있다. 법이 암암리에 전제하는 예술 개념에 대해 자기의식을 갖는 것이 필요하다.[5]

2. 예술형법과 표현형법의 구분

예술은 작가의 미학적 세계를 표현한다. 그렇기에 예술의 자유는 표현의 자유를 전제한다. 그러나 이와는 정반대로 모든 표현이 예술적 표현이 되는 것은 아니다. 이 점은 표현의 자유를 마치 처분불가능한(unverfügbar) 자연법적 권리인 것처럼 숭배하는 정치적 흐름에서는 간과되기 쉽다.

---

3 Jacques Derrida (진태원 옮김), *마르크스의 유령들* (이제이북스, 2007) 참조.

4 Denis Dutton, "A Naturalist Definition of Art", *The Journal of Aesthetics and Art Criticism* (Vol. 64, No. 3, 2006), 367쪽 참조.

5 이에 관해서 자세히는 이 책의 [01]를 참조한다. 아래서는 형법의 예술개념에서 고유한 점을 포함하여 논의하기로 한다.

(1) 예술과 표현의 경계로서 예술성

21세기에 들어와 우리사회에서 공론의 중심에 놓였던 표현의 자유라는 개념은 우리나라 헌법이 명문으로 규정하는 개념이 아니다. 이 개념은 미국 수정헌법 제1조의 "freedom of speech"를 번역한 개념이다. 표현의 자유는 예술작품이 아닌 표현물들도 누릴 수 있다. 미국 헌법상 표현의 자유는 우리나라 헌법에서는 학문과 예술의 자유(제22조 제1항), 행복추구권(제10조), 양심의 자유(제19조), 언론·출판의 자유(제21조) 또는 열거되지 않은 권리(헌법 제37조 제1항) 등에서 도출될 수 있다.

Roy Richtenstein
Crying Girl, 1964

1) 표현물과 예술작품의 구분 물론 예술이 아닌 표현물과 예술작품의 경계는 모호하다. 그렇기 때문에 표현물에 대한 형법의 규제와 예술작품에 대한 형법의 규제는 구분되지 않기 쉽다. 여기서 중요한 점은 표현물과 예술작품은 형법적 규제 이전에 이미 구분되어 있는 것이 아니라 형법의 예술성에 대한 법적 판단에 의해서 '비로소' 구분된다는 것이다. 물론 이런 현상은 현대사회에 와서 빚어진 일이다. 무엇보다 예컨대 팝아트(pop art)나 설치미술(installation art)에서 보듯이 예술이 그 장르의 유형적 특징이나 양식적 특성만으로는 더 이상 일반 표현물과 명확하게 차별화될 수 없게 되었기 때문이다. 가령 만화 같은 그림은 장르에 따른 일반적 형식적 구분으로는 회화가 아니지만, 로이 리히텐슈타인(R. Richtenstein)의 그림처럼 예술성이 인정된다면 그것 역시 다른 회화와 마찬가지로 예술작품이 될 수 있다.

2) 예술비평의 담론과 형법적 예술비평 따라서 예술형법은 일응(prima facie) 모든 표현물들을 규율의 대상으로 삼을 수밖에 없다. 물론 실제로는 넓은 의미의 예술형법에서 전제된 예술 개념에 해당하는 작품들을 주로 다룰 수 있다. 하지만 일반 표현물인지 예술작품인지는 형법

이 그 표현이나 작품의 예술성을 검토한 뒤에 비로소 귀납적으로 결정된다. 예술성이 전혀 없다고 판단되면, 그 작품은 예술의 개념에서 배제되고 일반 표현물이 된다. 최소한의 예술성이 인정되어 예술의 범주에 들어오는 작품이더라도 그 예술성의 많고 적음에 따라 예술작품은 여전히 음란물(형법 제243조 내지 제245조)이나 이적물(국가보안법 제7조 제5항) 또는 저작권침해물(저작권법 제136조 제2항)로 취급될 수 있다. 이러한 과정을 도표로 표현하면 다음과 같다.

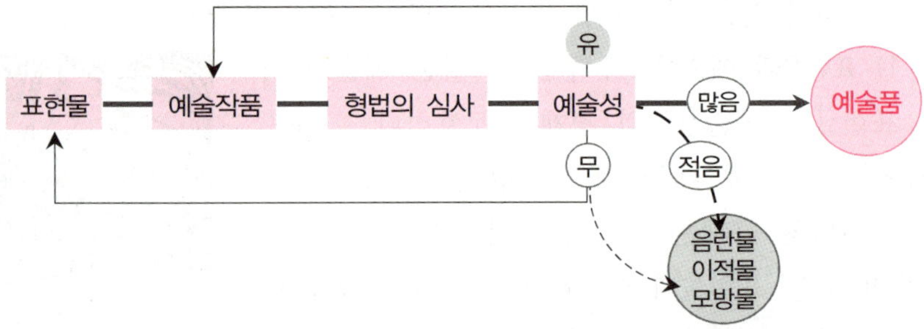

이런 논리에서는 자칫 형법이 예술이나 표현의 자유 위에 있는 것처럼 생각할 수도 있다. 그러나 이는 형법적 통제의 논리적 구조를 설명한 것뿐이다. 형법은 작품의 예술성을 심사할 때 스스로 고유한 판단잣대를 갖고 있지 않다. 형법은 예술계의 비평담론으로부터 그 잣대를 가져오고, 예술비평의 담론은 예술인 그리고 그들과 미학적 소통을 전개하는 모든 시민들에 의해서 형성되고 펼쳐진다. 형법은 바로 그런 담론과 소통해야 한다. 그런 소통을 원활하게 해주는 헤르메스(hermes) 기능을 수행하는 지식, 즉 형법과 예술비평을 가로지르는 지식을 개발하고 관리하는 분과로서 법예술비평이 성립할 수 있다.[6]

---

6 이상돈, *예술형법* (박영사, 2014), 제2부~제4부는 그런 형법적 예술비평의 분과를 개척하는 시도이다.

(2) 표현영역의 단계적 영역구분

위의 설명에서 형법실무자들은 어떤 표현이나 작품에 대해 형법의 적용을 검토할 때 언제나 표현물을 규제하는 형법, 즉 표현형법과 예술형법을 동시에 생각해야 함을 알 수 있다. 물론 예술성이 인정되지 않은 표현물에 대해 일반 표현물로 취급할지 아니면 예술작품으로 취급할지는, 그 표현물이 예술의 장르에 속하는 것인지에 대한 시민사회의 일반적 이해에 따라 결정된다. 그런데 일반 표현물이라면 예술로 분류되는 '예술적이지 못한 예술작품'보다도 좀 더 강한 형법적 통제를 받게 된다. 표현의 자유는 일상영역에서보다는 정치영역에서, 정치영역에서보다는 학문영역에서, 그리고 학문영역에서보다는 예술영역에서 더 강하게 보장되어야 하기 때문이다. 그 이유를 살펴보고, 사례들을 통해 이해를 도모해보자.

일상영역 < 정치영역 < 학문영역 < 예술영역

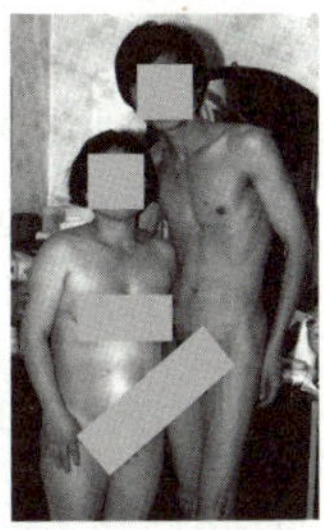

김인규, 우리부부, 1996

1) 일상영역 일상영역은 사람들이 문화적, 역사적으로 소통하며 합의해가는 정당한 규범의 질서로 짜여 있다. 그런 규범질서를 깨뜨리는 표현의 자유는 그 규범질서의 부당성을 문제로 제기하고, 장기적인 변화를 도모하는 소통으로서만 보장될 수 있다. 예컨대 포르노물건들을 주택가 골목에 공공연하게 전시하는 행위는 형사처벌되어 마땅하다. 또한 개인이 자기나 타인의 성기를 클로즈업 하여 찍은 사진을 일반적으로 접근이 가능한 개인 블로그나 홈페이지 등에 올려놓는 행위도 일상영역의 도덕적 질서를 깨뜨린다는 점에서 형법적으로 통제되어야 한다. 가령 미술교사가 자신의 홈페이지에 부부의 알몸사진을 게재한 행위는[7] 그것이 개념예술적 퍼포먼

7 김인규 미술교사가 〈우리부부〉라는 이름으로 홈페이지에 게재하여 형사처벌된 사건에

스(conceptual performance)로 평가될 수 없는 한, 일상영역에서의 표현행위가 된다. 그런 표현행위는 특히 교사의 가르침을 받는 학생들의 생활세계에서 지켜져야 할 도의관념을 근본적으로 부정하고, 학생들에게 도덕적 허무주의(nihilism)를 확산시키는 것일 수 있다. 이처럼 일상영역에서 일어난 (주관적인 예술)행위에 대한 형법의 개입은 허용된다.

2) 정치영역 이에 비해 정치적 의사형성의 과정으로서 행해지는 표현들은 일상영역에서보다는 한 단계 더 강하게 보호되어야 한다. 정치적 의사형성은 민주사회에서 공동체의사를 형성하는 중요한 사항이며, 정치적 의사형성은 장기적으로 일상생활과 그 규범질서에도 구조적인 변화를 가져오는 것이기 때문이다.

가령 과거 베트남 전쟁 당시 미국 종군기자(AP 통신 Nick Ut)가 공습으로 화상을 입고 울며 도망가고 있는 베트남 소녀, 〈환 티 킴 훅크〉 (Phan Thi Kim Phuc)의 나신을 찍은 사진(1972년)을 신문에 게재하는 것은 형법적으로 허용된다. 그것은 정치영역에서 전쟁이 가져오는 인권침해의 잔혹상을 알리고, 인권의 중요성에 대해 세계시민들과 소통하는 정치적 표현행위이기 때문이다.

Nick Ut 기자가 1972년 찍어 퓰리처상 수상한 사진

3) 학문영역 학문적 표현은 보호정도에서 정치적 표현과 예술적 표현 사이에 위치할 수 있다.

㈎ 정치적 표현보다 더 많은 자유의 학문적 표현 학문적 표현은 일상이나 정치의 도덕적 배후나 과학적 진실을 되묻는다는 점에서 일상적 표현이나 정치적 표현보다 더 많은 자유를 누려야 한다. 하지만 학문적 표현은 예술적 표현과는 달리 단지 상징적이거나 상징을 통해 현실을 형성하는 차원을 넘어서 직접적으로 일상과 정치의 현실을 변화시키는 실제적 행위라는 점에서 예술적 표현보다는 적은 자유를 누려야 한다.

대한 예술비평으로 이상돈, *예술형법* (박영사, 2014), [5]단락 참조; 사각형 음영표시는 유죄판결을 고려하여 필자가 한 것임.

가령 학술적 논의 맥락에 들어온 음란물은 일상영역이나 정치적 표현영역보다 더 넓게 허용될 수 있다. 예를 들어 법원에 의해 음란물로 판정된 화가의 그림을 그것이 음란물인지 예술작품인지 학술적으로 논의하는 논문이나 저서에 게재하는 것은 형법적으로 문제 삼을 수 없다. 다만 인터넷상의 블로그는 일반적으로 학술적 논의의 고유한 매체로서만 기능하는 것이 아니기 때문에, 블로그에 음란물을 게시하는 경우에는 그 블로그가 마치 학술저서와 유사한 기능을 할 정도로 구성되어야 한다. 즉, 게시물의 내용구성이 (서평논문과 같이 가장 넓은 의미에서) 논문(article) 형태를 띠고 있고, 주장과 논증의 학술적 의미를 생성시키는 이론적 논의나 학술사적 논의의 맥락이 언급되어야 한다

(나) **박경신의 검열자일기 블로그 사건** 2011. 5.경 방송통신심의위원으로 위촉된 박경신 교수는 2011. 7. 자신의 인터넷 블로그에 '검열자일기 #4 이 사진[8]을 보면 성적으로 자극받거나 성적으로 흥분되나요? 라는 제목으로 2011. 7. 12. 방송통신심의위원회에서 음란정보로 의결한 발기된 남성 사진을 게시하였다. 그리고 우측 사진과 같은 자신의 의견을 게재하였다. 박경신 교수는 정보통신망법상 음란물유포죄로 기소되었고, 제1심 법원은 이 게시물에서 박경신 교수는 게시된 사진을 음란물로 볼 수 없다는 의견을 간단히 제시할 뿐 "이에 대한 구체적인 학술적 논증이나 그밖에 발기된 남성성기의 사진에 의해 야기되는 성적 자극을 완화시킬 만한 문화적, 예술적, 사상적, 과학적, 교육적 가치 등을 지닌 내용상의 맥락이 존재한다고 평가하기 어려운 점"등의 이유를 들어 유죄를 인정하였다.[9] 이에 반해 항소법원은 이 게시물의 학술적 가치를 인정하였고[10] 대법원[11]도 이 게시물이 "사진들과 음란물

8 우측은 게시물에서 성기사진 부분은 필자가 1심 판결처럼 음란물로 보기도 하는 견해를 고려하여 빗금처리로 그 문제점을 완화한 것임.

9 서울형사지방법원 2012. 7. 13. 선고 2012고합151 판결.

에 관한 논의의 형성·발전을 위한 학술적, 사상적 표현 등이 결합된 결합 표현물"에 해당하고, 사회상규에 위배되지 않는 행위로서 위법성이 조각된다고 보았다.

(다) **학문적 표현물과 정치적 표현물의 구별** 대법원은 정치적 표현물과 학문적 표현물을 구분하지 않고 포괄적으로 학술적, 정치적 결합표현물에 해당하느냐에 대한 판단에 따라 재판한다. 그러나 양자는 구분되어야 한다. 이 사건 재판의 중점은 이 블로그 게시물이 학문적 표현물인지 여부에 있었던 것으로 보인다. 제1심은 이를 인정하지 않았고, 항소심과 대법원은 인정한 것이다. 이 블로그 게시물을 학문적 표현물로 인정하는 문제에서, 표현의 자유에 대한 개념정의와 정보통신심의규정 제8조의 해석에 관한 의견 개진, 청소년유해물과 음란물의 구별, 명백하고 현존하는 위험의 법리 언급 등은 긍정적인 요소이지만, 게시물이 가장 넓은 의미의 논문 형태(article)를 취한다고 보기 힘든 점과 음란성에 대한 본격적인 학문적 논의맥락이 결여되어 있다는 점은 부정적인 요소이다. 이 게시물은 우리사회에서 표현의 자유를 시민권(Bürgerrechte)으로 정착시키고, 보수적인 정치적 지배체제에 대한 변혁을 지향하는 정치적·시민운동적 성격의 표현물로 보는 것이 더 적절하다. 그러므로 정치적 또는 사상적 표현물로서 이런 정도의 표현이 허용되는 것인지가 오히려 재판의 쟁점이 되었어야 한다. 물론 정치적 표현물로서도 박경신의 블로그게시물은 형법의 배후질서로서 자유민주주의의 성숙한 문화

---

10 서울고등법원 2012. 10. 18. 선고 2012노2340 판결 참조.

11 대법원 2017. 10. 26. 선고 2012도13352 판결: "음란물이 그 자체로는 하등의 문학적·예술적·사상적·과학적·의학적·교육적 가치를 지니지 아니하더라도, 음란성에 관한 논의의…형성·발전을 위해 문학적·예술적·사상적·과학적·의학적·교육적 표현 등과 결합되는 경우…음란 표현의 해악이 이와 결합된 위와 같은 표현 등을 통해 상당한 방법으로 해소되거나 다양한 의견과 사상의 경쟁메커니즘에 의해 해소될 수 있는 정도라는 등의 특별한 사정이 있다면, 이러한 결합 표현물에 의한 표현행위는 공중도덕이나 사회윤리를 훼손하는 것이 아니어서, 법질서 전체의 정신이나 그 배후에 놓여 있는 사회윤리 내지 사회통념에 비추어 용인될 수 있는 행위로서 형법 제20조에 정하여진 '사회상규에 위배되지 아니하는 행위'에 해당된다."

를 위해서도 처벌되어서는 안되는 표현으로 볼 수 있다.

★ 제국의 위안부와 탈식민주의 ① 학문적 표현의 자유의 범위가 어디까지인지는 최근 〈제국의 위안부〉에 대한 재판에서 다시 심각하게 문제되고 있다. 이 책에서 저자 박유하 교수는 위안부의 일본군과의 동지적 관계나 위안부의 매춘성에 대한 언급으로 일본군 위안부 피해자의 명예를 훼손했다는 혐의로 기소되었다. 1심에서는 무죄, 2심에서는 유죄를 선고되었고, 상고심이 진행 중이다. ② 박 교수가 재판에서 말한 '제국의 위안부'는 '제국에 동원 당한 위안부'라는 뜻으로서 일본의 식민주의와 민족주의의 이분법을 해체하는 탈식민주의 관점을 보여준다. 가령 위안부를 제3세계의 하위주체(subeltern)로 바라본다면, 위안부는 서구적 문명 또는 일제의 근대화 논리부터 소외되었지만 동시에 일본제국주의를 모방 학습하고 내면화한 한국 내의 민족주의나 가부장제 등으로부터도 소외되었다는 점을 드러내는 것이다. ③ 민족주의적 또는 반식민지주의적 집단기억의 형성과 유지는 (주로 남성들의) 일정한 정치적 목적을 수행하고, 이를 위해 위안부를 '젊고 가녀린 피해자'의 모습으로 박제화하는 경향이 있다. 탈식민주의의 관점에서 보면 위안부 여성은 그처럼 정치화하는 남성적 언어의 틀에서 빠져나와 — 그것이 식민주의에서 비롯되었던 민족주의에서 비롯되었던 — 여성 억압의 담론을 해체하는 여성의 '소수언어'를 찾아야 한다. 위안부여성들은 각자의 다양한 경험에 대해 이리가라이(Luce Irigaray)가 말하듯 '스스로 말하기'를 할 수 있어야 하는 것이다. ④ 〈제국의 위안부〉가 엄격한 학술언어로 쓴 학술서가 아니더라도 이와 같은 탈식민주의의 학문적 담론에 참여하는 것인 한 학문적 표현의 자유를 누릴 수 있다.[12]

4) 예술영역 인간은 민주적 법치국가의 이념이 성숙하게 실현된 법공동체에서 살아도, 그 질서의 기초를 이루는 도덕관념들은 인간들의

12 〈제국의 위안부〉에 대해 식민지 법제에 대한 합법주의적 이해방식으로 비판하는 이재승, "식민주의와 과거극복의 정치", *법과 사회* (제49호, 2015), 1~31쪽 참조. 그러나 민족주의적 관점에 서서 정의와 부정의, 선과 악의 이분법을 지나치게 강조하게 되면 예를 들어 강제 동원된 모든 일본병사가 절대악이 되고, 한일 사회 모두에 내재한 계급이나 젠더 문제의 다양한 층위를 외면하게 되고, 그 층위가 위안부 문제에 기여했던 점에 대한 역사적 반성도 어렵게 된다.

본능에 대해서 억압적인 것이다. 그런 억압은 인간의 무의식 속에 파괴적 에너지로 축적이 되고, 그런 에너지는 다양한 일탈행동으로 표출되기도 한다.[13] 그런 표출은 때로는 사회유해적인 범죄의 형태로 이루어져 다시금 인간과 그 공동체에 매우 유해한 결과를 가져온다. 그렇기에 인간은 성숙한 문명과 정치문화의 공동체 안에서 사는 대가로 치러야만 하는 억압으로부터 해방을 상징적으로 표현하여, 자신의 정신(무의식)을 돌볼 필요가 있다. 예술은 그런 상징적 표현의 핵심영역이 된다.

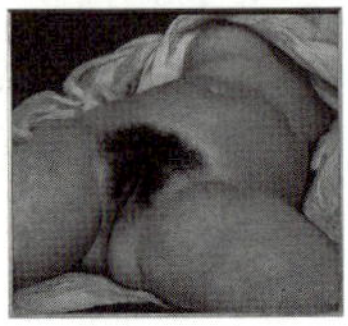

Courbet, L'Origine du monde, 1866

㈎ **최대의 자유를 누리는 예술적 표현** 그러므로 예술적 표현의 자유는 개인이 시민권으로 누려야 할 표현의 자유 가운데 가장 강하게 보호되어야 한다. 예술은 현실에서 도덕적으로 용납할 수 할 수 없는 것을 상징적으로 하는 영역이기 때문이다. 가령 구스타프 쿠르베(Courbet Gustave)(1819~1877)가 그린 〈세상의 근원〉(L'Origine du monde)은 여성의 음부를 정밀하게 사실적으로 그려놓고 있다. 사실주의 회화의 시작으로 인정되는 이 그림을 개인이 블로그에 올려놓아 보통의 시민들과 감상을 주고받는 행위는 예술을 향유하는 것이다. 그러므로 형법은 이를 허용해야 한다.

Abramovic, Imponderable, 1977

또 다른 예로 행위예술적 표현을 들어보자. 가령 행위예술의 대모라고 불리는 마리나 아브라모비치(Marina Abramovic)는 1977년 덴마크 루이지애나 미술관에서 "헤아릴 수 없음"(Imponderalble)이라는 작품명 아래서 남자와 함께 나체로 좁은 통로에 마주하고 있고, 그 사이를 관객들이 통과하도록 하는 행위를 하였다. 이 행위는 ① 기존의 사회적 의례와 규범을 완전하게 해체하는 양식성을 갖고 있고, ② 그런 양식은 그와 같은 인간행위를 하게 만

13 이에 관한 정신분석학적 논의에 관해서는 이상돈, *법의 깊이* (법문사, 2018), 831쪽 아래 참조.

드는 것이 무엇인지를 우리는 '헤아릴 수 없는 것'이라는 사상을 생성시키며, ③ 관객이 예술의 의미 체험에 적극적으로 임하는 미술관에서 이루어진다. 이 세 요소를 통해 이런 행위는 예술성을 얻게 된다. 이 행위예술의 화두는 특히 인간의 미적 감수성(aesthetic sensitivity)과 같은 인간적 요소들은 헤아릴 수 없다는 점에 대한 것이다.[14] 헤아릴 수 없음은 미에 관한 통념을 전복시킨다. 가령 이 퍼포먼스에서 관객이 나신의 남녀 사이를 통과할 때 관객은 대면과 신체적 접촉에도 불구하고 성욕이 유발되지 않는 행위예술가와의 만남 속에서 나체의 전통적인 성적 의미가 전복되는 체험을 할 수 있다. 이런 전복은 사회관습과 규범이 아무리 옳거나 좋은 것일지라도 인간의 정신(무의식)에 가하는 억압을 해체하는 예술적 체험을 하게 만든다. 이런 점에서 아브라모비치의 행위예술은 성적 호기심에서 쳐다보게 만드는 음란한 행위가 아니라 깊이 있는 예술적 표현이 된다. 법은 이런 행위예술적 표현을 금지해서는 안 된다.

(나) 하이퍼리얼과 예술 예술은 현실세계에서 겪는 인간의 자기억압적 스트레스를 해소하는 기능을 한다. 이 기능이 상징의 세계가 아니라 실제의 세계에서 수행되면, 그 활동은 예술영역에서 벗어난 것이 된다. 그런 경우의 대표적인 예로 — 보드리야르(J. Baudrillard)의 시뮬라시옹(simulation)[15] 이론이 말하는 바와 같이 — 예술작품의 상징적 이미지에 담긴 체험적 의미가 실제세계에서 현실로 발현되는 경우를 들 수 있다. 보드리야르는 〈유혹에 대하여〉(De La séduction)에서 미디어가 계발한 성욕이 가짜현실을 만드는 지를 밝혀낸다. 그는 미디어의 모델들이 계발해주는 성욕을 시뮬라크르(simulacre 흉내)라고 부른다. 예컨대 포르노

14 이 점은 이 행위예술의 안내문인 "Imponderable / such imponderable human factors as one's aesthetic sensitivity / the overriding importance of imponderables in determining human factors"을 의역하고 풀어낸 것이기도 하다.

15 J. Baudrillard(하태환 역), *시뮬라시옹: 포스트모던 사회문화론(Simulacre et simulation)* (민음사, 1992), 12~13쪽 참조.

를 볼 때 우리가 느끼는 현실감은 바로 이 시뮬라크르라는 인공물이라 할 수 있다. 이 시뮬라크르는 사실 원본이 없는 이미지인데도, 그 이미지는 마치 현실인 것처럼 느껴진다. 이와 같은 시뮬라시옹이 미디어에 의해 과잉으로 생산될수록 현실세계는 단지 하이퍼리얼(hyper-real)로 넘쳐나게 된다.

그렇기에 포르노를 보는 사람들은 그 이미지를 현실에서 재연하고 싶어하며, 때때로 재연을 시도한다. 그러나 그런 시도를 통해 사람들은 해방된 성을 경험하는 것이 아니다. 포르노에 의한 시각적 감응이 진행될수록 사람들은 오히려 자신이 억압되는 경험을 하곤 한다.[16] 그러나 이런 시뮬라크르는 포르노뿐만 아니라 음란한 표현의 회화에서도 마찬가지일 수 있다.

(다) **예술영역에서 일상영역으로** 따라서 음란함이 없는 누드회화와 사실주의를 가장한 누드회화의 법적 차이는 그런 하이퍼리얼을 얼마나 많이 생산해 내는가에 달려 있다고 볼 수 있다. ① 〈나체의 마야〉는 스페인의 낭만주의 화가이자 인상파의 시원을 이루는 고야(Francisco Goya)가 어느 귀족부인을 그린 명화이다. 이 그림을 성냥갑에 새겨 넣어 판매한 행위는 음화제조와 판매죄(형법 제243조 제244조)로 처벌될 수 있다. 이런 행위는 예술품을 단순하게 상업적으로 사용(예: 옥션의 수익지향적 작품거래)하는 정도를 넘어서 그 작품 속의 〈나체〉를 예술의 생성과 감상이 이루어지는 맥락에서 빼내어 마치 포르노를 대신하는 기능을 하는 맥락 속으로 집어넣기 때문이다. 그렇기에 같은 〈나체의 마야〉라도 성냥갑 위의 것은 일상영역에서 한 표현이며, 일상영역의 도덕을 기준을 그 허용여부가 판단될 수 있다.

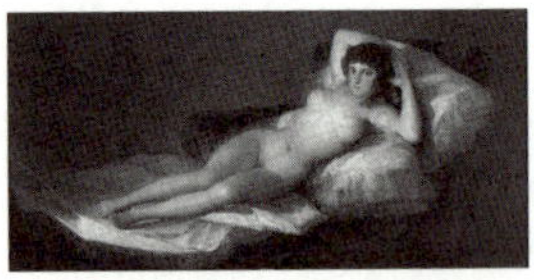

Francisco Goya, The Nude Maja (La maja desnuda), 1800년경

② 또 다른 예로 2005. 7. 30. MBC 생방송 음악캠프에서 인디밴드

---

16 J. Baudrillard (배영달 역), *De La séduction (유혹에 대하여)* (백의출판사, 2002) 참조.

럭스의 공연무대에 같이 섰던 인디밴드 카우치 멤버 신현범과 스파이크 브랫츠 멤버 오창래가 공연 도중 4~5초 동안 음경과 엉덩이를 보여주는 등의 행위를 한 사건을 들 수 있다. 이 행위에 대해 공연음란죄와 업무방해죄가 적용되었다.[17] 하지만 이 공연은 당시 우리 사회에 너무나 충격적인 것이었기 때문에 예술적 표현의 자유에 관한 담론을 펼치게 하지 못했고, 언론 또한 비판과 불인정의 보도로 일관하였다.[18] 하지만 펑크 밴드들의 이런 공연이 아브라모비치(Marina Abramovic)가 알몸으로 한 행위예술 "헤아릴 수 없음"(Imponderable)과 같이 예술적 표현의 자유를 누릴 수 없는 것인지, 없다면 그 이유는 무엇인지가 논의할 필요가 있다.

인디밴드 카우치 생방송 노출사건장면, 2005

만일 같은 행위가 펑크 밴드의 공연장에서, 그리고 그러한 알몸퍼포먼스가 전복시키는 일상의 전승된 의미를 읽어낼 수 있는 맥락이 있는 상황에서 이루어졌다면 이 퍼포먼스가 아브라모비치의 행위예술과 다른 취급을 받기도 매우 어려울 것이다. 그러나 공중파 그것도 생방송으로 청소년들을 포함한 가족들이 시청하는 상황이었고, 그런 퍼포먼스의 전복적 의미를 공유하기 어려운 상황이었기 때문에 그런 퍼포먼스의 시·공간은 예술영역이 아니라 일상영역(상업영역)으로 옮겨 와 있었다고 보아야 한다. 그렇기에 그러한 표현은 대중들에게 예술적 의미체험을 가져다주기보다는 (특히 청소년들에게) 도덕적 허무주의(nihilism)가 일상영역에 '습격'[19]하도록 만들었다고 볼 수 있다. 그러한 표현에 대한 형법의

17 이러한 사건내용에 관한 설명은 나무위키와 위키백과를 참조한 것임. 행위자들에게 서울남부지법이 내린 처벌에 관해서는 법률신문 뉴스 2005. 9.27.자 ('성기노출' 밴드 집행유예 선고, 석방) 참조.

18 이 사건에 대한 제1심 법원은 알몸퍼포먼스를 공연음란과 업무방해의 범죄이지만, 이 범죄가 "젊은 나이의 혈기에" 저질러진 것으로 보고 집행유예를 선고하고 있다. 이것은 알몸퍼포먼스의 예술성 여부를 철저히 일갈하고, 젊은이의 단지 어리석고 미성숙한 행동으로만 그 의미를 해석하는 것이 된다.

19 여기서 '습격'이라는 표현을 사용한 것은 모든 시민들을 상대로 적극적으로 알몸 퍼포먼스를 한 점에서 독자가 자발적으로 클릭해 들어가야만 볼 수 있는 인터넷 홈페이지

불인정은 정당하다.

3. 예술형법의 아포리아

예술형법은 아포리아(aporia)에 시달릴 수밖에 없다. 예술과 형법은 범주적으로 충돌하기 때문이다. 이 범주적 충돌은 법과 예술의 정언명령(Imperative)이 근본적으로 다른 데서 비롯된다.

(1) 예술과 법의 범주적 충돌

법은 미학적 가치가 인정될만한 작품이 주체에게 가져다주는 미학적 쾌락에 대해서는 억압적인 태도를 취한다. 이는 법의 전통적인 정당성 기초이면서 법질서의 사회적 배후로 기능하는 도덕의 정언명령을 따른 결과이다. 이에 반해 예술작품은 미학적 쾌락을 최대화하라는 정언명령 아래 놓인다.

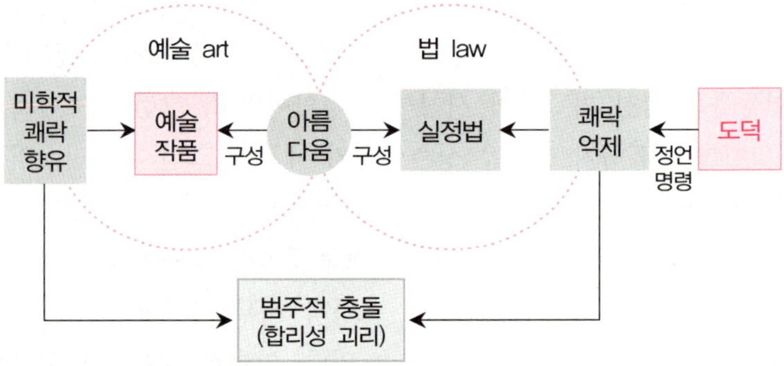

하지만 이 정언명령을 따르는 예술작품은 도덕을 무시하기 쉽다. 예술작품의 체험자들이 개별적으로 향유하는 미학적 쾌락이 증가할수록 그 작품의 예술성은 높아지는 것이지만, 모든 개인들에게 같은 쾌락의 향유를 보장하려는 도덕의 보편성 원리에는 어긋날 수밖에 없기 때문이

게시물이었던 중년부부의 알몸사진인 〈우리부부〉와의 차이를 고려한 것이다.

다. 여기서 법과 예술, 정의와 아름다움 사이의 '범주적'(categorical) 충돌이 발생한다.

예술의 요청으로는 그림이나 행위예술에 성기노출을 통하여 (특히 전복적 의미체험을 수반하는) 미학적 쾌락을 극대화시킬 수도 있는 반면, 동시에 잠재적으로는 도덕적 질서를 위태롭게 할 수도 있다. 여기서 잠재적이란 그림의 그런 해악은 상징의 세계에서 진행되는 것이고, 상징이 현실이 되는 것은 일단 가능성으로서 남아 있는 것이기 때문이다. 물론 포스트모던 사회에서는 상징이 현실이 되는 정도가 매우 높다. 그러나 모든 사람들이 성기를 일상에서 자유롭게 노출할 수 있다면, 그것은 — 나체에 대한 욕망을 특정 해수욕장에서의 평화로운 일광욕에 국한하여 허용하는 법이 준수되는 경우를 제외하고 — 사람들의 다양한 욕망을 촉발하여 다른 사람에게 해를 끼칠 위험이 매우 높다. 그렇기에 사실 성기노출 이외에는 무해한 바바리맨들의 대부분 행위는 그들의 입장에서는 행위예술과 구분하기 어려운 정도의 예술적인 퍼포먼스가 됨에도 불구하고, 달리 말해 일상영역과 예술영역 그 사이에 위치하는 것일 수 있음에도 불구하고 여전히 법에 의해 통제될 수밖에 없다.

이 점을 거꾸로 읽어보면, 바바리맨의 퍼포먼스가 통제되는 한, 그와 구별이 쉽지 않거나 구별의 근거가 탄탄하지 않은 행위예술의 작품들도 통제되어야 한다는 결론이 나온다. 그러므로 예술작품이 성기노출을 소재로 삼을 경우에는 일상의 성기노출과 구분되는 미학적 양식과 사상 및 맥락을 충분히 갖고 있어야 하게 된다. 하지만 이것은 법의 요구일 뿐, 예술의 세계에서는 그런 요구를 완전하게 충족할 수 없다. 그렇기에 언제나 예술작품의 예술성 추구와 법의 배후로서 도덕(질서)은 서로 범주적으로 충돌하는 경향을 띨 수밖에 없다.

(2) 범주적 충돌과 법의 조정

그런데 법에게 주어지는 도덕적 정언명령과 예술작품에 주어지는 미학적 정언명령 사이의 충돌, 예컨대 음란성을 억제하라는 명령과 (음란한 표현양식을 사용하든 않든, 그것을 넘어서서) 예술성을 높이라는 명령은 언제나 충돌하기만 하는 것이 아니다.

1) 법의 체계간 원칙과 범주적 충돌의 완화 이와 같은 범주적 충돌은 예술과 법 사이에서 뿐만 아니라 다른 사회영역(예: 경영, 의료 등)과 법 사이에서도 발생한다. 예컨대 경영영역에서 정언명령은 수익을 최대화하라는 것이다. 이 수익을 최대화하기 위해서는 사업상 위험을 감수하여야 한다. 즉 경영영역에서는 위험감수(risk taking)의 원칙이 지배한다. 이에 반해 법에서 정언명령은 법익을 침해하는 위험을 막거나 회피하라는 것이다. 즉 법에서는 위험회피(risk avoiding)의 원칙이 지배한다.[20] 위험감수와 위험회피는 서로 모순되는 요청이다. 이 모순은 법에 의해 완전하지는 않지만 상당한 정도 완화될 수 있다. 예컨대 적정위험은 감수하고, 이례적인 고위험은 회피하라는 식의 절충적 타협도 가능하다. 적정위험을 감수한 사업의 실패는 법이 수용한 경영판단원칙(business judgement rule)[21]에 의해 합법화하기도 한다.

2) 조정이 불가능한 예술과 법의 범주적 충돌 이에 비해 법의 도덕적 합리성과 예술작품의 예술성 사이의 범주적 충돌은 해결되기가 거의 어렵다. 왜냐하면 법이 도덕적으로 통제하는 음란성 등은 예술성의 그림자로서 예술성과 분리될 수 없기 때문이다. 가령 음란성을 어떤 기준에 의해 어느 수위에서 형법적으로 통제해야 작품의 예술성을 생성시키는 자유가 침해되지 않는 것인지는 명확하게 확정할 수가 없다. 성기노출이라는 형식적·객관적 기준으로 작품을 통제한다면, 역사적으로 수많은 유명한 작품들의 예술성이 부정될 수밖에 없다. 성적 수치심이라

20 이런 범주적 충돌에 대해 이상돈, *경영과 형법* (법문사, 2011), [1]단락 참조.

21 여기서 경영판단원칙은 경영/경제체계와 법체계 사이에 위치하는 체계간(間) 원칙(*intersystemic principle*)이 된다. 이런 체계간 원칙에 관해서 자세히는 이상돈, *경영판단원칙과 형법* (박영사, 2015); Alberto Febbrajo, Gorm Harste, *Law and Intersystemic Communication: Understanding 'Structural Coupling'* (Ashgate Pub., 2013) 참조.

는 풍속개념도 그 주관성과 도덕의식발달의 개인적 또는 문화적 차이로 인하여 법의 객관적 기준이 될 수 없다.

또한 작품에 대한 법관의 주관적 감상도 헌법 제103조("법관은 헌법과 법률에 의하여 그 양심에 따라 독립하여 심판한다")가 법관에게 보장한 양심에 따른 심판의 "양심"에 해당할 수 없다. 만약 그렇지 않다면 법관 개인의 미학적 체험이 곧 법이 되고 말기 때문이다. 미학적 체험이 법관의 양심이라는 개념을 통하여 법이 되기 위해서는 적어도 그 체험에 따른 미추판단이 주관적 보편성을 획득할 수 있는 것이어야 한다. 이런 점에서 어떤 작품이나 행위의 음란성과 예술성이 공존하여 등장하는 예술과 법(배후의 도덕)의 범주적 충돌은 법에게는 일종의 해결불가능한 아포리아(aporia)가 된다고 말할 수 있다.

II. 형법과 예술의 반성적 평형

그러면 법의 도덕적 요청과 작품의 예술성 사이의 충돌 상황에서 발생하는 형법의 아포리아는 어떻게 해결할 수 있는 것일까?

1. 사이성의 법

이 물음에 대한 답을 미리 간명하게 말하자면, 그 아포리아는 해결할 수 없고, 법은 도덕적 합리성과 예술성 사이에(inbetween) 위치해야 한다는 것이다. 사이에 위치한다는 것은 고정된 지점, 즉 도덕성과 예술성을 타협시키는 확고한 중간지점을 찾는다는 것을 뜻하지 않는다. 그런 지점은 도덕성의 실현도 부족하고, 동시에 예술성의 실현도 부족하게 만든다. 사이에 위치한다는 것은 성찰의 지속적 과정을 말한다. 즉, 어떤 예술작품의 도덕적 결함을 형법이 통제하려고 할 때, 예컨대 어떤 작품을 음란물이라고 규정하고, 제재하려고 할 때, 법은 그런 제재가 예술성을 훼손하는지를 반성적으로 바라보아야 한다. 반면에 예술의 자유라는 이름 아래 도덕과 그것을 제도화한 법을 완전히 무시하는 표현적 행위를 할 때, 예술가는 예술의 자유가 가능하기 위한 사회적 필요조건을 해치는지 여부를 — 예컨대 음란한 표현을 아무 데나 전시함으로써 그런 표현이 없는 삶의 영역에서 살고 싶은 다른 시민들의 자유를 해치는 지 여부를 — 살펴보아야 한다. 즉 예술가는 자신이 향유하는 예술의 자유가 다른 기본권의 본질적 내용을 침해하는 지 여부를 되돌아보아야 한다. 이런 반성은 법의 도덕성을 존중하는 것이기도 하다. 이처럼 법과 예술의 상호적인 반성과 존중 속에서 법이 실현하거나 법의 배후를 이루는 도덕과 예술은 서로 평형을 이루게 된다. 이를 법과 예술의 반성적 평형(reflexive equilibrium)이라고 부를 수 있다.

2. 성찰적 예술형법

이와 같이 예술과 반성적 평형을 이루어 나가는 법은 예술을 규제할 때 통제기준의 형식화(객관화)나 획일화(통일화)를 포기할 수밖에 없다. 예술성과 도덕성을 그때그때 되돌아보는 과정을 통해 형법은 예술에 대한 규제를 수행할 수밖에 없는 것이다. 이것이 갖는 실천적 의미는 두 가지이다.

(1) 규칙이 아니라 내러티브

첫째, 법적 규제는 작가의 내러티브나 작품이 역사적으로 어떤 내러티브(narrative)를 갖고 있는지에 귀 기울인 후에 비로소 결정하여야 한다. 물론 겉보기에는 예술작품에 아무런 내러티브가 없을 수도 있다. 이 점은 특히 포스트모던 예술에 와서 내러티브가 종말을 고했다는 단토(Danto)의 분석[22]에 의해 확인된다. 그러나 그가 말하는 내러티브는 모더니티의 내러티브만을 의미한다. 포스트모던 예술에서는 겉으로 보이

---

22 Arthur C. Danto, *After the End of Art* (Princeton University Press, 1997), 특히 41~47, 65~66쪽 참조.

지 않더라도 나름의 새로운 내러티브가 전개된다. 그런 내러티브의 대표적인 것이 해방적이며, 전복적인 내러티브이다. 이는 포스트모던 예술의 DNA라고 비유할 만하다. 가령 메이플소프(Mapplethorpe)의 포르노 같은 사진작품들은 사진의 고전주의적 양식이나 고도의 광학적 기능성 때문만이 아니라 비예술(포르노)과 예술(고상한 사진) 사이의 경계를 허무는 전복적 의미를 생산한다. 이것은 모더니티와는 다르지만 일종의 내러티브이다.

(2) 비평을 통한 법의 형성

둘째, 법이 예술작품의 내러티브에 귀 기울인다는 것은 그 내러티브가 어떤 미학적 체험을 담고 어떤 미학적 가치를 생성하고 있는지, 그리고 어떤 사회적 의미를 형성하는지, 가령 전복적인지, 이데올로기적(비판적)인지 등을 살피는 것을 말한다. 이런 작업은 하나의 비평이다.

1) 규칙화의 불가능성 예술성의 판단이 비평에 의존한다는 것은 예술성의 판단이 규칙(rule, Regel)에 의해 이루어질 수도 없고, 예술작품을 통제하는 법도 규칙에 의해 운용되는 것이 아님을 의미한다. 예술성을 판단하는 객관적 기준은 어디에도 존재하지 않는다. 이처럼 예술성의 판단기준에 관한 규칙이 없다는 점은 가령 형법상 음란 개념의 사용규칙을 정할 수 없다는 것을 말해주기도 한다. 음란의 개념과 예술성은 분리되지 않고 상관관계를 이루면서 파악되기 때문이다. 즉 예술성에 대한 인정이 형법상의 음란성을 부정하게 하고, 반대로 음란성에 대한 확신이 예술성을 부정하게 만들기도 한다. 그러므로 예술성의 객관적 기준을 정하는 것과 마찬가지로 음란(淫亂)이란 법언어를 적용하는 객관적 규칙을 세우는 것 역시 거의 불가능하다.

가령 음란 개념을 ① 진정음란, ② 부진정음란(공연음란), ③ 청소년이용음란의 세 가지로 세분화하자는 견해[23]가 있다. 이 견해에 의하면

---

23 이인호, "성표현의 자유와 한계", *언론과 법* (제7권 제2호, 2008), 1~45쪽 참조.

① 진정음란은 성인에게도 유통될 수 없고, 헌법이 보호하지 않는, 성도덕의 관점에서 전면 금지되는 성표현[24](예: 수간, 강간, 가학 · 피학적 행위)을 말하고, ② 부진정음란은 청소년이나 원하지 않는 성인의 수치심이나 불쾌감을 보호하기 위해 필요한 범위에서만 금지되고, 그렇지 않은 한 헌법이 보호하는 성표현을 말하며, ③ 청소년이용음란은 19세 미만의 청소년을 등장시키는 성표현을 말한다. 이러한 음란 개념의 세분화는 음란이라는 형법언어의 사용규칙(Gebrauchsregel)을 정하는 시도라고 볼 수 있다.

그러나 음란성을 소멸시키는 예술성은 진정음란의 성표현에도 불구하고 생성될 수 있고, 때로는 진정음란의 성표현을 통해서만 비로소 생성되는 것일 수도 있다. 소설 〈내게 거짓말을 해봐〉는 이 점을 잘 보여준다.[25] 청소년이용음란도 마찬가지이다. 영화 〈연인 The Lover〉에서처럼 여주인공이 당시 17세였다고 하여, 그 영화의 성애장면들이 반드시 예술성을 부정당해야만 하는 것은 아니다. 또한 부진정음란의 성표현이라고 하여 음란성이 부정되는 것도 아니다. 예컨대 미술교사 김인규가 홈페이지에 올린 부부의 나체사진인 〈우리부부〉는 부진정음란의 성표현이지만, 특히 청소년들에게 성에 관한 도덕적 허무주의를 퍼뜨릴 수 있다는 점에서 성도덕을 위태롭게 한다고 볼 수 있다. 형법은 그런 성도덕의 허무주의를 통제할 필요가 있다.

2) 작품을 구성하는 비평과 법의 형성 예술성 판단에 객관적 기준이 없다고 해서 예술성이 오로지 주관적으로 판단되어도 괜찮다는 것은 아니다. 예술도 보편성을 띨 때 그 아름다움은 하나의 가치(미학적 가치)가 되기 때문이다. 그러므로 여기서 예술을 통제하는 법은 주관성과 객관

---

24 이는 헌법재판소가 판시한 "음란이란 인간존엄 내지 인간성을 왜곡하는 노골적이고 적나라한 성표현으로서 오로지 성적 흥미에만 호소할 뿐 전체적으로 보아 하등의 문학적, 예술적, 과학적 또는 정치적 가치를 지니지 않은 것"(헌법재판소 1998. 4. 30. 선고 95헌가16 결정)을 말한다.

25 이 작품에 대한 법예술비평으로 이상돈, *예술형법* (박영사, 2014), 172쪽 아래 참조.

성, 특수성과 보편성 그 사이에 위치하는 '비평'에 의하여 실현될 수밖에 없게 된다. 이때 비평은 곧 법이 되는 것이다(Critics become the law).

종래 예술에서 비평은 작품 '이후'에 그리고 작품 '밖'에서 이루어지는 것으로 이해되어 왔다. 그러나 오늘날 비평은 작품 '안'에서 작품을 '구성'하는 행위가 된다. 특히 포스트모던 시대의 예술작품은 비평을 통해서 '비로소' 그 예술성이 생성되기도 한다. 이와 같은 예술의 포스트모던 개념은 법이 예술을 규제할 때에도 그대로 타당하다. 법이란 예술을 비평하기 이전에 객관적인 잣대로 이미 존재하는 것이 아니라, 예술을 비평함으로써 '비로소' (반사적으로) 형성되는 것이다. 그러므로 올바른 법은 곧 올바른 비평을 통해 형성되고, 그릇된 법은 그릇된 비평을 통해 만들어진다. 다시 말해 예술작품의 예술성은 비평을 통해 이루어지고, 그 예술작품을 통제하려는 법도 바로 그 예술비평을 통해 이루어진다고 말할 수 있다.

(3) 법예술비평

하지만 여기서 예술비평은 그 자체로는 법관이 사용하기에는 그 내용과 방향이 너무나 다양하고 많을 수 있다. 그렇기 때문에 법관이 사용하는 예술비평은 법적 인식관심에 의해 선택된 지식이면서, 아울러 사안의 해결에 필요한 지식으로 '재구성된' 지식에 의해 작품의 미학적 가치를 판단하는 것이어야 한다. 이런 예술비평을 법예술비평(legal criticism of art)이라고 부를 수 있다. 이는 법문학비평 개념[26]을 모든 예술부문으로 확장하고 일반화한 개념으로 볼 수 있다.

법예술비평은 법과 예술을 매개하는 작업이다. 이 법예술비평은 예술성 판단의 편협한 주관성과 사이비 객관성을 지양하고, 예술의 주관적 보편성을 법의 정당성 기초로 전환시키는 과정이기도 하다. 그러므로 법예술비평은 재판받고 있는 작품의 예술성에 대한 공감의 여부와

26 이에 관해서 이상돈 · 이소영, "법문학비평의 개념, 방법, 이론, 실천", *안암법학* (통권 제25호, 2007), 391～428쪽.

그 정도를 참여적 관찰자의 입장에서 바라봄으로써 판단해야 한다. 물론 법예술비평은 그 작품에 대해 시민들 사이에 이미 형성된 공감을 언어로 드러내 보이는 작업이면서 동시에 아직 형성되지 않은 공감의 잠재적 가능성을 현실화하는 작업이다. 이처럼 비평은 법과 예술이 서로를 동시에 반성적으로 형성하게 만든다.

여기서 예술형법은 형법과 예술이 아니라 비평을 중심에 놓고 생각할 필요가 있다. 먼저 예술과 형법이 먼저 있고, 비평을 찾는 것, 이를테면 객관적인 규범으로서 형법을 적용하기 위해 법원이 소송절차에서 감정인의 전문 감정을 참고한다는 식의 사고패러다임을 버릴 필요가 있다. 그 다음 비평을 주체로 놓고, 예술작품은 객체, 법은 주체가 객체를 해석하는 수단으로 바라볼 필요가 있다. 즉 비평이 예술작품의 예술성을 해석하고 적절하게 판단하는 것이 먼저이고, 그런 비평이 합법성(legality)을 가질 수 있도록 법을 해석하는 것이다.

이렇게 함으로써 예술의 주관적 보편성은 법의 정당성으로 변환된다. 또한 이런 변화를 통해 형법의 도덕적 합리성과 예술작품의 예술성 사이의 범주적 충돌이 해소되고, 형법체계와 예술체계는 사회적으로 통합된다.

3. 예술과 형법의 상호내재성

이처럼 법예술비평의 의미구조에서 보면 예술비평은 예술성을 해석하고 구성하는 작업이면서 동시에 형법의 해석을 좌우하는 실질적인 요소이다. 이로써 형법과 예술이 서로에게 내재적인 것임을 알 수 있다.

이 상호내재성에 대한 인식은 예술작품에 대한 형법적 규제의 방향에 큰 영향을 준다. 좀 수사학적으로 말한다면 예술비평이 주어이고, 예술작품의 예술성은 술어이며, 형법은 주어와 동격인 보어의 자리에 위치한다. 이런 이해에 의하면 형법과 예술이 상호작용하는 모습은 다음과 같이 새롭게 정립된다.

— **예술(의 숭고미)을 형성하는 형법** 형법은 예술비평과 함께 그리고 예술비평을 통해서 예술작품의 예술성을 형성한다. 이런 기능은 형사처벌이 예술성의 고양된 형태로서 숭고미를 생성시킨다는 점에서 더욱 명확하게 드러난다. 이처럼 형사처벌이 오히려 예술성을 생성시키거나 높이는 차원을 고려하면서 예술비평을 한다면, 그 예술비평은 바로 법적 인식관심에 의해서 이끌려진다. 이 한에서 예술비평은 법예술비평이 된다. 이에 관해서는 이하 III.에서 다시 자세히 다룬다.

— **형법(의 절제미)을 형성하는 예술** 예술비평이 예술작품에 대한 형법의 해석·적용을 좌우한다는 점에서 보면, 예술비평은 형법을 구성하는 요소가 된다. 즉, 예술비평을 통한 형법의 해석적용은 형법적 통제의 기제에다 미학적 가치를 이식시킴으로써 형법의 아름다움(이를 아래서는 '절제미'라고 부름)을 실현하고, 그로써 미학적 정의(aesthetic justice)가 형법적 정의의 한 부분이 되게 만든다. 이처럼 예술비평이 예술작품에 대한 형법적 통제의 절제를 이끄는 방향으로 이루어질 때, 예술비평은 이미 법적 인식관심에 의해서 유도된 것이며, 그런 한에서 그 예술비평은 법예술비평이 된다. 이런 점을 이하 IV.에서 자세히 다룬다.

형법과 예술의 관계가 이와 같은 두 가지 모습으로 새롭게 이해되면, 예술작품에 대한 형법적 통제의 일반적인 가이드라인을 마련할 수 있게 된다. 이 가이드라인은 예술비평을 통해 구성적으로 판단되는 예술성의 정도를 형법적 통제에서 의미있는 단계적 유형으로 만들고, 각 단계마다 적정한 형법적 규제의 방안을 모색하는 것이다. 그리고 예술작품에 대해 적정규제를 하는 형법은 형법에 의한 예술작품의 숭고미와 예술작품에 의한 형법의 미학적 정의(형법의 절제미)를 동시에 생성시키는 규범이 될 것이다. 이런 점을 아래 V에서 자세히 다룬다.

III. 형법을 통한 예술성의 형성: 숭고미

예술작품의 예술성이 생성하는 아름다움은 그것이 더 깊어질수록 숭고함의 성격을 띠게 된다. 모든 아름다움은 마치 욕망처럼 더 많은, 더 높은 아름다움을 지향하고, 그 지향의 끝에는 거룩함의 풍치를 갖는 아름다움, 즉 숭고미가 자리한다. 석굴암의 불상이든 피라미드의 스핑크스이든 그것을 만들기 위해 감내해야 했던 인간의 고통과 노력은 작품의 양식적 아름다움에다 숭고함을 더해준다. 이런 점에서 예술작품의 예술성을 생성시키고 끌어올리는 것은 숭고미에로의 지향성이라고 할 수 있다.

1. 숭고미의 의미

숭고미를 이해하기 위해 라깡(Jacques Lacan)이 욕망의 세 가지 형태를 이해할 필요가 있다.

(1) 욕구, 욕망, 순수욕망의 구분

그에 의하면 욕망은 욕구와 욕망, 그리고 순수욕망으로 구별된다. 첫째, 욕구(needs)는 식욕, 성욕 등과 같은 생물학적 욕구이며, 그 충족의 재화가 있다면, 언제나 충족될 수 있다. 둘째, 욕망(desire)은 사랑과 인정에 대한 바람을 말한다. 이런 욕망은 언어로 표제화되는 욕망이며, 완전하게 충족하는 것은 현실적으로는 영원히 불가능하다. 왜냐하면 욕망은 욕망을 향해 있고(desire to desire), 욕망은 끊임없이 욕망을 재생산하기 때문이다.

예컨대 형사처벌된 바 있는[27] 최경태의 〈여고생(포르노그라피2) 展〉

---

27 대법원 2002. 8. 23. 선고 2002도2889 판결.

(2001년)에서 보듯 포르노와 얼핏 유사하지만, 다소의 양식적 차이를 보여주는 에로티카(성애물) 회화는 라깡의 개념에서 보면 성적 '욕구'(needs)를 표현하는 작품이다. 이에 비해 역시 형사처벌된 바 있는[28] 김인규 미술교사의 〈우리부부〉 사진[29]은 미디어에서 그려지는 모델의 아름다운 모습에 동화되어 버린 욕망, 사회적으로 가치가 승인된 몸에 대한 욕망(desire)을 비판하기 위한 작품이라고 할 수 있다.

셋째, 순수욕망(pure desire)은 욕망의 주체가 그 실현을 위해 죽음을 무릅쓸 때 순수해지는 그런 욕망을 말한다. 이처럼 인간이 아름다움을 위해 죽음을 무릅쓰는 것은 쇼펜하우어, 니체, 프로이트 등으로 이어지는 사상의 전통에서 보면 인간에게 죽음은 긍정적인 것, 심지어 열렬히 욕망되어야 하는 것이기[30] 때문이기도 하다. 따라서 죽음충동(thanatos)은 인간의 보편적인 심리이며, 죽음충동의 실현은 욕망이 순수해지기 위해 통과해야 하는 관문과도 같다.

(2) 욕망의 죽음을 통한 욕망의 순수화로서 숭고성

숭고미는 라깡이 말하는 순수욕망을 통해서 생성된다. 숭고(崇高)란 욕망이 땅에서 하늘을 향해 올라가 절대자의 거룩함을 닮아가는 상태를 말한다. 대부분의 인류문화에서 땅 속에 묻히는 것은 죽음이며, 하늘을 향해 높아지는 것, 즉 비상(飛上)은 거룩한 절대자를 닮거나 그에 가까이 다가가는 (영원한) 삶을 의미한다. 순수욕망이란 죽음을 통하여, 영원한 삶을 얻으려는 욕망이다. 즉, 땅 속에 묻힘을 통하여 하늘로 높이 날

28 이 사건의 재판경과에 대해 자세히는 고시면, "홈페이지에 알몸사진 등의 작품들을 게시한 '미술교사 김인규 사건'에 대한 대법원의 판결", *사법행정* (10월호, 2005), 13~23쪽 참조.

29 김인규 교사는 2000년 B중학교에 근무하면서 그 중학교 홈페이지에 링크되어 있던 자신의 홈페이지에 아내가 셋째를 임신한 모습과 자신이 함께 누드로 서 있는 사진을 〈우리부부〉(1996)라는 이름의 작품으로 올렸고, 그로 인해 형사처벌을 받게 되었다.

30 이에 대해서는 Linda Hutcheon/Michael Hutcheon, "Death Drive: Eros and Thanatos in Wagner's "Tristan und Isolde"", *Cambridge Opera Journal* (Vol. 11, No. 3, 1999), 267~268쪽 참조.

아가려는 욕망이다.

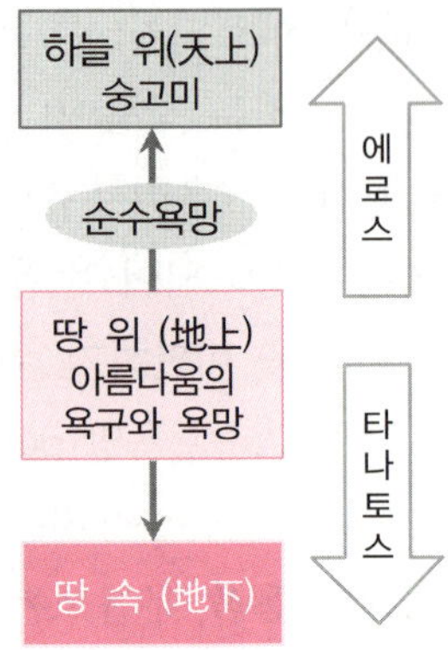

여기서 땅 속에 묻히는 것은 욕구를, 사회적으로 가치를 인정받으려는 것은 욕망을, 그리고 하늘로 높이 날아가는 것은 아름다움 그 자체 이외에 어떤 것도 욕망하지 않는 것, 즉 순수욕망을 의미한다. 이런 숭고미는 욕망을 실현하기 위해 어떤 아름다움의 양식을 선택하고, 개발하는 지와 무관하게 생성될 수 있다. 예술작품은 그 작품의 아름다움을 통해 사회적으로 인정받으려는 욕망을 땅 속에 묻고 아름다움을 좇는 욕망을 순수하게 할수록 숭고미에 다가가는 예술성을 갖게 된다.

여기서 사회적 인정욕망을 땅 속에 묻는다는 것의 의미는 (사회적) 죽음을 무릅쓰는 것(타나토스의 발현)이며, 숭고미를 발산하는 것의 의미는 숭고미를 발산하는 대상(작품)에 대한 궁극적인 에로스를 의미한다. 여기서 예술성의 '자기모순'을 알 수 있다. 즉, 예술작품을 창작한다는 것은 죽음충동(thanatos)을 가능한 한 더 많이, 궁극적으로는 끝까지 몰고 가는 예술작업을 통해 삶으로서 에로스(eros)를 실현하는 것이 된다.

(3) 욕망의 중층성으로서 예술작품의 숭고미

욕구, 욕망, 순수욕망은 서로 배제하는 관계에 있지 않고, 〈욕구 → 욕망 → 순수욕망〉으로 발전하는 중층구조를 이룰 수 있다. 예술작품이 생성시키는 아름다움, 특히 해방적 이미지를 독자가 향유하는 삶의 과정도 이런 욕망의 발전적 중층구조를 띨 수 있다. ① 예술작품에서 욕구란 억압과 금기가 넘치는 현실의 삶으로부터 해방되고픈 바람이며, 이를 채워주는 작품은 아름다움의 욕구를 채우는 것이다. 또한 ② 그 작품이 사회적으로 승인되는 가치를 얻는 양식을 통하여 해방적 이미지를 생성하고 향유할 수 있게 하면, 그 작품은 아름다움의 욕망을 채워주는 것이 된다. ③ 이 욕망의 단계를 지나 욕구의 충족여부나 사회적 가치가 인정되는 양식에 대한 욕망과 관심을 떨쳐버리고, 영원한 해방감의 '체험적 의미'(experientialistic meaning)[31]를 생성시키고, 그것을 향유하는 단계에 이르면 그 작품의 예술성은 숭고미의 단계로 접어들었다고 말할 수 있다.

일반적으로 예술작품에 대한 비평은 숭고미의 차원이 아니라 욕망의 차원에서 진행된다. 하지만 숭고미의 이미지를 갖는 작품이거나 숭고미를 지향하는 순수욕망을 좇은 작가의 작품을 지금 여기에 이미 숭고미가 있다는 식으로 비평할 수는 있다. 숭고미는 우리가 현실로 도달하는 것이 아니라, '예료'(豫了 anticipation)하는 것, 즉 미래에 달성될 상태를 지금 미리 느낄 수 있는 것일 뿐이다. 숭고미는 데리다의 개념을 빌면 "전(前)미래시제(futur antérieur)"[32]로서만 존재할 수 있을 뿐이다. 숭고미의 진정한 도달은 단지 인간이 절대자가 되거나 절대자의 영역에 들어가 영생을 얻었을 때에 이루어지는 것이고, 현실에서는 완전하게 이루어질 수 없다.

2. 형법 위반을 통한 예술성의 생성

그런데 순수욕망을 통해 생성되는 예술작품의 숭고미은 미학적 욕망이나 양식적 아름다움에 대한 욕망의 죽음을 통해서만이 아니라 형법의 위반을 통해서도 생성된다. 형사처벌을 무릅쓰고 자신의 미학적 욕망을 좇는다는 것은 해방적 이미지에 대한 욕구나 사회적 가치나 승인을 받는 양식에 대한 미학적 욕망을 포기하는 것이 아니라, 그런 욕망을 (작가의 사회적) 죽음을 무릅쓰고 고수함으로써 그 욕망을 순수화하는 것이다. 형사처벌을 무릅쓰는 미학적 욕망의 순수화는 다음의 두 가지 형태

---

31 이상돈, *법미학* (법문사, 2008), 18쪽.

32 이에 관해서 Jacques Derrida (진태원 옮김), *마르크스의 유령들* (문학과 지성사, 2007), 392～395쪽; 이를 법적 정의에 적용한 이상돈, *법미학* (법문사, 2008), 123쪽 참조.

로 외부화될 수 있다.

— 예술작품이 법에 의해 금지된 행위나 표현을 하는 것을 내용으로 하거나(이하 ⑴ 참조)
— 작가가 법이 금지(하고 심지어 처벌)하는 행동을 함으로써 작품을 만드는 것(이하 ⑵ 참조)

예술작품의 예술성도 "그것을 금지하는 법에 의해서 존재하기 시작"[33]한다고 말할 수 있다. 법은 숭고미를 지향하는 순수욕망을 생성시키는 예술의 내부적 요소이기 때문이다.

⑴ 숭고미를 생성시키는 작품 안의 형법위반

죽음을 무릅쓰는 의식을 통한 숭고미의 생성은 작가의 사회적 죽음이 아니라 작품 속의 구성, 즉 주관적 감각이나 사상을 표현하는 양식이 생산하는 이미지 속에서도 이루어질 수 있다.

1) 구조주의 비평의 숭고미 분석 가령 심청전에서 심봉사는 딸을 팔아먹는 범죄를 — 형법을 적용한다면 국외이송인신매매죄(형법 제289조)를 — 범하고, 심청을 산 뱃사람들은 살인죄를 범한다. 그러나 이런 잔혹사는 심청전에서 스토리텔링의 중심을 이루지 않는다. 만일 그렇지 않았다면 심청전 말미는 심봉사가 잔칫상이 아닌, 감옥에서 콩밥을 먹는 장면으로 끝났어야 한다. 하지만 이 잔혹사는 심청이의 아버지에 대한 사랑의 숭고성을 만들어내기 위한 구조(structure)로서만 기능한다. 이를 통해 심청전은 아버지의 딸에 대한 잔혹사를 다룬 이야기가 아니라 지극한 효성의 숭고한 아름다움과 그것에로 지향되어 있는 윤리적 선이 궁극에는 하나가 됨을 말해주는 이야기가 된다. 이런 비평을 구조주의 비평(structuralism)[34]이라고 부른다.[35] 심청전의 예술성과 문학성은 바

33 Bruce Fink (맹정현 옮김), *라캉과 정신의학* (민음사, 2008), 329쪽.
34 이에 대해 자세히는 이상돈 · 이소영, *법문학* (신영사, 2005), 124쪽 아래 참조.
35 심청전에 대한 구조주의 비평의 예로는 한용환, *서사이론과 그 쟁점들* (문예출판사, 2002), 39~41쪽 참조.

로 이런 구조주의 비평에 의해서 비로소 올바르게 마련될 수 있다.

이 구조주의 비평의 예에서 보면 한 예술작품의 예술성은 형법에 대한 위반 없이 마련되는 것이 아니라, 바로 형법에 대한 위반을 통해서야 비로소 마련되는 것임을 알 수 있다. 이처럼 작품의 구조 속에서 형법 위반은 그 작품의 예술성의 정점을 이루는 숭고미(sublimity)를 창출하는 방편이 된다. 그러므로 그런 작품을 두고 형사사법은 그 작품이 형법의 위반을 조장한다거나, 작품 속의 범죄가 형법상의 법익을 침해하고 있다고 비난해서는 안 된다. 작품 속의 인물들이 범죄를 범하는 것은 — 많은 경우에 인간정신의 보편적 특성을 표현하는 — 예술성을 생성시키는 장치로서 기능할 수 있기 때문이다.

2) 소설 〈분지〉의 예술성과 이적성 이 점을 이적표현물로[36] 처벌된 바 있는 남정현의 〈분지〉를 예로 설명해보자.[37] 사건의 경과를 간단히 살펴보면, 1950년대부터 특유의 독설과 풍자로 사회 현실의 모순을 날카롭게 파헤친 작품들을 꾸준히 발표해 온 남정현은 1965. 3. 현대문학에 〈분지(糞地)〉를 발표하였다. 1965. 5. 8. 북한의 기관지 〈조국통일〉은 이 작품을 전재하였고, 이 일로 남정현은 당시 중앙정보부에 끌려갔으며, 고문도 받았다고 한다.[38] 1965. 7. 남정현은 반공법 제4조 제1항 위반으로 불구속 기소되었고, 1967. 6. 제1심에서 선고유예 판결[39]을 받

36 이적표현물 논란은 2005. 검찰로부터 무혐의처분을 받았던 조정래의 작품 〈태백산맥〉이 있지만, 유죄판결까지 갔던 최초의 작품은 1967. 반공법 위반으로 유죄판결 받은 남정현의 〈분지(糞地)〉이다.

37 울형사지방법원 1967. 6. 28. 선고 66고14198 판결 (판결문은 한승헌변호사변론사건실록간행위원회, *한승헌변호사변론사건실록 1* [범우사, 2006]에 수록되어 있다) 참조.

38 구자황 · 김성수, *한국근현대예술사 구술채록연구 시리즈35 남정현*, (문예진흥원, 2005), 108~125쪽; 한승헌, "시국사건 변론 첫발 '분지'에 내딛다", *한겨레뉴스* (2009. 1. 18.) 참조.

39 서울형사지방법원 1967. 6. 28. 선고 66고14198 판결의 주요 내용은 다음과 같다: "…라는 등으로 각 묘사 표현하여, 대한민국이 마치 미국의 식민지 통치에 예속되어 주둔 미군들은 갖은 야만적인 학살과 난행 등을 자행하고 우리 국민의 생명 재산을 무한히 위협하여 몇몇 고관, 예속자본가 등과 결탁하여 국민대중을 착취하여 비천한 피해대중들은 참담한 기아선상에서 연명만을 하고 있으면서도 이런 극심한 짓을 말할 자유도 없는 이 나라에서는 이런 민중을 버리고 오로지 자본가, 정치자금 제공자들의 이익을

았으며, 1970. 4. 항소심은 피고인의 항소를 기각하였다. 〈분지〉라는 소설 안에서 국가보안법(당시 반공법) 위반의 범죄가 이적성보다는 예술성을 생성시키는 요소로서 기능하고 있음을 확인해보기로 한다.

㈎ 소설 〈분지〉의 내용 재구성 소설 〈분지〉는 홍만수가 향미산에서 미군인 스피드 상사의 부인을 강간하고, 그곳에서 미군에 의해 포위된 채 폭격이 최후로 통첩되고 남은 20여분 동안 그의 어머니에게 회고적으로 말을 하는 방식으로 쓰여 졌다. 이 소설의 사건과 독백들을 시간 순으로 배열하면 다음과 같은 줄거리로 요약할 수 있다.[40]

① 홍길동의 10대손 홍만수는 "여나믄 살짜리 철부지였"(138)을 때 해방을 맞이했다. 그의 어머니는"미국이 말이지, 일본 놈을 아주 쳐부신 거란다"(139)라고 하며 아빠의 귀가를 벅찬 마음으로 기다렸다. 밤새 정성껏 만든 태극기와 성조기를 앞세우고 "무슨 환영대회에 나가시던"(141) 어머니는 미군에게 겁탈을 당하고 "짐승처럼 해괴한 소리를 치시며 돌아오"(141)셨다. 어머니는 만수 앞에서 옷을 벗고 "그 환히 들여다보이는 가랑이 사이의 그것을 마구 쥐어뜯으"(142)셨고, 만수의 머리를 나꿔채어 그 "가랑이 사이에 바싹 갖다 대"(143)고 "아 내 밑구멍을 좀 똑똑히 보란 말이엿. 아이고 분해, 이놈의 새끼야 좀 얼마나 더러워졌나를 눈을 비비고 좀 자세히 보란 말이엿"(143)라고 외쳤다. 만수는 "처음 보는 여인의, 아니 엄마의 알몸"(142)을 보는 순간 부들부들 떨면서도 어머니의 "가

위하여 입법, 행정을 하고 있으며, 국민대중들은 물론 국회의원마저 미국에 아부 예속되고 약탈의 수단인 원조로서 경제의 명맥을 틀어쥐고 미국의 예속식민지 군사기지로서 약탈과 착취, 부정과 불의에 항거하는 자들은 미국의 가공한 강압과 보복을 받으면서도 굴복과 사멸함이 없이 최후의 승리를 쟁취한다는 양 남한의 현실을 오객 허위선전하여 빈민대중에게 계급 및 반정부의식을 부식조장하고 반미감정을 조성 격화시켜 반미사상을 고취할 요소 있는 단편소설 '분지糞池'라는 제목의 작품을 창작하여 1965. 2. 20. 경 …(중략)…월간잡지 3월호 《현대문학》 지에 게재 분포케 하여 북괴의 대남적화 전략의 상투적 활동에 동조한 것이다."(판결문 인용은 한승헌변호사변론사건실록간행위원회, *한승헌변호사변론사건실록 1* [범우사, 2006], 82쪽 참조)

40 이하에서 따옴표 안의 숫자는 남정현 지음(박금산 엮음), *남정현 작품집* (지만지, 2010)에 실린 〈분지〉의 쪽수를 가리킨다.

랑이 사이에 참으로 예기치 않았던 기이한 형태의 기관이 있었음을 발견하고 놀라움과 동시에 일종의 쾌감 비슷한 감정으로 하여 아랫도리가 다자르르 흔들렸다"(144). 어머니는 미군에게 겁탈당했다는 소문으로 식음을 전폐하다가 몇 달 지나 세상을 떴다. 만수는 어머니를 잊으려 했다. 어머니의 "그 흉칙한 음부가 커다랗게 확대되어 가지고는"(144) 그의 "눈앞을 탁 가로막"(144)았기 때문이었다.

② 만수는 여동생 분이와 함께 가난한 외가를 찾아가 살았다. "세상 물정을 조금 알기 시작할 무렵 돌연히 충돌한 六·二五의 피난이니 입대니 하는 그 쓰라린"(149) "천벌 비슷한 재앙의 노정을 무사히 겪"(149)은 뒤 군복을 벗고 돌아 왔을 때 분이는 어머니를 "겁탈한 바로 그 장본인일지도 모르는 어느 미 병사의 첩 노릇"(149)을 하고 있었다. 그 미 병사는 스피드 상사였다. 분이는 "오빠의 용서를 바란다고 조르는 것"(150)이지만, "뭘 좀 먹고 한참 푹 자고 싶은 욕망만"(150)이 만수를 위협했다. 만수는 분이가 시키는 "그 양키 물건 장사치에 종사"(151)하게 되었다. 스피드 상사는 "밤마다 분이의 그 풍만한 하반신을 이러니저러니 탓잡"(153)으며 "분일 마구 구타하"(154)기도 하였다. 스피드는 "본국에 있는 제 마누라 것은 그렇지가 않다"(153)며 분이에게 욕설과 폭언을 일삼았다. 만수는 "분이의 그 아름다운 육체"(153)가 "잔인한 곤욕의 장을 겪"(154)는 모습을 보면서, 미쎄쓰 스피드의 밑구멍에 대한 "의문을 풀어야만 미치지 않을 것 같은 심정"(154)을 갖게 되었다.

③ 스피드의 부인 비취가 남편을 보러 한국에 오자 만수는 스피드의 양해를 얻어 "조국의 산하를 소개하여 주겠다"(155)며 비취를 향미산의 정상으로 유인하였다. 그는 비치의 하반신에 대한 의문을 풀고 싶어 비취에게 옷을 벗어달라고 정중하게 부탁하였고, 분이가 스피드에게 탓잡히는 형편도 밝히면서 분이의 "육체적인 결함이 어디에 있는가를 자각케 하여 그 시정을 촉구하는 방향으로 나가야"(156) 하기에 그 청을 한 것이라고 하였다. 비취는 만수의 "한쪽 뺨을 후려"(156)쳤고, 만수는 "겁결에 왈칵 달려들어 여사의 목을 누르면서 성큼 배 위로 덮쳤"(156)다. 비취 여사는 "연신 악을 쓰며 몸을 비틀다가 활활 타는" 만수의 "동자를 대하곤 뜻한 바가 있던지 제발 죽이지만은 말아달라고 애원하듯 하고는 이내 순종하는 자세를 취"(156)했다. 만수는 그녀의 "유방에 얼굴을 묻고 한참이나 의식이 흐려지도록 취해 있"(157)다가 "원더풀"(157)이라 외쳤다. 만수가 비취

에게서 내려오자, 비취는 도망쳤다. 그녀의 뒷모습은 어머니가 "발광하여 돌아오시던 날의 바로 그 모습이었"(157)다. 순간 만수는 "왜 그런지 가슴이 후련해지면서 왈칵 겁이"(157)났다. 만수는 "인간의 천국이라는 미국을 한 아름에 안아본 성싶은 그 벅찬 감동으로 하여"(157) 마음을 주체할 수가 없었다. 순간 총성이 들리면서 만수는 쫓기기 시작했다.

④ 절대절명의 위기 상황에서 만수는 어머니를 떠올리며 어머니에게 다음과 같이 독백을 한다. 미군은 자신을 소탕하기 위해 "이삼억 불(佛)"(126), "대한민국의 일 년 예산에 해당하는 금액"(126)을 씁니다. 저는 이제 "독 안에 든 쥐"(125)입니다. 어머니 미군 방송 아링톤발 0.038메가 싸이클에 귀를 기울여 보십시오. "전 세계의 자유민 여러분…(중략)…홍만수란 이름으로 저질러진 그 치욕적인 사건은 분명히 미국을 위시한 자유민 전체의 평화와 안전에 대한 범죄적인 중대한 도전 행위로 보고"(128), "홍만수는 물론 그의 목숨을 며칠이나마 돌보아 준 이 향미산 전체의 부피를 완전히 폭발시킬 계획"(129)입니다. 어머니 "제가 지금 이 땅에서 빨갱이를 무찔러준 우리의 우방인 미국의 그 크나큰 힘과 약속을 신용하지 않는 것이 아닙니다"(130). 그러나 "제가 이대로 아무런 말이 없이 눈을 감는다"(131)면 "누구보다 먼저 하나님께서 저를 용서치 않을 것입니다"(131). "저는 지금 인간으로서의 자격을 인정받으며 떳떳하게 한번 살아보지 않고는 도저히 죽을 수가 없"(132)습니다. "노아의 홍수가 다시 한번 지상을 휩쓸더라도 노아의 방주엔 제가 제일 먼저 타야 할 사람이라고 자부하는 것입니다"(132). "당신을 잊기 위한 노력이 곧 제가 행사할 수 있는 유일한 효도의 문으로 통하는 길이었다면 당신은 이 자식을 더욱 나무래 주시겠읍니까"(137). 어머니의 "음부가 이렇게 오래도록 한 인간의 가슴속에 깊은 상흔을 남기실 줄이야 당신도 미처 모르셨겠지요"(138).

⑤ 어머니, "한민족을 살리기 위해서 원조를 해줄 놈들은 끽소리 없이 원조를 해주고 그렇지 않은 놈들은 당장 지옥에다 대가리를 처박으라고 전 세계를 향하여 피를 토하며 고꾸라"(152)져야 합니다. "참으로 오래간만에 사지를 쭉 뻗고 이렇듯이 한가한 마음으로 하늘을 쳐다볼 수 있다는 기회를 얻어, 그 하늘을 통하여 처음으로 당신의 음부가 아닌 당신의 그 자애로운 모습을 대하게 되었다는 사실만으로도 저는 지금 흡족합니다"(159). "예수의 기적만 귀에 익힌 저들에게 제 선조인 홍길동이 베푼 그 엄청난 기적을 통쾌하게 재연함으로써 저들의 심령을 한번 뿌리째 흔

들어놓을 생각"(159)입니다. "이제 곧 저는 태극의 무늬로 아롱진 이 런닝 샤쓰를 찢어 한 폭의 찬란한 깃발을 만들 것입니다. 그리고 구름을 잡아타고 바다를 건너야지요. 그리하여 제가 맛본 그 위대한 대륙에 누워 있는 우유빛 피부의 그 윤이 자르르 흐르는 여인들의 배꼽 위에 제가 만든 이 한 폭의 황홀한 깃발을 성심껏 꽂아놓을 결심인 것입니다. 믿어주십시오 어머니…이 자식이 그렇게 용이하게 죽을 것 같습니까. 하하하"(160).

(나) **이적표현물의 법적 요건** 이적표현물의 형법적 요건을 〈분지〉에 적용된 반공법(1963) 제4조 제1항과 현행 국가보안법 제7조 제5항의 비교분석을 통해 이해할 필요가 있다.

반공법 (1963. 10. 8. 시행)	현행 국가보안법
제4조 (찬양, 고무등) ① 반국가단체나 그 구성원 또는 국외의 공산계열의 활동을 찬양, 고무 또는 이에 동조하거나 기타의 방법으로 반국가단체(국외공산계열을 포함한다)를 이롭게 하는 행위를 한 자는 7년 이하의 징역에 처한다. 이러한 행위를 목적으로 하는 단체를 구성하거나 이에 가입한 자도 같다.	**제7조(찬양·고무등)** ① **국가의 존립·안전이나 자유민주적 기본질서를 위태롭게 한다는 정을 알면서** 반국가단체나 그 구성원 또는 그 지령을 받은 자의 활동을 찬양·고무·선전 또는 이에 동조하거나 국가변란을 선전·선동한 자는 7년 이하의 징역에 처한다. ⑤ **제1항·제3항 또는 제4항의 행위를 할 목적으로** 문서·도화 기타의 표현물을 제작·수입·복사·소지·운반·반포·판매 또는 취득한 자는 그 각항에 정한 형에 처한다.

현행 국가보안법 제7조 제1항 및 제5항을 합리적으로 재해석[41]해보

41 국가보안법 제7조 제1항 및 제5항의 객관적 요건은 ⓐ 국가의 존립·안전이나 자유민주적 기본질서를 위태화하고, ⓑ 반국가단체나 그 구성원 등을 찬양·고무·선전·동조하는, ⓒ 표현물의 제작 등이며, 주관적 요건은 ⓓ 이러한 객관적 요건에 대한 인식과 의욕으로서 고의와 ⓔ "정을 알면서", ⓕ "~할 목적으로"로 구성된다. 여기서 첫째, "정을 알면서"가 지정고의(知情故意 Wissentlichkeit)를 가리킨다고 해석한다면, 이적표현물죄는 국가의 존립·안전이나 자유민주적 기본질서를 위태롭게 한다는 점을 '확실하게 인식'한 가운데 표현물을 제작해야 성립한다. 둘째, 이적표현물의 제작목적(제5항의 "~할 목적으로") — 내란목적살인죄(제88조)에서 보듯 실행행위(예: 살인) '밖'의 '독자적인 목표'(예: "국토를 참절하거나 국헌을 문란할 목적")의 달성을 지향하는 의사와 같은 — '초과주관적 요소'인 목적이 아니라 이적행위를 하려는 뚜렷한 의지, 즉 고의, 특히 의도(Absicht)를 가리킬 뿐이다. 셋째, 소설이나 그림과 같은 표현물 하나에 의해 국가의 존립·안전이 실제로 위태화될 수는 없기 때문에, "위태화"한다는

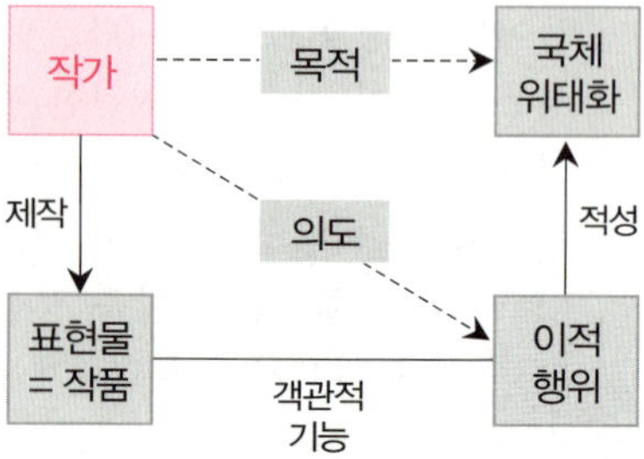

면 작가는 ① 국가의 존립·안전이나 자유민주적 기본질서를 위태롭게 할 목적으로 ② 반국가단체나 그 구성원 등의 활동을 찬양·고무·선전·동조하려는 의도를 갖고 소설을 썼어야 하며, 그리고 ③ 그 소설이 실제로 객관적으로 이적행위로서 기능할 때 처벌될 수 있다.

〈분지〉에 적용된 당시 반공법은 위와 같은 '목적성'이나 '의도성'을 요건으로 하지 않았다. 즉, 당시 반공법에 의하면 소설가가 자신이 쓰는 소설이 반국가단체를 이롭게 할 수도 있다는 점을 알면서도 이를 용인하고 소설을 썼다면, 이적표현물죄, 즉 '미필적 고의'에 의한 이적표현물죄가 성립할 수 있었다. 소설 〈분지〉가 북한의 기관지에 선전목적으로 사용됨으로써 객관적으로는 '이적의 결과'를 발생시켰다고 평가한다면, 당시 판결처럼 유죄가 인정되는 것이다.

(다) 정신분석학적 구조주의 비평 그러나 〈분지〉의 작가에게 목적성이나 의도성은 물론이고, '이적의 의사'(미필적 고의)도 인정하기 어렵다. 이 소설은 반미(反美)가 아니라 향미(向美)의 의식이 보여주기 때문이다. 그 이유를 알기 위해서는 이 소설을 이데올로기의 관점에서만 바라보면 안 되고, 정신분석학적인 구조주의 비평을 통해 바라보아야 한다. ① 만수에게 미국(미군)은 해체되어야 할 존재가 아니라 선망하고, 닮고 싶은 존재이지만 자신이 지금 그런 존재가 아니기 때문에 '질투'가 나고, 그래서 미국(미군)에 도전(반항)하는 행위로서 강간행위가 한 것이다. 만수

것은 기껏해야 그런 소설들이 범람하면 그렇게 될 개연성이 있다고 예측되는 상태, 즉 위태롭게 만들 '적성'(Eignung)이 있음을 의미한다. 하지만 그런 적성의 판단마저도 매우 불확실하고, 자의적으로 적용될 가능성이 높으므로, 제7조 제1항의 '지정고의'는 '목적조항'으로 바꾸는 해석, 즉 "위태롭게 한다는 정을 알면서"를 "위태롭게 할 목적으로"로 바꾸는 해석을 할 필요가 있다. 이상의 재해석에 관해 상세히는 이상돈, *예술형법* (박영사, 2014), 238~241쪽 참조.

의 행위는 오이디푸스 콤플렉스(Oedipus complex)의 형상을 띠고 있다.

★ 오이디푸스 콤플렉스 프로이트(Freud)에 의하면 유년기 기억상실(Infantile amnesia)로 기억하지 못하지만[42] 유년기(3~5세)의 남아는 엄마를 사랑의 대상으로 삼으며, 아빠를 질투하고 경쟁의 대상으로 삼고, 이른바 부친살해의 (현실적이 아닌 심리학적인 의미의[43]) 욕망을 갖는다. 하지만 그 남아는 아버지가 강한 힘으로 자신을 거세(처벌)할 것이라는 불안 속에서 아버지에 굴복하여 엄마에 대한 욕망을 포기하고, 아버지의 요구(금지규범)를 내면화한다. 이런 금기의 내면화가 바로 오이디푸스 콤플렉스인데고, 이 콤플렉스 속에서 유아는 점차 도덕적, 사회적 존재가 되어가는 것이다. 이는 남아가 언젠가는 아버지의 — 기호학적으로[44] 남근성(Phallus)이라는 기표의 — '힘'을 자신도 소유하겠다는 욕망의 표현인데, 이 욕망은 아버지에 대한 질투를 남겨 놓는다. 그래서 아들은 언제나 아버지에게 복종하면서 동시에 반항하는 질투를 계속한다.

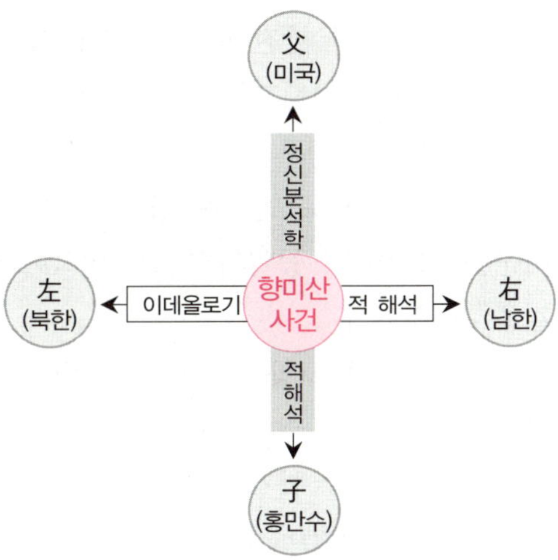

미국, 미군, 동생 분이를 첩으로 둔 스피드 상사는 홍만수가 사랑하는 어머니를 소유할 수 있는 아버지의 남근성이라는 기표가 되고, 미국

42 실제로는 유년기의 기억은 '상실'된 것이 아니라 억압된 것이다. 유년기 기억상실을 문명의 발전과의 관계 속에서 심도 있게 고찰하는 글로는 Abraham Drassinower, *Freud's theory of Culture: Eros, Loss and Politics* (Rowman& Littlefield, 2003), 141~155쪽 참조.

43 Deborah W. Denno, "Criminal Law in a Post-Freudian World", *University of Illinois Law Review* (2005), 636쪽 참조.

44 마이클 칸 (안창일 옮김), *21세기에 다시 읽는 프로이트 심리학* (학지사, 2008), 93쪽 참조.

의 힘은 그 기의가 된다. 겁탈 당한 어머니에게서 트라우마(trauma)를 갖게 된[45] 홍만수가 아버지의 기표인 스피드의 부인을 강간한 것은 오이디푸스 콤플렉스의 발현이 된다. ② 이는 힘을 모르는 도덕도 아니고, 도덕(이성법)을 모르는 힘도 아닌 일종의 질투적 항거이다. 〈분지〉에서 만수의 질투적 항거는 아버지를 제거하지 못하고, 오히려 아버지에 의해 거세당할 위기, 즉 향미산 속에서 미군의 폭격으로 죽게 될 절대절명의 위기에 빠지게 하지만, 다른 한편 그런 위기 속에서도 그 아버지의 여인들의 배꼽 위에 황홀한 깃발을 꽂아놓겠다는 식으로 미국이라는 남근성의 기표가 가진 힘을 미래에 성취하고자 하는 꿈을 꾼다. 이것은 만수가 미래에 언젠가는 자신이 세계 최대의 힘, 미국이라는 남근성(팰러스 Phallus)의 소유자가 될 것이라는 기대를 표현한 것이며, 바로 그 기대의 추동력으로 만수는 양키 물건의 장사치에 종사해오며, 겁탈하는 미군을 모방하는 동일화의 길, 미국이라는 '아버지의 이름을 수용하는 길을 간 것이다.

③ 오이디푸스 콤플렉스에서 비롯되는 질투는 근대 이성법의 신화적 구조를 형성한다. "법이란 힘을 선망하면서 도덕을 생산해내는 질투와 같다."[46] 바꿔 말해 질투란 힘을 선망하면서 동시에 그것을 (전복시키지 못할 정도로 도덕적으로) 공격하는 것이다. 법은 '도덕을 모르는 힘'(예: 성공한 쿠데타 이론[47])도 아니고, '힘을 모르는 도덕'(예: 폐지된 혼인빙자간음죄[48])도 아니다. 법은 미래에 지향된 힘에 대한 질투가 된다. 〈분지〉에서 만수의 미국에 대한 항거는 선망과 함께 이루어지고, 그 결과도 미국의 존재를 위협할 수 없는 매우 미미한 것이고, 오히려 만수가 존재

45 이와 비슷하게 홍만수의 비취 여사 강간을 어머니로부터 생성된 트라우마에서 자신을 구원하기 위한 비책이었던 것으로 바라보는 박영준, "슬픈 풍자와 가족서사의 유형", *비평문학* (제38호, 2010), 212쪽.

46 이상돈 · 민윤영, *법정신분석학입문* (법문사, 2010), 158쪽.

47 한인섭, "정치군부의 내란행위와 성공한 구테타론의 반법치성; 형사법적 검토를 중심으로", *5.18. 법적 책임과 역사적 책임* (이대출판부, 1995) 참조.

48 혼인빙자간음죄를 예로 든 점은 사랑에서 힘의 유동성은 바라보지 않고, 사랑을 잃어버린 사람의 입장을 도덕화하는 관점이 지배한 법이라는 점에서 그러하다.

의 위기에 처한다. 만수는 911 테러와 같이 미국과 미군 없는 세상을 꿈꾼 것이 아니라 철저하게 미국이라는 힘에 대한 질투의 구조 속에 머물러 있다. 만수의 항거를 추동시킨 질투가 생성시키는 도덕들은 민족주의와 애국주의의 기반 위에 있으면서도 근대 이성법의 신화적 구조를 벗어나 있지 않은 것이다.

㈑ 분지의 양식적 예술성 〈분지〉은 우화적 묘사와 희화화 그리고 풍자[49]와 같은 소설의 특유한 양식적 요소들[50]을 보여준다. 가령 "독 안에 든 쥐"(125) 또는 세계의 자유민에게 "오물"(128)과 같은 존재가 된 만수를 척결하기 위한 미군의 포격으로 인해 "불덩어리가 되어 꽃잎처럼 흩어질"(159) 상황에 놓인 것은 바로 다름 아닌 미국을 선망하는 산, "향미산"(向美山)이다. 이런 우화(寓話)적 설정은 동시에 희화화하는 표현과 결합된다. 예컨대 향미산의 폭파는 미국지상주의가 지배하는 똥의 땅(糞池)에서 벌어지는 행태들, 그러니까 "옥이도 순이도 …이방인들의 호적(戶籍)에 파고들어 갈 기회를 찾"(151)아 안달이 난 반민족주의적 행태에 대해 거리두기를 하는 희화화라고 볼 수 있다. 게다가 향미산 폭파로 "노아의 방주"(132)가 다시 있게 되고, 그 노아의 방주에 만수가 "제가 제일 먼저 타야할 사람이라고 자부"함으로써 강간범이자 "악의 씨"(147)가 선민이 되는 역설은 향미산이라는 언어의 이중성을 생성시킨다. 향미(向美)는 분명 "반공(反共)과 친미(親美)"(136)와 다르지만, 반미

49 이를 지적한 황도경, "역설의 미학. 풍자의 언어 – 분지론", *환각 – 황도경 평론집* (새움, 2004) 참조.

50 김성수, "1960년대 문학에 나타난 문화정책의 지배이념과 저항이념의 헤게모니. 남정현 「분지」 필화사건을 중심으로", *민족문학사연구* (제34호, 2007), 110쪽: "문학텍스트의 담론을 제대로 분석하려면 줄거리 요약에 담긴 이념 해석에만 머물면 곤란하다…(중략)… 문학 담론의 이념을 보다 정치하게 분석하려면 문체 등 서술전략의 특징과 효과를 규명해야 할 터이다. 이 작품의 문학적 성과는 '하면 된다'는 식의 군대식 근대화 프로젝트가 지배담론이던 60년대 중반 사회의 획일화된 담론과 단성적 문학에서 벗어나 다양한 형식실험과 다성성의 목소리를 담은 흥미로운 문체를 선보인 데서 새롭게 찾을 수 있다. 주인공의 독백은 어머니에 대한 절규처럼 보이지만 동시에 권력언어를 야유·희롱하고 있다. 이를 통해 국가주의적 공동체의 언어를 거부함으로써 지배언어의 동질성을 균열시키는 데 성공한 셈이다."

(反美)와도 다른 것이다. 향미라는 언어의 조성은 미국에 대한 질투의 정신분석학적 구조를 내재화시킨다.

바로 이와 같은 〈분지〉의 양식적 특성들이 독자들에게 웃음과 비애, 절망과 희망, 능청스러움과 끈적거림을 동시에 가져다주면서도 미국이 지배력을 갖고 있는 분지(糞池), 즉 똥 같은 땅의 현실에 대한 '성찰적' 비판의 공간을 마련해준다. 분지는 반미거나 반체제적인 이념물이 아니라 질투라는 인간존재의 보편적 정신세계를 역사적 현실에 빗댄 감각적인 언어로 회화처럼 그려낸 예술성이 높는 작품이다. 이러한 예술성은 〈분지〉가 급진페미니즘이 팽배한 오늘의 사회에서 출간되어 음란표현물로서 심판받더라도 그리고 성기묘사나 강간이라는 소재에도 불구하고 음란표현물로 볼 수 없게 만든다.

(2) 작가의 형법위반을 통한 숭고미의 생성

작품의 숭고미 생성은 작품의 구조 안에서, 즉 주관적 감각이나 사상을 표현하는 양식에 의해서만 일어나는 것은 아니다. 작품의 숭고미는 작품을 만든 작가가 그 작품을 통해 현실세계에서 형사처벌을 받게 될 위험을 가져오는 표현을 무릅씀으로써 생성되기도 한다.

1) 형법과의 맞섬을 통한 작품의 전복적 의미 생성 작가가 형사처벌을 무릅쓰는 진지함은 작품에 대한 사회적 소통의 과정에서 그 작품의 진정성(integrity)을 환기시키고, 그 작품이 구조적 또는 양식적으로 가질 수 있는 예술성의 한계를 넘어서게 만들기도 한다. 이것은 마치 가수의 노래가 갖는 감동이 그의 애절한 인생사에 대한 대중의 이해와 소통을 통해 더 극적으로 되는 현상과 견줄 수 있다. 즉, 감상의 사회적 맥락이 감상하는 작품의 예술성을 구성하는 것이다.

예컨대 미국의 사진작가 메이플소프(Mapplethorpe)의 마치 포르노 사진 같은 작품들이 포르노가 아니라 새로운 예술로서 가치를 얻게 만드는 것은 그 사진의 고전주의적인 양식 때문만은 아니다. 유능하고 저명한 작가가 형법과 맞서는 긴장이 펼쳐지는 사회적 맥락 속에서 대중들이 비예술(포르노)과 예술(고상한 사진) 사이의 경계를 허무는 전복적 의미를 체험할 수 있게 한 점도 그의 작품의 예술성을 높인다. 그러므로 법예술비평은 작품의 구조나 양식만이 아니라, 작가가 실정법에 맞서는 긴장이 숭고미를 생성시킬 수 있다는 점을 함께 고려해야 한다.

2) 집단기억 속의 숭고성 이미지 또한 숭고미는 작품의 구성과 표현의 양식 그리고 작가의 형법위반이 결합하여 생산하는 이미지 속에 내재될 수 있다. 가령 어떤 작품이 비평적으로 매우 낮은 예술성만을 인정받았다면, 그것은 그 작품이 양식적으로 숭고미를 내재화하지 못한 결함에서 비롯되기 쉽다. 하지만 예술은 한 작가에게도 언제나 그의 인생과 함께 성장하며 변화한다. 그렇기에 작가가 감옥에 가고, 사회적 죽음을 무릅쓰는 것은 그 스스로 자신의 예술을 고양시키기 위한 예술적 퍼포먼스의 한 과정이 되기도 한다. 그런 퍼포먼스를 통해 작가가 죽음을 무릅쓰면 시간이 흘러 그 작품에는 숭고미가 뒤늦게 부착될 수 있다. 그렇게 부착된 이미지는 사회적으로 전파되고, 많은 사람들의 가슴 속에 부식적으로 침투하게 된다. 그렇게 되면 사람들에게는 그 작품에는 숭고미가 내재되어 있다는 기억이 집단적으로 생성될 수 있다. 그리고 집단적 기억이 품고 있는 숭고성 이미지는 그 작품의 양식적, 사상적 숭고미의 결핍이나 부족을 메우는 기능을 한다. 다시 말해 작가의 형법위반으로 생성되는 숭고성은 집단기억의 터널을 지나면 작품 자체의 양식적 숭고미로 내재화될 수도 있다는 것이다.

3) 해체주의적 비평 그런데 이처럼 작가의 형법위반을 통해 생성되는 예술작품의 숭고미는 해체주의적 비평에 의해 뒷받침될 때 더욱 더 사회적으로 승인되기 쉽다. 첫째, 형법위반이 예술성을 생성시키는 요소가 된다는 점은 이성적으로 기능하고 있는 형법의 규범성(normativity)이 — 물론 그의 행위에 적용되는 개별형법규범에 한정된 것이긴 하지만 — 작가의 미학적 목적을 위해 해체됨을 의미한다. 둘째, 하지만 이런

법예술비평은 실정법의 부분적, 단편적 해체를 통해 새로운 법적 정의를 좇는 행위가 될 수 있다. 왜냐하면 형법위반으로 전복적 의미의 숭고미를 생성시키는 예술행위를 허용하는 형법, 바꿔 말해 기존의 형법에 저촉되는 양식의 작품에 대해서도 예술성을 승인하는 형법은 지금까지 존재한 어떤 형법보다도 '더 자유주의적인' 형법이기 때문이다. 그러므로 그와 같은 법예술비평은 법을 해체함으로써 정의를 생성시키는 데리다식의 '해체주의' 전략을 충실히 좇는 것이 된다.

Ⅳ. 예술성을 통한 형법의 형성: 절제미

미학적 쾌락을 좇는 예술과 도덕적 명령을 좇는 법은 서로 충돌할 수밖에 없다. 이러한 충돌은 법이 예술작품과 예술가의 미학적 욕망을 수용하게 되면 해소된다. 여기서 법이 미학적 욕망을 수용한다는 뜻은 법규범의 내용을 미학적 가치로 채워 넣는 것을 말한다.

1. 예술에 대한 법적 판단의 기능적 한계

예술작품들은 포르노나 이적선전물 또는 복제·모방품와 구별되는 표현적 특징들을 상당히 가지고 있으면서 동시에 음란성, 이적성 또는 모방성, 명예훼손성 등을 갖고 있을 수 있다.

(1) 이원적 코드와 예술의 다원성의 불일치

이때 그 표현적 특징들이 그 작품의 음란성, 이적성, 모방성, 명예훼손성 등을 (음화제조·반포죄, 반국가단체찬양·고무죄, 저작권침해죄에 의한) 처벌의 문턱 아래로 완화시키는 정도로 사상적 예술성이나 양식적 예술성을 갖고 있는지를 명확하게 판단하는 것은 매우 어렵다. 그러나 재판실무에서 법원은 예술작품의 예술성이 음란성, 이적성, 모방성, 명예훼손성을 형사처벌할 필요가 없게 만들 정도로 높은 경우에는 합법, 그렇지 않은 정도로 예술성이 낮거나 없는 경우에는 불법으로 판단한다. 이러한 '합법 아니면 불법'이라는 이원적 코드의 판단은 법의 전통적인 작동방식이며, 현대사회에서도 그 원칙은 변화하지 않는다. 하지만 예술성에 대한 판단은 합법과 불법의 이원적 판단에 상응할 수 있을 정도의 '있음과 없음'의 판단이 아니다. 예술성은 유무의 문제라기보다는 다양한 스펙트럼을 지닌 많고 적음의 문제이다. 따라서 하나의 예술작품의 예술적 요소가 그 작품이 갖고 있는 음란성, 이적성, 모방성, 명예훼손성보다 얼마나 더 우월하냐는 문제도 유무의 문제가 아니라 많고 적음의 문제이다. 이러한 많고 적음은 작품을 바라보는 비평관점에 따라 다르게 판단될 수 있다.

(2) 예술성의 전복적 개방성

여기에 덧붙여 예술의 전복적 개방성을 간과해서는 안 된다. 예술성이 매우 낮게 평가되는 작품도 언제 어떤 상황에서 높은 예술성이 있는 작품으로 재평가될 수 있다. 예술작품의 예술성은 비평관점의 변화에 따라 그 가치가 전복적으로 변할 수 있는 것이다. 예컨대 1866년 프랑스 화가 구스타프 쿠르베(Courbet Gustave)(1819~1877)가 그렸고, 현재 파리 오르세 미술관에 있는 〈세상의 근원(L'Origine du monde)〉은 누워 있는 여성의 음부를 클로즈업하고 까맣고 무성한 음모를 매우 세밀하게 표현하였다. 누드화에서조차 음모를 전혀 표현하지 않았던 당시 회화의 전통에서 보면 이 그림은 음란물에 가깝다. 그러나 미술비평사에서 이 그림은 리얼리즘(realism)의 시조로 그 예술성이 높게 인정되고 있다.

이런 전복적 변화가능성은 역사적인 변화이며, 법은 이 변화를 가능한 한 좇아갈 뿐, 이끌어갈 수는 없다. 오늘 예술성이 낮다는 판단이 내일에는 예술성이 높다는 판단으로 변화할 잠재적 가능성이 원론적으로는 모든 작품에 존재한다. 그러므로 오늘 예술성 없다고 비평되는 작품에 대한 형법적 통제의 정당성은 마치 한시법(限時法)과 같이 매우 제한적이다.

(3) 비평에 귀 기울이기

하지만 이와 같이 형법의 이원적 코드가 예술성의 판단과 규칙적으로 조응할 수 없다고 해서, 예술성을 빙자한 음란물이나 이적표현물에 대한 형법적 통제를 포기할 수도 없다. 결국 형법적 판단은 예술비평에 귀를 기울임으로써 음란물이나 이적표현물 여부를 가리는 것일 수밖에 없다. 여기서 예술비평이 바로 형법의 규범내용을 실질적으로 형성하게 됨을 알 수 있다. 사건마다 예술성을 비평적으로 판단하는 작업은 형법의 적용에서 핵심적인 작업이 된다. 여기서 인권을 발굴하는 법방법인 당사자의 말에 '귀 기울이기'는 예술에 대한 형법적 통제에 확장적으로 적용될 수 있다.

여기서 확장적이라는 것은 귀 기울이기가 당사자인 작가의 말에 대해서만이 아니라 비평의 언어에 대해서도 이루어져야 함을 뜻한다. 예술비평에서는 작가의 말보다 비평의 언어가 더 중요하다고 볼 수 있다. 예술작품의 예술성이란 순수하게 주관적인 것이 아니라 공감을 얻어나감으로써 주관적 보편성(subjective universality)[51]을 획득할 수 있는 것이어야 하기 때문이다.

(4) 이익형량적 사고와 비평적 판단

그러므로 형법으로 예술작품을 통제하려 할 때에는 그 작품에 대한 예술비평의 관점과 이론에 깊은 관심을 기울여야 한다. 물론 이 말은 법이 합법과 불법의 코드를 버리거나 버릴 수 있다는 뜻은 아니다. 합법과 불법은 예술비평적 판단을 최종적으로 법으로 옮기는 코드가 되기 때문이다. 하지만 합법과 불법의 코드를 형법의 개념이나 이론적 장치에 의해 논리적으로 운영하는 사고는 버려야 한다. 대표적인 예가 이익형량(Interessenabwägung)의 사고이다. 이익형량의 사고는 충돌하는 이

---

51 이에 관한 설명으로 Arthur C. Danto, *After the End of Art* (Princeton University Press, 1997), 86쪽 참조.

익을 저울질하여, 더 중한 이익을 선택하고, 덜 중한 이익을 배제하는 방식으로 작동한다. 이럴 경우에 덜 중한 이익의 보호는 외면되기 쉽다.[52] 즉, 이익형량적 방법에 의해 외설성이 예술성보다 크다고 판단되면, 나름의 예술성이 있는 작품도 법적 의미의 음란물, 이적성, 모방성, 명예훼손성으로 왜곡 평가되는 결과가 초래된다.

그러므로 먼저 작품의 예술성에 대한 비평적 판단을 충분히 한 다음, 그 판단의 결과가 명백하게 합법과 불법으로 분류될 수 있는 지를 살펴야 한다. 판례가 "작품의 예술적 가치, 주제와 성적 표현의 관련성 정도 등에 따라서는 그 음란성이 완화되어 결국은 처벌대상으로 삼을 수 없게 되는 경우"[53]라고 말할 때, 그 넓은 스펙트럼의 '높낮이' 또는 '많고 적음'의 예술성은 이익형량적 사고를 통하여 억지로 예술성 있음의 합법과 예술성 없음의 불법이라는 이원적 코드로 환원된다. 이 환원은 예술성의 수준이 중간지대에 위치하는 예술작품들을 그 작품의 본성과 맞지 않게 강제적으로 합법 또는 불법의 세계로 편입시키는 결과를 가져온다.

2. 차용의 미학과 모방의 미학

(1) 형법의 차용미학

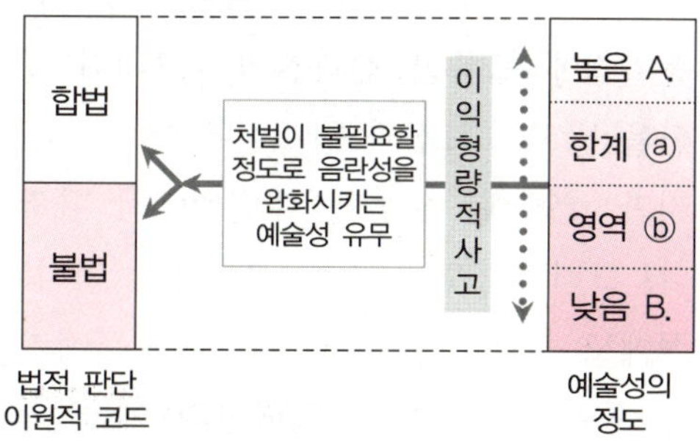

어떤 예술비평적 관점에 의하더라도 명백하게 예술성이 높다면(도표의 A구역) 합법으로, 명백하게 예술성이 거의 없다면(B 구역) 불법으로 판단한다. 이렇게 예술성

52 이익형량이 법을 형성하는 지배적인 패러다임으로 기능하는 점에 대한 분석과 비판으로 Ladeur, "Abwägung — ein neues Rechtsparadigma?" *ARSP* (1983), 473쪽 참조.
53 대법원 2005. 7. 22. 선고 2003도2911 판결 참조.

에 대한 비평적 판단이 명확한 경우에 그 판단을 그대로 합법과 불법의 판단으로 전환하는 형법은 나름의 미학적 가치를 얻고 유지할 수 있다. 즉, 예술을 보호하는 형법은 바로 그로 인하여 아름다운 것이며, 비예술을 규제하는 형법도 아름다운 것이다. 이럴 때 형법의 정당성은 바로 그것이 규율하는 작품의 예술성에 의해 차용된 것이라고 할 수 있다.

(2) 형법의 모방미학

그러나 예술성이 음란성, 이적성, 모방성, 명예훼손성을 형사처벌의 문턱 아래로 완화시키는지 아닌지가 불분명한 경우에, 예술성을 승인하는 비평적 관점이 비교적 약한 수준(도표의 ⓑ)이라면, 이익형량적 사고뿐만 아니라 유형론적 사고도 그것을 불법으로 분류할 수밖에 없다.

1) 예술성의 한계영역 또한 예술성을 승인하는 비평적 관점이 비교적 강한 수준(도표의 ⓐ)이라면, 형법은 그런 작품을 합법으로 분류할 수밖에 없다. 예를 들어 최경태의 〈여고생〉도 약하지만 나름의 예술성이 있고, 이 예술성은 음란성을 형사처벌의 문턱 밑으로 완화시키는 정도의 예술성(A구역)인지, 아니면 그렇지 못한 정도로 낮은 예술성(B구역)인지를 판단할 수 없는 중간지대(ⓐ구역)에 위치할 수 있다. 또한 민중미술협의회의 제2회 통일전에 출품한 신학철의 〈모내기〉(1987년)는 국가보안법위반으로 재판을 받고, 제1심과 항소심[54]에서는 무죄를 선고 받았지만, 1998년 뒤늦게 대법원에서 유죄판결[55]을 받았다. 그러나 〈모내기〉는 그것에서 읽히는 사상의 이적성에도 불구하고 작가가 추구하는 작가정신의 일관성을 통해 미약하나마 얼마간의 예술성을 생성시킬 수 있다는 점에서 중간지대(ⓑ구역)에 위치할 수 있다.

최경태, 〈여고생〉 전시회 (2011) 중 한 작품

신학철, 모내기, 1987

54 서울형사지법 1994. 11. 16. 선고 93노7620 판결 참조.
55 대법원 1998. 3. 13. 선고 95도117 판결.

2) 형법의 성찰적 태도 그러나 예술성을 인정하는 비평적 관점이 비교적 강하든 약하든간에 어느 정도 존재하고, 또한 낮은 예술성이 높은 예술성으로 뒤바뀔 가능성(예술의 전복적 개방성)이 존재한다는 점이 간과되어서는 안 된다. 특히 예술성의 전복적 개방성은 곧 효력기간이 끝나가는 한시법처럼 그런 예술작품을 규제하는 형법의 정당성을 약화시킨다. 바로 이런 상황에서 형법은 절제의 미덕이 필요하다. 특히 예술작품이 아무리 사회적 위험성이 있는 내용을 담고 있다고 할지라도 그것은 단지 '상징적으로' 법체계를 위태화하는 것일 뿐이라는 점도 중요하다. 그런 예술작품에 대한 형법적 통제는 형법의 정당성을 약화시키고, 장기적으로는 형법을 실효적인 제재규범이 아니라 단지 상징적인 규범으로 변질시킬 수도 있다. 다시 말해 예술작품에 대한 절제하지 않은 형법적 통제는 스스로를 위태롭게 하는 것이다. 그렇기 때문에 형법은 예술작품을 통제할 때 자신의 정당성을 되돌아보는 성찰적 태도를 견지하여야 한다.

3) 비율적 아름다움의 모방 여기서 형법의 성찰적 태도란 예술성이 음란성, 이적성, 모방성, 명예훼손성을 형사처벌의 문턱 아래로 완화시키는지 아닌지가 불분명한 경우에 '의심스러울 때에는 시민의 자유이익으로'(in dubio pro libertate)라는 시민자유우선원칙을 적용하는 것을 말한다. 시민자유의 우선은 시민적 자유의 다른 영역보다 예술의 영역에서 더 한층 강력한 요청이 된다. 즉, 예술작품에 대한 형법적 통제는 그 작품의 음란성, 이적성, 모방성, 명예훼손성에 대한 의심이 '개연성'보다 낮은 '가능성'의 정도만 있어도 자제되어야 한다. 이를 두고 '예술자유의 우선원칙'이라고 개념화 할 수 있을 것이다. 이러한 자유우선원칙은 비례성원칙에서 연원한다. 이 원칙의 적용을 통해 형법은 비례성 있는 규범이 된다. 비례성은 곧 기하학적 조형미의 대표적인 요소이다. 바꿔 말해 형법은 시민자유우선원칙을 적용함으로써 아름다움을 얻게 된다. 그런데 예술자유우선원칙은 그 비례성을 더욱 엄격하게 유지하는 것이므로, 그것을

통해 생성되는 형법의 기하학적 조형미도 더 정교한 아름다움을 띠게 된다고 볼 수 있다. 이로써 형법은 단지 예술'을 위한' 형법이 아니라, 예술'의' 형법(criminal law of art)이 된다. 왜냐하면 기하학적 조형미의 엄격한 형상을 내향적 가치(intrinsic value)로 구현한 형법은 아름다운 자연의 비율적 구성을 모방(mimesis)한다는 점에서 그 자체로서 이미 예술성을 띤다고 볼 수 있기 때문이다.

(3) 사회적 유해성의 시뮬라시옹

예술작품의 음란성 · 이적성 · 모방성 · 명예훼손성과 예술성이 어떤 수준에 있건 간에 형법이론적 개념인 사회적 유해성(Sozialschädlichkeit)의 수준에 이르지 않는다면, 역시 형사처벌은 정당화될 수 없다.[56]

1) 상징적 사회유해성 사회유해성이라는 형법이론적 개념은 독일 형법 개정사에서 보듯 성윤리를 내용으로 하는 범죄구성요건의 폐지에서 매우 중요한 기능을 수행하였다. 이 개념을 예술작품에 적용한다면, 그것이 음란물, 이적표현물, 저작권침해물, 명예훼손적 표현물이 될 수 있으려면 사회유해성이 있는 것이어야 한다는 결론이 나온다. 이 사회유해성의 개념은 개인들 사이의 평등한 자유이익을 해치거나 그것을 보장하는 국가나 사회제도의 기능을 위태롭게 하는 것이라고 이해할 수 있다.

그런데 예술작품은 그 자체로서 또는 그 작품을 제작하는 행위가 사회유해적인 것이 아니라 그 이미지의 내용이 사회유해적인 것으로 평가될 수 있을 뿐이다. 그렇기 때문에 예술작품의 사회유해성은 실제적인 것이 아니라 상징적인 것이다. 하지만 상징이 사회에 널리 퍼지면, 곧 현실이 될 수 있다. 보드리야르(J. Baudrillard)의 시뮬라시옹(simulacre)[57]

---

56 비슷하게 예술작품은 그 자체의 내용상 음란성 때문에 처벌되는 것이 아니라, "작품의 반포, 선전방법 및 판매행위 등에 반사회성이 인정될 경우만 그 반포행위자가 처벌되는 것이다"고 보는 이준구, "예술의 자유와 형법규범", *고시계* (28권, 1983.7.), 43쪽.

57 J. Baudrillard (하태환 역), *시뮬라시옹: 포스트모던 사회문화론(Simulacre et simulation)* (민음사, 1992), 12~13쪽 참조.

Barnett Newman, Who's Afraid of Red, Yellow and Blue, 1966

이론이 말해주듯, 상징은 아직 '있지 않은' 현실을 만들거나 현실을 과장함으로써 어떤 (정치적) 이데올로기적 기능을 수행할 수 있다. 가령 버넷 뉴먼(Barnett Newmann)의 그림, 〈Who's Afraid of Red, Yellow and Blue IV〉가 1982. 4. 13. 독일 국립박물관에 전시되었을 때 수의학과 대학생이 그 그림을 난도질한 사건은 그 그림의 이미지가 (검정, 빨강 노랑으로 이루어진) 독일국기를 오용(誤用)한 점에서 유태인 뉴먼이 독일 사람들을 겁주는 것이라고 생각했기 때문이었다. 이처럼 이미지는 단지 감상의 세계에 머물지 않고, 현실을 만들어내기도 한다.

2) 사회적 유해성의 상징의 현실화 조건 그러므로 예술작품이 그 음란성이나 이적성 등으로 사회유해성이 있는 것인지를 판단하기 위해서는 그 작품들의 상징들을 현실로 만드는 조건들이 얼마나 갖춰져 있는지를 고려해야만 한다. 이런 조건의 테두리를 설정하는 데에는 다음과 같은 관점이 매우 유용하다: "음란물이라는 개념표지에 포함될 수 있는 내용 자체가 매우 다양하며, 같은 내용이라도 전달매체에 따라, 그리고 그것을 접하는 수용자에 따라, 그리고 접하는 사회·문화적 환경에 따라 영향력이 달라질 수 있"다.[58] 그러니까 작품들의 상징들이 현실이 되기 위한 조건들로서 가령 미술관에 전시되었는지, 그 미술관과 전시의 규모가 얼마나 많은 관객을 수용할 수 있는 것인지, 미디어에 의해 얼마나 많이 홍보되었는지, 19세 미만 관람금지와 같은 제한을 하였는지, 관람자가 그 작품의 의미를 이해하는 매니아에 편중되는지 등을 들 수 있다. 이 조건들은 예술작품의 사회유해성이 상징의 세계에서 현실의 세계로 옮겨가기 위한 조건이 된다.

가령 앞서 언급한 최경태의 〈여고생(포르노그래피 2) 展〉 그림을 되

58 주승희, *현행법상 음란물죄의 비판적 검토 및 합리적 규제방안 모색* (고려대 석사학위, 2000), 13쪽.

돌아 보자. 당시 여고생 전은 작은 미술관 전시였고, 관람객도 많지 않았으며, 미성년자 관람불가의 제한도 두었다고 한다. 그러므로 그 작품의 사회적 유해성은 여전히 상징의 세계에 머물러 있었다고 볼 수 있다. 이에 비해 김인규 미술교사의 누드사진인 〈우리부부〉는 자신이 근무하는 중학교의 학생들이 드나들 수 있는 홈페이지에 게시되어 있었다. 그로 인해 그 사진이 창출하는 '도덕적 허무주의'의 이미지는 청소년에게 유해한 기능을 현실적으로 수행할 가능성이 높다고 볼 수 있다. 〈여고생〉과 〈우리부부〉의 중간에 위치하는 사례가 신학철의 〈모내기〉이다. 모내기는 소규모의 개인 전시전이 아니라 민족미술인협회가 주최하는 〈통일전〉에 출품되었고, 캘린더에 인쇄 배포할 예정이었다는 점에서 좀 더 강한 전파성이 있는 상태에 그림의 사상적 이미지가 놓여 있었다.

V. 미학적 예술형법의 규율과 그 한계

형법이 더욱 성찰적인 법이 되려면, 예술작품을 규제할 때 앞서 설명한 예술성의 무수한 높낮이와 그 전복적 개방성을 고려하는 자기성찰을 수행해야 하고, 그 성찰은 예술성을 고양시키는 방향으로 이루어져야 한다.

1. 예술형법의 자기성찰적 미학

이를 형법의 자기성찰적 미학이라고 부를 수 있다. 형법의 자기성찰적 미학은 두 가지 유형으로 나누어 구현할 수 있다.

(1) 약한 예술성과 형법의 규율

첫째, 음란성 · 이적성 · 모방성 · 명예훼손성을 형사처벌의 문턱 아래로 완화시키는지 아닌지가 불분명하고 예술성을 승인하는 비평적 관점이 아주 낮지는 않지만 비교적 약한 수준(아래 도표의 ⓑ)인 경우에는 선고나 기소유예나, 선고유예 또는 집행유예와 같은 다이버전 제도를 통해 형법적 통제를 절제시킨다. 이러한 절제는 앞서 설명한 바와 같이 비례성원칙에서 나오는 자유우선원칙(in dubio pro libertate)을 적용한 결과이다.

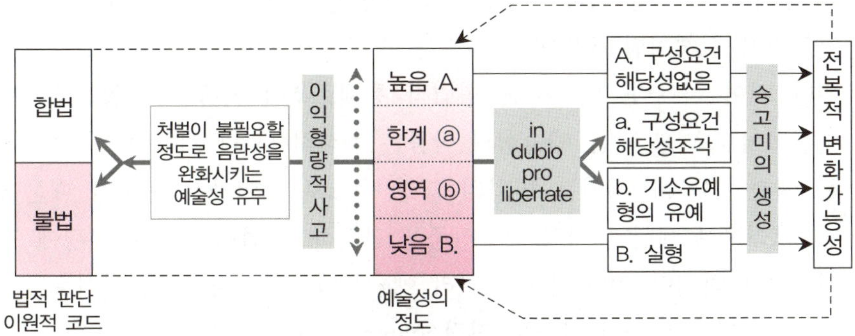

(2) 상당한 예술성과 형법의 규율

둘째, 예술성을 승인하는 비평적 관점이 아주 높지는 않아도 상당한 수준(도표의 ⓐ)이라면 그 예술작품이 음란성·이적성·모방성·명예훼손성의 법문언에 일단 해당하지만 예술의 자유를 위하여 그 구성요건해당성이 조각된다고 본다. 물론 예술성이 거의 없다고 말할 수 있을 만큼 낮은 경우(도표의 B)에는 실형(벌금, 징역형)을 선고하고, 예술성이 의심되지 않을 정도로 높은 경우(도표의 A)에는 구성요건에 처음부터 해당하지도 않는다고 본다. 위 도표에서 벌금을 기소, 선고, 집행의 유예보다 무거운 형사제재로 보는 이유는 벌금을 납부하지 못할 경우에 노역장유치 등의 실형과 같은 제재로 이어지기 때문이다. 이는 형사소송법상 불이익변경금지원칙(reformatio in peius)의 판단기준에 따른 것이기도 하다.[59]

---

59 가령 〈여고생〉(2001)의 포르노적 그림으로 벌금형을 받은 최경태 작가는 벌금미납으로 노역장 유치에 처해졌었다고 한다.

(3) 처분불가능한 표현의 자유의 오류

주관적인 감각이나 사상을 표현하는 양식이 생성하는 아름다움이 낮은 예술작품의 경우(B,ⓑ)에 그 작품과 작가에 대한 처벌은 오히려 작품의 숭고미를 생성시키는 요인의 하나가 되기도 한다. 그러니까 작품의 예술성이 낮다고 비평되는 경우에 예술의 자유가 형법의 도덕적 통제보다 언제나 우위에 있다는 사고, 즉 표현의 자유를 마치 처분불가능한 자연법적 실체처럼 숭배하는 사고는 정치적인 것이지, 예술 그 자체를 위한 것이 아니다. 왜냐하면 형법적 통제로부터 자유로운 공간에서는 역설적이게도 그 낮은 예술성의 작품은 양식적으로나 사상적으로 더 높은 예술성을 생성시키는 변화의 과정 속으로 들어가지 못하기 때문이다. 그러므로 세심한 비평으로 작품을 판단하고, 법원은 그런 비평에 귀 기울여야 하지만, 비평적으로 널리 예술성이 저평가된다면, 작가로서는 형사처벌의 위험을 무릅쓰는 진정성(authenticity)을 가져야 한다.

2. 예술형법의 미학적 한계

처벌을 감수하는 작가의 진정성은 예술을 위한 일이지, 형법이 배후에 두고 있는 도덕의 함양을 위한 것이 아니다. 왜냐하면 그런 처벌의 감수를 통해 숭고미가 생성될 수 있기 때문이다.

(1) 예술형법의 미학적 정의

그러므로 예술을 통제하는 형법의 정당성은 그것이 관철하는 도덕성에만 있는 것이 아니다. 예술형법의 정당성은 그의 통제기능을 통해 예술성을 오히려 고양(高揚)시키는 데에도 있으며, 그런 고양이 가능한 한에서 형법은 '기능적으로' 정당화된다. 이 정당화는 형법과 예술을 하나의 사회체계로 바라볼 때 형법체계와 예술체계 사이의 통합(system integration)을 이루는 것을 말한다. 그러므로 형사처벌이 예술가와 예술작품의 숭고미를 고양시킬 것인지에 대한 전망은 형사법관이 예술작품을 처벌하려고 할 때 바라보아야 하는 중요한 요소이며, 판결이유에 쓰지 못하는 판결의 근거지음이 된다.

여기서 간과할 수 없는 점이 있다. 형법이 도덕의 관철이 아니라 예술성의 고양을 통해서 정당성을 얻는다고 할 때, 그것은 오로지 형법이 통제하는 작품이나 작가의 예술성만을 뜻하지 않는다. 형법은 예술작품의 통제에서 스스로의 미학적 가치도 유지해야 정당한 것이다. 바꿔 말해 미학적 정의(aesthetic justice)도 예술형법의 정당성기초가 되어야 하는 것이다.

(2) 미학적 가치 손상의 한계

이처럼 예술형법의 정당성기초가 도덕을 넘어 미학적 정의로까지 확장되면, 그로부터 또 다른 형법의 자율적 한계가 그어진다. 가령 작가의 처벌을 통해 작품 외적으로 숭고미를 생성시키는데에는 과잉의 형사처벌이 더 적합할 수도 있다. 하지만, 그렇게 되면 형법은 박해자가 되고, 양식적으로 아직 미숙한 경지의 작가는 순교자가 된다. 그러나 그런 상태에 이른 형법은 자신의 미학적 가치를 너무 손상시키기 때문에 정의로울 수 없으며, 그런 형법은 정의의 규범으로서가 아니라 예술가를 탄압하는 정치적 권력으로서 기능하게 된다.

가령 최경태의 〈여고생 전〉(2001)의 그림들에 대해 자유형을 선고하는 것은 그의 작가생활에 중요한 발전적 전기를 마련해주는 의도하지 않은 기능을 발휘했었을 수도 있다. 그러나 그런 형법적 제재는 그 그림의 작품성에 비추어 과잉의 제재이며, 추한 형법이 된다. 스스로의 미학적 가치를 저버린 형법은 정의로운 규범이 아니라 정치적 권력으로 전락하기 쉬운 것이다. 그런 작품에 대해 형법이 추하지 않은 통제로 할 수 있는 최대치는 벌금형까지 일 것이다.

08 법의 예술반달리즘과 그래피티

I. 예술반달리즘의 의미

예술작품을 이유없이 훼손하는 행위를 예술반달리즘(art vandalism)이라고 부른다. 이때 훼손이 새로운 예술작품을 창작하는 부득이한 경우에는 이를 저작인격권(동일성유지권 등)의 침해로 보지 않게 된다. 예술반달리즘은 때로는 그래피티라는 새로운 미술 장르를 가리키기도 하고, 때로는 형법상 손괴행위를 가리키기도 한다.

1. 사회학적 개념으로서 반달리즘

먼저 예술반달리즘이라고 할 때 반달리즘은 역사적으로는 4, 5세기경 아프리카에 왕국을 세운 반달족이 지중해연안에서 로마에 이르는 지역까지 야만적인 파괴와 약탈행동을 한 데서 유래된 프랑스어(Vandalisme)이다.

(1) 손괴와 구분

그러나 반달리즘은 오늘날 역사적 개념이 아니라 사회학적 개념이다. 반달리즘은 법적으로는 손괴행위(형법 제366조)에 가장 가깝다. 그러나 똑같지 않다. 개념의 외연으로 이미 명확히 구분된다. 가령 ⓐ 손괴죄

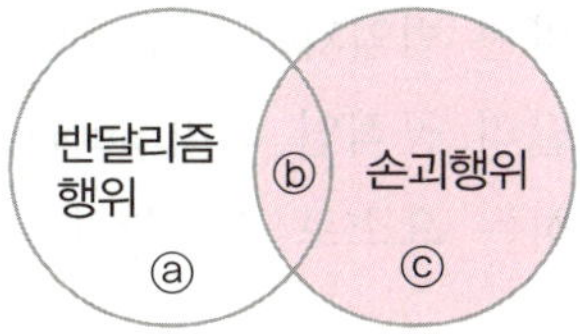

에 포섭되지 않는 반달리즘적 행위(예: 할로윈 데이에 남의 차에 달걀을 투척함)가 있을 수 있고, ⓒ 반달리즘에 해당하지 않는 손괴행위(예: 싸움 끝에 화가 나서 상대방 차량의 타이어를 펑크냄)가 있을 수 있으며, ⓑ 손괴죄에 포섭되는 반달리즘적 행위(예: 친구들과 몰려다니다 값비싼 수입품 상점의 유리창을 깸)가 있을 수 있다.

(2) 반달리즘의 사회학적 개념

현행법체계에서 손괴행위의 반달리즘적 성격은 양형에서 불리하게 작용할 수 있다. 불리한 양형요소로서 반달리즘의 특성을 구성하는 사회학적 개념은 어떻게 정의할 수 있을까? 이에 관한 사회학적 논의의 폭은 매우 넓고 광활하며, 엄밀한 개념정의는 불가능하다. 다만 다음과 같은 현상학적 특징들 가운데 많은 요소를 가질수록, 그 행위는 더 쉽게 반달리즘적 행위로 파악할 수 있다.

> ① 젊은 사람(25세 이하), ② 남자, ③ 즉흥적(spontaneously) 행동, ④ 익명의(anonymously) 행동, ⑤ 떼지음(in groups), ⑥ 공공장소(예: 공원, 놀이터, 길거리)에서의 행동, ⑦ 크지 않은 규모의 손괴, ⑧ 공격적 동기(예: 자기표현기회의 부족이나 사회 전반에 대한 불만) 등.[1]

반달리즘이 형법상 손괴죄에 해당하면 그 고유성은 사회학적 차원에만 있다. 즉 반달리즘적 손괴행위를 형법 제366조로 처벌하는 것 이외에 다른 범죄구성요건을 창설할만한 '다른' 법익의 침해는 확인되지 않는다.

2. 예술반달리즘과 침해법익

이에 비해 반달리즘적 행위가 예술품에 대해 행해질 때에는 재산이

1 반달리즘의 특징을 이와 같이 정리한 문헌으로 M. J. Williams, "Framing Art Vandalism — A PROPOSAL TO ADRESS VIOLENCE AGAINST ART", *Brooklin Law Review* (Vol. 74, No. 2, 2009), 590~591쪽 참조.

라는 법익과는 다른 법익을 건드리게 된다. 즉, 예술품은 일반 재물과는 달리 공적인 의미(public meaning), 그러니까 재산이면서도 문화를 형성하는 요소로 기능한다.

(1) 문화적 유산으로서 예술품

그래서 예술품에 대한 반달리즘적 행위는 보통의 반달리즘과 차별화하여 '예술반달리즘'(art vandalism)이라고 개념화할 수 있다. 예술품의 문화형성적 기능이 역사적인 차원에서 주목할만한 것일 때, 즉 "국가적 · 민족적 또는 세계적 유산"(문화재보호법 제2조)으로 평가될 때 예술품은 곧 문화재가 된다. 문화재인 예술품에 대한 반달리즘적 행위는 문화재보호법 제92조(손상 또는 은닉의 죄)[2]에 의해 금지되고 처벌된다. 문화재의 손괴 · 은닉죄는 단순한 예술품의 손괴와는 달리 보호법익이 개인적 법익인 재산권이 아니라 문화적 유산의 보존이라는 보편적 법익이 된다. 그렇기 때문에 형법상 재물손괴죄(제366조)의 법정형이 3년 이하의 징역 또는 700만원 이하의 벌금인데 비해 (국가지정)문화재손괴죄는 무려 3년 이상의 유기징역으로 처벌된다. 물론 이 정도의 무거운 형벌, 게다가 선택형도 없는 법정형은 비례성원칙에 위배된다는 문제점이 있

2 문화재보호법 제92조(손상 또는 은닉 등의 죄) ① 국가지정문화재(국가무형문화재는 제외한다)를 손상, 절취 또는 은닉하거나 그 밖의 방법으로 그 효용을 해한 자는 3년 이상의 유기징역에 처한다. ② 다음 각 호의 어느 하나에 해당하는 자는 2년 이상의 유기징역에 처한다. 1. 제1항에 규정된 것 외의 지정문화재 또는 가지정문화재(건조물은 제외한다)를 손상, 절취 또는 은닉하거나 그 밖의 방법으로 그 효용을 해한 자 2. 일반동산문화재인 것을 알고 일반동산문화재를 손상, 절취 또는 은닉하거나 그 밖의 방법으로 그 효용을 해한 자 ③ 다음 각 호의 어느 하나에 해당하는 자는 2년 이상의 유기징역이나 2천만원 이상 1억5천만원 이하의 벌금에 처한다. 1. 제35조제1항제1호에 따른 현상변경의 허가나 변경허가를 받지 아니하고 천연기념물을 박제 또는 표본으로 제작한 자 2. 제1항 · 제2항 또는 제1호를 위반한 행위를 알고 해당 문화재를 취득, 양도, 양수 또는 운반한 자 3. 제2호에 따른 행위를 알선한 자 ④ 제1항과 제2항에 규정된 은닉 행위 이전에 타인에 의하여 행하여진 같은 항에 따른 손상, 절취, 은닉, 그 밖의 방법으로 그 지정문화재, 가지정문화재 또는 일반동산문화재의 효용을 해하는 행위가 처벌되지 아니한 경우에도 해당 은닉 행위자는 같은 항에 정한 형으로 처벌한다. ⑤ 제1항부터 제4항까지의 경우에 해당하는 문화재는 몰수하되, 몰수하기가 불가능하면 해당 문화재의 감정가격을 추징한다. 다만, 제4항에 따른 은닉 행위자가 선의로 해당 문화재를 취득한 경우에는 그러하지 아니하다.

다.[3]

(2) 예술적 가치의 보편적 향유

예술품에 대한 반달리즘적 공격행위는 그 예술품이 국가적 · 민족적 또는 세계적 "유산"의 성격을 아직 승인받지 못한 경우라고 하더라도 형법상 손괴죄가 포착하지 못하는 불법의 실질을 갖고 있다. 그 불법의 실질은 많은 사람들이 승인하는 그 작품의 예술적 가치와 공중의 향유 가능성이라는 의미에서 공공의 이익이다. 이런 이익은 형법상 법익론으로 분류한다면, 보편적 법익(Universalrechtsgut)에 속한다고 볼 수 있다.

1) 예술품손괴와 손괴죄의 한계 이 보편적 법익은 개인의 재산에 대한 침해범죄인 손괴죄의 보호법익과 구별된다. 예컨대 (초중고 교과서에 등장하는) 김기창 화백의 그림을 소유하는 자가 그 그림에 덧칠하는 행위는 손괴죄로 처벌할 수 없다. 타인의 재산에 대한 침해가 없기 때문이다. 그러나 그런 행위는 그 그림이 갖는 예술적 가치에 대한 사회적 승인과 그 가치의 보편적 향유가능성이라는 문화형성적 기능에 장애를 일으킨다. 이러한 보호법익을 직접적으로 보호하는 법적 통제의 장치는 아직 없다. 다만 예술반달리즘이 손괴죄에 해당하는 경우에는 행위자에게 불리한 양형요소로 고려될 수 있을 뿐이다.

2) 저작인격권침해죄의 한계 또한 그림의 동일성이 훼손되면 저작인격권침해죄(저작권법 제136조 제2항 1호/제13조)가 적용될 수 있다. 저작인격권침해죄는 작품에 발현된 저작자의 인격을 보호하는 것일 뿐, 그 작품의 예술적 가치에 대한 사회적 승인이나 향유가능성 그 자체를 보호하는 것이 아니다. 하지만 저작자의 인격발현을 보호함으로써 '간접적으로' 그와 같은 보편적 법익을 보호할 수는 있다.

---

3 문화재의 법익의 실질을 규명하고, 법익보호원칙, 명확성원칙, 비례성원칙의 충실한 실현이라는 관점에서 볼 때 문화재손괴죄 등의 법정형이 지나치게 높다는 비판으로 이유경, *문화유산의 형법적 보호와 한계* (고려대 박사학위논문, 2016) 참조.

3. 예술반달리즘의 유형

(1) 행위의 유형화

예술품에 대한 반달리즘 행위는 몇 가지 유형으로 나눌 수 있다. 예술반달리즘 행위의 유형은 그에 대한 입법방향의 설정에 유용할 수 있다. 아래 사례군은 반달리즘행위, 손괴행위, 예술반달리즘 행위의 중요 유형을 개관하기 위해 유형화한 것이다.

ⓐ 할로윈 데이에 남의 차에 달걀을 투척함
ⓑ 친구들과 몰려다니다 자신이 가질 수 없는 값비싼 수입품 상점의 유리창을 깨는 행위
ⓒ 싸움 끝에 화가 나서 그 상대방 차량의 타이어를 펑크내는 행위
ⓓ 전시된 설치미술작품의 가격이 매우 비싼 것이 동기가 되어 작품성을 냉소하는 태도로 그 전시상태를 매우 경미하게 바꾸어 놓는 행위(손괴죄에 해당하지 않는 예술반달리즘적 행위)
ⓔ 많은 화가가 참가하는 마니프 아트페어 전시장에 들어가 가격이 높은 작품들을 무차별적으로 손괴하는 행위
ⓕ 타인이 소유하는 김기창 화백의 그림에 덧칠을 함

(2) 예술반달리즘의 유형확정

이 사례들을 ① 예술품, ② 반달리즘, ③ 형법상 손괴행위라는 세 가지 구조적 요소의 충족여부를 기준으로 유형화해보면 다음 도표와 같이 배열될 수 있다. 그러면 법적 통제가 논의될 수 있는 행위유형으로 7가지(ⓐ~ⓖ)를 생각해 볼 수 있다. 여기서 반달리즘이라는 개념은 모호한 사회학적 개념이고, 손괴행위와의 경계도 불분명하기 때문에 예술반달리즘은 넓은 의미에서 도표의 ⓓⓔⓕ 유형을 포괄하는 개념으로 볼 수 있다.

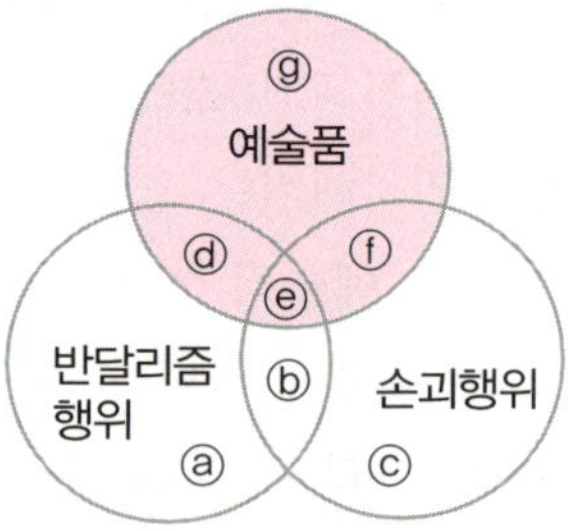

— 예술품에 대한 반달리즘적 손괴행위 (ⓔ)
— 손괴죄에 해당하지 않지만 예술품에 대해 반달리즘적 공격을 가하는 행위 (ⓓ)
— 반달리즘은 아니지만 예술품을 손괴하는 행위 (ⓕ)

II. 예술반달리즘적 손괴의 불법과 적정제재

1. 불법의 세 가지 지층

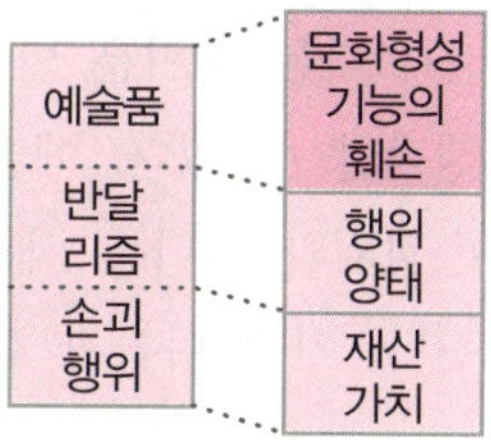

예술반달리즘적 행위의 불법요소를 가장 완비하고 있는 예술품의 반달리즘적 손괴행위(ⓐ)를 모범사안으로 삼아 예술반달리즘이 가질 수 있는 불법의 내용을 구조적으로 파악해보자. 예술반달리즘적 손괴행위는 오른쪽 표와 같이 세 가지 불법의 지층을 갖는다. 손괴죄의 불법 위에 반달리즘 행위의 전형적인 양태에 대해 인정되는 반가치성(행위반가치)이 추가되고, 그 위에 다시 문화형성적 기능의 훼손, 즉 "문화적 의미가 있는 것들에 대한 공중의 이익"(collective interest in objects of cultural significance)[4] 훼손이 추가되어 있다.

2. 예술반달리즘적 손괴죄의 창설

여기서 예술반달리즘적 손괴행위가 문화재가 아닌 예술품에 대한 경우라면, 새로운 보편적 법익의 범죄구성요건을 창설하는 것은 부적절하고, 기존의 손괴죄의 가중구성요건을 만드는 방안을 생각해볼 수 있다. 문화재로 인정되는 예술품 손괴는 문화재보호법 제92조에 의해 이미 특별하게 처벌되고 있기 때문이다.

---

4 M. J. Williams, "Framing Art Vandalism — A PROPOSAL TO ADDRESS VIOLENCE AGAINST ART", *Brooklin Law Review* (Vol. 74, No. 2, 2009), 604쪽.

(1) 중손괴로서 예술품손괴죄

특히 제366조의 가중구성요건으로 제367조가 "공익에 공하는 건조물을 파괴"하는 행위를 10년 이하의 징역 또는 2천만원 이하의 벌금에 처하는 것에 주목할 필요가 있다. 문화재보호법 제92조 제1항은 국가지정문화재의 손괴를 3년 이상의 유기징역, 제2항이 지정문화재나 일반동산문화재의 손괴를 2년 이상의 유기징역으로 처벌한다. 여기서 예술반달리즘적 손괴행위를 문화재손괴행위나 공익건조물파괴죄의 법정형보다는 가볍고, 일반손괴죄의 법정형(3년 이하의 징역 또는 700만원 이하의 벌금)보다는 무거운 법정형, 예컨대 5년 이하의 징역으로 처벌하는 방안을 생각할 수 있다. 예술품손괴죄는 문화재손괴죄와 마찬가지로 형법상 중손괴죄와는 다른 새로운 유형의 "중손괴죄"(grand criminal mischief)[5]가 된다. 가령 다음과 같은 형법조항을 제안할 수 있다.

> **형법 제366조의2(예술품손괴죄)** 공공연하게 전시되어 있는 예술품을 아무런 이유 없이 손괴한 자는 손괴한 자는 5년 이하의 징역 또는 2,000만원 이하의 벌금에 처한다.

일반동산문화재 손괴죄도 비례성원칙에 위배되지 않으려면 예술품손괴죄와 같은 수준의 법정형(5년 이하의 징역 또는 2,000만원 이하의 벌금)이 적절할 것이다. 물론 이는 일반동산문화재 손괴죄가 지정이 없음으로 인해 문화재여부가 불명확한 문제를 줄이기 위해 영리목적조항을 추가하는 것[6]을 전제로 한다. 일반동산문화재 손괴죄에 추가되는 영리목적에 상응하는 예술품손괴죄의 주관적 요소 내지 행위반가치의 요소가 바로 반달리즘의 심정태도이다

---

5 미국에서 이런 제안을 하는 M. J. Williams, "Framing Art Vandalism — A PROPOSAL TO ADRESS VIOLENCE AGAINST ART", *Brooklin Law Review* (Vol. 74, No. 2, 2009), 620쪽 아래 참조.

6 이런 제안으로 이유경, *문화유산의 형법적 보호와 한계* (고려대 박사학위논문, 2016), 211～212쪽 참조.

(2) 환유 개념으로서 반달리즘

그러나 사회학적 현상을 파악하는 개념인 반달리즘의 법개념화는 일반 반달리즘에서 등장하지 않는 아포리아적인 문제를 갖고 있다. 이 문제는 반달리즘의 텍스트를 "아무런 이유 없이"로 정식화하더라도 사라지지 않는다. '이유 없이'라는 일반조항의 해석에서 어떤 작품의 예술적 가치를 훼손하는 행위가 동시에 (특히 포스트모던) 예술의 창작이 될 수 있다는 난제가 고려되어야 하기 때문이다.

아무런 이유나 동기 없이 행하는 예술품의 훼손행위를 예술반달리즘이라고 부를 수 있지만, 문제는 예술 수행적인 반달리즘은 반(反)예술이 아니라 '다른' 예술이 된다는 점이다. 예술반달리즘적 행위가 — 모던미술의 관점에서는 — 외형상 손괴처럼 보이지만, 또 다른 예술의 창작이 된다면 (예술품)손괴죄가 불성립한다고 보아야 한다. 여기서 어떤 행위를 두고 예술품에 대한 반달리즘적 손괴행위라고 말할 때 '예술반달리즘'은 수사학적 개념, 특히 환유(換喩)의 개념으로 기능하는 것임을 알 수 있다. 왜냐하면 보편자(=기존 예술품의 가치를 넘어서 새로운 예술적 가치를 창출하지 못한다는 종합적인 판단)가 개별자(=사회현상의 하나로서 반달리즘)를 통하여 비유적으로 정의되고 있기 때문이다. 이 논의에서는 예술성 개념의 일반적 승인이 전제되어 있음에 주의해야 한다. 포스트모던 예술가들은 자신의 작품에 대한 예술성의 승인에 관심이 없거나 심지어 예술성의 해체를 유일한 심미적 가치로 받아들일 수도 있다. 그런 예술관도 헌법상 '예술의 자유'(헌법 제22조 제1항)에 의한 보호영역 안에 놓이는 것이지만 손괴죄의 적용이라는 맥락에서는 기능할 수 없다.

3. 예술창조적 손괴행위에 대한 손괴죄의 적용

또한 어떤 행위가 기존의 예술품을 손괴하여 새로운 예술적 가치를 창출하였다고 해서 그 행위의 합법성이 곧바로 승인되는 것은 아님에 주의해야 한다. 만일 기존 예술품의 소유자가 그런 손괴에 동의하지 않았다면 그의 재산권에 대한 위법한 침해는 남는 것이기 때문에 일반 손괴죄(제366조)로 처벌될 수 있다. 그런 행위는 단지 반달리즘을 이유로 하는 불리한 양형을 받게 되지 않거나 (위에서 제안한) 예술품손괴죄에 해당하게 되지 않을 뿐이다.

III. 예술반달리즘의 유형과 손괴죄의 적용

예술반달리즘은 비평이론적으로 보면, 전략적(tactical) 예술반달리즘과 표현적(expressive) 예술반달리즘으로 구분할 수 있다.[7]

1. 표현적 예술반달리즘과 예술품손괴죄

(1) 정신분석학적 자기의 표현으로서 예술반달리즘

먼저 표현적 예술반달리즘에서 표현이란 예술품의 문화적 의미, 이를테면 종교적, 도덕적, 정치적, 역사적 또는 경제적(예: 터무니없이 비싼 가격) 의미에 대해 저항하는 자기(self)를 외부화하는 것을 가리킨다. 이때 자기(self)는 다분히 정신분석학적 함의를 지닌다. 행위자의 사회적 정체성이나 인격으로서 자아(ego)의 실현이 아니라, 억압된 자기의 충동적 표출이 된다. 그러므로 표현적 예술반달리즘은 더 정확히는 자기표현적 예술반달리즘이라고 부를 수 있다. 자기표현적 반달리즘의 대표적

---

7 tactical과 expressive의 구분에 관해서 M. J. Williams, "Framing Art Vandalism — A PROPOSAL TO ADRESS VIOLENCE AGAINST ART", *Brooklin Law Review* (Vol. 74, No. 2, 2009), 597~602쪽 참조.

인 예로 리히텐슈타인의 〈커튼〉 그림에 대한 반달리즘적 공격사건(A Vandalized Lichtenstein)을 들 수 있다.

(2) 반달리즘에 희생된 리히텐슈타인

리히텐슈타인(Roy Lichtenstein)의 그림 〈커튼(Curtains, 1962)〉은 그의 초기 작품으로서 정교한 주름으로 장식된 커튼이 쳐진 유리창을 묘사한 작품이다. 이 그림은 1993.8 "손으로 그린 팝: 변환기의 미국 예술 1955~1962" 전시의 일부분으로 휘트니 미국예술박물관(the Whitney Museum of American Art)에 대여 전시되고 있었다. 1993. 8. 7. 당시 그 박물관에 임시로 고용된 21세의 월커(Reginald Walker)는 펠트펜(매직펜)으로 리히텐슈타인의 〈커튼〉에 낙서를 했다. 이 그림의 당시 시가는 약 20~30억원 정도로 평가되었었다. 월커는 7년 이하의 징역에 처해지는 2급[8]의 손괴죄(criminal mischief)로 기소되었다.[9] 이런 월커의 행위는 자기표현적 반달리즘(expressive vandalism)의 전형을 보여준다.

Roy Lichtenstein, Curtains, 1962

The NewYork Times, 1993.9.17.자에 실린 손괴된 작품사진

(3) 예술품손괴죄의 적용

이처럼 표현적 예술반달리즘에 의한 손괴행위에 대하여 5~7년 이하의 징역형을 법정형으로 하는 예술품손괴죄를 적용할 수 있다. 자기표현적 예술반달리즘에는 뒤에서 보듯 전략적 예술반달리즘이 추구한

8 미국의 주법들은 대부분 손괴행위로 인한 손해의 크기에 따라 등급을 정하여 처벌하며, 손해의 크기는 손괴행위로 상실된 시장가치와 복원비용을 합한 금액을 기준으로 정한다. 이에 관해 M. J. Williams, "Framing Art Vandalism — A PROPOSAL TO ADDRESS VIOLENCE AGAINST ART", *Brooklin Law Review* (Vol. 74, No. 2, 2009), 607쪽 아래 참조.

9 이 사건에 대한 뉴욕타임즈의 Carol Vogel이 쓴 기사 http://www.nytimes.com/1993/09/17/arts/inside-art.html 참조.

긍정적 목적가치(예: 여성참정권의 제도화)와 같은 유리한 양형요소가 고려되기 어렵다. 다만 무의식적 자기(self)의 회복이라는 행위자 개인에게 고유한 사정이 다소 유리한 양형요소로 고려될 수 있을 것이다.

2. 전략적 예술반달리즘과 손괴죄

(1) 외부적 목적달성을 위한 예술품의 손괴

전략적 예술반달리즘은 예술품에 대한 공격 그 자체에 의미를 두지 않고, 그것을 통해 공중의 관심을 끌어냄으로써 일정한 (예술품의 의미세계 밖에 있는) 외부적 목적(예: 정치적 이유)을 달성하려는 수단(전략)으로 이루어지는 예술품 손괴행위를 말한다. 전략적 예술반달리즘은 예술 그 자체에 대한 가치맹목적 태도에서가 아니라 다른 (정치적) 목적가치를 위하여 예술의 심미적 가치를 백안시하는 태도에서 비롯된다. 이 태도는 가치들의 비교형량에서 지극히 주관적인 판단의 경향을 의미할 뿐 예술품에 대한 야만적 손괴, 즉 예술품을 아무런 이유에서 아무렇게나 손괴해도 무방하다고 생각하는 것은 아니다. 그런 점에서 전략적 예술반달리즘은 진정한 의미에서 '반달리즘'이 되기 어렵다. 하지만 주관적 가치판단에 의해서이긴 하지만, '결과적으로는' 예술품의 심미적 가치에 눈을 감아버린다는 점에서는 여전히 예술반달리즘의 부류에 속한다고 볼 수 있다.

(2) 비너스 사건

이런 전략적 예술반달리즘의 대표적인 사건으로 비너스 그림사건을 들 수 있다. 리차드슨(Mary Richardson)은 1914년 런던 국립갤러리에 있었던 17세기 회화의 하나인 〈The Rokeby Venus〉를 고기써는 기계로 분해해 버렸다. 그의 행위는 감옥에 있던 여성참정권

Diego Velázquez, The Rokeby Venus 1647~51 경

론자인 한 동료의 단식투쟁에 대하여 사람들의 주의를 끌어내기 위한 것이었다. 리차드슨의 이런 예술반달리즘은 일종의 전략적 선택이다. 여성이 참정권을 누리지 못하는 20세기 초반 영국사회에서 여성의 현실과 여성의 이상적 모습을 형상화하는 비너스 그림의 고결함과 성스러움 사이에 존재하는 극적인 대조를 이용하여 현실의 추악함을 인식하게 하려는 것이 리차드슨의 전략이었을 것이다.

(3) 손괴죄의 적용

리차드슨의 예술반달리즘적 행위에다 현행 형법을 적용한다면 단순손괴죄(제366조)를 적용하여야 한다. 진정한 의미에서 반달리즘의 표현이 아니어서, 예술품손괴죄의 반달리즘적 구성요건요소("아무런 이유 없이")를 충족하지 못하기 때문이다. 그러므로 전략적 예술반달리즘이라는 사정은 손괴죄로 처벌하는 양형과정에서 고려할 수밖에 없다. 전략적 예술반달리즘은 양면적 효과를 갖는다. 여성참정권을 향한 정치적 목적 가치는 양형에서 유리한 요소가 되고, 역사적 문화적 가치가 있는 미술품의 훼손은 양형에서 불리한 요소가 된다. 이 유리한 요소와 불리한 요소를 비교형량하여 전략적 예술반달리즘은 양형에 유리하거나 불리하게 작용할 수 있다.

IV. 그래피티의 예술성과 손괴죄의 적용

반달리즘은 오로지 예술파괴적으로만 기능하지는 않고, 때로는 예술생성적으로 기능한다. 이를 반달리즘의 양면성이라고 할 수 있다. 이 양면성이 가장 잘 드러나는 경우가 그래피티(graffiti)의 문제이다.

1. 그래피티의 의미

그래피티란 원래 이탈리어어 graffitto(단수)의 복수형 graffitti에서 온 말이다. 이 말의 원래 의미는 긁힌(scratched)이라는 것이다. 예컨대 지하터널의 벽면에 에어로졸이나 스프레이를 사용하여 (그림의 형상을 띠기도 하는) 낙서를 하는 행위이다.

(1) 손괴행위와 그래피티

그래피티는 재산의 보존이라는 측면에서는 반달리즘적 행위와 유사하다. 또한 그래피티는 주로 즉흥적이고 투입산출효과를 합리적으로 고려하지 않는 젊은 사람들의 반항적 행동으로 이루어진다는 점에서도 반달리즘과 유사한다.

그러나 그래피티는 '어디에(예: 위험한 장소, 안전한 장소) 그려졌는지', '누가(예: 인종이나 신분) 참여했는지', '어떤 메시지를 갖고 있는지'(예: 정치적 이념, 인종차별이나 상업광고에 대한 도전)에 따라 각기 다른 사회적 의미를 추구한다는 점에서 의미에 대해 맹목적인 반달리즘과 다르다.

(2) 힙합의 미술적 표현

브레이크댄스가 춤으로 표현된 힙합[10]이라면, 그래피티는 미술로 표현된 힙합이라고 할 수 있다. 양자 모두 비주류의 하문문화가 정도의 차이는 있지만 주체성을 획득한 장르라 할 수 있다. 예컨대 사회의 주변적 지위에 있는 청소년들이 그래피티를 통해 기존의 주류 문화, 법과 질서, 경제와 시장, 언론과 미디어에 저항한다. 이 저항은 비보이들의 그것처럼 전복적(顚覆的) 의미를 갖는다. 여기서 전복적이란 그래피티가 체제를 전복시키는 방향으로만 그의 상징적 기능을 수행함을 뜻하지 않는다. 그보다는 그래피티는 주류문화와 비주류문화를 하나의 직물로 짜아 넣는 통합적 연결기능을 수행하기도 한다. 서로 다른 문화들(주류문화와 하부문화)이 동등하게 상호작용하며 하나의 고유한 문화적 그림을 그려낸다. 그렇기 그래피티는 상호문화성(interculturality)을 상징하는 미술이 될 수 있다. 그래피티는 포스트모던 시대에 상호문화성을 재생산

10 이런 설명으로 이상돈, *법의 춤* (법문사, 2012), [6]단락 참조.

하는 행위라는 의미를 갖는다.

2. 그래피티에 대한 형법적 적용

미국에서는 그래피티를 하는 사람들을 두고 "그래피티 갱"(graffiti gang)이라고 부르기도 한다. 이런 수사(修辭)는 그래피티의 의미를 오로지 체제전복적인 행위로만 바라보는 데서 비롯된다. 그러나 그런 수사학은 아마도 미디어가 예컨대 범죄적인 청소년 폭력조직과 그래피티를 연결지음으로써 생성된 스테레오타입일 것으로 보인다.[11] 이런 수사학적 이해에서 보면 그래피티는 모두 손괴죄에 의해 통제되고 처벌되어야 할 것이다. 그러나 그래피티의 상호문화성은 이런 수사학에 대해 비판적 거리를 두게 한다. 물론 그래피티의 활동 자체가 명백히 폭력적인 불법의 형태를 띠는 경우에는 그래피티는 전복적인 의미를 갖는 것이 아니라 체제전복적인 의미를 갖는다. 그럴 경우에 그래피티는 상호문화성을 재생산해내지 못할 것이기 때문이다.

---

11 이런 관점으로 Rob White, "Graffiti, Crime Prevention & Cultural Space", *Current Issues in Criminal Justice* (Vol. 12, 2001), 258쪽 참조.

09 법의 춤

I. 춤의 전인류적 의미와 법과의 관계

춤[1]은 전 인류의 모든 역사에서 존재한다. 그리고 춤은 도처에 있다. 음악, 연극, 뮤지컬, 오페라, 방송, 영화, 스포츠행사, 삶의 곳곳에 춤은 빠지지 않는다. 춤을 '추상적인 동작의 연속'[2](a series of abstract movements)으로 이해한다면, 춤은 법정의 변론이나 심지어 정치가의 대중연설, 걸음마를 하는 아이의 몸짓에도 있다. 그래서 '산다는 것이 곧 춤추는 것이다'라고 말할 만 하다. 춤추지 않고는 고난의 '삶을 견디어내는 것'(endure life)[3]이 힘든 우리의 일상은 이를 뒷받침해준다.

---

1 춤은 무(舞)와 함께 쓰여온 우리나라 말이다. 춤은 현행 저작권법 제4조 제1항 3호에서는 '무용'이라는 개념으로 사용된다. 무는 팔을 저올리고 저으며 돌린다는 뜻이고, 용은 발로 딛고 차며 뛰어오른다는 뜻으로 영어의 dance, 불어의 danse, 독어의 Tanz와 동의적 의미로 쓰인다고 한다(성기숙, "외래춤의 유입과 근대춤 형성에 관한 고찰", *공연과 리뷰* [제3호, 1995], 80쪽), 그러나 무용은 원래 1904년 일본 영문학자 쓰보우찌(1859~1935)의 "신악극론"(新樂劇論)에서 비롯된 개념이라 한다. 1905.11.3.일자 매일신보에서는 '도무'(蹈舞)라는 개념을 사용했고, 1909.5.22.일자 매일신보에서 무도(舞蹈)라는 개념으로 대체되고 있다. 도무나 무도는 대체로 전통적인 우리 춤과 구별되는 서구적인 사교춤을 일컫는 말로 사용되었다고 한다(성기숙, 앞의 논문, 80쪽). 이렇게 볼 때 이 책에서 개발하는 새로운 법분과, 법춤학이란 개념은 법(法)이라는 한자어와 춤이라는 한글말의 결합이라는 점 때문에 비판받지 않아도 될 듯하다. 근대춤도 近代라는 한자말과 춤이라는 한글말이 결합된 것이다.

2 이에 관해 Jessica Cassity, "Beginner's Edge: Even Modernist Within Your Reach", *Dance Spirit* (December, 2002), 40쪽 참조.

3 프로이트(Freud)는 삶을 견뎌내는 것을 모든 생명의 첫 번째 의무라고 본다. 이에 관해 S. Freud (김석희 옮김), "전쟁과 죽음에 대한 고찰", *문명 속의 불만* (열린책들, 2005), 69쪽.

1. 소통과 통합의 매체로서 춤

또한 춤은 사회구성원들 사이의 근원적인 의사소통의 매체이다. 그렇기에 소통의 역사 속에서 침전된 사회구성원들 사이의 상호작용 패턴들이 춤의 양식 속에 상징화, 형상화되어 있다. 즉흥접촉춤처럼 춤이 특정한 형(形)의 양식을 거부하는 경우에도 포스트모던의 시대정신을 구현하는 '형(形)이 없는 양식'을 갖는다.

(1) 춤의 통합력

춤의 양식에 형상화된 상호작용의 패턴들은 개인의 정체성 이해나 인간종의 이해, 사회관습, 종교적 메시지나 국가의 정치 이데올로기 등 수많은 상징체계들에 관계한다. 그렇기에 춤을 춘다는 것은 그런 상징을 재생산하는 것이며, 그 상징들이 수행하는 기능을 발휘하게 만든다. 그런 기능은 다양한 각도에서 설명될 수 있지만, 가장 중요한 것은 사회 '통합력'이다.

1) 결혼의 춤과 통합 춤의 통합력을 쉽게 설명해보자. 만약 매우 이질적인 다섯 명의 어학연수생이 모여 갑논을박을 한다고 가정하자. 그런데 갑자기 음악이 흘러나오고, 그들 중 한명이 춤을 추기 시작한다. 다른 넷도 뒤따라 춤을 춘다. 그러면 이들 사이에는 언어로 할 수 없는 소통이 일어나고, 그 소통은 이질적인 그들을 동질적인 집단으로 묶어준다. 그러나 만약 네 사람만 춤을 추고, 한 사람이 끝까지 그대로 있다고 하자. 그러면 이때 춤추는 네 명의 사람들은 관람의 대상이 되어 버린다. 이럴 경우 다섯 명의 연수생들은 하나의 집단으로 통합되지 못한다. 그래서 네 명은 그 한 사람에게 춤출 것을 강권한다. 이는 마치 미국의 결혼식 춤에서 막판에 춤추지 않는 사람을 집어삼키는 집단 춤이 펼쳐지는 현상[4]과도 유사하다. 유럽과 미국의 결혼식에서 춤추기는 2단

---

4 이와 같은 결혼식 춤의 통합기능, 문화형성기능을 주장하는 샐리 베인스(Sally Banes)

계로 나눌 수 있다. 제 1단계는 듀엣의 순차적 구조, 즉 (신랑－신부) → (신부－시아버지)/(신랑－장모)/(신부아버지－신랑어머니) → (신랑－신랑어머니)/(신부－신부아버지)/(신부어머니－신랑아버지)의 순으로 춤을 춘다. 이로써 상반되는 두 집단인 두 가문이 가족으로 통합된다. 결혼식 춤의 제 2단계는 (미국의 경우) 짝을 이루는 춤 대신에 대규모의 집단무이다. 집단무는 새로운 가족이 지역사회에 통합되는 상징을 창출한다. 춤은 이처럼 모든 사람을 하나의 사회로 통합시키는 것이다.

2) 가정의례법과 춤의 박탈 오늘날 우리나라의 결혼식은 춤이 없는 죽음의 예식이다. 축의금의 계(契)로써 상부상조하는 기능과 모노가미의 이데올로기에 대한 충성서약이 결합된 의식일 뿐, 새로운 사람을 가족의 일원으로 받아들이는 통합적 상징이 결혼식의 예식에서 사라져 있기 때문이다. 물론 결혼식의 이런 형식화, 이념화, 금전화는 왜곡된 근대화의 역사가 낳은 결과일 것이다. 예컨대 박정희 대통령 시절에 만들어진 「가정의례준칙에 관한 법률」(1969)이나 5.18. 쿠데타 다음 해에 만들어진 「가정의례에 관한 법률」(1981) 그리고 이명박 정부에서 만들어진 「건전가정의례의 정착 및 지원에 관한 법률」(2008) 등은 그런 역사의 침전물이다. 이 법들의 시행령(대통령령)으로 만들어진 가정의례준칙들은 혼인 등의 가정의례에서 허례허식을 버리게 하는 것을 넘어서 복장의 단정, 간소화를 요구하는 등의 건전 이데올로기를 구축한다. 이 준칙들은 심지어 혼인예식의 식순(현행 건전가정의료준칙 별표 3 참조)을 정해놓기도 한다. 준칙화된 결혼식의 식순 어디에서도 춤은 찾을 수 없다. 이 법들은 춤을 불건전한 것으로 인지하게 만든다. 춤의 불건전성, 춤이 도덕적 품위가 없다는 인식은 근대국가의 법에서 춤이 추방된 역사와 함께한다.

(김지명 옮김), "힘과 춤추는 몸", *공연과 리뷰* (제55호, 2006), 264~265쪽 참조.

(2) 법과 교차하는 춤의 기능

이로써 개인의 양식 없는 춤추기는 도덕적인 초자아가 억압한 무의식의 욕망을 의식화하여 의식과 무의식의 지나친 괴리에 따른 자기파괴의 충동을 해체한다. 개인의 내면에서 의식(초자아)과 무의식을 소통시켜 — 융(Jung)이 말하는 — 전일성(Einheit)의 정신으로 통합시킨다. 또한 결혼식에서 춤추기는 새로운 사람을 가족의 구성원으로 받아들이는 통합의 기능을 한다.[5] 민속적 춤을 추는 것은 그 민속에 속한 사람들을 민족국가(nationstate)로 통합시킨다. 그렇기 때문에 민속(folklore)은 19세기 초반부터 유럽에서 국가적 통합을 위하여 정치적으로 강조되고 이용되기도 하였다.[6] 더 나아가 춤은 세계화 시대에 인종과 종교의 차이를 넘어 국가를 이루는 통합적 기능을 발휘한다.

이처럼 춤과 법은 기능적으로 서로 교차된다. 춤이 법의 기능(사회적 통합)을 대신하는 부분이 있고, 법이 삶의 조건을 마련함(자유보장, 생존배려)으로써 춤의 기능(삶을 견뎌내게 하는 것)을 대신하는 부분이 있다. 또한 이 둘은 순환적인 상호작용을 한다. 춤추기가 일정한 문화담론을 형성하고, 그 담론이 권력과 법을 생산하며, 법은 다시 춤추기를 규제한다.

2. 춤과 법의 관계에 대한 성찰 과제

그런데도 법과 춤은 제도적으로는 엄격하게 분리되어 있다. 그러나 이런 분리는 근대화의 역사적 산물일 뿐이다. 즉, 춤은 근대화의 역사

---

5 또한 이런 역사는 단적으로 미국에서 춤의 도덕적 상당성이 없다는 이유로 저작권보호를 하지 않았던 역사(이에 관해서는 Kathleen Abitabile and Jeanette Picerno, "Dance and the Choreographer's Dilemma: A Legal and Cultural Perspective on Copyright Protection for Choreographic Works", *Campbell Law Review* (Vol. 27, 2004-2005), 41쪽)에서도 등장한다.

6 이런 견해로 Anca Giurchescu, "The Power of Dance and its Social and Political Uses", *Yearbook for Traditional Music* (Vol. 33, 2001), 115~116쪽.

속에서 법에서 분리되어 윤리의 감옥에 갇혔다. 그리고 개인의 몸은 이성과 윤리의 규율들에 의해 엄숙한 몸"(the solemnised body)[7]이 되어 버렸다. 하지만 포스트모던 사회는 춤이 법에 다시 복원되는 현상을 보여준다. 법과 춤의 관계의 역사는 이론적 가설로는 크게 세 단계로 구분할 수 있다.

- 법과 춤이 하나로 통합되어 있었던 역사 (전근대)(이하 II. 참조),
- 법과 춤이 종교와 국가, 법과 도덕의 관계처럼 서로로부터 분리되고, 법에서 춤이 추방된 역사 (근대)(이하 III. 참조),
- 법에서 춤이 다시 복권되기 시작하는 역사 (탈근대)(이하 IV. 참조).

이런 구분은 물론 근대성(modernity)의 이념을 기축을 삼은 것이다. 실제로는 근대 이전의 모든 역사가 전근대라는 개념으로 묶일 수는 없고, 현대사회의 탈근대적 현상들도 탈근대라는 개념으로 규합될 수는 있지만, 엄밀하게 정의될 수가 없다. 그럼에도 이 구분은 법에서 춤의 복원을 위해서는 유용한 설명틀이 될 수 있다.

Ⅱ. 법과 춤의 미분리

춤이 법으로부터 분리되는 근대화의 역사 이전에 춤은 법과 함께 전체사회적 에토스(gesamtgesellschaftliches Ethos)를 구성하는 요소였다. 이 점은 단지 전 인류의 모든 역사를 통틀어서 뭉뚱그려 말할 수 있는 가설적인 진단일 뿐이다. 이 진단의 명확한 증명은 수많은 법인류학적, 민속학적 연구를 필요로 한다. 그런 연구는 이 책의 논의차원을 넘어선다. 그래서 여기서는 문화인류학적인 관점에서 한국인과 매우 근접해 있는 인디언이나 에스키모인 등의 부족사회를 예로 하여 법이 춤과 어떻게 통합되어 있었는지를 들여다 보기로 한다.

---

7 Pierre Legendre (Peter Goodrich 역), "The Dance of Law", *Law and the Unconscious: A Legendre Reader* (Macmillan Press, 1997), 45쪽.

1. 우주론, 신화, 법의 융합

인디언의 부족 사회에서 춤을 춘다는 것은 전설과 신화를 상징화한다. 예를 들어 애리조나 북동부 지역 푸에블로 인디언의 일족인 호피족(The Hopi)에게 우주론과 신화 그리고 법은 춤을 통해 단일한 것으로 표현된다. 호피족에게 우주는 빛도 바람도 없는 어둠의 무한공간에서 태양의 영인 타와(Tawa)가 네 번[8]에 걸쳐 창조한 신화 세계로서 습기(moisture)와 그 기호들(예: 비, 눈)로 구성된다. 호피족들은 이런 우주론 속에서 하나의 '법'공동체로 통합되고, 전 세계의 생명에 대한 책임의식 속에 살아간다.[9] 여기서 춤은 우주와 그 창조의 신화를 재생산하고, 현존하는 인간과 신들을 중개시킴으로써 호피족 사회의 법적 통합을 수행한다. 그런 춤으로 널리 알려진 것이 '카치나'(katsina)이다.

Hopi Katsina doll

동지가 지나 6살 이상의 남자들은 인간과 영의 세계를 소통시키는 초자연적인 메신저인 '카치나'(katsina)[10]가 되는 춤의식을 한다. 태초의 공간을 상징하는 돌로 다듬어 만든 지하의 신성한 공간인 키바(kiva)에서 사다리를 타고 올라오는 의식을 행한다. 춤출 때 오른발로 땅을 계속 밟아 지하의 영혼들을 깨운다. 이때 댄서들은 신이나 각종 동물들의 혼령, 조상, 구름 등을 표현한 가면[11]을 쓴다. 춤추는 댄서의

---

8 인간들은 무한공간에서 스스로 실체를 더하여 창조한 세계(제1세계)를 시작으로 곤충 같은 창조물이 사는 생명의 의미를 이해하는 제2세계, 정의를 더한 제3세계를 거쳐 마력과 부도덕의 타락을 극복한 제4세계로 나오게 되었다. 제4세계는 생명의 비밀이 죽음이며, 대지에 살 자격으로 책임을 받아들이는 세계이다.

9 이상의 설명은 Joann W. Kealiinohomoku, "Dance, Myth and Ritual in Time and Space", *Dance Research Journal* (Vol. 29, No. 1, 1997), 66쪽에서 요약 정리한 것임.

10 인디언의 카치나(katsina)가 우리나라의 쾌지나(kachina) 풍물놀이와 인류학적으로 매우 근접한 것이라고 주장하는 관점도 있다. http://blog.daum. net/rione30/17062514 참조.

11 현재 이 의식은 각종 카치나 인형(kachina dolls)의 문화상품으로 희화화되고, 화석화되었다.

느슨하게 흩날리는 머리카락은 하늘에서 내리는 비의 기호이며, 깃털머리 장식의 흰 헝겊은 눈의 기호이다. 또한 춤출 때 내쉬는 숨이나 가면 속에서 숨결로 펄럭이는 독수리의 흰 깃털과 무당이 피우는 제식들은 단지 상징이 아니라 춤에 의해 역동적으로 생성되는 힘이며, 이로써 구름을 타고 인간과 신들 사이의 중개자인 카치나가 되게 만든다.[12] 특히 카치나의 숨결은 구름을 불러들여 대지에 심은 씨앗에게 생명의 습기를 주게 한다. 춤의 방향은 마치 뱀과 같은 형상으로 꼬불꼬불하게 이루어진다.

2. 법의 기능을 하는 춤

그러므로 인디언들에게 춤을 춘다는 것은 곧 공동체적 삶을 산다는 것이며, 오늘날 법을 공동체적 삶의 가능조건으로 이해한다면, 이들에게 춤은 곧 법이었다고 말할 수 있다.

(1) 춤의 법 생산과 법의 춤에로의 내부화

이를 조금 더 이해하기 쉽도록 예를 들어 설명해보자. 호피족들이 춤을 춤으로써 우주와 자연과 합일되는 신화적 전통 속에서 그들의 고유한 문화를 재생산한다는 것은 그들로 하여금 인간 주변 동물에 대하여 — 비록 필요한 만큼만 하는 최소한의 살상은 있지만 — 파트너의식을 가지게 하며, 불필요한 살생을 금지하고 동물의 생명을 자기 형제처럼 존중하는 규범을 내면화하는 것이기도 하다. 여기서 오늘날 문명화된 사회는 — 비록 주로 국가의 자산유지 일환으로서, 그리고 그 동물종의 보존을 위해서긴 하지만 — 대개 동물을 보호한다는 법을 갖고 있다는 점을 고려해보면, 춤은 동물과의 공존을 지향하는 오늘날의 법[13]에

12 이런 상징적 설명은 Joann W. Kealiinohomoku, "Dance, Myth and Ritual in Time and Space", *Dance Research Journal* (Vol. 29, No. 1, 1997), 71쪽 각주 4번 참조.

13 물론 현재의 동물법호법들이 호피족과는 달리 지극히 인간중심적인 패러다임에 서 있다는 커다란 차이는 있다. 특히 동물보호법이 인간중심성 중에서도 퇴행적인 나르시시즘에 각인되어 있다. 이에 관해 자세히는 이상돈, "나르시시즘의 법", *법철학연구* (제

해당하는 행위규범을 생산했다고 볼 수 있다. 또한 사람들이 '같은' 춤을 춘다는 것은 춤이 생산하는 법규범을 내면에 수용하는 것이 된다. 이를 거꾸로 바라보면 인디언 사회에서 법은 언어가 아니라 춤에 이미 내재화 되어 있다고 할 수 있다.

물론 문명사회의 동물보호법제는 궁극적으로는 이성적인 인간의 품위를 위한 것이라는 인간중심의 근대적 이념에 의해 각인되어 있다. 이를테면 우리나라 동물보호법도 "동물을 적정하게 보호·관리함으로써 생명의 존중 등 국민의 정서함양에 이바지함"(제1조)을 목적으로 한다. 이처럼 법이 다른 종에 대한 인간의 지배와 존재론적 우월성을 지속시키는 방편으로 기능할 때 그 법은 근대적인(modern) 것이다. 이에 비해 인디언의 춤은 다른 종으로서 동물과의 공존과 영혼적 교감을 향한 매체로서 기능한다. 인간중심성을 벗어나 인간과 동물이 형제처럼 나란히 한다. 바로 그런 점에서 인디언의 춤이 수행하는 법의 이념은 포스트모던 시대의 동물권에 대한 새로운 이해와 법제화를 이끌 수도 있다.

(2) 춤의 분쟁해결과 사회통합의 기능

법과 춤이 분화되지 않은 사회에서 춤은 법과 동일한 분쟁해결기능을 직접 수행하기도 한다.

1) 에스키모인의 분쟁해결 가령 에스키모인 가운데, 자신들을 인간이라는 의미에서 부르는 이누이트(Inuit) 부족은 가무(歌舞, Song and Dance)의 경연을 통해 분쟁을 해결했다. 이누이트 부족 사람들은 분쟁이 생기면 상대를 서로 공격하긴 하지만, 분쟁의 진정한 본안에 대해서는 말하지 않는다고 한다. 분쟁은 청중이 볼 때 북을 더 잘치고 노래와 춤을 더 잘하는 사람을 승리자로 삼는 방식으로 해결되었다.[14] 이런 인류학적 연구가 얼마나 철저한 고증을 바탕으로 신뢰성이 있는 것인지는

22권 3호, 2019), 183~184쪽 참조.

14 이에 관한 연구로 Max Gluckman, *Politics, Law and Ritual in Tribal Society* (Aldine Transaction, 2006) 참조.

여기서 논의하지 않기로 한다. 중요한 점은 적어도 그 사회에서는 춤과 노래의 퍼포먼스가 매우 강한 통합력을 발휘했다는 점이다. 춤과 노래의 퍼포먼스는 분쟁의 본안과 상관이 없다. 그런데도 퍼포먼스의 경연 결과에 따라 분쟁이 원만하게 해결되었다면, 그것은 퍼포먼스가 — 오늘날 합리적인 법이 우리사회에서 발휘하는 통합기능보다 — 그 구성원들을 하나의 공동체로 더 잘 통합시킬 수 있었기 때문일 것이다.

2) 우열 가리기 어려운 춤과 법의 합리성 그러나 분쟁의 본안과 무관한 분쟁의 해결은 분명 '합리성'이 없는 것이다. 그렇기에 춤으로 분쟁을 해결하는 사회는 법으로 분쟁을 해결하는 사회보다 덜 진화된 사회로 바라보기 쉽다. 이는 서구중심적인 사고의 결과이다. 하지만 여기서 이런 사고에 대해 비판적인 인류학적 연구에 들어갈 필요는 없다. 오늘날 법체계의 합리성을 반성해보기만 해도, 그런 관점의 타당성이 쉽게 무너진다. 가령 합리적인 법이 분쟁을 해결하는 오늘날의 사회에서 소송의 현실은 이누이트 부족의 춤에 의한 분쟁해결보다 진정으로 더 합리적인 것일까? 당사자주의와 변론주의의 이념이 지배하는 민사소송에서 승패는 종종 진실과 정의에 의해서가 아니라 얼마나 비싼 변호사를 사서 소송대리인으로 삼느냐에 따라 좌우되고, 형사소송에서는 가진 자는 무죄가 되기 쉽고, 못가진 자는 유죄가 되기(유전무죄 무전유죄) 쉽다. 이처럼 현대사회의 법체계도 분쟁의 본안과 관계없이 분쟁을 해결하는 측면이 상당히 많다. 현대의 법률가들은 심지어 결투로 분쟁을 해결했던 중세 영국의 "글래디에이터 스타일의 결투대행기사(knights-errant)"[15]의 혈통을 이어받고 있다는 평을 듣기도 한다. 게다가 현대사회에서 그와 같은 법의 현실은 이누이트족의 춤이나 중세 영국인의 결투보다도 분쟁당사자 사이에 더 큰 분열을 가져오기도 한다. 명예훼손으로 처벌된 자가 그 피해자를 살해하고 마는 예들을 떠올릴 수 있다. 누구도 오늘날의

---

15 Roger I. Abrams, "The Dance and the Adjudication of Disputes", *Rutgers Law Review* (Vol. 51, 1999), 908쪽.

법이 이누이트족의 춤보다도 더 합리적인 분쟁해결의 기제라고 단언할 수 있는지는 매우 의문스럽다.

3. 춤과 법 그리고 기표와 기의

(1) 춤과 법의 상호내재성

지금까지 살핀 짧은 법인류학적 분석을 토대로 하여 '춤이 법이고, 법이 춤이다'라는 기호학적 배치를 해보자. 춤과 법이 서로에게 내재되어 있다고 말한다면 그것은 기호학적인 차원에서 하는 말이다. 그러니까 춤은 법의 기표(記票, signifier)가 되고, 법은 춤의 기의(記意, signified)가 된다고 할 수 있다. '법이 춤이다'라고 말할 때, 춤은 법의 환유가 되고, '춤이 법이다'라고 말할 때, 법은 춤의 은유가 되는 것이기도 하다. 가령 발레는 서양의 근대시민사회에서 이성법이라는 기의를 갖는 기표가 된다. 물론 이는 거꾸로도 말할 수 있다. 이성법이 기표이고, 발레는 기의가 된다. 이성법의 구축은 발레 이외의 춤들이 (가치 있는 춤의 세계에서) 추방되는 미학적 편향의 역사적 의미맥락 속에서 이루어졌기 때문이다. 다시 말해 발레는 이성법의 환유('이성법은 발레이다')이고, 이성법은 발레의 은유('발레는 이성법이다')이다.

이와 같은 기호학적 차원과 현상학적 차원은 구별되어야 한다. 춤과 법이 분리된 역사 이래로 그리고 추상적 몸짓으로서 춤의 의미만으로는 복잡한 사회현실을 제대로 규율할 수 없다. 즉 현대사회에서 춤과 법은 더 이상 '현상학적으로는' 같거나 서로에게 내재할 수 없다. 게다가 법과 춤은 기호학적으로 서로 내재하는 것이 아니라 거꾸로 서로 길항하는 것일 수 있다. 예컨대 법이 음란한 춤을 규제하는 이유가 그런 춤이 법질서를 위태롭게 만들 수 있다는 두려움 때문이라면, 춤은 곧 법의 카운트파트너가 되는 것이고, 그 경우 법의 개념은 법이 두려워하는 춤의 부재를 통해서 (소극적으로) 구성된다. 하지만 '기호학적인 차원'에서는 여전히 춤의 의미구조 속에 이미 법이 들어가 있고, 법의 의미구조 속에 이미 춤이 들어가 있다. 게다가 길항관계에 있는 춤의 의미도 이성법의 동일성강제작용에 대한 길항을 통해 이성법의 성찰적 변화를 이끄는 법의 '성찰적 요소'로 기능할 수 있다.

(2) 단일신화의 뒷받침

물론 이러한 기호학적 배치의 보편성은 더 많은 인류학적 지식과 연구에 의해 뒷받침되어야 한다. 그런 지식과 연구는 현재까지는 거의 없다. 다만 여러 문화권의 신화들을 공통적으로 관통하는 하나의 실타래(common threads)가 있으며, 그 실타래를 좇아 가보면 각 문화권의 신화들이 주는 메시지는 같다고 보는 '단일신화'(monomyth)의 이론에 의하면 연구의 단편성이 갖는 결함을 어느 정도 메워준다.[16] 즉 신화와 우주론 속에서 춤과 법이 기능할 때, 춤과 법의 관계는 인디언 부족사회에서만 타당한 것이 아니라 모든 부족사회에서 타당할 수 있게 된다. 우리나라도 예외는 아닐 것이다.[17]

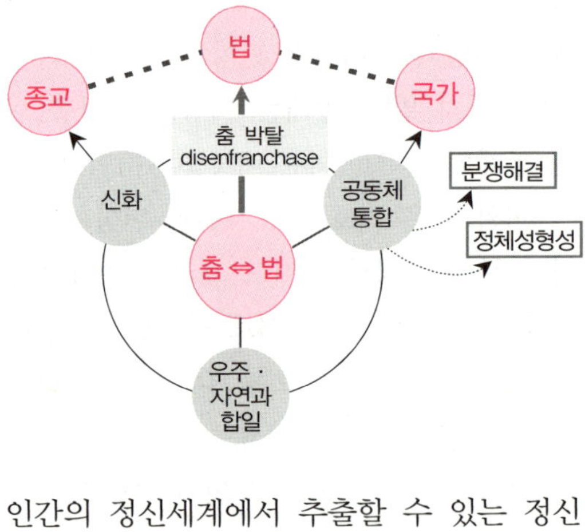

다시 말해 앞에서 살핀 호피족의 카치나에서 보이는 우주론적 이해와 신화의 전승 그리고 공동체적 통합이 춤이라는 법의 원형적 기호에 의해 하나가 된다는 것이다. 여기서 '원형'(archetype) 개념은 사회역사적으로 실재했던 법의 현상이 아니라 인간의 정신세계에서 추출할 수 있는 정신

---

16 Josoph Campbell, *The Power of Myth* (Anchor, 1991) 참조.

17 특히 호피족의 카치나(katshina)가 우리나라 쾌지나(kachina) 칭칭나네의 풍물놀이와 인류학적으로 같거나 매우 유사하다는 점, 심지어 인디언의 조상이 한반도에서 건너간 사람들이라는 인류학적 주장들에 의해 뒷받침된다.

분석학적 보편성의 차원에서 이해되어야 한다. 그러니까 춤추는 인간의 정신 속에서는 언제나 법을 생성시키는 인지작용이 펼쳐진다는 것이다. 위 도표는 지금까지 설명한 내용을 종합하고 있다. 이 도표에서 춤은 곧 법이며, 우주와 자연 그리고 신화와 하나가 되어 공동체를 통합하는 기능을 한다. 춤을 통해 분쟁이 해결되고, 개인의 정체성도 형성된다. 도표에서 위쪽의 〈종교-법-국가〉 부분은 근대사회에서 춤으로부터 법이 떨어져 나가고, 종교와 법 그리고 국가가 독자적인 위치를 갖게 됨을 표현하고 있다.

Ⅲ. 법과 춤의 근대적 분리

'춤은 법의 원형적 기호이다'는 말은 역설적으로는 현실의 법은 춤을 통해 생성되지 않는다는 것을 뜻하기도 한다. 근대법의 현실이 바로 그러했다. 근대법은 종교로부터 분리된('세속화') 규범의 세계를 형성하며, 법은 국가와 하나로 융합되어 있지 않고, 국가의 목적을 실현하거나 국가에 대항하는 요소로 자리잡았다. 근대사회 이후에 종교와 법 그리고 국가는 이처럼 분리되어 있으면서 춤을 각자의 세계에서 축출하였다. 춤은 법과 윤리에 의해 마법의 현상으로[18] 폄하되어 갔다.

1. 근대법과 발레의 동가성

여기서 근대사회 이래로 법에서 춤이 추방되었다는 것은 어떤 역사적 의미를 갖는 것일까? 이 점은 발레의 성장과 근대법의 발전 그리고

18 이런 관점으로 Pierre Legendre의 다음과 같은 말은 너무나 인상적이다: "하늘로 나아가려는 것이 불법이었듯이 춤을 추는 것도 불법이었다. 윤리는 이것들을 마법의 형태로 보았다. 유럽에서는 인간이 자연을 뒤집었고, 신에 불복종했다는 믿음이 있었다. 이 날개 없는 두발 짐승은 죽어서 그의 영혼이 날아가는 날까지는 춤추거나 날으려고 땅에서 발을 떼지 말아야 했다."

신의 숭고성이라는 삼각관계 속에서 이해될 수 있다.

(1) 춤출 권리의 박탈

법에서 춤이라는 기호학적 차원의 제거를 비유적으로 표현하면 법에서 사람들이 춤출 권리를 '박탈'당한 것이라고 부를 수 있다. 법에서 춤의 기호학적 차원을 제거한 것은 역사적으로는 유럽의 교회가 춤을 "박탈"(disenfranchise)[19]한 데서 비롯된다. 자유로운 춤은 길드를 통해[20] 비밀리에 즐길 수 있을 뿐이었다.

1) 발레의 숭고미와 근대법의 이성 여기서 춤의 박탈은 교회의 권력과 종교적 담론을 재생산하는데 기여하는 춤만을 허용하는 것을 말한다. 춤은 자유로운 몸의 표현이 아니라, 16~17세기 종교개혁에 자극을 받은 카톨릭 내부의 개혁운동인 스콜라철학(scholasticism)에서 유행했던 형이상학적 이념을 구현하는 수단으로서만 허용될 뿐이었다.[21] 정신과 육체의 이분주의를 전제로 춤추는 육체는 정신의 하위에 놓이고, 춤은 엄격한 위계질서에 편입된 예술로서만 존재하였다. 그러니까 신체에 대한 기독교적 교리는 개인들을 종교적 질서구조에 얽어매는데 필수적인 요소로 기능한 것이다. 자유로운 춤의 표현들은 코미디나 서커스 광대의 몸짓으로 주변화되고, 발레와 같은 카논(canon)이 있는 연극적인 춤만이 숭고한 아름다움의 가치를 가지는 춤으로 인정되었다.

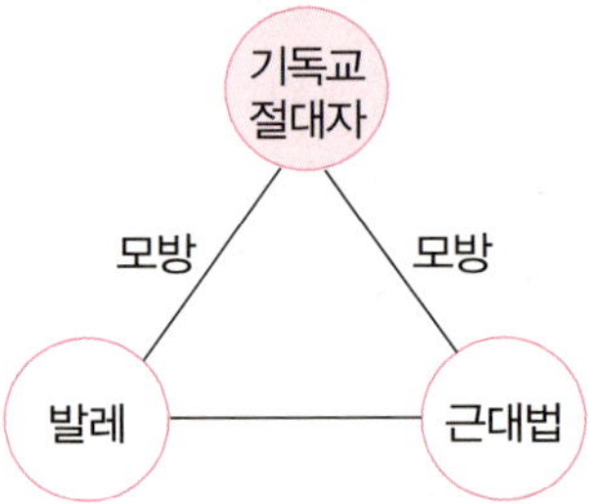

여기서 발레의 숭고미는 근대법의 이성과 같은 위치에 자리잡는다. 가령 발레의 아름다움은 높이를 지향하면서 확장된 선으로 만들어내는 공

19 Joann W. Kealiinohomoku, "Dance, Myth and Ritual in Time and Space", *Dance Research Journal* (Vol. 29, No. 1, 1997), 68쪽.

20 잭 앤더슨 (서진은 · 허영일 옮김), *발레, 현대무용* (삶과 꿈, 1996), 24~25쪽.

21 이런 분석으로 Pierre Legendre (Peter Goodrich 역), "The Dance of Law", *Law and the Unconscious: A Legendre Reader* (Macmillan Press, 1997), 39쪽.

간적 이미지에 있다. 이는 권리에 의무가 맞대응되어 있고, 권리와 의무를 서로 동등하게 교환하는 '대칭성'(symmetry)과 수많은 법규범들 사이의 '정합성'(coherence)으로 구성되는 근대법의 기하학적 조형미[22]와 그 심미적 구조가 거의 같다. 또한 발레의 춤동작이 지향하는 '높이'의 수직성은 기독교적 신의 존재를 향해 있는데, 근대 헌법의 기본권으로 정초된 인권 개념도 기독교적 신에 지향하고 있다.[23] 인권의 기독교적 절대자 지향성은 인권을 흔히 '절대불가침', '양도불가능성', '처분불가능성'의 권리라고 표현하는 데서 알 수 있다. 가령 오늘날에는 서구사회에서 승인된 인권이 비서구권 사회에서는 인권으로 승인되지 않는 경우들도 많다. 문화권적 인권은 대개 그러하다. 그럼에도 근대적 인권을 절대불가침의 권리라고 개념화하는 것은 기독교적 종교문화의 (가다마가 말하는) 영향사(Wirkungsgeschichte)[24] 아래 있는 것이라고 할 수 있다. 여기서 기독교적 종교문화가 근대적 인권 개념에 작용한 '영향사'를 역방향으로 파악한다면 근대적 인권이 기독교적 절대자의 권위와 그 숭고성을 모방한 것이라고 말할 수 있다.[25] 이런 영향사와 모방 속에서 근대 이성법은 춤을 그의 생성원으로 남겨둘 수 없게 된다.

2) 순치와 자유상실 근대법의 기호로서 발레는 먼거리의 순치기능을 수행할 수 있다. 이를테면 사람들은 가치있는 것으로 공인된 춤(예: 발레)을 동경어린 시각으로 바라봄으로써 그 춤의 상징적 의미를 정신에 수용하게 된다. 르장드르(Legendre)가 발레를 두고 "눈을 통하여 영혼에 말을 거는"[26] 춤으로 바라본 것도 같은 의미라고 할 수 있다. 여기서 발레는 발레의 상징이 지시하는 정치적 체제에 사람들이 순응하도록 만드는 정치적 매체의 하나가 된다. 가령 18세기 정립된 발레의 형이상학적

22 이에 관해 자세히 이상돈, *법미학* (법문사, 2008), 112쪽 아래 참조.
23 이 점을 분명히 한 이상돈, *인권법* (법문사, 2005), 58쪽 아래 참조.
24 H. G. Gadamer, *Wahrheit und Methode* (1975), 370쪽.
25 이상돈, *인권법* (법문사, 2005), 58쪽; *기초법학*, 제2판 (법문사, 2010), 183~184쪽.
26 Pierre Legendre (Peter Goodrich 역), "The Dance of Law", *Law and the Unconscious: A Legendre Reader* (Macmillan Press, 1997), 60쪽.

특징들과 프랑스에서 1766년 보병훈련을 규제하는 왕의 칙령들 사이에는 행동거지, 몸의 움직임의 반복과 균형, 터치의 제스처 등에서 매우 유사하다고 분석[27]되기도 한다. 그러니까 발레에 대한 가치승인과 동경은 왕의 정치체계에 대한 승인과 복종으로 이어지는 것이다. 발레의 이와 같은 전범(典範)화는 실존적 해방의 몸짓으로 표출되는 다양한 춤의 자유가 사라짐을 뜻한다. 오늘날에도 기독교적 근본주의[28]는 술, 담배, 도박과 함께 춤을 비판적으로 공격한다. 물론 춤의 박탈은 비단 기독교 같은 종교에 의해서만 이루어지는 것은 아니다. 가령 형이상학으로 교조화된 형태의 유교사상과 같이 인간의 욕망을 통제하는 도덕주의와 금욕주의도 자유로운 몸짓, 자유롭게 춤추기를 금기시한다. 이는 몸이 가장 민감한 욕망의 장소이라는 이유에서 비롯된다.[29] 오늘날 윤리의 다양한 에이전시들(예: 방송통신심의위원회)도 인간의 육체적 자유를 일정한 이념적 질서구조의 틀 안에서만 허용한다. 발레는 근대적 질서구조의 대표적인 형식(modern form)이라 할 수 있다.

3) 법에서 엄숙한 몸과 세속적 춤 근대사회는, 좀 극단적으로 말한다면, 발레가 아닌 한 자유로운 몸짓을 금지하거나 가치가 없는 것으로 폄하한 사회이다. 그 결과 서구근대사회에서 개인의 몸은 마치 팔을 묶어 놓은 듯한 모습으로 신을 찬양하고 노래를 하는 파리나무십자가 소년합창단(Les Petits Chanteurs A La Croix de Bois)의 어린이들처럼 규제와 훈육을 통해 복종의 미덕을 체화한 몸, 즉 "엄숙한 몸"[30](the solemnised

27 Pierre Legendre, 앞의 논문, 63쪽.

28 계몽의 정치사상 아래 독일과 영국에서 자유주의 흐름에 대항한 흐름(예: 칼빈주의자, 알미니안파, 침례교도, 장로교도, 세대주의)인 초자연주의적 복음운동을 중심으로 삼은 근본주의에 관한 대표연구로 Ernest R. Samdeen, *The Roots of Fundamentalism: British and American Millenarianism 1800-1930*, (Chicago, 1970) 참조.

29 이에 대해서는 박상환, "20세기 초 한국의 춤과 몸에 대한 예술철학적 소고", *인문과학* (제44집, 2009), 230~231쪽 참조.

30 Pierre Legendre, 앞의 논문, 45쪽.

body)이다. 이와 같이 유럽에서 오랜 세월에 걸쳐 일어난 세속적인 춤의 추방은 근대법으로 연장되었다. 근대법을 인프라로 갖고 있는 민족국가의 이데올로기적 체제 속에서 발레 이외의 춤은 정치적 권력을 생산하는 문화의 중심에서 밀려나 단지 '에로틱하고 세속적인 행동'으로 자리를 옮긴다. 이는 에로틱하고 세속적인 춤이 더 이상 법의 기호가 될 수 없음을 의미한다. 근대형법을 집행하는 교도소에서 죄수들이 규율과 훈육을 통해 이루어야 하는 몸도 — 죄수들이 발레리나와 같은 숭고한 몸을 이룰 수 없는 한 — 에로틱하고 세속적인 몸이 아니라 규율과 훈육에 복종하는 엄숙한 몸이다.

2. 미학적 금욕주의와 근대법의 텍스트성

법에서 춤의 추방은 이와 같이 역사적 현실의 차원보다는 기호학적 차원에서 더 중요한 의미를 갖는다.

(1) 법에서 이미지의 제거와 숭고성 생성

근대법의 이성이 발레의 숭고한 아름다움과 동치되는 까닭은 근대법이 정의를 설정하는 신의 권위를 대신하면서도 발레의 아름다움처럼 신의 숭고성(the sublime)을 모방한 점에 있다. 법의 숭고성은 사람들이 법의 규율을 받으면서도 그 법을 알아 볼 수 없게(unknowable) 함으로써 생성된다. 누구나 알 수 있는 것은 결코 숭고해지기가 어렵다. 자신을 알아 볼 수 없게 하기 위해 근대법은 자신의 정의내용을 '이미지'로 재현할 수 없는 것들로써 구성한다.[31] 여기서 근대법이 제거한 '이미지'란 주로 미학적 체험에 의해서 생성되는 영상화된 가치(예: 참/거짓, 옳음/그름 또는 아름다움/추함)를 말한다. 춤은 오페라나 영화 등과 함께 그런 영

31 근대법이 신적인 숭고성을 모방한다는 분석으로 Costas Douzinas, "Sublime Law: On Legal and Aesthetic Judgements", *Parallax* (Vol. 14, No. 4, 2008), 18~29쪽 참조. 그래서 두지나스는 "이미지의 금지"(Prohibition of images)가 "법의 선험적 조건"(the transcendental condition of the law)이 된다고 본다(앞의 논문, 24쪽 참조).

상적 가치를 창출하는 인간의 활동이다. 춤은 가치(또는 반가치)를 비쥬얼하게 만들고, 텍스트는 가치를 언어의 논리적 체계적 구조 속에 보이지 않게 담아 둔다.

(2) 텍스트 중심의 근대법

근대법은 비쥬얼한 가치가 아니라 언어에 담기는 가치를 좇은 것이다. 이 점은 근대법의 성립이 18C에서 19C 중반까지 대륙에서는 '법전편찬'(Kodifikation)으로 완성되어간 역사가 말해준다.[32] 근대 이성법의 성립과 발전은 이미지를 통한 미학적 체험이 법의 범주적 세계에서 제거된 역사를 말하는 것이기도 하다. 법학도 텍스트가 된 법을 조탁하는 학문이 되어갔고, 그 정통성도 텍스트의 해석학에서 찾고 유지하였다. 실정법과 법학의 근대적 발전은 텍스트(대륙의 법전, 영미의 판례) 중심의 법의 발전이며, 이는 곧 춤(에 의해 생성되는 가치)의 박탈을 의미한다. 법률텍스트를 극도로 정교한 추상적 개념들의 체계적 연관 속에서 해석하여 법을 운영하는 독일의 개념법학(Begriffsjurisprudenz)은 법에서 춤을 가장 철저하게 추방하는 '법학적 완성'이라 할 수 있다. 개념법학에서 법은 곧 완벽하게 정제된 개념들의 논리적 완결 체계라는 집이 된다. 이런 법학에서 허용되는 극미량의 미학적 가치는 '정합성'[33](coherance)과 같은 것에 환원되어 있을 뿐이다. 텍스트 중심의 근대법은 오늘날 비쥬얼한 상호작용이 없이 각종 조서에 텍스트의 형태로 기재된 내용의 논리적 추론과 형량에 의해 결말을 맺는 근대적 소송의 초라한 현실(이른바 '조서재판'[34])로까지 이어지고 있다고 할 수 있다. 다시 말해 조서재

---

32 같은 논지이지만, 이미지의 소멸과 근대의 탄생이 12, 13C의 교회법 시대에 이미 시작됐다는 연구로 김문정, *이미지의 소멸과 근대형법의 탄생: 라캉(J. Lacan)과 르장드르(P. Legendre)의 이론을 중심으로*, 고려대 박사학위논문, 2020 참조.

33 이 개념에 대한 자세한 설명은 이상돈, *법이론* (박영사, 1996), 316~341쪽 참조.

34 이러한 조서재판의 현실과 문제점에 대한 분석으로 이상돈, "현대적 형사사법에서 공판개혁의 방향", *사법* (창간호, 2007.9.), 83~106쪽 참조. 국민참여재판의 실시로 최근에는 형사소송에서 비쥬얼한 소송행위들(예: 프리젠테이션)이 그 중요성을 더해가고 있다. 이는 근대적 형사소송에 내재된 숭고성의 변증적 자기발전이 새로운 전기를 맞

판은 법에서 춤이 추방된 역사의 '법실무적 정점'을 이룬다.

(3) 미학적 금욕주의와 현전불가능성

근대법이 그 내용을 텍스트 속에 보이지 않게 담아둔다는 것은 법텍스트의 의미가 결국엔 '존재론적으로'(ontologisch) 구성된다는 것을 뜻한다. 존재론적 구성이란 실제세계의 개별존재들이 보이는 감각적 특징들을 초월하는 이념적 요소들에 의해 법텍스트의 의미가 구성됨을 말한다. 이런 특징은 두지나스(Douzinas)의 표현을 빌면 "미학적 금욕주의"(aesthetic abstinence)[35]라고 부를 수 있다. 하지만 미학적 금욕주의가 법텍스트의 논리적 명확성을 의심없이 가져오는 것은 아니다. 근대 이성법이 비록 춤의 이미지적 메시지가 가질 수 없는 명확성을 지향하긴 했지만, 카프카(Franz Kafka)의 〈법 앞에서〉(vor dem Gesetz)에 대한 데리다(Derrida)의 해석[36]이 보여주듯, 근대법의 텍스트는 법을 존중하고 지키는 (법의 대리인으로서) 문지기일 뿐, 법 그 자체는 여전히 '현전 불가능한' 것으로 남아 있다. 이 현전불가능성은 법이 신을 모방하여 숭고성을 띠게 하는 요소이기도 하다. 하지만 현전불가능성을 신적인 숭고성의 차원으로 연결짓지 않는다면, 현전불가능성은 데리다의 용어로 차연(différance),[37] 즉 언제나 여기에 존재하지 않는 채 미래로 '미루어져 있음'을 뜻한다. 미래에 미루어져 있는 그 무엇은 텍스트의 언어논리적 이해를 통해서는 파악되지 않는다. 그러므로 근대법이 추방한 춤을 법에 복원시키는 작업은 언어논리적으로 파악되지 않는 차원의 의미가 (춤을 통해) 생성될 가능성을 바라보는 것이어야 한다. 이는 근대법의 한계에 대한 통찰이기도 하다.

고 있음을 말해준다.

35 Costas Douzinas, "Sublime Law: On Legal and Aesthetic Judgements", *Parallax* (Vol. 14, No. 4, 2008), 19쪽.

36 이에 관해서는 Jacques Derrida, "Before the Law", Derek Attridge (편), *Act of Literature* (New York: Routledge, 1992), 181~220쪽 참조.

37 Jacques Derrida, "Before the Law", Derek Attridge (편), *Act of Literature* (New York: Routledge, 1992), 202쪽.

3. 이성의 동일성강제와 춤의 추방

근대법이 춤을 추방하는 것은 이성의 동일성강제가 빚어낸 결과이며, 법이 생성시키는 생체권력이 작용한 결과로 설명할 수 있다.

(1) 법의 보편성과 동일화요구

이성은 인간들이 공존하기 위한 조건들의 효율적 생산과 공정한 분배를 — 이론적으로는 완전하게 그러나 현실적으로는 매우 불완전하게 — 도모하는 법을 구축할 수 있다. 그런 법은 윤리적으로 선(good)하고 (공동선의 실현) 실천적으로 올바른(right) 규범일 수 있다. 선함과 올바름의 이성은 언제나 보편화가능성(Universalisierbarkeit)을 지향한다. 즉, 이성법은 원칙적으로 누구에게나 통용될 수 있고, 누구나 지킬 수 있는 규범이 되고자 한다. 그렇기에 법은 자신이 설정하는 규범들을 모든 수범자들이 '내면화'하고 준수할 것을 요구한다. 그 요구에서 벗어나면 각종 제재를 가함으로써 법은 자신의 존재와 그 실효성을 확인시킨다. 이 확인의 지속적인 반복은 강하든 약하든 아도르노(Adorno)가 말하는 '동일성의 강제'(Identitätzwang)[38]를 행사하게 된다. 즉 법의 기준을 통용시킬 수 없고, 법의 기준을 내면화할 수 없는 개인들도 보편성의 요구에 자신을 억지로 맞추어 변화시켜야만 한다.

(2) 법이 생성하는 생체권력

그런 변화에서 가장 핵심적인 것은 모든 개인은 자본주의 체제에 적합한 임금노동을 수행하는 정신을 유지하도록 자신을 체제에 순치시켜야 한다는 것이다.

1) 자본주의적 노동의 정신 푸코(Foucault)의 관점에서 보면 이런 정신의 강제 속에서 개인은 '신체의 조련과 신체적 적성의 최대한 활용,

---

38 Theodor Adorno, *Negative Dialektik* (Suhrkamp, 1882), 24쪽.

유용성과 순응성의 증대, 효과적이고 경제적인 통제체제로의 신체의 통합'을 이루게 된다.[39] 푸코는 이처럼 정치경제적으로 동일성이 강제된 정신이 구현된 몸을 생체권력(bio-pouvoir) 또는 '생의 정치적 배치'[40]라고 보았다. 이런 몸은 근대형법학이나 근대정신병학[41] 또는 인구통계학이나 교육학이 생산하는 지식의 담론 속에서 '정상적인 것'[42]으로 평결된 욕망,[43] 윤리적으로 승인된 욕망을 가질 수 있을 뿐이다. 예컨대 매춘은 성병감염과 범죄유발인자로서 — 당시로서는 국가의 힘에 결정적 요소였던 — 인구수에 영향을 준다는 인구통계학적, 교육학적 지식의 담론 속에서 반(反)도덕적인 행위로 개념화된다.[44] 이로부터 거대한 성(sexuality)의 담론이, 푸코에 의하면 18세기 이후,[45] 본격적으로 형성된다. 이를테면 일상에서도 모노가미의 성만 정상적인 것이며, 동성애나 수간 등은 모두 체제위협적인 것으로 인식된다.

2) 춤의 성담론 통제 춤도 이런 정상적인 성의 담론 속에서 승인되

39 한상희 · 이경, "법과 일상생활의 문화비평적 재구성: '몸'담론분석을 통한 생활정치의 복원", *법과 사회* (제21권, 2001), 124쪽.

40 Michel Foucault (이규현 역), *성의 역사 1: 앎의 의지(Histoire de la sexualité)* (나남출판, 2004), 6쪽.

41 푸코의 관점에서 보면 감옥은 정의를 실현하는 장소가 아니라 자본주의체제에 순응하는 노동의 삶을 개인들에게 관철하고, 징역을 통해 국가재정의 상당한 규모를 조달하는 노동착취의 수단이 되며, 병원은 질병을 고치는 장소라기보다는 의과학적 지식이 인간의 몸을 지배하는 실행장소가 된다.

42 푸코가 서양의 초기시민사회에서의 '비정상성'이란 언어의 형성을 지식고고학적으로 분석한 문헌으로 Michel Foucault, *감시와 처벌* (오생근 역, 나남출판사, 2003)을 꼽을 수 있다.

43 푸코의 권력이론에 대한 법학계의 대표적인 글로 신동룡, *Michel Foucault의 권력-지식론과 그 법이론적 함의에 관한 연구* (연세대학교 석사학위논문, 2000); 최봉철, "포스트모던 법철학: 윤리관과 정의관", *법철학연구* (제4권 제2호, 2001), 107~132쪽; 이상돈 · 이소영, *법문학* (신영사, 2005) 참조.

44 1860년대에는 유럽의 거의 모든 국가들이 매춘을 사회악이지만 필요악으로 규정하고, 위험한 매춘여성을 통제하는 매춘규제법을 만들었다고 한다 이에 관해 자세히는 왈코비츠, "위험한 성", M. Perrot & G. Duby 편 (권기돈 · 정나원 공역), *여성의 역사 제4권 하* (새물결, 1994), 578쪽 참조.

45 Michel Foucault, "The Confession of the Flesh", *Power/Knowledge: Selected Interviews and Other Writings by Michel Foucault, 1972~1977* (Pantheon Books, 1980), 211쪽.

지 않는 한, 권력적으로 배제된다. 이 배제의 논리는 근대법의 역사 속에서 면면히 지속되고 있다. 이 점을 두 가지 예의 비교로써 이해해본다. 일제강점기에 유행했던 춤으로 레뷰춤(Revue Dance)을 들 수 있다. 레뷰춤은 레뷰에서 추는 춤이다. 레뷰는 드라마, 희극, 오페라, 발레, 재즈 등 다양한 요소를 취합하고, 음악과 춤을 뒤섞어 화려한 무대를 연출하는 대중예술형태였다. 오늘날의 음악 버라이어티 쇼들은 이런 레뷰의 연장선에 있다고 볼 수 있다. 당시 조선총독부는 레뷰에서 추는 여성무용수의 선정성을 비판하고 출입금지 등의 조치를 취하기도 했다.[46] 이로부터 90년이나 지난 오늘날의 풍경도 당시와 그리 다르지 않다. 방송통신관련 법제[47]와 기구(예: 방송통신심의위원회)들은 춤이 표현하는 성적 정상성(예: 방송의 공정성, 공공성)과 비정상성(예: 청소년유해성, 음란성)을 구별하고, 성적 정상성이 없는 춤(예: 현아의 골반춤[48])을 추방한다. 법이 이처럼 춤을 성담론 속에서 생성되는 성적 정상성의 감옥에 가두고 있는 점은 예나 지금이나 다르지 않다.

(3) 히스테리 담론과 춤의 추방

이처럼 춤의 성적 정상성을 통제하는 법의 기능이 예나 지금이나 다르지 않은 것은 바로 법이 근대적인 생체권력을 연장시키는 것이기 때문이다. 이 생체권력은 의과학의 담론과 깊숙이 연계되어 있다. 이 점을 히스테리의 질병화 담론을 배후로 하여 설명해보기로 한다.

1) 히스테리를 질병화한 샤르코의 퍼포먼스 그리스어에서 자궁을 뜻하는 hustera에서 나온 히스테리(hysteria)는 '노처녀 히스테리'라는 일상

---

46 1910년대부터 해방후, 길게는 1960년까지의 레뷰춤에 관한 김영희, "일제강점기 '레뷰춤' 연구", *공연과 리뷰* (제65호, 2009), 35~51, 특히 50쪽 참조.

47 예를 들어 「방송법」, 「방송통신위원회의 설치 및 운영에 관한 법률」, 「정보통신망 이용촉진 및 정보보호 등에 관한 법률」 등을 들 수 있다.

48 가령 2011년 포미닛의 현아가 버블팝에서 선보인 골반춤은 방송통신심의위원회에 의해 선정성을 지적받았고 소속기획사는 안무를 수정하기보다는 방송활동을 중단시켰다. 그러나 현아의 골반춤이 다른 춤들보다 어떤 점에서 더 선정적인 것인지를 합리적으로 설명하기는 어렵다.

용어에서 보듯 오늘날에는 아무런 설명 없이도 누구나 이해할 수 있는 증상이다. 그러나 이 증상이 확고하게 하나의 보편적인 정신병으로 자리잡은 것은 19세기 말이다. 프랑스 정신병학자 장 마틴 샤르코(Jean Martin Charcot)는 살페트리에르(Salpêtrière) 병원에서 화요일마다 히스테리 여성들로 하여금 최면상태에서 히스테리 발작의 퍼포먼스를 수행하게 했다. 이 퍼포먼스에서 "히스테리 발작의 몸의 도상과 당시 유행한 춤추는 메나데의 망아적 몸의 도상이 갖는 유사성"[49]을 발견할 수 있었다고 한다.

이 히스테리 발작의 퍼포먼스는 양면성을 갖는다. 즉, 이 퍼포먼스는 한편으로는 근대사회가 여성에게 부과한 역할(예: 임신출산, 양육)을 정상적으로 수행할 수 없는 인격적 결함을 보여준다. 그러면서 동시에 이 퍼포먼스는 몸을 뒤틀거나 빙빙 도는 등의 과장된 동작을 통하여 성적 매력을 발산시키기도 한다. 당시 히스테리를 질병화하고 또 그것을 치유하는 정신병학의 기능은 법적으로는 체제순응적인 여성상을 생산하는 것이 된다. 이 생산과정은 히스테리의 성적 매력을 한편으로는 기뻐하고 즐기면서도, 동시에 위험스럽고 피해야 할 것으로 바라보게 만드는 이중적 성격을 띤다.

2) 히스테리적 발작으로서 춤 브라운(Christina von Braun)은 히스테리야말로 여성의 몸에 재현된 근대국가의 이데올로기를 무효화하는[50] 여성들의 잃어버린 진정한 자아찾기라고 본다. 이런 포스트페미니즘적 관점은 매우 새롭고, 이성적 질서에 대해 창의적인 전복적 기능을 할 수 있어 보인다. 하지만 이 관점은 〈춤과 법〉의 주제에서 살짝 비껴나 있다. 우리에게 중요한 점은 히스테리 여성의 발작적인 몸짓을 하나의 춤으로 바라보는 것이다. 히스테리적 몸짓을 춤이라고 바라보면, 두 가지 측면이 분명해진다. 첫째, 근대적 정신병학이 히스테리를 질병화하고

---

49 윤희경, "로고스에 대한 몸의 반란: 1900년 전후 독일 회화에 나타난 춤", *서양미술사학회논문집* (제28집, 2008), 223쪽.

50 크리스티나 폰 브라운 (엄양선 · 윤명숙 옮김), *히스테리* (여이연, 2003) 참조.

치료하여 제거하려고 한다는 것은 푸코의 이론맥락에서[51] 보면, 히스테리의 질병화 담론 속에서 춤은 그의 본원적 기능, 즉 만인을 속박하는 규범적 헤게모니의 구속들에서 벗어나는 자기배려[52]의 기능을 잃어버리게 된다. 둘째, 근대 이성법은 춤(=히스테리적 몸짓)의 섹슈얼리티를 반도덕적인 것으로 낙인찍고 그 음란성을 제거함으로써 정의와 질서를 세우려고 한다는 점이다. 여기서 법이 합리적 근거없이 음란성이나 선정성의 이름으로 섹슈얼한 춤을 그토록 오랜 세월에 걸쳐 억압해온 역사가 이해된다.

(4) 히스테리에 걸린 법정

이러한 근대법의 춤 추방은 동성애나 수간 등을 처벌했던 근대형법의 역사에서, 누드댄싱이 미국 연방헌법 제1조의 "표현"(의 자유)에 해당하지 않으므로 누드댄싱을 금지한 주법률은 합헌이라는 미국 연방대법원의 판결에서도, 그리고 방송의 가요프로에서 포미닛의 '쩍벌춤'[53]을 추지 못하게 하는 우리나라의 방송통신법적 규제에서도 계속되고 있는 것이다.

★ 누드댄싱에 대한 법적 규제의 합법성논란 인디애나주 글렌(Glen) 극장에서는 누드댄싱을 라이브로 공연하였다. 이에 당국은 공공음란규제에 관한 법률에 의해 극장 측에 무용수들이 T팬티(g-string)와 가슴가리개(pasties)를 착용하도록 지시했다. 극장 측은 주법이 연방수정헌법 제1조("표현"조항)를 위반한 것이라는 소를 제기했다. 인디애나 주 제1심법원은 헌법 위반을 인정했지만, 항소법원(제7순회법원)은 원심을 파기하였다. 연방대법원은 공공장소에서 모든 누드댄스를 금지한 인디애나 주법이 연방

51 이러한 윤리개념은 근대적인 규율적 주체와는 대척점에 위치하는, 자기성찰적 · 자기배려적인 윤리적 주체(sujet éthique)를 상정한 푸코의 후기작업들에서 이야기된 바 있다. 이에 대해서는 Michel Foucault(문경자 외 역), *성의 역사, 제2권 쾌락의 활용* (나남, 1995); Michel Foucault(이혜숙 외 역), *성의 역사, 제3권 자기에의 배려* (나남, 1996) 참조.

52 연효숙, "윤리적 주체와 차이의 존재론", *시대와 철학* (제20권, 2000), 19~20쪽.

53 쩍벌춤은 2011년 상반기 포미닛이 '거울아 거울아'를 부를 때 줬던 안무의 하나이다. 또한 당시 신인그룹 라니아가 'Dr. feel good'을 부를 때도 채택한 안무였다.

헌법 제1조에 합치한다고 보았다.[54] 이 판결은 누드댄스도 보호되는 표현이긴 하지만 그것이 제1조가 보호하는 한계영역 안(within the outer ambit)에서만 보호됨을 분명히 했다. 이 판결의 이론을 좀더 분석해보면, 제1조가 보호하는 표현을 결정함에 있어 ① 표현이 아닌 경우(not quite speech), ② 사이비 표현(quasi speech), 그리고 ③ 한계적 표현(marginal speech)을 구별해야 한다는 것이다. 예컨대 ⓐ 손님의 무릎에 앉아 완전한 전라로 추는 누드댄싱(랩 댄싱)은 ①에 해당하고, ⓑ 완전한 전라로 추는 누드댄싱은 ②에 해당하며, ⓒ 무대에서 T팬티(g-string)와 가슴가리개(pasties)를 하고 추는 누드댄싱은 ③에 해당한다.[55]

그러나 이런 판결은 누드댄싱이 범죄(예: 성매매, 폭력)의 위험과 성전염병의 확산우려를 갖고 있다는 점에 근거한다. 여기서 누드댄싱과 히스테리의 유비적 관계가 분명해진다. 첫째, 누드댄싱이 유발한다고 보는 범죄의 위험에 대한 우려는 근대국가가 히스테리 여성에게 부가한 인격적 결함에 대한 비난과 같다. 둘째, 누드댄싱이 일으키는 성전염병의 확산에 대한 우려는 히스테리가 질병이라는 인식과 같다. 결국 누드댄싱은 히스테리와 같이 질병이며 범죄인 것이다. 누드댄싱은 히스테리의 발작적 몸짓인 것이다. 누드댄싱에 대한 법의 억압은 춤을 통한 여성성의 자아찾기에 대한 억압이며, 이 억압을 위해 근대법의 전통은 춤을

54 Barnes v. Glen Theatre, Inc. 501 U.S. 560 (1991).

55 우리나라에서는 누드댄싱을 다룬 판례는 없지만 누드연극에 대한 공연음란죄(형법 제245조)의 적용에서 "연극공연행위의 음란성의 판단에 있어서는 당해 공연행위의 성에 관한 노골적이고 상세한 묘사·서술의 정도와 그 수법, 묘사·서술이 행위 전체에서 차지하는 비중, 공연행위에 표현된 사상 등과 묘사·서술과의 관련성, 연극작품의 구성이나 전개 또는 예술성·사상성 등에 의한 성적 자극의 완화의 정도, 이들의 관점으로부터 당해 공연행위를 전체로서 보았을 때 주로 관람객들의 호색적 흥미를 돋구는 것으로 인정되느냐의 여부 등의 여러 점을 검토하는 것이 필요하고, 이들의 사정을 종합하여 그 시대의 건전한 사회통념에 비추어 그것이 공연히 성욕을 흥분 또는 자극시키고 또한 보통인의 정상적인 성적 수치심을 해하고, 선량한 성적 도의관념에 반하는 것이라고 할 수 있는가의 여부에 따라 결정되어야 할 것이다"(대법원 1996. 6. 11. 선고 96도980 판결)라고 본다. 춤을 연극저작물의 하나로 바라보는 법의 태도(저작권법 제4조 제1항 3호)를 고려해보면 누드댄싱에 대해서도 같은 기준을 적용할 것으로 보인다. 그러므로 아래의 미국연방대법원에 대한 비평은 우리나라 대법원에도 타당할 수 있다.

합법의 영역에서 계속 축출하고 있는 것이다. 이런 춤의 축출을 지속하는 법정을 “히스테리컬 법정”(the hysterical Court)[56]이라고 부를 만하다.

4. 이성법의 한계

자유로운 몸짓으로서 춤을 쫓아낸 근대법의 이성은 포스트모던 시대의 복잡한 현실을 규율하는 역량이 충분하지가 않다. 이성의 한계는 어디서 오며, 어떻게 극복할 수 있는 것일까?

(1) 인격의 다형성과 개인관계의 다양성

개인의 정신세계는 보편화가능성이 있는 규범을 내면화하는 이성으로만 이루어져 있지 않다. 프로이트가 말한 충동적 자아(id)의 세계가 그 예이다. 개인의 인격은 다형성(polymorphism)을 띤다. 이를테면 성매매를 범죄로 규정짓는 이성의 인격과는 반대로 성매매를 정상적인 노동으로 받아들이거나 사적으로 성매매를 즐기는 비이성의 인격도 있다. 아이를 지극히 사랑하는 윤리적 인격과 원하지 않는 태아의 생명을 끊어버리는 이기적인 인격이 누구에게나 병존한다. 그렇기에 이성의 강제는 철저할수록 때때로 개인에게 불행(예: 신경증, 범죄적 충동의 강화와 발산)을 가져다 줄 수 있다. 근대의 이성법은 바로 이런 인격의 다형성[57]을 알지 못한다.

또한 개인들의 사회적 관계는 이성법의 잣대로 잴 수 없는 복잡성을 갖는다. 하나의 다형적 인격과 다른 다형적 인격이 만나 이루는 관계는 거의 무한대의 다양성을 갖기 때문이다. 가령 선생과 학생의 관계도 이성법이 설계할 수 있는 관계와는 다른 양상을 보일 수 있다. 예컨대 체벌이 법률에 의해 인권을 최대로 보장하는 목표 아래 정형화된 징계절

56 이 점을 자세히 분석한 Amy Adler, “Symptomatic Cases: Hysteria in the Supreme Court’s Nude Dancing Decisions”, *American Imago* (Vol. 64, No. 3, 2007), 297~316쪽 참조.

57 민윤영, “다형적 페르소나로서 법”, *고려법학* (제61호, 2011), 95~129쪽 참조.

차에 의해 부과된다고 하자. 이때 벌주는 선생과 벌받는 학생의 관계는 냉철한 이성적 관계가 될 수 있을지는 모르지만, 때로는 비합리적이지만 서로에게 진정한 관심과 애정을 갖는 인간적인 소통의 관계가 되기는 어렵다.[58] 이성법에 의해서는 가족관계도 그 고유성에 맞게 설계되기 어려운 경우들이 있다. 가령 법(법원의 판결)이 생존이 불확실하고, 치료비 조달이 불가능한 환자에 대한 치료를 중단시키는 환자배우자의 행위(D.A.M.A)[59]를 부작위에 의한 살인죄로 낙인찍는다고 하자.[60] 이런 법은 장기적으로는 그와 유사한 상황에서 환자배우자들로 하여금 — 그 환자가 경제적으로 감당가능한 질병으로 판정되는 것이 아닐 바에야 차라리 — (대개 5일 안에 반드시 사망하게 되는) 뇌사자로 판정되기를 바라는 '나쁜 심정'을 갖게 만들 수 있다. 이럴 때 이성법은 나쁜 심정의 가족관계를 품는 꼴이 된다.

(2) 인간의 다성성

이처럼 인간들 사이에는 이성법이 설계가능한 합리적 관계와는 다른 모습의 관계가 끊임없이 펼쳐진다. 이처럼 이성법이 외면한 '인격의 다형성'과 이성법이 설계하지 못하는 '인간관계의 다양성'을 아울러 인간의 다성성(多聲性, poliphonicity)이라고 부를 수 있겠다. 이런 다성성을 수용하지 못하는 이성법의 자기성찰과 반성은 근대사회 이후에 법에서 떨어져 나간 춤이라는 기호학적 차원을 복원함으로써 이루어질 수 있다. '로고스 중심주의에 대한 몰아적, 탈존적 반란'[61]으로 이해되는 춤은 이성법이 들어가지 못한 인간의 다성성을 발산시키는 가장 효과적인 기제이기 때문이다.

---

58 이런 점을 이해하기 위해 권지애, *꿈꾸는 마리오네뜨* (창작과 비평사, 2003), 238쪽 참조; 이 작품에 대한 법문학적 비평으로 이상돈 · 이소영, "법문학비평의 개념, 방법, 이론, 실천", *안암법학* (통권 제25호, 2007), 391~428쪽 참조.

59 이에 관해 자세히는 이상돈, *치료중단과 형사책임* (법문사, 2002) 참조.

60 대법원 2004. 6. 24. 선고 2002도995 판결.

61 이런 이해로 윤희경, "로고스에 대한 몸의 반란: 1900년 전후 독일 회화에 나타난 춤", *서양미술사학회논문집* (제28집, 2008), 207~247쪽.

Ⅳ. 포스트모던 사회의 법과 춤의 복원

1. 법에서 춤의 기호학적 복원

이성법은 자기반성의 기제로 일상의 삶 그 자체로서 춤[62]을 수용할 수 있다. 법에서 춤의 복원은 법의 세계에서 현상학적인 춤을 활성화한다는 것(예: 법정에서 춤추기, 교도소에서 춤교습)과 기호학적 차원에서 춤의 의미를 수용하는 것을 가리킨다.

(1) 춤과 법의 유비와 해석학적 변화

오늘날의 사회현실은 부족사회처럼 실제의 춤추기로 분쟁이 해결될 수 없는 복잡성을 갖고 있고, 규범과 문화가 탈중심화되어 있고, 경제적 이해관계가 다층적으로 얽혀있다. 그렇기에 법에서 춤의 복원은, 비록 법적 규율에서 현상학적 춤의 활성화를 배제하지는 않지만, 그 중심은 기호학적 차원에서 춤의 의미를 실현하는 것이다.

1) 춤의 의미망을 밝힘 법에서 춤의 기호학적 복원작업의 첫 단계는 '춤을 통해 창조되는 의미의 망'(webs of meaning created through the dance)[63]을 밝혀내고, 그 의미를 사회적, 문화적, 예술적 관점에서 해석하는 것이다. 춤이 생산하는 의미는 안무가가 정하는 것이 아니라 "역사의 흐름 속에 그것을 감상하는 사람들을 통해서 새로이 탄생하는

62 미국의 예술가 Jon Serl(1894~1993)은 이렇게 말한다: "내게는 어떤 것에도 존재하는 움직임이란 게 있어. 그건 바로 춤이야. 목수, 말 모는 이, 모든 게 춤이야. 그것은 모두 흘러가. 너의 말, 네가 걷는 방식, 모든 게 흐름이야. 공간에 있는 사물은 모두 흘러가는 거야, 그렇지 않니? 너는 걷는 게 아니라 춤추는 거야. 너는 달리는 게 아니라 춤추는 거야. 움직이게 하는 것을 제외하고 어떻게 움직임을 말할 수 있겠니? 모든 것은 매 순간 움직이고 있어. 창밖을 바라봐. 나무를 타고 올라가는 다람쥐, 나뭇가지 사이로 들어가 한 마리 새를 뒤좇아 가는 뱀, 그건 숨 쉬는 그 자체이고, 그건 바로 삶이야"(Susan, *Jon Serl*, Jamison/Thomas Gallery, 1988 참조).

63 춤이 창조하는 의미망에 관해 자세히는 Cynthia Bull, "Sense, Meaning, and Perception in Three Dance Cultures" in: J.C. Desmond (편), *Meaning in Motion: New Cultural Studies of Dance* (Duke University Press, 1997) 참조.

것"[64]이다. 춤의 의미해석은 이처럼 춤의 외부자가 그것이 갖는 사회적 효과의 상징들을 읽어내는 외향적 분석(extrinsic analysis)이 된다. 그러나 이 의미해석의 과정에는 각 춤이 갖는 신체감각에 의한 경험적 특징들을 포착하는 일종의 현상학적 분석, 바꿔 말해 춤의 내향적 분석(intrinsic analysis)이 함께 이루어질 수밖에 없다.[65]

> 춤의 내향적 분석은 춤의 저작권 판단에서 필수적인 작업이다. 예컨대 안무가가 발레의 동작과 탱고의 동작을 새롭게 결합하여 어떤 안무를 완성했을 때 그 안무에 대한 저작권 인정여부는 춤의 미학적 내부구조를 분석하여, 어떤 분석적 요소에서 기존의 춤과 어느 정도의 다른 차이를 보이는지를 판단한 후에야 비로소 결정할 수 있다.

2) 춤의 의미의 해석학적 이식 법에서 춤의 기호학적 복원작업의 두 번째 단계는 춤의 이해된 의미(망)를 법의 규범적 의미로 전환하는 것이다. 이 작업은 매우 해석학적이다. 즉 어떤 춤의 의미를 이해하는 과정에는 법의 의미에 대한 이해가 일종의 선이해(Vorverständnis)로서 개입하기도 한다. 하지만 법에 대한 이해가 춤의 이해를 모두 지배결정하지는 않기 때문에 춤을 새롭게 해석하는 것은 법의 의미를 새롭게 구축할 수 있게 한다. 이런 춤의 의미해석에 의한 법의 재해석은 춤의 의미구조와 법의 규범적 의미구조를 유비(類比)시키는 과정이기도 하다. 또한 법의 전승된 의미이해가 춤의 새로운 의미해석에 선이해로 개입한다는 점은 새롭게 해석된 춤의 의미가 법의 의미로 변환되는 과정이 가질 수 있는 부작용을 예방하는 것이기도 하다.

춤의 의미구조를 법의 의미구조로 변환하는 과정은 매우 '창조적'이어서 이성법의 논증스타일을 엄격하게 유지할 수 없고, 때로는 '수사학

---

64 권옥희, "몸과 춤, 그리고 춤추는 것들 상호 간의 실질관계", *공연과 리뷰* (제65호, 2009), 53쪽.

65 이처럼 외부적, 내부적 분석의 종합 필요성에 공감하는 Helen Thomas, *The Body, Dance and Cultural Theory* (Palgrave Macmillan, 2003), Ch.4 (The Body in Dance), 94쪽.

적'이고, 때로는 소설과 같이 은유나 환유를 즐겨 사용하는 '스토리텔링'(stroytelling)일 수밖에 없다. 그러나 이 점은 한계가 아니라 기존의 법의 체질을 근본적으로 변화시키는 창조의 과정이라고 볼 수 있다.[66]

(2) 법춤학의 인식관심

여기서 춤과 법의 의미구조를 유비시키는 작업은 완전히 가치중립적일 수는 없다. 과학의 객관적 인식이 아니라 하버마스(Habermas)가 말하는 인식관심(Erkenntnisinteresse)[67]에 이끌려진 비판적 이해의 과정이다. 여기서 '비판적'이란 첫째, 법을 언제나 정치적으로 동요되기 쉬운 비결정적인 것, 불확실한 것으로 바라봄으로써 법존재론이 근거짓는 자연법적인 확실성을 갖고 있지 않다[68]고 보는 것이다. 이런 비판 개념의 법철학적 함의는 포스트모더니즘의 사상적 진영에 서지 않더라도 인정할 수 있는 것이다. 둘째, 여기서 '비판적'이란 말은 포스트모던니즘의 맥락에서 사용되는 의미도 가진다. 이를테면 라끌라우(Laclau)의 견해처럼 사회를 차이들의 불안정한 질서로서, 궁극적으로는 봉합될 수 없는 구성체라고 보는 것이다.[69] 그렇기 때문에 우리는 '사회적인 것(the social)'을 말할 수 있을 뿐, 합리적이고 완성된 '그' 사회(the society)를 말할 수는 없다.

이런 이해에서 춤은 비결정적이고 수렴불가능한 차이들 속에서 법을

---

66 여기서 수사학적 논증은 합리적 논증이 아니라고 보는 법학자들도 있을 수 있다. 그런 관점은 논증의 합리성을 단지 '보통법의 철학적 기초'(philosophical foundation of common law)를 이루는 하트(Hart)나 드워킨(Dworkin), 라즈(Raz) 등의 협애한 이론적 맥락에서만 바라보는 데서 비롯된다. 논증은 하나의 문화이다. 보통법의 철학이론들도 다른 이론적 입장과 관점에서는 거의 소설처럼 상상력이 풍부한 허구로 보인다. 논증의 합리성은 지금 여기, 우리의 근본문제들을 성찰하는 데에 있어 설득적인 힘을 발휘하는지에 의해 판단되어야 한다.

67 Jürgen Habermas, *Technik und Wissenschaft als Ideologie* (Suhrkamp, 1969) 참조.

68 이 점에 대해 자세히는 이상돈, *법이론* (박영사, 1996), 115쪽 아래 293쪽 참조.

69 Ernesto Laclau, "Metaphor and Social Antagonism", C. Nelson & L. Grosberg 편, *Marxism and the Intepretation of Culture* (University of Illinois Press, 1988), 254쪽.

변혁시키는 기제가 될 수 있다. 예를 들어 촛불시위를 하는 곳에서 는 흔히 춤판이 벌어지기 마련인데, 이때 춤판은 라끌라우가 말하는 사회적 적대세력(social antagonism)들 사이에 등가성연쇄(chains of equivalence)를 창출하는[70] 의식으로 기능한다. 춤을 같이 추거나 적어도 참여적 관찰을 하는 사람들이라면 단일한 계급에 속하지 않는, 그래서 사회변혁의 이념적 코어를 공유하지 않는 사람들(예: 노점상, 실직근로자, 매춘여성, 동성애자, 환경운동가, 종교인 등)이 그들 사이의 차이를 넘어서 그때그때의 중대한 사회적 이슈에 대해 연대를 맺는 접합을 연쇄적으로 갖게 될 수 있다.

이와 같은 비판적 인식관심은 춤을 현상학적 차원에서가 아니라 사회문화적 의미차원에서 개념화하게 한다. 그래서 법춤학을 구축하는 기초개념으로서 춤은 차이를 산출하는 몸의 해방, 새로운 꿈꾸기, 낯설음과 다성성 등의 요소로 위치한다.

2. 춤의 메시지, 포스트모던 법적 정의로서 차이

여기서 춤으로서 법과 그 정의는 차이(Difference)라는 기반 위에서 구축된다. 차이란 이성법에 수용하지 못한 민속학적 전통이나 하부문화적 관행, 더 나아가 상호이해의 가능성을 머금고 있는 개인의 주관적인 정의감정 등의 다양한 의미망을 가리킨다. 차이는 궁극적으로는 자신의 사회적 실존을 결정하고, 그 실존의 의미를 문화적(사회적, 언어적)으로 구성하는 개인의 능력이 발휘됨으로써 생성된다. 인권도 그런 능력의 발휘를 통해 생산된 의미망에서 결정(結晶)되는 권리이다. 여기서 차이는 포스트모던 사회에서 법의 새로운 (권리)원칙, 즉 인류학적 원칙(anthropological principle of right)[71]이라고 할 수 있다.

---

70 이 점에서는 춤과 법문학비평이 같은 기능을 수행할 수 있다. 법문학비평의 이런 기능에 관해서는 이상돈 · 이소영, "법문학비평의 개념, 방법, 이론, 실천", *안암법학* (통권 제25권, 2007), 391~428쪽 참조.

71 이런 이해로 Terence Turner, "Human Rights, Human Difference: Anthropology's

(1) 모더니즘의 차별과 포스트모더니즘의 차이

포스트모더니즘에서 새로운 법적 정의의 원천으로서 차이는 모더니즘 법의 평등원칙에서 말하는 차별(discrimination)과 구별된다. 평등원칙은 흔히 '같은 것은 같게, 다른 것은 다르게' 취급하라는 요청으로 이해된다. 그러므로 평등원칙은 합리적인 차별의 요청과 불합리한 차별의 금지라는 두 명령으로 작동한다. 차별은 언제나 금지되거나, 언제나 요청되는 것이 아니라 그 합리성에 따라 합법적인 것이 되기도 하고, 불법적인 것이 되기도 한다. 따라서 차별의 합리성여부가 중요해진다. 차별의 합리성은 비교대상들을 같은 것으로 볼지 아니면 다른 것으로 볼지에 관한 논거의 설득력에 따라 결정된다. 이성법의 전통에 서 있는 법학에서 논거의 설득력은 언어적인 명확성, 논리성, 일관성, 체계성 등에 의해 좌우된다고 본다. 이 요소들은 막스 베버(Max Weber)의 형식적 합리성[72]과 같은 연장선상에 있다. 또한 논거의 설득력은 이해관계의 적절한 조정능력과 같은 실제적인 문제해결능력에 의해서도 좌우된다. 이런 요소는 막스 베버의 실질적 합리성과 같은 연장선상에 있다. 그러나 모던 법학의 전통에서 합리적 차별로 판단되는 경우에도 춤으로서 법의 '차이성'을 무시하는 경우일 수 있고, 거꾸로 비합리적 차별(평등원칙 위반)로 판단되는 경우가 오히려 차이성을 존중하는 경우일 수도 있다.

(2) 차별과 차이의 네 가지 교차 유형

여기서 다음 도표처럼 네 가지 경우의 수가 발생한다. 각 유형마다 해당되는 사례를 예시하면 다음과 같다.

1) 합리적 차별과 차이의 존중 첫째(유형 ①), 상장기업의 대주주 등에게만 그 주식거래의 양도차익에 대해 양도세를 부과하는 것은 투자정

Contribution to an Emancipatory Cultural Politics", *Journal of Anthropological Research* (Vol. 53, No. 3), 279~285쪽 참조.

72 막스 베버의 합리성 개념에 관해 자세히는 이상돈 · 홍성수, *법사회학* (박영사, 2002), 52쪽 아래 참조.

차이 / 차별	차이 존중(○)	차이 무시(×)
합리적 차별(○)	① (○○)	④ (○×)
불합리한 차별(×)	③ (×○)	② (××)

보의 현실적인 차이 등을 고려할 때 합리적 차별(헌재결 2006. 7. 27. 2006헌바18·54[병합])이면서 대주주와 소액주주의 거래행위가 갖는 사회경제적 의미의 차이(가령 대주주의 거래는 변칙증여의 목적수행)를 적절하게 고려한 것이기도 하다.

2) 불합리한 차별과 차이의 무시 둘째(유형 ②), 공립학교에서 이슬람 여학생의 차도르 착용을 금지한 프랑스 법은 교사와 달리 학생은 다양한 종교적 표현을 해도 특정종교의 상징이 학급을 지배하는 것이 아니므로 국가의 종교적 중립성 유지라는 관점에서 필요하지 않는 불합리한 차별이면서, 이슬람 여학생의 문화적 '차이'를 무시하는 것이 된다.

3) 불합리한 차별과 차이의 존중 셋째(유형 ③), 양성애자에겐 혼인권을 주고, 동성애자에겐 혼인권을 주지 않는 것은 오늘날 동성애에 대한 인권승인의 정도를 고려할 때 혼인권의 배제는 불합리한 차별이 된다고 보는 견해가 있다. 그러나 동성애자에게 혼인권을 부여하는 입법을 한다면 양성애자가 기존의 결혼제도를 통해 인생관과 종교관 등을 형성했던 그들의 고유한 문화적 색깔이 동성애자의 것과 다르다는 점, 즉 차이가 무시된다. 따라서 동성애자에게 혼인권을 부인하는 것은 설령 불합리한 차별일 수 있지만, 그 불합리한 차별은 양성애자와 동성애자의 차이를 존중하는 것이 된다.

4) 합리적 차별과 차이의 무시 넷째(유형 ④), 고가 부동산과 저가 부동산을 차별하여 전자에게만 — 국가재원조달과 부동산투기억제 및 가격안정의 목적을 지닌 — 종합부동산를 부과하는 것은 합리적 차별일 수는 있다.[73] 그러나 1가구 1주택의 주거목적 소유와 투기성 다주택 보유의 차이를 고려하지 못한 것이 되기도 한다. 예컨대 근로소득을 모아 아파트 한 채를 구입한 후 시가상승으로 재산이 불어난 사람이 기뻐서

73 헌재결 2008. 11. 13. 2006헌바112.

추는 춤의 의미는 투기목적으로 아파트 십여 채를 구입함으로써 재산이 불어난 사람이 기뻐서 추는 춤의 의미는 다르다. 앞의 춤이 근로정신과 윤리적 성취의 승인이라면 뒤의 춤은 부당한 자산소득의 증가와 남보다 훨씬 잘 사는 우월성의 향유라고 할 수 있다. 법은 이런 개인의 삶에서 실존적 차이를 존중할 수 있을 때, 더 진보하는 것이다.

5) 모던 법의 포스트모던 성찰 이 네 가지 유형은 오늘날 사회에서 모더니즘의 법과 포스트모더니즘의 법이 서로 교차하는 모습을 개관하게 해준다. 이 가운데 두 경우, 즉 차별이 합리적이며, 차이를 존중하는 경우(유형 ①)는 합법성(Legalität)을 인정할 수 있고, 정반대로 차별이 불합리하고, 차이도 무시하는 경우(유형 ②)는 합법성을 인정할 수 없다. 이에 비해 차별이 불합리하지만 차이를 존중하는 경우(유형 ③)나 차별이 합리적이지만 차이를 무시하는 경우(유형 ④)는 합법과 불법 그 사이에 위치한다. 여기서 '차이가 평등을 배제하지 않고, 평등이 차이를 제거하는 것이 아니라는 점'(평등과 차이의 상호의존성)[74]을 인식할 필요가 있다.

먼저 포스트모던적 사고를 통해 자신의 한계를 성찰하는 모더니즘의 법이라면 전자의 경우(유형 ③)가 차이를 존중하면서도 합리적 차별(불평등)이 되지 않는 방안을 모색해야 한다. 가령 양성애자와의 차이를 존중하여 동성애자에게 혼인권은 인정하지 않지만, 다른 한편 사회보장권과 입양권 등을 양성혼의 경우와 같이 보장하는 시민결합체의 법적 지위를 인정하는 것이다. 이로써 차이가 평등을 배제하지 않게 한다. 또한 이로써 차이의 딜레마(Dilemma of Difference),[75] 즉, 차이를 강조해도, 거꾸로 차이를 무시해도 모두 다시 차이를 만들어낸다는 딜레마도 해소된

---

74 이에 관해 Joan W. Scott, "Deconstructing Equity-versus-Difference: Or the Uses of Poststructrualist Theory for Feminism" *Feminist Studies* (Vol. 14, No. 1, 1988), 38쪽.

75 이를 주장하는 Martha Minow, "Learning to Live with the Dilemma of Difference: Bilingual and Special Education", *Law and Contemporary Problems* (Vol. 48, 1984), 157~211쪽 참조.

다. 이 딜레마는 차이의 고려가 심각한 불평등을 초래하는 것을 염두에 둔 것이기 때문이다. 다시 말해 차이는 존중하되, (지나치게) 강조되서는 안되는 것이다.

또한 성찰적 모더니즘의 법이라면 후자의 경우(유형 ④)를 평등원칙에 합치된다고 판단할 것이 아니라 차이를 존중함으로써 평등의 실질을 확장해야 한다. 예컨대 종합부동산세를 부과하여 고가주택보유자와 저가주택보유자나 무주택자 사이에 조세부담의 합리적 차별을 꾀하더라도, 1가구 1주택 주거목적의 주택보유에 대한 종합부동산세를 폐지하고 비례적인 재산세를 부과함으로써 고가주택보유자들 사이에 존재하는 차이를 존중하는 것이다.

여기서 유형 ③에서는 평등원칙의 내포가 내밀화되는 재해석이 이루어지고, 유형 ④에서는 평등원칙의 외연이 확장되는 재해석이 이루어지는 것임을 알 수 있다.

3. 춤의 다성성과 무보로서 법

춤은 국가와 (이성의) 법 그리고 (합리적) 재판에서 가장 형식화되는 몸, 권력적 지배에 종속되는 몸의 상태를 가장 극적으로 거부하는 해방의 아름다움을 출현시킨다.

(1) 몸의 해방과 새로운 춤을 꿈꾸는 법

실제로 춤을 추는 사람은 자신의 일상에서 벗어나 상상의 시공간 속으로 들어가는 무아경(ecstatic)[76]의 체험을 하기도 한다. 이 개인적 체험은 사회문화적으로는 춤이 이성에 갇힌 몸을 '해방'시킴으로써 그 자체로서 이성법이 포착하지 못하는 인간의 다성성(poliphonicity)을 기호화하는 것으로 이해될 수 있다. 춤은 심지어 춤의 유용성으로부터도 해방

76 이런 이해로 Suzanne K. Langer, *Feeling and Form. A Theory of Art Developed from Philosophy in a New Key* (Routledge & Kegan Paul, 1959), 190쪽 아래 참조.

된다.[77] 춤은 해방의 기호인 것이다.

★ 해방의 기호로서 춤 가령 은희경의 소설 〈마지막 춤을 나와 함께〉(문학동네, 1998)에서 춤은 30대 중반 여교수인 강진희가 (나의 해석으로는 정신의, 영혼의 그리고 육체의 파트너를 기호화하는) 3명의 남자와 동시에 사랑을 나눔으로써 남성주의적 모노가미 이데올로기로부터의 해방을 기호화하거나, 기존 풍속으로부터 이탈이 가져오는 고통들(남편의 폭력과 이혼, 교수 재임용탈락 등)을 차단하는 또 다른 자아의 형성을 통하여 그 고통으로부터 해방되는 '유체이탈'[78]을 기호화한다.

1) 동일성을 해체하는 다성성 또한 춤동작의 수많은 섬세한 차이들은 이성의 동일성강제를 상징적으로 깨뜨리고, 국가와 법의 권위에 대한 신체의 순응과 복종이 가지는 야만성을 해체한다. 이런 해체가 있을 때 비로소 사랑과 생명이 법에도 스며들 수 있게 된다. 이런 점에서 춤은 공동체를 형성하는 다양한 목소리들의 합창이 된다.[79] 그렇기에 포스트모던 사회에서 법은 그런 춤의 다성성을 자신의 텍스트 속에 끌어들이는 기호학적 작업을 할 필요가 있다. 이 작업은 법은 춤이며, 법전은 춤의 텍스트인 코리오그래피(choreography), 즉 무보(舞譜)라고 바라보는 데서 출발한다. 춤이 이성이 가둘 수 없는 인간의 다성성을 발산하는 것이라면, 무보로서 법은 환유적으로 말하면 '셀 수 없이 새로운 춤의 꿈꾸기'(dreaming of the innumerable choreography)가 된다. 춤은 새롭거나 적어도 새로울 가능성이 있을 때 아름답다. 새로운 춤추기를 꿈꾸는 것은 기존의 법적 정의가 행하는 동일성강제의 권력을 해체함으로써 아

77 권옥희, "춤의 미, 혹은 춤의 무용성(無用性)", *공연과 리뷰* (제69호, 2010), 197~200쪽.

78 이런 소설의 이해로 이경, "혼자 추는 춤의 병리학. 은희경 소설론", *여성학연구* (제8권 제1호, 1998), 43~54쪽.

79 이런 권력은 급진주의 페미니스트들이 여성을 합리적 여성으로 단일화 함으로써 발생하는 권력도 당연히 포함한다. 다른 성차에 대한 새로운 춤(choreography)은 여성주의에 새로운 지평을 열어 줄 것이다. 이런 관점으로 John D. Caputo, "Dreaming of the Innumerable: Derrida, Drucilla Cornell, and the Dance of Gender", *Derrida and Feminism: Recasting the Question of Woman* (New York: Routledge, 1997), 142~146쪽.

직 알지 못하는 미래의 법적 정의를 꿈꾸는 것과 같다.

2) 동일성을 강화하는 혼성성 여기서 말하는 춤의 다성성(poliphonicity)은 세계화 시대에 상업적으로 성공하기 위한 춤의 혼성성(hybridity)과 세심하게 구별되어야 한다.

(가) 아일랜드 스텝댄스의 발전 혼성성의 가장 대표적인 예로 아일랜드 스텝댄스의 세계화된 형태인 리버댄스(Riverdance)를 들 수 있다. 원래 아일랜드 시골지역에서 축제날이나 결혼식, 추수감사절에 췄던 아이리쉬 전통의 스텝댄스는 그 지방 사람들끼리 서로 돕는 '연대의 문화'를 창출하는 심미적 장치였다. 이 스텝댄스는 19세기 말부터 20세기 중반까지 아일랜드의 독립운동 과정에서 국가의 정체성을 확고히 하는 이데올로기적 장치로서 발전한다. 이 과정에서 스텝댄스는 표준화되고, 등록된 교사를 통해 교육되었으며, 경연 중심의 춤이 되었다. 또한 전통 스텝댄스의 미학적 요소인 "발놀림의 깔끔함과 몸무게의 경쾌함"[80]보다는 "정교한 시간성, 곧추 세운 자세, 스텝의 정밀한 실행"[81]과 같은 요소가 중시되었다. 1972년 유럽경제공동체(EEC) 회원국이 된 아일랜드는 도시화, 산업화 그리고 세계화 되어갔고, 스텝댄스도 세계화된 양식을 갖게 되었다. 그 대표적인 것이 1994년 유로비전 송 콘테스트(The Eurovision Song Contest)의 휴식시간에 공연된 리버댄스(Riverdance)라는 스텝댄스이다. 리버댄스는 민족국가적 정체성을 넘어서는 특징들, 이를테면 플라멩코나 러시아 민속발레 등의 다른 문화의 춤을 포함시켰으며, 불가리아의 리듬과 락음악의 요소도 수용한 음악을 사용하였다. 이를 두고 "혼성성"(hybridity)[82]이라고 할 수 있다.

(나) 혼성성의 의미와 법 혼성성은 그것이 다양한 춤의 새로움을 하나 더한다는 측면에서는 춤의 다성성을 확장할 수도 있다. 예컨대 인도에

---

80 Catherine Foley, "Perceptions of Irish Step Dance: Nation, Global, and Loca", *Dance Research Journal* (Vol. 33, No. 1, 2001), 41쪽.

81 Foley, 위 논문, 37쪽.

82 Foley, 위 논문, 39쪽.

서 1990년대 중반 설립된 여성법원(nari adalats)은 인도여성의 불행한 삶(예: 폭행, 이혼)과 같은 지역적 고통을 보편적 (초국가적) 인권에 대한 침해로 묘사하고, 동시에 초국가적 인권의 관념을 인도지역의 관습이나 관행의 지식으로 번역하는 '혼융화'(hybridization)의 방식으로[83] 인도여성의 인권신장을 도모하였다.

그러나 적어도 아일랜드 스텝댄스에서 읽을 수 있는 혼성성은 서로 다른 지역적 문화의 소통을 가능케 하는 접점을 발견하는 기능보다는 그 차이를 지우는 기능이 더 강하다. 왜냐하면 세계시장에서의 상업적 성공은 단일화된 거대한 관중을 필요로 하고, 이는 국경을 넘어 전세계인에 의해 소비될 수 있는 춤의 교조적인 양식을 취하게 만들기 때문이다. 실제로 리버댄스를 보면 혼성성을 구성한 다양한 지역문화의 다른 빛깔을 보게 되기보다는 군무적인 스타일의 전체주의적 요소, 그러니까 차별성을 허용하지 않고 단일한 미학적 양식 속으로 빨려들어가는 체험과 그 체험의 끝에서 여자무용수들의 섹슈얼한 매력을 바라보게 된다. 이런 리버댄스는 전통 스텝댄스의 미학적 차원 밖이 아니라 전통 스텝댄스의 미학적 차원을 지워버리면서 그 자리에 새로운 미학적 차원을 세우고 있다.

이러한 혼성성은 가령 초국가적 상법(lex mercatoria)의 기호라고 볼 수 있다. 초국가적 상법은 세계은행(WB)이나 국제통화기금(IMF)의 전문가들이 금융지원의 조건으로 개별국가의 경제관련법 개정에 관여함으로써 형성하는 "국가가 전제되지 않은 세계법"[84](Global law without a state)으로서 국제적인 중재재판소의 분쟁해결사례가 축적되어 형성되는 기준들을 가리킨다. 이런 법들은 국경을 넘어선 법을 발전시키면서 동

---

83 이런 분석으로 Sally Engle Merry, "Transnational Human Rights and Local Activism: Mapping the Middle", *American Anthropologist* (Vol. 108, No. 1, 2006), 42, 46~47쪽 참조.

84 이 개념에 대해 자세히는 Gunther Teubner, *Global Law without a State* (1997) 참조.

시에 국가 단위의 지역적인 법을 해체시킨다. 이런 초국가적 상법은 "법다원주의의 진화"[85]를 밟지 않는다. 초국가적 상법은 주로 신자유주의의 패러다임에서 정형이 이루어지고, 미국이나 영국의 초대형 로펌들이나 회계기업의 세계적인 네트워크 속에서 갇혀 있다. 결국 초국가적 상법은 얼핏 여러 국가의 규범들이 혼성된 것처럼 보이지만, 실제로는 서구 강대국의 정치경제적 이해관계에 맞게 국제규범을 단일화한다.[86]

(2) 에르곤과 파레르곤

춤의 다성성은 혼성성과 달리 동일성을 해체하는 기능을 수행하는 것이어야 한다. 동일성을 끝없이 해체함으로써 끝없이 새로운 춤을 추는 것이다. 이 점을 데리다의 에르고과 파레르곤의 개념으로 설명해보자. 데리다[87]는 기존의 정상적이며 합법적인 것들을 에르곤(ergon)이라고 하고, 비정상적이고 불법적 또는 탈법적인 것들은 파레르곤(parergon)이라고 정의한다.

> 데리다는 Cranach's Lucretia를 예로 들어 설명한다. 이 그림에서 그녀의 몸을 향해 피부에 대고 있는 단검(dagger)이나 그녀의 목걸이는 겉보기엔 '고유한 영역(예: 몸이나 목 그 자체)의 밖에서 덤으로 오는 어떤 것'(부수적인 것)이지만 실은 그 영역 안의 결핍과 그 영역의 고유하고 중심적인 것들(즉 ergon)을 압박하고, 그것들과 마찰하며 또한 그것과 이웃하여 놀이를 하는 것(즉 parergon)이다. 파레르곤은 에르곤의 결핍을 메우는 보충물이 아니라 에르곤을 '구성'하는 것이다.

그러면 미래에는 현재의 파레르곤이 정의가 될 가능성이 있으며, 바

---

85 이를 '법다원주의의 진화'로 바라보는 Gunther Teubner, "Globale Bukowina Zur Emergenz eines transnationalen Rechtspluralismus", *Rechtshistorisches Journal* (제15권, 1996), 225쪽 이하.

86 아래의 (2), (3)단락의 설명은 대부분 이상돈, *법미학* (법문사, 2008), 66~69쪽과 이상돈・민윤영, *법정신분석학입문* (법문사, 2010), [3]단락(춤추는 자아와 소통적 법)을 종합하고, 재배치하고, 또한 다소 수정・보완하여 작성된 것이다.

87 이상의 설명은 Jacques Derrida (Geoff Bennington and Ian McLeod 역), *The Truth in Painting* (The University of Chicago Press, 1987), 57~59쪽.

로 그렇기에 현재의 에르곤은 파레르곤 없다면 죽은 정의, 곧 괴물(monster)이 된다. 그런 의미에서 미래의 사안에 향해져 있는 법적 정의는 곧 파레르곤이라고 할 수 있다. 이렇게 볼 때, 셀 수 없는, 새로운 춤을 꿈꾸는 것은 파레르곤적인 것, 즉 아름다움에서 부수적인 장식과 같은 것(법에 환언하면, 불법적 또는 탈법적인 것)이 중심적인 부분(합법적인 것)이 될 가능성을 바라보는 것이다. 이 꿈꾸기, 이 바라보기에서 차이는 적대의 원천이 아니라 새로운 정의, 현재의 법적 정의가 더 정의로워질 가능성이기도 하다.

> 예컨대 현행법에서 이성애가 에르곤이라면, 동성애는 파레르곤이다. 그러나 양자는 정의와 부정의, 합법과 불법의 다른 영역에 배열되는 것이 아니다. 동성애는 이성애가 정의로서 갖는 한계를 넘어서는 새로운 춤을 추는 것일 수 있다.

(3) 성차의 다성성과 새로운 춤을 꿈꾸는 법

또한 춤추기로서 법은 셀 수 없는 새로운 춤을 꿈꾸기 위해, 데리다의 표현으로 "다성적(polysexual) 기호로 쓰인 코리오그래피(춤의 악보)"[88]를 필요로 한다. 다성적인 춤의 악보는 가령 여성성을 자유주의 페미니즘처럼 남성성과 동등한 위치에 놓거나, 급진주의 페미니즘처럼 남성성과 반대되는 위치이면서 더 높은 위치에 놓지 않는다. 그것은 여성성과 남성성의 대립이나 양성성과 단성성의, 또는 동성애와 이성애의 대립을 넘어서 성적 다양성 — 여성성, 남성성, 양성성, 단성성, 동성애, 이성애 등 — 이 인간적 차원에서 자유롭게 교환·분배되는 법을 기획한다. 바꿔 말해 "성차 내의 여성성이 아니라 성차의 새로운 춤의 가능성"[89]이 법이 되어야 하는 것이다. 이를 좀 더 일반화하여 말한다면, 춤

88 Choreographies에 관한 Jacques Derrida와 Christie V. McDonald의 대담을 정리한 Nancy J. Holland 편, *Feminist Interpretations of Jacques Derrida* (The Pennsylvania State University, 1997), 39쪽.

89 데리다에 대한 이해를 이렇게 표현한 Drucilla Cornell, *Beyond Accommodation: Ethical Feminism, Deconstruction, and the Law* (New York: Routledge, 1991),

은 끊임없는 '위치바꾸기'[90]가 되며, 법은 주체의 위치를 끊임없이 바꾸게 하는 매체가 되어야 한다. 여기서 여성성(femininity)은 여성에게만 내재하는 덕목인 것이 아니라[91] 남성에게도 내재하는 '심리적 코드'임에 주의할 필요가 있다. 그렇기에 데리다(Derrida)는 여성의 본질적 자리(essential place)를 찾는 노력에 대해서, '여성의 단일한 자리는 없다(there is no one place for woman)'고 대답하는 것이다.[92] 가령 남성에 가까이 다가가 유혹하는 여성은 남성이 유혹을 느끼는 순간 언제나 (남성은 물론 남성이 부여해 준 여성성과) 거리를 둠[93]으로써 — 데리다가 말하는 '멀리 떨어진 근접성'(remote proximity)으로 — '결정불가능성'의 춤을 춘다고 할 수 있다. 물론 남성에게도 본질적인 자리는 없다. 남성과 여성 모두 계속 위치를 바꾸는 춤을 춤으로써 자신 안의 남성성과 여성성을 다채롭게 발현할 뿐이다.

4. 춤의 기능과 법의 변화

이상의 논의에서 처럼 기호학적 차원에서 법이 된 춤은 다양한 기능을 발휘한다. 춤은 개인의 정신적 건강을 회복시켜주고, 법의 인간상을 변화시키며, 후견적 국가의 역할도 수행한다.

118쪽.

90 위치바꾸기로서 춤은 Jacques Derrida and Christie V. McDonald, "Choreographies: Interview", in Nancy J. Holland(ed.), *Feminist Interpretations of Jaques Derrida* (The Pennsylvania State University, 1997), 27~28쪽 참조.

91 여성성과 여성주의가 구별되는 것임을 강조하는 같은 지적으로 Ellie Ragland-Sullivan, "Jacques Lacan: Feminism and the Problem of Gender Identity", *SubStance* (Vol. 11, No. 3, Issue 36, 1982), 16쪽 참조.

92 데리다는 '여성의 자리는 없다'라는 자신의 말이 여성주의적인 것도, 그렇다고 반여성주의적인 것도 아니며, 단지 긍정적인 자리바꿈의 춤에 관한 것이라고 설명한다. Jacques Derrida and Christie V. McDonald, "Choreographies: Interview", in Nancy J. Holland(ed.), *Feminist Interpretations of Jaques Derrida* (The Pennsylvania State University, 1997), 26~27쪽 참조.

93 이에 관해 자세히는 Iva Popvicova, "Woman, Sexual Difference and the Dance of Undecidability in Nietsche's Thus Spoke Zarathustra", *Dialectical Anthropology* (Vol. 25, 2000), 289쪽.

(1) 균형의 회복

프로이드의 개념을 빌면 초자아(superego, Über-Ich)와 이드(id, Es) 사이에, 그리고 에로스(eros, 사랑충동)와 타나토스(thanatos, 죽음충동) 사이에[94] 불균형적인 편향과 그 편향으로 인한 내적 억압 그리고 그것들이 삶에 가져다 주는 고통들을 해체하고, 그 둘 사이의 균형을 회복하려는 자아의 몸짓이 바로 춤이다.

1) 낯설은 몸짓 춤이란 원래 규범적이거나 자연스러운 신체적 동작에서 벗어나서 부자연스럽거나 낯설은 동작을 하는 것이다.[95] 예컨대 정상적인 걸음에서 발내디딤의 시간적 간격을 불규칙하게 하거나 통상의 간격과 다른 간격으로 한다든지, 팔의 올림을 보행의 속도나 방향과 어긋나게만 하여도 춤이 된다. 그러니까 춤은 몸의 길들임에 대한 저항이며, 춤의 힘은 그런 저항의 가능성에서 나온다.[96] 길들여진 몸동작에 저항함으로써 발생하는 부자연스러움이나 낯설음은 초자아의 억압이 주는 짐을 덜어내고, 그로부터 해방될 수 있는 가능성을 기호화한다.

> 여기서 낯설음은 일상성으로부터 이탈을 의미하고 있다. 하지만 낯설음은 새로움을 뜻할 수도 있다. 춤의 새로움은 특정한 춤이 저작권 보호를 받기 위한 조건이 된다. 저작권은 고유성, 즉 창작성이 있는 작품에 대해서만 인정되기 때문이다. 그러나 무용학계에서도 춤의 새로움을 판단하는 보편적 잣대는 없다. 그렇기에 심지어 "무용에서 새로운 것의 출현 가능성은 곧 새로운 것의 설명 가능성을 뜻한다"[97]고까지 말한다.

---

94 법을 에로스와 타나토스 사이에 위치시키는 민윤영, "에로스와 타나토스 사이의 법", *중앙대 법학논문집* (제34집, 제1호, 2010), 185~208쪽 참조.

95 하지만 무용학계에서는 이런 일상이탈성이 춤의 개념필연적 요소라고 보는 것은 아닌 듯하다. 가령 행진(procession)도 춤의 모습으로 본다(박영애, "성경에 나타난 춤의 의미 및 특성에 관한 연구", *한국무용기록학회* [제18권, 2010], 23~39쪽). 하지만 이런 분석은 기독교적 계율 속에서 허용된 춤의 형태일 가능성이 높다. 유럽 교회의 전통에서 신을 숭배하고 미화하기 위해 행진을 벌이고, 이 행진에는 두 사람씩 행진하는 Mist illos binos 기독교원칙이 존재했던 점도 이를 말해준다.

96 Lior Barshack, "The body politic in dance", in P. Goodrich, L. Barshack and A. Schutz(eds.), *Law, Text, Terror: essays for Pierre Legendre* (Routledge, 2006), 60쪽 참조.

그러나 모든 동작을 춤으로 개념화하면 개념의 고유한 내포가 사라지거나 희석됨으로써 법을 춤으로 파악하는 이론의 유용성이 거의 사라지고 만다. 그렇기에 춤을 단순한 움직임(movement)과 동일한 개념으로 설정하는 것은 적절하지 않다.

2) 초자아와 이드의 균형 지향성 춤으로서 법은 무엇보다 '초자아의 극단적 추구'를 경계한다. 왜냐하면 초자아의 과잉은 이드의 폭발적 발현으로 이어지기 때문이다. 어떤 법이 어떤 이념(초자아)을 좇는 것이 지나치게 강해지면 그 이념에 의해 억압되는 무의식의 충동이 그 이념의 현실화를 제거해버리는 부정의 변증(negative Dialektik)이 일어나게 된다. 이로써 법은 언제나 초자아의 도덕적 이념과 바로 그 이념의 현실화를 부정하는 이드의 충동적 발현 사이의 긴장 속에 놓이게 된다. 춤으로서 법은 그런 긴장을 어느 한쪽으로 편향시켜 제거하는 것이 아니라 가능한 화해적으로 양립시키는 임무를 수행해야 한다.

이 임무의 수행을 위해 비례성원칙과 같은 가장 대표적인 이성법원칙도 재해석되어야 한다. 춤의 법학은 비례성원칙의 과잉금지를 판단할 때 (법이 추구하는) 목적과 (목적추구를 위해 제한되는 이익이 되는) 수단의 가치형량을 함에 있어, 수단의 항목을 도덕적으로 승인되는 가치(이익)에 국한시키지 않고, 도덕적으로 승인되지 않지만 개인이 수용하고 있는 가치들도 고려하게 한다.

(2) 법의 인간상으로서 춤추는 자아

이와 같이 새로운 춤추기로서 법이 전제하는 인간상은 이성법의 인간상과 같지 않다. 춤으로서 법은 더 이상 '사유를 통해 존재하는 주체'(cogito)와 같은 근대적 자아처럼 무의식의 심연에서 펼쳐지는 초자아와 이드의 동맹적 공격으로부터 관념적으로 단절된 고립된 자아가 아니다. 춤의 법이 전제하는 인간상은 초자아와 이드와 마주하고, 그것들 사

97 조기숙, "무용창작에서 '새로움'에 대한 철학적 고찰. 미셸 포킨의 발레개혁을 중심으로", *한국무용기록학회* (제19권, 2010), 61쪽.

이를 소통시킴으로써 자아의 건강함을 유지하고 관리할 줄 아는 '소통적 자아'(communicative ego)이다. 그런 자아를 '춤추는 자아'라고 부를 수 있다. 춤추는 자아는 경험적인 현상이다. 춤이 자아의 정체성을 형성해줄 수 있다는 점은 세계적인 한국의 비보이 홍텐의 다음과 같은 말에서 확인할 수 있다.

> "제 나이 때는 정체성에 대해 많이 생각하잖아요. '나는 누구인가' 뭐 그런 거요. 한창 그런 생각을 할 때 저는 춤을 추고 있었어요. 제 자신을 표현하라면 말로는 못하겠어요. 하지만 춤으로는 할 수 있어요. 정체성 자체를 춤으로 생각하게 되요. 비보잉으로."[98]

그러므로 이제 법에서 인간성은 사유적 자아로부터 '춤추는 자아'로 옮아가게 된다. 법에서 춤추는 자아상은 법해석도 초자아에 의해 억압된 충동들이 쌓여있는 무의식과 대화하는 방향으로 선회하게 한다.

> 가령 남성은 남성다워야 하고(남성성), 여성은 여성다워야(여성성)한다는 초자아적 관념은 남성 속에 내재된 여성성과 여성 속에 내재된 남성성을 억압한다. 예컨대 남자에서 여자로 성전환수술을 한 사람을 남성으로 개념화하는 관념[99]은 남성 속에 내재된 여성성을 억압하는 것이기도 하다. 남성 속의 여성성을 바라보고, 그것과 대화하는 법해석은 그 사람을 꼭 남성이나 여성, 어느 한쪽으로 규정하는 것을 지양한다. 가령 뒷자리 주민번호가 여전히 2가 아닌 1로 시작하면서도 그는 성범죄에선 여자로 취급될 수 있고, 동시에 그가 참여하는 운동경기에서는 남자로 취급될 수도 있다. 여자의 단일한 자리는 없기 때문이다.

(3) 춤과 법의 후견기능

끝으로 다성성을 발산하는 춤은 불완전하게 태어나는 인간에게 삶을 가능케 하는 소통의 양식이 됨으로써 그 불완전성을 보완해준다. 인간

---

98 홍텐의 레이디경향 인터뷰(2007.5.21.)(http://zine.media.daum.net/ladykh/view.html?cateid=3000&newsid=20070521120813613&p=ladykh) 참조.

99 대법원 1996. 6. 11. 선고 96도791 판결.

의 불완전성은 이를테면 Freud가 바라보듯 '갓난아이의 미성숙(prematurity)'에서 비롯되는 복종의 문화에 남는 불만("문명 속의 불만"[100])[101]이라든지, Klein[102]이 말하는 '좋은 젖가슴' 속에서 사랑의 대상과 융합된 자아로서 살아가는 어린 아이가 그것을 상실하는 데에서 오는 '우울불안'(depressive anxiety)과 같은 것이다. 춤은 바로 그런 불완전성을 메워주는 기능을 한다. 오늘날 국가가 개인의 삶에 대해 하고자 하는 역할이 후견인의 역할이라고 보면, 춤은 국가가 그 질서를 형성하는 매체로서[103] 법의 배후에서 법생활을 가능케 하는 통합의 원천에너지가 된다고 할 수 있다.[104]

---

100 G. Freud (김석희 옮김), *문명 속의 불만* (열린책들, 2003) 참조.

101 이런 절대적 권위에 대한 복종이 초자아의 발달과정에서 형성되며, 이는 프로이트의 '문명 속의 불만'의 작품에서 두드러진다고 해석하는 Abraham Drassinower, *Freud's Theory of Culture: Eros, Loss, and Politics*, (Rowman & Littlefield Publishers, 2003), 6쪽.

102 Freud의 이론에 강한 영향을 받은 Melanie Klein의 대상관계이론(Object Relations Theory)에 관해서 Melanie Klein and Hans A. Thorner(편), Das Seelenleben des Kleinkindes und andere Beiträge zur Psychoanalyse (Gebundene Ausgabe), (Klett-Cotta /J. G. Cotta'sche Buchhandlung Nachfolger, 2006) 참조. Klein은 아이의 자아가 형성되는 기간에 무의식적으로 다른 모든 것들을 이 불안지위의 엄습을 통해 자기 것으로 삼아버리는 점이 오이디푸스콤플렉스나 노이로제 등의 원인이 되며, 어른이 되어도 불안지위에 대처하는 투쟁을 할 수밖에 없다는 점을 바라본다.

103 Manderson도 이와 비슷하게 미학적인 것(the aesthetic)은 사회구성원들이 공유할 수 있는 담론을 만들어내고, 그 속에서 이해, 가치, 평가 등을 교환하는 의사소통을 펼침으로써 구성원간의 소속감(공동체의식)을 형성하게 한다는 점, 다시 말해 미학적인 것은 사회에서 공동체를 형성하는 일의 한 부분임을 지적한다. Desmond Manderson, "Quodlibet: Just Aesthetics and the Aesthetics of Justice", *Songs without Music: Aesthetic Dimension of Law and Justice* (Universtity of California Press, 2000), 198쪽 참조.

104 이를 "공동체의 부활로서 예술"(Art as restoration of the corporate body)라고 표제화하는 Lior Barshack, "The Body Politic in Dance", Peter Goodrich/Lior Barshack/Anton Schütz (편), *Law · Text · Terror* (Routledge-Cavendish, 2006), 55~57쪽 참조.

V. 법춤학

이제 기초법학의 새로운 분과, 포스트모던 법학의 분과로서 법춤학을 말할 수 있다. 법춤학은 법에서 춤의 의미와 기능, 춤에서 법의 의미와 기능, 법의 춤에 대한 규제와 통제, 법과 춤의 관계지음에 따른 사회적 효과 등을 탐구하는 학문이다. 이 학문을 수행하려면 법문학적 통찰이나 법인류학적 비교분석, 지식고고학적 해부, 여성주의적 고찰 그리고 정신분석학적 해석 등 매우 다양한 학제간 연구가 필수적이다. 하지만 법춤학의 '보편적' 방법론은 없다. 모든 방법은 언제나 '다투어질 수 있다. 그렇기에 '어떤 것도 상관없다'(anything goes)는 화이어아벤트(Feyerabend)의 말처럼 어떤 방법도 상관 없다. 법춤학의 연구분과는 미래에 열려 있다. 현재로서는 다음 세 가지를 들 수 있겠다.

— **춤으로서 법**(law as dance)　법을 춤으로, 춤을 법으로 보는 관점, 비유적으로 법이 춤추는 것의 의미를 연구한다(이하 1. 참조).
— **법 안의 춤**(dance in law)　법이 수범자들의 특정한 춤추기를 제한하거나 보호하는 현상(누드댄싱의 금지)[105]이나 소송에서 춤의 현상(이하 2. 참조), 춤이 법에서 어떤 권리로 취급되는 지(이하 3. 참조) 등을 연구한다.
— **춤 안의 법**(law in dance)　춤의 미학적 구조분석(예: 발레, 브레이크댄스의 기호학적 의미분석)을 통해 법의 의미를 이해하고, 법의 미래적 변화에 관한 지도이념을 만들어내는 것 등을 연구한다.

1. 법의 춤추기

법춤학의 가장 중요한 분야는 법이 춤춘다의 의미를 기호학적으로

105 법의 춤에 대한 규제는 춤이 상징을 창출하고, 사회적 의미를 생산하여 공론을 변화시키는 소통과정에 대한 규제가 된다. 따라서 법은 춤에 대한 규제를 변화시킴으로써 사회의 다양한 담론을 변화시키고, 그런 변화를 통해 스스로도 변화하는 길을 걸어갈 수 있다.

풀어내고, 그것을 입법이나 법률해석의 방향을 이끄는 지침을 마련하는 작업이다. 현실의 춤은 특정한 시공간 속에서 전개된 사람들 사이의 소통의 모습을 거울처럼 반영한다. 다른 한편 춤은 기존의 소통을 억누르는 것들에 저항하고 그것들을 해체한다. 그렇기에 춤의 의미를 풀어내어 그것을 법의 내용으로 삼는 작업은 그 시대 그 법의 자화상을 그리는 것이면서 동시에 법으로 하여금 자기변혁의 성찰을 하도록 만드는 것이기도 하다.

(1) 몸의 해방을 통한 법의 변혁

'춤추는 법'이 이성법이라면 그 춤은 주로 이성으로부터 탈출과 해방을 뜻하고, 법학은 이런 탈출과 해방의 법적 의미를 민주적 법치국가의 틀 안에서 찾아가는 작업이 된다. 법이 춤춘다는 것의 의미를 풀어내려면 먼저 춤의 의미를 해명할 필요가 있다.

1) 무의식의 의식화 여기서 춤은 주로 이데올로기적 장치들이 몸을 가둔 윤리와 규범의 감옥으로부터 몸을 해방시키는 움직임으로 이해하고자 한다. 그렇기에 춤춘다는 것은 일상생활에서는 부자연스럽거나 낯설은 몸짓을 하는 것이다. 그런 몸짓은 무의식에 형태를 부여함으로써 무의식을 의식화한다. 이 무의식의 의식화는 ① 몸짓이 촉발시키는 (무의식을 반영하는) 이미지를 생성시키고, ② 그 이미지로부터 상징이 읽혀지고, ③ 상징을 언어적 개념으로 해석하는 과정을 통해 이루어진다. 이렇게 춤을 통한 무의식의 의식화는 '능동적 심상화'(active imagination)[106]의 한 형태로서, 치료적 효과를 발휘한다.

2) 치료적 춤 그래서 춤은 그림을 그리거나 음악활동을 통해 치료적 효과를 가져오는 미술치료나 음악치료와 함께 응용심층심리학 분야의 하나가 된다. 오늘날 댄스치료(dance therapy)는 이미 상당한 발전을 이

106 이렇게 보는 Joan Chodorow, "The Body as Symbol. Dance/Movement in Analysis", in: Patrizia Pallaro (ed.), *Authentic Movement P* (Jessica Kingslez Publisher, 2000), 279쪽.

루었다.[107] 특히 무의식의 외면으로부터 무의식에 생성·축적되는 콤플렉스의 증상들(예: 우울증, 신경증 등)이 춤을 통해 해소될 수 있다. 가령 강박적으로 단정함과 순결함에 집착하는 여인이 안달루시아(Andalusia) 집시의 춤인 플라멩고(Flamenco)[108]로 몸짓을 한다고 하자. 이때 플라멩고의 몸짓은 단정함과 순결함의 여성상을 의지적으로 추구함으로써 무의식에서 억압되어 온 자유로운 성적 욕망의 콤플렉스를 해체시키는 작용을 할 수 있다. 플라멩고를 추는 집시의 이미지는 자유로운 영혼이나 박카스 축제와 같은 성적 자유를 향유하는 삶이다. 이 상징은 자유롭게 동거를 하거나 (자본주의적인) 임금노동을 거부하는 바와 같은 의식화된 이념으로 구체화될 수도 있다. 현실에서는 여전히 단정함과 순결함을 추구하는 삶의 형태를 유지하면서 집시의 춤을 통하여 그런 삶의 추구가 가져오는 고통과 상처 그리고 그 증상들(예: 우울과 불안, 신경증, 자유분방한 여인에 대한 폭력적인 질투와 비난)이 완화되거나 치유되기도 하는 것이다.

3) 법의 병든 정신 춤이 개인의 병든 정신을 치료한다면, 그리고 법이 춤이라면, 법은 춤을 통해 자신의 '병든' 정신을 치료하는 가능성을 얻을 수 있다. 여기서 '병든' 정신이란 이성 중심의 '정신'의 법이 계몽의 변증과 같은 부정적인 자기발전의 결과로 발생시키는 이성의 광기, 곧 '인간성'의 상실을 가리킨다. 이는 이성의 법이 초자아 중심의 윤리적 인간상을 지향함으로써 초래된 결과이다. 윤리적 인간상을 지향하는 초자아는 무의식을 돌보지 않고, 몸을 윤리의 관행적 틀 속에 가두어 놓음으로써 무의식 속에 콤플렉스를 생성하고 축척시킨다. 몸을 해

---

107 댄스치료는 1940년대 미국에서 시작되었고, 우리나라에는 1990년대에 소개되고 2000년대 대중적인 확산이 이루어졌다(이지현, "춤, 행복으로 가는 치유의 행로" *월간말* (2월호, 2007), 222쪽 참조).

108 플라멩고는 15세기 스페인 남부에 정착한 집시들이 만들어낸 춤으로서 노래(칸테 혼도, cante jondo)와 춤(바일레, baile) 그리고 기타 반주(토케, toke)로 구성되며, 춤만 추는 경우도 있다. 플라멩고는 집시들의 이주역사에서 볼 때 아랍, 카톨릭 및 유대의 문화가 융합된 결과로 평가되며 춤의 동작형식이 팔다리가 짧은 한국사람들에게도 매우 적합하다는 체험들이 보고되기도 한다.

방시키는 춤은 개인의 무의식 속에 생성·축적된 콤플렉스를 해체하여, 무의식이 의식의 도덕적 자아를 파괴하거나 의식의 자기규제능력을 망가뜨리는 병적 현상을 치유시킬 수 있다. 그러므로 이성법의 변증으로 초래된 광기를 치유하기 위해서는 법이 사람들의 자유로운 춤을 보장해야 할 뿐만 아니라 자신도 스스로 춤을 춰야 한다. 여기서 중요한 점은 법이 '춤춘다'는 것의 의미를 어떻게 이해할 것인가이다.

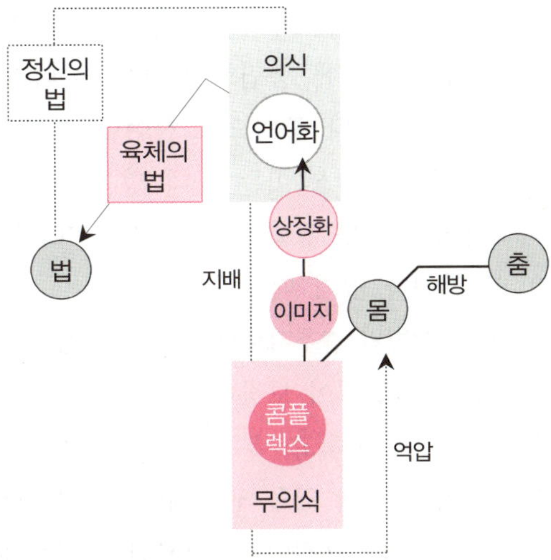

(2) 이성법적 전통에서 이탈과 해방으로서 춤

우선 법이 '춤춘다'는 것은 기호학적으로 이해되어야 한다. 법이 춤춘다는 것의 기호학적 의미는 이성법적 원칙과 규칙 또는 그것을 구체화한 법규범으로부터의 이탈과 해방이다. 이성법적 전통으로부터 이탈할 것인지 여부는 구체적 사안의 고유한 특성(질감, texture)에서 판단된다. 즉 사안의 질감적 특성을 고려할 때 (이성)법을 굴절 없이 적용할 경우에 이성의 광기라는 수사학적 표현이 어울릴 만한 결과가 초래된다고 판단되는 경우에는 이성법적 전통으로부터의 이탈과 해방이 허용된다. 이를 형사소송법을 예로 세밀하게 설명해보자.

1) 이성법적 형사소송의 모습 이성법의 하나로서 근대적 형사소송법은 영미법계의 적정절차(due process)이건 독일법계의 "보호하는 형식"(schützende Formen)[109]이건, 피고인의 방어권을 보호함으로써 피고인

109 Heinrich Albert Zarcharie, *Handbuch des deutschen Strafprozesses*, Band 1, (1860,) 144~147쪽 참조.

의 인권보장 뿐만 아니라 사실인정의 합리성을 도모한다. 피해자는 형법상 법익 개념에 중립화될 뿐만 아니라 형사절차에서도 주체가 되지 않고, 참고인이나 증인으로 참여할 뿐이다. 즉 피해자는 소송에서 주변적 지위를 갖는다. 이는 근대 형사소송법의 이성적 전통이다. 왜냐하면 피해자의 지위를 강화하면, 대부분 피고인의 지위가 약화되는 '제로썸게임'의 관계가 있기 때문이다.

2) 이성법의 춤추기로서 소송상 피해자의 지위강화 그러나 피고인의 방어권을 굴절없이 보장하는 것은 어떤 사례(군)에서는 형사사법의 정의를 실현하지 못하고, 부정의('이성법의 광기')를 가져오기도 한다. 예컨대 피고인이 법정에 있을 권리(형사소송법 제276조)는 방어권 보장에서 필수적인 최소한의 요청이다. 피고인은 법정에 있음으로써 증인이 자신에게 불리한 증언을 할 때 반대신문(제161조의2 제1항)을 할 수 있다. 그러나 성폭력 피해자가 증언을 할 때 피고인을 반드시 대면해야 한다면 피해여성은 성폭력에 버금가는 또 한번의 고통을 겪을 수도 있다. 그렇기 때문에 이 경우에 피고인의 출석·재정권, 반대신문권 등의 보장이라는 이성법의 전통으로부터 이탈이 요구된다. 이를테면 피고인을 퇴정시키거나(제297조), 성폭력피해자를 비디오 등 중계장치로 신문하는 것(제165조의2)이 필요하다. 이런 제도의 기호학적 의미는 이성법으로서 형사소송법이 전통으로부터 해방되는 춤을 추는 것이다.[110]

(3) 법이 춤추는 위치

그러나 이런 이탈과 해방이라는 법의 춤추기는 춤추는 정도에 따라 이성법의 반성을 넘어 이성법의 해체에 이를 수도 있다.

1) 모더니즘과 포스트모더니즘 그러므로 이성법의 춤추기는 사안의 특성과 무관하게 보편적으로 정당한 것이 아니라 어떤 사안의 고유한

---

110 소송법에서 피해자의 지위를 강화하는 다양한 방법에 관해 자세히는 이상돈, "형사사법의 세 가지 지층과 피해자의 지위", *피해자학연구* (제17권 1호, 2009), 33~55쪽 참조.

질감적 특성을 고려하여 오직 '예외적으로만' 관용되는 것이다. 이런 입장은 이성법적 전통은 유지하되, 그 폐해를 반성적으로 제거하는 '성찰적 모더니즘'(reflexive modernism)의 위치에 서 있는 것이다. 이에 비해 법의 춤추기가 언제나 원칙적으로 허용된다고 본다면, 즉 언제든지 이성법의 전통에서 벗어나는 것이 허용된다고 본다면, 그것은 포스트모더니즘의 위치에 서는 것이다. 이 때에도 예외적으로 법의 춤추기를 제한한다면 '반성적 포스트모더니즘'(reflexive Postmodernism)의 위치에 서게 된다. 이렇게 되면 법의 춤추기는 크게 4가지 이념적인 위치를 갖게 된다.

— 춤을 쫓아낸 모더니즘 (ⓐ)
— 예외적 춤추기를 허용하는 성찰적 모더니즘 (ⓑ)
— 춤추기를 예외적으로만 제한하는 포스트모더니즘 (ⓒ)
— 언제나 자유로운 춤추기를 지향하는 포스트모더니즘 (ⓓ)

2) 춤추기의 위치 분석 이런 네 가지의 이념적인 위치를 소송상 피해자의 지위 문제에 적용하여 예시적으로 설명해보자. ① 첫째, 피고인의 방어권 보장을 위해 피해자 증언시의 퇴정가능성을 배제한다면 순수한 모더니즘(ⓐ)의 모습이 된다. ② 이에 반해 협의범죄의 종류와 피해자의 특성 등을 고려하지 않고 증인이 단순히 "피고인 또는 어떤 재정인의 면전에서 충분한 진술을 할 수 없"어서 피고인의 퇴정을 허용하는 일반적인 규정(형사소송법 제297조)은 포스트모더니즘의 춤추기(ⓓ)에 해당한다. 그러나 이런 이성법의 춤추기는 이성법의 광기를 고치는 것이 아니라 이성법을 위태롭게 하는 광기를 갖게 될 수 있다. ③ 셋째, 하지만 이 포스트모더니즘적 법정책에 제한을 가한다면, 예컨대 춤이 허용되는 사례를 "범죄의 성질, 증인의 연령, 심신의 상태, 피고인과의 관계, 그 밖의 사정으로 인하여 피고인 등과 대면하여 진술하는 경우 심리적인 부담으로 정신의 평온을 현저하게 잃을 우려가 있다고 인정되는 자"(형사소송법 제165조의2 제3호)와 같은 일반조항의 형식으로 정한다면,

이는 반성적 포스트모더니즘(ⓒ)에 가깝다. ④ 넷째, 모더니즘도 성찰적일 수 있다(ⓑ). 예컨대 「아동 · 청소년의 성보호에 관한 법률」 제7조부터 제12조까지의 규정에 해당하는 죄의 대상이 되는 "아동 · 청소년 또는 피해자"에 대해서 비디오 증인신문을 허용하는 규정(제165조의2 제2호)을 들 수 있다. 이는 피고인의 법정재정권은 보장하면서 그로 인한 피해자의 추가적인 고통을 제거하는 반성을 하는 것이다.

이러한 춤추는 위치의 유형화에서 반성적 포스트모더니즘(ⓒ)과 성찰적 모더니즘(ⓑ)는 언제나 운용에 따라 접점을 가질 수 있다. 예컨대 제165조의2 제3항을 단순히 "정신의 평온을 현저하게 잃을 우려"를 심리적 부담이 범죄피해에 버금갈 정도의 경우로 국한하여 해석 · 적용한다면 포스트모더니즘과 모더니즘은 '성찰'과 '반성'이라는 접점을 갖게 되는 것이다. 이와 같은 춤추기의 위치에 대한 자기의식은 다른 모든 법적 문제에서도 필요하고 또한 가능하다.

2. 소송에서 춤추기

법춤학의 한 분과는 '소송에서 춤추기', 즉 소송에서 참가인들이 춤을 추고, 그 춤추기가 소송의 승패를 좌우하는 현상을 연구한다.

(1) 소송의 미학적 차원

소송에서 춤춘다고 하면 어불성설로 들릴 것이다. 법정에서 춤춘다면 아마도 법정모욕죄(형법 제138조)로 처벌되거나 적어도 퇴정조치(법원조직법 제58조 제2항)를 당할 것이다. 그러나 법정에서의 변론은 논증으로 뿐만 아니라 춤으로도 이루어질 수 있다. 이는 소송에 미학적 차원이 있기 때문이다. 미학적 차원을 이해하기 위해서 법관이 사실을 인정하는 인식활동의 특성을 먼저 이해해야 한다.

1) 마당적 이해 법관이 소송에서 진실을 발견하려 사실인정의 심증형성을 하쎄머(Hassemer)는 장면적 이해(Szenisches Verstehen)로 불렀

다. 그렇기 부른 이유는 다음 다섯가지 특징 때문이다. ① 첫째, 사실을 인정하는 인식의 근거가 되는 증거(정보), 특히 태도정보는 법관이 인지하기도 전에 너무 쉽게 날아가 버리는 속성이 있다(휘발성). ② 둘째, 소송에서 등장하는 정보의 양과 질은 법관을 비롯한 소송참여인들 사이의 상호작용과 의사소통의 복잡한 양상에 따라 달라진다(상호작용의존성). 예컨대 법관이 신문하는 태도는 피고인의 진술이나 증언[111]에 매우 큰 영향을 미친다. ③ 셋째, 법관은 소송에 등장하는 정보를 선별(선택과 배제)하여 인지하며, 그렇게 선별된 정보들만을 하나의 정합적인 (정보들의) 체계 속에 짜 넣음으로써 사실을 인정하게 된다(정보의 선별과 조합). ④ 넷째, 그런데 이 선별의 과정은 그 이유를 '말할 수 없는' 과정이다(말할 수 없음, Unsagbarkeit). ⑤ 다섯째, 이와 같은 특성들로 인해 사실확정의 인식은 언제나 성공이 불확실하다(성공의 불확실성). 소송에서는 진실발견이 불확실하다는 것이다.

나는 이 장면적 이해에 두 가지 특징을 더하여 마당적 이해의 이론을 발전시킨 바 있다. ⑥ 추가된 특징의 하나는 사실확정의 인식이란 소송참여인들 사이의 활발한 상호작용(공격과 방어)과 의사소통이 구현된 공판 속에서, 비유적으로 표현하면 마당극[112]의 '마당성' 속에서 비로

111 이 점을 고려하여 판사의 고압적인 태도가 피고인에게 충격을 주어 피고인으로부터 나올 수 있는 정보의 양과 질에 영향을 주고, 특히 "피고인의 자기존중감과 자존심을 심하게 손상시키고, 그로 인하여 …반복적으로 비행이나 범죄행각을 하게"되지 않도록 소송참여인들의 상호작용 양식이 "사회의 정신건강을 증진시키는" 치료적 기능을 할 수 있도록 되어야 한다는 주장으로 박광배, 치료적 법철학: 마당적 이해의 한 요건, 1999.8.20. 개최된 한국심리학회 연차학술대회 공청회 섹션 III (법심리학 공청회)에서 내가 발표한 "형사소송의 대화이론"에 대한 토론문 참조.

112 한국의 마당극은 공연자와 관람자가 엄격하게 구분되지 않는다. 관람자는 공연자의 퍼포먼스를 단지 관람하는 것이 아니라 함께 '추임새' 등과 같은 행위를 함으로써 공연을 완성시키는데 참여한다. 이 추임새는 공연에서 불가결한 요소이다. 그러니까 마당극의 관람객은 단지 관객이거나 청자이 아니라 공연의 참여자가 된다. 이는 서양의 오페라 공연처럼 무대 위의 공연자와 관람객이 주체(또는 송신자)와 객체(수신자)로 날카롭게 구분되는 것과 다르다. 마당극은 공연자와 관람객이 함께 깊은 상호작용을 펼침으로써만 비로소 그 심미적 체험이 일어난다. 바꿔 말해 마당극의 심미적 체험은 극도의 상호주관성의 양식을 띤다.

소 가능하다는 것이다(상호주관성).[113] ⑦ 다른 하나는 소송참여인들이 누구와 어떤 상황에서 대면하고, 상대방이 어떤 반응을 보이느냐에 따라 각자의 반응은 그때그때 즉흥적으로 변화하고, 그런 변화는 다시금 상대방으로 하여금 다른 반응을 하게 만든다는 점이다(즉흥성, 무계획성). 그렇기 때문에 지나친 계획심리는 소송절차의 적정성을 오히려 해친다. 예컨대 공판준비절차에서 입증계획을 서면으로 제출하게 하고(형사소송법 제266조의5 제2항), 수명법관이 증거채부결정(제266조의9 제1항 8호)을 하여 심리계획을 세우며(제266조의7 제3항), 준비기일에 채택되지 않은 증거를 공판기일에 원칙적으로 증거신청할 수 없게 하는 계획심리는 마당적 이해의 특성에 적합하지 않다.

2) 소송에서 춤의 의미 이러한 특징의 마당적 이해는 법미학적 차원[114]을 갖는다. 우선 마당적 이해는 소송에 등장하는 정보들을 창출시키는 상호작용과 의사소통에 참여한 사람들의 주관적인 스토리텔링(storytelling)[115]이기 쉽다. 즉 소송에서 사실의 인정은 사태에 대한 언어적 서술이 인식을 한 다음 그것을 언어로 표현하는 순차적 과정이 아니라 불확실한 언어귀속이며,[116] 이 언어귀속, 바꿔 말해 법관이 인식했다고 말하는 과거의 사건에는 분석 불가능한 법관의 '문학적' 또는 '수사학적 상상'이 개입한다.[117] 이러한 문학적 또는 수사학적 상상의 방향은 법관이 소송참여자에 대하여, 또는 그들의 진술에 의해 그리고 그들 사

113 형사소송에서의 '마당적 이해'에 대한 보다 자세한 설명은 *이상돈, 형사소송원론. 형사소송의 근대성과 대화이론* (법문사, 1998), 3~50쪽 참조.

114 이에 관해 자세히는 이상돈, *법미학* (법문사, 2008) 참조.

115 법학이란 이야기하기(storytelling)의 일종이며, 법 또한 해석되어야 할 하나의 이야기에 다름 아니라는 점은 D. Farber and S. Sherry, "Telling Stories Out of School: An Essay on Legal Narratives," *Stanford Law Review* (Vol. 45, 1993), 807쪽 참조.

116 이런 인식을 처음으로 전개한 나의 학위 논문 Sangdon Yi, *Wortlausgrenze, Intersubjektivität und Kontexteinbettung* (Peter Lang, 1992), 207쪽; 이상돈, *형사소송원론* (법문사, 1998), 6~8쪽; 즉 인식이란 일정한 외부세계의 사태를 '지각'하고, 그 지각한 대상에 어떤 언어기호를 선택·귀속시키는 작업인데, 이 언어귀속은 언제나 불확실한 것이고, 주체(법관)의 언어적 감수성에 따라서, 그리고 그 배후에 있는 선이해에 따라서 매우 유동적일 수 있다는 것이다.

117 이상돈·이소영, *법문학* (신영사, 2005), 78쪽 아래.

이에 펼쳐지는 상호작용의 모습에 의해 촉발되는 '심미적 체험'에 의해 좌우되기 쉽다. 이를 법정미학(forensische Ästhetik)의 차원이라고 할 수 있다.

가령 법정에서 유무죄를 가장 결정적으로 좌우하는 증거방법인 증인의 증언의 신빙성에 대한 판단은 적지 않은 경우 증인이 법관에게 어떻게 보이고 들리는지에 따라 좌우된다. 예컨대 아름다운 증인, 이를테면 '법관의 눈을 똑바로 바라보고, 크고 분명하게 말하며, 적대적이지도 논쟁적이지도 교활해보이지도 둔해보이지도 않는 증인'[118]의 정보는 선택되고, 쉽게 휘발되지도 않고 오래 기억에 남으며, 신빙성이 있다고 믿는 경향이 있다. 물론 여기서 아름다운 증인은 외모가 매력적인 증인뿐만 아니라 지성적이어서 아름다운 사람, 순박하고 강직해서 아름다워 보이는 사람 등을 모두 포함한다.

(2) 논증의 한계와 춤의 힘

이 심미적 체험을 이끄는 것은 무엇보다도 소송참가인들의 퍼포먼스이다. 이를테면 변호인은 정중한 모습으로 자세를 고정시키고만 있는 것이 아니라, 끊임없이 작은 퍼포먼스를 수행한다. 손, 팔, 머리를 사용하는 제스처, 법정에서 이동하는 보폭과 속도, 발걸음의 선회각도나 속도, 목소리의 높낮이와 속도, 시선처리 등은 소송에서 검사나 변호인이 수행하는 퍼포먼스의 구성요소들이다. 이 퍼포먼스는 분명 예술적인 차원을 갖고 있는 일종의 춤이라고 할 수 있다. 춤의 예술적 차원에서 공감(empathy)은 소송을 유리하게 이끌 수 있다.

이렇게 소송에서 퍼포먼스가 사실인정을 좌우하는 힘은 논증의 배후에서 작용하거나 논증(의 가능성)이 끝난 곳에서 작동한다. 법관이 사실인정의 근거와 추론과정을 언어로 설명하는 의무[119]를 아무리 충실하게

118 이를 "좋은 증인(good witness)"으로 표현하는 Peter Heerey, "Aesthetics, Culture and the Whole Damm Thing", *Law and Literature* (Fall 2003), 299쪽.

119 증거의 선별 근거, 증거들이 입증하는 개별사실로부터 전체적 사건의 구성결론을 도

이행하여도 그가 왜 그렇게 사실을 인정하였는지는 도무지 알 수가 없다. 법관 자신도 설명할 수 없기도 하다. 그래서 법관의 사실인정은 궁극적으로 법관의 주관적인 심증형성에 의할 수밖에 없다(자유심증주의). 이 심증형성의 주관적 세계에는 법관의 선이해나 편견 등이 작용한다. 이 주관세계에 영향을 줄 수 있는 것은 더 이상 검사나 변호인의 '논증'이 아니라 '퍼포먼스'이다. 그러므로 소송의 적정절차가 구현하는 공정성은 논증뿐만 아니라 퍼포먼스에서도 그 기회가 공정하게 배분되고 높은 질이 실현될 때 비로소 확보될 수 있다. 당사자가 제출한 증거나 논증적인 주장들 가운데 어떤 것이 법관에게 신빙성이나 설득력이 있는 것으로 받아들여지는지를 설명하는 것은 논증이론이 아니라 퍼포먼스의 이론, 춤의 이론인 것이다.

(3) 소송에서 춤의 구조적 요소

물론 소송에서 퍼포먼스를 진정한 춤이라고 볼 수 있는 것인지는 좀 더 많은 분석과 설명을 필요로 한다. Abrams는 소송에서 퍼포먼스를 춤라고 불렀다. 그가 본 춤의 요소는 외모(예: 우아하나 현란하지 않음)와 옷차림(예: 비즈니스 수트), 품행(Demeanor)(예: 사려깊음, 정중함), 쇼적인 요소(예: 사건을 논증이 아닌 이야기로 설명), 매력(예: 풍채), 목소리(예: 생동감)와 바디랭귀지(예: 미소) 등이다.[120] 그러나 이런 구조분석은 매우 불완전하다. ① 첫째, 스토리텔링은 춤을 연극의 일부로 바라볼 때에만 춤의 요소가 된다. 그러나 즉흥접촉춤처럼 스토리가 없는 춤도 있기 때문에 스토리텔링은 소송에서 퍼포먼스를 춤으로 보기 위한 구조적 요소가 되지 않는다. ② 둘째, 관객의 요소도 이와 사정이 비슷하다. 소송의 퍼포먼스에서 관객은 재판공개원칙 때문에 필수적인 요소가 된다. 하지

출해내는 추론과정 등을 설명해야 한다. 판결이유제도(형사소송법 제323조)와 각종 조서작성의 제도는 이런 논증의무를 근거짓는다.

120 Roger I. Abrams, "The Dance and the Adjudication of Disputes", *Rutgers Law Review* (Vol. 51, 1999), 906쪽.

만 춤에서는 관객이 물론 대개는 있지만 없을 수도 있다. ③ 셋째, 소송상 퍼포먼스와 춤에 공통된 것으로 리듬이나 스텝이라는 요소도 있다. 변호인이나 검사가 변론할 때 법정을 걷기도 하고, 목소리와 스텝에 리듬을 줄 수도 있다. 이런 리듬과 스텝은 신문이나 변론의 설득력에 영향을 준다. ④ 넷째, 소송상 퍼포먼스는 소송에서 이기려는 목적을 추구하지만 춤은 목적성이 필수적이지 않다. 물론 춤이 '만인을 속박하는 규범적 헤게모니의 구속들에서 벗어난' 자기배려[121]의 목적을 추구한다고 말함으로써 유사성을 말할 수 있다. ⑤ 다섯째, 소송상 퍼포먼스가 소송절차의 규칙을 준수하고 활용하는 반면, 춤은 일상적인 몸동작의 규칙성을 해체한다. 이 점에서 퍼포먼스와 춤은 역시 다르다고 할 수 있다.

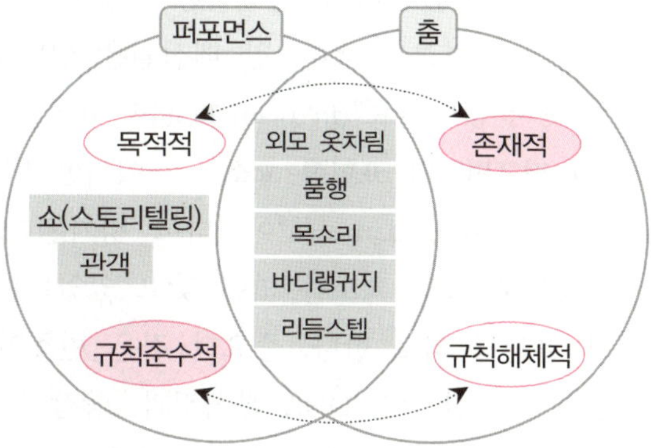

(4) 미학적 공감과 연대의 창출

그러나 소송상 퍼포먼스가 규칙준수적인 것은 법정질서를 유지한다는 점에서만 그러하고, 논증을 생략시키면서 사실인정의 심증을 갖도록 한다는 점에서는 규칙(에 의한 사실인정)을 해체하는 성격을 띤다. 이 점을 이해하기 위해 미국에서 변호인이 최고의 퍼포먼스를 한 것으로 유명한 O.J. Simpson 사건을 예로 든다.

1) Simpson 사건 1994년 Nicole Brown Simpson과 그 애인 Ronald Goldmann이 Nicole의 빌라에서 칼로 살해되었고, 이 두 사람

121 연효숙, "윤리적 주체와 차이의 존재론", *시대와 철학* (제20권, 2000), 19~20쪽.

의 피와 O.J. Simpson의 피가 묻은 장갑의 왼손짝은 Nicole의 집에서, 오른손 짝은 O.J. Simpson의 집 근처에서 발견되었다. 심슨의 피가 장갑에 묻은 것은 DNA분석을 통해 확인되었다. 그러나 변호인들(Johnnie Cochran, F. Lee Bailey)은 결정적으로 불리한 상황에서 심슨으로 하여금 장갑을 끼워보게 만들었다. 심슨은 결국 장갑을 껴보았고, 장갑은 심슨의 손에 꽤 작았다. 검사는 장갑이 피에 젖어 크기가 줄어들었다고 반박했다. 그러나 변호인 Cochran은 최후변론에서 반복해서 연극적으로 "장갑이 맞지 않는다면, 당신들은 석방해주어야 합니다"를 외쳤고, 배심원단은 무죄평결을 냈다. 한 배심원은 인터뷰에서 "쉽게 말해서 그 장갑은 맞지 않았어요"(In plain English, the glove didn't fit)라고 말했다.

2) 퍼포먼스의 표현적 요소 이러한 변호인의 퍼포먼스는 "완벽한 춤"(consummate dance)[122]이었다고 평가된다. 변호인의 변론이 얼마나 구조적으로 춤의 요소를 많이 갖고 있었는지, 얼마나 완벽했는지는 여기서 일단 논외로 한다. 중요한 점은 변호인의 퍼포먼스가 피고인에게 살인동기의 설득력, DNA 분석결과, 장갑이 작아진 이유 등과 같은 합리적 논증의 힘을 해체했다는 점이다. 변호인의 퍼포먼스는 소송이 시작할 때 피고인이 이기기 어려울 것 같아 보였던 사건을 '전복'시켜버렸다. 이 전복은 마치 브레이크댄스에서 얼음동작(freeze)이 갖는 주류문화에 대한 하부문화의 전복적 의미(subversive means)와 매우 유사하다. 그런데 변호인의 퍼포먼스가 춤이 되려면 몸, 자세, 동작의 시·공간적 배치를 통해 일정한 표현(expression)을 한 것이어야 한다. 이 사건에서 표현은 심슨이 당한 인종주의적 편견의 부당함과 그것의 미학적 추함이라고 할 수 있다.

3) 퍼포먼스의 연대창출적 요소 소송상 퍼포먼스가 춤으로서 갖는 미학적 가치에 대한 체험을 당사자와 법관 또는 배심원들이 공유할 때

---

122 Roger I. Abrams, "The Dance and the Adjudication of Disputes", *Rutgers Law Review* (Vol. 51, 1999), 909쪽.

퍼포먼스는 사실인정의 향방을 결정하는 힘을 발휘한다. 그런 공유를 공감(empathy)이라고 할 수 있다. 매우 이질적인 구성원으로 짜인 배심원단이 미학적 체험을 공유하는 것은 그들로 하여금 배심원 평결에서 연대를 하게 만든다. 이는 춤의 어떤 양식도 거부하는 즉흥접촉춤에서 접촉의 연속이 어떤 이념적 공통성도 없고, 성별, 계층, 직업 등 공통점이 없는 사람들 사이에 사회적 연대의 상징을 창출하는 것과 마찬가지이다. 이 연대는 합리적 논거에 의해 창출되는 것이 아니라 사안의 질감(texture)에 대한 미학적 체험의 공유를 통해서 이루어진다.

그러므로 훌륭한 변호는 훌륭한 퍼포먼스이어야 한다. 또한 훌륭한 퍼포먼스는 피고사건에서 어떤 질감적 요소를 추출하여 그것에 대한 정서적 반응을 하나로 결집시키는 창의적인 미학적 표현이어야 한다. 여기서 좋은 법률가가 된다는 것(lawyering)은 이런 미학적 작업을 할 수 있는 역량을 함께 키우는 것임을 뜻하게 된다. 이런 역량을 성장시키는 프로그램은 대학의 법학교육과정에도 절실히 요구된다.

3. 권리화를 위한 춤의 의미

춤에 대하여 저작권을 인정할 것인가 하는 문제도 법 안에 있는 춤(dance in law)의 문제유형에 속한다. 즉, 법 안에서 춤이 어떤 권리보호를 받는가를 다루는 것이다. 이를 위해서 법은 춤의 본질에 맞지 않지만 춤을 개념화해야만 한다. 법에서 춤을 어떻게 이해할 것인지를 정해야, 어떤 춤을 법으로 어떻게 보호할지를 정할 수 있기 때문이다.

(1) 춤의 권리화와 춤출 권리

춤도 권리가 될 수 있을까? 이 물음은 춤의 본원적인 의미에 대한 이해를 전제한다. 춤을 춘다는 것은 국가와 법 그리고 재판에서 가장 형식화되는 몸, 지배권력에 종속되어 있는 몸의 상태를 가장 극적으로 거부하는 해방감을 실존적으로 체험하는 것이다. 춤은 무의식을 의식화하는 작업이다. 그렇기에 인간은 다른 누구의 춤을 따라하든, 자신이 새롭게 만들든 자유로이 춤을 출 수 있어야 한다. 춤출 자유는 인간의 실존을 인간답게 만드는 본원적 권리이다.

그러나 춤의 저작권은 이 권리를 제한한다. 어느 누구에게 그가 창작한 춤의 사용에 관한 배타적 권리를 인정하게 되면, 다른 누군가는 그 춤을 따라 추건 우연히 똑같이 창작하여 추건 간에 자유로이 출 수 없게 된다. 다시 말해 춤의 권리화는 춤출 본원적 권리를 제한하게 된다. 자본주의 사회에서는 춤이 상업화되고 자본을 형성하는 수단이 되고 있어, 춤에 대한 권리주장이 생긴다. 이런 권리주장은 춤의 시장이 성장할수록 커진다.[123] 우리나라에서도 춤에 저작권이 있다는 목소리와 그런 권리의식에 대한 사회적 인식이 형성되고 있다. 춤의 저작권에 대한 심포지엄이 개최되고,[124] 춤의 저작권에 관한 논문[125]도 매우 드물지만 발표되고 있다.

(2) 춤의 권리화 현황

춤의 저작권의식과 현실에 비해 저작권법은 훨씬 일찍부터 춤에 저작권을 인정하였다.

1) 현행 저작권법에서 춤 즉, 1987년부터[126] 저작권법은 무용저작물을 연극저작물의 일종으로 보고 이를 보호하고 있으며(제4조 제1항 3호), 춤의 실연에 대해서도 저작인접권(제2조 4호, 제64조 등)을 인정하고 있다. 현행법상 춤을 창작한 안무가는 무용저작권을 갖고, 그 춤을 실연

---

123 예를 들어 2008년도 우리나라 사람의 연평균 무용 관람횟수는 0.03회로 영화 4회에 비교하면 매우 적다. 다만 뮤지컬이나 연극에서 춤이 사용될 수 있고, 그 한에서 시장형성이 얼마간 있는 셈이다. 이 현황에 대해 자세히는 조남규, "한국 공연예술시장의 현황과 전망", *한국무용기록학회* (제18권, 2010), 79~97쪽 참조.

124 예컨대 2009.3.에 개최된 한국무용기록학회의 심포지엄 〈공연예술의 표현, 그 이후: 예술 저작권의 개념과 설정〉를 들 수 있다.

125 예컨대 2003년에 나온 조난경, *무용수들의 무용저작권 인식도 연구* (고려대 석사학위논문, 2003); 2009년에 나온 서재권, "무용의 저작권법적 보호범위에 관한 고찰", *한국무용기록학회지* (제16권, 2009), 53~79쪽 등을 들 수 있다.

126 법률 제3916호로 1986.12.31., 전부개정되고 1987. 7. 1.부터 시행된 저작권법.

한 무용수는 (무용)저작인접권을 갖는다. 이 저작권은 무용저작물을 창작한 때 어떤 절차나 형식의 이행 없이 발생한다(제10조 제2항). 법인의 구성원이 그 법인의 기획 아래 행하는 업무상 무용저작물(업무상 저작물)을 창작하면 그 저작권은 법인에게 귀속된다(제9조).

이처럼 춤의 저작권은 그 큰 틀에서는 법제화되었지만 춤의 저작권 보호는 실제로는 미미한 수준이다. 그렇기에 조심스러운 정책이긴 하지만 적어도 지금보다는 다소 춤의 저작권보호를 높일 필요가 있을런지 모른다. 이를 위해서는 무엇보다 춤을 텍스트화한 무보(舞譜)의 저작권 등록을 활성화할 수 있어야 한다. 그러나 무보의 저작권등록이 가능하려면 ① 춤에 고유성(창작성)이 있어야 하고 ② 유형물에 고정되어야 한다.

2) 춤의 저작권분쟁 사례 현행법의 이런 규정들에도 불구하고 춤의 저작권은 아직 우리사회에 매우 낯설은 개념이고, 춤의 고유성(창작성)에 관한 판례도 우리나라에는 아직 없다. 이와 같은 춤의 저작권법의 발육부진은 춤의 저작권 논의가 우리보다 활발한 미국에서도 별로 다르지 않다. 다만 미국에는 춤의 저작권에 관한 대표적인 판례로 호두까기 인형 사례가 있다. 이 판례는 이 단락의 논의를 이해하는데 큰 도움을 줄 수 있기에, 여기서 간략히 요약소개한다. 1981년 안무가 발란신(George Balanchine)은 그가 한 호두까기인형의 안무에 대한 저작권등록을 하였다. 1985년 맥밀란(MacMillan)회사는 뉴욕발레단의 허락을 얻어 발란신의 '호두까기 인형' 발레공연의 사진과 무용가들의 인터뷰를 편집하여 발레책자(The Nutcracker: A Story & A Ballet)를 발행했다. 발란신e의 유언집행자인 호간(Horgan)은 맥밀란의 저작권 침해를 이유로 그 책자의 판매를 금지하는 가처분 소송을 제기하였다. 1심인 뉴욕지방법원은 발레책자의 사진들은 발레에서의 연속동작이 아니라 특정 순간 무용수의 자세를 보여줄 뿐이라는 이유로 가처분신청을 기각하였다. 다시 말해 사진은 발란신이 창작한 스텝의 흐름(flow of steps)을 재현하지 않

는다는 것이다. 그러나 항소심은 연속되는 춤의 한 순간을 찍은 한 컷의 사진일지라도 많은 것을 전달해줄 수 있으며 보통의 사람도 단순한 제스처나 자세보다 많은 것을 인지할 수 있다는 이유로 저작권 침해를 인정하였다.[127]

(3) 춤의 이해방식과 춤의 저작권

춤의 저작권이란 춤출 권리가 어느 누구의 배타적인 권리로 편입하는 것을 의미한다. 그렇다면 저작권법에 의해 배타적 권리가 인정될 수 있는 춤이란 무엇이며, 어떻게 이해될 수 있는 것인가? 앞의 호두까기인형 사례에서 발란신의 안무는 어떤 점에서 그에게 배타적인 권리를 귀속시킬 수 있는 것일가? 이러한 문제를 다루기 위한 출발점으로서 춤을 이해하는 방식에 먼저 주목할 필요가 있다.

1) 외향적 이해와 내향적 이해 아름다움의 가치를 이해하는 방식처럼 춤을 이해하는 방식도 외향적 이해와 내향적 이해를 구분해볼 수 있다. 이 구분은 춤의 권리화 문제에서 유용하다. 춤은 기호학적으로는 가령 이성에 갇힌 몸을 '해방'시킴으로써 그 자체로서 이성법이 포착하지 못하는 인간의 다성성(多聲性)을 기호화하는 몸짓으로 개념화할 수 있다. 또는 춤은 '인간에게 쾌락적인 행복을 가져다주는 재화의 하나이다'라고 개념화할 수도 있을 것이다. 앞의 개념은 춤이 갖는 사회(문화)적 효과, 그리고 뒤의 개념은 춤이 갖는 경제적 효과에 주목하여 내린 개념이다. 이처럼 문화적 효과나 경제적 효과와 같은 외향적 가치에 주목하여 춤을 이해하는 것을 춤의 외향적(extrinsic) 이해라고 할 수 있다.

이런 이해에 대응하는 이해를 내향적(intrinsic) 이해라고 할 수 있다. 즉 춤의 가치를 그 내부에 있는 고유한 것, 즉 내향적 가치에 주목하여 춤을 이해하는 것이다. 이때 내향적 가치는 주로 예술로서 춤이 지니는 '미학적 가치'이다. 이 미학적 가치는 어떤 춤이 어떤 외부적 효과를 가

---

127 Horgan v. MacMillan, Inc., 789 F.2d 157, 158 (2d Cir. 1986) 참조.

져오는지를 묻지 않고, 춤 이외의 다른 어떤 것에 의해 대체될 수 없는, 춤에 고유하게 내재하는 가치이다. 이런 내향적 가치를 창출하는 춤의 구조적 요소를 발굴하여 춤을 파악할 때, 그것을 춤의 내향적 이해라고 부를 수 있다. 하지만 춤의 내향적 이해를 '개념화'하기란 매우 어려운 일이다. 춤은 텍스트로 정밀하게 재현되는 음악예술이나 문학작품의 심미적 가치와는 달리 자신의 그 무한한 다양성(다성성)을 표현할 수 있는 기호의 세분화가 잘 되지 않는 행위이기 때문이다. 그래서 무수히 많은 다양한 춤들을 모두 포괄하는 춤의 개념은 이를테면 '추상적인 동작의 연속'[128](a series of abstract movements)이라는 식의 불명확성, 포괄성, 추상성을 띠는 개념이 될 수밖에 없다.

★ 음악과 춤의 관계 춤을 이해하기 위해 음악과 춤이 각기 서로에 대해 갖는 차이점을 살펴볼 필요가 있다. 춤이 몸 중심으로 삶의 환희(joie de vivre)를 표현한다면, 음악은 생각 중심으로 삶의 환희를 표현한다. 춤이 감각적이라면, 음악은 합리적이며, 춤이 이탈적이라면, 음악은 규약(canon)적이다. 그러나 오늘날 춤과 음악은 함께 한다.[129] 이 둘이 함께 할 때 춤은 음악의 가상공간(imagined space)으로 들어가며, 음악은 춤의 현실공간으로 들어간다.[130] 마치 이 둘이 상대에게 그의 자리를 미리 예비해둔 것처럼. 이 상호적 과정은 서로에게 각자의 새로운 해석틀을 제공해주고, 각자의 의미를 확장시킨다. 또한 이 상호적 과정은 춤의 감성과 음악의 이성을 연결하며, 생의 환희를 육체와 정신의 모든 차원에서 증대시키게 하는 과정이다. 이를테면 정경화가 바이올린 연주를 할 때 보이는 때로는 과도한 몸짓과 같은 음악적 제스처도 하나의 춤이다. 이 춤은 그녀의 음

128 이에 관해 Jessica Cassity, "Beginner's Edge: Even Modern ist Within Your Reach", *Dance Spirit* (December, 2002), 40쪽. 참조.

129 '가수는 가창력이 있어야 진정한 가수다'라는 인식은 과거적이다. 오늘날 댄스가수라는 개념은 음악보다 댄스를 중심으로 하고, 가창력가수는 댄스보다 음악을 중심으로 하는 공연자를 뜻한다. 이상적인 모습은 댄스와 가창력이 동등하게 결합된 가수라고 할 수 있다. 이렇게 볼 때 가수는 가창력이 있어야 진짜 가수라는 인식은 폐기된다.

130 이런 관점으로 Rachel Derden, "Dancing in the imagined Space of Music", *Dance Research: The Journal of the Society for Dance Research* (Vol. 25, No. 1, 2007), 74쪽.

20대의 정경화

악을 이해하는 감성적 틀을 제공하며, 음악의 의미세계를 확장시키고, 음악에서 체험할 수 있는 환희도 증대시킨다. 기호학적으로 읽으면 음악과 춤의 이와 같은 관계는 실정법과 자연법의 상호보완적 관계와 같다. 춤이 신의 모습을 닮은 몸의 언어로서 자연법을 기호화한다면, 음악은 인간의 한계에 있는 사고의 언어로서 실정법을 기호화한다. 실정법과 자연법은 서로 변증될 때 서로에게 해석틀(자연법을 통한 실정법의 해석, 실정법을 통한 자연법 인식의 거점 확보)을 제공하고, 의미를 구체화(자연법을 통한 실정법의 의미화, 실정법을 통한 자연법의 구체화)하며, 이성법과 감성법을 통합시키고, 정의의 실현을 증대시킨다.

2) 춤의 미학적 차원과 법적 차원의 괴리 (저작권)법의 보호대상이 되는 춤은 어떻게 파악해야 하는가? 첫째, 우선 특정한 춤의 현상을 저작권보호의 대상으로 삼으려면 춤의 외부적인 효과가 아니라 춤의 내향적인 미학적 구조를 중심으로 파악해야만 한다. 저작권 승인의 요건인 '고유성'(창작성, originality)을 파악하기 위해서다. 그러나 춤의 내향적인 미학적 구조를 법적 보호가 가능한 일반화된 형태나 양식으로 파악하는 일은 거의 불가능하다. 춤의 미학적 구조와 법적 보호는 그 언어가 다르고, 지향하는 목표가 다르며, 이해를 이끄는 관심도 근본적으로 다르기 때문이다. 가령 훈련을 받지 않은 개인의 진정성 있는 막춤도 미학적으로는 아름다울 수 있다. 그러나 저작권 보호를 받기에는 적합하지 않다. 그러므로 저작권보호를 받는 무용저작물이란 법적 관심, 법이 설정한 목적의 달성이라는 관점에서 바라보는 춤이 될 수 있어야 한다.

둘째, 현실의 저작권법은 춤의 내향적 가치, 즉 아름다움에 대한 잣대를 제공해주는 것이 아니라 외향적 가치에 향해있다. 즉, 법은 춤의 저작권을 통해 인간에게 다양한 심미적 체험을 가능하게 해주는 춤의 '지속적인 생산을 이끄는 인센티브'의 기제를 마련하려는 목표를 갖고 있기 때문이다. 저작권의 인정여부는 춤의 심미적 가치의 유무가 아니라 새로운 춤의 생산을 유도하여 인간의 웰빙을 실현하려는 목표의 달성여부에 의해 좌우된다. 이런 목표성은 춤의 내재적 요소가 아니라 춤의 외부적 요소이다.

4. 춤의 저작권 형성

그러므로 법이 정의하는 춤의 개념은 내향적이면서 동시에 외향적인 것임을 알 수 있다. 다시 말해, 저작권으로 보호되는 춤의 '외연'은 춤의 재생산 인센티브의 부여라는 외부적 목표(효과)에 지향하면서도 춤의 '내포'는 춤이 미학적 체험을 가져오는 몸짓의 구조에 대한 파악에 의해 채워져야 하는 것이다.

(1) 춤의 경제적 가치와 저작권

춤에 대해 저작권을 어느 수준과 범위에서 인정할 것인지를 결정하는 법정책은 주로 춤의 외향적 가치를 향해 있다. 이 외향적 가치는 자본주의 사회에서는 주로 경제적 가치로 표현된다. 이 경제적 가치는 모든 시민이 춤을 이용하여 얻는 효용을 극대화하는 데에 있다. 그러므로 춤의 저작권은 법경제학적 사고에 힘입어 그 보호수준을 결정하는 것이 합리적이다.

1) 춤의 사회적 총효용과 저작권보호의 상관관계 한 사회의 모든 사람들이 춤을 추거나 보는 삶을 통해 얻는 행복의 총량을 경제학적 용어로 춤의 사회적 총효용이라고 하자. 어떤 춤에 대해 저작권을 인정하는 것은 한편으로는 기존의 춤의 레퍼토리를 모두 함께 이용하는 것을 제한하면서 동시에 앞으로 이용할 수 있는 춤의 레퍼토리를 증가시키는 것이다. 여기서 법은 춤에 대하여 저작권을 어느 정도로 인정해야 하는가? 이를 이해하기 쉽게 하기 위해 다음의 도표를 가지고 예시적 설명을 해보기로 한다. 저작권보호의 수준을 X로, 각 저작권보호의 수준에서 각 인이 각 춤의 이용(a)으로 갖는 효용의 총계를 Y=fa(X)로 나타

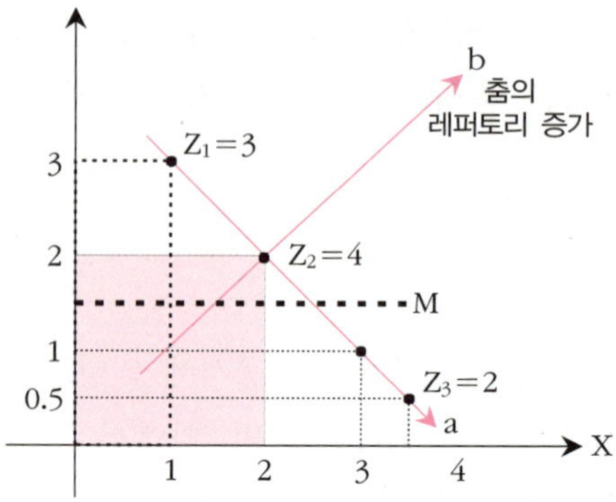

낸다. 그리고 일정한 저작권보호의 수준에서 창작이 촉진되어 증가되는 춤의 레퍼토리의 개수를 b(X)라고 하고, 사회구성원의 수를 n이라고 하자. 그러면 춤의 사회적 총효용은 $Z = Y \times b(X) \times n = fa(X) \times b(X) \times n$이 된다.

가령 어떤 사회가 3명으로 구성되어 있고, 저작권이 인정되지 않은 상태(X_1)에서 이들이 추는 춤의 레퍼토리가 1개($b(X_1)=1$)이며, 각 인이 그 춤을 춤으로써 얻는 효용을 단순 평균으로 1이라고 가정하자. 그러면 이 사회에서 춤의 사회적 총효용 $Z_1 = Y[fa(X_1)] \times b(X_1) \times n$은 3이 된다. 그런데 3명의 한 가지 춤에 대한 이용을 일정하게 제한(예: 동의나 금전적 지불을 댓가함)하는 저작권을 인정한다고 하자. 즉 도표에서 춤의 저작권보호 수준을 X_1에서 X_2로 높이는 것이다. 그리고 이를 통해 춤의 창작이 촉진되어 새로운 춤이 한 가지가 더 생겼다고 가정하자($b(X_2)=2$). 그러면 춤의 사회적 총효용은 $1 \times 2 \times 3 = 6$이 될 것 같다. 그러나 춤의 이용제한으로 각 인의 각 춤의 효용은 감소한다. 각 인의 각 춤의 효용이 1에서 0.66로 감소했다고 가정하자. 그러면 각 인의 각 춤의 효용의 총합은 $Y = fa(X_2)$는 3×0.66로 약 2가 된다. 그러면 춤의 사회적 총효용 $Z_2 = 0.66$(각 춤의 효용감소효과)$\times 2$(증가된 춤의 레퍼토리)$\times 3$(인)이 되어 약 4가 된다. 결과적으로 이와 같은 저작권보호는 총효용 Z을 $Z_1=3$에서 $Z_2=4$로 변화시키는 작용을 한 셈이다. 이처럼 춤의 저작권보호는 일정한 지점까지는 춤의 사회적 총효용을 증가시키는 가중치로 작용한다.

그런데 이 도표에서 저작권보호의 수준을 X_2에서 X_4로 높이면 춤의 사회적 효용은 $Z_3=2$로 줄어들고 있다. 이런 감소는 춤의 레퍼토리가 가령 4개로 늘었어도 저작권인정에 따른 이용제한으로 각 인이 하나의 각 춤을 출 때 평균적 효용의 합계($Y=fa(X_4)$)가 가령 0.16으로 심각하게 줄어들었기 때문이다. 즉 $Z_3=0.16\times4\times3=1.92$, 약 2가 된다. 이처럼 저작권보호는 춤의 사회적 효용에 작용하는 효과를 증가시키다가 어떤 지점을 지나면 거꾸로 줄어들게 됨을 알 수 있다.

2) 저작법정책의 방향 그러므로 저작권법이 춤의 사회적 총효용을 최대화해야 한다면, 법은 기존의 레퍼토리 이용을 제한함에 따르는 춤의 사회적 총효용의 감소분과 새로운 레퍼토리의 증가에 따른 춤의 사회적 총효용의 증가분을 합산하여 춤의 사회적 총효용을 증가시키는 방향으로 춤에 대한 저작권인정의 수준과 범위를 결정하여야 한다. 특히 저작권보호가 지나치게 강화되면 춤의 사회적 총효용이 오히려 감소함을 고려하여야 한다. 여기서 법은 춤의 저작권 보호를 통해 춤의 사회적 총효용을 최대화시키기 위해서는 저작권보호의 수준이 적정해야 함을 알 수 있다. 이 '적정함'이란 위 도표가 보여주는 바와 같이 수리적으로 계산될 수 없다. 효용이란 매우 주관적인 것이며, 춤의 이용제한이 얼마나 효용을 줄이는지, 저작권보호가 얼마나 많은 춤의 레퍼토리를 새롭게 생산하는지 등에는 너무나 많은 변수와 너무나 큰 불확실성이 있기 때문이다. 그러므로 여기서 춤 저작권 보호의 적정함이란 일종의 가치론적 개념이 될 수 밖에 없음을 알 수 있다. 그런 개념을 '균형'이라는 '일반조항적 개념'으로 표현할 수 있다. 이를테면 법은 춤출 권리와 춤을 못추게 할 권리 사이의 균형을 이루게 해야 한다는 것이다.

(2) 춤의 가치와 저작권의 내재적 한계

이처럼 법경제학적 사고에 힘입어 춤의 사회적 총효용을 최대화하는 저작권보호의 수준을 결정했다고 해서 그것이 바로 법이 되는 것은 아니다. 춤의 생산확대는 어느 정도 춤을 표준화하고, 그로 인해 춤의 본원적인 가치를 훼손시킬 수 있기 때문이다.

1) 춤의 사회규범을 통한 춤의 문화와의 소통 여기서 본원적 가치는 이성에 갇힌 몸을 '해방'시킴으로써 그 자체로서 이성법이 포착하지 못하는 인간의 다성성(多聲性)을 기호화하는 기능을 말한다. 그러므로 저작권법은 시민사회의 춤추는 문화를 섬세히 살피고 그것에 대한 존중을 잃어버리지 않아야 한다. 이런 문화의 존중은 현대사회에서 법이 정당성을 얻기 위해 요구되는 세 가지(정치적, 경제적, 도덕적) 합리성 가운데, 특히 도덕적 정당성에 관계한다. 도덕적 정당성이라고 할 때 도덕의 넓은 의미에는 사회규범(social norm)이 포함된다. 저작권법은 시민사회의 춤에 관련한 사회규범을 면밀히 관찰하고 고려해야 하는 것이다. 그런데 춤의 사회규범이란 춤의 문화에 침전된 행위규범들이며, 이 행위규범들은 법적 코드로 변환가능한 문화적 요소라고 할 수 있다. 법은 춤의 문화와 그 침전물로서 춤의 사회규범을 고려해야 한다. 법이 소통해야 할 춤의 시민문화는 무용전문가의 문화와 일반시민의 문화로 구별할 수 있다.

2) 무용전문가의 문화 흔히 춤꾼들은 전통적으로 서로의 작품을 존중하되, 서로에 대해 소유권적 욕망을 발산하지 않는 문화를 갖고 있다. 소유적 욕망으로 춤을 대할수록 춤은 인간의 다성성을 발산하는 해방적 기능을 수행하기 어렵기 때문이다. 춤 이론가의 다음 말은 이를 정확하게 대변해준다. "춤꾼이 춤을 춘다는 것은 그가 자신의 몸의 아름다움과 춤 기술을 자랑하기 위함이 아니라 자신의 온 몸과 영혼으로 남의 고통과 아픔을 들어주고 함께 그것을 극복하기 위한 삶과 예술의 통섭의 장을 주최하기 위함이 아닌가.[131]"

다시 말해 춤꾼의 사회에서는 자신이 추는 춤이 해방적 기능을 수행하는 심미적 가치를 가졌다는 점에 대한 인정과 그 가치의 소통이 관심사였지, 돈이 1차적 관심사는 아니었다. 그러나 춤의 실행이 상업화되면

---

131 조기숙, "춤의 새로운 비전을 위한 고찰. 몸의 체험을 기반으로 한 연구와 성찰을 위하여", *한국무용기록학회* (제17권, 2009), 180쪽.

서 춤은 심미적 문제이면서 동시에 금전적 문제로 변화되었다. 춤의 금전적 문제의 차원은 저작권법의 규율을 필요로 한다. 그럼에도 불구하고 무용계 종사자들 사이에는 춤의 금전화를 거부하는 관행들이 여전히 남아 있고, 법은 이런 문화적 전통을 존중하여야 한다. 다시 말해 다른 이가 창작한 춤을 사용할 자유에 관한 전승된 문화는 일종의 사회규범으로서 법이 저작권보호의 한계로 수용해야 한다는 것이다.

> 이런 저작권 인정에서 문화적 고정상수를 위 도표에서 M선이 표현하고 있다. 이 선과 A선이 교차하는 지점은 저작권보호의 수준은 X_3까지 갈 수 없음을 보여준다. 저작권보호는 X_2와 X_3의 중간 지점을 넘어설 수 없다.

가령 발레를 구성하는 기본동작(예: 쥬떼 · 앙뜨르샤 · 아라베스크 등)은 발레인 사이에서 누군가 다소 변형을 통해 창의적 요소를 가미하였다고 하더라도 저작권을 주장할 수가 없다. 그것은 문화적 자산으로서 함께 누리며, 더 다양한 발레의 미학적 가치를 창출하는 데 함께 쓸 수 있어야 한다. 이를 법적 의미의 공유(공동소유)가 아니라 문화적 자산의 공유라는 의미에서 춤의 공유영역(public domain)이라고 할 수 있다. 따라서 춤의 저작권은 "춤의 공유영역과 재산적 영역 사이의 균형"(balanced public/proprietary domains[132])을 함께 도모해야 한다.

3) 일반인의 문화 이런 문화적 공유의 영역은 무용전문가 사회에서만 있는 것은 아니다. 일반인들 사이에 다른 사람이 창작한 춤을 비록 창작자에게 저작권이 인정되는 경우일지라도 자유롭게 사용하는 생활문화가 있다. 가령 무용 학원에서 아이들에게 타인이 창작한 무보를 나누어 주고 교육한다든지, 축제나 파티에서 상당수의 사람들이 저작권이 인정되는 타인의 춤을 추는 것은 시민들의 삶을 구성하는 문화이다. 이런 경우도 춤은 시민들의 생활문화에서 공유된 자산이 되며, 저작권

132 이런 균형을 춤의 저작권이 지향해야 한다고 보는 견해로 Joi Michelle Lakes, "A PAS DE DEUX For Choreography and Copyright", *New York University Law Review* (Vol. 80, 2005), 1857쪽.

은 이에 미치지 않는다. 이런 생활문화에 침전된 사회규범을 영미법계는 주로 '공정이용'(fair use)의 법리에 의해 구체화한 반면, 독일법계는 저작권을 제한하는 '공익적 사용'의 법리로 구체화한다. 우리나라 저작권법은 이 둘을 혼합하고 있다. 공정이용법리처럼 개인의 "사적 이용"(제30조)에 대하여 저작권을 배제하고, 공익적 사용의 법리처럼 재판(제23조), 공개적인 정치적 연설(제24조), 학교교육 목적(제25조), 시사보도, 비평(제26조) 등의 공익목적으로도 저작권을 제한한다. 그런데 춤의 문화에서 보면 공정이용과 공익목적이용 사이의 경계는 사라진다. 개인이 춤을 사적으로 사용하는 것은 춤의 본원적 기능에서 볼 때 공익성을 띠는 것이기 때문이다.

(3) 춤을 감금하는 법의 논리

법은 춤의 권리를 보호하는 듯하지만, 실제로는 춤을 감금하는 방향성을 가질 수도 있다. 현행 저작권법은 춤의 법적 개념을 정의하지는 않지만, 저작물을 "인간의 사상 또는 감정을 표현한 창작물"(저작권법 제2조 1호)로 개념화하고, 이런 저작물에는 "연극 및 무용·무언극 그 밖의 연극저작물"(제4조 제1항 3호)이 포함된다고 규정한다.

1) 스토리텔링적 성격 춤은 흔히 뮤지컬이나 오페라 또는 팝음악공연에서 다른 저작물과 결합되어서 실행된다. 그래서 대법원은 이를 '결합저작물'이라는 개념으로 이해한다.

(가) 결합저작물의 숨은 논리 예컨대 뮤지컬은 "저작물의 창작에 관여한 복수의 저작자들 각자의 창작활동의 성과를 분리하여 이용할 수 있는 경우"[133]로서 결합저작물에 해당한다. 대법원은 뮤지컬에서 결합 사용된 음악과 춤을 분리하여 (안무가에게 귀속될 수 있는) 저작권을 인정한

133 '사랑은 비를 타고'라는 뮤지컬에서 대법원 2005. 10. 4. 자 2004마639 결정은 제작자나 연출자가 뮤지컬의 전체에 대하여 단일한 저작권을 갖는 것이 아니라 뮤지컬을 구성하는 개별 저작물마다 별개의 저작권이 성립한다고 하였다. 즉 뮤지컬에 창작성 있는 춤이 포함되었다면, 그 춤의 저작권은 안무가에 속하게 됨을 판시하였다.

다. 이로써 대법원이 의도하든 않든 연극저작물이 상위개념이고 연극, 무용, 무언극이 예시적인 하위개념을 인정하게 한다. 이렇게 되면 1947년도 미국의 저작권청(the Copyright Office)이 처음으로 무보(舞譜)에 대해 저작물 등록을 받아주면서 내걸었던[134] 전제조건, 즉 춤은 연극적 또는 연극-음악적 구성물일 것이어야 한다는 조건이 우리나라 법에서도 설정된다. 따라서 무보(舞譜)는 저작권이 인정되려면 어떤 진지한 스토리를 갖고 있어야만 한다. 스토리텔링 없는 춤은 저작권이 인정될 수 없게 된다.

(나) 스토리텔링으로부터 해방 물론 많은 춤들이 나름의 스토리텔링을 갖고 있다. 심지어 말하지 않는 춤, 판토마임도 스토리텔링을 갖기도 한다. 그러나 이런 요청에 따르면 추상적인 현대무용, 특히 포스트모던 무용들은 아무리 고유한 창작춤이라 할지라도 저작권의 대상이 될 수 없게 된다. 사실 스토리텔링을 지닌 춤의 전형은 발레에서 찾을 수 있다. 발레는 호두까기 인형, 백조의 호수 등과 같이 탄탄한 스토리텔링의 구조를 갖고 실행되고, 그 스토리텔링은 일정한 사회(윤리)적 가치를 갖고 있다. 그러므로 스토리텔링의 요청은 사실상 춤이 일정한 사회적 가치를 가질 수 있을 때에만 춤의 저작권을 인정하게 만든다.

그러나 춤에게 일정한 사회적 가치를 생산해낼 것을 요구하는 것은 춤의 본질적 특성에 맞지 않다. 춤은 오히려 기존의 사회적 가치 체제 아래서 억압되는 인간의 본성적 욕구를 해방시키려는 몸짓이기 때문이다. 가령 브레이크댄스, 특히 얼음동작(freeze)은 기존의 가치체제에 대한 전복적 의미를 발산하는 몸짓을 한다. 브레이크댄스가 오늘날 전 세계의 하부문화를 소통시키는 대표적인 춤으로 자리잡고 있음을 기억해보면, 춤에게 저작권 부여를 위한 조건으로 스토리텔링과 일정한 사회적 가치의 생산을 요구하는 것은 옳지 않다.

---

134 이에 관해 Cheryl Swack, "The Balanchine Trust: Dancing Through the Stepsof Two-Part Licesing", *Spots & Entertainment* (6 Vill, 1999), 265, 273쪽.

2) 윤리적 상당성 이처럼 저작권 인정을 위해 춤에 대해 요구하는 사회적 가치의 가장 강한 버전은 윤리적 상당성의 요구이다.

(가) 유용한 예술의 요구 그 예로 미국연방헌법 제1조의 해석을 들 수 있다. 1909년 미국 저작권법(the Copyright Act)은 춤에 대하여 저작권을 인정하지 않았다. 그 이유는 저작권의 근거조항인 연방헌법 제1조는 "과학과 유용한 예술(useful arts)"에 대해서만 그 작가에게 작품에 대한 배타적 권리를 일정기간 동안 보장하고 있는데, 춤은 유용한 예술에 해당하지 않는다고 보았기 때문이었다. 춤의 유용성에 대한 회의는 댄스치료(dance theraphy)가 날로 발전하고 있는 오늘날에는 상상하기조차 어려운 일이다. 그러나 당시 저작권법의 입법자들은 '유용한'의 개념을 주로 '윤리적으로 상당한'(morally proper)의 의미로 이해하였다.[135] 당시 입법자들은 춤은 부도덕한 예술형식이라고 바라보았고, 그렇기 때문에, 춤에 저작권을 인정할 여지가 없었던 것이다. 이는 춤출 권리를 박탈한 근대화의 역사, 그 끝자락에서 일어난 일이다.

(나) 합법과 불법의 경계표 저작물의 도덕적 가치에 대한 요구는 저작물의 내포를 형성하는 기능으로부터 합법적인 저작물의 외연, 즉 불법적인 저작물과의 경계를 설정하는 기능으로 옮겨지긴 했지만, 오늘날까지도 알게 모르게 유지되고 있다.[136] 춤의 합법과 불법 사이의 경계표로서 기능하는 윤리적 상당성은 주관적인 가치에 의해 그 내용이 채워지는 가치충전필요개념(wertausfüllungsbedürftiger Bergriff)이다. 이 개념에 의해 헌법상 보호되는 예술로서의 춤과 그렇지 않은 춤을 구별하는 것은 그 자체로서 예술의 자유(헌법 제22조 제1항)를 침해한다.

---

135 Kathleen Abitabile and Jeanette Picerno, "Dance and the Choreographer's Dilemma: A Legal and Cultural Perspective on Copyright Protection for Choreographic Works", *Campbell Law Review* (Vol. 27, 2004-2005), 41쪽.

136 가령 인기그룹 포미닛이 2011년 '거울아 거울아'를 부르면서 쩍벌춤을 추는 것이 윤리적으로 상당하지 않다고 하여 방송에서 금지된 바 있다. 쩍벌춤이 아마도 성윤리적 단정함을 깨뜨리는 인상이 짙었기 때문일 것으로 추측된다. 이럴 경우 쩍벌춤에 대한 저작권은 다른 인정요건을 충족하더라도 인정되기 어려울 것이다.

3) 춤의 비교법적 이해 저작권의 보호를 받을 춤을 가치론적 또는 의무론적으로 제한하는 것은 춤의 현상에 맞지 않는다.

(가) 무용저작물의 독립규정 무용인들 스스로 무용을 넓은 의미의 연극에 포함된다고 보기도 한다.[137] 그러나 이는 춤을 가치론적으로 제한하는 기능을 한다. 춤의 연극화를 통해 춤에게 스토리텔링을 요구하는 태도는 한편으로는 춤을 보호해주면서 다른 한편으로는 법의 보호를 받으려면 윤리적으로 상당해야 한다는 식으로 춤을 감금하는 양면적인 기능을 발휘한다. 그러므로 현행 저작권법 제4조 제1항은 무용을 "연극 및 무용·무언극 그 밖의 연극저작물"(3호)로 규정하지 말고, 무용을 2호의 음악저작물, 4호의 미술저작물처럼 별개의 호로 규정하는 것이 바람직하다. 그렇게 할 때 춤의 스토리텔링적 요청은 삭제될 수 있기 때문이다.

한국 저작권법의 저작물	1976년 미국 저작권법의 저작물
제4조 제1항	section 102 (a)
1. 소설·시·논문·강연·연설·각본 그 밖의 어문저작물	(1) literary works;
2. 음악저작물	(2) musical works, including any accompanying words
3. 연극 및 무용·무언극 그 밖의 연극저작물	(3) dramatic works, including any accompanying music;
4. 회화·서예·조각·판화·공예·응용미술저작물 그 밖의 미술저작물	**(4) pantomimes and choreographic works;**
5. 건축물·건축을 위한 모형 및 설계도서 그 밖의 건축저작물	(5) pictorial, graphic, and sculptural works;
6. 사진저작물(이와 유사한 방법으로 제작된 것을 포함한다)	(6) motion pictures and other audiovisual works;
7. 영상저작물	(7) sound recordings; and
8. 지도·도표·설계도·약도·모형 그 밖의 도형저작물	(8) architectural works
9. 컴퓨터프로그램저작물	

137 무용 전공자들을 대상으로 한 실증적 조사에 의하면 무용이 연극에 포함된다고 보는 사람은 56.1%이며 포함되지 않는다고 보는 사람은 43.9%에 이른다고 한다. 이 조사 분석은 조난경, 무용수들의 무용저작권 인식도 연구 (고려대 석사학위논문, 2003)의 결과이다.

(나) 미국 저작권법 이런 입법태도는 1976년의 미국 저작권법 section 102[138]에서 이미 실현된 바 있다. 1976년 미국 저작권법 section 102 (a)(4)은 처음으로 춤을 (판토마임을 포함하여) 음악((a)(2))이나 연극((a)(3)) 등과는 별개의 예술형태로 바라보고, 무보는 저작물(즉 무용저작물, choreographic works)이 될 수 있음을 규정하였다. 이런 규정은 비록 무용저작물의 개념을 정립하지는 않음으로써 이후 무용저작물의 범위에 대한 논란을 남겨놓았지만, 바로 그렇기 때문에 저작권보호의 대상이 되는 춤에 어떤 가치론적 제한을 두지 않은 결과를 가져오기도 했다. 또한 당시 춤의 저작권은 세 가지 요건 ① 무용저작물(choreographic works)일 것, ② 고유한(original) 것일 것, ③ 어떤 유형의 매체에 표현되었을 것의 요건을 충족할 때 인정되었다. 여기서 고유성은 우리나라 저작권법에서는 '창작성', 유형의 매체에 표현되는 것은 '유형물'의 개념으로 바꿀 수 있다. 이런 요건을 종합해서 말한다면, 무용저작물은 '유형물에 기록된 창작적인 춤'이 된다.

(4) 춤의 텍스트화와 저작권등록

아무리 고유하게 창작된 춤이라도 그것이 저작권으로 등록되지 않는 한, 저작권을 행사하기가 매우 어렵다. 왜냐하면 등록이 되어 있지 않으면 누가 먼저 그 춤을 창작했는지에 대한 주장이 갈리고 모두가 매우 소모적인 입증의 경쟁에 빠지게 되기 때문이다. 게다가 이 입증의 경쟁에서 승패는 매우 불확실하다.

1) 춤의 본원적 고유성과 상업성의 타협 저작권등록을 하려면 창작된 춤이 유형물에 고정되어 있어야 한다. 이를 바꿔 말해 창작된 춤의

138 § 102. Subject matter of copyright: In general (a) Copyright protection subsists, in accordance with this title, in original works of authorship fixed in any tangible medium of expression, now known or later developed, from which they can be perceived, reproduced, or otherwise communicated, either directly or with the aid of a machine or device. Works of authorship include the following categories.

텍스트화라고 할 수 있다.

(가) 텍스트화를 배척한 춤의 문화 춤의 저작권은 이 텍스트화의 요건을 얼마나 엄격하게 설정하느냐에 따라 사실상 그 범위가 크게 좌우된다. 그러나 전통적으로 무용인들은 자신이 창작한 춤을 정확하게 기록하지 않았다. 창작아이디어를 메모하는 수준에서 기록하고 바로 리허설을 통해서 춤을 실연시키는 연습을 한다. 또한 이미 창작된 춤의 전수도 안무가가 직접 지도하는 방식으로 이루어진다.

> 가령 무용인들에게 무용저작권을 가르쳐 주고, 다음과 같은 질문을 던진다고 가정해보자: "당신이 창작한 춤에 관해 모든 것은 문서로 자세히 기록해 놓았고, 그 기록에 따라 내가 만드는 무대의 무용수들이 정확하게 재현하는 춤을 추게 하려고 합니다. 보상은 충분히 해드립니다. 동의하시겠습니까?" 무용인의 대답은 그가 춤의 예술혼에 빠져 있는 사람일수록 '아니오'라고 대답할 것이다. 그리고 이렇게 말할 것이다. "나는 내가 춤을 직접 지도하는 한에서만 내 춤을 추게 하고 싶습니다. 왜냐하면 그래야만 내가 그 춤을 통해 표현하고자 했던 예술성이 발현될 것이기 때문입니다. 돈은 중요하지 않습니다."

(나) 춤의 일회적 고유성 이것은 진정으로 '살아있는' 춤이란 무보에 의해 담아놓았다가 필요할 때면 누구나 꺼내쓸 수 있는 악보와 같은 텍스트가 아니라, 모든 실연마다 고유한 예술성이 있는 퍼포먼스라는 생각이다. 다시 말해 춤은 '일회적인 고유성'(창작성)을 추구하는 예술이라는 것이다. 그러나 이런 순수주의는 춤의 저작권과 양립되지 않는다.[139] 이런 점은 한국의 전통춤에서 더욱 두드러진다.[140]

"한국전통춤에 있어서 그 구성이 확정된 결과물이 아니라 매 실행 속에서

---

139 물론 자신의 춤을 똑같이 따라하는 다른 사람의 춤에 대해 권리의식을 갖기보다는 비예술이라는 비평의식을 가질 것이다.

140 한국의 전통춤도 한국미술작품 속에 텍스트화가 일어나기도 한다. 그러나 춤의 텍스트로서 미술을 춤 자체를 기록한 것이 아니라 미술 작가의 춤에 대한 이미지의 기록이라고 보는 조은정, "춤의 텍스트로서 한국미술 이미지 읽기", *한국무용기록학회* (제11권, 2006), 184쪽 참조.

나타나는 재창조 또는 재해석의 행위로 보여지기 때문에 … (중략) …한국춤은 춤이 만들어진 그대로의 재현에 어려움이 있으며 답습자 개인의 의도에 따라 또는 개인적 특성과 기술에 따라 만들어진 그 순간 그대로의 모습이 아닌 변화가 가능한 실행 위주의 춤으로 인식되는 면이 강하다."[141]

(다) 상업성과의 타협으로서 저작권 저작권은 많건 적건 춤의 예술혼에서 순수주의에 대척점에 있는 현실주의의 증대, 그리고 더 나아가 춤의 상업화를 전제로 한다. 하지만 춤의 지나친 상업화는 언제나 춤의 본원적 의미를 훼손하여, 춤을 더 이상 춤이 아니게 만들 위험을 내포한다. 여기서 춤의 저작권은 춤의 본원적 고유성과 상업성을 타협시키는 매체임을 알 수 있다. 저작권법이 춤에 관해 펼칠 수 있는 권리보호의 정책은 크게 보면 춤의 예술혼에 지향된 순수주의와 상업주의 사이에서 위치한다. 그러나 이 둘 사이의 거리는 매우 멀다. 또한 현행 저작권법이 춤의 저작권에 관한 어떤 수준의 보호정책을 펼치는 것인지를 확정할 수 없다. 여기서 춤의 저작권 보호 수준에 관한 공론의 형성과 더 세부적인 법제화가 필요함을 알 수 있다. 따라서 현행 저작권법에서 춤과 관련한 규정들의 해석을 논의하는 것은 아직은 춤의 저작권보호정책에 관한 공론을 여는 행위가 될 뿐이다.

2) 유형물 요건의 엄격한 해석 이런 정책은 창작된 춤에 대해 저작권등록을 하기 위해 그 춤을 고정시키는 매체(유형물)를 요구할 것인가 하는 문제에서 펼쳐진다.

(가) 세 가지 무보의 매체 현재까지 창작된 춤을 고정시키는 유형물로는 비디오영상물이나 라반기록법(Labanotation, Kinetography)[142] 그리고 컴퓨터프로그램 등을 들 수 있다.[143] ① 비디오영상물은 비용이 비교적

141 강성범 · 김현주, "LMA 분석을 통한 강선영류 태평무의 움직임 특성 연구", *한국무용기록학회* (제12권, 2007), 3쪽.

142 무용계는 labanotation을 음역하여 라바노테이션으로 표기하여 사용한다. 하지만 여기서는 창시자 Laban의 이름을 음역에서 살리고 notation은 기록법으로 번역하여 라반기록법이란 개념을 사용하기로 한다.

적게 들지만 무용수의 실수나 원래 무보에 없던 동작이 실연과정에서 추가되기도 하여 안무가가 원래 의도한 안무를 정밀하게 고정시켜주기 어려운 문제점이 있다. ② 라반기록법은 1976년 미국의 저작권청의 Compendium II가 등록요건으로 삼은 매체이고 오늘날 국제 무용통용 언어라고 일컬어진다. 이 기록법은 루돌프 라반(Rudolph Laban)이 창시한 방법으로 무용수의 몸짓에 점, 방향, 박자 및 역동성을 기록하기 위해 각종 상징을 사용하는 춤의 기록법을 말한다.

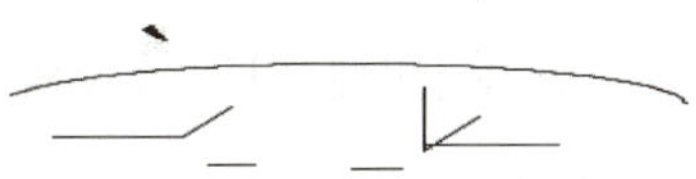

★ 라반기록의 예시 라반기록법은 모든 인간의 몸움직임을 내부심리의 외부화라고 보고 이 외부화를 신체(Body), 에포트(Effort), 쉐입(Shape), 공간(Space)의 4가지 카테고리 나누어, 각기 무엇을 움직이는가, (흐름, 시간, 공간, 무게의 요소들로 분석되는) 어떻게 움직이는가, 움직임이 어떤 형태를 형성하는가, 움직임이 어떻게 공간 안에서 이동하는가 등을 분석한다.[144] 위 그림은 우리나라 전통춤 태평무의 살풀이 장단의 에포트 구문을 기록한 예이다.[145] 이런 분석을 일별하는 것만으로도 라반기록은 매우 전문적인 일이며 비용이 매우 많이 드는 작업임을 알 수 있다.

이 기록법은 비디오영상보다 정확도가 매우 높지만, 이 문서의 작성에 드는 비용이 많이 든다는 점이 문제이다. ③ 컴퓨터시스템은 저렴하지만 안무가로 하여금 컴퓨터로 먼저 안무하고 무용수가 컴퓨터화면을 보고 따라하게 되는 것처럼 춤의 창작방법을 변화시킨다는 문제가 있다.

(나) **엄격한 무보** 이렇게 볼 때 법은 춤의 문화를 심하게 변형시키는

143 이 세 가지 방법에 관한 설명으로 Joi Michelle Lakes, "A PAS DE DEUX For Choreography and Copyright", *New York University Law Review* (Vol. 80, 2005), 1854~1855쪽 참조.

144 라반기록법에 대해 자세한 것은 앤 허친슨 (신상미·전유오 공역), *라바노테이션 키네토그라피 라반: 움직임 분석 및 기록체계* (대한미디어, 2004); www.laban.co.kr (한국라반움직임연구소) 참조.

145 자세한 것은 라반기록을 한 강성범·김현주, "LMA 분석을 통한 강선영류 태평무의 움직임 특성 연구", *한국무용기록학회지* (제12권, 2007), 15쪽 참조.

컴퓨터프로그램의 무보를 가장 먼저 배제해야 한다. 법의 저작권보호가 춤의 예술문화적 전통을 지나치게 외면하고 경제성과 상업성을 좇아서는 안된다. 그러므로 라반기록법에 의한 무보와 비디오영상물에 의한 무보만을 허용하되, 가장 엄격하게 전자만을 허용할지 이 두 가지를 선택적 또는 병행적으로 하게 할지는 법의 정책적 선택사항이다. 춤의 저작권보호가 갖는 역기능을 아직 충분히 시험하지 못한 상황에 있다는 점, 춤이 가장 텍스트화되기 어려운 예술이라는 점 그리고 춤의 고유성에 대한 판단이 주관적인 해석에 의존하는 정도가 매우 강하다는 점에서 라반기록법에 의한 무보와 영상물 제작을 동시에 요구하는 것이 바람직하다.

하지만 한국 전통춤에서는 라반기록법도 나름의 한계를 갖고 있기도 하며,[146] 디지털기술이 발전하고, 기호학을 활용한 무용의 텍스트해석의 방법(무용기호학)[147]이 더욱 발전하여 국제적으로 통용될 가능성도 배제할 수는 없다. 그런 발전은 미래에 법이 허용할 수 있는 무보의 기술적 매체의 범위를 넓혀줄 것이다. 또한 새로운 방법이 라반기록법보다 비용이 덜 들수록 춤의 저작권은 좀 더 넓어질 것이다.

---

146 유시현, "라바노테이션을 이용한 한국전통춤 기록의 문제", *한국무용기록학회지* (제2호, 2002), 182~185쪽 참조.

147 무용기호학에 관해서는 김지원, "한국무용 기록과 관련한 무용기호학의 정립 모색", 대한무용학회 (제61호, 2009), 201~133쪽; *춤은 말한다* (서울대출판문화원, 2010) 참조.

색 인

ㅂ

ㅅ

저자 약력

서울 출생
중앙중학교 졸업
서울고등학교 졸업
고려대학교 법과대학 졸업(총장상 수상)
고려대학교 대학원 법학과 졸업(법학석사)
독일 프랑크푸르트(Johann Wolfgang Goethe)
　대학교 대학원 졸업(Dr. jur.)
고려대학교 법과대학 교수
현재 고려대학교 법학전문대학원 정교수

[주요경력]

고려대학교 법학연구원 원장
한국법철학회 회장
국가생명윤리심의위원회 위원
법원행정처 국선변호위원회 위원
법무부 인권옹호자문단 위원장
검찰제도개혁위원회 위원
보건복지부 보건의료미래위원회 위원

[대표저서]

법의 깊이, 법문사, 2018
형법강론, 박영사, 2020
의료법강의 제3판, 법문사, 2017
경영과 형법, 법문사, 2011

법의 예술

2020년 5월 20일 초판 인쇄
2020년 5월 25일 초판 1쇄 발행

저 자 이 상 돈
발행인 배 효 선
발행처 도서출판 法 文 社

주 소 10881 경기도 파주시 회동길 37-29
등 록 1957년 12월 12일 / 제2-76호 (윤)
전 화 (031)955-6500~6 FAX (031)955-6525
E-mail (영업) bms@bobmunsa.co.kr
(편집) edit66@bobmunsa.co.kr
홈페이지 http://www.bobmunsa.co.kr
조 판 법 문 사 전 산 실

정가 30,000원 ISBN 978-89-18-91109-0